राजस्थान की राजनीति

सामंतवाद से जातिवाद के भँवर में

वाणी प्रकाशन
21-ए, दरियागंज, नयी दिल्ली-110002
फोन : 011-23273167, 23275710, 41562622
फैक्स : 011-23275710
e-mail : vani_prakashan@yahoo.com
vaniprakashan@gmail.com
website : vaniprakashan.com

राजस्थान की राजनीति

सामंतवाद से जातिवाद के भँवर में

विजय भंडारी

वाणी प्रकाशन

सजिल्द प्रथम संस्करण : 2007
सजिल्द द्वितीय संस्करण : 2023

वाणी प्रकाशन
4695, 21-ए, दरियागंज, नयी दिल्ली 110 002
फ़ोन : +91 11 23273167 फ़ैक्स : +91 11 23275710
शाखाएँ
अशोक राजपथ, पटना 800 004, बिहार
कॉफ़ी हाउस कैम्पस, महात्मा गांधी मार्ग, इलाहाबाद 211 001, उत्तर प्रदेश
महात्मा गांधी अन्तरराष्ट्रीय हिन्दी विश्वविद्यालय, वर्धा 442 001, महाराष्ट्र
36/ए, शेक्सपीयर सरणी, रानी बिरला गर्ल्स कॉलेज के पास, कोलकाता 700 017, प. बंगाल
www.vaniprakashan.com
marketing@vaniprakashan.in
sales@vaniprakashan.in

Rajasthan Ki Rajneeti : Samantvad Se Jativad Ke Bhanvar Mein
by Vijay Bhandari

ISBN : 978-81-8143-662-7
Social Science/Politics

मूल्य : ₹ 995

सिटी प्रेस, दिल्ली-110 095 में मुद्रित

वाणी प्रकाशन का लोगो मक़बूल फ़िदा हुसेन की कूची से

प्रेमार्पण

श्रीमती विजया भंडारी
(14 जून, 1931 – 27 जनवरी, 1998)

यह पुष्प
जीवनसंगिनी को
जो
अपनी खुशबू
घर-आंगन में बिखेर गई

- विजय भंडारी

14 जनवरी, 1949 की उदयपुर में आयोजित वह ऐतिहासिक बैठक जिसमें वर्तमान राजस्थान के निर्माण पर विचार-विमर्श हुआ।

कुर्सियों पर बायें से दायें – मणिबेन पटेल, मेवाड़ के महाराणा भूपालसिंह, सरदार वल्लभभाई पटेल तथा तत्कालीन संयुक्त राजस्थान के प्रधानमंत्री माणिक्यलाल वर्मा।

पीछे खड़े हुए – बायें से दायें – प्रो. गोकुललाल असावा, उनके ठीक पीछे मोहनलाल सुखाड़िया, अभिन्नहरि, भोगीलाल पंड्या, प्रो. प्रेमनारायण माथुर, भूरेलाल बया तथा बृजसुन्दर शर्मा। अंतिम पंक्ति में अभिन्नहरि और पंड्या के बीच में हीरालाल शास्त्री।

आत्मकथ्य

दिसम्बर 2003 में राजस्थान में भारतीय जनता पार्टी की सरकार श्रीमती वसुन्धरा राजे के नेतृत्व में बनी तो लगा, मेरें राज्य की महिलाएं इतनी शक्तिशाली हो गई हैं कि (राजस्थान रियासती राज्य होने से यहां की महिलाएं अत्यन्त पिछड़ी मानी जाती थीं।) उन्होंने आमधारणा एवं चुनावी सर्वेक्षणों के विपरीत कांग्रेस की अशोक गहलोत सरकार, जिसके पुनः चुने जाने की पूरी-पूरी संभावना थी, को बुरी तरह परास्त कर दिया। चुनाव परिणाम से यह तथ्य भी उभरा कि राजनीतिक दल एक ओर धरे रह गये और राज्य कर्मचारी चाहें तो एक सरकार को उलट सकते हैं और दूसरी बना सकते हैं। पहली बार यह भी देखा कि दो-तीन जातियों ने भाजपा सरकार में उनका मंत्री बनाने की मांग ही नहीं की बल्कि आन्दोलन तक किया। गहलोत शासन के समय कांग्रेस में कतिपय जाट नेताओं ने जाति के आधार पर अपना मुख्यमंत्री बनाने की मांग की थी और उनको भाजपा के जाट नेताओं तथा जाट महासभा का छद्म समर्थन भी प्राप्त था। मांग तो कांग्रेस उच्च नेतृत्व द्वारा अस्वीकार हो गई, मगर इस चुनाव में उसका बदला ले लिया गया। चूंकि जाट जाति को अन्य पिछड़ी जातियों में सम्मिलित करने का आरक्षण भाजपानीत राजग सरकार द्वारा दिया गया तो गहलोत सरकार के पांच सालों में राज्य की अन्य जातियों – राजपूत, ब्राह्मण, गुर्जर आदि ने आरक्षण लेने के लिए आंदोलन चलाये थे और इस प्रश्न पर सभी दलों के नेता दलीय अनुशासन का बंधन तोड़कर एक मंच पर थे। जातिवाद का नाग यहां तक आकर ही अदृश्य नहीं हो गया बल्कि कांग्रेस जैसे कथित धर्मनिरपेक्षवादी तथा जात-पांत विरोधी दल के प्रांतीय नेताओं ने हार की खाज मिटाने के लिए उच्च नेतृत्व से यह मांग की कि जाट और ब्राह्मण में से एक को प्रदेश अध्यक्ष तथा दूसरे को विधायक दल का नेता मनोनीत किया जाय। अगर गहलोत, जिनके नेतृत्व में पार्टी ने चुनाव हारा था, के स्थान पर अधिक नेतृत्व क्षमता वाले को उत्तरदायित्व सौंपने की मांग होती तो समझ में आ सकता था। लेकिन उसके स्थान पर जातीय आधार पर नेतृत्व बदलने की मांग की गई। कांग्रेस उच्च नेतृत्व ने गहलोत की नेतृत्व योग्य क्षमता को मान्यता प्रदान कर उन्हें अखिल भारतीय कांग्रेस का महामंत्री नियुक्त कर दिया और मांग के अनुसार दोनों पदों पर मनोनयन कर दिया। मुझे लगा कि राजस्थान में भी जातिवाद की जड़ें

काफी गहरी होती जा रही हैं।

तब मैंने 'सामंतवाद से जातिवाद' पर पहुँचने का राजनीतिक कारण ढूंढ़ने का निर्णय किया। इसमें मुझे मंत्रियों के चयन में जातिवाद की जमीनें दिखीं।

राजनीतिक दलों में जातीय आधार पर तो कोई रिकार्ड मिलता नहीं है। केवल घटनाओं के आधार पर ही जातीय निष्कर्ष निकाला जा सकता है। राजनीतिक दलों में लोकसभा तथा विधानसभाओं के लिए प्रत्याशियों के चयन और उनके निर्वाचन में भी जातिवाद का प्रभाव दिखाई दिया। राजस्थान में चाहे आरक्षण के कारण शक्ति संतुलन अनुसूचित जाति तथा जनजाति के मतदाताओं और विधायकों के हाथ में हो, लेकिन यथार्थ में कभी भी सत्ता उनके पास नहीं रही। जाट नेता स्वर्गीय कुंभाराम आर्य ने एक बार कहा था कि राजस्थान में कभी जाट मुख्यमंत्री नहीं बन सकता है क्योंकि राज्य में किसी एक जाति का स्पष्ट बहुमत या उसके इतने समर्थक नहीं हैं। यहां विभिन्न जातियों का समसंतुलन है। सब मिलकर ही निर्णय करते हैं। जो नेता स्वतंत्रता संग्राम में आगे आये, उनकी जातियों का चाहे उनके दलों में वर्चस्व रहा हो। धीरे-धीरे दलों में राजनीतिक आदर्श तथा सिद्धान्त महत्वहीन होते चले गये तो नेतृत्व का आधार जातिवाद पर बढ़ता गया।

सन् 1952 में सम्पन्न पहले आम चुनाव से लगाकर 2003 तक सम्पन्न राज्य विधानसभा के चुनाव परिणामों का विश्लेषण करने पर जातिवाद की शक्ति स्पष्ट होती है। रियासतों के एकीकरण तथा राजस्थान के निर्माण के बाद भी सामंतों को सत्ताविहीन होना पचा नहीं था। उन्होंने सामान्य राजपूतों को साथ लेकर 'प्रजा' से पीढ़ियों तथा युगों के सम्बन्धों के आधार पर लोकतांत्रिक मार्ग से सत्ता प्राप्त करने का सपना खोया नहीं था। उन्होंने स्वतंत्रता संग्राम की पार्टी 'कांग्रेस' के विरुद्ध चुनाव लड़कर 160 सदस्यों के सदन में उसके एक-तिहाई से केवल दो कम अर्थात 51 स्थानों पर कब्जा किया। कांग्रेस के टिकट पर केवल तीन ही राजपूत जीते थे। सबसे अधिक स्तंभित करने वाली बात यह थी कि युगों की दासता, अनभिज्ञता तथा भय के बावजूद कांग्रेस कुल में से आधे से दो अधिक अर्थात 82 स्थानों पर विभिन्न जातियों के विधायक निर्वाचित कराने में सफल रही। शेष पर विरोधी दलों तथा निर्दलीय विधायक निर्वाचित हुए थे। दूसरे ही आम चुनाव से सामंतों की शक्ति कमजोर होने लगी। राजपूत केवल 26 चुने गये जिनमें भी 15 कांग्रेस से थे और जाट, जो 1952 में कुल 12 जीते थे, बढ़कर 1957 में 23 हो गये। इनमें 16 कांग्रेस के थे। अनुसूचित जाति तथा जनजाति के आरक्षित निर्वाचन क्षेत्रों को छोड़कर पहले चार आम चुनावों तक मुख्य रूप से जाट, राजपूत, ब्राह्मण तथा वैश्य ही चुने जाते रहे थे। अन्य पिछड़ी जातियों से चुने गये विधायकों की संख्या कुल 176 में 20 से नीचे ही रही थी। प्रधानमंत्री के पद पर स्वर्गीय श्रीमती इंदिरा गांधी के आरोहण के बाद राजाओं के प्रिवीपर्स, उपाधि, झंडा आदि के विशेषाधिकार समाप्त किये जाने पर सामंतों की शक्ति क्षीण हो गई। सन् 1972 के चुनाव से स्थिति बदलने लगी। 1972 में ही लगभग तीस

विधायक अन्य पिछड़ी जातियों से चुने जाने लगे जिनकी संख्या बढ़कर 2003 में दो सौ सदस्यों के सदन में दो प्रमुख दल भाजपा और कांग्रेस के 53 हो गये, जो 1952 में निर्वाचित राजपूतों के बराबर हैं। इस प्रकार जातियों के शक्ति संतुलन में काफी बड़ा परिवर्तन आया है। सन् 1967 के चौथे आम चुनाव तक राजपूत विधायकों का वर्चस्व रहा था, जो बाद में घटता चला गया और उसका स्थान जाटों ने ले लिया।

स्वतंत्रता संग्राम में ग्रामीण क्षेत्रों में जागीरदारों के जुल्मों के विरुद्ध जाटों के नेतृत्व में किसानों ने आंदोलन किये थे। इसलिए कांग्रेस में उनका प्रभाव लगभग दो दशकों तक विशेष रहा। जब प्रथम विधानसभा में लोकनायक स्वर्गीय जयनारायण व्यास ने 22 राजपूत-जागीरदार विधायकों को कांग्रेस में सम्मिलित करा लिया तो उनके विरुद्ध विद्रोह हो गया और विरोधियों ने उन्हें पदमुक्त कराके ही छोड़ा। इसके बाद जाटों का वर्चस्व कांग्रेस में बढ़ा। लेकिन जब चतुर राजनीतिज्ञ पूर्व मुख्यमंत्री मोहनलाल सुखाड़िया ने शक्ति संतुलन के लिए जाटों की एक शक्ति का विखंडन किया तो कांग्रेस में फिर विद्रोह हुआ। राजनीति के तेज खिलाड़ी और जाट नेता स्वर्गीय कुंभाराम आर्य ने राजपूतों के नेता झालावाड़ के पूर्व महाराजा हरिश्चन्द्रसिंह को साथ लेकर कांग्रेस छोड़ दी। इसके कुछ वर्षों पूर्व ही देश के तत्कालीन प्रमुख जाट नेता स्वर्गीय चौधरी चरणसिंह ने 1967 के चुनावोपरांत कतिपय राज्यों में विधानसभाओं में आयाराम-गयाराम का सिलसिला प्रारंभ होने पर प्रधानमंत्री स्वर्गीय जवाहरलाल नेहरू की सहकारी खेती की नीति के विरुद्ध कांग्रेस छोड़ी थी। देश में जाट नेतृत्व ने किसानों की एकता के नाम पर अलग संगठन खड़ा कर लिया था। इसके बाद देश में मोटे रूप से जाट राजनीतिक शक्ति के केन्द्र बिन्दु बन गये थे। इस परिप्रेक्ष्य में 1967 से लेकर 1990 तक जाट नेताओं के हाथ में सत्ता की चाबी रही। राजस्थान में भी यही ध्रुवीकरण रहा। कांग्रेस के बाद भाजपा के तत्कालीन नेता और पूर्व मुख्यमंत्री (वर्तमान उपराष्ट्रपति) भैरोंसिंह शेखावत ने धीरे-धीरे यह चाबी वरिष्ठ जाट नेता स्वर्गीय नाथूराम मिर्धा से उनके जीवनकाल में ही हथिया ली। सन् 1998 के लोकसभा चुनाव के दौरान पूर्व प्रधानमंत्री भाजपा नेता अटलबिहारी वाजपेयी द्वारा जाटों को आरक्षण प्राप्त हो जाने के बाद उन्होंने पुनः शक्ति तो प्राप्त कर ली लेकिन उनके पास आज राजस्थान में कोई नामी जाट नेता नहीं है। इसलिए वर्तमान में जाट महासभा के नेता केवल व्यक्तिगत स्वार्थ पूरा कर लेते हैं। इस बीच शेखावाटी का जाट नेतृत्व मार्क्सवादी कम्युनिस्ट पार्टी के हाथ में अवश्य चला गया है। लेकिन उन्हें अभी तक अन्य किसान जातियों का सहयोग विधानसभा तथा लोकसभा के चुनावों में नहीं मिल पा रहा है। वे उनकी पानी बिजली आदि की समस्याएं हल कराने तक ही उनके साथ हैं। किन्तु आरक्षण प्राप्त करने की बढ़ती मांग के कारण राजस्थान में जातिवाद बढ़ रहा है। राज्य की प्रमुख जातियां राजनीतिक आधार पर बंट रही हैं। इस कारण जातियों में ईर्ष्या एवं द्वेष बढ़ जाने से अपेक्षित राजनीतिक लाभ नहीं मिल रहा है। संगठित समाज की विशृंखलित होती शक्ति देश और राजस्थान के लिए घातक है। इसका कुप्रभाव बिहार और उत्तर प्रदेश जैसे

राज्यों में स्पष्ट दिखाई देता है। मैंने ऐतिहासिक पृष्ठभूमि में विश्लेषण करने की धृष्टता की है। इसके विश्लेषण में जितनी भी खामियां हों, उन्हें क्षमा करने की कृपा करें। केवल यह मानकर चलें कि मेरी किसी के प्रति कोई दुर्भावना नहीं है। न किसी के प्रति घृणा और न कोई दुराग्रह है।

अंत में, मैं उन व्यक्तियों के प्रति हृदय से अपना आभार प्रगट करता हूँ जिन्होंने सामग्री उपलब्ध कराने से लेकर दिशाबोध में मेरी पूरी सहायता की है। मेरा पहला आभार अपने मित्र, वरिष्ठ पत्रकार तथा राजस्थान विषयक संदर्भ सामग्री के संकलनकर्त्ता श्री सीताराम झालानी को है। उन्हीं की प्रेरणा तथा सहयोग के आश्वासन से मैं यह काम हाथ में लेने का साहस कर सका। झालानीजी ने पाण्डुलिपि को शुद्ध करने में भी अपना पूर्ण योगदान किया। उनके पास उपलब्ध सामग्री का यदि वर्गीकरण कर लिया जाये तो कई विषयों का इतिवृत्त तैयार हो सकता है। वे अनेक पूर्व घटनाओं के स्वयं प्रत्यक्षदर्शी रहे हैं तथा आज भी प्रदेश की ढेरों राजनीतिक घटनायें सिलसिलेवार उन्हें मौखिक याद हैं। उन्होंने 'राजस्थान वार्षिकी' प्रकाशित कर बड़ा उपक्रम किया है।

राजस्थान विश्वविद्यालय के पूर्व कुलपति प्रो.के.एल. कमल तथा इतिहासज्ञ प्रो. डॉ. एम.एस. जैन का उपकार मानता हूँ जिन्होंने न केवल अपनी उपयोगी पुस्तकें उपलब्ध कराईं बल्कि राजनीतिक इतिहास लेखन का दिशाबोध दिया। उन दोनों ने इस बात पर जोर दिया कि सारे तथ्य सप्रमाण प्रकाशित हों। मैंने वैसा ही करने का प्रयत्न किया है। मैं इतिहास लेखक स्वर्गीय श्री बी.एल. पानगड़िया का भी आभार प्रगट करता हूँ जिन्होंने कई पुस्तकें प्रदान कीं तथा इस लेखन के लिए प्रोत्साहित किया। मैं उन सभी राजनेताओं का आभारी हूँ जिन्होंने मुझे व्यक्तिगत साक्षात्कार का समय तथा जानकारी देकर मेरा सहयोग किया। मैंने उन सभी के नाम और भेंटों की तारीखें प्रकाशित की हैं। मैंने उन सभी द्वारा दी गई जानकारी को सही परिप्रेक्ष्य में प्रस्तुत करने का प्रयत्न किया है।

मैं राजस्थान पत्रिका पुस्तकालय के प्रभारी श्री अशोक जैन तथा उनके सहायकों को धन्यवाद देता हूँ जिन्होंने मुझे बहुत-सी सामग्री उपलब्ध कराई। मैं 'अमर ज्योति' के संपादक श्री अशोक चतुर्वेदी का भी आभारी हूँ जिन्होंने पचास के दशक की अपनी पुरानी फाइलें मुझे उपलब्ध कराईं जिनके बिना कई सूचनाएं अधूरी रह जातीं। मैं सिटी पैलेस के पुस्तकालयकर्मियों को उनके सहयोग के लिए धन्यवाद देता हूँ। मैं राज्य सरकार के सूचना एवं जन सम्पर्क निदेशालय को भी धन्यवाद देता हूँ, जिसने मंत्रिमंडलों के चित्र तथा सामग्री उपलब्ध कराई।

मैं अपने कनिष्ठ पुत्र तथा जयपुर पब्लिसिटी सेण्टर के प्रमुख कार्यकारी श्री सुबोध भंडारी, ग्राफिक डिजाइनर श्री मुकेश कुमार गुप्ता तथा उनके सहयोगियों को भी हार्दिक धन्यवाद देता हूँ, जिनके अथक सहयोग के बिना यह पुस्तक तैयार नहीं हो पाती। अंत में, मैं पुस्तक के प्रकाशक श्री अरुण माहेश्वरी को धन्यवाद दिये बिना नहीं रह सकता। इसके लिए 'जनसत्ता' के संपादक ओम थानवी का कृतज्ञ हूँ।

विजय भंडारी

अनुक्रमणिका

30 मार्च, 1949 – राजस्थान के उद्घाटन के अवसर पर सरदार वल्लभभाई पटेल तथा मणिबेन पटेल के साथ राजस्थान के चार बड़े नेता – गोकुलभाई भट्ट, हीरालाल शास्त्री, जयनारायण व्यास तथा मणिबेन के पीछे सफेद टोपी में माणिक्यलाल वर्मा, सरदार पटेल और गोकुलभाई के बीच पटेल के सचिव वी.शंकर, आई.सी.एस. ।

1

राजस्थान का निर्माण

भारत के प्रथम उप प्रधानमंत्री तथा रियासती मंत्रालय के अध्यक्ष सरदार वल्लभभाई पटेल ने 30 मार्च, 1949 को जयपुर के सिटी पैलेस के दरबार हॉल में जयपुर रियासत के महाराजा सवाई मानसिंह (द्वितीय) को राजप्रमुख तथा कोटा के महाराव राजा भीमसिंह को उप राजप्रमुख पद की शपथ ग्रहण कराके राजस्थान राज्य की आधारशिला रखी थी। राजप्रमुख सवाई मानसिंह ने बाद में हीरालाल शास्त्री को प्रधानमंत्री पद की शपथ दिलाई। यह तत्कालीन राजपूताना की रियासतों के एकीकरण का ऐतिहासिक समारोह था। शास्त्री ने चार किश्तों में दस सदस्यीय मंत्रिमंडल का निर्माण किया था। इसमें उनके अलावा प्रेमनारायण माथुर, सिद्धराज ढड्ढा, वेदपाल त्यागी, रघुवरदयाल गोयल, भूरेलाल बया, फूलचंद बाफना, नृसिंह कछवाहा, शोभाराम तथा सामंतों के प्रतिनिधि के रूप में रावराजा हणूतसिंह थे।[1] राजस्थान आज क्षेत्रफल की दृष्टि से देश में सबसे बड़ा राज्य है, जिसमें लगभग छह करोड़ जनता निवास करती है। यह राज्य सामंतवाद का बड़ा गढ़ था, जिसे जनता ने नब्बे वर्षों के लम्बे संघर्ष के बाद धराशायी कर दिया था। इस बर्बर तथा उत्पीड़नकारक व्यवस्था का राज्य की भोली-भाली जनता ने बहादुरी से सामना किया था, जिसमें सैकड़ों निहत्थों की जानें चली गई थीं। राजस्थान में तिहरी दासता थी। पहली अंग्रेजों की, दूसरी राजाओं तथा तीसरी स्थानीय जागीरदारों की। (राजस्थान का पूर्व नाम राजपूताना था। 26 जनवरी, 1950 को देश में संविधान लागू होने से पूर्व मुख्यमंत्री को प्रधानमंत्री कहा जाता था।)

राजस्थान का निर्माण छह चरणों में पूरा हुआ था। सबसे पहले चार रियासतों भरतपुर, अलवर, धौलपुर तथा करौली को मिलाकर 18 मार्च, 1948 को 'मत्स्य प्रदेश' की स्थापना की गई थी। बाद में 15 मई, 1949 को उसे वर्तमान राजस्थान में मिलाया गया। इसके बाद 'राजस्थान संघ' का निर्माण 25 मार्च, 1948 को किया गया, जिसमें बांसवाड़ा, बूंदी, डूंगरपुर, झालावाड़, किशनगढ़, कोटा, प्रतापगढ़, शाहपुरा, टोंक आदि रियासतें तथा लावा और कुशलगढ़ की चीफशिप शामिल हुई। बाद में मेवाड़ (उदयपुर) 18 अप्रेल, 1948 को इसमें सम्मिलित हुआ और इसका 'संयुक्त राजस्थान' नामकरण हो गया। 30 मार्च, 1949 को जयपुर, जोधपुर,

राजस्थान निर्माण की ऐतिहासिक घड़ी

30 मार्च, 1949 – जब भारत के उप प्रधानमंत्री सरदार वल्लभभाई पटेल ने जयपुर के सिटी पैलेस स्थित दरबार हॉल में नवगठित राज्य का उद्घाटन किया। साथ में राजप्रमुख सवाई मानसिंह तथा मनोनीत प्रधानमंत्री पं. हीरालाल शास्त्री।

जैसलमेर तथा बीकानेर को सम्मिलित कर बृहद् राजस्थान का निर्माण किया गया। सिरोही को लेकर कई वर्षों तक असमंजस की स्थिति बनी रही। 5 जनवरी, 1949 को इसके एक भाग को तत्कालीन बंबई प्रांत में सम्मिलित कर लिया गया था। लेकिन सिरोही रियासत की जनता राजस्थान के साथ रहना चाहती थी। इसलिए उसे बाद में सम्मिलित किया जा सका। अंतिम चरण में 1 नवम्बर, 1956 को अजमेर को राज्य पुनर्गठन आयोग की सिफारिश पर राजस्थान में मिलाया गया।

प्रथमग्रासे मक्षिकापात:

राजस्थान का निर्माण प्रदेश कांग्रेस के नेताओं में आपसी मनमुटाव, अविश्वास, विचारों के मतभेद तथा उनकी इच्छाओं के विरुद्ध नेता के मनोनयन से हुआ। रियासतों के एकीकरण के

प्रति तो प्रदेश के कांग्रेस नेताओं की सहमति थी लेकिन राज्य का पहला मुख्यमंत्री कौन हो तथा नवीन प्रांत की राजधानी कहां पर रखी जाय ? इन प्रश्नों पर तत्कालीन रियासतों के प्रजामंडलों के नेताओं में आपसी मतभेद था। भारत छोड़ो आंदोलन के दौरान जयपुर महाराजा और शास्त्री के सम्बन्ध तथा संघर्ष के प्रति उनके दृष्टिकोण की पृष्ठभूमि में विचार मतभेद जबर्दस्त था। लेकिन सरदार पटेल का हीरालाल शास्त्री के प्रति नरम रुख था। पसन्दगी के दबाव में प्रदेश के अन्य नेताओं ने अपना मन मारकर अपनी इच्छा के विरुद्ध निर्णय स्वीकार किया। इस पृष्ठभूमि में राजस्थान का निर्माण 30 मार्च, 1949 को सम्पन्न हुआ।

देश में एक उदाहरण महात्मा गांधी और जयप्रकाश नारायण जैसे महान नेताओं तथा द्रष्टाओं का है, जिन्हें सत्ता का मोह कभी नहीं रहा। आज भी ऐसे उदाहरण हैं। राजस्थान में लोकनायक स्वर्गीय माणिक्यलाल वर्मा का भी एक ऐसा नाम है जो संयुक्त राजस्थान के ग्यारह माह तक प्रधानमंत्री रहने के बाद बृहद् राजस्थान में कोई भी पद स्वीकार करने को तैयार नहीं हुए और जीवनपर्यन्त इस पर कायम रहे। इसके विपरीत प्रदेश कांग्रेस के बहुसंख्य नेताओं की इच्छाओं के विरुद्ध हीरालाल शास्त्री ने प्रधानमंत्री का पद प्राप्त करने के लिए सरदार पटेल तथा रियासती विभाग को प्रभावित किया। शास्त्री का दावा था कि राज्य में वही केवल इस पद के योग्य उम्मीदवार हैं और उनका साथ तत्कालीन प्रदेश कांग्रेसाध्यक्ष, गांधीवादी नेता गोकुलभाई भट्ट ने दिया था। शास्त्री प्रथम प्रधानमंत्री नियुक्त हुए जिसके फलस्वरूप कांग्रेस में एकता को भंग करने वाली तथा राज्य के हित के विपरीत धड़ाबंदी शुरू हो गई। उनके कार्यकाल में कांग्रेस के अधिकांश नेताओं ने उनका जबर्दस्त विरोध किया और अन्त में उन्हें अपदस्थ कर के ही चैन लिया। लेकिन आपसी मनमुटाव और अविश्वास की खाई जीवनभर के लिए खुद गई।

शपथ समारोह का बहिष्कार

उद्घाटन समारोह ही घोर अपमानजनक था। राज्य के तपस्वी एवं स्वतंत्रता संग्राम के अग्रगण्य नेता जयनारायण व्यास, माणिक्यलाल वर्मा तथा अन्य नेताओं के बैठने की सम्मानजनक एवं समुचित व्यवस्था नहीं की गई। प्रथम पंक्ति राज्य के राजाओं, बड़े जागीरदारों तथा उच्चाधिकारियों आदि के लिए थी। उपरोक्त नेताओं के स्थान पिछली पंक्ति में आरक्षित देखकर उन्होंने अपना घोर अपमान माना और वे समारोह का बहिष्कार कर चले गये। उनके साथ अन्य नेता गोकुललाल असावा, द्वारकादास पुरोहित, मोहनलाल सुखाड़िया, मथुरादास माथुर आदि भी बहिर्गमन कर गये। इतिहासकार बालूलाल पानगड़िया के अनुसार इस घटना से राजस्थान के राजनीतिक क्षितिज पर कटुता और वैमनस्यता के बादल पुनः मंडराने लगे।[2] राजस्थान के शिक्षाशास्त्री स्वर्गीय शंकरसहाय सक्सेना ने यशोगाथा लोकनायक श्री माणिक्यलाल वर्मा, 'जो देश के लिए जिये' नामक जीवनी में वर्मा की डायरी उद्धृत की है। ''30 मार्च को बृहद

राजस्थान का उद्घाटन हुआ। सम्मान से स्थान न मिलने से वापस आ गया और जयपुर से रवाना होकर किशनगढ़ आकर ठहरा''। इस पर सक्सेना ने टिप्पणी की ''वर्माजी और व्यासजी तथा बृहद राजस्थान के मुख्यमंत्री के बीच खिंचाव बढ़ता गया।''[3]

इस दुखद कांड के बारे में शास्त्री ने अपनी आत्मकथा 'प्रत्यक्ष जीवन शास्त्र' में सफाई दी है कि समारोह की व्यवस्था जयपुर के दीवान सर वी.टी. कृष्णामाचारी की देखरेख में की गई थी। उसमें शायद बैठने की व्यवस्था में कुछ गड़बड़ी रह गई और वर्माजी वगैरह नाराज होकर समारोह से चले गये।[4] उन्होंने माना कि बैठने की व्यवस्था सम्मानजनक नहीं थी।

राजस्थान स्वर्ण जयन्ती प्रकाशन समिति द्वारा प्रकाशित 'पं. हीरालाल शास्त्री' नामक पुस्तक में वरिष्ठ पत्रकार भगवानसहाय त्रिवेदी ने लिखा है कि 'शास्त्रीजी ने नेताओं की सिफारिश पर कुछ लोगों को मंत्रिमंडल में शामिल नहीं किया। इससे मनों की दूरी और बढ़ गई। प्रदेश कांग्रेस संगठन और राज्य का मंत्रिमंडल आमने-सामने हो गया।'[5]

हीरालाल शास्त्री मंत्रिमंडल

शपथग्रहण : 30 मार्च, 1949 , 8 अप्रेल, 1949 और 13 अप्रेल, 1949

बायें से दायें : सिद्धराज ढड्ढा, फूलचन्द बाफना, रावराजा हणूतसिंह (तीनों मंत्री), हीरालाल शास्त्री (प्रधानमंत्री), सवाई मानसिंह (राजप्रमुख), नृसिंह कछवाहा, वेदपाल त्यागी तथा भूरेलाल बया (तीनों मंत्री)।

जोधपुर महाराजा को अभयदान

देशी रियासतों के भारत संघ में विलय का गौरवपूर्ण इतिहास है। सभी इतिहासकारों ने खुले मन से इसका श्रेय लोहपुरुष सरदार वल्लभभाई पटेल को दिया है। कुछ अनमने समझौते भी भारत

सरकार को उस समय तत्कालीन राजाओं के साथ करने पड़े थे। इस संदर्भ में कुछ तथ्य अब भी प्रकाश में आते जा रहे हैं। जोधपुर रियासत को पाकिस्तान में विलय के लिए उसके निर्माता तथा प्रथम गवर्नर जनरल कायदे आजम मोहम्मद अली जिन्ना ने कई प्रलोभन दिये थे। मगर सरदार ने अपना लोहहस्त काम में लिया। राजस्थान स्वर्ण जयन्ती प्रकाशन समिति, जयपुर ने राजस्थान में स्वतंत्रता संग्राम के अमर पुरोधाओं पर सन् 2000 में एक पुस्तकमाला प्रकाशित की थी। उसमें एक जीवनी राज्य के प्रमुख गांधीवादी एवं सर्वोदयी नेता गोकुलभाई भट्ट की भी है। इसमें लेखक ने राजस्थान के एकीकरण के सम्बन्ध में राज्य के वरिष्ठ पत्रकार प्रवीणचन्द्र छाबड़ा की टेप रेकार्डेड भेंटवार्ता का एक भाग प्रकाशित किया है। इससे पता चलता है कि यदि सरदार ने जोधपुर महाराजा हनुवंतसिंह को गिरफ्तार करने की चेतावनी या धमकी नहीं दी होती तो इतिहास अन्य भी हो सकता था। वह घटना बहुत रोमांचकारी थी। कैसे एक मां ने अपने नासमझ बच्चे को बचाया, जो राजा होकर भविष्य को नहीं पहचान पाया? वार्ता का अंश निम्न प्रकार से भट्टजी के शब्दों में :

"तब जोधपुर का मामला बहुत पेचीदा हो रहा था, क्योंकि जोधपुर के महाराजा की पाकिस्तान के साथ सांठ-गांठ हो रही थी। उनसे पत्र-व्यवहार भी हुआ था। समझौते का मसौदा भी तैयार हो गया था। वहां से कुछ एक्ट्रेस (अभिनेत्रियां) भी भेजी गई थीं। इस तरह से बहुत कुछ हुआ था। सरदार ने जोधपुर महाराजा को दिल्ली बुलाया और समझाया तथा कहा, "क्या पाकिस्तान के साथ जाना है आपको? तो वे घबरा गये, कुछ जवाब नहीं दे पाये और सरदार ने जरा कड़ाई से कहा कि देखिये ! अगर आपको जाना है तो आपको भेज दूं, रियासत नहीं जायगी।" इस प्रकार कुछ डांट-डपट भी की गई। राजमाता (स्वर्गीय महाराजा उम्मेदसिंह की महारानी) ने जब यह सुना कि हनुवंतसिंह को इस तरह सरदार ने कहा है तो उन्होंने मुझसे कहा, "व्यक्तिगत रूप से गोकुलभाई आप ही ध्यान रखिये कि कोई ऐसी बात न हो। अपने को तो देश के साथ, भारत के साथ रहना है और मेरे लड़के ने कुछ भी किया हो या नहीं किया हो, उसे भूल जाना चाहिए। सरदार साहब उसके ऊपर इतना कुछ ना करें।"

रुआंसी मां ने भट्टजी से अनुरोध किया, "मेरे सिर पर हाथ रखिये और इसमें मदद करें, ये सब बातें तो हैं" आखिर जोधपुर महाराजा ने मान लिया और भारत संघ में विलय के पत्र पर हस्ताक्षर कर दिये।[6]

जोधपुर महाराजा ने इसी संदर्भ में एक और बचकानी तथा खतरनाक हरकत की थी, यदि वे रियासती विभाग के सचिव वी.पी. मेनन पर गोली चला देते तो पता नहीं कानून क्या कदम उठाता? यह घटना विलय के दिनों की है। उसका वर्णन स्वयं मेनन ने अपनी पुस्तक 'देशी राज्यों के एकीकरण की कहानी' में इस प्रकार किया है :

"विलय की वार्ता के दौरान तत्कालीन वायसराय लार्ड माउण्टबैटन अपने कमरे से महाराजा और मेनन को वहां छोड़कर बाहर चले गये तो महाराजा ने अपनी पिस्तौल निकाली

और मेनन की ओर तानते हुए कहा, "मैं तुम्हारे दबाव में झुकने वाला नहीं हूं।" संभलते हुए मेनन ने दृढ़तापूर्वक कहा, "इस प्रकार के बचकाने व्यवहार और गीदड़ भभकी से कोई लाभ होने वाला नहीं है। यदि आप सोचते हैं कि मुझे मारने अथवा धमकी देने से जोधपुर का भारत संघ में विलय का निर्णय रद्द हो जायेगा तो वे भयंकर भूल करते हैं।" इसी बीच माउण्टबैटन लौटकर कमरे में आ गये। उन्होंने सुना तो सारी घटना को हंसी में टाल दिया।[7]

जयपुर महाराजा मानसिंह (द्वितीय) की जीवनी 'दी लास्ट महाराजा' में एक और हैरतअंगेज घटना का वर्णन है। जोधपुर महाराजा ने सुन रखा था कि पटेल लोगों का अपमान कर देते हैं। जब पटेल आने वाले थे तब उन्होंने घोषणा की "अगर उन्होंने उनका अपमान किया तो वह उन्हें गोली मार देगा और आत्महत्या कर लेगा।" पटेल ने भी इस धमकी को सुन रखा था । वे आये, तब नम्रतापूर्वक हँसते हुए महाराजा को 'मेरे प्यारे भतीजे' सम्बोधित किया। ऐसा कहकर उन्होंने उन्हें हर दृष्टि से निहत्था कर दिया।[8]

जयपुर महाराजा की अन्तर्वेदना

जयपुर रियासत के विलय तथा राजस्थान के एकीकरण की कहानी पेचीदा नहीं है। महाराजा सवाई मानसिंह (द्वितीय) ने अपने शासन काल की रजत जयन्ती स्वतंत्रता प्राप्ति के वर्ष में ही मनाई थी। उनकी मानसिकता बहुत कम प्रकाश में आई है। स्वतंत्रता से पूर्व उन्होंने अंग्रेजों की तरह अपने राज्य में कई शासन सुधार कर दिये थे और जनता के प्रतिनिधियों को शासन में भागीदार बनाना शुरू कर दिया था। लेकिन उनकी हार्दिक महत्वाकांक्षा यह थी कि नयी व्यवस्था में इंग्लैण्ड की तरह राजाशाही भी चलती रहे। एक के बाद एक राज्य जब एकीकरण में सम्मिलित होते जा रहे थे तब उनकी अन्तर्वेदना देखने लायक थी । इसकी अभिव्यक्ति उनके एक पत्र में हुई है। यह पत्र उन्होंने अपने ज्येष्ठ पुत्र तथा अपने भावी उत्तराधिकारी ब्रिगेडियर भवानीसिंह को लिखा था, जो उस समय इंग्लैण्ड में शिक्षा ग्रहण कर रहे थे। इससे पता चलता है कि उनका अन्तर्मन इस वेदना से फटा जा रहा था कि रियासत समाप्त हो रही है तथा 'राजपूतों के राज्य राजपूताना' का नामो-निशान मिट जायगा। बड़ा होकर पुत्र उन्हें दोष न दे, इसलिए राजाओं की स्थिति का वर्णन किया, जो निम्न प्रकार से है। महाराजा अपने ज्येष्ठ सुपुत्र को 'बब्बल्स' नाम से पुकारते थे। इसी नाम से पत्र सम्बोधित किया गया था। महाराजा की जीवनी के लेखक ने उनके एक पूर्व मंत्री ठाकुर देवीसिंह का उल्लेख कर यह भी लिखा है कि "एक बार महाराजा ने स्वतंत्र रहने का भी सोचा, लेकिन 'खून खराबा' होने का भय था।"[9]

English portion from the book 'The Last Maharaja' (1985), page 180-181, written by Quentin Crewe. A biography of Sawai Mansingh-II, Maharaja of Jaipur.

A letter written by the H.H. of Jaipur, late Sawai Man Singh to his eldest son Brigadier Bhawani Singh.

About Rajputana : I shall now try and give you a clear picture of Rajputana as it is today. 'It breaks my heart to say so but I am afraid Rajputana is in melting pot, and I see no bright future for her, unless one of the Rulers is prepared to make sacrifice and take the lead'.

The Picture of the states today is as follows :

About Jodhpur : "Jodhpur thanks to its young Ruler, your cousin is not only financially broke, but the Ruler has made history by marrying a common Eurasian girl and has lowered himself and his State in the eyes of public."

About Bikaner : "His Highness of Bikaner, who has a good opinion of himself, has brought ruin on his State and himself by smuggling stuff into Pakistan. He and his ministers were personally involved in the smuggling."

About Udaipur : "Udaipur voluntarily gave in and is today part of the Union of Rajasthan . The poor Maharana is cripple and his advisers have been far from loyal, and have taken advantage of him and guided him on the wrong lines . The premier Rajput State of Rajputana is no more that now."

About Jaipur : "Jaipur, the State to which we all have the honour of the belonging, stands out by itself. There is not a person today in India, who can find a fault or point an accusing finger towards is Ruler, administration or people."[10] (पूरा पत्र परिशिष्ट में दिया गया है)

उपरोक्त पत्र का हिन्दी रूपान्तरण

राजपूताना : "अब मैं राजपूताना की आज जो स्थिति है उसकी स्पष्ट तस्वीर तुम्हें बताने का प्रयत्न करूंगा। यह लिखते हुए मेरा हृदय फट रहा है, किन्तु भय है राजपूताना पिघलने या गलने वाले बर्तन के समान है और मैं देखता हूँ कि उसका भविष्य उज्ज्वल नहीं है, जब तक कि उसका कोई राजा नेतृत्व करने तथा त्याग करने को तैयार नहीं हो।"

उपरोक्त अंश से स्पष्ट है कि महाराजा को इसका बहुत दुख है कि राजपूताना की रियासतें समाप्त हो रही हैं, जो वे नहीं चाहते थे। वे चाहते थे कि पूर्व रियासतें एवं राजाशाही पूर्ववत ही बनी रहे। लेकिन वे स्वयं अपने को इतना निर्बल समझते थे कि उन्हें बचाने के लिए नेतृत्व तथा त्याग करने को आगे आयें। उन्हें किसी अन्य के आगे आने तथा नेतृत्व करने की क्षमता भी अनुभव नहीं होती थी। इसलिए उन्होंने राजपूताना का भविष्य भी उज्ज्वल नहीं माना।

राजस्थान के एक सेवानिवृत्त आई.ए.एस., के.एल. कोचर ने महाराजा मानसिंह के एक ऐसे प्रयास का जिक्र 'रियासती राजपूताना से जनतांत्रिक राजस्थान' पुस्तक में किया है, जो स्वर्ण जयन्ती प्रकाशन समिति ने ही प्रकाशित की है। उसके आमुख में उन्होंने लिखा है, "जयपुर के महाराजा सवाई मानसिंह ने भी सभी रियासतों को मिलाकर एक संघ बनाने का प्रयास किया। उनका प्रस्ताव था कि रियासतें अपना अस्तित्व कायम रखते हुए केवल कुछ विषय यथा – उच्च न्यायालय, उच्च शिक्षा एवं पुलिस प्रस्तावित संघ को सौंप दें।"[11]

उपरोक्त पत्र में आगे जयपुर महाराजा भवानीसिंह के ममेरे भाई जोधपुर के तत्कालीन नवयुवक महाराजा हनुवंतसिंह को धन्यवाद देते हुए लिखते हैं : "उनकी न केवल आर्थिक स्थिति खराब है बल्कि राजा ने यूरेसियन (Eurasian) सामान्य लड़की से विवाह करके इतिहास बनाया है और अपनी रियासत के लोगों की निगाह में, राज्य तथा स्वयं के कद को छोटा किया है।" (जोधपुर, जयपुर महाराजा का ससुराल था। जोधपुर के तत्कालीन महाराजा हनुवन्तसिंह जयपुर महाराजा सवाई मानसिंह के साले के लड़के थे। इसलिए भवानीसिंह के हनुवन्तसिंह ममेरे भाई थे।)

महाराजा मानसिंह ने बीकानेर के तत्कालीन महाराजा सार्दूलसिंह तथा उनके मंत्रियों पर भी गंभीर आरोप लगाये हैं। उन्होंने लिखा, "महाराजा बीकानेर 'जो अपने बारे में अच्छी राय रखते हैं' लेकिन पाकिस्तान में अपनी रियासत से माल (स्टफ) की तस्करी करके राज्य को बर्बाद कर दिया है। वे तथा उनके मंत्रीगण व्यक्तिशः तस्करी में सन्निहित हैं।"

उदयपुर के महाराणा भूपालसिंह के बारे में लिखा : "उदयपुर ने स्वेच्छापूर्वक विलय कर लिया और वह आज संयुक्त राजस्थान का भाग है। (यह पत्र बृहद् राजस्थान के निर्माण से पूर्व तथा 18 अप्रेल, 1948 के बाद लिखा गया था क्योंकि उसका विलय उसी दिन हुआ था।) आगे लिखते हैं : "निर्बल महाराणा अपंग हैं और उनके सलाहकार उनके प्रति निष्ठा से काफी दूर हैं और गलत राय देकर उनकी स्थिति का बेजा लाभ उठाया है।" आगे लिखते हैं : "राजपूताना के राजपूतों का सिरमौर राज्य (मेवाड़) वह अब वैसा नहीं है।"

अपनी रियासत जयपुर के बारे में महाराजा मानसिंह ने लिखा : "जयपुर, जिस रियासत का हमें होने का गौरव प्राप्त है, सबसे अलग है। भारत में आज कोई ऐसा व्यक्ति नहीं है जो किसी प्रकार का दोष निकाल सके या उसके राजा, प्रशासन या जनता को दोषी ठहराने के लिए अंगुली उठा सके।"

स्वतंत्रता के छह माह बाद जनवरी 1948 से राजपूताना की तत्कालीन रियासतों के एकीकरण की दिशा में प्रयत्न शुरू हो गये थे। भारत सरकार के रियासती विभाग के सचिव वी.पी. मेनन एकीकरण के लिए पूरी भागदौड़ कर रहे थे। राजाओं का मान भी रह जाय और उनकी आकांक्षाओं की पूर्ति भी हो जाय। क्योंकि सरदार पटेल तथा मेनन अच्छी तरह से समझते थे कि सदियों के दैविक अधिकार को छोड़ना आसान नहीं होता है। लेकिन भारत सरकार की शक्ति तथा राजाओं में एकता के अभाव को सभी पक्ष अच्छी तरह से समझते थे। राजाओं ने समझ लिया था कि जब अंग्रेज जैसी महाशक्ति को भी जनता की आवाज के बाद सत्ता छोड़ने को विवश होना पड़ा है तो देश की 584 छोटी-मोटी रियासतों की क्या शक्ति और हैसियत है? यह भी उस स्थिति में जबकि जनता उनके साथ नहीं है। फिर कश्मीर में सन् 1948 में पाकिस्तान को कबालियों के विद्रोह में जिस प्रकार मुंह की खानी पड़ी, उससे राजाओं को अपनी स्थिति का अहसास हो गया। इसलिए जयपुर महाराजा ने भविष्य की रेखाओं को पढ़कर सत्ता को अप्रत्यक्ष रूप से अपने हाथ में रखने की नीति अपनाई। अगर स्वयं राजप्रमुख, जयपुर राजधानी तथा राजस्थान का प्रथम मुख्यमंत्री उनका व्यक्ति बन जाय तो कम-से-कम अपनी इच्छा पूर्ति करा सकेंगे या बेगानापन तो अनुभव नहीं करेंगे।

मिर्जा-बिड़ला-शास्त्री की मिलीभगत

इतिहास के पन्ने बताते हैं कि जयपुर ही राजस्थान में एक मात्र ऐसी रियासत थी, जहां महात्मा गांधी के नेतृत्व में कांग्रेस का सन् 1942 का 'अंग्रेजो भारत छोड़ो' आंदोलन तथा कांग्रेसजनों का 'करो या मरो' के निर्देश का पालन नहीं हुआ था। अगर जयपुर कांग्रेस के कतिपय नेता 'आजाद मोर्चा' बनाकर कांग्रेस से अलग होकर आंदोलन नहीं करते तो उस पर यह काला दाग लगा ही रह जाता।

इस दृष्टि से जयपुर के स्वतंत्रता संग्राम के इतिहास में जाना आवश्यक हो जाता है। जयपुर रियासत के शेखावाटी क्षेत्र में जागीरदारों के निर्मम अत्याचारों के विरुद्ध जागरण की लहर आर्य समाज की झुंझुनूं जिले के मण्डावा कस्बे से 1927 में स्थापना के साथ बहने लगी थी। शिक्षा-प्रचार तथा समाज-सुधार से लोगों में जन-चेतना हुई और उन्होंने संगठन बनाने शुरू कर दिये। पहले जाट सभा और बाद में किसान सभा के झंडे तले शोषण के विरुद्ध आंदोलन होते रहे। प्रजामंडल की स्थापना होने पर वे उससे सम्बद्ध हो गये।

किसानों के कई अन्य नेताओं में सरदार हरलालसिंह भी एक प्रमुख थे। प्रजामंडल शहरी (जयपुर) क्षेत्र तक ही सीमित था। गांधीजी के अनन्य भक्त शेखावाटी के सेठ जमनालाल बजाज जयपुर राज्य प्रजामंडल के पहले अध्यक्ष और हीरालाल शास्त्री महासचिव थे। वर्तमान में देश का प्रमुख 'बजाज उद्योग' सेठ जमनालाल के पोतों का ही है। शेखावाटी में जयपुर की तरह 'अंग्रेजो

भारत छोड़ो' आंदोलन तो नहीं हुआ लेकिन किसानों की मांगों तथा जागीरदारों के खिलाफ आंदोलन राजस्थान के निर्माण के बाद तक चलते रहे।

जयपुर महाराजा स्वयं तथा उनके दीवान सर मिर्जा इस्माइल नहीं चाहते थे कि रियासत में 1942 का आंदोलन हो। इसलिए सर मिर्जा इस्माइल ने सन् 1942 के आंदोलन के समय प्रजामंडल के नेता हीरालाल शास्त्री से एक गुप्त समझौता किया। पं. हीरालाल शास्त्री की आत्मकथा 'प्रत्यक्ष जीवन शास्त्र' के अनुसार समझौते में पांच शर्तें थीं जिनका सार यही था कि अंग्रेजों के विरुद्ध प्रदर्शन किये जा सकेंगे, 'बाहर' से आने वाले आंदोलनकारियों को सरकार गिरफ्तार नहीं करेगी, उत्तरदायी शासन की स्थापना 'यथा शीघ्र' की जायगी और महाराजा के खिलाफ 'सीधी कार्यवाही' नहीं की जायगी।[12] इसके विरोध में कुछ कांग्रेसजनों ने कांग्रेस के नेता बाबा हरिश्चन्द्र शर्मा के नेतृत्व में जयपुर में 'आजाद मोर्चा' स्थापित कर 'भारत छोड़ो' आंदोलन किया और पकड़े गये।

प्रसिद्ध इतिहासकार डा. एम.एस. जैन ने अपनी पुस्तक 'आधुनिक राजस्थान का इतिहास' में लिखा है कि शास्त्री ने अपनी पुस्तक 'प्रत्यक्ष जीवन शास्त्र' में इस संदर्भ में सफाई दी है कि "वे यह व्यावहारिक नहीं समझते थे कि राजा अंग्रेजों से सम्बन्ध विच्छेद कर लें, जैसा कि गांधीजी ने भारत छोड़ो आंदोलन की पूर्व संध्या को कहा था तथा उन्हें यह भय था कि यदि राज्य में जन-आंदोलन आरम्भ किया गया तो उनकी शिक्षण संस्था वनस्थली के हितों की हानि हो सकती थी।"[13]

शास्त्री और मिर्जा के बीच किस प्रकार के सम्बन्ध थे। इसका पता मिर्जा, देश के प्रमुख उद्योगपति घनश्यामदास बिड़ला और शास्त्री के बीच हुए पत्र-व्यवहार से चलता है। इन पत्रों का प्रकाशन राज्य के शिक्षाशास्त्री स्वर्गीय शंकरसहाय सक्सेना ने 'जो देश के लिए जिये' पुस्तक में किया है। ये पत्र राजस्थान राज्य अभिलेखागार कार्यालय बीकानेर में मौजूद हैं। सक्सेना ने टिप्पणी की है कि गोपनीय फाइलों में सर मिर्जा इस्माइल, घनश्यामदास बिड़ला तथा हीरालाल शास्त्री के कतिपय पत्र मिले हैं। इनसे इतना स्पष्ट है कि " घनश्यामदास बिड़ला द्वारा हीरालाल शास्त्री का सर मिर्जा इस्माइल से घनिष्ठ सम्बन्ध स्थापित हो गया था और शास्त्री मिर्जा के 'अत्यन्त विश्वासपात्र' बन गये थे।" सक्सेना ने आगे और लिखा है कि "इन पत्रों को पढ़ने से यह स्पष्ट हो जाता है कि तत्कालीन जयपुर राज्य के प्रधानमंत्री सर मिर्जा इस्माइल, हीरालाल शास्त्री से 'अंग्रेजो भारत छोड़ो' आंदोलन के सम्बन्ध में क्या नीति अपनावें, इस पर परामर्श करते थे और उनके सुझावों को महत्व देते थे। पत्र-व्यवहार के मुख्य बिन्दु निम्न हैं।"[14]

मिर्जा ने 14 अगस्त, 1942 को जयपुर के पोलिटिकल एजेन्ट मेजर एच. एम. पाउल्टन को लिखा, "यह मानने के लिए विश्वसनीय आधार है कि प्रजामंडल अ.भा. राष्ट्रीय कांग्रेस की सहानुभूति में कोई कार्रवाई नहीं करेगा।"

आंदोलन के दौरान 19 सितम्बर, 1942 को शास्त्री ने हस्तलिखित एक पत्र द्वारा मिर्जा को परामर्श दिया, ''आप संयम से काम लें तो अधिक उपयुक्त होगा। परिस्थिति से निबटने का यह अधिक सरल तरीका हो सकता है...... आप सरलता से कुछ समय तक परिस्थिति का अध्ययन करने के लिए प्रतीक्षा कर सकते हैं।''

उपरोक्त पत्र से आठ दिन पूर्व 11.9.42 को बिड़ला ने नई दिल्ली से मिर्जा को एक पत्र भेजा था जिसमें उन्होंने लिखा, ''इसमें संदेह नहीं है कि शास्त्री (आपकी) सहायता कर रहे हैं। मैं उनसे सम्पर्क बनाये हुए हूं।''

शास्त्री के 19 सितम्बर के हस्तलिखित पत्र को मिर्जा ने उसी दिन ब्रिगेडियर को भेज दिया। मिर्जा ने भी हाथ से लिखकर ही पत्र भेजा ताकि स्टेनो को भी पता नहीं चले। मिर्जा ने लिखा : ''मुझे इसमें तनिक भी संदेह नहीं है कि वे (शास्त्री) राज्य के शुभचिन्तक हैं।'' (संपूर्ण पत्र-व्यवहार पुस्तक के अंत में परिशिष्ट में दिया गया है।)

सक्सेना का मत था कि 'चतुर मिर्जा ने जयपुर राज्य प्रजामंडल को निष्क्रिय तथा तेजहीन बना दिया। शास्त्री उसकी कूटनीति को समझ नहीं सके और स्थानीय तथा अस्थायी लाभ के लोभ में राष्ट्रीय आंदोलन की प्रबल वेगवती धारा से दूर होकर खड़े हो गये। मेरा ऐसा मानना है कि शास्त्री ने भावी योजना को ध्यान में रखकर यह कदम उठाया था ताकि उत्तरदायी शासन की स्थापना होने पर सत्ता उन्हें प्राप्त हो सके।'

सक्सेना के अनुसार वर्माजी ने उन्हें इस भूल के लिए कभी क्षमा नहीं किया और बृहद् राजस्थान बनने पर शास्त्री का घोर विरोध किया। उनके विरुद्ध प्रदेश कांग्रेस द्वारा अविश्वास प्रस्ताव तक पास कराया। वर्माजी ने इसे 'देशद्रोह' तक की संज्ञा दी थी। वर्माजी ने अपनी डायरी में शास्त्री पर संगीन आरोप लगाया है कि 'ब्रिटिश भारत से तोड़फोड़ कर भागे हुए कार्यकर्त्ताओं को गिरफ्तार कराने में भी हीरालाल का संकेत था।'

मिर्जा को बिड़ला लाये

यहां यह जानना संदर्भित होगा कि सर मिर्जा और बिड़ला के बीच इतने घनिष्ठ सम्बन्ध क्यों थे? बिड़ला परिवार राजस्थानी है। घनश्यामदास बिड़ला के पितामह शिवनारायण पिलानी से बंबई जाकर सट्टे का व्यापार करने लगे थे। घनश्यामदास भी अपने पिता बलदेवदास के कारोबार में हाथ बंटाने बंबई चले गये। घनश्यामदास को अपनी पैतृक भूमि से बड़ा लगाव रहा था। संभवतः इससे जयपुर महाराजा से भी उनके मधुर सम्बन्ध हो गये। मिर्जा के एक पत्र से भी यह स्पष्ट होता है कि जयपुर के दीवान का पद उन्होंने बिड़ला के परामर्श या अनुरोध या आग्रह पर ही स्वीकार किया था। ऐसा प्रतीत होता है कि महाराजा के कहने पर ही बिड़ला ने जयपुर के दीवान का पद स्वीकार करने के लिए मिर्जा को राजी किया।

सर मिर्जा ने अपने 16 मई, 1942 को बिड़ला को लिखे एक पत्र में कहा : 'जयपुर के दीवान का पद स्वीकार करने में आप और आपके भाई की सलाह ने उन्हें निर्णय लेने में प्रभावित किया था।' यह हवाला रोबर्ट डब्ल्यू.स्टर्न और प्रो. के.एल. कमल ने हीरालाल शास्त्री के पत्रों के आधार पर अपने आलेख 'जर्नल ऑफ कॉमनवेल्थ पोलिटिकल स्टडीज' वर्ष 11, अंक 3, नवम्बर, 1973 में दिया है। इससे महाराजा, मिर्जा और बिड़ला के सम्बन्धों का पता चलता है। बिड़ला ने अपने 30 जून, 1942 के पत्र में मिर्जा को प्रत्युत्तर दिया कि 'प्रजामंडल और अन्य दल आपके जयपुर आने से बहुत प्रसन्न हैं।' कांग्रेस का आंदोलन समाप्त होने के बाद शास्त्री ने 6 मई, 1943 को बिड़ला को मिर्जा के बारे में लिखा, "हमने हमेशा एक दूसरे के दृष्टिकोण को समझा जिस कारण हम एक दूसरे की कठिनाइयों को समझने में सफल हुए तथा दोनों पक्षों को स्वीकार्य निर्णय ले सके।"[15]

उपरोक्त पृष्ठभूमि का विश्लेषण करने पर यह स्पष्ट हो जाता है कि जयपुर महाराजा, बिड़ला तथा शास्त्री यह चाहते थे कि राजस्थान का निर्माण होने पर महाराजा का स्थान यथावत बना रहे। वही राजप्रमुख हों, जयपुर राजधानी बने तथा शास्त्री राज्य के मुख्यमंत्री हों। अन्यथा प्रदेश के सभी प्रमुख नेताओं के विरोध के बावजूद उनका निर्वाचन दिल्ली में फरवरी, 1949 में प्रांतीय कांग्रेस समिति की बैठक में कैसे संभव था? प्रदेश कांग्रेस के बुलेटिन वर्ष 2, अंक 4 के अनुसार "कांग्रेस की लम्बी बैठक में कई घंटों के घोर मंथन के बाद प्रदेश कांग्रेस का नेतृत्व (गोकुलभाई भट्ट) शास्त्री को प्रधानमंत्री बनाने सम्बन्धी प्रस्ताव पास करवाने में सफल हो गया।" उस समय प्रदेश कांग्रेसाध्यक्ष गोकुलभाई भट्ट थे जो शास्त्री को ही इसके लिए उपयुक्त व्यक्ति मानते थे।

माउण्टबैटन को महाराजा की अमूल्य भेंट

अंग्रेजी राज्य के अंतिम वायसराय तथा स्वतंत्र भारत के प्रथम गवर्नर जनरल लॉर्ड माउण्टबैटन के इंग्लैण्ड में नौसेना के उच्चाधिकारी तथा पोलो के खिलाड़ी होने के कारण जयपुर महाराजा सवाई मानसिंह का उनसे अच्छा पूर्व परिचय था। दिसम्बर, 1947 में महाराजा के शासन के रजत जयन्ती समारोह में उन्हें विशेष रूप से आमंत्रित किया गया तथा मुगल बादशाह अकबर के समय राजा मानसिंह (प्रथम) द्वारा 1585 में अफगान आक्रमण में प्राप्त कटार उन्हें भेंट की गई जिसके 'जेड़'रत्न से निर्मित हत्थे पर माणक और पन्ना जड़ा हुआ था। महाराजा ने ऐसे 'मित्र' से राजस्थान में विलय के बारे में सलाह की। महाराजा की इच्छा स्वतंत्र रियासत रखने की थी लेकिन माउण्टबैटन ने उन्हें विलय की सलाह दी । यह अनुमान लेखक ने स्वयं किया है।

11 जनवरी, 1949 को भारत के रियासती विभाग के सचिव वी.पी. मेनन जयपुर आये और महाराजा ने राजस्थान में विलय पर अपनी सहमति तो दे दी परन्तु पांच प्रस्ताव

मेनन के सामने प्रस्तुत किये। उनके अनुसार जिन पर भारत सरकार ने सहमति प्रगट की थी। निम्न प्रस्ताव थे :

1. जयपुर महाराजा वंशानुगत बृहद् राजस्थान के राजप्रमुख रहेंगे।
2. जयपुर राज्य की राजधानी होगी।
3. जयपुर महाराजा को 25 लाख रुपये वार्षिक का प्रिवीपर्स मिलेगा।
4. कोई उप राजप्रमुख नियुक्त नहीं किया जायेगा।
5. कुशल शासन व्यवस्था की स्थापना की जायेगी।[16]

भारत सरकार ने चौथी शर्त अस्वीकार करके कोटा के महाराव को उप राजप्रमुख नियुक्त किया। प्रिवीपर्स के अठारह लाख रुपये ही रखे, साढ़े पांच लाख रुपये राजप्रमुख पद के अतिरिक्त दिये। जयपुर को राजधानी बनाने का सुझाव स्वीकार कर लिया। जयपुर महाराजा की वंशानुगत राजप्रमुख की मांग अस्वीकार कर दी, लेकिन मानसिंह को आजीवन राजप्रमुख नियुक्त कर दिया।

शास्त्री-महाराजा के सम्बन्ध

कुशल प्रशासन की महाराजा की शर्त के पीछे क्या अन्तर्राज हो सकता था? यह विचारणीय है। लगता है कि इसके पीछे हीरालाल शास्त्री को ही मुख्यमंत्री नियुक्त करने का अलिखित प्रस्ताव हो सकता है। शास्त्री उस समय जयपुर रियासत के मुख्यमंत्री थे और महाराजा उनसे बहुत प्रसन्न थे तथा उनके विश्वसनीय थे। इसका प्रमाण दोनों के बीच हुए पत्र-व्यवहार से चलता है।

मार्च, 1948 में जयपुर महाराजा ने उत्तरदायी शासन की स्थापना की थी जिसके दीवान तो सर वी.टी. कृष्णामाचारी ही रहे और मैसूर (राज्य) मॉडल के अनुसार शास्त्री को मुख्यमंत्री नियुक्त किया। शास्त्री ने 'प्रत्यक्ष जीवन शास्त्र' में लिखा है, "कुछ ऐसा सोचा गया कि सर वी.टी. जैसे दीवान के मुकाबले में किसी 'मजबूत' आदमी को मुख्यमंत्री बनाना चाहिए।"[17] अपने बारे में उनका 'मजबूत' शब्द का प्रयोग करना, महाराजा और शास्त्री के बीच के सम्बन्धों को उजागार करता है। इसके बाद महाराजा छुट्टियां बिताने के लिए सपरिवार जयपुर से इंग्लैण्ड चले गये थे।

इन दोनों के बीच हुआ पत्र-व्यवहार इसी पुस्तक में प्रकाशित हुआ है। इस अध्याय का शीर्षक है : पंडित हीरालाल शास्त्री की तरफ सूं महाराजा साहिब जयपुर की सेवा में : उनका प्रथम पत्र जयपुरी (ढूंढ़ाड़ी) में है, जो 27.3.1948 को महकमाखास से लिखा गया। पत्र में महाराजा को 'श्रीमन' शब्द से सम्बोधित किया गया था जिस पर बाद में चिप्पि चिपका दी गई ताकि पाठक न पढ़ सकें। लेकिन मैं पढ़ने में सफल हो गया। पत्र निम्न प्रकार से है :

श्रीमन,

अठै आकर बैठतां ही मैं पहलो काम यो करूं छूं कि आपकी सेवा में बधाई पेश करूं। मैं जाणूं छूं कि मैं अब पहली जतरो आजाद कोनै। पण मैं आ भी समझूं छूं कि मनै दुनियां की कोई चीज बांध कोनै सकै।

रामबाग में एक दस्तूर पूरो हुयो। पण दस्तूर से ज्यादा और बीसूं अलग मैं या अरज करबो चाहूं छूं कि म्हारा दिल की बात या छै कि मैं आपनै सदा सुखी देखूं।

म्हारी खुद की तो कांई अरज करूं ? सांची खरी बात तो या छै कि आज कै दिन मैं सुखी कौने। क्यों? ईको जवाब कदे मौको मिलबा पर अरज कर स्यूं।''[18]

पत्र की भाषा, शैली तथा भाव से शास्त्री की मनःस्थिति का पता चलता है । मुख्यमंत्री तो शास्त्री नियुक्त किये गये थे, फिर महाराजा को बधाई किस कारण दी ? महाराजा के प्रति उनके भाव स्पष्ट होते हैं। शास्त्री ने इसके बाद चार पत्र और लिखे थे।

महाराजा ने चार माह बाद 26.7.1948 को उक्त पत्र का अंग्रेजी में उत्तर दिया। प्रत्युत्तर का सम्बन्धित भाग निम्न प्रकार से है :

"Thank you so much for your letter and all the news. I am sorry I have taken so long in writing but making the best of my holiday and **am only just getting over the effects of our long and rather drawing meetings. 'I only hope they will have good fruits'**. I am glad you are hopeful and lending your full hearted support ....

All the best and please remember me to your family."[19]

पत्र का हिन्दी रूपान्तर इस प्रकार है : आपके पत्र तथा सभी समाचारों के लिए बहुत धन्यवाद। प्रत्युत्तर में इतना समय लगा इसके लिए मुझे खेद है परन्तु अवकाश का सर्वोत्तम सदुपयोग कर रहा हूँ और हमारी लम्बी आंतरिक बैठकों के परिणामों पर मनन कर रहा हूँ । मैं केवल आशा करता हूँ उनके सुखद परिणाम होंगे। मुझे प्रसन्नता है कि आप आशावादी हैं तथा अपना पूर्ण हार्दिक समर्थन दे रहे हैं .....

शुभकामनाएं तथा आपके सभी परिवारजनों को मेरा स्मरण कहें।

ब्लेक वाक्य का अर्थ गूढ़ लगता है। इस ड्राइंग मीटिंग में क्या विचार-विमर्श हुआ ? इसमें दोनों के बींच हुई भावी कदमों की गन्ध आती है। महाराजा को आशा है कि उसके परिणाम सुखद होंगे। ऐसा प्रतीत होता है कि इसमें शास्त्री को नये राजस्थान का भावी मुख्यमंत्री तथा महाराजा (स्वयं) को राज्य का राजप्रमुख बनाने की योजना बनी।

'प्रत्यक्ष जीवन शास्त्र' में राजाओं के सम्बन्ध में भी शास्त्री के विचार छपे हैं। 'मेरी नीति थी कि राजाओं ने अपने राज्य छोड़ दिये तो उनके साथ मिठास का व्यवहार होना चाहिए, छोटी-छोटी बातों में उनको नाराज या उदास नहीं करना चाहिए। किसी भी राजा या रानी ने मुझ से कुछ चाहा तो मैंने तत्परता के साथ वह कर दिया।'[20]

राजस्थान के मुख्यमंत्री शास्त्री ने जयपुर महाराजा का कुछ सोना, जो उनके अनुसार लगभग एक करोड़ रुपये का था, लौटा दिया, जबकि विलय के समय वह राज्य कोष में जमा हो गया था। राज्य का कुल बजट ही 16 करोड़ का था। सरदार के पूछने पर यह तर्क देकर लौटाया कि ''इतना बड़ा राज्य किसी का आपने ले लिया तो इतना सा उसे दे देने में क्यों संकोच करना चाहिए ? हमें इन लोगों को खुश रखना चाहिए।''[21] सरदार ने अनुमति दे दी।

शास्त्री ही मुख्यमंत्री क्यों बने?

घटनाओं के अध्ययन से यह स्पष्ट होता है कि अनुमान के विपरीत रियासतों का विलय तथा एकीकरण बहुत आसानी से हो गया। शास्त्री की मुख्यमंत्री के पद पर नियुक्ति राज्य के प्रमुख कांग्रेस नेताओं के विरोध के बाद क्यों कर संभव हो गई ? यह हमेशा शोध का विषय रहेगा। राजस्थान के उद्घाटन के ढाई माह पूर्व एकीकरण की घोषणा सरदार ने उदयपुर के गुलाबबाग में आयोजित सार्वजनिक सभा में 14 जनवरी, 1949 को कर दी थी। लोकनायक जयनारायण व्यास और माणिक्यलाल वर्मा जैसे दिग्गज गोकुलभाई भट्ट को मुख्यमंत्री बनाना चाहते थे लेकिन शास्त्री की नियुक्ति स्वीकार करनी पड़ी। रियासती विभाग या सरदार पटेल का शास्त्री के लिए आग्रह क्यों था? निश्चित रूप से कहा जा सकता है कि किसी प्रमुख व्यक्ति के जरिये महाराजा ने अवश्य यह सौदा किया। इसमें घनश्यामदास बिड़ला की भूमिका भी महत्वपूर्ण रही, जैसा कि ऊपर प्रकाशित पत्रों तथा घटनाक्रमों से निचोड़ निकलता है । महाराजा ने जयपुर के विलय का निर्णय भारत के प्रथम गवर्नर जनरल लॉर्ड माउण्टबैटन की सलाह से किया था। उनकी भूमिका भी नकारी नहीं जा सकती है। जब कोई तर्क या प्रत्यक्ष प्रमाण नहीं होता है तब हमें परिस्थितिजन्य घटनाओं से ही निष्कर्ष निकालना पड़ता है।

जयपुर महाराजा शास्त्री को ही मुख्यमंत्री नियुक्त करवाना चाहते थे इसकी पुष्टि रिचार्ड सिसन ने भी की है, ''यह भी समाचार था कि जयपुर महाराजा को पटेल ने यह आश्वासन दे दिया था कि राजाओं में उनकी स्थिति प्रमुख होगी तथा राजस्थान का पहला मुख्यमंत्री जयपुर का ही होगा।''[22]

यह भी आश्चर्य है कि सरदार जैसे कुशल राजनीतिज्ञ, कूटनीतिज्ञ तथा प्रशासक ने कांग्रेस तथा राजस्थान के भविष्य का अनुमान क्यों नहीं किया? क्या उन्होंने इसे कुछ नेताओं की महत्वाकांक्षा मान लिया जो पद चाहते हों या शास्त्री के प्रति उनका व्यक्तिगत रोष मात्र समझ लिया? जबकि उनके जीवनकाल में ही मंत्रिमंडल के निर्माण में दोनों लोकनायकों व्यास और वर्मा ने सहयोग नहीं किया था। कुछ माह बाद शास्त्री के विरुद्ध प्रदेश कांग्रेस समिति ने भारी बहुमत से अविश्वास प्रस्ताव पारित कर दिया। 13 जून, 1949 को व्यास को भेजा तार बहुत

गंभीर है। सरदार ने उसमें कहा : "हीरालाल शास्त्री प्रधानमंत्री की हैसियत से कांग्रेस कमेटी के प्रति उत्तरदायी नहीं हैं। वे प्रांतीय कांग्रेस कमेटी के नेता चुने जाने के कारण अथवा कांग्रेस कमेटी के आदेशानुसार प्रधानमंत्री नहीं बने हैं बल्कि रियासती विभाग की पसन्द के कारण बने हैं।" सरदार ने व्यास को यह चेतावनी भी दी "उनको इस कार्यवाही के नतीजे भुगतने होंगे।" व्यास उस समय प्रदेश कांग्रेसाध्यक्ष थे।

इसकी प्रतिक्रिया में 22 जून, 1949 को प्रांतीय कांग्रेस कार्यसमिति की दिल्ली में बैठक हुई। सदस्यों ने तार की न केवल भाषा और तर्ज बल्कि उनके विचारों को आपत्तिजनक माना और एक प्रस्ताव स्वीकार किया, जिसमें कहा, "विधानसभा के अभाव में प्रधानमंत्री प्रांतीय कांग्रेस के प्रति उत्तरदायी है विशेष तौर पर जबकि उसका चुनाव और मंत्रिमंडल का गठन कांग्रेस समिति की सहमति के आधार पर किया गया है।"[23]

शेखावाटी के नेताओं को कुछ नहीं मिला

भारत सरकार के रियासती विभाग के सचिव वी.पी. मेनन सरदार पटेल के नेतृत्व एवं दिशा-निर्देश से देशी राज्यों के विलय तथा एकीकरण में लगे हुए थे। जयपुर रियासत के दीवान के पद से सर मिर्जा इस्माइल के मुक्त हो जाने के बाद सर वी.टी. कृष्णामाचारी की नियुक्ति हुई। रोबर्ट डब्ल्यू.स्टर्न तथा प्रो. के.एल. कमल के अनुसार वी.टी., मिर्जा के पदचिन्हों पर ही चल रहे थे। यह पद्धति उन्होंने ब्रिटिश प्रांतों से ली थी। जनता के गुस्से को शांत करने तथा शासन में उन्हें भागीदार बनाने की एक कूटनीतिक चाल थी। इसमें शासन अंग्रेज या राजा तथा उसके शासक के हाथ में ही रहता था। लेकिन जनता में फूट डालने के लिए कुछ अपनों को मनोनीत कर दिया जाता था, जो विरोधियों से सीधे उलझते रहते थे। इसके लिए पंचायतों तथा नगरपालिकाओं को माध्यम बनाया गया। 'फूट डालो और राज करो' की नीति के कारण जयपुर रियासत में भारत छोड़ो आंदोलन नहीं हो सका या विफल कर दिया गया।

प्रो. स्टर्न मेकक्येर विश्वविद्यालय में थे और प्रो. कमल राजस्थान विश्वविद्यालय जयपुर में। उनका यह गवेषणा आलेख 'जर्नल ऑफ कॉमनवेल्थ पॉलिटिकल स्टडीज' के वर्ष ग्यारहवें के अंक तीन, नवम्बर 1973 में 'जयपुर रियासत में स्वतंत्रता संग्राम तथा बुर्जुवाओं की क्रांति' शीर्षक से प्रकाशित हुआ है। दोनों का निष्कर्ष है कि प्रजामंडल और किसान सभा को स्वतंत्रता संघर्ष से कुछ नहीं मिला। राजस्थान के निर्माण के बाद जयपुर राज्य प्रजामंडल के नेता हीरालाल शास्त्री को मुख्यमंत्री का पद, जयपुर की जनता को राजधानी, महाराजा को राजप्रमुख का पद और राजपूताना के सभी राजाओं से अधिक प्रिवीपर्स। जयपुर के अंतिम दीवान सर वी.टी. कृष्णामाचारी को भारतीय राज्यों के वित्तीय जांच आयोग के अध्यक्ष का पद।

शास्त्री की नियुक्ति के बावजूद जयपुर रियासत के प्रजामंडल के नेताओं का राजस्थान तथा कांग्रेस की राजनीति में कोई वर्चस्व नहीं रहा। शेखावाटी के किसान नेताओं की शक्ति ने जयपुर के कांग्रेस नेताओं की महाराजा से सौदेबाजी की स्थिति बना दी। परन्तु शास्त्री ने शेखावाटी के किसान नेताओं को अपने मंत्रिमंडल में भी स्थान नहीं दिया। जयपुर रियासत के अल्पसंख्यक तथा अनुसूचित जनजाति के लोगों को महाराजा का जो संरक्षण प्राप्त था, स्वतंत्रता के बाद समाप्त हो गया और 1962 के बाद वे स्वतंत्रपार्टी के झंडे के तले चले गये या उनके समर्थक हो गये। शास्त्री ने किसी को नहीं पनपाया।

कांग्रेस पर उल्कापात

कांग्रेस नेताओं के विरोध का सरदार पर कोई प्रभाव नहीं पड़ा। उधर शास्त्री ने जयनारायण व्यास, जोधपुर के अन्य नेता द्वारकादास पुरोहित और मथुरादास माथुर पर रियायती विभाग के निर्देशानुसार भ्रष्टाचार के आरोपों के आधार पर विशेष न्यायालय में मुकदमा चलाया। इसके लिए राज्य सरकार ने एक अध्यादेश जारी कर विशेष प्रावधान किया कि आरोपों की 'असत्यता' अभियुक्तों को प्रमाणित करनी होगी, जबकि भारत के कानूनों में आरोप प्रमाणित करने का दायित्व आरोप लगाने वाले का होता है। 26 जनवरी, 1950 को भारत का संविधान लागू हो जाने पर राजस्थान उच्च न्यायालय ने कार्यवाही रोकने का आदेश दिया।

शास्त्री ने 'प्रत्यक्ष जीवन शास्त्र' में मुकदमा चलाने के लिए खेद प्रकट किया और लिखा ''मुझे बड़ा भारी खेद इस बात का है कि मैंने दूसरे साथियों के खिलाफ मुकदमे चलाने का इल्जाम (आरोप) अपने ऊपर ख्वामखा (अनावश्यक) आने दिया। बहरहाल मैं अब सोचता हूँ कि मुकदमे भले ही उनके (सरदार) हुक्म से चले हों, पर मेरा जिम्मा आये बिना कैसे रह सकता था, जबकि मुख्यमंत्री मैं था ?''[24]

इन घटनाओं से कांग्रेस पर उल्कापात हो गया। राजस्थान कांग्रेस दो खेमों में विभक्त हो गई। दिसम्बर, 1950 में सरदार पटेल के निधन और प्रदेश कांग्रेस के शक्ति संतुलन में अपनी कमजोर स्थिति को देखते हुए शास्त्री ने 1952 के प्रथम आम चुनाव से पूर्व कांग्रेस का परित्याग कर राज्य स्तर पर जनता पार्टी का गठन किया। नाथूराम मिर्धा ने भी जोधपुर क्षेत्र की अपनी किसानसभा को इसमें विलीन करने की घोषणा कर दी लेकिन पं. जवाहरलाल नेहरू ने शास्त्री को तत्काल दिल्ली बुलाकर अपने प्रभाव से जनता पार्टी के विघटन की घोषणा करवा दी। इसके बदले शास्त्री गुट के चौदह जनों को प्रथम आम चुनाव में विधान सभा के टिकट दिये गये जिनमें अधिकांश उम्मीदवार हार गये अथवा हरा दिये गये। स्वर्गीय गुलाबचंद काला के दैनिक 'जयभूमि' ने जनता पार्टी के विघटन पर शास्त्री के विरुद्ध कार्टून छापा ''म्हे ही खेल्या, म्हे ही बुझाण्या'' अर्थात हम ही खेले और हमने ही मिटाया। इसका जनता में बहुत बुरा संदेश गया।

कांग्रेस में फूट का बीज पड़ गया। सामंतवाद के अंतिम चिराग तो सत्ताविहीन होने से भयंकर रुष्ट थे ही। वे बदला लेना चाहते थे तथा पुनः सत्ता हथियाने की आशा खोई नहीं थी। उन्होंने प्रथम आम चुनाव में व्यास और वर्मा जैसे महान नेताओं को हरा दिया। यह संघर्ष विभिन्न नवनिर्मित राजनीतिक दलों के झंडे तले अगले चार चुनावों तक चलता रहा, लेकिन वे सत्ता प्राप्त नहीं कर सके। कई तो निराश हो गये। कइयों ने कांग्रेस की सदस्यता ग्रहण कर ली या राजनीति छोड़ दी या फिर कई समय की पुकार के अनुसार लोकतंत्र में आस्था रखने वाले नेताओं के साथ चले गये।

शास्त्री का पश्चात्ताप

राजस्थान में लोकतंत्रीय व्यवस्था स्थापित होने पर राज्य के प्रथम मुख्यमंत्री पद पर हीरालाल शास्त्री नियुक्त हुए। उनकी स्वरचित जीवनी 'प्रत्यक्ष जीवन शास्त्र' पढ़ने से लगता है कि वे संगठन के व्यक्ति नहीं थे। वे वही करते थे, जिसे वे उचित समझते थे। लोकतंत्र बहुजन हिताय तथा बहुजन सुखाय होता है और उसमें निर्णय बहुमत के आधार पर किया जाता है। इसमें उनका विश्वास कम था।

शास्त्री का कथन है कि उनका चयन सरदार वल्लभभाई पटेल ने माणिक्यलाल वर्मा, जयनारायण व्यास तथा गोकुल भाई भट्ट के प्रस्ताव पर किया था जबकि शंकरसहाय सक्सेना ने 'जो देश के लिए जिये' में वर्माजी के संस्मरण के आधार पर लिखा है, सरदार को उन्होंने कहा, "शास्त्री को सत्ता मत दे देना, राजस्थान के कार्यकर्त्ता पसन्द नहीं करेंगे। सरदार ने मेरे विचार सुन लिये, बोले नहीं। मुझे पता नहीं लगा कि आबू को गुजरात को दे देने के सौदे पर जयपुर राजधानी, जयपुर का राजप्रमुख और जयपुर का मुख्यमंत्री बनाना तय हो रहा है। श्री माणिक्यलाल वर्मा के संस्मरण।"[25]

शास्त्री ने 'प्रत्यक्ष जीवन शास्त्र' में लिखा है कि सरदार ने 29 मार्च, 1949 को रात के बारह बजे रामबाग पैलेस पहुँचने पर पूछा : क्या हुआ किशनगढ़ में? मैंने सब हाल बता कर कह दिया मेरा शपथ लेना तय हो गया। फिर उन्होंने पूछा : खिलाफ तय हो जाता प्रदेश कांग्रेस कमेटी में तो तुम क्या करते? मैंने कहा, आप जो कहते सो मैं करता । इससे सरदार खुश हुए।

इससे पूर्व इसी पृष्ठ पर शास्त्री ने लिखा, "सरदार ने कहा, इन लोगों की राय आपको मुख्यमंत्री बनाने की है।" मैंने पूछा, आपकी क्या राय है, वे बोले मेरी राय तो है ही। तब मैंने कहा, ठीक है । उन्होंने यह भी सफाई दी कि : "मैंने किसी समय, किसी के पास भी मुख्यमंत्री बनाने की कोशिश नहीं की थी।"

शास्त्री ने आगे लिखा है कि दुर्भाग्य से झगड़ा तो उसी दिन से शुरू हो गया था । कई लोगों को मेरा मुख्यमंत्री बनना पसन्द नहीं आया। "जैसे तैसे दिल्ली बैठक में चुना..., बड़ी मुश्किल से किशनगढ़ में तय हुआ।"

शास्त्री ने लिखा है कि उद्घाटन समारोह में बैठने का उचित स्थान नहीं मिलने पर वर्माजी वगैरह चले गये। "उस दिन के बाद से झगड़ा बढ़ता गया। मैंने व्यासजी, वर्माजी और जयपुर के कुछ साथियों के आग्रह करने पर भी कुछ भाइयों को मंत्रिमंडल में नहीं लिया... व्यासजी ने मंत्रिमंडल में आना मंजूर नहीं किया।"

शास्त्री ने आगे स्वीकारोक्ति की "मंत्री न बनाने का कसूर मैंने किया ही था। फिर ऐसे कसूर मुझसे होते रहे। मेरे अप्रिय हो जाने में देर नहीं लगी।" अंत में उनकी टिप्पणी इस प्रकार है, "जयपुर महाराजा राजप्रमुख, जयपुर का ही मुख्यमंत्री और जयपुर ही राजधानी। यह सब कुछ कई लोगों को हजम होने वाला नहीं था।"[26]

पं. हीरालाल शास्त्री की आत्मकथा 'प्रत्यक्ष जीवन शास्त्र' के द्वितीय खण्ड में पृष्ठ 275 पर जयपुर ही राजधानी, जयपुर महाराजा को ही राजप्रमुख तथा जयपुर का ही मुख्यमंत्री नियुक्त करने के संदर्भ में एक 'सौदे' का उल्लेख कर अपनी विस्तृत सफाई दी गई है। यह सौदा सिरोही रियासत या आबू का गुजरात में विलय किये जाने का आरोप था। इस बारे में शास्त्री ने लिखा : "अमुक रियासत को या उसके किसी हिस्से को राजस्थान के अलावा किसी दूसरे राज्य में मिलाने के बाबत कब, किसने, किससे, क्या सौदा कर लिया यह मुझे पता नहीं है। हर सूरत में यह सौदे वाली कल्पना परले सिरे की झूठी है। मैंने सिरोही के सम्बन्ध में सरदार पटेल को उस समय जो तार दिये थे वे और जवाब में सरदार का जो तार आया था वह सभी कुछ प्रत्यक्ष जीवन शास्त्र में ज्यों-का-त्यों छपा है।" उनमें शास्त्री ने सिरोही को राजस्थान में मिलाने की मांग की थी जिसे सरदार ने अस्वीकृत कर दी थी।

उपरोक्त आक्षेप माणिक्यलाल वर्मा ने किया था। 'यशोगाथा माणिक्यलाल वर्मा – जो देश के लिए जिये' पृष्ठ 170 पर उसके लेखक शंकरसहाय सक्सेना ने वर्मा के संस्मरण का उल्लेख करते हुए लिखा है कि "बड़ा राजस्थान बनने के समय श्री गोकुलभाई तथा श्री हीरालाल शास्त्री मेरे पास आये, कहा कि सरदार सिरोही को गुजरात में मिलाना चाहते हैं। यदि हम आबू छोड़ दें तो वे तसल्ली कर लेंगे और सिरोही छोड़ देंगे। मैंने कहा कि शरीर छोड़ दिया जाए तो नाक कटा लेने में क्या है ? आबू राजस्थान का नाक है, हम नहीं देंगे। दोनों उठकर चले गये। गोकुलभाई उस समय सिरोही के मिनिस्टर थे।"

'प्रत्यक्ष जीवन शास्त्र' के द्वितीय खण्ड के पृष्ठ 324 पर शास्त्री ने गोकुलभाई भट्ट द्वारा शंकरसहाय सक्सेना को लिखे पत्र को उद्धृत किया है। गोकुलभाई ने वर्मा के उपरोक्त संस्मरण के बारे में लिखा : "उनका यह संस्मरण बेबुनियाद है। उदयपुर में संयुक्त राजस्थान बनने के समय राजस्थान के हम सब कार्यकर्त्ता रेल के खास डिब्बे (सेलून) में सरदार के समक्ष बैठे थे । तब मैंने प्रदेश कांग्रेस के अध्यक्ष की हैसियत से और सिरोही के निवासी की हैसियत से भी प्रश्न उठाया था कि सिरोही को राजस्थान में अब तो मिला दीजिए। तब सरदार ने अपनी लाक्षणिक शैली में जवाब दिया 'सिरोही को भूल जाओ'। मैंने संक्षेप में इसका प्रतिवाद किया – भूलें कैसे?"

शास्त्री ने उपरोक्त पुस्तक के पृष्ठ 275 पर ही जयपुर को राजधानी बनाने के बारे में भी सफाई दी है : ''मैंने कभी भी सरदार पटेल से या किसी दूसरे से भी नहीं कहा कि राजस्थान की राजधानी जयपुर में होनी चाहिए।'' राजप्रमुख जयपुर महाराजा को बनाया जाय के बारे में उन्होंने लिखा : ''इस तजवीज पर मेरे अलावा सर्वश्री माणिक्यलाल वर्मा, गोकुलभाई भट्ट और जयनारायणजी व्यास ने स्टेट्स मिनिस्ट्री में हस्ताक्षर किये थे।''

अपने को मुख्यमंत्री बनाने के संदर्भ में आगे उन्होंने लिखा है : ''मुझको राजस्थान का प्रथम मुख्यमंत्री बनना है, यह बात सरदार ने मेरे उक्त तीनों बड़ों की राय लेने के बाद उनकी मौजूदगी में मुझसे कही थी। सरदार ने मेरे बड़े साथियों को उसी समय यह चेतावनी भी दी थी कि आप लोगों की राय से यह तय हुआ है, इस मामले में आगे चलकर झगड़ा नहीं करना है।''

सरदार की चेतावनी से स्पष्ट है कि इस प्रश्न पर चारों नेताओं में मतभेद था। इसके परिणामस्वरूप शास्त्री के कार्यकाल में पार्टी में झगड़े होते ही रहे। अंत में सरदार के निधन के बाद शास्त्री को पदत्याग करना पड़ा।

अगर शास्त्री संगठन के व्यक्ति होते तो लोकभावना का आदर करते। राजस्थान के निर्माण के साथ कितना गलत बीज पड़ा ?

पंडित हीरालाल शास्त्री

हीरालाल शास्त्री

पंडित हीरालाल शास्त्री भी राज्य के अन्य नेताओं की तरह गरीब परिवार से थे। बीसवीं शताब्दी के ऐतिहासिक 'छप्पनिया के अकाल' में 24 नवम्बर, 1899 को जयपुर के समीप जागीर के गाँव जोबनेर के सकराणिया गोत्र के पारीक ब्राह्मण परिवार में उनका जन्म हुआ था। स्नातक की शिक्षा ग्रहण करने के बाद जयपुर रियासत की नौकरी की। प्रमुख स्वतंत्रता सेनानी अर्जुनलाल सेठी की प्रेरणा से नौकरी छोड़ी और सार्वजनिक जीवन में आ गये। पहले घनश्यामदास बिड़ला के पास पिलानी, फिर उनके सचिव होकर कलकत्ता चले गये लेकिन उनका सपना ''किसी गाँव में आश्रम बनाने का था।''

दृढ़ निश्चयी शास्त्री ने 1929 में वनस्थली में जीवन कुटीर, बाद में अपनी पुत्री शांताबाई की स्मृति में शिक्षा कुटीर की स्थापना की। आज वनस्थली देश में स्त्री-शिक्षा का प्रमुख केन्द्र है। शास्त्री ने स्वीकार किया है : ''वनस्थली उनकी शक्ति है तो वनस्थली ही उनकी कमजोरी।''

देश में चल रहे स्वतंत्रता संग्राम से प्रभावित होकर 1936 में प्रजामंडल को पुनर्जीवित करने का बीड़ा उठाकर वनस्थली से शास्त्री जयपुर आ गये। प्रजामंडल को मान्यता प्राप्त कराने

के लिए प्रारम्भ किये गये सत्याग्रह में साढ़े पांच माह की सजा भी भुगती। राजनीति के दौरान जयपुर के दीवान और सुधारवादी सर मिर्जा इस्माइल से उनकी मैत्री हो गई तथा वनस्थली के लिए बहुत सी जमीन प्राप्त करने में सफल हुए। परिणामस्वरूप 1942 का भारत छोड़ो आंदोलन करने के बजाय 'महाराजा के प्रति निष्ठा' का समझौता कर बैठे। इस कारण राजस्थान की विभिन्न रियासतों के प्रजामंडल के नेता उनसे जीवनभर के लिए न केवल रुष्ट बल्कि विरोधी हो गये। इसका परिणाम उन्हें अपने मुख्यमंत्री काल में भुगतना पड़ा।

स्वतंत्रता संग्राम में राजस्थान में जागीरदारी प्रथा समाप्त करने की प्रमुख मांग थी। संयुक्त राजस्थान के मुख्यमंत्री माणिक्यलाल वर्मा के मंत्रिमंडल ने जागीरें समाप्त करने का निर्णय कर लिया था। लेकिन शास्त्री तत्काल समाप्त करने के पक्ष में नहीं थे। भारत सरकार ने एक समिति नियुक्त कर दी थी। शास्त्री ने प्रधानमंत्री जवाहरलाल नेहरू को 15.7.1949 को भेजे अपने पत्र में लिखा कि उन्होंने जागीरदारों के प्रतिनिधियों से बातचीत शुरू कर दी है और उनके सामने जागीरों की स्थिति का आकलन करने की पांचसूत्रीय योजना प्रस्तुत कर दी है।[27]

शास्त्री के शासन काल में राज्य में अनाज की बहुत कमी थी। भारत सरकार ने अनाज देना चाहा, मगर उन्होंने लेने से मना कर दिया और किसानों पर अनाज वसूली के लिए लेवी लगा दी। किसानों ने विरोध किया। भीलवाड़ा के पास सुवाणा ग्राम में पुलिस को गोली चलानी पड़ी। जबर्दस्त विरोध एवं आंदोलन हुआ। उनके शासन काल में दो और गोलीकांड जयपुर के पास मोरीजा ग्राम में तथा करौली क्षेत्र में हुए।

मंत्रिमंडल निर्माण के विरोध में उद्घाटन के बारहवें दिन ही प्रदेश कांग्रेस कार्यसमिति के चार सदस्यों जयनारायण व्यास, माणिक्यलाल वर्मा, प्रथम राजस्थान संघ (कोटा) के प्रधानमंत्री गोकुललाल असावा तथा मीठालाल काका ने समिति से त्यागपत्र दे दिये। प्रदेश कांग्रेसाध्यक्ष गोकुलभाई भट्ट तथा मुख्यमंत्री शास्त्री को हटाने की मुहिम प्रारम्भ हो गई। अन्ततः 11 जून, 1949 को भट्ट द्वारा आमंत्रित प्रदेश कांग्रेस की बैठक में दोनों के विरुद्ध अविश्वास प्रस्ताव पारित हो गये। भट्ट ने बैठक में ही त्यागपत्र दे दिया और व्यास उनके स्थान पर प्रदेश कांग्रेस के अध्यक्ष चुन लिये गये। मगर सरदार ने शास्त्री को पदमुक्त करने की मांग अस्वीकार कर व्यास को खमियाजा भुगतने की धमकी दी जिसका वर्णन पिछले पृष्ठों में किया जा चुका है। मगर विरोध बंद नहीं हुआ।

यद्यपि सरदार ने अपने तार में शास्त्री को 'रियासती विभाग' यानी अपने प्रति उत्तरदायी बताया था जबकि 30 मार्च, 1949 को उद्घाटन समारोह में सरदार ने कहा, "आज हीरालाल शास्त्री ने जो प्रतिज्ञा ली है वह उनकी व्यक्तिगत नहीं है, वह सारी कांग्रेस की प्रतिज्ञा है। ... वह राजस्थान के प्रथम सेवक बनते हैं।"[28] मगर कांग्रेस के अविश्वास प्रस्ताव को सरदार ने ठुकरा दिया। कांग्रेस की एकता हमेशा के लिए समाप्त हो गई। संगठन से बड़ा व्यक्ति हो गया। निजी पसन्द प्रमुख हो गई।

नोट : सारा पत्र-व्यवहार परिशिष्ट में दिया गया है।

चूहे-बिल्ली की लड़ाई

शास्त्री सरकार के कार्यकाल में उनके और प्रदेश कांग्रेस के बीच 'चूहे-बिल्ली' की लड़ाई निरन्तर चलती रही। दोनों पक्षों की ओर से गश्ती पत्र जारी करके 'सवाल-जवाब', शिकवे-सफाई का आदान-प्रदान होता रहा। इस दौरान सामंतवादी वर्ग इनकी लड़ाई का मजाक उड़ाता रहा तथा जनता में लोकतंत्र का हास्यास्पद चित्रण प्रस्तुत हुआ। भोली जनता नहीं समझ पाई कि क्या राजाशाही की समाप्ति का यह परिणाम होना है! शास्त्री पर सरदार का वरदहस्त था। दुर्भाग्य से सरदार की अचानक एवं असामयिक मृत्यु 15 दिसम्बर, 1950 को हो गई। शास्त्री ने 'प्रत्यक्ष जीवन शास्त्र' में लिखा है: ''दिसम्बर की समाप्ति के आस-पास पं. जवाहरलाल नेहरू से मेरी मुलाकात हुई। प्रदेश कांग्रेस में मेरा बहुमत नहीं था, इस आधार पर मैंने त्यागपत्र दे दिया और 5 जनवरी, 1951 को मैं मुक्त हो गया।''[29] जबकि 'राजस्थान का इतिहास' के लेखक बी.एल. पानगड़िया ने लिखा है: ''रियासती विभाग के आदेश पर जब राजप्रमुख ने शास्त्री को प्रधानमंत्री पद से अलग करने की धमकी दी तो शास्त्री के सामने इस्तीफा देने के सिवाय कोई चारा नहीं रह गया था।''[30]

शास्त्री सरकार के पतन पर देश के तत्कालीन बड़े समाचार पत्रों ने अपनी निम्न प्रतिक्रिया व्यक्त की: दिल्ली के अंग्रेजी दैनिक, 'स्टेट्समेन': शास्त्री मंत्रिमंडल अत्यधिक अलोकप्रिय हो गया था। सरदार पटेल के समर्थन से 21 महीने तक टिका रहा। 'टाइम्स ऑफ इंडिया': शास्त्री मंत्रिमंडल ने त्यागपत्र के बाद राजप्रमुख से मिलने व विदा लेने की औपचारिकता भी नहीं निभाई। 'वीर अर्जुन': राजस्थानी कांग्रेसियों के बहुमत का उन्हें समर्थन प्राप्त नहीं था। 'अमर भारत': कांग्रेस में झगड़ों के कारण शासन व्यवस्था में ढिलाई आ गई थी। बंबई के गुजराती दैनिक 'वन्देमातरम्': राजस्थानी जनता शास्त्री मंत्रिमंडल की समाप्ति को 'पुत्र जन्म से भी अधिक हर्षपूर्ण मानेगी।'[31]

'प्रत्यक्ष जीवन शास्त्र' में उन्होंने राजनीति के संदर्भ में अपने संस्मरण लिखे हैं। स्वतंत्रता के पश्चात् पहली बार राष्ट्रीय कांग्रेस अध्यक्ष का चुनाव हुआ था। प्रधानमंत्री जवाहरलाल नेहरू जे.बी. कृपलानी को अध्यक्ष चुनवाना चाहते थे या वह उनके उम्मीदवार थे तो हिन्दी के प्रबल समर्थक पुरुषोत्तमदास टंडन का उप प्रधानमंत्री सरदार वल्लभभाई पटेल समर्थन कर रहे थे। बहुत कड़ा संघर्ष था, जैसा 1939 में नेताजी सुभाषचन्द्र बोस तथा पट्टाभि सीतारमय्या के बीच हुआ था। यह सर्वविदित है कि गांधीजी पट्टाभि को जितवाना चाहते थे किन्तु नेताजी ने उन्हें पराजित कर दिया। वैसा ही संघर्ष यह था जिसमें टंडनजी जीत गये। राजस्थान कांग्रेस के व्यास-वर्मा गुट ने टंडनजी का समर्थन किया था। इससे सरदार पटेल को यह अहसास हो गया कि राजस्थान कांग्रेस में लोकनायक जयनारायण व्यास तथा माणिक्यलाल वर्मा का पूरा प्रभाव है। इस संदर्भ में शास्त्री ने लिखा है: ''मेरे कई साथियों ने कांग्रेस अध्यक्ष के चुनाव में उस तरह से काम नहीं किया

था, जिस तरह से सरदार चाहते थे और मैं खुद भी वही चाहता था। मैं इस खेद को लिए हुए चलता फिरता था।''[32] शास्त्री ने संस्मरण में यह स्पष्ट नहीं किया कि सरदार और वे क्या चाहते थे। सरदार टंडन जी को चुनवाना चाहते थे मगर शास्त्री गुट ने कृपलानी को वोट दिया।[33] इससे सरदार उनसे नाराज हो गये।

मुख्यमंत्री पद से मुक्त होने के बाद शास्त्री को राजनीति गंदी लगने लगी। उन्होंने अपनी जीवनी में लिखा कि 'मेरे अपनों ने, जिन्हें वे आर्थिक सहायता देते थे, वे भी विरोध करने लगे।'[34] 1952 के प्रथम आम चुनाव के समय अपने विरोधियों को 'मजा चखाने' के लिए जनता पार्टी बनाना चाहा, मगर नहीं बनाई। उन्हें इस बात का भी खेद था कि स्वर्गीय लालबहादुर शास्त्री तथा ढेबर भाई के दबाव में 1957 में लोकसभा का चुनाव लड़ा मगर लोकसभा में उनका मन नहीं रमा। बाद में वनस्थली तथा 'लोकवाणी' दैनिक के अलावा सर्वोदयी कार्यक्रम में लगने का सोचा। विनोबाजी के साथ भी रहे। लेकिन अपने स्वभाव के कारण उनसे नाराज होकर आ गये। बाद में केवल वनस्थली को ही अपना कार्यक्षेत्र रखा।

पिच्यासी वर्ष की आयु पूर्ण कर कुछ दिनों की बीमारी के बाद शास्त्री 28 दिसम्बर, 1974 को इस संसार से विदा हो गये। शास्त्री के दीर्घ जीवनकाल पर निगाह डालने के बाद लगता है कि वे राजनीति के आदमी नहीं थे। उन्हें अपने लक्ष्य 'ग्राम' तक ही सीमित रहना चाहिए था।

केलिफोर्निया विश्वविद्यालय के प्रो. रिचार्ड सिसन, जिन्होंने 'दी कांग्रेस पार्टी इन राजस्थान' लिखी है, पं. हीरालाल शास्त्री से मिलने के लिए राजस्थान विश्वविद्यालय के प्रो. के.एल.कमल को लेकर गये और जयनारायण व्यास के बारे में पूछा तो दंभ भरे स्वरों में अपमानित भाषा में कहा, 'वह अच्छा नर्त्तक था।' उसी लहजे में माणिक्यलाल वर्मा के बारे में कहा, 'वह विजयसिंह पथिक (क्रांतिकारी) के रसोइये थे।'

उपरोक्त जानकारी स्वयं प्रो. कमल ने मुझे उपयोग करने की अनुमति के साथ दी। ऐसी प्रतिक्रिया सुनकर शास्त्री के बारे में अचंभा होता है। वे अपने अतिरिक्त किसी को कुछ नहीं समझते थे।

सिद्धराज ढड्ढा

शास्त्री के साथी, प्रमुख गांधीवादी तथा सर्वोदयी नेता सिद्धराज ढड्ढा ने, जो शास्त्री मंत्रिमंडल में उद्योगमंत्री थे, कांग्रेस से ही उसके छह महीने बाद त्यागपत्र दे दिया। बाद में उन्होंने सक्रिय राजनीति त्यागकर गांधीवादी समाजव्यवस्था के लिए अपना समूचा जीवन लगा दिया। वे जयप्रकाश नारायण की समग्र क्रांति से भी जुड़े और जीवन के अंतिम क्षणों तक अपने सिद्धांतों और मान्यताओं पर अडिग रहे।

प्रदेश कांग्रेस अध्यक्ष को भेजे अपने त्यागपत्र में ढड्ढा ने खेद प्रकट किया कि जिस कांग्रेस ने विकेन्द्रित और स्वावलम्बी समाज की रचना का ध्येय स्वीकार किया था उस ओर पिछले तीन वर्षों से कदम नहीं बढ़ पा रहे हैं। इसलिए वह उससे अलग हो रहे हैं। इसकी प्रति ढड्ढा ने अ.भा. कांग्रेसाध्यक्ष टंडन को भी भेजी। इस तरह कांग्रेसजनों से उनका नीतिगत मतभेद बढ़ता ही गया और पुराने स्वतंत्रता सेनानी कांग्रेस से बिछुड़ने लगे।

उन्होंने नेहरू मेमोरियल, नई दिल्ली के एस.एल. मनचन्दा को 8 अगस्त, 1985 को दिये गये अपने साक्षात्कार में कहा कि जयनारायण व्यास और माणिक्यलाल वर्मा पर मुकदमा चलाने के निर्णय से प्रदेश कांग्रेस के नेताओं में तनाव बढ़ा। तब भी उन्होंने मंत्री पद से मुक्त होने की इच्छा प्रगट कर दी थी लेकिन शास्त्री मुक्त करने को तैयार नहीं हुए।

अंतरिम मुख्यमंत्री

शास्त्री मंत्रिमंडल की समाप्ति पर केन्द्र ने आई.सी.एस., अधिकारी सी.एस. वेंकटाचारी को 5 जनवरी, 1951 को अंतरिम काल के लिए मुख्यमंत्री नियुक्त किया। उनके सहयोग के लिए पहले आई.सी.एस., भोलानाथ झा तथा बाद में हरि शर्मा को मंत्री पद पर नियुक्त किया। मगर यह अधिक समय नहीं रहा। रियासती विभाग शास्त्री सरकार के बाद नये लोकप्रिय मंत्रिमंडल में जागीरदारों के कुछ प्रतिनिधि तथा आई.सी.एस. सम्मिलित करवाना चाहता था, जो कांग्रेस के राज्य नेताओं को मंजूर नहीं था। अन्ततः 26 अप्रेल, 1951 को जयनारायण व्यास के नेतृत्व में कांग्रेस का मंत्रिमंडल बना जो 1952 के प्रथम आम चुनाव तक सत्ता में रहा।

संदर्भ

1. राजस्थान का मंत्रिमंडल (1949-2003) : राजस्थान विधानसभा सचिवालय, जयपुर, पृ.1
2. राजस्थान का इतिहास : बालूलाल पानगड़िया, पृ.331
3. जो देश के लिए जिये : शंकरसहाय सक्सेना, पृ. 173
4. प्रत्यक्ष जीवन शास्त्र : हीरालाल शास्त्री, पृ. 77
5. पं. हीरालाल शास्त्री : भगवानसहाय त्रिवेदी, पृ. 47
6. गोकुलभाई भट्ट : रामेश्वर विद्यार्थी, पृ. 32, 33
7. देशी राज्यों के एकीकरण की कहानी : वी.पी.मेनन, पृ. 117
8. The Last Maharaja : Quentin Crewe, P, 180

9, 10. The Last Maharaja : Quentin Crewe, P, 180-181

11. रियासती राजपूताना से जनतांत्रिक राजस्थान : के.एल.कोचर, पृ. 15

12. प्रत्यक्ष जीवन शास्त्र : हीरालाल शास्त्री, पृ. 71
13. आधुनिक राजस्थान का इतिहास : डॉ. एम.एस.जैन, पृ. 328
14. जो देश के लिये जिये : शंकरसहाय सक्सेना, पृ. 144 से 151 तक
15. Journal of Common Wealth Political Studies Vol. XI, No. 3, November, 1973, P. 236
16. The Last Maharaja : Quentin Crewe, P. 174,182, 183
17. प्रत्यक्ष जीवन शास्त्र : हीरालाल शास्त्री, पृ. 75
18. प्रत्यक्ष जीवन शास्त्र : हीरालाल शास्त्री, पृ. 376
19. प्रत्यक्ष जीवन शास्त्र : हीरालाल शास्त्री, पृ. 381
20. प्रत्यक्ष जीवन शास्त्र : हीरालाल शास्त्री, पृ. 83
21. जो देश के लिये जिये : हीरालाल शास्त्री, पृ. 80
22. The Congress Party in Rajasthan : Richard Sisson, P. 116
23. प्रदेश कांग्रेस बुलेटिन : वर्ष 2, अंक 4
24. प्रत्यक्ष जीवन शास्त्र : प. हीरालाल शास्त्री, पृ. 79
25. जो देश के लिये जिये : शंकरसहाय सक्सेना, पृ. 169, 170
26. प्रत्यक्ष जीवन शास्त्र : हीरालाल शास्त्री, पृ. 76, 77
27. प्रत्यक्ष जीवन शास्त्र : पं. हीरालाल शास्त्री, पृ. 309
28. भारत की एकता का निर्माण : सरदार वल्लभभाई पटेल के 27 भाषण, पृ. 264
29. प्रत्यक्ष जीवन शास्त्र : हीरालाल शास्त्री, पृ. 82
30. राजस्थान का इतिहास : बी.एल. पानगड़िया, पृ. 336
31. अमर ज्योति साप्ताहिक दि. 14.1.1951
32. प्रत्यक्ष जीवन शास्त्र : हीरालाल शास्त्री, पृ. 83
33. Rajasthan Party, Economy & Society : B.L. Pangariya, N.C. Pahariya, P. 64
34. प्रत्यक्ष जीवन शास्त्र : हीरालाल शास्त्री, पृ. 82

2

केन्द्रीय और राज्य के नेताओं में टकराव

स्वतंत्रता के ढाई वर्ष बाद ही हमारा संविधान 26 जनवरी, 1950 को लागू हो गया था। अब भारत गणराज्य है। देश भर की रियासतें समाप्त होकर भारत के राज्य बन गये थे। किन्तु कांग्रेस के केन्द्रीय नेतृत्व को रियासतों से निर्मित राज्यों के नेतृत्व में प्रशासनिक कुशलता होने का भरोसा नहीं था। वे चाहते थे कि कुछ वर्षों के लिए कांग्रेसी मंत्रियों के साथ अंग्रेजों के समय की इंडियन सिविल सर्विसेज के अनुभवी अधिकारियों को नियुक्त किया जाय। साथ ही पूर्व जागीरदारों के प्रतिनिधियों को मंत्रिमंडलों में रखा जाय ताकि वे (जागीरदार) जनता को नई सरकार के विरुद्ध भड़का न सकें। यह विवाद संयुक्त राजस्थान (उदयपुर) के निर्माण के साथ ही शुरू हो गया था। लेकिन उसके प्रधानमंत्री लोकनायक माणिक्यलाल वर्मा इसके लिए तैयार नहीं हुए थे। हालांकि उन पर प्रधानमंत्री जवाहरलाल नेहरू तक से दबाव डलवाया गया था। रियासती विभाग ने उदयपुर की राजधानी वाले संयुक्त राजस्थान के मुख्य सचिव के पद पर एक आई.सी.एस.अधिकारी, एल.सी. जैन को नियुक्त कर भेज दिया था। वे रेल के दो वैगनों में अपना सामान, जिसमें गाय भी थी, लेकर उदयपुर पहुँच गये। मगर वर्मा ने उन्हें कार्यभार सुपुर्द नहीं किया। मामला दिल्ली पहुँचने पर उप प्रधानमंत्री सरदार वल्लभभाई पटेल ने वर्मा को बुलवाया। तब वर्मा ने सरदार से स्पष्ट कह दिया : "यदि उन्हें इस प्रश्न पर विवश करेंगे तो कोई दूसरा मुख्यमंत्री खोजना होगा। उनके मुख्यमंत्री रहते हुए बाहर का व्यक्ति मुख्य सचिव नहीं रहेगा।" अन्त में सरदार मान गये और रियासती विभाग की आज्ञा निरस्त करनी पड़ी।[1]

बृहद् राजस्थान के हीरालाल शास्त्री मंत्रिमंडल की निवृत्ति के पश्चात् उपरोक्त विवाद पुनः पैदा हो गया। इसको सुलझाने में लगभग पौने चार माह लग गये। वह भी अगर राजस्थान की राजनीति में गुमनाम, कांग्रेसाध्यक्ष पुरुषोत्तमदास टंडन की कार्यसमिति के सदस्य तथा कोटा की राजधानी वाले राजस्थान संघ के प्रधानमंत्री प्रो. गोकुललाल असावा ने रफी अहमद किदवई जैसे प्रतिष्ठित नेता को संतुष्ट नहीं कर दिया होता[2] तथा वर्मा शुद्ध कांग्रेसी मंत्रिमंडल बनाने के लिए नेहरू को राजी नहीं कर पाते।

दो वर्ष से अधिक लम्बे समय के संघर्ष के बाद राजस्थान के अधिकांश कांग्रेसजनों की भावना के अनुकूल केन्द्रीय सरकार लोकनायक जयनारायण व्यास को मुख्यमंत्री बनाने पर सहमत हुई। अगर 30 मार्च, 1949 को हीरालाल शास्त्री के स्थान पर व्यास को शपथ ग्रहण करा देती तो राजस्थान के सार्वजनिक जीवन में फूट के बीज नहीं पड़ते और राज्य की उन्नति की दिशा भिन्न होती। सामंतों को शक्ति-संग्रह का समय नहीं मिलता। शास्त्री की दृष्टि यह थी कि राजाओं ने अपने राज्य दिये हैं तो उनके प्रति राज्य का सम्मानजनक व्यवहार होना चाहिए। वे जागीरें तत्काल समाप्त करने के पक्ष में नहीं थे। इस वातावरण के कारण व्यास को अपने मंत्रिमंडल में एक जागीरदार को सम्मिलित करना पड़ा। स्वयं शास्त्री ने जवाहरलाल नेहरू को लिखे अपने 15 जुलाई, 1949 के पत्र में स्वीकारा, ''जागीरदार तथा उनके समर्थक अपनों को संगठित करने का प्रयत्न कर रहे हैं।''[3] यह पत्र उन्होंने राज्य की राजनीतिक स्थिति से अवगत कराते हुए अपने कार्यकाल में लिखा था।

जागीरदार पुनः संगठित होने लगे

राजस्थान में स्वतंत्रता संग्राम मूल रूप से जागीरदारों के जुल्मों, बेगार तथा लूट के विरुद्ध था। वर्मा और व्यास सामंतशाही को समाप्त करने के आंदोलन के सबसे बड़े नायक थे और उन्होंने उनके अत्याचारों का दृढ़ता, साहस एवं वीरतापूर्ण सामना किया तथा कभी टूटे नहीं। वर्मा ने अपने प्रधानमंत्रित्व काल में जागीरदारी प्रथा समाप्त करने का निर्णय कर लिया था। बृहद् राजस्थान बनने पर वह खटाई में पड़ गया। जागीरदार पुनः संगठित हो गये। राज्य में यह प्रचार हो गया कि सरकार जागीरदारों को अपने अधिकार वापस कर रही है। वर्मा ने नेहरू को पत्र लिखकर विरोध किया। उदयपुर क्षेत्र में अनाज की कमी तथा जंगलात की समस्या से जनता में रोष फैल रहा था। चूरू जिले में डाकुओं के आतंक के कारण अशांति तथा अव्यवस्था उत्पन्न हो गई थी। राजकीय सेवाओं में एकीकरण के कारण कर्मचारियों में असंतोष बढ़ता जा रहा था।

उधर दिल्ली में मिली-जुली सरकार बनाने पर जोर दिया जा रहा था। कांग्रेस गुटों में बिखरी हुई थी। शास्त्री कार्यकाल में रियासती विभाग के निर्देश पर वर्मा के एक लाख रुपये के हिसाब तथा उनके मकान निर्माण और जोधपुर में व्यास, मथुरादास माथुर तथा द्वारकादास पुरोहित के विरुद्ध भ्रष्टाचार के आरोपों के आधार पर विशेष न्यायालय की स्थापना और मुकदमे वापस लेने से कांग्रेस के विरुद्ध बहुत ही असंगत संदेश जनता में फैल चुका था। केन्द्र इस भयानक स्थिति के कारण भी अस्थायी मुख्यमंत्री सी.एस. वेंकटाचारी के नेतृत्व में मिला-जुला मंत्रिमण्डल बनाना चाहती थी।

शास्त्री मंत्रिमण्डल के पतन के बाद प्रदेश कांग्रेस कमेटी की कार्यकारिणी ने अपनी बीकानेर की बैठक में 20 जनवरी, 1951 को व्यास को मुख्यमंत्री बनाने तथा मंत्रिमण्डल का

गठन वर्मा, भरतपुर के आदित्येन्द्र तथा जयपुर के रामकरण जोशी की सलाह से करने का निर्णय किया था। मंत्रिमंडल के निर्माण के प्रश्न पर भी केन्द्र और राज्य का नेतृत्व बंटा हुआ था। वर्मा की भागदौड़ से नेहरू ने आई.सी.एस., शास्त्री समर्थक को मंत्रिमंडल में नहीं लेने तथा कांग्रेस के बाहर का एक व्यक्ति ही रखने की बातें तो मान लीं। व्यास ने एक जागीरदार रखने पर सहमति प्रगट कर दी। अब मुद्दा उसके चयन को लेकर रह गया। यह विवाद भी लम्बा चला । अन्ततः व्यास ने क्षत्रिय सभा को उसकी मांग स्वीकार नहीं करते हुए अपनी पसन्द का ही मंत्री नियुक्त करने की सूचना दे दी।

व्यास मंत्रिमण्डल

व्यास मंत्रिमण्डल ने 26 अप्रेल, 1951 को शपथ ली। किन्तु विवाद समाप्त नहीं हुआ। गोकुललाल असावा का आरोप था कि उसमें एक-दो भ्रष्ट मंत्री नियुक्त किये गये हैं। उनका इशारा मथुरादास माथुर के बारे में था। इसका उन्होंने केन्द्रीय नेताओं तक विरोध प्रगट किया। किन्तु व्यास उन्हें हटाने को तैयार नहीं हुए। गोकुललाल असावा के अनुसार ''व्यास ने उनसे कहा कि वे कांग्रेस छोड़ सकते हैं, किन्तु माथुर तथा द्वारकादास पुरोहित का साथ नहीं छोड़ सकते।''[4]

जयनारायण व्यास मंत्रिमंडल (प्रथम पारी)

शपथग्रहण: 26 अप्रेल, 1951
बायें से दायें : अमृतलाल यादव (उपमंत्री), मोहनलाल सुखाड़िया, बलवंतसिंह मेहता, युगलकिशोर चतुर्वेदी (सभी मंत्री), जयनारायण व्यास (मुख्यमंत्री), सवाई मानसिंह (राजप्रमुख), टीकाराम पालीवाल, नरोत्तमलाल जोशी, मथुरादास माथुर, कुम्भाराम आर्य तथा बृजसुन्दर शर्मा (सभी मंत्री)।

इसका कारण यह हो सकता है कि शास्त्री के कार्यकाल में व्यास, माथुर और पुरोहित के विरुद्ध भ्रष्टाचार का जो मुकदमा दायर किया गया था उसकी पूर्ण जांच के बिना, बीच में ही सरकार ने उसे वापस ले लिया था। एक तो मंत्री बने और दूसरा नहीं बने, दोहरा मापदण्ड कैसे हो सकता है ? व्यास ने अपने अतिरिक्त कांग्रेस के आठ मंत्री नियुक्त किये जिनके नाम इस प्रकार हैं : टीकाराम पालीवाल, मोहनलाल सुखाड़िया, बलवंतसिंह मेहता, मथुरादास माथुर, बृजसुंदर शर्मा, कुंभाराम आर्य, युगलकिशोर चतुर्वेदी और नरोत्तमलाल जोशी। अमृतलाल यादव को उपमंत्री नियुक्त किया गया। एक जागीरदार जसवंतसिंह (दाउदसर) को बाद में सम्मिलित किया गया।

मुख्यमंत्री पद संभालने के बाद व्यास ने प्रदेश कांग्रेसाध्यक्ष के पद से त्यागपत्र दे दिया। वर्मा को कार्यवाहक अध्यक्ष नियुक्त किया गया। 10 मई, 1951 को किशनगढ़ में प्रांतीय कांग्रेस कमेटी की बैठक में सर्वसम्मति से वर्मा अध्यक्ष चुने गये। उनके नेतृत्व में 1952 का प्रथम आम चुनाव लड़ा गया।

जनता पार्टी नहीं बन सकी

यद्यपि सत्ता परिवर्तन हो गया था किन्तु कांग्रेस नेताओं का मनमुटाव दूर नहीं हुआ। शास्त्री सरकार से दोनों नेताओं ने सहयोग नहीं किया था, वैसी ही स्थिति व्यास मंत्रिमण्डल के समय हुई। नेहरू का दबाव था कि शास्त्री समर्थक एक व्यक्ति को नये मंत्रिमण्डल में सम्मिलित कर लें किन्तु इसके लिए व्यास तथा वर्मा दोनों राजी नहीं हुए।

कुछ ही महीनों में शास्त्री ने कांग्रेस के विरुद्ध नया दल बनाने का प्रयत्न शुरू कर दिया। वर्मा की डायरी के अनुसार ''10 अगस्त, 1951 को वे शास्त्री के पास गये और कांग्रेस नहीं छोड़ने का आग्रह किया। ... शास्त्री ने वर्मा से कहा, अब मेरे लिए निर्णय बदलना असंभव है।''[5] गोकुलभाई शास्त्री तथा वर्मा की पुनः भेंट कराने का प्रयत्न कर रहे थे कि शास्त्री कांग्रेस न छोड़ें और कांग्रेस में फूट मिट जाये। परन्तु शास्त्री ने 8 सितम्बर, 1951 को कांग्रेस से त्यागपत्र दे दिया और 'जनता पार्टी' नामक नया दल बनाने की घोषणा कर दी।

वर्मा और भट्ट अलग-अलग स्तर पर शास्त्री को मनाने का प्रयत्न कर रहे थे। जवाहरलाल नेहरू तथा लालबहादुर शास्त्री चाहते थे कि हीरालाल शास्त्री भी कांग्रेस में बने रहें, क्योंकि चुनाव का समय था। लालबहादुर ने तीनों को मिलाने का प्रयत्न किया किन्तु शास्त्री वार्ता में सम्मिलित नहीं हुए। चुनाव में शास्त्री समर्थकों को उम्मीदवार बनाने के सुझाव भी आये, मगर समझौता नहीं हो सका।[6]

इस बीच व्यास तथा वर्मा ने घनश्यामदास बिड़ला से भेंट कर उनसे यह आश्वासन प्राप्त कर लिया : ''यदि वे (शास्त्री) कांग्रेस के विरुद्ध खड़े होना चाहते हैं या दूसरी पार्टी खड़ी करना

चाहते हैं तो मैं कांग्रेस के विरोध में इन्हें मदद नहीं दूंगा।'' संभवतः इससे शास्त्री पस्तहिम्मत हो गये। क्योंकि बिना आर्थिक सहायता के न तो नई पार्टी खड़ी की जा सकती है और न चुनाव लड़ाया जा सकता है। ''अन्ततः कांग्रेस के केन्द्रीय नेता गुलजारीलाल नंदा और कैलाशनाथ काटजू के समझाने पर वे मान गए।''[7]

जनता पार्टी के संदर्भ में शास्त्री ने अपनी जीवनी में लिखा है : ''मुझे पद का लोभ नहीं था तब भी मेरे मन में विकार पैदा हुआ कि जिन्होंने मेरे साथ ऐसा दुर्व्यवहार किया है उन्हें मुझको मजा चखाना चाहिए... मेरा मन ऐसी राजनीति से बिल्कुल हट चुका था।''[8]

वर्मा-व्यास की ईमानदारी पर हमला

राजस्थान निर्माण के बाद की एक बड़ी दुर्घटना जयनारायण व्यास, मथुरादास माथुर तथा द्वारकादास पुरोहित के विरुद्ध भ्रष्टाचार के आरोप के अन्तर्गत मुकदमा चलाया जाना था। माणिक्यलाल वर्मा पर एक लाख रुपये का हिसाब नहीं देने का आरोप था। ये दोनों मामले क्या थे ? इसे जानना अति आवश्यक है। प्रश्न यह है कि जो अग्रज नेता शोषण के विरुद्ध आंदोलन कर रहे थे, क्या स्वतंत्रता एवं सत्ता प्राप्त होते ही भ्रष्ट हो गये ? जिन्होंने अपने जीवन के महत्वपूर्ण काल में बर्बर अत्याचारों को सहा, क्या सत्ता के साथ ही पद का दुरुपयोग करने लग गये? ये मुकदमे सरदार पटेल के निर्देश पर शास्त्री मंत्रिमंडल के दौरान चलाये गये थे। वर्मा के विरुद्ध जांच भी उसी समय हुई थी।

वर्मा के विरुद्ध कोई मुकदमा दर्ज नहीं किया गया। उन पर यह आरोप था कि संयुक्त राजस्थान के उनके मुख्यमंत्रित्व काल में एक लाख रुपये का हिसाब नहीं दिया गया। वर्मा पर दूसरा आरोप यात्रा भत्ते का एक बिल दुबारा बना कर रुपया उठा लेने का था। इन दोनों आरोपों की वर्मा ने पटेल को सफाई दी और अपनी डायरी में पूर्ण ब्यौरा दिया है। इस सम्बन्ध में शंकरसहाय सक्सेना ने 'जो देश के लिए जिये' में विस्तृत विवरण प्रकाशित किया है। इसके अनुसार संयुक्त राजस्थान के निर्माण के कारण सामंती वर्ग बहुत गुस्से में था। राष्ट्र-विरोधी गतिविधियां तथा शस्त्रों का निर्माण किया जाने लगा था। सरकार का यह मानना था कि उनका गुप्तचर संगठन निर्बल है। नई सरकार के प्रति पुश्तैनी कर्मचारियों की निष्ठा में संदेह था। रेल-पुलों को तोड़ने तथा सड़कों में अवरोध उत्पन्न करने का खतरा था। शासन को ठप्प करने का षडयंत्र चल रहा था। वर्मा मंत्रिमंडल ने निश्चय किया कि एक लाख रुपये से ऐसा संगठन खड़ा किया जाए, जो जहां भी राष्ट्र एवं शासन विरोधी गतिविधियां हों, उसकी गुप्त सूचना सरकार को दे। उस एक लाख रुपये का हिसाब रखना आवश्यक नहीं रखा गया। इसकी भनक उच्चाधिकारियों को भी नहीं लगनी चाहिए कि उन पर कोई नजर रख रहा है। वर्मा ने इस संगठन का उत्तरदायित्व

अपने सचिव निरंजननाथ आचार्य को सौंपा। इस पर सक्सेना ने टिप्पणी की कि चूंकि 'वर्मा ने शास्त्री का घोर विरोध किया था। उनके विरुद्ध अविश्वास प्रस्ताव पास कराया। इसी को लेकर सरदार पटेल की वर्माजी पर कोप दृष्टि हो गई और उनकी क्रोधाग्नि में वर्माजी को जलना पड़ा। परन्तु वर्माजी इस अग्निपरीक्षा में तपे हुए सोने की भांति शुद्ध और पवित्र होकर निकले। अंत में सरदार पटेल को अपनी भूल का आभास हुआ और उन्होंने शास्त्रीजी को पद से हटाने का निर्णय कर लिया।'[9] केन्द्रीय गुप्तचर विभाग द्वारा 'इस गुप्त संगठन का हिसाब मांगा गया था तथा वर्मा के नवनिर्मित मकान के हिसाब की जांच कराई गई थी।'

इस संदर्भ में वर्मा ने अपनी 25 जनवरी, 1950 की डायरी में विस्तृत वर्णन दिया है। उन्होंने पटेल से कहा : ''दैनिक भत्ते के विषय में तो मैंने दस्तखत किये हैं, उसका दोष क्लर्क पर डालना नहीं चाहता। शायद दस-बारह दिन के दो सौ रुपये आये होंगे । केस चलाया जायेगा तो मैं नैतिक जिम्मेदारी मंजूर करूंगा और कहूंगा कि कड़ी-से-कड़ी सजा दी जाय। किन्तु गुप्त संगठन का हिसाब स्टेट मिनिस्ट्री में न दें। आप स्वयं जांच कर लें या कांग्रेस के नेताओं... में से किसी से करा लें। आपके सामने मैंने जोधपुर में बनने वाले छुरे और पिस्तौल पेश किये थे। क्षत्रिय परिषद को समाप्त किया। जागीरदारों के अधिकार लेने पर भी उनका आंदोलन न होने दिया। इसमें बहुत से लोगों ने काम किया है। रोकड़ है, वाउचर है। इसे प्रगट न करें। सरदार ने कहा : मेनन को देना चाहिए, प्रगट न होगा।'' वर्मा ने कहा : ''दे दूंगा''।

सक्सेना ने टिप्पणी की : ''ऐसा प्रतीत होता है कि जांच में ऐसी कोई बात नहीं मिल सकी। इस कारण स्टेट मिनिस्ट्री चुप हो गई।आगे इस प्रश्न को नहीं उठाया गया।''[10]

व्यास के स्वाभिमान को ललकारा

व्यास पर मुकदमा उस समय का चलाया गया, जब वे मार्च, 1948 में जोधपुर रियासत में निर्मित उत्तरदायी सरकार के मुख्यमंत्री बने थे। उनके साथ उनके दोनों मंत्री मथुरादास माथुर तथा द्वारकादास पुरोहित पर भी आरोप थे। ये दोनों उनके बहुत निकट थे। इस कारण व्यास बहुत उद्वेलित थे। वर्मा-व्यास पर शास्त्री के विरुद्ध पारित अविश्वास प्रस्ताव वापस लेने के लिए दबाव डाला जा रहा था। मगर उसके लिए दोनों तैयार नहीं थे। वर्मा ने 25 मार्च, 1950 की डायरी में लिखा, ''शंकर (सरदार पटेल का विश्वस्त सचिव) ने संगठन में एक हो जाने, व्यासजी को अध्यक्ष पद से हटाने और नया अध्यक्ष चुनने को कहा। मैंने कहा, 'असंभव।' हम साथी को धोखा देंगे तो भविष्य में कौन हमारा विश्वास करेगा।''[11]

इस बारे में स्वयं व्यास की कोई प्रतिक्रिया कहीं से भी प्राप्त नहीं कर सका। लेकिन व्यास पर यह पहला मुकदमा नहीं था। जोधपुर के महाराजा ने 1929-30 में उन पर राजद्रोह का

मुकदमा चलाया था। उन्होंने ब्यावर से प्रकाशित 'आगीबाण' और 'तरुण राजस्थान' में जोधपुर की राजाशाही के विरुद्ध अनेक लेख लिखे थे। उन्हें नागौर के किले में बंद कर 'न्याय का नाटक' किया गया और छह साल की सजा दे दी गई।

स्वतंत्र भारत में उन पर मुकदमा भारतीय दंड संहिता की धारा 406 तथा 420 के अन्तर्गत चलाया गया। उन पर बेईमानी से धन हथियाने, धोखाबाजी तथा जालसाजी के आरोप लगाये गये थे। इसके लिए विशेष न्यायाधीश पदमपत पांडे का न्यायालय स्थापित किया गया। एक अध्यादेश जारी कर यह प्रावधान किया गया कि "आरोपों की असत्यता सिद्ध करने का दायित्व अभियुक्तों पर होगा।" मुकदमे की कार्रवाई जोधपुर में हुई थी। दिल्ली से प्रकाशित 'अमर भारत' दैनिक के समाचार के अनुसार व्यास तथा उनके साथियों पर 18 जनवरी, 1950 को जब अदालत में मुकदमा शुरू हुआ तो बाहर अपार जनसमूह एकत्रित था जिनमें राजस्थान के सभी बड़े नेता... हजारों किसान तथा स्थानीय नागरिक थे। पुलिस ने अदालत के चारों ओर तारों का घेरा लगा रखा था। व्यास और उनके साथियों के न्यायालय से बाहर आने पर 'शेरे राजस्थान जिन्दाबाद', 'कांग्रेस जिन्दाबाद' के नारों तथा फूलों के हारों से स्वागत किया गया। बहुत आग्रह करने पर व्यास गाड़ी पर खड़े होकर भी मुकदमे के बारे में कुछ नहीं बोले। क्रुद्ध जनता से शांत रहने की अपील की।[12]

व्यास ने मुकदमे के बारे में न केवल अपनी प्रतिक्रिया ही व्यक्त नहीं की बल्कि कांग्रेस के केन्द्रीय नेताओं से जाकर भी वास्तविकता नहीं बताई । लेकिन मथुरादास माथुर बहुत चतुर व्यक्ति थे। उन्होंने बड़ी युक्ति से वी. शंकर के माध्यम से सरदार पटेल से भेंट की और कहा, "शास्त्री सरकार बालू के ढेर पर टिकी हुई है। आगामी चुनाव में कांग्रेस संगठित रूप से भाग नहीं लेगी तो सामन्ती वर्ग की विजय निश्चित है। माथुर ने कहा : "यदि राजा और सामन्त लोकतांत्रिक तरीके से सत्ता में आते हैं तो इतिहास में लिखा जाएगा कि सरदार पटेल ने बृहद् राजस्थान का निर्माण तो किया परन्तु वे प्रदेश में कांग्रेस को सुसंगठित करने में विफल रहे।" सरदार ने व्यास के विचार जानने चाहे और कहा : "वे मेरे पास क्यों नहीं आते।" माथुर ने पलट कर कहा : "व्यास स्वाभिमानी व्यक्ति हैं। उन्हें आपके पास आने में आशंका है कि लोग समझेंगे कि व्यास नतमस्तक हो गये। आपके बुलाने पर आ जायेंगे।" फिर सरदार के बुलावे पर व्यास, माथुर तथा पुरोहित उनसे मिले। सरदार ने व्यास से एकान्त में बात की और बाहर आकर कहा : "सब कुछ ठीक हो जायेगा।"[13] परिणामस्वरूप मुकदमे वापस ले लिये गये और शास्त्री को इस्तीफा देना पड़ा।

इस संदर्भ में शास्त्री ने भी अपनी जीवनी में मुकदमा चलाने पर खेद प्रगट किया है : "मैंने साथियों के खिलाफ मुकदमा चलाने का इल्जाम अपने ऊपर ख्वामखा आने दिया।"[14] इस बारे में विस्तार से लिखना उचित प्रतीत होता है क्योंकि सारा मामला पूर्वाग्रह ग्रसित लगता है। जोधपुर रियासत में केन्द्र द्वारा नियुक्त पी.एस. राव दीवान थे और व्यास प्रधानमंत्री थे। तब मथुरादास माथुर और द्वारकादास पुरोहित मंत्री थे। व्यास और राव के बीच कई मामलों में मतभेद रहता था।

इससे राव को रियासती विभाग के अधिकारियों के कान भरने का मौका मिल जाता था।[15] शास्त्री ने आगे लिखा है : "सरदार को मेरे कुछ साथियों से बहुत ज्यादा चिढ़ हो गई थी। उनके खिलाफ उन्हीं के राज्यों से शिकायतें भी सरदार के पास पहुँचीं। सरदार ने कुछ तहकीकात करवाई और उन्होंने अमुक-अमुक पर मुकदमा चलाने का हुक्म दे दिया। पता नहीं सरदार का हुक्म नहीं मानता तो क्या होता ? बहरहाल मुझे यह सूझा भी नहीं कि मुझे मुकदमे चलाने का विरोध करना चाहिए था। ...पर मुझे लगता है कि मुकदमा चलाने का फैसला करने से पहले उन्हें (सरदार) जितना सोच-विचार करना चाहिए था शायद उन्होंने नहीं किया और मुझे भी जितना ध्यान इस तरफ देना चाहिए था, मैंने भी नहीं दिया।... अब मैं सोचता हूँ कि मुकदमे भले ही उनके हुक्म से चले हों, पर मेरा जिम्मा आये बिना कैसे रह सकता था, जबकि मुख्यमंत्री मैं था ?"[16] इन तथ्यों से सारा मामला राजनीतिक होना स्पष्ट होता है। एक और महत्वपूर्ण बात है कि कभी किसी ने उन आरोपों पर विश्वास नहीं किया।

संदर्भ

1. जो देश के लिए जिये : शंकरसहाय सक्सेना, पृ. 164
2. नेहरू स्मारक संग्रहालय : गोकुललाल असावा से एस.एल. मनचन्दा की भेंटवार्ता
3. प्रत्यक्ष जीवन शास्त्र : पं. हीरालाल शास्त्री, पृ. 310
4. नेहरू स्मारक संग्रहालय : गोकुललाल असावा से भेंटवार्ता (1976)
5. जो देश के लिए जिये : शंकरसहाय सक्सेना, पृ.184
6. जो देश के लिए जिये : शंकरसहाय सक्सेना, पृ. 182-185
7. जो देश के लिए जिये : शंकरसहाय सक्सेना, पृ. 182-185
8. प्रत्यक्ष जीवन शास्त्र : हीरालाल शास्त्री, पृ. 82
9. जो देश के लिए जिये : शंकरसहाय सक्सेना, पृ. 165-166
10. जो देश के लिए जिये : शंकरसहाय सक्सेना, पृ. 175-176
11. जो देश के लिए जिये : शंकरसहाय सक्सेना, पृ. 177
12. अमर भारत : दिल्ली 22.1.1950
13. राजस्थान में स्वतंत्रता संग्राम के अमर पुरोधा श्री मथुरादास माथुर : डॉ. आर.पी. व्यास, पृ. 37, 38
14. प्रत्यक्ष जीवन शास्त्र : हीरालाल शास्त्री, पृ. 79
15. राजस्थान में स्वतंत्रता संग्राम के अमर पुरोधा : द्वारकादास पुरोहित : डॉ. आर.पी. व्यास, पृ. 31
16. प्रत्यक्ष जीवन शास्त्र : हीरालाल शास्त्री, पृ. 79

3

कांग्रेस के सामने चुनौतियां

जयनारायण व्यास मंत्रिमंडल ने सन् 1951 के पूर्वार्द्ध में जब काम शुरू किया तब स्थितियां कांग्रेस के अनुकूल नहीं थीं। राजस्थान के निर्माण के बाद इक्कीस माह तक कांग्रेस का ही शास्त्री मंत्रिमंडल काम कर चुका था। उसके बाद लगभग चार माह तक केन्द्र द्वारा नियुक्त उच्च प्रशासनिक अधिकारियों के नेतृत्व में शासन चलता रहा। केन्द्रीय सरकार का रियासती विभाग बड़ी असमंजस की स्थिति में था। जैसा कि पिछले पृष्ठों में वर्णन किया जा चुका है कि केन्द्र कई आशंकाओं से ग्रस्त था। उसे न केवल रियासतों के कांग्रेस नेतृत्व की कुशलता पर संदेह था, वहीं पूर्व राजाओं तथा जागीरदारों द्वारा किसी भी समय, कैसा ही छोटा-मोटा बखेड़ा खड़ा करने का भय बना रहता था । इसलिए चुनाव तक प्रदेश का शासन केन्द्राधीन ही रखना चाहता था किन्तु राज्य नेतृत्व को यह मंजूर नहीं था। विलय के समझौतों द्वारा राजाओं के सारे अधिकार समाप्त हो चुके थे। नया संविधान लागू हो चुका था, तथापि रियासतों से निर्मित देश के सभी राज्यों को दूसरी श्रेणी में रखा गया, जिन्हें भाग 'ख' राज्य कहा जाता था। भाग 'क' में ब्रिटिश भारत के नौ राज्य रहे। (ख) राज्यों को संविधान की धारा 238 के अन्तर्गत रखा गया, जिसमें केन्द्र को देखरेख, निर्देशन तथा नियंत्रण का विशेष अधिकार दिया गया था। यह प्रावधान राज्यों के पुनर्गठन के बाद 1956 में सातवें संवैधानिक संशोधन द्वारा विलोपित किया गया। राज्यों की श्रेणी ही समाप्त कर दी गई तथा (क) वर्ग के समान राजप्रमुख का नाम बदल कर राज्यपाल कर दिया गया।

प्रथम चुनाव से पूर्व (ख) राज्यों में विधानसभाएं नहीं होने से मंत्रिमंडल राजप्रमुख के जरिये भारत सरकार के रियासती विभाग के प्रति उत्तरदायी होते थे। लेकिन 1952 के आम चुनाव के बाद मंत्रिमंडल राज्य विधानसभा के प्रति उत्तरदायी हो गये।

'ख' श्रेणी के राज्यों में केन्द्र द्वारा विशेष अधिकार के अन्तर्गत दो या तीन उच्चाधिकारियों को सलाहकार नियुक्त किया जाता था जो मंत्रियों और सचिवों के बीच मध्यस्थ का काम करते थे। मंत्रिमंडल और सलाहकारों के बीच किसी प्रश्न पर असहमति होने पर उसे केन्द्र को भेजा जाता था और उसका निर्णय अंतिम होता था। इस प्रावधान के कारण सलाहकारों की उच्चस्थ

स्थिति हो गई थी। एक तरह से उनको 'वीटो' का अधिकार मिल गया था। शास्त्री मंत्रिमंडल के समय मुख्य सचिव, पुलिस महानिरीक्षक, गृह एवं वित्त सचिव तथा प्रमुख विभागाध्यक्ष जैसे महत्वपूर्ण पदों पर राज्य के बाहर के केन्द्र द्वारा भेजे गये अधिकारी नियुक्त थे। शास्त्री मंत्रिमंडल कांग्रेस के आन्तरिक विरोध का मुकाबला करने में व्यस्त रहा। उस समय रियासतों के एकीकरण के कारण राजकीय सेवकों की पदस्थापना तथा सेवाओं को एकीकृत करने का बहुत महत्वपूर्ण काम था। सलाहकारों ने उनकी सेवा मानदण्डों के अनुसार स्थिरीकरण करने के बजाय नई भर्ती की प्रणाली स्वीकार की जिससे अधिकारी तथा कर्मचारी वर्गों में जबर्दस्त असंतोष उत्पन्न हो गया। राजकीय सेवक की योग्यता तथा वरिष्ठता गौण हो गई। कई कनिष्ठ अधिकारी उच्च पदों पर पहुँच गये और अनेक ऊपर से नीचे। मानो एक रियासत में कोई एक व्यक्ति पुलिस अधीक्षक था तों राजस्थान में नई पद-स्थापना पर वह निरीक्षक नियुक्त कर दिया गया। काफी संख्या में राजकर्मियों को अधिशेष घोषित कर दिया गया तो कई की नियुक्ति तदर्थ स्तर पर कर दी गई। इसमें भेदभाव, पक्षपात तथा राजाओं के नजदीक वालों को विशेष लाभ तथा स्वतंत्रता संग्राम से सहानुभूति रखने वालों की उपेक्षा की गई।

राज्य कर्मचारी और जागीरें

व्यास मंत्रिमंडल के सामने सर्वाधिक प्राथमिकता का कार्य राजकीय सेवकों का असंतोष दूर करना था। इसके लिए राजस्थान उच्च न्यायालय के एक वरिष्ठ न्यायाधीश जवानसिंह राणावत की नियुक्ति की गई, जिन्हें एकीकृत रियासतों के राजकर्मियों की विसंगतियां दूर करने, वर्गीकरण तथा वरिष्ठता के आधार पर स्थिरीकरण का उत्तरदायित्व सौंपा गया। राज्य लोक सेवा आयोग के एक सदस्य की अध्यक्षता में एक समिति गठित की गई जिसे 'अयोग्य' घोषित कर्मचारियों के बारे में पुनर्विचार कर उन्हें खपाने का दायित्व संभलाया गया।[1]

प्राथमिकता का दूसरा महत्वपूर्ण कार्य जागीरों को समाप्त करने का था, जिसको मुख्य मुद्दा बनाकर रियासतों में स्वतंत्रता संग्राम लड़ा गया था। माणिक्यलाल वर्मा ने संयुक्त राजस्थान के अपने संक्षिप्त प्रधानमंत्रित्व कार्यकाल में उन्हें समाप्त कर दिया था। राजस्थान के निर्माण के बाद शास्त्री मंत्रिमंडल के भिन्न विचार तथा केन्द्र द्वारा एक समिति गठित किये जाने से यह महत्वपूर्ण मुद्दा खटाई में पड़ गया था। व्यास मंत्रिमंडल ने पांच हजार या उससे अधिक भू-राजस्व वाली जागीरों को समाप्त करने का निर्णय कर प्रधानमंत्री जवाहरलाल नेहरू से उसे लागू करने की अनुमति प्राप्त कर ली।

प्रथम आम चुनाव से पूर्व राजकर्मियों के बारे में सलाहकारों के निर्णय के कारण उनमें कांग्रेस सरकार के विरुद्ध जबर्दस्त रोष था ही। उनकी वर्षों की नौकरी तथा पदों में परिवर्तन के कारण उन्हें अपना जीवन ही खतरे में लगने लगा। जागीरें समाप्त करने के भय से राज्य का समूचा

सामन्ती वर्ग कांग्रेस के विरुद्ध हो गया और वह संगठित होकर विरोध करने लगा। यह काल जबर्दस्त प्रसव पीड़ा का था। एक तरफ सामंतों का समाज के विभिन्न वर्गों से सैकड़ों वर्षों का राजनीतिक, आर्थिक, सामाजिक, प्रशासनिक तथा सांस्कृतिक सम्बन्ध था। दूसरी ओर एक व्यवस्था समाप्त होने से नया स्वरूप जनता के सामने नहीं था। वह कैसी व्यवस्था होगी, उसमें उनका क्या स्थान होगा? इसकी समझ उन्हें नहीं थी। उन्हें यह भी मालूम नहीं था कि नई व्यवस्था से उन्हें लाभ होगा या नहीं ? जबकि जागीरों की समाप्ति से किसानों का शोषण समाप्त किया जाना था। राजस्थान में उस समय राजकीय भूमि केवल चालीस प्रतिशत ही थी और शेष साठ प्रतिशत पर जागीरदारों का अधिकार था। वे ही उनसे लगान के रूप में उपज का आधे से लेकर पांचवें हिस्से तक लाटा लेते थे। कहीं-कहीं तो किसान के पास मुश्किल से एक हिस्सा बचता था। उत्पादन के बंटवारे के ऊपर लाग-बाग तथा बेगार प्रथा के कारण उनका जबर्दस्त शोषण सदियों से किया जा रहा था। बचा हुआ हिस्सा साहूकार का कर्ज एवं ब्याज चुकाने में चला जाता था। वह तो भूखा-नंगा ही रहता था। इस पर मानवीय अत्याचार, युवतियों का देह शोषण, गुलामी में नारकीय जीवन जीने को विवश था। उसकी आवाज नहीं थी। बोलने पर शारीरिक पीड़ा पहुँचाई जाती थी। जागीर क्षेत्र में उनकी कहीं सुनवाई नहीं होती थी। कानून और न्याय नाम की कोई संस्था ही नहीं थी। सामंत के 'बोल' ही कानून थे। इस पृष्ठभूमि में प्रथम आम चुनाव जनवरी 1952 में हुए। मुख्य मुकाबला कांग्रेस तथा सामंतों के बीच था।

राज्य में कांग्रेस सरकार की स्थापना को पौने तीन वर्ष हो चुके थे। लेकिन जागीरदारों के जुल्म समाप्त होने के स्थान पर बढ़ते ही जा रहे थे। वे ग्रामीण जनता को आतंकित कर वोट प्राप्त करना चाहते थे या अपने विरोधी को मतदान करने से ही रोकना चाहते थे।

मुख्यमंत्री जयनारायण व्यास ने एक संवाददाता सम्मेलन में घोषणा की कि सरकार जागीरें समाप्त करने को वचनबद्ध है। उन्होंने बताया कि विधेयक तैयार हो रहा है। इस सम्बन्ध में केन्द्रीय सरकार से विचार-विमर्श जारी है। कानून का आधार वेंकटाचार समिति की रिपोर्ट होगी। उन्होंने जागीरदारों को विश्वास दिलाना चाहा कि उन्हें पुनःस्थापित किया जाएगा। निश्चित अवधि तक खुदकाश्त के लिए भूमि या नकद मुआवजा दिया जाएगा। इसके विपरीत जागीरदारों के समर्थन में सरकार को चेतावनी देते हुए राजस्थान क्षत्रिय महासभा ने एक प्रस्ताव पास किया कि जागीरें समाप्त करने पर भयंकर उपद्रव किये जायेंगे।[2]

व्यास सरकार के निर्माण पर प्रदेश कांग्रेसाध्यक्ष लोकनायक माणिक्यलाल वर्मा ने एक आह्वान वक्तय में कांग्रेसजनों को कहा : "हमराहियो ! लगातार दो वर्षों के संघर्षों के बाद कांग्रेस का विश्वस्त मंत्रिमंडल" बना है। पिछला इतिहास दोहराना नहीं चाहता, हम नया बनाना चाहते हैं। लाखों किसानों को जागीरदारों ने बेदखल कर दिया है। केन्द्रीय सरकार के अधिक अन्न उपजाओ आंदोलन के संदर्भ में कहा, "किसानों को जमीन मिले बिना यह सफल नहीं हो सकता।"[3]

चुनाव से पूर्व जागीरदारों के जुल्म

जागीरदारों के जुल्मों के कुछ समाचार तत्कालीन समाचार-पत्रों में भी प्रकाशित हुए। उनके कुछ नमूने इस प्रकार हैं :

– कोटा जिले के कई गांवों में जागीरदारों ने किसानों को बेदखल किया। अपनी लड़कियों की शादी के लिए किसानों से खर्चा वसूला।[4]

– राजगढ़ के साठ परिवार गांव छोड़कर भाग गये। लगान के अतिरिक्त दस रुपया प्रति बीघा वसूल किया जा रहा है।[5]

– राजस्व मंत्री टीकाराम पालीवाल ने बताया कि बिस्वेदारी अधिकार क्षेत्र में 5 से 50 गुना तक लगान वसूल किया जा रहा है।

– प्रदेश कांग्रेस के महामंत्री मास्टर भोलानाथ ने चूरू जिले की सुजानगढ़ तहसील के ओडावा गांव में एक सभा में कहा : "चूरू तथा नागौर जिलों में डाकुओं का आतंक छाया हुआ है। इन डकैतियों में जागीरदारों का हाथ है।"[6]

– भोलानाथ ने आगे कहा, "डाकुओं में ज्यादातर राजपूत हैं जो जागीरदारों द्वारा पनपाये जाते हैं। ये डकैतियां जागीरदारों द्वारा सरकार को भयभीत करने के लिए की जाती हैं ताकि जागीरें समाप्त करने का समय बढ़ जाय। लेकिन ये शीघ्र समाप्त होंगी।"

– पालीवाल ने मालपुरा तथा टोडारायसिंह की आम सभाओं में बताया कि कई जागीरदार बेदखलियां कर रहे हैं। मगर सरकार सतर्क है। अधिकारियों को कार्रवाई करने के आदेश दे दिये गये हैं।[7]

– पालीवाल ने संवाददाता सम्मेलन में बताया कि भूमि का बन्दोबस्त नहीं होने के कारण लगान की दरें निश्चित नहीं हो सकी हैं। सरकार और जागीरदार दोनों 'पुरानी प्रथाओं' के अनुसार तिहाई तथा आधी तक उपज वसूल रहे हैं। झगड़ों की आशंका है। सरकार चाहती है कि उपज का एक-चौथाई से ज्यादा वसूल नहीं करें।[8]

उपरोक्त परिस्थितियों में भी सरकार विवश थी क्योंकि केन्द्र से विधेयक को स्वीकृति नहीं मिली थी। चुनाव के बाद राष्ट्रपति ने उस पर अनुमति प्रदान की। संभवतः केन्द्रीय सरकार चुनाव परिणाम देखकर निर्णय करना चाहती होगी। देशभर में कांग्रेस को बहुमत मिला। केन्द्र तथा सभी राज्यों में कांग्रेस की सरकारें बनीं।

कुल जागीरें और मुआवजा

राजस्व मंत्री पालीवाल ने संवाददाता सम्मेलन में घोषणा की कि राजस्थान जागीरी उन्मूलन विधेयक पर राष्ट्रपति की स्वीकृति चुनाव के बाद प्रदान हो गई है। अब इसे अध्यादेश द्वारा लागू किया जायेगा और भूमि-सुधार की प्रक्रिया प्रारम्भ होगी। उन्होंने बताया कि सात सौ वर्ष पुरानी जागीरें समाप्त होंगी। राज्य में 5 हजार रुपये से अधिक आय वाली 497 जागीरें हैं, जिनसे कुल वार्षिक आय 1 करोड़ 15 लाख 46 हजार 300 रुपये होती है। उनसे सरकार को केवल 13 लाख 7 हजार, 125 रुपये वार्षिक नजराना के मिलते हैं। इसका मुआवजा जागीरदारों को पन्द्रह वार्षिक किश्तों में 38 लाख 1 हजार 671 रुपया चुकाया जायेगा। यह मुआवजा जागीरों से प्राप्त आय से दस गुना होगा। इस पर ढाई रुपया प्रति सैकड़ा ब्याज दिया जायेगा। इसके अलावा जागीरदारों को खुदकाश्त के लिए जागीर के क्षेत्रफल के निश्चित अनुपात में भूमि दी जाएगी, जो पांच सौ एकड़ से अधिक नहीं होगी। इसके अतिरिक्त निजी मकान, बाग, तालाब, पेड़, कुएं, मन्दिर, जरखरीद जमीन आदि को निजी संपत्ति माना गया है।[9]

इसके बाद पिछले वर्षों में कई संशोधन किये गये हैं। बाद में खातेदारी, बिस्वेदारी, धार्मिक जागीरों तथा भू-सीलिंग आदि कई कानून बनाये गये थे। आज किसानों तथा किसी राजनीतिक दल द्वारा भूमि-सुधार या और अधिकार दिये जाने की मांग कम्युनिस्ट पार्टी तक से नहीं की जाती है। भूमि कानूनों में विसंगतियों की कई शिकायतें जरूर हैं।

कांग्रेस में फूट

चुनाव के समय कांग्रेस का घर भी विभाजित था। चूंकि शास्त्री सत्ता के समय पार्टी में अल्पमत में थे। उनकी सरकार ने अपनी शक्ति सुदृढ़ करने के लिए कुछ स्वायत्त मंडल जैसे हरिजन मंडल, आदिवासी मंडल, ग्रामोद्योग मंडल, जल मंडल आदि का गठन किया था ताकि उनमें कांग्रेसजनों की नियुक्ति कर संगठन पर कब्जा कर सकें। शास्त्री के विरुद्ध अविश्वास प्रस्ताव तथा विरोध के कारण कांग्रेस में दो धड़े बन गये थे। व्यास मंत्रिमंडल का गठन होने पर शास्त्री गुट ने बदला लेने के लिए उससे सहयोग नहीं किया। यहां तक कि जनता पार्टी बनाने का प्रयत्न किया, जिसका उल्लेख पिछले अध्याय में किया जा चुका है।

कांग्रेस में एक और कमजोरी क्षेत्रीयता की थी, जो आज प्रभावहीन होने के बाद भी किसी-न-किसी प्रकार से विद्यमान है। ये क्षेत्र रियासतों के अनुसार थे। क्षेत्रीय आधार पर उनमें आपस में विश्वास तथा सहयोग रहता था, जिसकी वजह से कांग्रेस एक जीव नहीं हो पाई थी। हालांकि नीति या सिद्धान्त का मतभेद विशेष नहीं था।

चुनाव के साथ ही कांग्रेस में एक और कमजोरी जातिवाद की प्रारम्भ हो गई जो आज तक राज्य की राजनीति को जहरीला नाग बन कर सभी संगठनों को डस रही है। स्वतंत्रता संग्राम में सिद्धान्तों के आधार पर कूदने वालों के मन में जाति या सम्प्रदाय का रोग नहीं था। राजस्थान में उस काल में औद्योगीकरण नहीं होने से श्रमिक तो संगठित नहीं था, अधिकांश खेतिहर मजदूर थे जो आज तक भी संगठित नहीं हुए हैं। अनुसूचित जाति तथा जनजाति के लोगों की स्थिति दयनीय थी। वे निर्धनतम स्थिति में जीते थे। इन्हें समाज का सबसे अधिक पीड़ित तथा परित्यक्त वर्ग कहा जा सकता है। अनुसूचित जाति के जीवनयापन का आधार मामूली खेती तथा समाज के कथित उच्च वर्ग की सेवा का था। आदिवासी वनों पर निर्भर थे। किसानों में जाट सबसे अधिक जागरूक (उस समय के अनुसार) तथा कृषक वर्ग का नेता समझा जाता था। राजपूत, जिसमें दास भी सम्मिलित थे, सामंतों पर निर्भर थे और उनके प्रति ही वफादार थे। वैश्य तथा ब्राह्मण सर्वाधिक शिक्षित एवं सामंतों के बाद तत्कालीन सम्पन्न वर्ग में माना जाता था। वह जागरूक भी था। किन्तु वे आशंकाओं से घिरे हुए थे, पता नहीं क्या होगा ? किसी भी वर्ग की महिला का समाज में कोई स्थान नहीं था। उसकी तो अपने घर में भी आवाज नहीं थी।

कांग्रेस ने सामंतों से लोहा लिया

व्यास मंत्रिमंडल को चुनाव की तैयारियों तथा उपरोक्त स्थितियों के कारण कर्मचारियों में उत्पन्न असंतोष को दूर करने, जनता को आजादी का मतलब समझाने, मतदाता को उसकी हैसियत बताने तथा किसान को भूमि का स्वामी बनाने के लिए केवल आठ माह का समय मिला। इसमें वह समय भी सम्मिलित है, जिसमें उम्मीदवार घोषित करने तथा प्रचार में लगता है। राजा और जागीरदार सत्ता जाने के दिन से तैयारी कर रहे थे। उनके पास सेना थी नहीं। सशस्त्र संघर्ष करने की स्थिति में नहीं थे। लोकतांत्रिक प्रणाली से सत्ता प्राप्त करना उनका लक्ष्य था। ऐसी विषम स्थिति में कांग्रेस को सामंतों से लोहा लेना पड़ा। सामंतों को राजपूतों तथा पूर्वजों के समय से सम्बद्ध जातियों, परिवारों तथा पुश्तैनी सेवकों (कर्मचारी) का आधार तथा भरोसा था। उन्होंने उनके ही प्रमुख व्यक्तियों को चुनाव के मैदान में कांग्रेस के विरुद्ध उतारा। संपूर्ण मारवाड़ क्षेत्र में जोधपुर के पूर्व महाराजा हनुवंतसिंह स्वयं मैदान में आकर सामंतों का नेतृत्व कर रहे थे। खुले रूप से कोई राजा कांग्रेस के साथ नहीं आया। यहां तक कि उदयपुर (मेवाड़) के पूर्व महाराणा भूपालसिंह, जो स्वयं राज्य के महाराजप्रमुख थे और उन्होंने सबसे पहले भारत संघ में विलय की घोषणा की थी, के दीवान बेदला के राव मनोहरसिंह उदयपुर शहर निर्वाचन क्षेत्र में कांग्रेस के मंत्री मोहनलाल सुखाड़िया के सामने खड़े हुए थे किन्तु बुरी तरह परास्त हुए। महाराणा ने उनका खुला समर्थन तो नहीं किया, लेकिन वे उनके उम्मीदवार समझे जाते थे। उन्हें खड़ा होने से महाराणा ने

नहीं रोका। इस तरह से राजस्थान में सामंतों ने विभिन्न दलों तथा निर्दलीय रूप से खड़े होकर कांग्रेस को हराने का बीड़ा उठाया था।

प्रथम आम चुनाव का संघर्ष बेजोड़ था। सड़ी-गली, ठुकराई हुई पुरानी और नई व्यवस्था के बीच यह मल्ल युद्ध था। मतदाता नासमझ तथा भरमाया हुआ था। वोट क्या होता है, यह भी नहीं जानता था। वोट से सरकार बन या बिगड़ सकती है, की कल्पना तक भी उसमें नहीं थी। इस कारण अब तक हुए विधानसभा के बारह चुनावों में सबसे कम केवल 37.42 प्रतिशत मतदान हुआ। फिर भी कांग्रेस के सात प्रत्याशी निर्विरोध निर्वाचित हुए। कांग्रेस को 160 सदस्यों के सदन में केवल दो के बहुमत से 82 स्थान प्राप्त हुए। लोकनायक जयनारायण व्यास, जिन्होंने जोधपुर तथा जालौर, दो स्थानों से चुनाव लड़ा था, को महाराजा हनुवंतसिंह ने बदला लेकर बुरी तरह हरा दिया। ऐसे ही कोटा वाले राजस्थान संघ के प्रधानमंत्री गोकुललाल असावा को हरा दिया गया। लोकसभा के लिए लोकनायक माणिक्यलाल वर्मा जैसी हस्ती को चित्तौड़गढ़ के सामंतों ने मध्यप्रदेश के एक जनसंघी प्रत्याशी के हाथों पराजित किया। प्रदेश कांग्रेस के पूर्व अध्यक्ष तथा सिरोही रियासत के प्रधानमंत्री गोकुलभाई भट्ट को लोकसभा के चुनाव में हराया। हीरालाल शास्त्री ने किसी दल से चुनाव नहीं लड़ा। बीकानेर के पूर्व महाराजा डॉ. करणीसिंह ने अपने प्रभाव वाले क्षेत्र में कांग्रेस के विरुद्ध कोई मोर्चा तो नहीं बनाया लेकिन स्वयं ने निर्दलीय प्रत्याशी के रूप में बीकानेर से चुनाव लड़ा और विजयी हुए।

सामंतों ने धार्मिक पार्टी से चुनाव लड़ा

सामंतों ने धर्म पर आधारित स्वामी करपात्रीजी की पार्टी रामराज्य परिषद तथा निर्दलीय रूप से चुनाव लड़ा था। सामंतों ने उसी समय निर्मित भारतीय जनसंघ (जो 1980 में भारतीय जनता पार्टी के रूप में अस्तित्व में आया) से भी अपने उम्मीदवार खड़े किये थे। उस समय सक्रिय हिन्दू महासभा ने भी चुनाव लड़ा। कांग्रेस से सैद्धान्तिक मतभेद होने के कारण गठित कृषक-मजदूर प्रजा पार्टी, सोशलिस्ट पार्टी, कृषिकार लोक पार्टी, कम्युनिस्ट पार्टी, शिड्यूल्ड कास्ट फैडरेशन, के.जी.एस.पी. तथा फॉरवर्ड ब्लॉक के उम्मीदवारों ने भी चुनाव लड़ कर कहीं त्रिकोण तथा कहीं चतुष्कोण संघर्ष बनाने की कोशिश की थी। किन्तु रामराज्य परिषद के 24, जनसंघ के 8, हिन्दू महासभा के 2, सोशलिस्ट पार्टी एवं कृषक-मजदूर प्रजा पार्टी के एक-एक, कृषिकार लोक पार्टी के सात और निर्दलीय 35 निर्वाचित हुए जिनमें अधिकांश को जोधपुर महाराजा का समर्थन था। चार महिलाएं खड़ी की गईं, परन्तु एक भी नहीं चुनी जा सकी।[10] इस चुनाव में तीन ऐसे जन नेता मोहनलाल सुखाड़िया, हरिदेव जोशी तथा भैरोंसिंह शेखावत चुने गये जो आगे जाकर क्रमशः 1954, 1973 तथा 1977 में मुख्यमंत्री चुने गये। प्रथम दोनों कांग्रेस के थे

और शेखावत आपात्काल के बाद सर्वोदयी नेता जयप्रकाश नारायण के आह्वान से निर्मित जनता पार्टी के मुख्यमंत्री बने। 2002 में वे उपराष्ट्रपति के पद पर पहुँच गये। इस उच्च संवैधानिक पद पर पहुँचने वाले राजस्थान के वे पहले व्यक्ति हैं।

लोकसभा के चुनाव परिणाम भी विधानसभा के समान ही रहे। इसमें कांग्रेस को कुल 22 में से 11 स्थान ही मिले। स्पष्ट बहुमत नहीं था। रामराज्य परिषद ने आठ स्थानों पर चुनाव लड़ा और तीन पर जीते। जनसंघ को तीन में से एक सीट मिली। निर्दलीय तीस खड़े हुए और छह चुने गये। कृषिकार लोकपार्टी ने सात स्थानों से चुनाव लड़ा किन्तु एक पर ही जीत पाई। सोशलिस्ट पार्टी ने 6, कम्युनिस्ट पार्टी ने 2, हिन्दू महासभा, के.एम.पी.पी., शिड्यूल्ड कास्ट फैडरेशन तथा अन्य ने 1-1 सीट पर अपने उम्मीदवार खड़े किये मगर कहीं पर भी जीत नहीं पाये। लोकसभा के लिए कांग्रेस को बाईस स्थानों पर विधानसभा से अधिक 41.84 प्रतिशत वोट मिले जबकि विधानसभा में 39 प्रतिशत ही मत प्राप्त कर सके थे।

दुर्योग से महाराजा हनुवंतसिंह की चुनाव के बाद अभूतपूर्व विजय के उल्लास में अपनी प्रेयसी जुबेदा के साथ अपने विमान में पाली जिले पर उड़ान भरते समय मृत्यु हो गई। कहा जाता है कि अकस्मात उनका विमान, जिसके चालक वे स्वयं थे, टेलीफोन के खम्भे से टकराकर नीचे गिर पड़ा। विमान में आग लग गई और दोनों उसमें ही भस्म हो गये। इस कारण महाराजा का सामंती सत्ता पुनः स्थापित करने का सपना चकनाचूर हो गया। कहा यह जाता है कि आज जैसी राजनीतिक स्थिति होती तो वे जोड़तोड़ कर सरकार बना लेते। हालांकि कांग्रेस के पास वास्तविकता में एक का ही बहुमत था क्योंकि कांग्रेस के टीकाराम पालीवाल दो स्थानों से जीते थे किन्तु सामंतों को कम-से-कम एक दर्जन का समर्थन जुटाने में काफी जोर आता। उस समय दलबदल आसान नहीं था।

कांग्रेस के पक्ष में जनमत

रियासती पृष्ठभूमि तथा पार्टी की विषम स्थिति में पहले आम चुनाव में कांग्रेस, जो स्वतंत्रता संग्राम में अग्रणी थी, को बहुमत प्राप्त होना आजादी के पक्ष में जनमत था। इस चुनाव परिणाम ने राजस्थान में दो जातीय धाराएं भी स्थापित कर दीं जो अगले चार चुनावों तक उसी रूप में बहती रहीं। बाद में उसमें से जातियों की बहुधाराएं प्रवाहित होकर राजनीतिक तंत्र को इतना खोखला कर दिया कि आज चुनाव परिणाम न विकास के काम पर निर्भर करता है और न किसी सिद्धान्त पर। आज चुनाव जीतना जातीय-प्रबंधन पर निर्भर करता है।

सन् 1952 के चुनाव परिणाम की दो जातीय धाराएं क्या थीं ? नमूने के तौर पर वह जातीय आधार पर निर्वाचित विधायकों की संख्या से समझा जा सकता है। प्रदेश कांग्रेस के विश्लेषण के अनुसार 1952 के चुनाव में कुल 12 जाट निर्वाचित हुए थे जिनमें 9 कांग्रेस के थे

और शेष 3 सामंतों के समर्थन से जीते। 160 के सदन में सर्वाधिक 54 राजपूत निर्वाचित हुए जिनमें से 51 सामंतों के पक्षधर थे। ऐसे ही ब्राह्मण 22 चुने गये जिनमें 19 कांग्रेस के थे। केवल 3 विपक्ष में जीत कर आये । 15 वैश्य चुने गये जिनमें से 13 कांग्रेस में थे, शेष विपक्ष में। अनुसूचित जाति के कुल 10 तथा जनजाति के 6 स्थान थे। उनमें से क्रमशः 9 और 2 कांग्रेस के थे और शेष विपक्ष में चुने गये । मुसलमान दो ही निर्वाचित हुए और वे कांग्रेस के पक्ष में थे। 39 अन्य थे जिनकी जाति तथा दल का पता नहीं चल सका।

राजस्थान दो जातीय धाराओं में बंटा

इस विश्लेषण से जातियों की दो स्पष्ट धाराएं परिलक्षित हो रही हैं। कांग्रेस के पक्ष में जाट, ब्राह्मण, वैश्य, मुसलमान, अनुसूचित जाति तथा जनजाति के लोग थे। सामंतों के साथ मुख्य रूप से केवल एक जाति राजपूत ही रही जो आजादी के पूर्व तक स्वयं सत्ता में या उस पर निर्भर थी।

प्रदेश कांग्रेस द्वारा 1952 से लेकर 2003 तक सम्पन्न हुए बारह विधानसभाओं के चुनाव विश्लेषण को देखें तो पता चलेगा कि यह प्रवाह मोटे रूप से वैसा ही चलता रहा और जब भी उसमें अंतर आया तब कांग्रेस विरोधी सरकार बनी। राजस्थान में सरकार बनाने वाली ये ही मुख्य जातियां रहीं। इसका चार्ट परिशिष्ट में दिया जा रहा है।

पहले आम चुनाव में विधानसभा के सदस्यों की संख्या 160 थी, लेकिन 1956 में अजमेर का विलय होने पर, 1957 में 176 हो गई जो तीसरे चुनाव 1962 तक रही। विधानसभा निर्वाचन क्षेत्रों के पुनः सीमांकन के बाद 1967 में 184 हो गई जो 1972 तक रही। छठे चुनाव के समय पुनः सीमांकन के कारण यह संख्या बढ़ कर 1977 में 200 हो गई जो 2003 तक है । अब पुनः सीमांकन किया जा रहा है लेकिन विधायकों की संख्या वही रहेगी।

निर्वाचित विधायकों के परिशिष्ट में दिये गये जातीय चार्ट से कुछ बिन्दु स्पष्ट होते हैं। एक, निर्वाचित जाट विधायकों की संख्या निरन्तर बढ़ती ही गई। यहां तक कि 1993 में 38 तक पहुँच गई। वहीं राजपूतों की संख्या घटी। स्वतंत्र पार्टी का प्रभाव रहने तक फिर भी प्रथम चुनाव की तुलना में आधे के आसपास रही, केवल 1962 को छोड़कर । ब्राह्मणों, वैश्यों तथा मुसलमानों की संख्या में बराबर वृद्धि होती गई। लेकिन अन्य पिछड़ी जातियों का प्रभाव बढ़ने के बाद संख्या घटी। अनुसूचित जाति तथा जनजाति के स्थान आरक्षित हो जाने से उनकी संख्या निरन्तर बढ़ती गई। पिछले बारह विधानसभा चुनावों में से तीन बार 1977, 1990, 1993 और 2003 में कांग्रेस के विरुद्ध पहली बार जनता पार्टी तथा दो बार भाजपा नीत संयुक्त सरकारें बनीं। 2003 में भाजपा की सरकार बनी। कांग्रेस के विरुद्ध सरकारें तब ही बन सकीं, जब कांग्रेस विरोधी अनुसूचित जाति तथा जनजाति के अधिकांश सदस्य विपक्ष (अर्थात् कांग्रेस

के विरुद्ध) के चुने गये। यानी राज्य का दलित वर्ग ही सत्ता का निर्णय करता रहा है, फिर भी स्वतंत्रता के 58 वर्ष बाद भी वह समाज का सबसे निर्बल और उपेक्षित वर्ग है। उसकी स्थिति सुधारने का किसी सरकार ने प्रयत्न नहीं किया। उनके समर्थन से कांग्रेस ने आठ बार तथा विपक्ष ने चार बार सरकारें बनाईं। विश्लेषणात्मक पचपन वर्षों में से चालीस वर्ष कांग्रेस तथा पन्द्रह वर्ष उसके विरोधी दलों की सरकारें चुनी गईं।

अन्य पिछड़ी जातियों का राजकीय सेवा तथा शिक्षा के लिए आरक्षण 1989 में प्रधानमंत्री विश्वनाथ प्रतापसिंह की सरकार के बाद हुआ। लोकसभा तथा विधानसभा में उनके लिए अलग से आरक्षण नहीं है जबकि स्वायत्त शासन संस्थाओं और पंचायतों के लिए लागू किया जा चुका है।

पिछले बारह विधानसभा चुनाव परिणामों में यह भी उल्लेखनीय है कि अनुसूचित जाति तथा जनजाति (आदिवासी) के स्थान आरक्षित होने के बावजूद जाट भी उनके बराबर ही निर्वाचित होते रहे हैं। अजा 360, अजजा 263, जाट 346, राजपूत 308, ब्राह्मण 281, वैश्य 218, मुसलमान 79, गुर्जर 72 तथा सिक्ख, सिंधी-पंजाबी 52 चुने गये। इन संख्याओं में कुछ गलतियां संभव हैं। इन आंकड़ों को विश्लेषण की दृष्टि से संकेत मान लें।

संदर्भ

1. Rajasthan Polity, Economy & Society : B.L. Pangariya, N.C. Pahariya, P. 64-65

2-3. अमर ज्योति (साप्ताहिक) दि. 22.7.1951

4-5. अमर ज्योति (साप्ताहिक) दि. 8.7.1951

6. अमर ज्योति (साप्ताहिक) दि. 17.6.1951
7. अमर ज्योति (साप्ताहिक) दि. 22.7.1951
8. अमर ज्योति (साप्ताहिक) दि. 17.6.1951
9. अमर ज्योति (साप्ताहिक) दि. 18.2.1952
10. निर्वाचन आयोग : प्रथम आम चुनाव, 1952

4

जयनारायण व्यास का कार्यकाल

प्रथम आम चुनाव में यद्यपि कांग्रेस को राज्य विधानसभा में दो मतों से स्पष्ट बहुमत मिल गया था तथापि मुख्यमंत्री जयनारायण व्यास तथा कई प्रभावशाली नेताओं के चुनाव हार जाने से कांग्रेसजनों में घोर निराशा व्याप्त हो गई थी। हारने वालों में कोटा वाले राजस्थान संघ के प्रधानमंत्री, अ.भा. कांग्रेस कमेटी की कार्यकारिणी तथा संविधान सभा के सदस्य गोकुललाल असावा जैसे प्रमुख नेता भी थे। इसी तरह लोकसभा के लिए लोकनायक माणिक्यलाल वर्मा तथा पूर्व प्रदेश कांग्रेसाध्यक्ष गोकुलभाई भट्ट भी सामंतों के हाथों पराजित हो गये थे। इनके अलावा शास्त्री मंत्रिमंडल के चार सदस्यों में से तीन रघुवरदयाल गोयल (बीकानेर), फूलचन्द बाफना (जोधपुर) तथा भूरेलाल बया (उदयपुर) हार गये। केवल एक वेदपाल त्यागी (कोटा) जीत पाये जो बाद में राजस्थान उच्च न्यायालय के मुख्य न्यायाधीश के पद से सेवानिवृत्त हुए थे।

कांग्रेस की इससे अधिक चिन्ताजनक स्थिति यह थी कि विधानसभा के 160 सदस्यों में से एक-तिहाई से अधिक केवल राजपूत जाति के जीते। उनमें कांग्रेस के केवल तीन थे। शेष विपक्षी दलों के थे। सामंतों से तीस वर्षों तक बहादुरी के साथ लड़ाई लड़ने वाले राजस्थान के प्रमुख नेता जयनारायण व्यास की पराजय से कांग्रेस के सामने यह समस्या हो गई थी कि अगला मुख्यमंत्री किसे बनाया जाय। लोकनायक माणिक्यलाल वर्मा को शिकायत थी कि कांग्रेस में अवसरवादी और प्रतिक्रियावादी तत्व ले लिये गये हैं जिससे संगठन निस्तेज और निष्प्राण होता जा रहा है।[1] उन्होंने यह भावना चुनाव के दौरान 27 जनवरी, 1952 को जवाहरलाल नेहरू को लिखे एक लम्बे पत्र में प्रगट की। वे कांग्रेस में सामंती तत्वों तथा उद्योगपतियों को प्रवेश देने के विरोधी थे। वर्मा क्रांतिकारी विचारधारा वाले थे और जीवनभर उसी का पोषण करते रहे। उनसे मतभेद रखने वालों से संघर्ष ही नहीं विरोधी तक हो गये थे।

कांग्रेस के सामने एक संकट और था कि अ.भा.कांग्रेस की वर्किंग कमेटी ने यह भी निर्णय ले लिया था कि जो मंत्री चुनाव हार गये हैं उन्हें 'साधारणतया' दुबारा खड़ा नहीं किया जाय।

टीकाराम पालीवाल मंत्रिमंडल

शपथग्रहण : 3 मार्च, 1952
बायें से दायें : भोगीलाल पंड्या, मोहनलाल सुखाड़िया, टीकाराम पालीवाल (मुख्यमंत्री), सवाई मानसिंह (राजप्रमुख), नाथूराम मिर्धा, मास्टर भोलानाथ, अमृतलाल यादव तथा रामकिशोर व्यास (सभी मंत्री)।

पालीवाल मंत्रिमंडल

चुनाव परिणाम के बाद 3 फरवरी, 1952 को दिल्ली में कांग्रेस संसदीय बोर्ड की बैठक में राजस्थान की स्थिति पर विचार हुआ जिसमें वर्मा विशेष रूप से आमंत्रित थे। वर्मा का मत था कि व्यास को दुबारा चुनाव लड़ाया जाय। इससे नेहरू भी सहमत थे। अंतरिम काल के लिए वर्मा के आग्रह पर व्यास मंत्रिमंडल के वरिष्ठतम सदस्य टीकाराम पालीवाल को मुख्यमंत्री चुनने का निर्णय हुआ।[2] किन्तु व्यास को दुबारा खड़ा करने का प्रश्न विचाराधीन ही रहा।

3 मार्च, 1952 को पालीवाल मंत्रिमंडल ने शपथ ली। सात सदस्यीय मंत्रिमंडल में मोहनलाल सुखाड़िया, नाथूराम मिर्धा, मास्टर भोलानाथ, भोगीलाल पंड्या, अमृतलाल यादव तथा रामकिशोर व्यास मंत्री थे। बाद में रामकरण जोशी को भी सम्मिलित कर लिया गया था। पालीवाल, सुखाड़िया तथा यादव पूर्व व्यास मंत्री परिषद में भी थे। व्यास मंत्रिमंडल में एक जाट कुंभाराम आर्य तथा राजपूत जागीरदारों के प्रतिनिधि जसवंतसिंह थे। पालीवाल मंत्रिमंडल में

जाट नाथूराम मिर्धा थे किन्तु राजपूत एक भी नहीं था। नरोत्तमलाल जोशी को विधानसभा का अध्यक्ष तथा लालसिंह शक्तावत (राजपूत) को उपाध्यक्ष निर्वाचित किया गया। 1 नवम्बर 1952 को पुनः व्यास मंत्रिमंडल बनने के समय भी कोई राजपूत उसमें नहीं था। नवम्बर 1954 में जब व्यास को अपने दल में विश्वास मत लेना पड़ा था तब जाट-राजपूत विवाद बहुत महत्वपूर्ण हो गया था, किन्तु 1952 का आम चुनाव कांग्रेस बनाम सामंत (राजपूत) ही था।

पालीवाल ने अपना मंत्रिमंडल व्यास की अपेक्षा छोटा बनाया। माथुर और आर्य को मंत्री नियुक्त नहीं करना टीका-टिप्पणी का विषय हो गया। इस संदर्भ में राजस्थान स्वर्ण जयन्ती प्रकाशन समिति द्वारा प्रकाशित ग्रंथ 'टीकाराम पालीवाल' में लेखक ने उन्हीं के शब्दों में मंत्रिमंडल निर्माण की पृष्ठभूमि प्रस्तुत की है जिसके अनुसार मंत्रिमंडल की सूची को अंतिम रूप देने के लिए पालीवाल वर्मा के साथ दिल्ली गये। सूची देखकर लालबहादुर शास्त्री ने कहा ठीक है। आगे का वर्णन पालीवाल के शब्दों में "जब हम लोग उठ कर जाने लगे तो उन्होंने मेरा कुर्ता खींचा और इशारा किया, फिर मिलना। मैं और वर्माजी बीकानेर हाउस आ गये। उन्हें वहीं छोड़कर मैं फिर शास्त्रीजी से मिलने गया। उन्होंने मंत्रियों की सूची में से दो नामों पर अंगुली रखी और पूछा, 'इन्हें भी मंत्री बनाना चाहते हो?' मैंने उन्हें बताया कि इनमें से एक को श्री माणिक्यलाल वर्मा और दूसरे को श्री जयनारायण व्यास चाहते हैं तो शास्त्रीजी सहज भाव से बोले, 'रख लो, लेकिन इनका ध्यान रखना, विभाग देने में सावधानी रखना।' हमने उनकी राय के अनुसार ही काम किया, हालांकि बाद में शास्त्रीजी की शंकाएं ठीक ही निकलीं। लेकिन उस समय सभी एक दूसरे का सम्मान रखते थे।"[3] लालबहादुर शास्त्री और पालीवाल की टिप्पणी गंभीर है।

पालीवाल मंत्रिमंडल पर इतिहासकार बी.एल. पानगड़िया तथा एन.सी. पहाड़िया ने टिप्पणी की है, 'पालीवाल ने कुछ विवादास्पद नेता जैसे कुंभाराम आर्य और मथुरादास माथुर को मंत्री बनाने से मना कर दिया। इससे राज्य में कांग्रेस सरकार की छवि उन्नत हुई।"[4]

कांग्रेस को उभारने की समस्या

चुनाव परिणाम से कांग्रेस को जबर्दस्त झटका लग चुका था। व्यास को विधायक निर्वाचित कराना उसकी सर्वोच्च प्राथमिकता हो गयी थी। पांच हजार की आय वाली जागीरें समाप्त करने का निर्णय चुनाव से पूर्व हो गया था, लेकिन लागू नहीं हो पाया था। इसलिए चुनाव के तुरन्त बाद अध्यादेश के जरिये लागू किया गया। 'जमीन जोते उसकी' के नारे को क्रियान्वित्त करने की दिशा में कदम उठाये गये। राज्य कर्मचारियों की सेवाओं में व्याप्त विसंगतियाँ दूर करने में भी तेजी लाई गई। कांग्रेस सरकार का प्रयत्न था कि चुनाव परिणाम के कारण कांग्रेसजनों के गिरे हुए मनोबल को पुनःस्थापित किया जाये।

पालीवाल मंत्रिमंडल के निर्माण के बाद वर्मा ने प्रदेश कांग्रेसाध्यक्ष पद से त्यागपत्र दे दिया। बड़ी मुश्किल से उसे स्वीकार किया गया। मास्टर आदित्येन्द्र को नया अध्यक्ष चुना गया।

जयनारायण व्यास को पुनः चुनाव लड़ाया जाए। इस प्रश्न पर 3 फरवरी, 1952 की संसदीय बोर्ड की बैठक में निर्णय नहीं हो पाया था। राजस्थान के अधिकांश नेता उन्हें खड़ा करना चाहते थे, विशेष रूप से मेवाड़ तथा मारवाड़ के कांग्रेसजन। लेकिन वेदपाल त्यागी तथा गोकुललाल असावा पुनः चुनाव नहीं लड़ाने वालों के नेता थे।

कांग्रेस में पुनः मतभेद पैदा हो गया। व्यास समर्थक पालीवाल के विरुद्ध तथा पालीवाल समर्थक व्यास के प्रति विष वमन करने लगे। वर्मा इस स्थिति से बहुत क्षुब्ध थे। उन्होंने व्यास से कहा कि अगर वातावरण नहीं सुधरे तो चुनाव न लड़ें। पालीवाल से कहा, 'स्थिति को संभालो वरना आप भी मरने वाले हैं।' पालीवाल त्यागपत्र देने लगे। पालीवाल पर आरोप था कि वे चाहते हैं कि व्यास मथुरादास माथुर से सीट खाली कराके जोधपुर से चुनाव लड़ लें। किशनगढ़ से क्यों लड़ना चाहते हैं ? वर्मा ने मुख्यमंत्री से कहा, "इस समय डी.आई.जी. पुलिस को बदलना यह सिद्ध करता है कि व्यासजी को आने देने के पक्ष में आप भी नहीं हैं।"[5]

उधर दिल्ली में केन्द्रीय नेतृत्व के सामने यह आक्षेप था कि किशनगढ़ की सीट खाली कराने के लिए चांदमल मेहता को घूंस दी जा रही है और वह तैयार नहीं है। 28-29 जून, 1952 को हुई कांग्रेस कार्यसमिति की बैठक में मध्यप्रदेश के तख्तमल जैन की तरह कांग्रेसाध्यक्ष पुरुषोत्तमदास टंडन, मौलाना आजाद, सत्यनारायण सिन्हा ने व्यास को पुनः खड़ा करने का विरोध किया। चांदमल मेहता ने वहां उपस्थित होकर नेहरू, लालबहादुर शास्त्री तथा कैलाशनाथ काटजू के सामने आक्षेप का खंडन किया। तब उन्होंने वर्मा से किशनगढ़ क्षेत्र की जांच कर रिपोर्ट देने को कहा।[6]

व्यास को पुनः चुनाव लड़ाने का विरोध

व्यास को पुनः चुनाव लड़ाने के विरोधियों का कहना था कि पालीवाल मंत्रिमंडल का काम सुचारु रूप से चल रहा है। इसलिए उन्हें हटाकर व्यास को लाने का कोई औचित्य नहीं है। पालीवाल स्वयं भी मुख्यमंत्री बना रहना चाहते थे। दूसरा बड़ा कारण यह था कि असावा खुला विरोध कर रहे थे। उनका व्यास के व्यक्तित्व, योग्यता तथा क्षमता से विरोध नहीं था। परन्तु उनका कहना था कि व्यास के पुनः मुख्यमंत्री बनने पर "वे अपने प्रिय और अत्यंत निकटस्थ उन साथियों को मंत्रिमंडल में अवश्य लेंगे, जो भ्रष्ट हैं।"[7] **ऐसे ही भाव असावा ने नेहरू स्मारक संग्रहालय के एस.एल. मनचन्दा को दी गई भेंटवार्ता में प्रगट किये थे।** केन्द्र में नेहरू, मौलाना आजाद, किदवई आदि के मन में असावा के प्रति अच्छी धारणा थी कि वह बहुत

ईमानदार व्यक्ति हैं। साथ ही नेहरू की व्यास के प्रति सहानुभूति होने से वे चुनाव लड़ाने का समर्थन कर रहे थे। अतएव 9 जुलाई,1952 को दिल्ली में संसदीय बोर्ड की पुनः बैठक हुई। उसमें वर्मा और आदित्येन्द्र ने राजस्थान कांग्रेस में मतभेद और उसके कारण बताये और कहा कि यदि यह कटुता रही तो पालीवाल सरकार टिक नहीं पायेगी। इसलिए किशनगढ़ क्षेत्र की निष्पक्ष जांच करा ली जाए। यदि व्यास जीतने की स्थिति में हों तो खड़ा करें अन्यथा उन्हें मना कर दें। इस पर जगन्नाथ को जांच का दायित्व सौंपा गया। उनकी रिपोर्ट पर व्यास को किशनगढ़ से उपचुनाव लड़ने की अनुमति मिली।[8]

वर्मा के मार्गदर्शन व कुशल चुनाव प्रबन्धन के कारण कांग्रेस संयुक्त दल के उम्मीदवार अमरदान को ढाई हजार मतों से पराजित कर व्यास को उपचुनाव में निर्वाचित कराने में सफल हुई। किन्तु उन्हें पुनः खड़ा करने के निर्णय के साथ ही पालीवाल समर्थकों का खुला विरोध शुरू हो गया । कांग्रेस समर्थित साप्ताहिक 'अमर ज्योति' ने, जिसके संपादक नारायण चतुर्वेदी जो स्वयं कांग्रेसी विधायक थे, 14 जुलाई, 1952 के अपने अंक में प्रथम पृष्ठ पर बड़े अक्षरों में समाचार प्रकाशित किया कि किशनगढ़ की जनता व्यास को खड़ा करने के विरुद्ध है और जिस विधायक चांदमल मेहता ने स्थान रिक्त करने के लिए विधानसभा से त्यागपत्र दिया था, के बारे में लिखा : 'उसे जबरन बिठाया' जबकि वह इसका खंडन कांग्रेस उच्च कमान के सामने कर चुका था।

व्यास जैसे राजस्थान के मान्यता प्राप्त त्यागी, तपस्वी तथा उच्च आदर्शवादी को हराने के लिए 'स्थानीयवाद' का प्रश्न खड़ा किया गया कि वे बाहर के व्यक्ति हैं। तब व्यास ने किशनगढ़ क्षेत्र के लोगों को वचन दिया कि वह यहां आकर रहेंगे। इसलिए उपचुनाव के बाद उन्होंने अपने घनिष्ठ मित्र, जयपुर में पोलो विक्ट्री सिनेमा तथा होटल के मालिक केशोराम से किशनगढ़ में मकान बनाने को कहा। तब उन्होंने व्यास की एक मोटरकार स्टूडीबेकर की बिक्री से जमा 7 हजार से मकान का काम शुरू कराया।[9] मकान बन जाने पर व्यास कई बार वहां जाकर आराम किया करते थे।[10]

उपचुनाव जीतने के बाद भी कांग्रेस में व्यास का विरोध समाप्त नहीं हुआ। विरोधी नेता वेदपाल त्यागी, मुक्तिलाल मोदी, वीरेन्द्रसिंह चौहान तथा नारायण चतुर्वेदी व्यास को मुख्यमंत्री बनाने का विरोध करने लगे। पालीवाल ने व्यास मंत्रिमंडल में सम्मिलित होने से मना कर दिया। वर्मा ने सभी को समझाया तथा पालीवाल को मंत्रिमंडल में सम्मिलित होने के लिए राजी किया। यदि वर्मा इन्हें राजी नहीं करते तो कांग्रेस में फिर बड़ी दरार पड़ जाती।[11] किन्तु विवाद फिर भी शांत नहीं हुआ। वेदपाल त्यागी के नेतृत्व में 8 विधायकों ने प्रजा पार्टी का गठन कर लिया। नेताओं के प्रयत्न से हालांकि वह शीघ्र ही भंग भी कर दी गई।[12]

व्यास ने पुनः सत्ता संभाली

वर्मा की भाग-दौड़ तथा नेहरू के समर्थन के कारण जयनारायण व्यास ने पुनः सत्ता संभाली। 1 नवम्बर, 1952 को शपथ ग्रहण समारोह था। व्यास के साथ पालीवाल, मोहनलाल सुखाड़िया, रामकरण जोशी, मास्टर भोलानाथ, रामकिशोर व्यास, भोगीलाल पंड्या, नाथूराम मिर्धा तथा अमृतलाल यादव मंत्री नियुक्त किये गये। पालीवाल ने मुख्यमंत्री पद छोड़ा था। इसलिए उन्हें उपमुख्यमंत्री का दर्जा दिया गया। व्यास के साथी मथुरादास माथुर मंत्रिमंडल में नहीं थे और कुंभाराम आर्य को भी नहीं लिया गया। नेताओं में अंदर-ही-अंदर उपेक्षा का रोग फैल रहा था। उसका प्रगटीकरण विधानसभा कांग्रेस पार्टी की कार्यकारिणी के चुनाव के समय हुआ। माथुर तथा आर्य ने पालीवाल को उपनेता चुनने का विरोध किया। यह चुनाव 4 फरवरी, 1953 को था। मामला कांग्रेस उच्च कमान के पास पहुँचा। कांग्रेस के महामंत्री श्रीमन्नारायण ने कहा कि अगर विरोध है तो उपनेता मत चुनो। लेकिन वर्मा ने इससे असहमति प्रगट की और कहा कि पालीवाल मंत्रिमंडल में रहेंगे तो कार्यसमिति में भी रहेंगे। उन्होंने व्यास से कहा, 'यदि आपकी पालीवालजी से नहीं बनती हो तो उनसे बात करें। आप न करना चाहें तो हम करें और जवाहरलालजी से मार्गदर्शन लें। लेकिन उससे पूर्व किसी की प्रतिष्ठा कम न होने दें।' (वर्माजी की डायरी : 6 फरवरी, 1953)।[13]

उच्च कमान ने विधानसभा कांग्रेस दल की कार्यकारिणी के चुनाव स्थगित कर दिये। सामंतों के जबर्दस्त विरोध के बावजूद कांग्रेस में आपसी मतभेद समाप्त नहीं हो रहे थे। चुनाव स्थगित कर दिये जाने के बाद 14 अप्रेल, 1953 को पालीवाल, रामकिशोर व्यास और मिर्धा ने मंत्री पद से त्यागपत्र दे दिये। प्रतिक्रियास्वरूप मुख्यमंत्री व्यास ने उसी दिन जाट नेता कुंभाराम आर्य को मंत्रिमंडल में सम्मिलित कर लिया और 22 अप्रेल को चंदनमल बैद तथा नृसिंह कछवाहा को उपमंत्री नियुक्त किया। कछवाहा पूर्व में शास्त्री मंत्रिमंडल में कैबिनेट मंत्री रह चुके थे। वर्मा ने मुख्यमंत्री तथा पालीवाल के बीच समझौता कराया। तब आठ माह बाद 8 जनवरी, 1954 को पालीवाल पुनः मंत्रिमंडल में शामिल हुए। लेकिन विधानसभा कांग्रेस पार्टी के सदस्यों में मतभेद यथावत कायम रहे। एक दिन व्यास सरकार विधानसभा में एकमत से हार जाती, यदि विपक्ष के खेतसिंह ने वोट देकर उसे नहीं बचाया होता। कुछ सप्ताहों बाद विधानसभा में राज्यसभा के लिए चुनाव था। कांग्रेस के पन्द्रह विधायकों ने पार्टी व्हिप के विरुद्ध कम्युनिस्ट उम्मीदवार के पक्ष में मतदान कर दिया। यह व्यास के विरुद्ध 'खुले विद्रोह' का संकेत था।[14]

जयनारायण व्यास मंत्रिमंडल (द्वितीय पारी)

शपथग्रहण : 1 नवम्बर, 1952

बायें से दायें : नाथूराम मिर्धा, भोगीलाल पंड्या, टीकाराम पालीवाल (सभी मंत्री), जयनारायण व्यास (मुख्यमंत्री), सवाई मानसिंह(राजप्रमुख), मोहनलाल सुखाड़िया, रामकरण जोशी, अमृतलाल यादव, मास्टर भोलानाथ तथा रामकिशोर व्यास (सभी मंत्री)।

मनमुटाव और मतभेद

मंत्रियों और कांग्रेस के वरिष्ठ नेताओं के बीच मनमुटाव और मतभेद बढ़ता ही जा रहा था। जयपुर क्षेत्र में पालीवाल से रामकरण जोशी तथा जाट नेता हरलालसिंह नाराज थे। गंगानगर क्षेत्र के कार्यकर्त्ता कुंभाराम से नाराज थे। आरोप था कि पुलिस उनका अपमान और लांछित कर रही है। वर्मा ने पालीवाल को समझाया और कहा, "जोशी योद्धा कार्यकर्त्ता है। हरलालसिंह स्पष्टवादी हैं। उन्हें अपना हितेषी समझें।" कुंभाराम से गंगानगर जाकर असलियत का पता करने को कहा। (वर्माजी की डायरी : 8 फरवरी, 1953)[15]

लगभग एक शताब्दी के खूनी संघर्ष के बाद प्राप्त स्वतंत्रता के बावजूद सत्ता मिलने पर कांग्रेस के नेता आपस में लड़ने लगे और केन्द्र से लेकर राज्यों तक हरेक अपना गुट बनाने लगा, जबकि राजस्थान में तो सामंतों के अलावा कोई सशक्त विरोधी पार्टी भी नहीं थी। जनता नासमझ होने के बाद भी सामंतों के अत्याचारों के कारण कांग्रेस का पूरा साथ दे रही थी। एक-एक बात को लेकर आपस में खींचतान थी। झगड़े सिद्धान्तों को लेकर नहीं थे। केवल व्यक्तियों की पसन्द और नापसन्द के ही थे। वर्मा प्रतिदिन की डायरी लिखते थे। उसके अनुसार वे आपस में मेल-मिलाप के लिए भाग-दौड़ करते रहते थे। किन्तु कोई एक बात पर टिकता ही नहीं था। वर्मा ने एक स्थान पर लिखा कि उन्होंने व्यास से सीधी बात की 'यद्यपि मैं जानता हूँ कि हम दूर

हो गये हैं। हमारी सलाह लेते नहीं हो। फिर भी प्रांत के हित में गरज है। आप चाहे "जो ख्याल करें" मैं अपने सुझाव अवश्य दूंगा।'[16]

मंत्रिमंडल छोटा रखने तथा किन्हीं को मंत्री बनाने या न बनाने पर मतभेद था। मगर व्यास पार्टी के व्हिप का उल्लंघन होने से चिन्तित थे। एक दिन वर्मा ने व्यास से कह दिया आप मंत्रियों से बिना पूछे नियुक्तियां और तबादले कर देते हैं। यह जनतंत्रीय तरीका नहीं तानाशाही है।[17] इससे दोनों के बीच दूरी और बढ़ गई। वर्मा-व्यास के बीच बढ़ते विरोध को देखकर मोहनलाल सुखाड़िया ने मन्त्री पद त्यागना चाहा। लेकिन वर्मा ने यह कहकर उन्हें रोक दिया कि इससे और भ्रम फैलेगा। वर्मा ने फिर व्यास से शिकायत की कि मुख्य सचिव बी.जी. राव आपके अलावा किसी मंत्री की परवाह नहीं करता है। उनका अपमान करता है। उनसे बिना पूछे नियुक्तियां और तबादले करता है। अस्तु, उसे हटा देना चाहिए। (वर्माजी की डायरी : 10 जनवरी, 1954)[18]

नेहरू कांग्रेस को आर्थिक सहायता देने के कारण राजस्थान के एक उद्योगपति रामनाथ पोद्दार को राज्यसभा में पुनः भेजना चाहते थे जबकि प्रदेश कांग्रेस ने प्रदेशाध्यक्ष आदित्येन्द्र के नाम की सिफारिश की थी। इसको लेकर केन्द्र के नेताओं से राजस्थान का विरोध कई दिनों तक चला। वर्मा के मन में इससे बड़ा रोष तथा क्षोभ था। एक बैठक में, जिसमें स्वयं पोद्दार उपस्थित थे, नेहरू के सामने वर्मा ने उन पर आरोप लगाया कि इन्होंने गंगानगर चीनी मिल में किसानों तथा मजदूरों के साथ दुर्व्यवहार किया है। राजस्थान कांग्रेस में कभी रुचि नहीं ली। नवलगढ़ में इनका आदमी कांग्रेस के उम्मीदवार के विरुद्ध चुनाव में खड़ा हुआ। क्या इन्होंने कालाबाजारी नहीं की ? इसको लेकर नेहरू और वर्मा में बहस तक हो गई। नेहरू ने वर्मा को 'गंवार' तक कहा। अन्त में वर्मा की जीत हुई और आदित्येन्द्र को राज्यसभा में भेजना तय रहा।[19]

उदयपुर में बिजली उद्योगपति भंडारी द्वारा सरकार की अनुमति से बिजली की दरें बढ़ाने के विरुद्ध आन्दोलन हुआ। वर्मा के निर्देश पर कांग्रेस कार्यकर्त्ताओं ने विपक्षी दलों से आन्दोलन अपने हाथ में ले लिया। व्यास ने इसको अनुशासनहीनता और सरकार विरोधी आन्दोलन की संज्ञा दी तथा प्रदेश कांग्रेस को वर्मा से अनुशासनहीनता के लिए क्षमा-याचना कराने को कहा।[20]

अलग प्रांत बनाने की चर्चा

14 अप्रेल, 1954 को प्रदेश कांग्रेस कार्यसमिति की बैठक में व्यास ने 23 जागीरदारों द्वारा जागीरें समर्पित करने के प्रस्ताव की सूचना दी जिस पर स्वीकृति मिल गई। इसके बाद मुख्यमंत्री बैठक से चले गये। किन्तु अगले तीन घंटे तक व्यास के विरुद्ध मंत्रियों के साथ मैत्रीपूर्ण व्यवहार नहीं किये जाने, नियुक्तियों एवं स्थानान्तरण में मनमानी तथा संगठन की परवाह नहीं करने के आरोपों पर चर्चा हुई। इससे भी अधिक गंभीर आरोप लगा कि व्यास की उपस्थिति में जोधपुर

कांग्रेस की बैठक में जोधपुर, बीकानेर तथा जैसलमेर को मिला कर अलग प्रांत बनाने पर चर्चा हुई। यह आक्षेप लगाया गया कि व्यास नक्शा तैयार करने का कह कर चले गये और उन्हें रोका नहीं। वर्मा व्यास से उसी समय बात करना चाहते थे। मगर उनके सो जाने से बात नहीं हो सकी। कार्यसमिति ने अध्यक्ष को व्यास से मिलकर चर्चा की तारीख निश्चित करने का निर्देश दिया, लेकिन मुख्यमंत्री ने बात करने से इनकार कर दिया।[21]

3 मई, 1954 को प्रदेश कांग्रेस कार्यसमिति की फिर हुई बैठक में वर्मा ने स्थानान्तरण, नियुक्तियों, रियासतों की पूर्व राजधानियों में उद्योग-धंधे लगाकर उनका विकास करने, प्रशासन के नियम बनाने और नियुक्तियों का अधिकार मंत्रियों को देने की सलाह दी। इस पर व्यास ने वर्मा से कहा, 'आप शासन के काम में हस्तक्षेप न करें।' वर्मा ने कहा कि शास्त्री से दो वर्ष तक इसी कारण लड़ाई हुई थी क्योंकि वे संगठन की सलाह नहीं मानते थे। आप भी उसी मार्ग पर जा रहे हैं, हम विरोध करेंगे।[22] व्यास का मत था कि संगठन को केवल सैद्धान्तिक नीति निर्धारित करनी चाहिए। शासन चलाने का अधिकार मुख्यमंत्री का है। वर्मा संगठन को सर्वोपरि मानते थे। दोनों में वैचारिक मतभेद था, जैसा केन्द्र में नेहरू और टंडन के बीच था। व्यास, नेहरू मत के थे और वर्मा, टंडन के।

कांग्रेस में अजीबो-गरीब स्थिति उत्पन्न होती जा रही थी। व्यास-वर्मा की संगठन के प्रति ईमानदारी में किसी को संदेह नहीं था। वर्मा लोहपुरुष थे। वे अपनी बात पर अड़े रहते थे। राजाओं, जागीरदारों तथा नौकरशाहों से उन्हें घृणा-सी थी। स्वतंत्रता संग्राम में वे उनसे जीवन भर लोहा ले चुके थे। वे निर्वाचित व्यक्ति को सबसे ऊपर और उसके निर्णय को प्राथमिकता देना चाहते थे। व्यास सरल, स्वाभिमानी, विनम्र और आदर्शवादी नेता थे। वे अखिल भारतीय देशी राज्य लोक परिषद के महामंत्री रहे थे। इससे नेहरू और उनका निकट का सम्बन्ध था। व्यास अखिल भारतीय नेता माने जाते थे। वर्मा और नेहरू के बीच क्रांतिकारी तथा समाजवादी नीतियों में साम्यता थी। वर्मा को सरकार में कोई पद स्वीकार नहीं था। लेकिन सरकार से संगठन के दिशा-निर्देश के अनुसार काम कराना चाहते थे। यही दोनों में मतभेद का प्रमुख कारण था। वर्मा जिस व्यास को राजस्थान के निर्माण के साथ ही सत्ता संभलवाना चाहते थे, जिसके लिए खूब संघर्ष किया, सत्ता उन्हें प्राप्त करा दी तो उनकी कार्यशैली से विरोध बढ़ता जा रहा था।

व्यास-वर्मा के बीच मतभेद के कारण

मुख्यमंत्री व्यास विधानसभा कांग्रेस दल में अनुशासनहीनता, जातीय तथा क्षेत्रीय आधार पर बढ़ती गुटबंदी को देखकर शक्ति संतुलन की दृष्टि से जागीरदार विधायकों को सम्मिलित करना चाहते थे। अन्तर्विरोधों के निम्न प्रमाणों से उपरोक्त स्थिति स्पष्ट होती है :

1. एक बार विधानसभा में विपक्ष के एक मत से सरकार की पराजय बची।
2. पन्द्रह कांग्रेस विधायकों ने पार्टी व्हिप के विरुद्ध राज्यसभा के लिए कम्युनिस्ट उम्मीदवार को वोट दिये।
3. पालीवाल, व्यास मंत्रिमंडल में वर्मा के आग्रह पर कई महीनों बाद पुनः सम्मिलित हुए।
4. स्थानान्तरण, नियुक्तियों आदि प्रश्नों को लेकर मंत्रियों में असंतोष था।
5. व्यास किन्हीं को मंत्री बनाना चाहते थे तो दूसरे विरोध कर रहे थे।
6. मुख्यमंत्री व्यास की उपस्थिति में जोधपुर कांग्रेस की बैठक में तीन पूर्व रियासतों – जोधपुर, बीकानेर तथा जैसलमेर को मिलाकर अलग प्रांत बनाने के विचार पर चर्चा होना। इस प्रश्न पर वर्मा तथा अन्य नेताओं के चाहने पर भी व्यास का बात न करना। हालांकि बाद में कभी चर्चा भी नहीं हुई। लगता है कि पानी के बुलबुले की तरह बात शांत हो गई।
7. उदयपुर बिजलीघर के विरुद्ध विपक्ष द्वारा संचालित आंदोलन को वर्मा के निर्देश पर कांग्रेस के हाथ में ले लेना और व्यास का प्रदेश कांग्रेस द्वारा वर्मा से क्षमा-याचना की चाह करना।
8. विधानसभा कांग्रेस दल में शक्ति संतुलन के लिए व्यास द्वारा जागीरदार विधायकों को कांग्रेस में लाने की पहल करना।
9. अंत में वर्मा-व्यास में दल व सरकार के सम्बन्धों के प्रश्न पर मतभेद होना।

जागीरदार विधायकों को कांग्रेस में सम्मिलित करने की व्यास की पहल की भनक मंत्रिमंडल के उन सदस्यों को लग गई जिनका मुख्यमंत्री से मतभेद था। उनमें मोहनलाल सुखाड़िया प्रमुख थे। उनका सोचना था कि व्यास की शक्ति बढ़ने पर वे उनकी अधिक उपेक्षा करेंगे। वर्मा द्वारा आशंका प्रगट करने पर उन जागीरदारों ने कांग्रेस को यह लिखकर दे दिया कि वे जागीर उन्मूलन कानून में संशोधन के लिए कोई प्रस्ताव नहीं लायेंगे। इस पर उन्हें कांग्रेस में सम्मिलित कर लिया गया था। लेकिन विरोधियों में जबर्दस्त रोष था, वे मुख्यमंत्री व्यास को पदच्युत कराने को आतुर हो गये। उनका एक गुट तैयार हो गया जिसके प्रमुख सुखाड़िया थे। उन्होंने सुखाड़िया को नेता चुनने और वर्मा का आशीर्वाद प्राप्त करने का प्रयत्न किया। व्यास विरोधी कुंभाराम आर्य, मथुरादास माथुर, चौधरी हरलालसिंह, दामोदरलाल व्यास, कपिलदेव अग्रवाल आदि 22 जुलाई, 1954 की रात को 11 बजे सुखाड़िया को नेता चुनने के लिए वर्मा की अनुमति प्राप्त करने उनके पास गये। वर्मा ने कहा, ''सुखाड़ियाजी को आप अपना नेता बनाना सोचेंगे, इसमें मैं खतरा मानता हूँ। व्यासजी स्वेच्छा से जाते तो बात दूसरी थी। किन्तु कटुता से जायेंगे तो सुखाड़ियाजी के सत्ता संभालने का अर्थ होगा कि इसमें मेरा हाथ था। मैं साहस के साथ बोल नहीं सकूंगा और जब आप लोगों में से किसी की स्वार्थ सिद्धि नहीं हुई तो आप सुखाड़ियाजी को

धक्का देने में देरी नहीं करेंगे। अस्तु, मेरी सलाह है कि सुखाड़ियाजी के लिए अभी उपयुक्त समय नहीं है और अभी तक मैं व्यासजी के लिए आशा रखता हूँ कि यदि हम उनका यह संदेह दूर कर दें कि हम उन्हें उखाड़ना नहीं चाहते तो उनका दिल साफ हो जायेगा।'' (डायरी : 22 जुलाई, 1954)[23]

जाटों तथा राजपूतों से समझौते

व्यास का विचार था कि कांग्रेस को मजबूत करने के लिए जागीरदारों को संगठन से जोड़ा जाए। कांग्रेस का केन्द्रीय नेतृत्व भी इसी मत का था। इसलिए वे उनके नेताओं को मंत्रिमंडल में रखवाना चाहते थे। वर्मा ने मेवाड़ क्षेत्र में जागीरदारों से सीधा संघर्ष किया था और वे उनके कड़े विरोधी थे। व्यास का उनकी तुलना में जागीरदारों से सीधा सामना नहीं हुआ था जबकि मारवाड़ में अस्सी प्रतिशत से भी अधिक क्षेत्र जागीरदारों के अधीन था। वहां की जनता पर जबर्दस्त जुल्म होते थे। उनका सामना किसान सभा तथा प्रजामंडल के नेताओं ने किया था। इन संघर्षों के लेख समाचार पत्रों में प्रकाशित करने तथा उनका नेतृत्व करने के कारण व्यास को अनेक वर्षों तक रियासत से निर्वासित होकर रहना पड़ा और काफी समय जेलों में बिताया था।

उधर जोधपुर क्षेत्र के नेता तथा व्यास के प्रिय सहयोगी मथुरादास माथुर तथा बीकानेर क्षेत्र के जाट नेता कुंभाराम आर्य के सहयोग से मारवाड़ किसान सभा का कांग्रेस में विलय कराने का प्रयत्न किया गया था। चुनाव से पूर्व 1951 में यह विलय हो गया था। किसान सभा का संघर्ष भी जागीरदारों के विरुद्ध ही था। विलय की शर्तों के अनुसार प्रथम आम चुनाव में जोधपुर क्षेत्र के 50 प्रतिशत टिकट किसान सभा के नेताओं को दिये जायेंगे तथा प्रदेश कांग्रेस में राजनीतिक महत्व के पद दिये जायेंगे।[24] इससे माथुर जाटों तथा आर्य के घनिष्ठ हो गये। उन्हीं दिनों (1951) जोधपुर कांग्रेस के नेताओं की जागीरदारों के प्रतिनिधियों से भी वार्ता चल रही थी। व्यास तथा उनके दूसरे सहयोगी द्वारकादास पुरोहित की क्षत्रिय महासभा के प्रतिनिधियों के साथ टिकटों के बंटवारे को लेकर वार्ता चल रही थी। किन्तु मतभेद होने के कारण गठजोड़ नहीं हो सका। व्यास 10 प्रतिशत तक टिकट जागीरदारों के प्रतिनिधियों को देने को तैयार थे किन्तु वर्मा अधिक-से-अधिक 5 प्रतिशत ही देना चाहते थे।[25] अन्त में मारवाड़ किसान सभा का कांग्रेस में विलय के कारण राजपूतों से समझौता वार्ता टूट गई। लेकिन प्रवेश का प्रश्न पूरी तरह समाप्त नहीं हुआ था **। यहां तक कि 1952 के चुनाव से पूर्व जोधपुर के महाराजा हनुवंतसिंह ने दिल्ली में कांग्रेस नेता रफीअहमद किदवई से बात करने के लिए अपने विमान से गुप्त यात्रा भी की थी। उनका इरादा चुनाव के बाद का समझौता करने का था। दुर्भाग्यवश मतदान के बाद महाराजा के विमान दुर्घटना में मारे जाने से बात ही खत्म हो गई।** रोबर्ट सिसन ने अपनी पुस्तक में लिखा है कि इस घटना का कांग्रेस के नेताओं को भी पता नहीं था। महाराजा के तत्कालीन निकटस्थ दो सलाहकारों ने उन्हें यह जानकारी दी थी।[26]

एक और राजनीतिक घटना से जागीरदारों के मनों में कांग्रेस में प्रवेश के दरवाजे खुल गये। जागीर पुनर्ग्रहण विधेयक के संदर्भ में राजस्थान क्षत्रिय महासभा ने प्रधानमंत्री जवाहरलाल नेहरू को एक ज्ञापन देकर यह मांग की थी कि उनके प्रतिनिधियों को भी सुना जाय, जिसे स्वीकार कर लिया गया। उनकी मांग के अनुसार उत्तर प्रदेश के तत्कालीन मुख्यमंत्री पं. गोविन्द बल्लभ पंत को कांग्रेस सरकार तथा क्षत्रिय महासभा के बीच वार्ता के लिए मध्यस्थ नियुक्त किया गया। पंत द्वारा राजपूतों की समस्याओं के प्रति सहानुभूति के प्रदर्शन से महासभा के नेताओं का मन पसीज गया। साथ ही नेहरू, पंत आदि कांग्रेस नेताओं द्वारा कांग्रेस में शामिल होने का निमंत्रण समझौते में सहायक हुआ।[27]

इधर जागीरदारों में युवा पीढ़ी सामने आने लगी जो उच्चस्तर पर शिक्षित थी। वह देश का भविष्य समझती थी। फरवरी 1954 में क्षत्रिय महासभा की कार्यकारिणी ने अपने संगठन के सदस्यों को किसी भी राजनीतिक दल में शामिल होने की खुली छूट दे दी। थोड़े दिनों में43 बड़े जागीरदारों ने, जिनमें नवलगढ़ के रावल मदनसिंह, पोकरण के ठाकुर भवानीसिंह तथा 25 जागीरदार विधायकों ने एक संयुक्त वक्तव्य जारी कर सभी राजस्थानियों से कांग्रेस में शामिल होने की अपील की थी। साथ ही यह घोषणा की कि ''साम्प्रदायिक तथा फिरकापरस्त तरीके में रहने से भारत का आशानुकूल भविष्य प्राप्त नहीं किया जा सकता है।'' इसके कुछ माह बाद 22 जागीरदार विधायकों ने कांग्रेस विधानसभा दल की सदस्यता प्रदान करने के लिए आवेदन किया जो स्वीकृत हो गया।[28]

राजपूत-जाट आमने-सामने

राजस्थान के राजनीतिक इतिहास की यह बहुत ही महत्वपूर्ण घटना है। जागीरदारों का कांग्रेस में प्रवेश युग परिवर्तन या परिवेश बदलने का नया अध्याय है। सामंतशाही छोड़कर लोकतंत्र की पद्धति को स्वीकार करना भारत के हजारों वर्षों के इतिहास में नया सोपान है। हालांकि राजपूतों को अपना प्राचीन व्यवहार बदलने में लगभग दो दशक लग गये। किन्तु अत्यन्त दुख है कि चुनावों की राजनीति ने धीरे-धीरे जातिवाद के आधार पर समाज को विशृंखलित करने का संकुचित मार्ग खोल दिया।

व्यास जब राज्य की कानून-व्यवस्था को सुधारने में लगे हुए थे उन दिनों कई जिलों में डाकू समस्या जबर्दस्त थी। तब उनके सहयोगी मंत्री अपनी राजनीतिक शक्ति बढ़ा रहे थे। व्यास के प्रयत्न से भैरोंसिंह खेजड़ला के नेतृत्व में बाईस राजपूत विधायकों ने कांग्रेस की सदस्यता ग्रहण की। उनके नाम इस प्रकार हैं : जुझारसिंह, भैरोंसिह केलवा, भानुप्रतापसिंह, भीमसिंह मंडावा, देवीसिंह मंडावा, दुर्लभसिंह, महेन्द्रसिंह, कानसिंह, केसरीसिंह, जयसिंह शेखावत, माधोसिंह, मंगलसिंह, मानसिंह महार, प्रतापसिंह, रघुवीरसिंह, बिशनसिंह, सज्जनसिंह, तेजराजसिंह,

उम्मेदसिंह, भैरोंसिंह खेजड़ला, दिलीपसिंह तथा विजयसिंह।[29] लेकिन इससे जाट नेता नाराज हो गये। उन्होंने माना कि उन्हें कमजोर करने का प्रयत्न किया जा रहा है। कुंभाराम आर्य ने व्यास के नेतृत्व को चुनौती देने के लिए विधानसभा कांग्रेस दल की बैठक बुलाने की मांग की। उनके साथ सुखाड़िया, माथुर आदि अन्य कई नेता थे।

व्यास ने नेहरू को राजस्थान कांग्रेस की स्थिति से अवगत कराने के लिए एक लम्बा पत्र लिखा। इधर सुखाड़िया समर्थकों ने व्यास की कार्यशैली व जागीरदारों को प्रवेश देने की निन्दा करते हुए नेहरू को एक ज्ञापन प्रेषित किया। नेहरू ने व्यास को सलाह दी कि वे अपने मंत्रिमंडल का पुनगर्ठन कर लें।[30] लेकिन स्वाभिमानी व्यास इसके लिए तैयार नहीं हुए।

तीन माह का घटनाक्रम

व्यास आहत थे, जब 28 जुलाई,1954 की रात को प्रदेश कांग्रेसाध्यक्ष मास्टर आदित्येन्द्र तथा कुछ मंत्रियों के साथ इस संकट पर विचार कर रहे थे तभी दिल्ली से राजबहादुर ने फोन पर उन्हें (व्यास को) यह सूचित किया कि रफीअहमद किदवई यह मानते हैं कि आप के पास बहुमत नहीं है। इस पर व्यास ने कहा, ''मैं विश्वास प्रस्ताव लाऊंगा तभी आगे की बात सोचूंगा।''[31] यानी मंत्रिमंडल के पुनर्गठन करने का प्रश्न । (वर्मा की डायरी : 29 जुलाई, 1954)

19 अगस्त, 1954 को व्यास, वर्मा, आदित्येन्द्र, पालीवाल तथा सुखाड़िया नेहरू से मिले। तब नेहरू ने व्यास से स्पष्ट कहा कि आप विश्वास मत प्राप्त करने का न कहें। परन्तु स्वाभिमानी व्यास ने कहा, ''मैं कठपुतली बनकर शासन नहीं चला सकता।'' नेहरू ने कोई उत्तर नहीं दिया।[32] नेहरू ने उन्हें अपनी इच्छानुसार मंत्रिमंडल बनाकर विश्वास मत प्राप्त करने की सलाह दी। इसकी सूचना संसदीय बोर्ड को भी दे दी गई।

4 अक्टूबर, 1954 को अ.भा. कांग्रेस कमेटी के महामंत्री बलवंतराय मेहता जयपुर आये। सभी सदस्यों से मिले और रात्रि में मेहता ने सबको यह समझाने का प्रयत्न किया कि ''व्यासजी को हटाया गया तो हानि होगी।'' उन्होंने माथुर के नेतृत्त्व में विधानसभा के अध्यक्ष नरोत्तमलाल जोशी के विरुद्ध चल रहे हस्ताक्षर अभियान को मूर्खतापूर्ण बताया।

वर्मा ने मेहता के मत का विरोध करते हुए कहा, ''यदि किसी के पैरों के नीचे जमीन नहीं है, वह संगठन की परवाह नहीं करता है तो कोई उन्हें बचा नहीं सकता।''[33] वर्मा भी खुले रूप में व्यास के विरोध में तथा सुखाड़िया को मुख्यमंत्री बनाने के पक्ष में सामने आ गये थे। अब स्थिति गंभीर हो गई थी। बाद में लालबहादुर शास्त्री भी जयपुर आये और सबको समझाने का प्रयत्न किया लेकिन निष्फल रहे। शक्ति-परीक्षण टालने के सभी प्रयत्न विफल होने पर 6 नवम्बर, 1954 को कांग्रेस विधानसभा पार्टी की बैठक में नेता पद का चुनाव हुआ। व्यास के पक्ष में 51 और सुखाड़िया को 59 मत प्राप्त हुए। हर्षध्वनि के बीच सुखाड़िया कांग्रेस दल के नेता

चुन लिये गये जिन्होंने सत्रह वर्ष तक शासन किया और एक युग का निर्माण किया। जिन आठ कांग्रेस विधायकों ने सुखाड़िया के भाग्य का फैसला किया वे आठ विधायक पालीवाल गुट के समझे जाते थे जो पालीवाल के मुकाबले व्यासजी को एक नवम्बर, 1952 को मुख्यमंत्री बनाने के खिलाफ थे। कहा जाता है कि पालीवाल स्वयं तो काफी असमंजस में थे। उन्होंने अपने समर्थकों से कहा कि वे स्वयं तो सुखाड़िया की तुलना में व्यासजी को मत देंगे लेकिन आप लोग अपने मत का निर्णय स्वयं के विवेक के आधार पर करने के लिए स्वतंत्र हैं। मेरा किसी के लिए आग्रह नहीं है। अतः इन विधायकों ने नारायण चतुर्वेदी के नेतृत्व में सुखाड़िया के पक्ष में मतदान किया। इनके नाम हैं : नारायण चतुर्वेदी (जयपुर-चाकसू), वीरेन्द्रसिंह चौहान (मलारनाचौड़), मुक्तिलाल मोदी (बैराठ), वेदपाल त्यागी (छबड़ा), दामोदरलाल व्यास (मालपुरा), रामरतन टिक्कीवाल (टोंक), लल्लूराम बैरवा (निवाई) तथा बाबू दलीपसिंह (लाडपुरा)।

मार्मिक दृश्य

लेकिन उस समय हर्ष-विषाद का एक मार्मिक दृश्य भी उपस्थित हुआ जिसका वर्णन स्वयं मथुरादास माथुर ने किया है जो स्वयं व्यास को हटाने वाले अगुवाओं में से एक थे। उन्होंने यह रहस्योद्घाटन नेहरू स्मारक संग्रहालय के मनचन्दा से भेंट-वार्ता में किया। उन्हीं के शब्दों में, **''व्यासजी के परास्त होने पर सभी लोग तुरन्त वहां से चले गये। परन्तु श्री मोहनलाल सुखाड़िया, श्री कुंभाराम आर्य और मैं स्वयं विधानसभा में लगभग आधे घण्टे तक ठहरे रहे। हम तीनों की आंखों में आंसू छलक रहे थे। बाहर सुखाड़िया के स्वागत के लिए भीड़ खड़ी थी और सुखाड़िया बाहर जाने को तैयार नहीं थे। अन्ततः उन्होंने और कुंभाराम ने सुखाड़िया से कहा कि जो कुछ होना था वो हो गया। राजनीति में भावावेश में आने की आवश्यकता नहीं है।... तत्पश्चात् वे तीनों वर्माजी के घर पर पहुँचे और उन्हें साथ लेकर चारों व्यासजी के पास गये और उनके चरण-स्पर्श किये। ... हमने व्यासजी से क्षमा-याचना की। उनसे कहा कि आप तो कांग्रेस दल के नेता से बहुत ऊंचे हैं। जो कुछ हुआ उसे हम सबको भुला देना चाहिए। आप और वर्माजी हमारा मार्गदर्शन करें। व्यासजी स्तब्ध खड़े रहे।''**[34]

वर्मा ने 7 नवम्बर, 1954 को अपनी डायरी में लिखा कि वे उनसे मिलने व्यासजी के पास गये और कहा, ''मैं क्षमा चाहता हूँ। सिद्धान्तों का प्रश्न था। आज तो नाराजगी होगी, किन्तु 10-15 दिन बाद शांति से बात करेंगे।''[35]

महान आदर्शवादी, निष्कलंक, निष्कपट व्यास ने तुरन्त मुख्यमंत्री पद से त्यागपत्र दे दिया और दूसरे ही दिन अपने कपड़ों की अटेची उठाकर जयपुर में ही अपने घनिष्ठ मित्र केशोराम की होटल पोलो विक्ट्री में चले गये। अगले दिन एक सवारी तांगे में बैठकर रेलवे स्टेशन

पहुंचे और वहां से जोधपुर की ट्रेन पकड़ी। उनके शुभचिन्तकों ने उनसे अन्य ढंग क्यों नहीं अपनाने के बारे में पूछा, तो हठात्, विनोदपूर्ण शब्दों में अपनी एक कविता सुनाई :

मैंने अपने ही हाथों से अपनी चिता जलाई।
देख-देख लपटें मैं हंसता, तू क्यों रोता भाई।।

फिर कुछ गुनगुनाते हुए कहने लगे "मैंने सदैव अपने स्वाभिमान की रक्षा की है। प्रलोभन और भ्रष्ट आचरण से मैं सदैव दूर रहा हूँ और आगे भी रहूंगा। अगर मैं सेठ, राय साहब फलौदी वाले से सर गंगासिंह (बीकानेर महाराजा) द्वारा भेजी जाने वाली एक लाख रुपये की राशि तब स्वीकार कर लेता तो 1936-37 में मेरे द्वारा प्रकाशित व संपादित 'अखण्ड भारत' बंद नहीं होता, परन्तु आर्थिक तंगी के बावजूद मैंने उसे ठुकरा दिया। मुख्यमंत्री पद भी मिला... चला गया। फिर दोबारा मुख्यमंत्री बना... केवल यही ठीक है, व्यास जिन्दाबाद, मुख्यमंत्री पद मुर्दाबाद। इतना कह कर वे ठहाका मार कर हंस पड़े।"[36]

सन् 1956 में व्यास प्रदेश कांग्रेसाध्यक्ष चुने गये। 1960 से जीवन पर्यन्त राज्यसभा के सदस्य रहे और भ्रष्टाचार के विरुद्ध संघर्ष करते रहे। दिल्ली में ही 14 मार्च, 1963 को अलविदा हो गये। मगर स्मृतियों का पहाड़ छोड़ गये।

कलम के धनी – जयनारायण व्यास

जयनारायण व्यास

कलम के धनी, पत्रकार तथा भूखे-प्यासे रहकर भी प्रलोभनों को ठुकराने वाले स्वतंत्रता संग्राम के प्रखर एवं जुझारू नायक जयनारायण व्यास राजस्थान के दूसरे मुख्यमंत्री थे। अपने दो कार्यकालों में केवल पैंतीस माह राज्य का शासन संभाला और अपने सिद्धान्तों पर अडिग रहे। पद के लिए न कोई जोड़-तोड़ की और न कोई समझौता । संपूर्ण जीवन ऐसा ही जीया और अन्त में पार्टी के अनुशासन की चिन्ता न कर भ्रष्टाचार के विरुद्ध मोर्चा लिया। वैचारिक मतभेद के कारण वोटों की गिनती में जरूर हार गये किन्तु उन्हें हराने वाले भी हराकर रोये। ऐसा निराला नेता था जयनारायण व्यास। चाहे विधानसभा कांग्रेस पार्टी के नेता न रहे हों लेकिन आम जनता के मनों में वैसे ही बसे रहे। ऐसे थे जयनारायण व्यास जो हार कर भी जीते। इतिहास उन्हें हमेशा इसी तरह देखेगा।

बीस वर्ष के विद्यार्थी की, दिल्ली में एक शांत सत्याग्रह पर अंग्रेजों की गोली ने उनके जीवन की दिशा ही बदल दी। दिल्ली गये तो थे पंजाब मैट्रिक की परीक्षा देने और चल पड़े देश

को आजाद कराने। व्यास ने स्वयं ने लिखा है : "दिल्ली-यात्रा से मेरे जीवन को नया मोड़ मिल गया। ... वहां मुझे जो प्रोत्साहन मिला, उसको मैं कभी भूल नहीं सकता।"[37] शिक्षक बनने के लिए परीक्षा देने आये थे और दिल्ली के दैनिक 'विजय' को पढ़कर पत्रकार बन गये। एक पत्रकार ने सामंतशाही से लोहा लिया और जनता को राह दिखाई।

व्यास केवल पत्रकार ही नहीं, साहित्यकार भी थे। केवल कलाप्रेमी नहीं, कलाकार भी थे। वे संगीतज्ञ, नर्त्तक तथा अभिनेता भी थे। चालीस के दशक में बंबई से प्रकाशित अपने समाचार पत्र 'अखण्ड भारत' को आर्थिक संकट के कारण बंद करना पड़ा तो सिनेमा में अभिनय करने की तैयारी तक कर ली थी। उनकी कला से सम्बद्ध होने की अनेक घटनाएं हैं। चूँकि राजनीति से अलग उनके जीवन के अनेक विस्मयकारी पहलू हैं, उनमें से कुछ नमूने यहां प्रस्तुत हैं :

कलाकार व्यास

भारतीय लोक कला मंडल, उदयपुर के संचालक स्वर्गीय देवीलाल सामर ने अपने संस्मरणों में लिखा है, जब व्यास राजस्थान के मुख्यमंत्री थे तब उन्होंने चंबल परियोजना पर एक नृत्य नाटिका राजस्थान दिवस, 30 मार्च, 1953 को जयपुर के रामनिवास बाग में प्रदर्शित करने के लिए तैयार की और उसकी कहानी उन्होंने स्वयं लिखी। केवल आठ दिनों में तैयारी करके प्रस्तुत करनी थी। व्यासजी स्वयं नृत्य करके कलाकारों को तैयार कराते थे।[38] लगभग पचास हजार दर्शकों के बीच चंबल नृत्य नाटिका का मंचन किया गया।

उक्त प्रदर्शन की सर्वत्र प्रशंसा होने पर महाराजप्रमुख उदयपुर के महाराणा भूपालसिंह ने देखने की इच्छा प्रगट की ।

अतः 8 जुलाई, 1953 को उदयपुर महाराणा के दरबार हॉल में पांच सौ दर्शकों की उपस्थिति में मंचन किया गया। व्यास स्वयं उसमें सम्मिलित हुए। उदयपुर रेलवे स्टेशन पर सरकारी आवभगत की संपूर्ण तैयारी थी। किन्तु उनके साथ सिवाय एक छोटे हैण्डबैग के कुछ नहीं था जिसे लेकर वे स्वयं डिब्बे से उतरे और कहने लगे : "एक कलाकार के बुलावे पर, एक कलासेवी के नाते उदयपुर आया हूँ।" उन्होंने सरकारी गार्ड ऑफ ऑनर को भी रद्द कर दिया। उसमें इंजीनियर की भूमिका व्यास के स्वरूप में प्रदर्शित की गई। सामर ने वह भूमिका व्यास को प्रस्तुत करने का निवेदन किया था। चूंकि सभी स्थानों पर उनकी उपस्थिति संभव नहीं थी, इसलिए व्यास के रूप में इंजीनियर था।[39]

– व्यास के एक साथी महेशदत्त भार्गव एडवोकेट ने अपने संस्मरण में लिखा है कि 1936-37 में व्यास ने ब्यावर में तांडव नृत्य पेश किया।[40]

– जयपुर आकाशवाणी के कलाकार मास्टर माणिकलाल डांगी ने अपने संस्मरणों में लिखा है : ''जोधपुर में कलाकार श्री पृथ्वीराज कपूर के स्वागत आयोजन में वहां के मुख्यमंत्री होते हुए भी अपने नृत्य द्वारा उनका जैसा कलात्मक अभिनंदन किया, उस पर मुग्ध हुए बिना न रहे।''[41]

प्रदेश कांग्रेस के पूर्व अध्यक्ष स्व. सरदार हरलालसिंह ने अपने संस्मरण में लिखा है : ''उन पर चल रहे मुकदमे के दौरान सरदार वल्लभभाई पटेल को एक पत्र उन्होंने, माणिक्यलाल वर्मा तथा मास्टर आदित्येन्द्र ने मिलकर लिख दिया। इससे व्यासजी बहुत नाराज हो गये।... एक रात व्यासजी ने शिव का शृंगार कर तांडव नृत्य द्वारा सबको हल्का किया।''[42]

मुकदमे के संदर्भ में एक अन्य संस्मरण जोधपुर के नरसिंहदास लूंकड ने लिखा है कि गुजरात के एक प्रभावशाली सेठ ने व्यासजी से मध्यस्थता करने की पेशकश की । इस पर उन्होंने उन्हें लताड़ते हुए कहा : ''सरदार हो या भगवान, व्यास ने किसी के भी सामने अपना स्वाभिमान खोना नहीं सीखा। मैं बड़ी-से-बड़ी आपत्ति के सामने भी सिर नहीं झुकाऊंगा।''[43]

जयनारायण व्यास पत्रकार के साथ ही कवि, कहानी एवं उपन्यास लेखक तथा नाटककार भी थे। वे हिन्दी तथा राजस्थानी दोनों में लिखते थे। राजस्थानी लोकगीतों और भाषा के प्रति अति प्रेम के बावजूद भारतीय संविधान निर्मात्री सभा में राष्ट्रीय भाषा के संदर्भ में नवम्बर,1948 में हिन्दी की पुरजोर वकालत की थी।[44]

उन्होंने अपनी रचनाओं में समाज की कुरीतियों, सामंती शोषण तथा अत्याचारों के विरुद्ध संघर्ष का आह्वान किया था। आह्वान गीत का एक अंश इस प्रकार है :

भूखे की सूखी हड्डी से, बज्र बनेगा महाभंयकर ।
ऋषि दधीचि को ईर्ष्या होगी, नया नेत्र खोलेंगे शंकर ॥
अन्नविहीन उदर की आहें, दावानल सी बनकर भीषण ।
भस्मीभूत कर देंगी उनको, जो दीनों का करते शोषण ॥
बाकी मत रखना, खूब सता ले, खूब दिखा दे अपना पशुबल ।
निर्बल का बल देख रहा है, तेरे सब कुकृत्य को प्रतिपल ॥
......0.........0........0........0..........0......
कल ही तुझ पर गाज गिरेगा, तेरा सभी समाज गिरेगा ।
तख्त गिरेगा, ताज गिरेगा, महल गिरेगा, राज गिरेगा ॥
नहीं रहेगी सत्ता तेरी, बस्ती तो आबाद रहेगी ।
जालिम तेरे जुल्मों की, उसमें कायम याद रहेगी ॥[45]

पत्रकार व्यास

पत्रकार व्यास ने राजस्थानी में 'आगीबाण', हिन्दी में 'तरुण राजस्थान', 'अखण्ड भारत' तथा अंग्रेजी में 'पीप' का प्रकाशन एवं संपादन किया था।

राजस्थान प्राच्य विद्या प्रतिष्ठान, जोधपुर के पुरुषोत्तमलाल मेनारिया ने लिखा है : 'आगीबाण' के माध्यम से जनता में जागृति पैदा करने का प्रयत्न किया।[46]

तत्कालीन पत्रकारों ने व्यास के ओजस्वी लेखन, पत्रकारिता के सिद्धान्तों की पूर्ण पालना तथा निडरता की भूरि-भूरि प्रशंसा की है। दिल्ली के ठाकुर राजबहादुरसिंह की टिप्पणी हृदय विदारक है। उनके ही शब्दों में "व्यासजी कभी कहीं खा-पी लेते, कभी फाका करके भी रह जाते, पर किसी से उसकी चर्चा न करते। उनके बोलने-चालने, हंसी-मजाक और नाचने-गाने से कोई भांप नहीं सकता था कि उनके मन की क्या गति है और उन्होंने खाना भी खाया है या नहीं।"[47]

उनके परम प्रिय मित्र जयपुर के पोलोविक्ट्री सिनेमा तथा होटल के मालिक केशोराम ने दैनिक 'अखण्ड भारत' के दिनों का एक मार्मिक संस्मरण लिखा है। केशोराम बंबई में व्यास के साथ दिन भर रहे। रात होने पर उन्होंने कहा : "चलो मेरा बैडरूम भी देख लो। आज रात वहीं सोयेंगे... समुद्र के किनारे ले गये। एक स्लीपर के नीचे से दो टाट निकाले। दो स्लीपरों पर उनको बिछा दिया। एक पर स्वयं सो गये और दूसरे पर मुझे सोने को कह दिया। यह था उनका बंबई का घर और जीवन। यह 1935 की घटना है... दो-चार कप चाय पीकर दिन भर बिता देते और अखबार बिछाकर सो जाते। ... अखबार बेच कर अपना खर्च चलाया करते थे। यह थी उनकी साधना और तपस्या।"[48]

महाराजा सर गंगासिंह का प्रमाण पत्र

मारवाड़ से निर्वासित व्यास बंबई में 'अखण्ड भारत' बंद हो जाने के बाद फिल्मों में अभिनेता के रूप में प्रवेश करने की तैयारी कर रहे थे। 21 फरवरी, 1937 को बीकानेर के महाराजा सर गंगासिंह ने जोधपुर के अंग्रेज दीवान सर डोनाल्ड एम. फील्ड को एक पत्र लिखकर व्यास के संदर्भ में जो लिखा है वह उनके एक घोर विरोधी एवं शत्रु द्वारा दिया गया चरित्र प्रमाण पत्र है जबकि व्यास बीकानेर महाराजा के दमन की अपनी कलम द्वारा कटु आलोचना एवं विरोध करते थे। उस पत्र के कुछ अंश :

मैं इस पत्र द्वारा एक ऐसे व्यक्ति के बारे में, जो कि देशी राजाओं के विरुद्ध जनमत तैयार करने में सबसे अधिक तेज और आग के शोले की तरह उद्दंड है, अपनी राय आप तक पहुँचाने का इरादा करता हूँ।... मैं व्यासजी के बारे में बहुत ऊँची राय रखता हूँ।... राजाशाही के शानदार

सतून (स्तंभ) और साम्राज्यवादी शासन की ऊंची इमारत 'आज के जनसेवकों को खत्म नहीं कर सकेगी' बल्कि सैकड़ों साल पुरानी **ये सभी सरकारें उनके कंधों पर आकर रुकेंगी और उनसे इंसाफ की भीख मांगेंगी।**... निर्वासित व्यास के बारे में... वे पक्के ईमानदार हैं। उनको कोई भ्रष्ट नहीं कर सकता है। ... हमारा कर्तव्य है कि विरोधी खेमे में से भले आदमी आगे आयें और जब हम हटें तो वे शासन की बागडोर संभालें।... व्यासजी ही ऐसे आदमी हैं जो अपने हजारों साथियों पर अपने उच्चादर्शों का असर रखते हैं और राजपूताना के सभी वर्गों में जिनका स्थान है।... मैं जब सोचता हूँ कि जयनारायणजी व्यास राजनीति छोड़कर सिनेमा में जाना चाहते हैं तो **'मेरा हृदय खून के आंसू रोता है'** वे मेरे बड़े-से-बड़े दुश्मन रहे हैं। ... उनके अथक प्रयत्नों से किसी-न-किसी दिन राजपूताना के रेगिस्तानी इलाकों में शांति और खुशहाली आयेगी। ... मैंने अपनी आन्तरिक प्रेरणा से फलौदी के राय साहब की मार्फत आर्थिक मदद भी देनी चाही थी जिसे उन्होंने दृढ़ता से अस्वीकार कर दिया। मेरे पास आपको लिखने के सिवाय कोई चारा नहीं रहा। मेरा ख्याल है कि यदि उन्हें जोधपुर में प्रवेश करने दिया जाय तथा प्रशासकीय समस्याओं में उनका सहयोग लिया जाय तो और भी उत्तम होगा।

अंतिम पैरे में ... मेरी साध है कि हम दोनों राजस्थान के उड़ते हुए बालू रेत के टीलों पर बैठ जाते, उन्होंने जो मुझे अक्सर प्रेस और प्लेटफार्म के जरिये बुरी-बुरी गालियां दी हैं, उन पर उनसे दिल खोल कर बात करता। दो विरोधी दिशा में बहने वाली लहरों पर खड़े होकर ... लाखों लोगों की भलाई व समाज की तरक्की के बारे में अपने-अपने दृष्टिकोण से ही सही समानभाव का अनुभव अवश्य करते हैं ...।''[49] (पूरा पत्र परिशिष्ट में दिया गया है।)

महाराजा सर गंगासिंह के उपरोक्त पत्र द्वारा व्यास का चरित्र-चित्रण करने के बाद मेरे पास कुछ भी लिखने को नहीं रहता है कि वे ईमानदार थे, सिद्धान्तवादी थे, तपस्वी थे, त्यागी थे, आदर्शवादी थे...।

18 फरवरी, 1899 को जोधपुर के पुष्करणा गरीब परिवार में जन्मे और 14 मार्च, 1963 को दिल्ली में भ्रष्टाचार के विरुद्ध संघर्ष करते हुए स्वर्ग सिधारे। '15 मार्च को उनकी जोधपुर में ऐतिहासिक शवयात्रा नहीं, मृत्यु पर जीवन की विजय थी।'[50]

नवम्बर 1954 में मुख्यमंत्री का पद छोड़ने के बाद व्यास ने फिर कभी सत्ता प्राप्त करने के लिए प्रयत्न नहीं किया। प्रदेश कांग्रेस के अध्यक्ष भी रहे लेकिन अपने सिद्धान्तों से समझौता नहीं किया। यहां तक कि भ्रष्टाचार के विरुद्ध मुहिम में 1962 के आम चुनावों में कांग्रेस के अधिकृत प्रत्याशियों के खिलाफ भाषण दिये थे। कांग्रेस की अनुशासन समिति ने छह वर्ष के लिए उन्हें पार्टी से निष्कासित करने का निर्णय भी कर लिया था, लेकिन वह कागजों में ही रह गया और कभी क्रियान्वित नहीं हुआ।[51]

लोकनायक माणिक्यलाल वर्मा की जीवनी के लेखक शंकरसहाय सक्सेना ने लिखा है : ''वर्माजी ने श्री नेहरू को पत्र लिखकर श्री व्यास के विरुद्ध अनुशासनात्मक कार्यवाही करने का

विरोध किया और लिखा कि यदि व्यासजी को कांग्रेस से निकाला गया तो मैं भी कांग्रेस से त्यागपत्र दे दूंगा।''[52]

पीड़ितों के उपासक – माणिक्यलाल वर्मा

माणिक्यलाल वर्मा

राजस्थान में स्वतंत्रता संग्राम के दिग्गजों में से एक थे माणिक्यलाल वर्मा, जिन्हें सत्ता से कभी मोह नहीं रहा। पहली बार ग्यारह माह के लिए संयुक्त राजस्थान के प्रधानमंत्री का पद अवश्य स्वीकार करना पड़ा। इसके बाद कई बार उन पर मुख्यमंत्री का उत्तरदायित्व ग्रहण करने के लिए कांग्रेस के नेताओं ने दबाव डाला, मगर स्वीकार नहीं किया। अंतिम बार जब जवाहरलाल नेहरू के आदेश के रूप में कहा गया तो उन्होंने 10मई, 1956 को अपनी डायरी में लिखा : ''श्री ढेबरभाई (उस समय वह कांग्रेसाध्यक्ष थे) से 4 बजे मिला, मुझे राजस्थान का मुख्यमंत्री बनने को कहा गया। मैंने कहा : ''मुझे इस नर्क-यातना में क्यों डालते हो ?'' पंडितजी का आदेश हो तो मानोगे, उन्होंने पूछा। मैंने कहा, वे देश के नेता हैं। दूसरा सब हुक्म मानूंगा, लेकिन इसकी तामील नहीं करूंगा।''[53]

वर्माजी भारत प्रसिद्ध बिजौलिया किसान आंदोलन की उपज थे। प्रसिद्ध क्रांतिकारी विजयसिंह पथिक के शिष्य थे। वहीं जन्मे और वहीं से आजादी का शंख फूंका। जीवन भर किसानों, समाज के गरीब, बेसहारा, घुमक्कड़ तथा कमजोर तबके के लिए संघर्ष करते रहे। उन्हें राजाओं, जागीरदारों, पूंजीपतियों तथा नौकरशाहों से घोर घृणा थी। वे सच्चे मायने में क्रांतिकारी तथा पीड़ितों के उपासक थे। जीवन में कभी किसी से समझौता किया ही नहीं। जयनारायण व्यास जैसे दिग्गज का इस कारण विरोध किया कि वे अपने मंत्रियों की नहीं सुनते थे। हीरालाल शास्त्री तथा जयनारायण व्यास पर उनका आरोप था कि वे संगठन की बात नहीं सुनते जबकि उन दोनों का मानना था कि संगठन नीति निर्धारित करे, सत्ता के रोजमर्रा के काम में हस्तक्षेप न करे। वर्मा ने दोनों को मुख्यमंत्री पद से च्युत किया । अपने शिष्य मोहनलाल सुखाड़िया के बारे में अपनी डायरी में लिखा : ''सुखाड़ियाजी सिद्धान्तों के पक्के नहीं हैं, अपनी सत्ता चलाने के लिए किसी भी बुराई से समझौता कर सकते हैं।[54]

चौथे आम चुनाव की घटना है जब कांग्रेस को राजस्थान विधानसभा में बहुमत नहीं मिला था। राज्यपाल डा. संपूर्णानंद ने कांग्रेस को सबसे बड़ी पार्टी होने के आधार पर निवर्तमान मुख्यमंत्री सुखाड़िया को ही पुनः सरकार बनाने का निमंत्रण दे दिया तो जयपुर में घोर विरोध

हुआ। जयपुर के जौहरी बाजार में पुलिस को गोली चलानी पड़ी जिसमें सात व्यक्ति मारे गये थे। राज्य सरकार द्वारा नियुक्त न्यायाधीश भगवतीप्रसाद बेरी की रिपोर्ट में इसका उल्लेख है। वर्मा के सिद्धांतप्रिय होने का उल्लेख उनकी 13 मार्च, 1967 की डायरी से पता चलता है। वह गोलीकांड के बाद का छठा दिन था। "13 मार्च 1967, श्री सुखाड़ियाजी से साढ़े सात बजे मिला। कांग्रेस का बहुमत न होने से मैंने सलाह दी कि यदि प्रजातंत्र चलाना है तो विपक्षियों को आने दो अन्यथा हिंसा फूटेगी। सुखाड़ियाजी ने मान लिया। अन्य सब मिनिस्टर कांग्रेस बहुमत का थोथा दावा करते थे और सुखाड़ियाजी को चकमा दे रहे थे।"[55] अन्त में सुखाड़िया ने त्यागपत्र दिया और राज्य में 43 दिनों के लिए राष्ट्रपति शासन रहा।

वर्माजी के जीवन के अंतिम चरण में सुखाड़िया से उनके मतभेद बढ़ते ही गये जबकि दोनों एक दूसरे को न केवल गुरुशिष्य बल्कि पिता-पुत्र तुल्य मानते थे। उदयपुर की यात्रा में वर्मा के बंगले पर ही सुखाड़िया ठहरते थे। बाद में मतभेद के कारण सर्किट हाउस में ठहरने लगे। कहा जाता है कि बोलचाल भी बंद हो गई थी।

समाज के दुर्बल वर्गों की सेवा

स्वतंत्रता के पश्चात् कांग्रेस में एकता तथा अपने सिद्धांतों का निर्वाह उनके जीवन का मूल मंत्र था जिसके लिए वे अपने साथियों से भी संघर्ष करते रहे। दूसरा उनका कार्यक्षेत्र था समाज के दुर्बल वर्गों की पीड़ा मिटाना। गाड़ोलिया लुहार राजस्थान का एक पूर्व सैनिक वर्ग था जो चार सौ वर्ष पूर्व मेवाड़ के महाराणा प्रताप के साथ मुगल बादशाह अकबर से चित्तौड़गढ़ की लड़ाई में परास्त हो गया। उस वर्ग ने यह प्रतिज्ञा कर चित्तौड़गढ़ का किला छोड़ दिया कि जब तक यह रियासत मुगलों से स्वतंत्र नहीं हो जायगी तब तक वे घर बसा कर जीवनयापन नहीं करेंगे। ये लोग चार सौ वर्षों, बल्कि आज तक भी पूर्ण रूप से कहीं पर बसे नहीं हैं। बैलगाड़ी में ही दर-दर घूम कर जीवन-यापन कर लेते हैं ये हैं गाड़िया लुहार। वर्मा ने 6 अप्रेल,1955 को (स्वतंत्रता के आठ वर्ष बाद) देश भर के गाड़िया लुहारों का चित्तौड़गढ़ में राष्ट्रीय सम्मेलन आयोजित कर प्रधानमंत्री जवाहरलाल नेहरू के नेतृत्व में उन्हें किले पर चढ़ाया और स्थायी रूप से बसने का उनका प्रण पूरा कराया था।"[56]

ऐसी ही राज्य की अन्य घुमन्तू जातियों को बसाने तथा उनकी आर्थिक दशा उन्नत करने के लिए उन्होंने सरकारी स्तर पर तथा समाज के सहयोग से प्रयत्न किया था। एक घुमन्तू जाति है बंजारा, जो सैकड़ों की संख्या तथा हजारों बैलों की 'बाळद' लेकर देश-विदेश में व्यापार करते थे। समय के साथ उनका व्यापार नष्ट हो गया और वे निर्धन हो गये। वर्मा ने राज्य सरकार से उनके लिए भूमि आवंटित कराके उदयपुर, चित्तौड़गढ़ तथा भीलवाड़ा जिलों की क्रमशः मावली,

वल्लभनगर, भूपालसागर, भदेसर तथा शाहपुरा तहसीलों में उन्हें बसाया। खेती के लिए जमीनें भी आवंटित कराईं। इनकी चार उपजातियां भी हैं : बामणियां, गवाणियां, मारू तथा लबाना।[57]

एक अन्य जाति कालबेलिया (सपेरा) है। राजस्थान के उत्तरी-पूर्वी भाग में कालबेलिया और दक्षिण-पश्चिमी भाग में ये लोग जोगी कहलाते हैं। ये सांपों को पकड़कर, उनके खेल दिखा कर व सांप काटे का जहर उतार कर पेट भरते थे। आज भी ऐसे लोग हैं। ये नाथ सम्प्रदाय के अनुयायी हैं। प्राचीनकाल में ये इमारती लकड़ी तथा खानों से गैरूं गधों पर लादकर इधर-उधर पहुँचाने का काम करते थे। वर्मा ने उन्हें भी उपरोक्त जिलों में जमीनें आवंटित कराके बसाया था।[58]

वर्मा की योजना अन्य घुमक्कड़ जातियों – साठिया, बन-बावरी आदि को भी बसाने की थी लेकिन वैसा नहीं कर पाये। जब देश में यातायात के साधन नहीं थे तब ये ही जातियां माल ढ़ोने तथा माल खरीदने-बेचने का काम करती थीं।

वर्मा ने आधी शताब्दी से भी अधिक समय तक किसानों को सामंतों के विरुद्ध संघर्ष करनें के लिए संगठित किया और समाज-सेवा में अपना जीवन खपाया। उन्नीस वर्ष की आयु में उन्होंने शोषण के विरुद्ध बिगुल बजाया और इकहत्तर वर्ष की आयु तक निरन्तर जूझते रहे। मेवाड़ की जेलों में जुल्म के बाद उन्हें राज्य बदर (निर्वासित) कर दिया गया था। मेवाड़ से निर्वासित काल में आदिवासियों को अपने पैरों पर खड़ा करने तथा सामाजिक कुरीतियां छोड़ने के लिए डूंगरपुर जिले में आपने बहुत से काम किये। स्वतंत्रता के बाद 'राजस्थान आदिम जाति सेवक संघ' की स्थापना की। भीलों के लिए कई बस्तियां बसाईं। राज्य के सीमा क्षेत्र बाड़मेर जिले के भीलों के उत्थान में लगे। बारां जिले के शाहबाद-किशनगंज क्षेत्र में सहरिया आदिवासियों का जीवन स्तर उन्नत करने तथा सामाजिक कुरीतियां छोड़ने के लिए उन्हें प्रोत्साहित किया। उनके कार्यों का यह संक्षिप्त लेखा-जोखा है। भारत सरकार ने उनकी सेवाओं के लिए उन्हें 'पद्मभूषण' की उपाधि से अलंकृत किया था।

टीकाराम पालीवाल

प्रथम आम चुनाव के बाद पूर्व राजस्व मंत्री टीकाराम पालीवाल केवल 45 वर्ष की आयु में राजस्थान के पहले सबसे छोटी आयु के जनतांत्रिक प्रणाली से निर्वाचित मुख्यमंत्री बने। यह संयोग ही था। स्वयं पालीवाल ने भी इसकी कभी लालसा नहीं की थी। पूर्व मुख्यमंत्री जयनारायण व्यास, जिन्हें चुना जाना लगभग निश्चित था, विधानसभा के चुनाव में दो क्षेत्रों में सामंतों द्वारा परास्त कर दिये जाने के कारण कांग्रेस उच्च नेतृत्व ने यह निर्णय किया कि व्यास मंत्रिमंडल के सबसे वरिष्ठ मंत्री पालीवाल को यह पदभार संभलाया जाय जबकि स्वयं पालीवाल ने यह इच्छा जाहिर की थी कि व्यास मुख्यमंत्री का पद ग्रहण करें और वैधानिक पूर्ति के लिए छह माह में उन्हें

टीकाराम पालीवाल

निर्वाचित कराके विधानसभा में ले आयेंगे। लेकिन इसके लिए न तो स्वयं व्यास और न केन्द्रीय नेतृत्व सहमत था। बाद में 1 नवम्बर, 1952 को व्यास के मुख्यमंत्री चुने जाने पर पालीवाल को उन्होंने उपमुख्यमंत्री का दायित्व सौंपा।

पालीवाल जयपुर राज्य प्रजामंडल के नेता थे। रियासती काल में जयपुर में हीरालाल शास्त्री की उत्तरदायी सरकार में भी राजस्वमंत्री रह चुके थे। शास्त्री मंत्रिमंडल के पतन के बाद गठित व्यास मंत्रिमंडल में भी उनके पास यही सर्वाधिक महत्व का विभाग रहा। स्वतंत्रता सेनानी तथा राजस्वमंत्री रहने के कारण उन्हें राज्य के किसानों की स्थिति से पूर्ण परिचय था। इसलिए निर्वाचित सरकार की सर्वोच्च प्राथमिकता राज्य में जागीरें समाप्त करना तथा भूमि-सुधार के अन्य कदम उठाने थे। यह श्रेय उन्हें मिला।

पालीवाल के आठ माह के मुख्यमंत्री काल में कांग्रेस की राजनीतिक गतिविधियां मूल रूप से उसकी घोषित नीतियों को क्रियान्विति करना तथा व्यास को विधानसभा के लिए जिता कर लाना था। तत्कालीन विपक्ष सामंतों का था। सामंतों के संरक्षण में राज्य में जगह-जगह डकैतियां हो रही थीं। किसानों का शोषण किया जाता था। जबरन उन्हें खेतों से बेदखल कर देना, मनमाने ढंग से लगान तथा उपज को हड़प लेना सामान्य घटना थी। पालीवाल ने कानून द्वारा किसानों को संरक्षण और डाकुओं को नियंत्रित किया ताकि राज्य में शान्ति स्थापित की जा सके। उन्होंने राजस्थान भूमि-सुधार तथा जागीर पुनर्ग्रहण कानून बनाया था। वनों का विस्तार करने तथा अंधाधुंध कटाई रोकने के लिए कानूनी कदम उठाये ।

1952 में पालीवाल के सत्ता संभालते समय राज्य की कानून एवं व्यवस्था की स्थिति अत्यन्त शोचनीय थी। उन दिनों शायद ही कोई दिन ऐसा होता होगा जिस दिन कहीं डाका नहीं पड़ा हो। गांव-गांव में डकैतियों और हत्याओं की घटनायें सामान्य बात थी। कहा जाता है कि इनके पीछे सामंती शक्तियों का हाथ था जिनका परम्परागत शासन नयी व्यवस्था में समाप्त होने जा रहा था। पालीवाल ने राज्य के सभी वरिष्ठ अधिकारियों की बैठक बुलाकर उन्हें चेतावनी दी कि यदि 6 माह में यह स्थिति नियंत्रण में नहीं आई तो मेरी सरकार तो इस्तीफा देगी ही लेकिन इससे पहले आप सब लोगों को मुझे सेवाओं से बर्खास्त करना पड़ेगा। यदि इसमें कोई राजनीतिक हस्तक्षेप हो तो मुझे सीधा सूचित करें; उससे निपटना मेरा काम होगा। उनकी चेतावनी का प्रभाव यह हुआ कि स्थिति पर तीन माह में ही काबू पा लिया गया।[59]

पालीवाल 1957 में दुबारा विधायक चुने गये। उनकी प्रकाशित जीवनी के अनुसार कांग्रेस संसदीय बोर्ड की बैठक में नेहरू तथा लालबहादुर शास्त्री चाहते थे कि पालीवाल को ही

मुख्यमंत्री बनाया जाय। परन्तु लोकतांत्रिक प्रक्रिया में मोहनलाल सुखाड़िया दल के नेता चुने गये। सुखाड़िया नवम्बर 1954 से मुख्यमंत्री थे।[60] 1958 में राज्यसभा के लिए चुने गये। 1962 में लोकसभा के लिए चुने गये। 1969 में कांग्रेस के विभाजन के समय वे मोरारजी देसाई की संगठन कांग्रेस के साथ रहे। आपातकाल के बाद 1977 में बनी जनता पार्टी के प्रदेश अध्यक्ष मास्टर आदित्येन्द्र के शेखावत सरकार में वित्त मंत्री बन जाने पर पालीवाल को जनता पार्टी का प्रदेश अध्यक्ष बनाया गया। इससे पूर्व वे अप्रेल 1968 में स्वंतत्र पार्टी के चुनाव चिह्न पर चौमू क्षेत्र के विधानसभा उपचुनाव में कांग्रेस के रामकिशोर व्यास से पराजित हो चुके थे। 88 वर्ष की आयु में 8 फरवरी, 1995 को हृदयाघात के कारण इस संसार से अलविदा हो गए।

संदर्भ

1. जो देश के लिए जिये : शंकरसहाय सक्सेना, पृ. 187
2. जो देश के लिए जिये : शंकरसहाय सक्सेना, पृ. 187
3. टीकाराम पालीवाल : घनश्यामदास पालीवाल, पृ. 32-33
4. Rajasthan Polity, Economy & Society : B.L. Pangariya, N.C. Pahariya, P. 67
5. जो देश के लिए जिये : शंकरसहाय सक्सेना, पृ. 189-190
6. जो देश के लिए जिये : शंकरसहाय सक्सेना, पृ. 190
7. जो देश के लिए जिये : शंकरसहाय सक्सेना, पृ. 190
8. जो देश के लिए जिये : शंकरसहाय सक्सेना, पृ. 191
9. धुन के धनी : संपादक, सत्यदेव विद्यालंकार, पृ. 222, केशोराम के संस्मरण
10. धुन के धनी : कृष्णगोपाल गर्ग के संस्मरण, पृ. 211
11. जो देश के लिए जियेः शंकरसहाय सक्सेना, पृ. 192
12. Rajasthan Polity, Economy & Society : B.L. Pangariya, N.C. Pahariya, P. 68
13. जो देश के लिए जिये : शकरसहाय सक्सेना, पृ. 194
14. Rajasthan Polity, Economy & Society : B.L. Pangariya, N.C. Pahariya, P. 69
15. जो देश के लिए जिये : शंकरसहाय सक्सेना, पृ. 194-195
16. जो देश के लिए जिये : शंकरसहाय सक्सेना, पृ. 195-196
17. जो देश के लिए जिये : शंकरसहाय सक्सेना, पृ. 198-199
18. जो देश के लिए जिये : शंकरसहाय सक्सेना, पृ. 196
19. जो देश के लिए जिये : शंकरसहाय सक्सेना, पृ. 198-199
20. जो देश के लिए जिये : शंकरसहाय सक्सेना, पृ. 198-199

21. जो देश के लिए जिये : शंकरसहाय सक्सेना, पृ. 198-199
22. जो देश के लिए जिये : शंकरसहाय सक्सेना, पृ. 200
23. जो देश के लिए जिये : शंकरसहाय सक्सेना, पृ. 201
24. The Congress Party in Rajasthan : Robert Sisson, P. 139
25. The Congress Party in Rajasthan : Robert Sisson, P. 138
26. The Congress Party in Rajasthan : Robert Sisson, P. 139
27. The Congress Party in Rajasthan : Robert Sisson, P. 139-140
28. The Congress Party in Rajasthan : Robert Sisson, P. 141
29. Partry Politics In An Indian State : Prof. K.L. Kamal, P. 58
30. राजस्थान स्वतंत्रता संग्राम के अमर पुरोधा श्री मथुरादास माथुर, पृ. 41-42
31. जो देश के लिए जिये : शंकरसहाय सक्सेना, पृ. 202
32. जो देश के लिए जिये : शंकरसहाय सक्सेना, पृ. 202
33. जो देश के लिए जिये : शंकरसहाय सक्सेना, पृ. 203
34. अमर पुरोधा : श्री मथुरादास माथुर : डॉ. आर.पी. व्यास, पृ. 42
35. जो देश के लिए जिये : शंकरसहाय सक्सेना, पृ. 204
36. अमर पुरोधा : जयनारायण व्यास : सूरजप्रकाश पापा, पृ. 47
37. धुन के धनी : सत्यदेव विद्यालंकार, पृ. 21-22
38. धुन के धनी : देवीलाल सामर, पृ. 439
39. धुन के धनी : देवीलाल सामर, पृ. 440-441
40. धुन के धनी : महेशदत्त भार्गव, पृ. 442
41. धुन के धनी : मा. माणिकलाल डांगी, पृ. 445
42. धुन के धनी : सरदार हरलालसिंह, पृ. 456
43. धुन के धनी : नरसिंहदास लूंकड, पृ. 464
44. जयनारायण व्यास, डॉ. जबरनाथ पुरोहित, पृ. 31
45. धुन के धनी : सत्यदेव विद्यालंकार, पृ. 26-27
46. धुन के धनी : पुरुषोत्तमलाल मेनारिया, पृ. 447
47. धुन के धनी : ठाकुर राजबहादुर सिंह, पृ. 430
48. धुन के धनी : केशोराम, पृ. 221
49. धुन के धनी : सत्यदेव विद्यालंकार, पृ. 53 से 56
50. धुन के धनी : सत्यदेव विद्यालंकार, पृ. 19
51. धुन के धनी : सत्यदेव विद्यालंकार, पृ. 45
52. जो देश के लिए जिये : शंकरसहाय सक्सेना, पृ. 209
53. जो देश के लिए जिये : शंकरसहाय सक्सेना, पृ. 208
54. जो देश के लिए जिये : शंकरसहाय सक्सेना, पृ. 260

55. जो देश के लिए जिये : शंकरसहाय सक्सेना, पृ. 261
56. जो देश के लिए जिये : शंकरसहाय सक्सेना, पृ. 210 से 219
57. जो देश के लिए जिये : शंकरसहाय सक्सेना, पृ. 224
58. जो देश के लिए जिये : शंकरसहाय सक्सेना, पृ. 225
59. टीकाराम पालीवाल : स्मृति ग्रन्थ "राजनीति में ऋषि तुल्य पालीवालजी" सीताराम झालानी
60. राजस्थान स्वतंत्रता संग्राम के अमर पुरोधाः टीकाराम पालीवाल : घनश्यामदास पालीवाल, पृ. 33-34

5

कांग्रेस

सामंतशाही के पतन के बाद लोकतंत्रीय मार्ग से जनता की प्रगति, क्षेत्र की उन्नति तथा जन-जीवन को सामान्य सुख-सुविधाएं उपलब्ध कराने का आधार दलीय व्यवस्था बन चुकी है। इसके लिए दलों की आवश्यकता तथा उनके नीति-निर्देश समाज के लिए महत्वपूर्ण हैं। राजस्थान में कांग्रेस की विधिवत स्थापना सन् 1948 में हो गई थी। 1938 में हरिपुरा कांग्रेस अधिवेशन के निर्णयानुसार राजपूताना की तत्कालीन विभिन्न रियासतों में स्वतंत्रता संग्राम को गति देने तथा सामंती शोषण के विरुद्ध जनता में जागरण के लिए प्रजामंडलों तथा लोकपरिषद के नामों से संघर्षशील संगठनों की स्थापना हुई थी। राजाओं से मान्यता प्राप्त करना या संस्थाओं का पंजीकरण उनके संघर्ष का पहला सोपान था। उसका सभी रियासतों में लम्बा इतिहास है। एक वाक्य में यह कहा जा सकता है कि इसके लिए आंदोलनकारियों को खूब जुल्म सहने पड़े। स्वतंत्रता सेनानियों को पहुँचाई गई शारीरिक यातनाओं तथा जेलों में जुल्मों का पृथक इतिहास है। समूचे राजपूताना के संघर्ष को संगठित करने के लिए अखिल भारतीय देशी राज्य लोक परिषद की क्षेत्रीय परिषद गठित की गई थी, जिसके अध्यक्ष गोकुलभाई भट्ट थे। 1948 में इसी क्षेत्रीय परिषद को राजपूताना प्रदेश कांग्रेस कमेटी में परिवर्तित कर दिया गया।[1] राजस्थान में कांग्रेस की यही औपचारिक स्थापना थी।

स्वतंत्रता से पूर्व प्रजामंडलों की गतिविधियां मुख्य रूप से शहरों तक सीमित थीं और देहाती क्षेत्रों में जाट सभा या किसान सभा के नाम से विभिन्न संगठनों ने राजाओं तथा जागीरदारों के शोषण के विरुद्ध संघर्ष किया था। प्रजामंडलों के अधिकतर नेता ब्राह्मण अध्यापक, वैद्य, कायस्थ वकील तथा पत्रकार थे। देहातों में किसानों के नेता जाट थे।[2] किसानों की समस्याओं का निराकरण कराने के लिए जाट नेताओं ने प्रजामंडलों से सहयोग लिया था। यही सहयोग प्रजामंडलों के नेताओं के लिए राजाओं से समझौतों की शक्ति बना। कई रियासतों में किसानों के नेता धीरे-धीरे प्रजामंडलों में शामिल होते गये।

क्षत्रिय महासभा

स्वतंत्रता से पूर्व रियासतों में सामंतों ने आत्मरक्षा हेतु क्षत्रिय महासभा के नाम से संगठन बनाये थे। उनका उद्देश्य धर्म तथा राजा और प्रजा के पीढ़ियों के सम्बन्धों के नाम पर स्वतंत्रता आंदोलनों का विरोध करना तथा उत्तरदायी शासनों की स्थापना होने पर सत्ता में हिस्सा बंटाना था। वैसा ही हुआ। तत्कालीन राजाओं ने समान भागीदारी पर रियासतों में मंत्रिमंडलों के गठन किये। आजादी के बाद प्रथम आम चुनाव से पूर्व सत्ता में भागीदारी के लिए क्षत्रिय महासभा तथा कांग्रेस के प्रतिनिधियों के बीच समझौता वार्ताएं हुई थीं जिनका वर्णन पिछले अध्यायों में किया जा चुका है। किन्तु उनमें समझौता नहीं हो सका था। ऐसी ही समझौता वार्ताएं कांग्रेस तथा किसान सभा के प्रतिनिधियों के बीच हुई थीं। मारवाड़ किसान सभा तथा कांग्रेस के बीच हुए समझौते ने राजस्थान की सभी रियासतों में, जहां किसान सभा या जाट सभाएं थीं, के लिए पथ-प्रदर्शन का काम किया। जोधपुर में कांग्रेस के नेता जयनारायण व्यास के परम सहयोगी मथुरादास माथुर तथा बीकानेर कांग्रेस और जाटों के नेता कुंभाराम आर्य की भूमिकाएं इन समझौतों में महत्वपूर्ण रहीं। किसान सभाओं का संघर्ष मुख्य रूप से जागीरदारों के विरुद्ध था। आजादी के पूर्व जोधपुर में व्यास के नेतृत्व में जब लोकप्रिय सरकार बनी तब नाथूराम मिर्धा को किसान सभा के प्रतिनिधि के रूप में सम्मिलित किया गया था।[3]

किसान सभा का कांग्रेस में विलय

प्रथम आम चुनाव से पूर्व मारवाड़ किसान सभा का कांग्रेस में विलय कराने के लिए जयपुर-जोधपुर मार्ग पर स्थित 'बर विश्राम गृह' में माथुर ने वार्ता का आयोजन कराया था। इस वार्ता में जयनारायण व्यास, माथुर स्वयं, कुंभाराम आर्य, मारवाड़ किसान सभा के नेता बल्देवराम मिर्धा (कांग्रेस के नेता रामनिवास मिर्धा के पिता व जोधपुर रियासत के सेवानिवृत्त डी.आई.जी.), गोवर्धनसिंह चौधरी और नाथूराम मिर्धा ने भाग लिया था। इस समझौते के कारण कांग्रेस को सुदृढ़ करने की जबर्दस्त सफलता मिली। मारवाड़ किसान सभा ने पृथक से चुनाव नहीं लड़ने तथा कांग्रेस में विलीन होने का निर्णय किया।[4] इसके दो अन्य परिणाम भी सामने आये।

एक, माथुर जाटों के सहयोगी तथा नेता मान लिए गये। दो, माथुर और कुंभाराम आर्य राजनीतिक मित्र हो गये जिन्होंने नवम्बर 1954 में मुख्यमंत्री जयनारायण व्यास को पदच्युत करने में महती भूमिका निभाई।

व्यास को पदच्युत करने का वर्णन पिछले पृष्ठों में किया जा चुका है। यहां यह उल्लेखनीय है कि बाईस जागीरदार विधायकों को कांग्रेस में सम्मिलित करने का गंभीर परिणाम हुआ जो आज तक दिखाई देता है। सदियों का जाट-राजपूत विवाद पुनः सामने आ गया। शनैः-शनैः

अन्य राजपूत नेता तथा कतिपय राजा, उदाहरणार्थ झालावाड़ के तत्कालीन महाराजा हरिश्चन्द्रसिंह, लुहारू के नवाब अमीनुद्दीन अहमद, करौली के महाराजकुमार बृजेन्द्रपालसिंह और जीवन के अंतिम पड़ाव में डूंगरपुर महारावल लक्ष्मणसिंह आदि कांग्रेस में सम्मिलित होते गये तो कई जाट नेता कांग्रेस से भी बिछुड़ने लगे। सबसे पहले 1966 में कुंभाराम आर्य ने अपने साथियों तथा झालावाड़ महाराजा को साथ लेकर कांग्रेस छोड़ी थी। इसके बाद 1978 में नाथूराम मिर्धा भी कांग्रेस छोड़ गये। फिर तो कई जाट नेताओं का इधर से उधर जाने-आने का सिलसिला चलता ही रहा। 2003 की विधानसभा में भाजपा को बहुमत प्राप्त होने का एक बड़ा कारण जाट समर्थन माना जाता है।

स्वतंत्रता के पश्चात् कांग्रेस की मंडल समितियों से लेकर प्रदेश स्तर तक की विभिन्न समितियों का विश्लेषण करने पर यह स्पष्ट होता है कि उनमें जाट नेतृत्व का वर्चस्व रहा था।[5] स्वतंत्रता से पूर्व तथा बाद में लगभग दो दशकों तक राज्य की राजनीति में जाट-सामंत आमने-सामने ही रहे। आमतौर पर राजपूत कांग्रेस के विरुद्ध ही रहे, हालांकि प्रथम विधानसभा के बाईस जागीरदार विधायक मुख्यमंत्री जयनारायण व्यास के प्रयत्नों से 1954 में कांग्रेस में सम्मिलित हो गये थे किन्तु बाद में उनमें से कइयों ने फिर दल-बदल कर लिया था।

केन्द्र के समान राजस्थान में भी स्वतंत्रता संघर्ष की पार्टी केवल कांग्रेस होने से राजाओं से सत्ता का हस्तांतरण कांग्रेस को हुआ। राजस्थान निर्माण के प्रथम तीन वर्षों तक विधानसभा नहीं होने के कारण प्रदेश कांग्रेस कमेटी राजनीतिक दिशा-निर्देश करती थी। किन्तु 1952 में प्रथम चुनाव के बाद से विधानसभा की भूमिका महत्वपूर्ण हो गई। पिछले सत्तावन वर्षों में सत्ताविहीन अवधि को छोड़कर विधानसभा कांग्रेस दल ने संगठन की गतिविधियों को नेतृत्व प्रदान किया। सत्ताच्युत होने पर वह शक्ति वापस प्रदेश कांग्रेस के नेतृत्व के हाथों में पहुँच जाती थी। शासनारूढ़ की स्थिति में जनता का अगले चुनाव में अधिकाधिक समर्थन प्राप्त करने की दृष्टि से सभी निर्णय विधायिका द्वारा ही किये जाने लगे हैं। यह स्थिति देश के सभी राजनीतिक दलों की हो गई है। इसलिए उस दल के मंत्रिमंडल का निर्माण और उसके निर्णय देश और राज्य का भविष्य निर्धारित करने वाले हो गये हैं।

समरसता में समय लगा

रियासती राज्य होने की वजह से राजस्थान में कांग्रेस संगठन को समरसता प्राप्त करने में काफी समय लगा। प्रदेश कांग्रेस की गतिविधियां क्षेत्रीय नेतृत्व के गठजोड़ से प्रारम्भ हुईं। राजस्थान के निर्माण के समय कांग्रेस के चार बड़े नेता – जयनारायण व्यास, माणिक्यलाल वर्मा, हीरालाल शास्त्री तथा गोकुलभाई भट्ट क्रमशः जोधपुर, उदयपुर, जयपुर और सिरोही रियासतों के थे। देशी राज्य लोक परिषद का क्षेत्रीय संगठन एक संयुक्त मंच था अन्यथा सभी के कार्य क्षेत्र भिन्न-भिन्न

रियासतों में ही थे। प्रथम मुख्यमंत्री हीरालाल शास्त्री की नियुक्ति व्यास और वर्मा की इच्छाओं के विरुद्ध होने से मन्त्रिमंडल के निर्माण के साथ ही उनका विरोध प्रारम्भ हो गया। प्रदेश कांग्रेस ने इक्कीस महीनों तक केन्द्रीय नेतृत्व से कड़े संघर्ष के बाद उन्हें हटवा कर ही चैन लिया। किन्तु कांग्रेस में यह शान्ति भी अल्पकालिक ही रही। नौ माह में ही मुख्यमंत्री जयनारायण व्यास तथा प्रदेश कांग्रेसाध्यक्ष माणिक्यलाल वर्मा को प्रथम आम चुनाव में सैकड़ों वर्षों की सामंतशाही से सामना करना पड़ा। कांग्रेस ने नाम मात्र का बहुमत तो प्राप्त कर लिया लेकिन सामंतों द्वारा व्यास को पराजित कर दिये जाने से दल का नया नेता ढूंढ़ना और व्यास को पुनर्निर्वाचित करवाना उसका अहम काम हो गया जिससे संगठन को मजबूत करने पर विशेष ध्यान नहीं दिया जा सका। इसका वर्णन पिछले पृष्ठों में किया जा चुका है।

शास्त्री और व्यास मन्त्रिमंडलों में प्रजामंडलों के तत्कालीन सामाजिक तथा क्षेत्रीय समूहों के प्रमुख नेताओं को स्थान मिला था। यह नेतृत्व शहरी था। समयाभाव तथा आपसी संघर्ष के कारण देहातों में संगठन मजबूत नहीं किया जा सका था। सरकार केवल प्रशासन को एकीकृत करने में ही व्यस्त रही। प्रारंभ से ही राज्य सरकार के नेतृत्व के विवाद के परिणामस्वरूप जिलों में स्थानीय स्तर तक दल के नेताओं में धड़ाबंदी हो गई थी जबकि राजाओं, जागीरदारों या सरदारों का ग्रामीण क्षेत्रों में सैकड़ों वर्षों के पुराने सम्बन्ध होने के कारण जनता पर बहुत प्रभाव था। गांव-गांव में उनका अनेक व्यक्तियों से सीधा सम्बन्ध था। जागरूक सामंतों ने चुनाव का बहिष्कार या केवल विरोध या तटस्थ रहने के बजाय उसमें भाग लेना अपने लिए हितकर समझा।[6]

फूट का बीजारोपण

राजस्थान में कांग्रेस का जन्म फूट के बीज से ही हुआ। सत्ता के प्रथम दिन से ही शास्त्री गुट और व्यास-वर्मा गुट आमने-सामने थे। शास्त्री ने अपने मंत्रिमंडल में विरोधी गुट के एक भी व्यक्ति को नहीं लिया। दस सदस्यीय मंत्रिमंडल में प्रायः सभी शहरी प्रभाव वाले नेता थे। एक-दो का देहाती क्षेत्र था किन्तु उनका वहां पर विशेष प्रभाव नहीं था। एक मंत्री जागीरदारों का प्रतिनिधि था।

व्यास का पहला मंत्रिमंडल शास्त्री की अपेक्षा अधिक विस्तृत क्षेत्र का प्रतिनिधित्व करता था। ग्यारह सदस्यीय मंत्रिमंडल में पांच ब्राह्मण तथा एक-एक जाट, वैश्य, कायस्थ, राजपूत, अनुसूचित जाति का प्रतिनिधि था। ग्यारहवें मंत्री मोहनलाल सुखाड़िया थे जिनका जाति वर्ग ज्ञात नहीं हो सका। राजपूत, राजस्थान क्षत्रिय महासभा का प्रतिनिधि था। इस मंत्रिमंडल में देहाती तथा क्षेत्रीय प्रभाव वाले मंत्री थे। तीन-तीन मंत्री, जिनमें एक मुख्यमंत्री व्यास भी थे, जोधपुर तथा उदयपुर संभागों के थे। दो मंत्री जयपुर संभाग से थे। मत्स्य, बीकानेर तथा कोटा क्षेत्रों से एक-एक व्यक्ति था जबकि शास्त्री मंत्रिमंडल में जयपुर, उदयपुर तथा

जोधपुर संभागों के दो-दो, बीकानेर, कोटा तथा मत्स्य क्षेत्र से एक-एक मंत्री लिये गये थे। एक जागीरदारों का प्रतिनिधि था।

जातियों की दृष्टि से शास्त्री मंत्रिमंडल में चार वैश्य थे जिनका कार्यक्षेत्र नितान्त शहरी था। दो पिछड़ी जाति के माली तथा कूमावत थे। एक-एक कायस्थ, ब्राह्मण और राजपूत था। शास्त्री स्वयं ब्राह्मण थे। जाट प्रतिनिधि एक भी नहीं था जबकि देहाती नेतृत्व केवल जाट नेताओं के हाथों में था। शेखावाटी तथा अन्य क्षेत्रों के कई जाट नेता प्रजामंडलों में सम्मिलित हो गये थे। इस कारण शास्त्री सरकार को पार्टी का समर्थन नहीं मिल सका और वह जनता में भी लोकप्रिय नहीं बन सकी।

चुनाव के बाद वरिष्ठ नेता टीकाराम पालीवाल के नेतृत्व में बने मंत्रिमंडल में कुल आठ सदस्य थे। उनमें सर्वाधिक पांच ब्राह्मण, एक-एक जाट, सुखाड़िया और अनुसूचित जाति का था। इनमें तीन-तीन जयपुर और उदयपुर संभाग के तथा एक-एक जोधपुर और मत्स्य क्षेत्र के थे। यह कामचलाऊ सरकार थी और जयनारायण व्यास को विधायक चुनवा कर लाना उसके लिए अहम् मुद्दा था। लेकिन कांग्रेस में नेता पद को लेकर पुनः झगड़े शुरू हो गये थे।

द्वितीय व्यास मंत्रिमंडल में व्यापक क्षेत्र का प्रतिनिधित्व था। जोधपुर, जयपुर, उदयपुर क्षेत्रों के तीन-तीन, बीकानेर संभाग के दो तथा मत्स्य का एक मंत्री था। कोटा संभाग से कोई मंत्री नहीं था। जातियों की दृष्टि से ब्राह्मण 6, जाट 2, वैश्य, अन्य पिछड़ी जाति तथा अनुसूचित जाति का एक-एक मंत्री था और एक सुखाड़िया थे। मगर कायस्थ और राजपूत जाति का कोई प्रतिनिधि नहीं था। बाईस जागीरदारों को कांग्रेस विधायक दल में सम्मिलित करने को लेकर व्यास का पार्टी में इतना विरोध हुआ कि उन्हें हटाकर ही दम लिया। किन्तु व्यास जीवनपर्यन्त कांग्रेस में ही रहे और भ्रष्टाचार के विरुद्ध संघर्ष करते रहे।

सन् 1954 में मोहनलाल सुखाड़िया के नेतृत्व में सरकार बनी। उसमें सभी क्षेत्रों का समानुपातिक प्रतिनिधित्व लगता है। नवम्बर 1956 में अजमेर राज्य भी राजस्थान में सम्मिलित हो गया था। वह उस समय तक जयपुर संभाग में ही था। उस मंत्रिमंडल में सर्वाधिक छह जयपुर, तीन उदयपुर, दो-दो बीकानेर, मत्स्य व जोधपुर और एक मंत्री कोटा संभाग से था। मत्स्य यद्यपि जयपुर संभाग में ही था, किन्तु राजस्थान के निर्माण से पूर्व अलग राज्य होने से उसकी गणना अलग की जाती थी। बाद में वह दूरी मिट गई। सुखाड़िया मंत्रिमंडल जातियों की दृष्टि से भी काफी व्यापक था। उसमें ब्राह्मण छह, जाट चार, अनुसूचित जाति के दो, वैश्य, राजपूत तथा मुसलमान एक-एक मंत्री थे। पहली बार मुसलमान तथा राजपूत को कांग्रेस सदस्य के रूप में सम्मिलित किया गया। जाटों का प्रतिनिधित्व दुगुना, राज्य की राजनीति को प्रभावित करने वाला तथा देहात आधारित हो गया। सोलह सदस्यीय मंत्रिमंडल में शहरी क्षेत्र वाले घटकर केवल एक-चौथाई ही रह गये। तत्कालीन 26 जिलों में से 11 के मंत्री थे। विधानसभा का अध्यक्ष ब्राह्मण, उपाध्यक्ष राजपूत तथा मुख्य सचेतक कायस्थ था।

राजनेता और जातीय आधार

देश के अन्य राज्यों की तरह राजस्थान में भी कांग्रेस लाभान्वित स्थिति में थी। राजाओं से सत्ता उसे ही हस्तांतरित हुई थी। स्वतंत्रता की लड़ाई भी कांग्रेस ने ही लड़ी थी। उसका प्रभाव अन्य दलों की अपेक्षा शहरों से ग्रामीण क्षेत्रों तक व्यापक था। अधिकांश स्वतंत्रता सेनानी तथा उनके नेता ब्राह्मण होने से प्रारंभ से ही इस जाति का कांग्रेस में वर्चस्व रहा। प्रदेश कांग्रेस के सत्तावन वर्षों के इतिहास में 25 अध्यक्ष रहे जिनमें सर्वाधिक दस बार ब्राह्मण प्रदेशाध्यक्ष हुए हैं। इनमें जयनारायण व्यास तथा रामकिशोर व्यास के दो-दो कार्यकाल रहे। अन्य ब्राह्मण प्रदेशाध्यक्षों के नाम इस प्रकार हैं : गोकुलभाई भट्ट, हरिदेव जोशी, गिरधारीलाल व्यास, नवलकिशोर शर्मा, डॉ. गिरिजा व्यास तथा डा. बुलाकीदास कल्ला। छह बार जाट अध्यक्ष हुए जिनमें नाथूराम मिर्धा दो बार रहे। शेष के नाम : सरदार हरलालसिंह, रामनारायण चौधरी, परसराम मदेरणा तथा नारायणसिंह हैं। तीन बार कायस्थ अध्यक्ष चुने गये जिनमें से एक के दो कार्यकाल हुए। वे थे मथुरादास माथुर और एक बार माणिक्यलाल वर्मा। यही स्थिति अन्य पिछड़ी जाति की थी। एक ही व्यक्ति के दो कार्यकाल रहे। वे थे अशोक गहलोत और शोभाराम। गहलोत दो बार अध्यक्ष रहे। दो बार वैश्य अध्यक्ष हुए जिनके नाम मास्टर आदित्येन्द्र तथा हीरालाल देवपुरा हैं। केवल एक बार राजपूत, वह भी महिला प्रदेशाध्यक्ष मनोनीत की गई थी श्रीमती लक्ष्मीकुमारी चूंडावत। सितम्बर 1971 के बाद के प्रदेशाध्यक्ष प्रायः सभी केन्द्र से मनोनीत ही किये गये थे। इससे पूर्व सीधे चुनाव से भी चुने गये और कुछ केन्द्र द्वारा मनोनीत को औपचारिक तौर पर प्रदेश में निर्वाचित कर लिया गया था।

मुख्यमंत्रियों में भी ब्राह्मणों का बहुमत रहा। 1949 से 2005 तक बारह मुख्यमंत्री हुए। इनमें चार ब्राह्मण थे और वे सभी कांग्रेस के थे। केवल एक गैरकांग्रेसी तथा राजपूत मुख्यमंत्री भैरोंसिंह शेखावत चुने गये जिनका तीन बार में साढ़े दस वर्षों का कार्यकाल रहा। कांग्रेस के मोहनलाल सुखाड़िया ने सत्रह वर्षों तक निरन्तर मुख्यमंत्री का एक कीर्तिमान बनाया था। देश में भी ऐसे इने-गिने मुख्यमंत्री ही हुए हैं। श्रीमती वसुन्धरा राजे पहली महिला मुख्यमंत्री हैं जो जन्म से राजपूत तथा विवाह जाट राजा से हुआ। वह भी कांग्रेस को भारी बहुमत से पराजित कर भारतीय जनता पार्टी से चुनी गई हैं। शेष सभी दस मुख्यमंत्री कांग्रेस के ही थे। उनमें एक-एक कायस्थ, मुसलमान, वैश्य तथा अनुसूचित जाति का था। कांग्रेस के ब्राह्मण मुख्यमंत्रियों के नाम इस प्रकार हैं : हीरालाल शास्त्री, जयनारायण व्यास, टीकाराम पालीवाल तथा हरिदेव जोशी। कायस्थ : शिवचरण माथुर, मुसलमान : बरकतुल्लाखां, अनुसूचित जाति के जगन्नाथ पहाड़िया तथा वैश्य : हीरालाल देवपुरा हुए थे। कांग्रेस ने कभी जाट मुख्यमंत्री नहीं चुना। कांग्रेस पार्टी में कतिपय जाट नेताओं ने इसको 2002 में मुदूदा बनाने की कोशिश की थी लेकिन उच्चकमान ने स्वीकार नहीं किया। अन्य पिछड़ी जाति के अशोक गहलोत थे।

यद्यपि राजस्थान में जनता से वोट प्राप्त करने के लिए किसी दल ने कभी जाति को मुद्दा नहीं बनाया। लेकिन चुनावी गणित हमेशा जातीय आधार पर चलता रहा है। प्रथम चुनाव में कांग्रेस ने स्वतंत्रता सेनानी के बाद निर्वाचन क्षेत्र में प्रभावशाली या बहुमत वाली जातियों में से ही अपने उम्मीदवारों का चयन किया था। यही जातीय आधार कांग्रेस विरोधी दलों का भी रहा था। पहले आम चुनाव में चूंकि मुकाबला कांग्रेस और सामंतों के बीच था इसलिए कांग्रेस विरोधी प्रमुख दल रामराज्य परिषद तथा भारतीय जनसंघ के अधिकतर उम्मीदवार राजपूत ही थे। इसलिए जातीय आधार पर विश्लेषण आवश्यक हो गया है। इसी दृष्टि से राजस्थान का राजनीतिक अध्ययन दो बड़े गवेषकों ने किया है। इनमें से एक केलिफोर्निया विश्वविद्यालय के प्रोफेसर रॉबर्ट सिसन तथा दूसरे राजस्थान विश्वविद्यालय के पूर्व कुलपति प्रो. के.एल. कमल हैं। प्रो. सिसन ने 'दी कांग्रेस पार्टी इन राजस्थान' तथा प्रो. कमल ने 'पार्टी पॉलिटिक्स इन एन इंडियन स्टेट' नामक पुस्तकों में जातीय प्रभाव का विशद वर्णन किया है। इनका प्रकाशन क्रमशः सन् 1972 और 1973 में हुआ है। प्रो. सिसन ने राजस्थान में कांग्रेस के विस्तार तथा प्रो. कमल ने राज्य के सभी राजनीतिक दलों तथा चार आम चुनावों का विस्तृत विश्लेषण प्रस्तुत किया है।

विकास का लाभ कांग्रेस को

राजस्थान में कांग्रेस को सत्ता के साथ विकास के कामों का आधार, उसकी समाज में पैठ, लोकप्रियता तथा जड़ को सुदृढ़ करने का अवसर मिल गया। रियासती काल में किसी भी क्षेत्र में विकास प्रायः शून्य था। शिक्षा, चिकित्सा, उद्योग, सड़क, परिवहन, बिजली तथा सिंचाई की सुविधाएं आदि नगण्य थीं। तब राज्य में लगभग 28 प्रतिशत क्षेत्र कृषि के अन्तर्गत था। इसमें सिंचित क्षेत्र केवल 12 प्रतिशत ही था जिसमें भी मात्र तीन प्रतिशत क्षेत्र नहरी था। बिजली केवल 13 मेघावाट पैदा की जाती थी। वह रियासती राजधानियों एवं कुछ कस्बों तक सीमित थी। शेष क्षेत्र में अंधेरा था। राज्य में कुल पांच हजार स्कूल और 24 कॉलेज थे। कुल साक्षरता 8 प्रतिशत थी। महिलाएं मात्र दो प्रतिशत साक्षर थीं।[7] ये साधन भी राजा और जागीरदारों की आवश्यकताओं को ध्यान में रखकर उपलब्ध कराये जाते थे। अभिव्यक्ति और आलोचना का अधिकार ही नहीं था। कठोर दंडनीय व्यवस्था के कारण कानून-व्यवस्था अवश्य संतोषजनक कही जा सकती थी। खुला रोजगार था ही नहीं। थोड़ा बहुत था, तो वह दरबार की कृपा से प्राप्त होता था।

प्रथम आम चुनाव तक केवल तीन वर्षों में कांग्रेस शासन भी कुछ विशेष नहीं कर सका था। चुनाव से पूर्व 1951 में प्रथम पंचवर्षीय योजना प्रारम्भ हो गई थी। उसमें 54 करोड़ रुपया खर्च किया गया। दूसरी में यह दुगुना होकर 102 करोड़ खर्च हुआ था।[8] विकास का निरन्तर बहने वाला यह प्रवाह जनजीवन को उन्नत तथा आकांक्षाओं को बढ़ाने वाला प्रमाणित हुआ।

जिलों में स्कूल, कॉलेज, अस्पताल, पशु चिकित्सालय, पेयजल, बिजली, सड़क, परिवहन, खेती के लिए खाद, उन्नत बीज, जमीनों की मेंड़बंदी, सिंचाई की सुविधाएं, कृषि के लिए कर्ज, रोजगार के अवसर, आय में वृद्धि के लिए सहकारी समितियां आदि कई निर्माण तथा विकास के काम प्रारम्भ करने और उन्हें गांवों तक पहुँचाने का अवसर कांग्रेस सरकारों को बाद के चुनावों में मिला। जागीरें समाप्त कर किसानों को भूमि का मालिक बनाने तथा भूमि-सुधार के कई कदम उठाने से कांग्रेस को अपनी लोकप्रियता बढ़ाने के कई राजनीतिक अवसर मिले। कांग्रेसजनों में जबर्दस्त गुटबंदी, लड़ाई, खींचतान और सत्ता प्राप्ति की महती लालसा के बावजूद कांग्रेस पार्टी को विकास का बहुत लाभ मिला।

राजस्थान निर्माण के केवल दस वर्षों में पंचायतीराज की स्थापना से कांग्रेस की शक्ति बहुत बढ़ती गई। समाज के सबसे निर्बल वर्ग हरिजन और आदिवासी को अन्य जातियों के समान सुविधायें तथा सम्मान प्राप्त होना उनके लिए आश्चर्यजनक था। रियासती काल में वह सवर्ण के पास बैठ भी नहीं सकता था। उसकी सुनवाई तो बहुत दूर की बात थी। जनता को अपने अस्तित्व तथा शक्ति का अहसास होने लगा। इससे वे जागरूक हुए। शिक्षा एवं समाचारपत्रों की उपलब्धि ने उनके ज्ञान की वृद्धि की। मतदाता को अपने वोट का मूल्य समझ में आने लगा कि वह सरकार बना सकता है तो मिटा भी सकता है। इससे जनतंत्रीय शक्ति मजबूत होने लगी। वह यह भी जान गया कि जो सुविधा पहले एक राजा उठा सकता था, उसको प्राप्त करने का उसे भी उतना ही अधिकार है। **लेकिन एक बात विशेष उल्लेखनीय थी कि रियासती काल में सामान्य जन-सुविधाओं से वंचित रहने के बावजूद राजा-रानी के प्रति उसके सम्मान में कमी नहीं आई। यह अशिक्षित से लेकर शिक्षित तक में था। वह उनके दर्शनों को फिर भी लालायित था। वह उनकी बात को ध्यान से सुनता था**। उनके आह्वान पर उसने उनमें विश्वास कर, जिसको उन्होंने वोट दिलाना चाहा, उसे दिया।

जनता में जागरूकता आने लगी। समाज के विभिन्न वर्गों ने अपने अधिकारों तथा साधन-सुविधाएं उपलब्ध कराने के लिए मांगें प्रस्तुत कीं तथा आंदोलन किये। राज्य निर्माण के प्रथम दशक में कई वर्गों के आंदोलन हुए। इनमें कई ऐसे थे जिनका क्षेत्र भी विस्तृत था और एक बड़ा वर्ग प्रभावित था। उसका लाभ सीमित मात्रा में कांग्रेस विरोधी दलों तथा उनके नेताओं की लोकप्रियता एवं वोट प्राप्त करने में सहायक हुआ। जैसे बिक्री कर लगाना। इसने समूचे व्यापारी वर्ग को प्रभावित किया। लेकिन धीरे-धीरे जनता को विकास के लिए कर देना अति आवश्यक है, यह समझ में आया। ऐसा ही चुंगी विरोधी आंदोलन था। विद्यार्थियों ने फीस वृद्धि के विरुद्ध आंदोलन किया। आंदोलनों में समझौते भी हुए। जयपुर से हाईकोर्ट जोधपुर स्थानान्तरित करने के विरुद्ध वकीलों के नेतृत्व में उस समय एक बड़ा आंदोलन हुआ था। इससे पूर्वी राजस्थान की जनता प्रभावित हुई। न्याय प्राप्त करना खर्चीला तथा अधिक समय लगने वाला होने से कांग्रेस को नुकसान हुआ। अन्ततः जनवरी, 1977 में जयपुर में बेंच लानी पड़ी।

भूस्वामी आंदोलन

उक्त काल में छोटे जागीरदारों ने अंतिम लड़ाई 'भूस्वामी आंदोलन' के नाम से लड़ी। यह लगभग छह माह तक चली और उन सभी जिलों में तहसील स्तर तक आंदोलन हुआ जिनमें सामंत प्रभावशाली थे तथा जागीर उन्मूलन कानून से प्रभावित हुए थे। आम राजपूत का उन्हें समर्थन प्राप्त हुआ था। यह आंदोलन 'भूस्वामी संघ' द्वारा किया गया था। यह भोमियों तथा छुटभय्याओं का आंदोलन था जिनकी वार्षिक आय पांच हजार से भी कम थी। वे अपना मुआवजा तथा खुदकाश्त के लिए भूआवंटन में वृद्धि चाहते थे। भूस्वामी संघ की राजस्थान क्षत्रिय महासभा से भी नाराजगी थी कि उन्होंने अपने हित में समझौता कर लिया था लेकिन उनका ध्यान नहीं रखा। आंदोलनकारियों को विधानसभा के तत्कालीन विपक्ष 'संयुक्त दल' का समर्थन प्राप्त था।[9]

तत्कालीन राजप्रमुख जयपुर महाराजा मानसिंह ने केन्द्र को भेजी अपनी रिपोर्ट में कहा था "स्थिति तनावपूर्ण हो गई है, इसलिए उसे इसमें हस्तक्षेप करना चाहिए।" प्रधानमंत्री नेहरू के हस्तक्षेप से राज्य सरकार तथा भूस्वामी संघ के बीच समझौता हुआ कि सरकारी नौकरियों में जागीरदारों को प्राथमिकता दी जाएगी तथा पांच हजार रुपये से कम आय वाली जागीरों के स्वामियों के मुआवजों में वृद्धि की जायगी।[10] आंदोलन तो समाप्त हो गया लेकिन इस समझौते से छोटे जागीरदार प्रसन्न नहीं हुए जिसके परिणामस्वरूप राजपूत, जो प्रारम्भ से ही कांग्रेस के विरुद्ध था, आगे भी विरोधी बना रहा।

कांग्रेस को नुकसान के कारक

कांग्रेस को आम चुनाव में अपनी नीतियों से जितना नुकसान नहीं हुआ उससे कई गुना अधिक कांग्रेसजनों में व्याप्त गुटबंदी, आपसी लड़ाइयों, फूट, भ्रष्टाचार, लालफीताशाही, पक्षपात, भेदभाव, भाई-भतीजावाद तथा अकुशल शासन से हुआ जो आज तक जारी है। इसका दिग्दर्शन विरोधी दलों की बढ़ती शक्ति तथा पिछले बारह विधानसभा के चुनाव परिणामों से होता है। इसका विस्तृत वर्णन अन्य दलों के इतिवृत्तों में करेंगे। संक्षेप में यह कहा जा सकता है कि राज्य विधानसभा कांग्रेस सरकारों का पर्दाफाश करने का महत्वपूर्ण मंच बन गया। इसमें सबसे बड़ी भूमिका तत्कालीन भारतीय जनसंघ तथा बाद में भारतीय जनता पार्टी के नेता भैरोंसिंह शेखावत एवं स्वर्गीय सतीशचन्द्र अग्रवाल की जोड़ी की रही। यद्यपि कांग्रेस विरोधी दल विधानसभा में कभी भी सरकार को पराजित नहीं कर सके, लेकिन अपने भाषणों एवं बहस द्वारा सरकार के अयोग्य तथा 'दाल-में-काला' होने का संदेश प्रतिदिन समाचार पत्रों के माध्यम से जनता में देते रहे। इससे कांग्रेस की लोकप्रियता में कमी होने लगी। राजस्थान में कांग्रेस तथा विरोधी दलों की प्रारंभिक चुनावों में आमतौर पर बराबर की टक्कर रही। पहली बार 1967 में विधानसभा के

आम चुनाव में तो वह स्पष्ट बहुमत भी प्राप्त नहीं कर सकी। बाद में राष्ट्रपति शासन के काल में विधायकों का दलबदल कराके सरकार बना पायी। 1972 के विधानसभा चुनाव में बंगलादेश के युद्ध के कारण पहली बार कांग्रेस को तीन-चौथाई बहुमत प्राप्त हो गया था। इसकी उलट स्थिति आपातकाल के कारण 1977 के चुनाव में कांग्रेस की हुई और पहली बार वह सत्ताच्युत की जा सकी। लेकिन विरोधी दलों से निर्मित एकीकृत जनता पार्टी की यह एकता अल्पकालिक रही और 1980 में कांग्रेस अच्छे बहुमत से पुनः सत्ता में लौटी। 1984 में प्रधानमंत्री इंदिरा गांधी की हत्या का लाभ कांग्रेस को मिला और 1972 की आंधी की तरह 1985 में विधानसभा के चुनाव में हवा कांग्रेस के पक्ष में बही। 1990 के चुनाव में राममंदिर और बोफोर्स कांड के कारण भ्रष्टाचार विरोधी हवा के वेग में वह धराशायी हो गई जिससे प्रदेश में दूसरी बार गैरकांग्रेसी सरकार बनी। लेकिन 1992 में बाबरी मस्जिद ढहा देने के कारण राज्य में राष्ट्रपति शासन लागू कर भाजपानीत भैरोंसिंह शेखावत सरकार को अपदस्थ कर दिया गया। 1993 के चुनाव में पुनः दोनों में टक्कर हुई। हालांकि किसी पार्टी को स्पष्ट बहुमत प्राप्त नहीं हो सका था लेकिन कांग्रेस भाजपा से 20 स्थानों पर पिछड़ गई। भाजपा सबसे बड़ी पार्टी के रूप में उभरकर आई और उसे जोड़तोड़ से सरकार बनाने का पुनः अवसर मिल गया। यह भाजपा के इतिहास में राजस्थान में उसकी सबसे बड़ी विजय थी। भाजपा का 1998 के चुनाव को छोड़कर 1990 में खिला उसका कमल अगले चुनावों में अधिकाधिक खिलता ही गया और 2003 में तो उसने कीर्तिमान स्थापित कर दिया। लेकिन कांग्रेस इससे पूर्व 1998 के चुनाव में अपना तीन-चौथाई बहुमत प्राप्त कर कीर्तिमान स्थापित कर चुकी थी।[11] राजस्थान में यह किसी भी पार्टी का इतना विशाल बहुमत था।

प्रदेश कांग्रेसाध्यक्ष

कांग्रेस में गुटबंदी तथा जातीय समीकरण प्रदेश कांग्रेसाध्यक्षों की सूची से स्पष्ट होता है। 1948 में प्रदेश कांग्रेस का जन्म स्वतंत्रता संग्राम की कोख से हुआ था। अखिल भारतीय देशी राज्य लोक परिषद की क्षेत्रीय परिषद ही प्रदेश कांग्रेस के रूप में परिवर्तित हो गई थी। इसलिए उसके पहले अध्यक्ष गोकुलभाई भट्ट 26 जून, 1948 से 11 जून, 1949 तक रहे। चूंकि भट्ट 30 मार्च, 1949 को गठित शास्त्री सरकार के समर्थक थे। इसलिए भट्ट को सरकार के गठन के चालीस दिनों बाद ही अविश्वास प्रस्ताव के जरिये हटा दिया गया। 12 जून, 1949 से 10 मई, 1951 तक लोकनायक जयनारायण व्यास प्रदेशाध्यक्ष रहे। उनके मुख्यमंत्री बनते ही उनके दूसरे बड़े साथी लोकनायक माणिक्यलाल वर्मा ने 11 मई, 1951 से 22 अप्रेल, 1952 तक यह पदभार संभाला। सामंतों ने व्यास तथा वर्मा को क्रमशः विधानसभा तथा लोकसभा के

प्रथम आम चुनाव (1952) में हरा दिया था। इसलिए वर्मा ने पदत्याग कर दिया था। उनके स्थान पर 23 अप्रेल, 1952 को कांग्रेस के तत्कालीन बड़े नेता मास्टर आदित्येन्द्र को यह उत्तरदायित्व सौंपा गया। वे इस पद पर 1956 तक बने रहे। नीतियों के कारण वर्मा-व्यास के बीच खींचतान बढ़ गई। कांग्रेस पूरी तरह दो गुटों में विभाजित हो गई थी। 6 नवम्बर, 1954 को व्यास को विधानसभा कांग्रेस दल के नेता पद से विश्वास प्रस्ताव में हरा दिया गया और मोहनलाल सुखाड़िया मुख्यमंत्री चुन लिये गये। मा. आदित्येन्द्र वर्मा गुट के होने से उस पद पर बने रहे। पुनः एकता के प्रयत्न हुए और 1956 से 1957 के बीच जयनारायण व्यास प्रदेश कांग्रेस के अध्यक्ष तथा पूर्व मत्स्य राज्य के मुख्यमंत्री शोभाराम को उसी काल के लिए अजमेर राज्य के विलय के फलस्वरूप बनी संयुक्त प्रदेश कांग्रेस का अध्यक्ष चुना गया। नवम्बर 1956 में तत्कालीन अजमेर (ग श्रेणी) राज्य राजस्थान में एकीकृत हुआ था। व्यास पुनः हट गये। उनके स्थान पर जोधपुर में स्वतंत्रता संग्राम में व्यास के शिष्य, किन्तु उन्हें मुख्यमंत्री पद से पदच्युत कराने में जाट नेता कुंभाराम के सहयोगी मथुरादास माथुर को प्रदेश कांग्रेस का अध्यक्ष बनाया गया। वे इस पद पर 1957 से 2 जनवरी, 1958 तक रहे।

नवम्बर 1954 में कांग्रेस में खुलकर जातिवादी संघर्ष सामने आ गया था। व्यास ने कांग्रेस को मजबूत करने तथा राज्य में जातिवादी सौहार्द स्थापित करने की दृष्टि से 22 जागीरदार विधायकों को पार्टी में सम्मिलित कराया था। यहीं से राजपूत-जाट संघर्ष प्रारम्भ हो गया। प्रारम्भ से ही कांग्रेस में ब्राह्मण, वैश्य तथा जाटों का वर्चस्व था। अनुसूचित जाति, अनुसूचित जनजाति तथा मुसलमानों का उसे पूरा समर्थन मिल रहा था। किन्तु राजपूत खुले आम विरोध में थे। इसी बीच 1957 में दूसरा आम चुनाव आ गया। कांग्रेस में जाट नेतृत्व शक्तिशाली हो गया था। अधिकतर राजपूत-जागीरदार विधायक कांग्रेस में सम्मिलित हो ही चुके थे। व्यास प्रदेशाध्यक्ष थे। उस चुनाव में विधानसभा के सदस्यों की संख्या 176 हो गई थी। जाट, राजपूत, ब्राह्मण तथा वैश्य क्रमशः 16, 15, 22 और 9 कांग्रेस में जीते और विपक्ष में 7, 11, 2 एवं 5 ही चुने गये। मुसलमान कुल चार चुने गये। वे सभी कांग्रेसी थे। अनुसूचित जाति तथा जनजाति के आरक्षित स्थानों पर कांग्रेस के क्रमशः 10 और 9 तथा विपक्ष में क्रमशः 6 और 5 निर्वाचित हुए थे। यह चुनाव परिणाम राज्य में जातियों की आबादी की दृष्टि से निर्वाचित विधायकों के अनुपात में संतुलित लगता है। लेकिन कांग्रेस में जाट-राजपूत विवाद के कारण प्रदेशाध्यक्ष के पद पर शेखावाटी में प्रजामंडल के जाट नेता और जनता में जागृति पैदा करने वाले सरदार हरलालसिंह को 3 जनवरी, 1958 को चुना गया जो 1959 तक पद पर रहे। 10 फरवरी, 1960 को मुख्यमंत्री सुखाड़िया ने झालावाड़ के महाराजा हरिश्चन्द्रसिंह को अपने मंत्रिमंडल में सम्मिलित कर लिया था। सामंत को मंत्री बनाने से कुंभाराम आर्य का जाट गुट नाराज हो गया।[12] महाराजा विदेश सेवा में थे जिन्हें प्रधानमंत्री जवाहरलाल नेहरू के आग्रह पर वहां से त्यागपत्र दिलाकर

1955 में राजनीति में लाया गया था।[13] तब 1960 में मथुरादास माथुर को पुनः प्रदेशाध्यक्ष चुना गया जो मई 1962 यानी तीसरे आम चुनाव तक इस पद पर आसीन रहे। जाटों के दबाव से माथुर को प्रदेशाध्यक्ष बनाया गया था जबकि सुखाड़िया गुट हरिदेव जोशी को प्रदेशाध्यक्ष बनवाना चाहता था। लेकिन चतुर राजनीतिज्ञ सुखाड़िया ने संघर्ष टालने के लिए जोशी से नाम वापस लिवा लिया। किन्तु इससे सुखाड़िया गुट में दरार पड़ गई। सुखाड़िया ने तीसरे आम चुनाव के बाद माथुर को अपने मंत्रिमंडल में ले लिया और उन्हें गृहमंत्री जैसा पद सौंप दिया। हरिदेव जोशी को, जो उनके पक्के समर्थक तथा आदिवासी क्षेत्र (वागड़) के जोशीले नेता थे, प्रदेशाध्यक्ष चुनवाया। वे 12 मई, 1962 से 21 मई, 1966 तक इस पद को सुशोभित करते रहे। जून, 1965 में उन्हें भी मंत्रिमंडल में सम्मिलित कर लिया गया। कुंभाराम आर्य का जाट गुट इससे और भी अधिक असंतुष्ट हो गया। उसने प्रदेशाध्यक्ष का चुनाव कराने के लिए जोर डाला। सुखाड़िया ने जाटों का दबाव कम करने के लिए शक्ति परीक्षण कराना उचित समझा। 22 मई, 1966 को प्रदेशाध्यक्ष का चुनाव हुआ। सुखाड़िया गुट की ओर से रामकिशोर व्यास को खड़ा किया गया। स्वयं कुंभाराम उनके मुकाबले में मैदान में उतरे किन्तु वे हार गये तथा 'सुखाड़िया जिन्दाबाद' का नारा लगाकर बाहर चले गये। मगर रोष समाप्त नहीं हुआ और 27 दिसम्बर, 1966 को मंत्री पद त्याग कर कांग्रेस से अलग हो गये । प्रदेश कांग्रेस में यह दूसरा बड़ा विभाजन कहा जा सकता है। इससे पूर्व 1951 में शास्त्री कांग्रेस से अलग हो गये थे । उन्होंने जनता पार्टी बनाने की घोषणा तो की मगर नहीं बना सके। वे कांग्रेस को कोई हानि नहीं पहुँचा सके थे । कुंभाराम के साथ राजपूतों के दो बड़े प्रतिनिधि, झालावाड़ के महाराजा हरिश्चन्द्रसिंह तथा भीमसिंह मंडावा भी मंत्री पद त्याग कर कांग्रेस छोड़ गये। जाटों में श्रीमती कमला और दौलतराम सारण ने भी कांग्रेस से त्यागपत्र दे दिया। इन सबने मिलकर जनता पार्टी बनायी जिसमें रामकरण जोशी तथा हजारीलाल शर्मा जैसे कुछ जयनारायण व्यास समर्थक पुराने नेता भी थे जो अभी तक निष्क्रिय होकर बैठे थे। जनता पार्टी ने 1967 में विधानसभा का चुनाव लड़ा था और उसके ग्यारह विधायक चुने गये। यह दावा सारण ने एक भेंट में किया है।

सन् 1967 के चौथे आम चुनाव से पूर्व जाटों में भी दो खेमे हो गये। जोधपुर और शेखावाटी का जाट गुट नाथूराम मिर्धा के नेतृत्व में सुखाड़िया के साथ कांग्रेस में रहा। रामकिशोर व्यास 23 सितम्बर, 1967 तक पद पर रहे। 1967 का चुनाव राजस्थान में कांग्रेस के लिए पुनः खतरे की घंटी के रूप में सामने आया। उसे विधानसभा में बहुमत प्राप्त नहीं हो सका। सुखाड़िया के लिए कांग्रेस को संगठित रखने की चुनौती थी। उन्होंने नाथूराम मिर्धा को, जो मेड़ता से विधानसभा का चुनाव हार गये थे, 24 सितम्बर, 1967 को प्रदेशाध्यक्ष का भार सौंपा। वे इस पद पर ठीक चार वर्ष अर्थात 23 सितम्बर, 1971 तक आसीन रहे।

आंतरिक लोकतंत्र समाप्त

सन् 1967 के चुनाव में कांग्रेस पहली बार कई राज्यों की विधानसभाओं में हारी थी। उन राज्यों में संयुक्त विधायक दलों (संविद) की सरकारें बनी थी किन्तु राजस्थान में नहीं बन सकी। प्रधानमंत्री के पद पर एक वर्ष पूर्व ही इंदिरा गाँधी पहुँची थीं। कांग्रेस में आंतरिक लोकतंत्र को एक प्रकार से विराम लग गया था। प्रथम भारतीय गवर्नर जनरल चक्रवर्ती राजगोपालाचारी (राजाजी) के नेतृत्व में स्वतंत्र पार्टी की स्थापना से कांग्रेस की समाजवादी तथा मिश्रित अर्थव्यवस्था की नीति को 1962 के चुनाव से चुनौती मिलना शुरू हो गया था। देश के प्रमुख उद्योगपतियों तथा पूर्व राजाओं का खुला समर्थन स्वतंत्र पार्टी को मिलने लगा था। कांग्रेस की केन्द्रीय सरकार ने राजाओं के पर काटने के लिए प्रिवीपर्स समाप्त कर रियासतों के झंडे लगाना तथा पूर्व उपाधियों के उपयोग पर प्रतिबंध लगा दिया था। इससे राजस्थान में भी राजागण क्षुब्ध हो गये। मगर जनता में रोष नहीं फैला, वे कसमसा कर रह गये। उद्योगपतियों की शक्ति को क्षीण करने के लिए चौदह बड़े बैंकों का राष्ट्रीयकरण कर सरकार के कब्जे में ले लिया गया। इसी काल में देश में कांग्रेस का विभाजन भी हो गया। इंदिरा गांधी ने पूर्वी और पश्चिमी पाकिस्तान के बीच के झगड़े का लाभ उठाकर बंगलादेश का निर्माण करा दिया और 'गरीबी हटाओ' का नारा देकर लोकसभा के मध्यावधि चुनाव (1971) में भारी बहुमत प्राप्त कर लिया था।

तेजी से हुए उपरोक्त चार सालों के घटनाचक्र का राजस्थान में भी भारी प्रभाव पड़ा। उसी दौरान डा. जाकिर हुसैन के निधन से राष्ट्रपति का पद रिक्त हो गया था। कांग्रेस ने आंध्र के नेता नीलम संजीव रेड्डी को अपना उम्मीदवार बनाया। बाद में जनता पार्टी के शासनकाल में 1977 में उन्हें राष्ट्रपति चुना गया था। श्रीमती गांधी को पार्टी में अपनी शक्ति का परीक्षण तथा संगठित करने का उत्तम अवसर मिल गया। उन्होंने संगठन के निर्णय के विरुद्ध उपराष्ट्रपति वी.वी.गिरि को खड़ा कर अपना छद्म समर्थन दिया। राजस्थान में सुखाड़िया के लिए स्वयं की परीक्षा का समय आ गया। सुखाड़िया ने चुनाव से पूर्व अपनी ओर से यह स्पष्ट कर दिया कि प्रधानमंत्री के पद पर तो वे श्रीमती गांधी के समर्थक हैं लेकिन राष्ट्रपति चुनाव में वे संगठन के उम्मीदवार का समर्थन करेंगे। यह समझा जाता है कि विधानसभा कांग्रेस दल के केवल चार सदस्यों बरकतुल्ला खां, रानी लक्ष्मीकुमारी चूंडावत, शिवचरण माथुर तथा पूनमचन्द विश्नोई के अतिरिक्त सभी ने संगठन के उम्मीदवार रेड्डी को वोट दिया और उन चारों ने श्रीमती गांधी के आह्वान पर 'अन्तरात्मा की पुकार' के नाम पर गिरि का समर्थन किया। किन्तु पूर्व मुख्यमंत्री शिवचरण माथुर ने एक भेंट में बताया कि रानी लक्ष्मीकुमारी चूंडावत तत्कालीन मुख्यमंत्री मोहनलाल सुखाड़िया से अपने व्यक्तिगत मधुर संबंधों के कारण फिसल गई और संगठन के उम्मीदवार रेड्डी को वोट दिया। इसके विपरीत रानीजी ने एक भेंट में इसका खंडन किया और कहा कि उन्होंने गिरि को ही वोट दिया था। उनका भी यह मत है कि केवल चार ने ही गिरि को वोट दिया था। परन्तु माथुर का

मानना है कि कुछ और विधायकों ने इंदिरा गांधी के आह्वान पर गिरि को वोट दिया था। रेड्डी का समर्थन करने के कारण प्रधानमंत्री श्रीमती इंदिरा गांधी सुखाड़िया से नाराज हो गईं। लोकसभा के मध्यावधि चुनाव में अत्यंत शक्तिशाली नेता के रूप में सिद्ध होने के बाद श्रीमती गांधी ने ऐसी स्थिति उत्पन्न कर दी कि सुखाड़िया को विधानसभा कांग्रेस दल में पूर्ण बहुमत होने के बावजूद 9 जुलाई, 1971 को मुख्यमंत्री पद से त्यागपत्र देना पड़ा। उनके स्थान पर सारे अनुमानों और विधायक दल के अधिकांश सदस्यों की भावना के विपरीत सुखाड़िया मंत्रिमंडल के वरिष्ठ सदस्य बरकतुल्ला खां को मुख्यमंत्री मनोनीत किया गया। वे राज्य के एकमात्र मुसलमान मुख्यमंत्री हुए। 23 सितम्बर, 1971 को नाथूराम मिर्धा के स्थान पर पहली बार एक राजपूत महिला श्रीमती लक्ष्मीकुमारी चूंडावत को प्रदेशाध्यक्ष के पद पर नियुक्त किया गया जो 20 अप्रेल, 1972 तक रहीं। देश में श्रीमती इंदिरा गांधी वाली नई कांग्रेस (जगजीवनराम) शक्तिशाली हो गई। उसे इंडीकेट नाम से पुकारा जाता था। पुरानी कांग्रेस, जो सिंडीकेट के नाम से जानी जाती थी, उसका प्रभाव देश में कमजोर हो गया। उसमें पूर्व कांग्रेसाध्यक्ष तथा तमिलनाडु के अनुसूचित जाति के नेता के. कामराज, मोरारजी देसाई, जो उस समय उपप्रधानमंत्री थे तथा तत्कालीन कांग्रेसाध्यक्ष एस. निजलिंगप्पा आदि थे।

जातीय राजनीति को अर्द्धविराम

यह कहा जा सकता है कि श्रीमती गांधी के शक्तिशाली होने के साथ ही कांग्रेस में जातीय राजनीति को अर्द्धविराम लग गया था। अब इंदिरा गांधी ही कांग्रेस की सर्वोच्च्च नेता थीं। उनके प्रति अटूट श्रद्धा ही व्यक्ति की राजनीतिक उन्नति की एक मात्र सीढ़ी बन गई। राज्यों के नेताओं की वफादारी पर पूरी निगाह रखी जाती थी। आपसी आलोचना से भी लोग बचते थे। लोकसभा के पहले मध्यावधि चुनाव (1971) में महात्मा गांधी के निकटस्थ तथा स्वतंत्रता संग्राम में कांग्रेस के आर्थिक सहयोगी प्रसिद्ध उद्योगपति घनश्यामदास बिड़ला के पुत्र तथा 'हिन्दुस्तान टाइम्स' के मालिक कृष्णकुमार बिड़ला झुंझनूं निर्वाचन क्षेत्र में इंडीकेट के एक सामान्य जाट नेता शिवनाथसिंह से हार गये। उन्होंने निर्दलीय रूप से चुनाव लड़ा था, किन्तु स्वतंत्र पार्टी का उन्हें समर्थन प्राप्त था। इससे पूर्व 1967 में उनके ही परिवार के एक सदस्य राधाकृष्ण बिड़ला ने स्वतंत्र पार्टी से चुनाव जीता था। तब राजस्थान में कांग्रेस के उम्मीदवारों को हराकर स्वतंत्र पार्टी से पांच उद्योगपति लोकसभा में पहुँचे थे।

राज्य विधानसभा के पांचवें चुनाव (1972) में कांग्रेस की अभूतपूर्व विजय हुई थी। 184 सदस्यों के सदन में 145 कांग्रेसी विधायक चुने गये। स्वतंत्र पार्टी तथा भारतीय जनसंघ को बड़ा झटका लगा। उनके क्रमशः 11 और 8 सदस्य ही चुने जा सके। जातियों की दृष्टि से सर्वाधिक 22 जाट, राजपूत 19, ब्राह्मण 14, वैश्य 18, अनुसूचित जाति के 27, जनजाति

के 16 कांग्रेस के और विपक्ष में जाट 11, राजपूत 3, ब्राह्मण 7, वैश्य 4, अनुसूचित जाति के 5 तथा अनुसूचित जनजाति के 6 विधायक चुने गये थे। कुल छह मुसलमान जीते थे, जिनमें पांच कांग्रेसी थे। जातीय गणित पूरी तरह से बदल गया था। जातियों पर पक्ष-विपक्ष का एकाधिकार समाप्त हो चुका था। अब जातियां दोनों ओर विभक्त हो चुकी थीं। इस चुनाव में भारतीय कम्युनिस्ट पार्टी के चार विधायक कांग्रेस के समर्थन से चुने गये और चार ही सोशलिस्ट पार्टी, एक संगठन कांग्रेस का तथा ग्यारह निर्दलीय विधायक चुने गये थे। अन्य पिछड़ी जातियों सहित शेष 27 विधायक जीते थे।

बरकतुल्लाखां फिर मुख्यमंत्री निर्वाचित किये गये और 21 अप्रेल, 1972 को वरिष्ठ विधायक गिरधारीलाल व्यास को प्रदेशाध्यक्ष मनोनीत किया गया जो 6 अगस्त, 1977 तक पदासीन रहे। इस बीच 25 जून, 1975 से 18 जनवरी, 1977 तक देश में आपात्काल रहा जिसमें सभी प्रकार की विरोधी राजनीति बंद हो गई। समाचारपत्रों पर सेंसर लागू हो गया था। कांग्रेस विरोधी सभी नेताओं को जेलों में ठूंस दिया गया था। परन्तु आपात्काल के बाद जब मार्च, 1977 में लोकसभा के चुनाव हुए तो जनता का गुस्सा विस्फोट होकर फूटा। उत्तरी राज्यों में कांग्रेस पार्टी साफ हो गई। सर्वोदयी नेता जयप्रकाश नारायण की प्रेरणा एवं प्रयास से देश के वामपंथी तथा क्षेत्रीय दलों को छोड़कर कुछ बड़े कांग्रेस विरोधी दलों से निर्मित जनता पार्टी की केन्द्र में सरकार बनी और मोरारजी देसाई प्रधानमंत्री चुने गये। किन्तु विभिन्न दलों का भानुमति का यह कुनबा अल्पकालिक रहा। 'घर का भेदी लंका ढहावे' की कहावत की तरह कांग्रेस के सहयेग से मोरारजी भाई की सरकार को ढाई वर्ष में ही गिरा दिया गया। चौधरी चरणसिंह के नेतृत्व में बनी सरकार कांग्रेस के समर्थन वापस लेने से अल्पमत में आ गई। जनवरी 1980 में पुनः लोकसभा के मध्यावधि चुनाव हुए और श्रीमती गांधी भारी बहुमत से सत्ता में लौट आईं। उसी वर्ष राजस्थान में विधानसभा के चुनाव हुए जिसमें कांग्रेस को 133 स्थान मिले। जनता पार्टी बिखर चुकी थी। स्वतंत्र पार्टी पहले ही समाप्त हो गई थी। भाजपा दूसरी बड़ी पार्टी के रूप में उभरी और उसने 32 स्थानों पर कब्जा किया। यह उसकी उन्नति की पहली बड़ी सीढ़ी थी। जनता पार्टी (जे.पी) 8, जनता पार्टी (चरणसिंह) 7, कांग्रेस (अर्स) 6 पर ही अटक गई। उस चुनाव परिणाम की एक विशेषता यह रही कि अन्य पिछड़ी जातियों के सदस्य पहली बार पिछले चुनावों की तुलना में भारी संख्या में चुने गये। पूर्व प्रभावशाली जातियां – जाट, राजपूत, ब्राह्मण तथा वैश्य सदस्यों की संख्या में कांग्रेस में कमी हुई तथा अन्य पिछड़ी जातियां – यादव, गुर्जर, विश्नोई, सिरवी, माली तथा सिख, सिन्धी-पंजाबी, कायस्थ आदि पहले की अपेक्षा बढ़े। यह अन्य पिछड़ी जातियों के प्रभाव में नया मोड़ था जो अभी तक उसी दिशा में बढ़ रहा है।

संजय गांधी

अस्सी के दशक के मध्य में देश की राजनीति में एक नया मोड़ और आया था। 1969 में कांग्रेस के विभाजन के समय श्रीमती गांधी की सरकार अल्पमत में आ गई थी। भारतीय कम्युनिस्ट पार्टी के सहयोग से वह सत्ता बचा सकी थी। उसी काल में श्रीमती गांधी के कनिष्ठ पुत्र संजय गांधी बहुत शक्तिशाली होकर उभरे। उन्होंने भाकपा से कांग्रेस का पिण्ड छुड़ाया और संगठन में अपनी शक्ति को निर्णायक कर दिया। अब केन्द्र और राज्यों में मंत्रिमंडलों के निर्माण तथा राजनीतिक गतिविधियां संजय गांधी के आदेशानुसार चलने लगीं। प्रत्येक राज्य में संजय गांधी के संगी-साथी अधिक प्रभावशाली होने लगे। 12 जून, 1975 को इलाहाबाद उच्च न्यायालय द्वारा इंदिरा गांधी का चुनाव अवैध घोषित होने पर संजय गांधी की सलाह से पदत्याग के स्थान पर देश में आपात्काल लागू कर दिया गया। सर्वोच्च न्यायालय में इलाहाबाद उच्च न्यायालय के निर्णय को चुनौती दी गई। आपात्काल लागू कर प्रधानमंत्री के पद को शक्तिशाली बनाने तथा विधायिका का कार्यकाल पांच से छह वर्ष करने आदि के कई संवैधानिक संशोधन किये गये।

अचानक मुख्यमंत्री बरकतुल्ला खां को हृदयाघात हुआ और 11 अक्टूबर, 1973 को उनका निधन हो जाने से मंत्रिमंडल के वरिष्ठतम सदस्य और सुखाड़िया के सहयोगी हरिदेव जोशी को कार्यवाहक मुख्यमंत्री की शपथ दिलाई गई। केन्द्रीय मंत्रिमंडल में उमाशंकर दीक्षित गृहमंत्री थे। वे नेहरू परिवार के बहुत निकट समझे जाते थे। ब्राह्मण होने के कारण उनका जोशी के प्रति विशेष प्रेम था। संजय समर्थक जाट को राजस्थान का मुख्यमंत्री बनाना चाहते थे। दिल्ली बहुत पसोपेश में थी, किसको समर्थन दें ? जाट समर्थक दिल्ली से रामनिवास मिर्धा को लाना चाहते थे जो उस समय केन्द्रीय सरकार में गृह राज्यमंत्री थे। अन्ततः केन्द्रीय पर्यवेक्षकों के सामने विधायकों के गुप्त मतदान से निर्णय कराने का तय हुआ। उसमें मिर्धा हार गये और जोशी जीत गये। जोशी, सुखाड़िया के प्रमुख सहयोगी तथा संजीव रेड्डी को वोट देने वालों में से थे। केन्द्रीय नेतृत्व ने निर्णय तो मान लिया किन्तु वे संजय की आंख की किरकिरी बनकर सत्ता में रहे। चतुर जोशी ने संजय के प्रति श्रद्धा-सम्मान में कोई कमी नहीं रखी। उन्हें बार-बार राजस्थान में आमंत्रित किया और हजारों की भीड़ एकत्रित कर सम्मान दिया।

संजय गांधी सरकार में किसी पद पर नहीं थे। वे केवल युवक कांग्रेस के नेता थे। वे देश में जहां कहीं जाते वहां सारी संवैधानिक मर्यादाओं को तिलांजलि देकर शासनाध्यक्ष की तरह उनका स्वागत-सत्कार किया जाता था। उनके स्वागत में गुलाब की पंखुड़ियां बिछाई जाती थीं। मुख्यमंत्री स्वयं स्वागत करने पहुंचते थे जो प्रशासनिक मर्यादा के विपरीत था। आपात्काल से पूर्व 1975 के प्रारंभ में बीकानेर रेलवे स्टेशन पर संजय के स्वागत में संपूर्ण मंत्रिमंडल वहां पर उपस्थित था। मुख्यमंत्री हरिदेव जोशी के नेतृत्व में 'संजय गांधी जिन्दाबाद' के नारे लगाये गये।

जोशीले जोशी ने उन्हें सजे-धजे रेगिस्तान के जहाज ऊंट पर सवारी कराने के लिए अपना कंधा देकर चढ़ाया जिसकी देश भर में घोर आलोचना हुई थी। उत्तरी राजस्थान के पौराणिक शहर बीकानेर में उनका अपार भीड़ के बीच जुलूस निकाला गया जो देखते ही बनता था।

उपरोक्त पांच वर्षों में कांग्रेस दल की गतिविधियां सुषुप्त अवस्था में पहुँच चुकी थीं। केवल सरकार में ही काम होता था। बंगलादेश का युद्ध जीतने से देश में कांग्रेस का जोरदार बोलबाला था। विरोधी दल चुनाव में भारी हार के कारण घोर निराशा की स्थिति में आ गये थे। पहली बार जनसंघ के जुझारू एवं वरिष्ठ नेता भैरोंसिंह शेखावत युवक कांग्रेस के नेता जनार्दनसिंह गहलोत से जयपुर में चुनाव हार गये। उनके तत्कालीन दायें हाथ सतीशचन्द्र अग्रवाल ने चुनाव में खड़ा होने की हिम्मत ही नहीं की। चुनाव के बाद शेखावत दुर्घटनाग्रस्त हो जाने से उपचार में व्यस्त रहे। आखिरकार 1974 में मध्यप्रदेश से राज्यसभा में पहुँचे। जब 1977 में राजस्थान में पहली बार गैरकांग्रेसी-जनता पार्टी की सरकार बनी तब मुख्यमंत्री शेखावत विधानसभा के सदस्य नहीं थे। छह माह में छबड़ा विधानसभा निर्वाचन क्षेत्र से चुनकर आये। उन्नीस माह के आपात्काल में संजय गांधी के कार्यक्रम के अनुसार परि[illegible] नियोजन के लिए 'जोर-जबर्दस्ती' हुई। आपात्काल के कारण सब जगह बाहरी शांति [illegible] व व्यवस्था पूर्ण रूप से नियंत्रण में थी। शासन सुचारु और गति से चल रहा था। [illegible]राज कमरे में भी करने में लोगों को डर लगता था।

सन् 1977 के लोकसभा तथा विधानसभा के चुनावों में कांग्रेस के बुरी तरह पिटने के बाद प्रदेश कांग्रेस का पुनर्गठन किया गया। नाथूराम मिर्धा एक मात्र कांग्रेसी सांसद थे जो 1977 में राजस्थान में जीत पाये थे। इसलिए प्रदेशाध्यक्ष का दायित्व उन्हें संभलवाया गया। वे 1977 में 7 अगस्त से दिसम्बर तक उस पद पर रहे। लेकिन कांग्रेस का घर ताश के पत्तों की तरह से ढह गया। कांग्रेस के नेता या तो चुपचाप घर बैठ गये या फिर जनता पार्टी में सम्मिलित होने लगे। मिर्धा चौधरी चरणसिंह के साथ हो गये और उन्हें केन्द्र में राज्यमंत्री के पद पर नियुक्त कर दिया गया।

केन्द्र में पहली गैरकांग्रेसी सरकार

आपात्काल की समाप्ति के बाद सम्पन्न 1977 के लोकसभा चुनाव में अधिकतर उत्तरी राज्यों में कांग्रेस का सफाया हो गया था। दक्षिण में उसका प्रभाव बचा रहा । जनता पार्टी की केन्द्रीय सरकार ने आपात्काल की ज्यादतियों की न्यायिक जांच प्रारम्भ कर दी थी। जनता पार्टी ने आपात्काल में किये गये संवैधानिक संशोधनों को उलटने का भी निर्णय किया। भविष्य में कभी भी देश में पूर्व के समान आन्तरिक आपात्काल लागू करने के प्रावधान को ही समाप्त कर दिया गया। विधायिका का कार्यकाल छह से घटाकर पूर्ववत पांच वर्ष का किया गया।

आपातकाल में किये गये संशोधनों में से प्रधानमंत्री के चुनाव को चुनौती नहीं देने के प्रावधान को समाप्त कर दिया गया। किन्तु प्रधानमंत्री के पद को महत्वपूर्ण तथा मंत्रिमंडल के किसी निर्णय को दोबारा उसी रूप में भेजने पर राष्ट्रपति के लिए अनुमति देने का प्रावधान जोड़ दिया गया। जनता पार्टी के राज में 44वें संवैधानिक संशोधन द्वारा एक परन्तुक जोड़ा गया जो इस प्रकार है : "परन्तु राष्ट्रपति मंत्रिपरिषद से ऐसी सलाह पर साधारणतया या अन्यथा पुनर्विचार करने की अपेक्षा कर सकेगा और राष्ट्रपति ऐसे पुनर्विचार के पश्चात् दी गई सलाह के अनुसार कार्य करेगा।" आपातकाल में किये गये 42वें संशोधन में 'कार्य करेगा' के प्रावधान में मोरारजी की सरकार ने उपरोक्त परन्तुक जोड़ दिया।[14]

उन्नीस माह के आपातकाल में विभिन्न गैरकांग्रेसी दलों के नेताओं को जेलों में साथ रहने से उन्हें देश की राजनीतिक स्थिति के मंथन का यथेष्ट समय मिल गया था। आपातकाल से पूर्व सर्वोदयी नेता जयप्रकाश नारायण ने देश में समग्र क्रांति का नारा दिया था जिसका आशाजनक प्रभाव पड़ा था। इसलिए सभी नेताओं ने जेलों से छूट कर भिन्न-भिन्न मत-मतान्तरों के दलों को स्वाहा कर कांग्रेस-विरोधी एकता के मंत्र के आधार पर जनता पार्टी का निर्माण किया था। चुनाव में उसे अभूतपूर्व सफलता मिली थी। मोरारजी देसाई के नेतृत्व में नई सरकार बन गई थी। उसमें सभी दलों के नेता मंत्री थे। फिर भी सभी नेताओं को मंत्रिमंडल में सम्मिलित नहीं किया जा सकता था और न वैचारिक एकता हुई थी। वह नकारात्मक एकता थी जिसमें उन्हें तात्कालिक सफलता मिल गई। आपातकाल के नेताओं को सजा देने की तैयारी चल रही थी। इससे कांग्रेसजनों में घबराहट फैल रही थी। सभी अपनी जान बचाने में लगे हुए थे। जनता पार्टी के उन नेताओं ने, जो सरकार से बाहर थे, पार्टी में द्विसदस्यीयता का प्रश्न उठाया। इसके अगुवा संयुक्त समाजवादी पार्टी के चिन्तक तथा स्वर्गीय राममनोहर लोहिया के शिष्य मधुलिमये थे। उनकी स्पष्ट मान्यता थी कि चूंकि भारतीय जनसंघ का विलय जनता पार्टी में हो चुका है इसलिए उसके सदस्य अब राष्ट्रीय स्वयंसेवक संघ के स्वयंसेवक नहीं रह सकते। इससे जनसंघ के पूर्व नेता सहमत नहीं थे। उनका कहना था कि राष्ट्रीय स्वयंसेवक संघ राजनीतिक पार्टी नहीं है, वह सांस्कृतिक संगठन है और उसकी औपचारिक सदस्यता नहीं है। किन्तु इससे जनता पार्टी के नेता सहमत नहीं थे। जनता पार्टी में यह गंभीर विवाद का मुद्दा बन गया।

जनता पार्टी की सरकार राजस्थान सहित उन नौ राज्यों में, जहां कांग्रेस लोकसभा के चुनाव में बुरी तरह परास्त हो गई थी, को भंग कर राष्ट्रपति शासन लागू करना चाहती थी। जनता पार्टी का तर्क था कि लोकसभा के चुनाव में मतदाताओं ने कांग्रेस को पूरी तरह नकार दिया है इसलिए वहां की कांग्रेस सरकारों को विधानसभा भंग कर नया जनादेश प्राप्त करना चाहिए। लेकिन इसके लिए कोई राज्य सरकार तैयार नहीं हुई। इस सुझाव के विरुद्ध उन राज्यों ने उच्चतम न्यायालय में पुकार की, मगर उसने हस्तक्षेप करने से मना कर दिया। तब गृहमंत्री चौधरी चरणसिंह ने 21 अप्रेल, 1977 को राज्यपालों से विधानसभाएं भंग करने की सिफारिश केन्द्र को भेजने का निर्देश दिया। मगर वे भी तैयार नहीं हुए। तब केन्द्रीय मंत्रिमंडल ने उन नौ कांग्रेस

शासित राज्यों में विधानसभाएं भंग कर राष्ट्रपति शासन लागू करने का निर्णय किया। कार्यवाहक राष्ट्रपति बी.डी. जत्ती ने एक बार हस्ताक्षर करने से मना कर दिया, लेकिन दुबारा प्रस्ताव भेजने पर अनुमति प्रदान कर दी।[15]

राजस्थान में गैरकांग्रेसी सरकार

राजस्थान में तब मुख्यमंत्री हरिदेव जोशी के नेतृत्व में कांग्रेस की सरकार थी। जनता पार्टी की सरकार बनने के पैंतीस दिन बाद राजस्थान में कांग्रेस सरकार भंग कर दी गई तथा 29 अप्रेल, 1977 को राष्ट्रपति शासन लागू कर दिया गया। जून 1977 में चुनाव हुए । दो सौ सदस्यों के सदन में कांग्रेस के पहली बार सबसे कम केवल 41 सदस्य जीत पाये और जनता पार्टी को 151 स्थान मिले। भाकपा और माकपा के एक-एक और छह निर्दलीय सदस्य चुने गये।[16] कांग्रेस को जनता की ओर से आपातूकाल का कड़ा दण्ड दिया गया था। कांग्रेस सभी बड़ी जातियों में हार गई। जाट, राजपूत, ब्राह्मण, वैश्य, मुसलमान, अनुसूचित जाति, अनुसूचित जनजाति के क्रमशः 13, 3, 2, 2,2,9, 1 विधायक ही जीत पाये। शेष अन्य जातियों से एक-एक चुने गये। जनता पार्टी को सभी जातियों में अच्छी सफलता मिली थी।[17]

आपातूकाल के बाद सम्पन्न लोकसभा तथा विधानसभा के चुनावों में कांग्रेस की ऐतिहासिक हार के बाद कांग्रेसजनों में खलबली मची हुई थी। बड़े-से-बडा राजनेता तक यह अनुमान नहीं लगा पा रहा था कि कांग्रेस का भविष्य क्या होगा ? दिल्ली में शाह कमीशन आपातूकाल के नेताओं को दंडित करने के लिए रात-दिन मेहनत कर रहा था। राजस्थान में भी पहली बार बनी गैरकांग्रेसी-जनता पार्टी की सरकार के मुख्यमंत्री भैरोंसिह शेखावत ने दो दशकों (1952-72) तक कांग्रेस सरकारों को दी गई अपनी चुनौतियों को क्रियान्वित करने की घोषणा की। न्यायमूर्ति भगवतीप्रसाद बेरी की अध्यक्षता में उन्होंने एक न्यायिक आयोग का गठन किया और उसे जमीनों के घोटालों की जांच का दायित्व सौंपा। एक समिति भ्रष्टाचार के आरोपों को संग्रहित करने के लिए गठित की गई। दिल्ली और जयपुर में पिछले तीस वर्षों के घोटालों की जांच की कवायद हो रही थी। तथ्य एकत्रित करने के लिए गवाहियों के दौर चल रहे थे। भारत एवं राजस्थान सरकारों के छोटे-बड़े अधिकारीगण भी घबराये हुए थे।

कांग्रेसजनों के भाग्य से जनता पार्टी का 'स्वास्थ्य' ठीक नहीं चल रहा था। उसके नेताओं की वर्षों की सत्ता की भूख महत्वाकांक्षी होकर उमड़ रही थी। सभी सत्ता का स्वाद लेना चाहते थे। वैचारिक एकता नहीं होने से आपस में समन्वय नहीं था। राजस्थान में मुख्यमंत्री का पद प्राप्त करने के लिए पूर्व जनसंघ के नेता भैरोंसिंह शेखावत तथा कांग्रेस (संगठन) के प्रमुख व तत्कालीन जनता पार्टी के प्रदेशाध्यक्ष मास्टर आदित्येन्द्र के बीच संघर्ष हुआ। शेखावत भारी बहुमत से 20.6.1977 को चुन लिये गये। उन्होंने अपनी सदाशयता से उन्हें वित्तमंत्री नियुक्त

कर दिया। पूर्व स्वतंत्र पार्टी के नेता डूंगरपुर के महारावल लक्ष्मणसिंह को विधानसभा का अध्यक्ष चुना गया। संभवतः वे उससे संतुष्ट नहीं थे। सदन में कई बार वे सरकार के लिए उलझनपूर्ण स्थिति उत्पन्न कर देते थे। मुख्यमंत्री उन्हें हटाना चाहते थे, अन्ततः उन्होंने 20 जून, 1979 को त्यागपत्र दे ही दिया।[18]

कांग्रेस का विभाजन

दिल्ली में तेजस्विनी श्रीमती इंदिरा गांधी और अधिनायक (यह शब्द प्रताड़ित कांग्रेसजनों ने दिया था। संजय गांधी कांग्रेस के बुजुर्ग नेताओं जगजीवनराम, राजस्थान के मुख्यमंत्री हरिदेव जोशी जैसों को सार्वजनिक रूप से अपमानित कर चुके थे) संजय गांधी तथा उनकी टोली ने जनता पार्टी में सत्ता के भूखों को टुकड़े फेंकना शुरू कर दिया था। आपातकाल-पीड़ित तथा कांग्रेस के कट्टर विरोधी उन्हें (कांग्रेस नेताओं को) शीघ्र-से-शीघ्र जेल भेजना चाहते थे। गृह मंत्रालय हर रोज मौके की तलाश में था। इस ऊहापोह की स्थिति में कांग्रेस संगठन के तत्कालीन नेता श्रीमती गांधी तथा उनके पुत्र से छुटकारा पाना चाहते थे। उन लोगों ने खुलेआम उनकी आलोचना शुरू कर दी थी और यह आरोप जड़ दिया था कि कांग्रेस की हार तथा जनता में प्रतिष्ठा गिराने के लिए वे ही जिम्मेदार हैं। इस कार्यवाही के लिए दिल्ली में जनवरी, 1978 में अखिल भारतीय कांग्रेस कमेटी के सदस्यों की बैठक हुई। राजस्थान के कई नेता उसमें भाग लेने दिल्ली गये। उनमें पं. नवलकिशोर शर्मा, रामकिशोर व्यास, हीरालाल देवपुरा, शिवचरण माथुर, रामनारायण चौधरी, जगन्नाथ पहाड़िया, रामनिवास मिर्धा आदि कई प्रमुख थे।

यहां एक प्रसंग बहुत महत्वपूर्ण है जिसका उल्लेख करना उचित समझता हूं। यह मुझे देवपुरा ने एक भेंट में सुनाया था। कुछ कांग्रेस नेता जयपुर स्टेशन पर पहुँचे और मोहनलाल सुखाड़िया से मिले। नेतागण यह जानते थे कि दिल्ली सम्मेलन में कांग्रेस का विभाजन होगा। इंदिरा गांधी माफी नहीं मांगेंगी। चूंकि सुखाड़िया जनता पार्टी की सरकार बनने के समय तमिलनाडु के राज्यपाल थे और उन्होंने तत्काल पदत्याग की इच्छा प्रधानमंत्री मोरारजी देसाई को फोन पर प्रगट की थी। मोरारजी ने उन्हें कहा 'ऐसी भी जल्दी क्या है ? बाद में देख लेंगे।' सुखाड़िया ने अपने स्वभाव के अनुसार विनम्रतापूर्वक कहा : 'वैकल्पिक व्यवस्था करने में यदि एक-दो दिन का समय लगे तो अलग बात है, वरना अमुक तिथि तक अपना त्यागपत्र स्वीकार मानते हुए वे राजभवन से प्रस्थान कर जायेंगे।[19] सुखाड़िया ने वैसा ही किया। चेन्नई से उदयपुर लौटकर विधानसभा चुनाव के प्रचार में लग गये। उनके सत्रह वर्षों के शासनकाल में कांग्रेस के ऐसे निराशाजनक चुनाव परिणाम कभी नहीं आये थे। राष्ट्रपति वी.वी. गिरि के चुनाव में संगठन का साथ देने के कारण अन्ततः उन्हें मुख्यमंत्री पद त्यागना पड़ा था। जब राजस्थान के सभी बड़े नेता जुलाई, 1971 में श्रीमती गांधी के पास गये और अनुरोध किया "सुखाड़ियाजी को त्यागपत्र देने

से मना करें'' तब मैडम ने (उस समय श्रीमती गांधी को इसी नाम से पुकारा जाता था) पलट कर चतुराई से कहा, ''आप उन्हें मना लें।'' बात वहीं खत्म हो गई क्योंकि सभी जानते थे कि वे किन कारणों से त्यागपत्र दे रहे हैं।[20]

स्टेशन पर सुखाड़िया से भेंट करने वालों में उनके निकटस्थ साथी मास्टर किशनलाल शर्मा भी थे। उन्होंने उनसे कहा, ''हम जानते हैं कि आप हमारे डेथवारंट (मृत्युपत्र) पर सिग्नेचर (हस्ताक्षर) करने वाले हैं।'' सुखाड़िया अपने स्वभाव के अनुसार मुस्करा कर रह गये।[21] यह डेथवारंट संगठन विरोधियों को पार्टी से निष्कासित करना था, जिनकी नेता श्रीमती गांधी थीं। दिल्ली सम्मेलन में श्रीमती गांधी के नेतृत्व में कांग्रेस दुबारा विभक्त हो गई। इससे पूर्व 1969 में बंगलौर में विभाजित हो चुकी थी। जनवरी 1978 के विभाजन में ब्रह्मानंद रेड्डी की अध्यक्षता वाली पूर्ववत कांग्रेस रह गई और नई कांग्रेस (इंदिरा) के नाम से श्रीमती गांधी की अध्यक्षता में जन्म लेकर आई। 1980 के चुनाव के बाद वही भारतीय राष्ट्रीय कांग्रेस बन गई। ब्रह्मानंद रेड्डी के त्यागपत्र के बाद वह कांग्रेस (अर्स) कहलाई।

राजस्थान में पुनः संकट खड़ा हो गया। कौन किसमें रहे ? 1969 में बंगलौर के बाद डीडवाना (नागौर जिला) में प्रदेश कांग्रेस कमेटी के सदस्यों की बैठक हुई और राज्य के प्रायः सभी बड़े नेताओं ने नई कांग्रेस का वरण कर लिया था। नाम मात्र के कुछ पुराने नेता, जिनमें एक उल्लेखनीय पूर्व प्रदेशाध्यक्ष मास्टर आदित्येन्द्र थे, वे कांग्रेस (संगठन) के अध्यक्ष बने। राजस्थान में 1969 में नई कांग्रेस (ज.) की सत्ता थी और प्रदेश कांग्रेस उसकी ही थी। इसलिए उसे पूर्ववत प्रभावशाली रहने में कोई कठिनाई नहीं आई। तब दिल्ली में प्रधानमंत्री इंदिरा गांधी का परचम लहरा रहा था। उस सरकार ने कई समाजवादी कदम उठाकर देश के उद्योगपतियों को जबर्दस्त झटका दिया तथा राजाओं को सामान्य नागरिक की स्थिति में पहुँचा दिया था। पूर्वी पाकिस्तान में मुक्तिवाहिनी की गतिविधियां तथा भारत में वहां से आये एक करोड़ से भी अधिक लोगों का मुद्दा बनाकर श्रीमती गांधी ने अमरीका के राष्ट्रपति रिचार्ड निक्सन की सरकार तथा पश्चिमी पाकिस्तान की जनरल याह्याखां की सैनिक सरकार के नाक में दम कर दिया था। इस प्रश्न पर संपूर्ण देश तथा सभी राजनीतिक दल भारत सरकार के साथ थे।

जयपुर में पहला सम्मेलन

जनवरी, 1978 में कांग्रेस विभाजन के समय स्थितियां पूर्ण रूप से कांग्रेस के विपरीत थीं। दिल्ली पहुँचे राजस्थान के नेताओं में जबर्दस्त मतभेद था। तब नाथूराम मिर्धा प्रदेश कांग्रेसाध्यक्ष थे। हीरालाल देवपुरा तथा जगन्नाथ पहाड़िया (जो 1980 में मुख्यमंत्री बने) प्रदेश कांग्रेस के महामंत्री थे। राजस्थान के नेता दो फाड़ हो गये। पूर्व मुख्यमंत्री मोहनलाल सुखाड़िया, पूर्व मुख्यमंत्री हरिदेव जोशी, पूर्व मुख्यमंत्री अशोक गहलोत (जो उस समय छात्रनेता थे) जाट नेता

परसराम मदेरणा आदि रेड्डी कांग्रेस में ही रहे। किन्तु पूर्व मंत्री तथा प्रदेशाध्यक्ष रामकिशोर व्यास, देवपुरा, पहाड़िया, प्रदेश कांग्रेस के पूर्व महामंत्री मास्टर किशनलाल तथा पं. नवलकिशोर शर्मा आदि कुछ नेता इंदिरा कांग्रेस में आ गये।

तत्कालीन प्रदेश कांग्रेस महामंत्री हीरालाल देवपुरा ने एक भेंटवार्ता में लेखक को बताया कि उन्होंने लौटकर प्रदेशाध्यक्ष मिर्धा से बात की। उन्होंने स्पष्ट कह दिया कि उन्होंने उधर ही रहने का फैसला कर लिया है। तब देवपुरा ने अन्य साथियों से बात कर एक बैठक बुलाई जिसमें रामकिशोर व्यास, पूर्व मंत्री बृजसुंदर शर्मा, पूर्वमंत्री शिवचरण माथुर (जो बाद में 1981 में मुख्यमंत्री बने), पं. नवलकिशोर शर्मा, जनार्दनसिंह गहलोत, मास्टर किशनलाल, पूर्वमंत्री गुलाबसिंह शक्तावत, श्रीराम गोटेवाला तथा पहाड़िया आदि ने 15 जनवरी, 1978 को जयपुर में रामलीला मैदान में इंदिरा कांग्रेस का सम्मेलन आयोजित करने का निर्णय किया। उसमें श्रीमती गांधी आईं। देश में इंदिरा कांग्रेस का यह पहला सम्मेलन था। इसमें जनता पार्टी की सरकार के विरुद्ध बिगुल बजाया गया। उसमें रामकिशोर व्यास को प्रदेशाध्यक्ष, देवपुरा तथा पहाड़िया को महामंत्री नियुक्त किया गया। उनके साथ नवलकिशोर शर्मा (जो 1982 में प्रदेशाध्यक्ष नियुक्त हुए), शेखावाटी के जाट नेता रामनारायण चौधरी, संजय गांधी के राजस्थान में लेफ्टिनेण्ट जनार्दनसिंह गहलोत, जयपुर शहर कांग्रेस के नेता श्रीराम गोटेवाला आदि इंदिरा कांग्रेस में सम्मिलित हुए।

अशोक गहलोत ने, जो प्रदेश एन.एस.यू.आई. के अध्यक्ष थे, उक्त सम्मेलन में नहीं आये और कांग्रेस (रेड्डी) में ही बने रहने का निर्णय कर लिया। तब पं. नवलकिशोर शर्मा ने श्रीराम गोटेवाले को गहलोत को समझाने तथा इंदिरा कांग्रेस में शामिल कराने हेतु जोधपुर भिजवाया।

सुखाड़िया अपनी अस्वस्थता के कारण दिल्ली सम्मेलन में भाग नहीं ले पाये थे। देवपुरा ने उदयपुर पहुँच कर उन्हें सारी जानकारी दी और अपना मन्तव्य बताया। सुखाड़िया के घनिष्ठ साथी देवपुरा को उन्होंने कहा, "आप बहुत आगे बढ़ चुके हैं, इसलिए आपने जो मार्ग चुना है, उस पर चलें। लेकिन मैं स्वयं श्रीमती इंदिरा गांधी की प्रखर नेतृत्व क्षमता में विश्वास होने के बावजूद उसी पुरानी कांग्रेस (रेड्डी) में बना रहना पसन्द करूंगा। मेरी दृष्टि में कांग्रेस संगठन किसी भी प्रभावशाली एवं महान व्यक्ति की अपेक्षा अधिक वजनी है।"[22]

गुलाबसिंह शक्तावत सुखाड़िया के साथ वापस चले गये। हरिदेव जोशी सबसे पहले इंदिरा कांग्रेस में आये। कुछ दिनों के बाद अशोक गहलोत भी आ गये। धीरे-धीरे सभी नेता इंदिरा गांधी के साथ आने लगे।[23]

'लगभग डेढ़ वर्ष तक सुखाड़िया पुरानी कांग्रेस में ही बने रहे । बाद में जब उन्हें यह अहसास होने लगा कि पुरानी कांग्रेस का भारतीय जनमानस पर कोई प्रभाव नहीं रहा है तो वे अपने अन्य साथियों के साथ श्रीमती इंदिरा गांधी के अनुरोध पर 7 जुलाई, 1979 को कांग्रेस (आई) में शामिल हो गये।'[24]

तब तक दिल्ली में जनता पार्टी की सरकार को सवा दो वर्ष हो चुके थे। जनता पार्टी में काफी बखेड़ा हो चुका था। नेताओं में दरारें चौड़ी होती जा रही थीं। एक-दूसरे के विरोधी वक्तव्यों से समाचार पत्र भरे रहते थे। श्रीमती गांधी को गृहमंत्री चौधरी चरणसिंह के इशारे से दिल्ली के एक थाने में रोकने पर बड़ा बवेला मच गया था। इंदिरा गांधी कनार्टक के चिकमंगलूर चुनाव क्षेत्र से भारी मतों से जीतकर लोकसभा में पहुँच चुकी थीं। प्रतिक्रियास्वरूप जनता पार्टी ने श्रीमती गांधी की सदस्यता समाप्त करने का प्रस्ताव भी लोकसभा से पारित करा दिया। जनता में यह भावना भी प्रबल होती जा रही थी कि यह कार्रवाई प्रतिशोध में की गई है।

इसी दौरान संजय गांधी के सिपहसालारों ने 1977 में रायबरेली क्षेत्र में इंदिरा गांधी को परास्त करने वाले राममनोहर लोहिया के उग्रवादी समर्थक राजनारायण को जनता पार्टी में फूट डालने के लिए तैयार कर लिया। चरणसिंह उनके नेता थे। वे मोरारजी की सरकार को गिरा कर चरणसिंह की कांग्रेस के समर्थन से सरकार बनाने में सफल हो गये। किन्तु बाद में कांग्रेस ने अपना समर्थन वापस ले लिया। इससे वह सरकार भी अल्पमत में आ गई। लोकसभा भंग कर अगले चुनाव (1980) की घोषणा कर दी गई। चरणसिंह सरकार में राजस्थान से एक मात्र विजयी कांग्रेसी सांसद नाथूराम मिर्धा राज्यमंत्री नियुक्त हुए थे। दिल्ली के घटनाक्रम का देश के सभी भागों में जबर्दस्त प्रभाव पड़ा। जनता पार्टी बिखर गई। इसका सीधा लाभ इंदिरा कांग्रेस को मिला और कई लोग, जो बाहर थे या रेड्डी कांग्रेस में थे, लौटकर घर आ गये। अब इंदिरा कांग्रेस ही असल कांग्रेस हो गई थी जबकि 1978 में उसकी इतनी हालत खराब हो गई थी कि उसे जयपुर में अपना नया ऑफिस किराये पर लेना पड़ा था। पूर्व भवन रेड्डी कांग्रेस के पास रह गया था। लेकिन 1985 के बाद परिस्थितियां बदलते ही वह वापस उसी भवन में पहुँच गई।

मध्यावधि चुनाव

जनवरी 1980 में लोकसभा के मध्यावधि चुनाव हुए। विगत दो वर्षों में राजस्थान में इंदिरा कांग्रेस के प्रदेश नेताओं ने जिलों में जाकर अपने पुराने साथियों को साथ लेने के प्रयत्न किये थे। कई जिलों में तो कद्दावर नेता आने को भी तैयार नहीं हुए। जोधपुर में मथुरादास माथुर जैसे नेता भी साथ आने को तैयार नहीं हुए। तब तत्कालीन छात्रनेता अशोक गहलोत को जिलाध्यक्ष नियुक्त किया गया। देवपुरा के अनुसार जोधपुर में अहमदबख्श सिंधी (पुराने नेता) के अलावा कोई लोकसभा का चुनाव लड़ने को भी तैयार नहीं था। तब अशोक गहलोत को, जो मात्र 28 वर्ष के थे, जोधपुर से खड़ा किया गया और वे जीत गये तथा केन्द्र में उपमंत्री बनाये गये। फिर तो उनका सितारा आगे-से-आगे चमकता ही रहा। मोहनलाल सुखाड़िया को उदयपुर से चुनाव लड़वाया गया और वे जीत गये। सुखाड़िया पहली बार लोकसभा के सदस्य बने थे। तब उन्हें केन्द्र में गृहमंत्री बनाने की चर्चा समाचार पत्रों में बहुत हुई थी। लेकिन श्रीमती गांधी की नाराजगी तब

तक दूर नहीं हुई थी। उन्हें कैबिनेट मंत्री का दर्जा देकर बिक्रीकर के स्थान पर वैकल्पिक कर सम्बधी समिति का अध्यक्ष मात्र बना दिया गया। श्रीमती गांधी पुनः बहुत शक्तिशाली हो गईं। उपरोक्त चुनाव में राजस्थान से कांग्रेस के 25 में से 18 सदस्य चुने गये थे जबकि अर्स कांग्रेस का मात्र एक। जनता पार्टी के केवल चार तथा जनता (एस) के दो सांसद निर्वाचित हुए थे। कांग्रेस की यह जीत तीन-चौथाई स्थानों पर थी जबकि 1977 में केवल एक सीट मिली थी।

श्रीमती गांधी की सरकार ने जनता पार्टी की नीति के अनुरूप कांग्रेस विरोधी राज्यों की विधानसभाएं भंग कर राष्ट्रपति शासन लागू कर दिया था। राजस्थान में उस समय जनता पार्टी की सरकार मुख्यमंत्री भैरोंसिंह शेखावत के नेतृत्व में कार्यरत थी। 17 फरवरी, 1980 को राज्य में राष्ट्रपति शासन लागू हो गया जो 5 जून, 1980 तक रहा। इस बीच विधानसभा के मध्यावधि चुनाव हुए।

केन्द्र में जनता पार्टी के शासन के समय नेताओं के आपसी झगड़ों तथा सीमेंट और डीजल की देशव्यापी किल्लत के कारण सरकार तथा दल की छवि बहुत खराब हो चुकी थी। लेकिन राजस्थान में स्थिति भिन्न थी। शेखावत सरकार तथा पार्टी के नेताओं के बीच कोई विशेष झगड़े नहीं थे। शेखावत ने बीस वर्षों (1952-1972) तक विधानसभा में विपक्ष के प्रखर नेता के तौर पर कांग्रेस सरकार तथा उसके मंत्रियों को आतंकित किया था। जब वे सरकार की आलोचना करते या आरोप लगाते तब सदन में सनसनी फैल जाती थी। जब वे कागज़ निकालते तो मंत्री और अधिकारी अपनी फाइलें ढूंढ़ते थे।

केन्द्र में मोरारजी देसाई की सरकार के पतन के बाद जनता पार्टी अपने पुराने दलों में बिखर गई। जनसंघ ने अपना नाम बदल कर भारतीय जनता पार्टी कर लिया और अपने झंडे में भी परिवर्तन कर दिया। अब वह पूर्ववर्ती दक्षिणपंथी के स्थान पर दक्षिण से मध्य मार्ग की ओर बढ़ती दिखाई देने लगी। अपना पुराना हिन्दूवादी नारा छोड़कर हिन्दुत्व को आदर्श बना लिया। अब मुसलमान उसके लिए अछूत नहीं रहा। लोकसभा का चुनाव तो जनता पार्टी के चिन्ह पर ही लड़ा। 1984 में लोकसभा में देश भर से उसके केवल दो ही सांसद चुने गये थे।

राजस्थान में जनता पार्टी के बिखराव के बाद भी उसके घटकों ने 1980 में आपसी तालमेल कर राज्य विधानसभा का चुनाव लड़ा था। फिर भी भानुमति का कुनबा तथा खिचड़ी सरकार की छवि के कारण मतदाताओं में सत्ता सौंपने का विश्वास नहीं पैदा कर पाये। जनता पार्टी को अपने शासन के समय अन्त्योदय योजना, काम के बदले अनाज, आंशिक मद्यनिषेध, नये उद्योगों (शहरों को छोड़कर) की स्थापना के लिए उदार शर्तों पर ऋण, राज्य में 13 वर्षों के बाद पंचायतों के चुनाव आदि कदमों के बावजूद दिल्ली की छवि के कारण उसे निराशाजनक परिणामों से संतोष करना पड़ा था। लोकसभा की तरह विधानसभा में भी कांग्रेस को दो सौ सदस्यों के सदन में दो-तिहाई बहुमत मिला। कांग्रेस 133, भारतीय जनता पार्टी 32, जनता पार्टी (जे.पी.) 8, जनता पार्टी (चरणसिंह) 7, कांग्रेस (अर्स) 6 तथा भाकपा और माकपा ने एक-एक स्थान प्राप्त किया तथा 12 निर्दलीय विधायक चुने गये थे।

पहाड़िया का संजय गांधी द्वारा मनोनयन

केन्द्र में लगभग पौने तीन साल के अन्तराल के बाद श्रीमती इंदिरा गांधी के नेतृत्व में कांग्रेस की सरकार पुनः बनने से कांग्रेसजनों में जबर्दस्त उत्साह था। राजस्थान में भी उसकी विजय का डंका बज चुका था। परिणामस्वरूप पार्टी में श्रीमती गांधी और उनका कनिष्ठ पुत्र संजय गांधी पुनः सर्वशक्तिमान हो गये थे। राज्यों की राजनीति, दिशा-निर्देश, नीति और नेता का निर्णय उनके ही हाथों में सीमित हो गया। लोकसभा तथा विधानसभा के चुनाव प्रदेशाध्यक्ष रामकिशोर व्यास के नेतृत्व में लड़े गये थे। हरिदेव जोशी पूर्व मुख्यमंत्री अवश्य थे, लेकिन विभाजन के कुछ माह बाद वे पार्टी में आये थे। राजनीतिक अनुमानों तथा समर्थकों की गिनती से रामकिशोर व्यास के मुख्यमंत्री बनने की संभावना थी। लेकिन अपने गृहक्षेत्र 'जयपुर ग्रामीण' में वे चुनाव में हार गये। कहा जाता है कि उन्हें हराने में उन्हीं कांग्रेसजनों की मुख्य भूमिका रही जो बाद में सत्ता में पहुँचे। उदयपुर डिवीजन के एकजुट विधायकों की संख्या से देवपुरा का नाम भी चला। किन्तु संजय गांधी की सोच बिल्कुल भिन्न थी। जगनाथ पहाड़िया केन्द्र में राज्यमंत्री थे तथा अनुसूचित जाति के होने से उन्हें मनोनीत किया गया। दिल्ली में राजस्थान हाउस में संजय गांधी की उपस्थिति में विधायकों की बैठक में 5 जून, 1980 को पहाड़िया को नेता निर्वाचित करा दिया गया। यह राजस्थान में कांग्रेस पर वज्रपात था। वे शासन नहीं चला पाये और मात्र तेरह माह में उन्हें हटाना पड़ा। उन्हें अपने मंत्रिमंडल का निर्माण करने में भी तेरह दिन लगे। वह भी तीन हिस्सों में किया गया। 6 जून, 1980 को उन्होंने स्वयं ने मुख्यमंत्री पद की शपथ ली। पहली बार में उन्होंने ऐसे विधायको को मंत्री परिषद में लिया जिनको अधिकतर लोग जानते ही नहीं थे। इसके आठ माह बाद दूसरा विस्तार किया जिसमें पुराने मंत्री शामिल किये गये। नये मंत्रियों तथा निर्णयों के अभाव में प्रशासन ठप-सा हो गया था। मुख्यमंत्री कार्यालय में फाइलों का अम्बार लग गया। मुख्यमंत्री को विधायकों तथा अधिकारियों की योग्यता की जानकारी नहीं थी। विश्वास के अभाव में वे अपना सचिव भी अपनी ही जाति का दिल्ली से लेकर आये। प्रशासन में मुख्यमंत्री की पत्नी का दखल भी काफी बढ़ गया था। इससे पूर्व सार्वजनिक जीवन से उनका न तो कोई सम्बन्ध था और न उन्हें प्रदेश के शासन-प्रशासन के बारे में कोई जानकारी थी। केन्द्र ने यह सोचकर बिना किसी पूर्व सूचना के राज्य का मुख्य सचिव भी अचानक बदल दिया कि शायद शेखावत काल के मुख्य सचिव पहाड़िया सरकार को सहयोग नहीं कर रहे होंगे। लेकिन प्रशासन में इससे भी कोई अन्तर नहीं पड़ा। वह काल राजस्थान में कांग्रेस शासन का सबसे अधिक 'काला पृष्ठ' साबित हुआ। कतिपय मंत्रियों तथा अधिकारियों ने अपने दोनों हाथों से खूब धन उलीचा। राज्य में कांग्रेस शासन की छवि खराब होने लगी।

प्रदेश के अधिकांश कांग्रेस नेता इस स्थिति से क्षुब्ध थे लेकिन संजय गांधी और इंदिरा गांधी के आतंक के कारण किसी की पहाड़िया के विरुद्ध आवाज उठाने की हिम्मत नहीं हो पा रही थी। एक बार कुछ प्रमुख नेताओं ने जब इस बारे में श्रीमती गांधी से मिलकर कुछ शिकवे-

शिकायतें कीं तो उनका चेहरा एकदम लाल हो गया और डांटते हुए उन्हें कहा कि मैंने एक हरिजन को मुख्यमंत्री क्या बना दिया, आपको बर्दाश्त नहीं हो रहा है।

इस घटना के कुछ दिनों बाद वरिष्ठ नेता पं. नवलकिशोर शर्मा के जयपुर और दौसा स्थित आवासों और उनके परिवारजनों के व्यावसायिक प्रतिष्ठानों पर आयकर विभाग का छापा पड़ा। इस घटना को श्रीमती गांधी ने अत्यंत गंभीरता से लिया क्योंकि पहाड़िया की शिकायतकर्ताओं के अगुआ पं. नवलकिशोर शर्मा थे और मुख्यमंत्री बनने से पूर्व पहाड़िया केन्द्र में वित्त मंत्रालय में राज्यमंत्री हुआ करते थे।

पहाड़िया को तत्काल त्यागपत्र देने के लिए बूटासिंह से कहलवाया गया लेकिन पहले तो वे अपने पिता के निधन का बहाना बनाकर टालते रहे और बाद में अपने पक्ष में विधायकों की जयपुर के विद्याधर के बाग में बैठक बुलाकर कांग्रेस उच्चसत्ता पर दबाव बनाने का प्रयास किया। दिल्ली में इस आशय के बड़े-बड़े पोस्टर दीवारों पर चिपकाए गये कि पहाड़िया को नहीं हटाया जाय।

राजस्थान में भारी फेरबदल

सन् 1977 में केन्द्र में पहली बार गैरकांग्रेसी सरकार बनने के बाद कांग्रेस को अनुभव हुआ कि उसका पूर्ववत जनाधार हिल गया है। इससे पूर्व अनुसूचित जाति तथा जनजाति, अल्पसंख्यक, दलित और समाज का निर्बल वर्ग कांग्रेस का मुख्य जनाधार रहता था। इसलिए 1980 में सत्ता में आने के बाद उन वर्गों को पुनः अपने पक्ष में लाने के लिए कांग्रेस उच्च कमान ने उनके नेताओं को शासन की बागडोर संभालने की नीति अपनाई थी। इसी के अन्तर्गत पहाड़िया को राजस्थान में भेजा गया था। सर्वशक्तिमान ने राज्यों का नेतृत्व अपने वफादार लोगों को नियुक्त करने की दृष्टि से पहाड़िया के अयोग्य प्रमाणित होने पर राष्ट्रपति के चुनाव में अन्तरात्मा की आवाज पर गिरि को मत देने वाले शिवचरण माथुर को राजस्थान की बागडोर सौंपी।

दिल्ली ने संकट के समय प्रदेशाध्यक्ष रामकिशोर व्यास की सेवाओं को ध्यान में रखकर उन्हें सितम्बर 1980 में पांडिचेरी का उपराज्यपाल नियुक्त कर दिया था। प्रदेश कांग्रेसाध्यक्ष के पद पर जाट नेता रामनारायण चौधरी को नियुक्त किया गया जो जुलाई 1982 तक पद पर रहे। 1980 में तीन प्रमुख जाट नेता – कुंभाराम आर्य, दौलतराम सारण जनता-एस तथा नाथूराम मिर्धा कांग्रेस अर्स के चिन्हों पर चुनाव लड़कर लोकसभा में जा चुके थे। कांग्रेस में जाट नेतृत्व भरने के लिए रामनारायण चौधरी की प्रदेशाध्यक्ष के पद पर नियुक्ति की गई थी। लेकिन विडम्बना यह रही कि उनके समूचे कार्यकाल में कार्यकारिणी तथा अन्य पदाधिकारियों की नियुक्ति ही नहीं की गई तथा वे अकेले ही कांग्रेस का संचालन करते रहे। दो वर्ष बाद होने वाले अगले आम चुनाव को ध्यान में रखकर प्रदेश कांग्रेस में परिवर्तन करना आवश्यक समझा गया।

इसके लिए ऐसे व्यक्ति की तलाश की गई जो सभी को साथ लेकर चल सके और उसका राज्य में अच्छा प्रभाव हो।

इस दृष्टि से दौसा के सांसद नवलकिशोर शर्मा को अध्यक्ष नियुक्त किया गया जिनके सिर पर जयपुर रियासत के एक पूर्व महाराज कुमार पृथ्वीराज को 1968 के उपचुनाव में पराजित करने का सेहरा बंधा हुआ था। वे 17 जुलाई, 1982 से तीन वर्ष तक इस पद पर आसीन रहे। शर्मा इससे पूर्व अखिल भारतीय कांग्रेस कमेटी के संयुक्त मंत्री तथा कांग्रेस के मुखपत्र 'सोशलिस्ट भारत' (हिन्दी), तथा 'सोशलिस्ट इंडिया' (अंग्रेजी) के संपादक भी रह चुके थे। लोकसभा चुनाव से पूर्व नवम्बर 1984 में उन्हें प्रधानमंत्री राजीव गांधी मंत्रिमंडल में मंत्री भी नियुक्त किया गया। उन्होंने 1984 तथा 1985 में क्रमशः लोकसभा तथा विधानसभा के चुनाव लड़वाये। 1984 के चुनाव श्रीमती गांधी की हत्या की पृष्ठभूमि में हुए थे। इसमें कांग्रेस को अभूतपूर्व सफलता मिली थी। लोकसभा की सभी पच्चीस सीटें उसके पक्ष में गईं। 1985 के विधानसभा चुनाव में भी कांग्रेस ने 200 में से 113 स्थान प्राप्त किये थे।

बोफोर्स कांड का प्रभाव

सन् 1989 के लोकसभा चुनाव में तस्वीर उलट गई। प्रदेश कांग्रेस एक भी सीट हासिल नहीं कर सकी। बोफोर्स कांड के कारण कांग्रेस की छवि स्याह हो गई थी। शर्मा के केन्द्रीय मंत्रिमंडल में मंत्री नियुक्त हो जाने पर राजस्थान प्रदेश कांग्रेस का उत्तरदायित्व नवयुवक नेता और केन्द्र में उपमंत्री रह चुके अशोक गहलोत को 18 सितम्बर, 1985 को सौंपा गया। वे 8 जून, 1989 तक इस पद पर रहे। इसके बाद छह माह तक हीरालाल देवपुरा ने यह दायित्व संभाला। लोकसभा के चुनाव में कांग्रेस का सफाया हो जाने से जातीय समीकरण की दृष्टि से जोधपुर के जाट नेता तथा पूर्व मंत्री परसराम मदेरणा को 8 दिसम्बर, 1989 को प्रदेशाध्यक्ष नियुक्त किया गया। वे 25 नवम्बर, 1995 तक पदासीन रहे। इस दौरान लोकसभा और विधानसभा के पुनः चुनाव हुए। 1990 में नवीं विधानसभा के चुनाव हुए जिसमें भाजपा की अभूतपूर्व विजय हुई। उसने दो सौ में से 85 स्थान प्राप्त किये। भाजपा नीत गठबंधन की सरकार बनी। लेकिन कांग्रेस को सदन के सदस्यों की संख्या के एक-चौथाई सदस्यों पर ही संतोष करना पड़ा। जनता दल ने भी कांग्रेस से पांच अधिक 55 स्थानों पर जीत दर्ज की। 1991 में लोकसभा के मध्यावधि चुनाव हुए थे। उसमें कांग्रेस ने 1989 की स्थिति में काफी सुधार किया। कांग्रेस ने 13 स्थानों पर विजय प्राप्त की लेकिन भाजपा भी शेष 12 सीटों पर कब्जा करने में सफल हुई थी। पांच वर्ष बाद 1996 में लोकसभा के पुनः चुनाव हुए। इसमें कांग्रेस को एक सीट का घाटा हो गया। भाजपा को पुनः उतनी ही सीटें मिल गईं। एक सीट झुंझनूं की कांग्रेस (तिवाड़ी) ने हथिया ली। दो वर्ष में फिर लोकसभा के चुनाव हो गये। 1998 के चुनाव में कांग्रेस ने अपनी जीत ड्योढ़ी (18) कर ली।

भाजपा के पांच स्थान ही रह गये। एक कांग्रेस (एस) को मिली। शेष एक पर निर्दलीय विजयी हुआ।

प्रदेशाध्यक्ष के पद पर मदेरणा के बाद अन्य पिछड़ी जातियों को प्रभावित करने की दृष्टि से 1 दिसम्बर, 1995 को अशोक गहलोत को पुनः नियुक्त किया गया जो 14 अप्रेल, 1999 तक इस पद पर रहे। इस बीच 1998 में विधानसभा के चुनाव हो गये और वे मुख्यमंत्री निर्वाचित हो गये। इसलिए डॉ. गिरिजा व्यास को प्रदेशाध्यक्ष का भार सौंपा गया। वे 14 जनवरी, 2004 तक इस पद पर रहीं। विधानसभा के 2003 के चुनाव में कांग्रेस की शर्मनाक हार के कारण प्रदेश के नेताओं की मांग पर उच्च कमान ने जाट होने से नारायणसिंह को प्रदेशाध्यक्ष नियुक्त किया तथा ब्राह्मण की दृष्टि से डॉ. बी.डी. कल्ला को विपक्ष का नेता मनोनीत किया गया। 2003 के विधानसभा चुनाव में वह केवल 56 सीटें ही जीत पाई थी जबकि 1998 के चुनाव में उसने 153 सीटें प्राप्त कर कीर्तिमान स्थापित किया था। इस बदलाव से भी कांग्रेस की स्थिति में कोई अन्तर नहीं आया। विधानसभा के बाद सम्पन्न लोकसभा के चुनाव में वह 25 में से मात्र चार सीटें जीत पाई और भाजपा को 21 स्थान मिल गये। इसके बाद के विधानसभा उप चुनाव, पंचायतीराज संस्थाओं के चुनाव तथा स्थानीय निकायों के चुनाव सभी में कांग्रेस भाजपा से पिछड़ती ही गई। इससे कांग्रेस उच्च नेतृत्व ने नारायणसिंह को हटाकर डॉ. कल्ला को ही नया प्रदेशाध्यक्ष नियुक्त कर दिया।

जाति के आधार पर नेताओं की नियुक्ति

कांग्रेस ने पिछली विधानसभा (2003) में हार का कारण यह माना था कि चूंकि जाट और ब्राह्मण मतदाता उससे नाराज हो गये हैं। इसलिए उन्हें राजी करने के लिए इन दोनों जातियों को नेतृत्व संभलवाया जाय। यही मांग प्रदेश स्तर पर भी नेताओं ने की थी जिसे ध्यान में रखकर केन्द्र ने उपरोक्त दोनों व्यक्तियों को मनोनीत किया था। सामंतवाद के विरुद्ध प्रारम्भ हुआ स्वतंत्रता का आंदोलन जातिवाद पर आकर कैसे टिका ? यह स्वतः प्रमाणित है। अब वोट का आधार योग्यता, काम, सेवा तथा सिद्धान्त न रहकर केवल मात्र जातिवाद हो गया है।

श्रीमती इंदिरा गांधी की शक्ति के उदय के साथ ही पार्टी में आन्तरिक लोकतंत्र की इतिश्री हो चुकी थी। आपात्काल के बाद जब इंदिरा गांधी पुनः सत्ता में लौटीं तो उन्होंने राज्य का नेता मनोनीत करने में केवल पसन्द और वफादारी के अतिरिक्त एक और योग्यता जोड़ दी, वह थी वोट आकर्षित करने की क्षमता। अब यह परखा जाने लगा है कि अमुक व्यक्ति के मनोनयन से राज्य में वह किस सीमा तक पार्टी को वोट दिला सकने की क्षमता रखता है। पात्र की नेतृत्व क्षमता की योग्यता गौण हो गई।

सन् 1980 में जगन्नाथ पहाड़िया की नियुक्ति की भूल का अहसास होने पर शिवचरण माथुर को मुख्यमंत्री नियुक्त किया गया था। माथुर विचारों से नेहरू के समाजवाद के समर्थक रहे हैं। माथुर का लोकनायक माणिक्यलाल वर्मा की सुपुत्री सुशीला से 1946 में विवाह भी नेहरू के सान्निध्य में हुआ था। तब नेहरू देशी राज्य लोक परिषद के अधिवेशन के अवसर पर उदयपुर आये हुए थे। वह स्वतंत्रता संग्राम से जुड़े दो छात्र नेताओं का विवाह था। विवाह प्रातःकाल एक सार्वजनिक स्थल पर आयोजित किया गया था जिसमें बड़े-बड़े नेताओं ने आशीर्वाद दिया था। वर्मा का लोकनायक जयनारायण व्यास से घनिष्ठ भाईचारा था। विवाह में कन्यादान की रस्म भी व्यास और श्रीमती व्यास ने अदा की थी। माथुर ने एक भेंट में लेखक को बताया कि व्यास ने जीवनपर्यन्त उन्हें दामाद का दुलार दिया था। जब 1981 में उन्हें मुख्यमंत्री मनोनीत किया गया था तब उनके पास न जाति के वोटों का आधार था और न समर्थक विधायकों का। अन्तरात्मा की आवाज पर गिरि को वोट देने के पुरस्कार से तब तक माथुर वंचित भी थे। प्रदेश कांग्रेस और विधायक दल में गुटबंदी प्रभावशाली नहीं थी। आपातकाल के बाद सत्ता प्राप्त हुई थी। पहाड़िया की योग्यता के विरुद्ध विधायकों के कई शिष्टमंडलों ने उन्हें हटाने हेतु प्रधानमंत्री एवं कांग्रेसाध्यक्ष श्रीमती गांधी को ज्ञापन दिये थे।[25]

डीग में गोलीकांड

माथुर ने अपने शासनकाल में प्रशासनिक स्थिति में काफी सुधार किया। लेकिन जनता पर नये कर भार तथा पार्टी में असंतोष के कारण मंत्रिमंडल में दुबारा हेर-फेर करना पड़ा। माथुर ने मंत्रिमंडल का विस्तार करने के साथ ही कुछ पूर्व मंत्रियों को पदमुक्त भी कर दिया। इससे पार्टी में उनके विरुद्ध असंतोष बढ़ गया। फरवरी 1985 में विधानसभा के चुनाव के पन्द्रह दिन पूर्व एक ऐसी गंभीर घटना हो गई जिसके कारण माथुर को आधी रात में इस्तीफा देना पड़ा और मंत्रिमंडल के वरिष्ठ सदस्य हीरालाल देवपुरा को मुख्यमंत्री की शपथ दिलानी पड़ी थी। चुनाव प्रचार के दौरान भरतपुर जिले के डीग विधानसभा क्षेत्र में तोड़फोड़ और हिंसक घटनाओं में वहां के पूर्व महाराजा के भाई तथा वरिष्ठ विधायक राजा मानसिंह तथा दो अन्य पुलिस की गोली से मारे गये थे।

राष्ट्रपति ज्ञानी जेलसिंह की पीड़ा

इससे पूर्व केन्द्र में राजनीतिक परिदृश्य बिल्कुल बदल चुका था। खालिस्तान आंदोलन के संदर्भ में प्रधानमंत्री श्रीमती गांधी के निर्देश पर अमृतसर के स्वर्ण मंदिर में सेना द्वारा किये गये 'ऑपरेशन

ब्ल्यू स्टार' के कारण सिक्ख समाज में जबर्दस्त रोष था। श्रीमती गांधी के एक सुरक्षाकर्मी ने प्रधानमंत्री के निवास स्थान, एक सफदरजंग, नई दिल्ली पर 31 अक्टूबर, 1984 को अपनी स्टेनगन से उनके शरीर को छलनी कर दिया था। राष्ट्रपति ज्ञानी जेलसिंह ने उनके वरिष्ठ पुत्र राजीव गांधी को प्रधानमंत्री की शपथ दिलाई जो संजय गांधी की मृत्यु के बाद कुछ वर्ष पूर्व ही राजनीति में आये थे। इस कारण देश के वरिष्ठ कांग्रेसजनों में बड़ा रोष था। लेकिन कोई बोलने की स्थिति में भी नहीं था। 1986 में स्वयं राष्ट्रपति ज्ञानी जेलसिंह ने दो अन्य व्यक्तियों के सामने जयपुर के राजभवन में इस ग्रन्थ के लेखक से ऐसा करने के लिए दिल की पीड़ा व्यक्त की जब उनके और राजीव गांधी के बीच खालिस्तान को लेकर गहरा मतभेद हो गया था। राष्ट्रपति का मत था कि पंजाब की समस्या को हल करने का गलत तरीका अपनाया गया है। वे 'ऑपरेशन

जयपुर के राजभवन में 8.12.1986

तत्कालीन राष्ट्रपति ज्ञानी जेलसिंह के साथ दायें – लेखक एवं राजस्थान पत्रिका के तत्कालीन संपादक विजय भंडारी तथा राजस्थान पत्रिका अंग्रेजी के संपादक मिलाप कोठारी एवं राष्ट्रपति के प्रेस सलाहकार।

ब्ल्यू स्टार' से भी बहुत आहत थे। उन्हें राजीव गांधी को 1984 में इंदिरा गांधी की हत्या के बाद प्रधानमंत्री पद की शपथ दिलाने के लिए भी पछतावा था। यह भेंटवार्ता ज्ञानीजी की मृत्यु के बाद 30 मार्च, 1997 की 'राजस्थान पत्रिका' में प्रकाशित हुई थी।[26] (क्योंकि लेखक इससे पूर्व प्रकाशित नहीं करने के लिए वचनबद्ध था। भेंटवार्ता का वह चित्र यहां पुनः प्रकाशित किया जा रहा है।)

राजीव गांधी भी श्रीमती गांधी की तरह पूर्ण सशक्त थे और नेताओं के मनोनयन की पूर्ववत नीति ही चला रहे थे। लेकिन तब तक उनके पूर्वाग्रह वैसे नहीं थे। इसलिए 1985 के विधानसभा के चुनाव का उत्तरदायित्व प्रदेशाध्यक्ष नवलकिशोर शर्मा के साथ आपात्काल के मुख्यमंत्री हरिदेव जोशी को सौंपा।[27] चुनाव परिणाम भी संतोषजनक रहे। कांग्रेस को दो सौ में से 113 स्थान मिले थे। राजीव ने जोशी को ही मुख्यमंत्री मनोनीत कर दिया। जोशी आठ वर्ष बाद पुनः सत्ता में आये थे।

आठवीं विधानसभा के कार्यकाल (1985-1990) में यद्यपि कांग्रेस की सरकार रही किन्तु राज्य में नेतृत्व परिवर्तन की घटनाएं केन्द्रीय नेतृत्व की अपरिपक्वता का हास्यास्पद उदाहरण है। प्रधानमंत्री राजीव गांधी थे। पार्टी की पूर्ण सत्ता उनके हाथ में थी। 1984 के लोकसभा तथा 1985 के विधानसभा के संतोषजनक परिणामों के कारण हरिदेव जोशी को मुख्यमंत्री मनोनीत किया गया था। लेकिन राजीव गांधी की यह प्रसन्नता अधूरी ही रही। कुछ बातों को लेकर तीन वर्ष पूर्व ही उनकी छुट्टी कर दी और विधायकों में नाराजगी न हो जाय, इसलिए उन्हें असम का राज्यपाल नियुक्त कर दिया। उनके स्थान पर पूर्व मुख्यमंत्री शिवचरण माथुर को पुनः लाया गया जिनसे मतदान से पन्द्रह दिन पूर्व डीग की चुनावी घटना के कारण आधी रात को गांधी ने ही इस्तीफा ले लिया था। लेकिन 1989 के लोकसभा के चुनाव में कांग्रेस के सभी पच्चीसों सीटों पर पिटने के कारण माथुर को पुनः उखाड़ फेंका। विधानसभा के चुनाव के शेष तीन माह के लिए वापस जोशी को असम से बुलाकर राज्य की सत्ता सौंपी।

लोकसभा की तरह 1990 के विधानसभा चुनाव के परिणाम भी कांग्रेस के विरुद्ध गये। राजस्थान में पहली बार भाजपानीत गठबन्धन की सरकार बनी, जिसे दिसम्बर 1992 में बाबरी मस्जिद ढहाये जाने के कारण भंग कर और राष्ट्रपति शासन लागू कर दिया गया था। किन्तु दिसम्बर 1993 में मध्यावधि चुनाव द्वारा भाजपा पुनः सत्ता में लौट आई। आठ वर्ष तक सत्ता से बाहर रहने के बाद 1998 के चुनाव में कांग्रेस कीर्तिमान विजय के बाद लौटी। किन्तु 2003 में पुनः सत्ता खो बैठी। तब भाजपा ने पहली बार पूर्ण अपने बलवूते पर बहुमत प्राप्त कर शासन संभाला।

संदर्भ

1. Party Politics In An Indian State : Prof. K.L. Kamal, P. 38
2. Party Politics In An Indian State : Prof. K.L. Kamal, P. 32

3-4. राजस्थान में स्वतंत्रता संग्राम के अमर पुरोधा : श्री मथुरादास माथुर : डॉ. आर.पी. व्यास, पृ. 39

5. Party Politics In An Indian State : Prof. K.L. Kamal, P. 46
6. The Congress Party In Rajasthan : Robert Sisson, P. 215

7. राजस्थान में स्वतंत्रता संग्राम के अमर पुरोधा : मोहनलाल सुखाड़िया : कन्हैयालाल कोचर, पृ. 12
8. Some Facts About Rajasthan 2003. Directorate of Economics & Statistics, Rajasthan, Jaipur. P. 59
9. Party Politics in An Indian State : Prof. K.L. Kamal, P. 84
10. Party Politics in An Indian State : Prof. K.L. Kamal, P. 85
11. राजस्थान निर्वाचन विभाग का प्रतिवेदन, 1998-2003
12. Spot Light on Rajasthan Politics : Prof. K.L. Kamal, P. 22
13. राजस्थान वार्षिकी 1997 : संपादक सीताराम झालानी, खण्ड 8, पृ. 52
14. भारत का संविधान : एक परिचय : दुर्गादास बसु, पृ. 170
15. Rajasthan Polity, Economy & Society : B. L. Pangariya, N.C. Pahariya, P. 95
16. राजस्थान निर्वाचन विभाग
17. प्रदेश कांग्रेस की सूची, 1977
18. विधान बोधनी : राजस्थान विधानसभा सचिवालय, जयपुर, अक्टूबर, 1997, पृ. 156
19. अमर पुरोधा : मोहनलाल सुखाड़िया : कन्हैयालाल कोचर, पृ. 62
20,21. हीरालाल देवपुरा से भेंटवार्ता : 13 अक्टूबर, 2004 : उनके अस्सीवें जन्म दिवस से एक दिन बाद
22. हीरालाल देवपुरा से भेंटवार्ता : 13 अक्टूबर, 2004
23. रमाकांत व्यास : प्रदेश कांग्रेस के महामंत्री, 2004
24. अमर पुरोधा : मोहनलाल सुखाड़िया, कन्हैयालाल कोचर, पृ. 63
25. Rajasthan Polity, Economy & Society : B. L. Pangariya, N.C. Pahariya, P.104
26. राजस्थान पत्रिका, जयपुर, 30 मार्च, 1997
27. Rajasthan Polity, Economy & Society : B. L. Pangariya, N.C. Pahariya, P.106

नोट : प्रदेश कांग्रेसाध्यक्षों की सूची तथा कार्यकाल, प्रदेश कांग्रेस कार्यालय से प्राप्त सूचना के आधार पर दी गई है।

6

भारतीय जनता पार्टी

देश के एक प्रमुख राजनीतिक दल भारतीय जनता पार्टी को पहले दो अन्य नामों से जाना जाता था। सन् 1951 में जब उसकी स्थापना हुई थी तब उसका नाम भारतीय जनसंघ था। आपातकाल में कांग्रेस विरोधी नेताओं ने जेलों में यह विचार सुदृढ़ किया था कि सतारूढ़ दल कांग्रेस का मुकाबला करने तथा चुनावों में विपक्षी मतों के विभाजन को रोकने के लिए सभी को मिलकर एक नयी पार्टी बना लेनी चाहिए। इस विचार के पीछे मुख्य रूप से सर्वोदयी नेता जयप्रकाश नारायण की प्रेरणा थी। इस नये दल का नाम जनता पार्टी रखा गया जिसमें भारतीय जनसंघ सहित उत्तरी भारत के प्रायः सभी गैरकांग्रेसी दल विलीन हुए थे। आपातकाल की समाप्ति के तत्काल बाद 1977 में गठित जनता पार्टी ने लोकसभा का चुनाव लड़ा और केन्द्र में प्रधानमंत्री मोरारजी देसाई के नेतृत्व में सरकार बनाई। लेकिन विचारों की एकता के अभाव तथा नेताओं की व्यक्तिगत और दलगत महत्वाकांक्षाओं के कारण ढाई वर्ष में ही वह सरकार गिर गई। जनसंघ नेत.ओं का राष्ट्रीय स्वयंसेवक संघ से सम्बन्ध के कारण राममनोहर लोहियावादी समाजवादी पार्टी के सदस्यों का उनसे विरोध भी बहुत था। तब 1980 में भारतीय जनसंघ घटक भारतीय जनता पार्टी के नाम से पुनर्जीवित हुआ। उसका नाम और झण्डा अवश्य बदला, लेकिन परिवेश नहीं बदला। पहले पच्चीस वर्षों और बाद के पच्चीस वर्षों में भारतीय जनसंघ से भारतीय जनता पार्टी की विचारधारा दीवार घड़ी के पेण्डुलम की तरह बायें-से-दायें और दायें-से-बायें की ओर बराबर दौड़ती रही। अभी भी वह एक स्थान पर थमी नहीं है। समय के साथ विस्तार प्रकृति का अटल नियम है। लेकिन भारतीय जनता पार्टी (भाजपा) के मामले में ठीक ऐसा नहीं है। यदि सच कहा जाय तो यह दुविधा की स्थिति है। इस संदर्भ में इसकी गर्भावस्था, जन्म तथा विकास की गति को समझना आवश्यक है।

भारतीय जनसंघ या भाजपा की जननी राष्ट्रीय स्वयंसेवक संघ और पिता डॉ. के.बी. हेडगेवार थे। उनकी यह दृढ़ मान्यता थी कि हिन्दुओं के विभिन्न भाषायी, धार्मिक तथा जातीय मतभेदों ने उसे विखंडनशील स्थिति में पहुँचा दिया है। इससे हिन्दू समाज राजनीतिक रूप से

निर्बल तथा हताश हो गया है। इस स्थिति में से उसे निकालने के लिए हिन्दू समाज में सामूहिक भावना सुदृढ़ कर संगठन बनाया जाना आवश्यक है। इसी दृष्टि से 1925 में राष्ट्रीय स्वयंसेवक संघ की स्थापना की गई थी। उनके उत्तराधिकारी एम.एस.गोलवलकर (गुरुजी) ने इस विचार को और पोषित किया।

डॉ. श्यामाप्रसाद मुकर्जी

स्वतंत्रता संग्राम के दौरान हिन्दू-मुसलमान नेताओं के बीच मतभेद, पाकिस्तान का निर्माण तथा अल्पसंख्यक हिन्दुओं के भारत में पलायन के संदर्भ में नेहरू-लियाकत समझौते से उत्पन्न विरोध के कारण डॉ. श्यामाप्रसाद मुकर्जी तथा के.सी. नियोगी 1950 में केन्द्रीय मंत्रिमंडल से त्यागपत्र देकर अलग हो गये थे।[1]

हिन्दू महासभा के एक कार्यकर्त्ता द्वारा 30 जनवरी, 1948 को महात्मा गांधी की हत्या के बाद राष्ट्रीय स्वयंसेवक संघ पर भारत सरकार ने प्रतिबंध लगा दिया था। तब संघ के गुरुजी और कुछ प्रमुख कार्यकर्त्ताओं के मन में एक राजनीतिक दल बनाने का विचार हुआ। उन्होंने डॉ. मुकर्जी से सम्पर्क कर नया दल बनाने का प्रस्ताव किया। डॉ. मुकर्जी स्वयं नया राजनीतिक दल बनाने के प्रयास में थे। उनमें से पूर्व प्रधानमंत्री अटलबिहारी वाजपेयी, भारतीय जनसंघ के नेता बलराज मधोक तथा मध्यप्रदेश के पूर्व राज्यपाल डॉ. भाई महावीर आज भी मौजूद हैं जो संघ के स्वयंसेवक तथा जनसंघ के संस्थापकों में से हैं। उनका विचार था कि यदि हमारी विचारधारा का कोई दल होता तो जनता तथा संसद में अपने विचारों को प्रगट किया जा सकता था और संघ पर संभवतः प्रतिबंध भी नहीं लगता।[2]

डॉ. श्यामाप्रसाद मुकर्जी 1941 से 1945 तक हिन्दू महासभा के अध्यक्ष थे। वे केन्द्रीय सरकार में मंत्री भी थे। डॉ. मुकर्जी ने हिन्दू महासभा की कार्यसमिति में एक प्रस्ताव रखा था कि एक नया दल बनाया जाए जिसमें सभी सम्प्रदायों के लिए प्रवेश खुला हो। किन्तु कार्यसमिति ने उनके प्रस्ताव को अस्वीकार कर दिया तो उन्होंने 1948 में हिन्दू महासभा छोड़ दी। उनका विचार था कि राजनीतिक गतिविधियां नया दल संचालित करे तथा महासभा सामाजिक तथा सांस्कृतिक क्षेत्र में अपना कार्यक्रम जारी रखे। डॉ. मुकर्जी एक नया दल बनाने के प्रयत्न में थे। वे उच्चकोटि के सांसद तथा नेहरू की नीतियों के आलोचक थे। उन्होंने संघ के नेताओं से विचार-विमर्श कर उनके सहयोग से नया दल बनाने का निर्णय 1951 में किया था।[3] डॉ. मुकर्जी इस नये दल के प्रथम अध्यक्ष तथा अटलबिहारी वाजपेयी उनके निजी सचिव बनाये गये थे।

राजस्थान में स्थापना

राजस्थान में भारतीय जनसंघ की स्थापना 12-13 सितम्बर, 1951 को जयपुर में सम्पन्न एक सम्मेलन में की गई थी। इस सम्मेलन में राजस्थान के विभिन्न क्षेत्रों के लगभग साठ प्रतिनिधि एकत्रित हुए थे। सम्मेलन में गुजरात के पूर्व राज्यपाल स्वर्गीय सुंदरसिंह भंडारी संयोजक नियुक्त किये गये थे। इसके एक माह बाद 13-14 अक्टूबर, 1951 को जयपुर में राजस्थान शाखा का पहला अधिवेशन सम्पन्न हुआ। इस अधिवेशन की अध्यक्षता प्रजामंडल के प्रमुख नेता तथा राजस्थान उच्च न्यायालय के वरिष्ठ एडवोकेट पं. चिरंजीवलाल मिश्र ने की। इस अधिवेशन में पंजाब शाखा के मंत्री प्रो. बलराज मधोक ने भी भाग लिया था जो बाद में अखिल भारतीय जनसंघ के अध्यक्ष भी बने थे। राजस्थान के पूर्व विधायक एवं पूर्व सांसद जगदीशप्रसाद माथुर के अनुसार इस अधिवेशन में राज्य के चालीस स्थानों के प्रतिनिधियों ने भाग लिया था।[4]

अधिवेशन में राजस्थान की पहली कार्यकारिणी निर्वाचित की गई थी जिसके अध्यक्ष पं. मिश्र ही चुने गये। सुंदरसिंह भंडारी मंत्री तथा लालसिंह शक्तावत, गोवर्धनलाल जौहरी, चांदरतन आचार्य तथा खाचरियावास के ठाकुर सुरेन्द्रसिंह सदस्य निर्वाचित हुए।[5] संस्थापक चिरंजीवलाल मिश्र (जयपुर), सुंदरसिंह भंडारी (उदयपुर), लालसिंह शक्तावत (उदयपुर), रामस्वरूप शर्मा (कोटा), देवराज बोहरा (जोधपुर), सुखराज लोढ़ा (जोधपुर), बनेसिंह शेखावत (जयपुर), सतीशचन्द्र अग्रवाल (पूर्व विधायक तथा केन्द्रीय राज्यमंत्री, जयपुर) तथा जगदीशप्रसाद माथुर (पूर्व विधायक एवं सांसद, सीकर थे)। बाद में कृष्णकुमार गोयल (पूर्व विधायक एवं केन्द्रीय राज्यमंत्री, कोटा), दयाकृष्ण विजय (पूर्व विधायक, कोटा), मदनलाल धूपड़ (उदयपुर नगरपरिषद के पूर्व अध्यक्ष) तथा संपत्तिलाल बोहरा (पूर्व विधायक, उदयपुर) का जनसंघ को पूरा सहयोग मिला। पं. मिश्र और लालसिंह शक्तावत के अलावा उपरोक्त सभी व्यक्ति राष्ट्रीय स्वयंसेवक संघ के स्वयंसेवक थे।[6]

राष्ट्रीय स्वयंसेवक संघ

राजस्थान में राष्ट्रीय स्वयंसेवक संघ की गतिविधियां 1944 में भारतीय जनसंघ के पूर्व अध्यक्ष बच्छराज व्यास ने प्रारंभ की थीं। वे नागपुर से प्रशिक्षित थे और नागौर जिले में डीडवाना के रहने वाले थे। वर्षों पूर्व उनके परिवार ने राजस्थान छोड़ दिया था और नागपुर में बस गये थे। उन्हे राज्य के जागीरदारों ने सहयोग किया था।

भारतीय जनसंघ की स्थापना के समय राजस्थान में रामराज्य परिषद तथा हिन्दू महासभा भी कार्यरत थी। उक्त दोनों दलों ने प्रथम आम चुनाव में भाग लिया था। रामराज्य परिषद को तत्कालीन महाराजाओं तथा जागीरदारों का पूरा तथा खुला समर्थन मिला था। उन्होंने जनसंघ को वैसा समर्थन नहीं दिया क्योंकि इसे वे हिन्दू साम्प्रदायिक तथा मुसलमान विरोधी मानते थे।

1952 के आम चुनाव में रामराज्य परिषद के चिह्न पर 24 विधायक तथा हिन्दू महासभा के दो विधायक चुने गये थे जबकि जनसंघ के आठ निर्वाचित हो पाये थे। इसी चुनाव में राजस्थान से रामराज्य परिषद के लोकसभा में भी तीन सांसद पहुँचे जबकि जनसंघ का केवल एक ही चुना जा सका था।

जनसंघ की विचारधारा उपरोक्त दोनों दलों से मेल नहीं खाती थी। जनसंघ की स्थापना से पूर्व राष्ट्रीय स्वयंसेवक संघ की गतिविधियों को लगभग सात वर्ष हो चुके थे और राज्य के अनेक शहरों तथा कस्बों में उसके सैकड़ों सक्रिय स्वयंसेवक तैयार हो चुके थे। यह भी कहा जा सकता है कि कई स्थानों पर रामराज्य परिषद तथा हिन्दू महासभा थी ही नहीं, लेकिन वहां स्वयं सेवक संघ की शाखाएं नियमित रूप से संचालित की जाती थीं। वे राजनीतिक गतिविधियां तो संचालित नहीं करते थे लेकिन देश की राजनीति, भारत-पाकिस्तान के विभाजन तथा लाखों शरणार्थियों की समस्याओं पर न केवल गंभीरता बल्कि रोषपूर्ण भावनाओं में विचार प्रकट करते थे। विभाजन के कारण दंगों में मारे गये हजारों हिन्दुओं तथा उन पर होने वाले अत्याचारों का बदला राजस्थान में भी कुछेक स्थानों पर लिया गया था।

संघ के स्वयंसेवकों में हिन्दुत्व तथा हिन्दू राष्ट्रवाद की प्रखर भावना थी। मुसलमानों के प्रति घोर घृणा की भावना उसके मूल में विद्यमान थी। संघ से जुड़ने वाले सैकड़ों छात्र तथा युवक अधिकतर मध्यम तथा उच्चनिम्न वर्गों से आते थे। वे हिन्दू थे और उनमें जातीय तथा उच्च-निम्न का भेदभाव नहीं था। हिन्दू समाज के प्रति समर्पण की भावना थी। उनमें गहरे सामाजिक तथा सांस्कृतिक संस्कार थे। वे परिवार तथा समाज के सामाजिक, धार्मिक तथा सांस्कृतिक कार्यक्रमों, जैसे विवाह, शोक, त्योहार आदि के अवसरों पर कड़ी मेहनत एवं पूर्ण सहयोग करते थे। यहां तक कि चाय-पान, भोजनादि भी अपने स्वयं के घर पर करते थे और दिन-रात शारीरिक श्रम करके सहयोग करते थे। यह उनके पारस्परिक स्नेह और पारिवारिक सम्बन्धों का अनूठा उदाहरण होता था। यह एक-दूजे की शक्ति थी। जनसंघ को ऐसे कार्यकर्त्ताओं का निश्छल एवं निःस्वार्थ सहयोग प्राप्त हुआ था। वे जनसंघ के सभी कार्यक्रमों तथा चुनावों में इसी भावना से काम करते थे। यात्रा तथा प्रचारादि के लिए विभिन्न स्थानों पर आवागमन का भार भी वे स्वयं ही या एक दूसरे की मदद से वहन कर लेते थे। उसका भार पार्टी पर नहीं पड़ता था। यह स्थिति कम ज्यादा पहले चार आम चुनावों तक जनसंघ में दिखाई देती थी। जनसंघ के कार्यकर्त्ता यात्राओं के दौरान या तो धर्मशालाओं में ठहरते थे अथवा किसी कार्यकर्त्ता के घर। होटलों में ठहरना वर्जित था।

स्वयंसेवकों का सहयोग

राजस्थान में जनसंघ की स्थापना अखिल भारतीय स्तर पर होने से एक माह पूर्व ही हो गई थी। विभिन्न राज्यों में स्थापना के बाद 21 अक्टूबर 1951 को लगभग तीन सौ प्रतिनिधियों ने

अखिल भारतीय जनसंघ के प्रथम अध्यक्ष पद पर डॉ. श्यामाप्रसाद मुकर्जी को निर्वाचित किया था जबकि राजस्थान शाखा की स्थापना 12-13 सितम्बर 1951 को जयपुर में की जा चुकी थी।[7]

संघ के स्वयंसेवकों के परिश्रम तथा जागीरदारों के पूर्ण सहयोग का ही परिणाम था कि जनसंघ की स्थापना के चार माह बाद ही सम्पन्न प्रथम आम चुनाव में वह विधानसभा के लिए पचास स्थानों पर अपने उम्मीदवार मैदान में उतारने में सफल हो सका। चुनाव में यद्यपि तीस की जमानत जब्त हो गई लेकिन उसके चिह्न पर आठ विधायक चुने जा सके और 5.9 प्रतिशत मत प्राप्त किए गये।[8] ये सभी विधायक राजपूत थे।

वयोवृद्ध संस्थापक, पूर्व विधायक, पूर्व सांसद तथा प्रांतीय नेता जगदीशप्रसाद माथुर ने एक भेंट में बताया कि निर्वाचित विधायक राजपूत जागीरदार थे। कुछ समय बाद उनमें से केवल दो, वर्तमान उपराष्ट्रपति भैरोंसिंह शेखावत तथा जगतसिंह झाला जनसंघ में रहे, शेष छहों पार्टी छोड़कर कांग्रेस में चले गये। उनमें से एक उदयपुर जिले के मावली निर्वाचन क्षेत्र से निर्वाचित लालसिंह शक्तावत कांग्रेस के समर्थन से विधानसभा के उपाध्यक्ष चुने गये जो संस्थापकों में से भी थे। अधिकांश राजपूत विधायकों का विरोध जागीरदारी उन्मूलन से था जबकि जनसंघ जागीर पुनर्ग्रहण का समर्थक और जागीरदारों की समयबद्ध पुनर्स्थापना चाहता था। जनसंघ ने उनको पार्टी से निष्कासित कर दिया। अस्सी वर्षीय, प्रदेश के पूर्व अध्यक्ष तथा जनता पार्टी एवं भाजपा सरकारों में वर्षों तक मंत्री रहे भंवरलाल शर्मा ने एक भेंट में कहा कि जागीरदार विधायकों की अनुशासनहीनता के कारण पार्टी से निष्कासन का समाज पर अच्छा प्रभाव पड़ा और जनसंघ की प्रतिष्ठा बढ़ी। जनता ने माना कि यह संगठन सिद्धान्तवादी तथा अपनी नीतियों पर अटल रहने वाला है।

हिन्दू समाज, धर्म व राष्ट्र

जनसंघ के प्रचार-प्रसार का आधार हिन्दू धर्म और हिन्दू समाज की रक्षा तथा हिन्दू राष्ट्र के निर्माण का था। जनसंघ के संस्थापकों की दृढ़ मान्यता थी कि राष्ट्रीय राजनीति का निर्धारण भारतीयता के आधार पर होना चाहिए। भारतीय जनसंघ के द्रष्टा एवं दिग्दर्शक स्वर्गीय दीनदयाल उपाध्याय ने अपनी पुस्तकों में स्पष्ट किया है कि भारत की तत्कालीन राजनीति और दर्शन विदेशी विचारधाराओं पर आधारित है जिसमें भारतीय परम्परा, संस्कृति तथा विरासत की पूर्ण रूप से उपेक्षा हुई है जबकि राष्ट्रीय राजनीति का निर्माण भारतीय संस्कृति तथा मर्यादा पर आधारित होनी चाहिए। जनसंघ के नेताओं ने उपरोक्त पृष्ठभूमि में तत्कालीन दलों कांग्रेस, कम्युनिस्ट तथा समाजवादी पार्टियों की खूब आलोचना की।

भारतीय जनसंघ या भारतीय जनता पार्टी की राजस्थान शाखा के अध्यक्षों का विश्लेषण करने पर ज्ञात होता है कि हिन्दू समाज की सभी प्रमुख जातियों के कई लोगों ने उसके दर्शन को स्वीकार किया और पार्टी कार्यों में बढ़-चढ़ कर हिस्सा लिया। जनसंघ की स्थापना के पांच-सात वर्षों में ही वह राज्य का एक प्रमुख कांग्रेस विरोधी दल हो गया। अगर 1961-62 में स्वतंत्र पार्टी नहीं आती और उसे राजा-महाराजाओं, जागीरदारों तथा देश के प्रमुख उद्योगपतियों का समर्थन नहीं प्राप्त होता तो जनसंघ को और अधिक लाभ मिलने की संभावना हो सकती थी। स्वतंत्रपार्टी के प्रारंभ से लेकर अंत तक डूंगरपुर के महारावल स्वर्गीय लक्ष्मणसिंह ही प्रदेश अध्यक्ष रहे। विधानसभा में दल के नेता भी वही थे। राज्य शाखा की कार्यकारिणी तथा संसदीय बोर्ड में भी अधिकांश सदस्य सामंतों में से ही थे जब कि जनसंघ या भाजपा की स्थिति बिल्कुल भिन्न थी।

नेताओं की सामाजिक पृष्ठभूमि

जनसंघ के नेता भंवरलाल शर्मा तथा हरिशंकर भाभड़ा से उपलब्ध जानकारी के अनुसार सन् 1951 से लेकर 2004 तक पिछले चौवन वर्षों में राजस्थान शाखा के चौबीस बार अध्यक्षों के निर्वाचन हुए हैं। उनमें उन्नीस व्यक्तियों ने उक्त पद को सुशोभित किया था जिनमें सात-सात ब्राह्मण तथा वैश्य थे। राजपूत केवल तीन बार ही अध्यक्ष रहे। कायस्थ एक रहा। महिला एक बार ही अध्यक्ष चुनी गई, वह थी श्रीमती वसुन्धराराजे, जो जन्म से राजपूत तथा विवाह पूर्व जाट महाराजा धौलपुर से किया था। कोई भी किसान, जाट, पिछड़ी जाति, अन्य पिछड़ी जाति, अनुसूचित जाति तथा अनुसूचित जनजाति का व्यक्ति अध्यक्ष पद पर अभी तक नहीं पहुंचा है।

पहले अध्यक्ष चिरंजीवलाल मिश्र हुए थे जो ब्राह्मण थे। अन्य ब्राह्मण अध्यक्षों के नाम इस प्रकार हैं : रविदत्त शर्मा, हरिशंकर भाभड़ा, भंवरलाल शर्मा (तीन बार अध्यक्ष रहे), ललितकिशोर चतुर्वेदी (दो बार), रघुवीरसिंह कौशल तथा भानुकुमार शास्त्री। सात ही वैश्य अध्यक्ष चुने गये जिनके नाम इस प्रकार हैं : हरिदत्त गुप्ता, चांदकरण शारदा (दो बार), सतीशचन्द्र अग्रवाल, गुमानमल लोढ़ा, कृष्णकुमार गोयल, रामदास अग्रवाल (दो बार) तथा गुलाबचन्द कटारिया। राजपूत केवल तीन अध्यक्ष हुए, वे थे : भैरोंसिंह शेखावत, ठाकुर मदनसिंह दांता तथा अजीतसिंह कार्यकारी अध्यक्ष रहे थे। एक मात्र कायस्थ जगदीशप्रसाद माथुर थे जो जनता पार्टी से अलग होने के बाद निर्मित भारतीय जनता पार्टी के संयोजक नियुक्त किये गये थे। भारतीय जनसंघ के अंतिम अध्यक्ष भानुकुमार शास्त्री चुने गये थे। इसके बाद आपातकाल लागू हो जाने पर वे गिरफ्तार कर लिये गये और कार्यकारी अध्यक्ष अजीतसिंह (जिला टोंक) थे।

राजस्थान विश्वविद्यालय के पूर्व कुलपति प्रो. के. एल. कमल ने अपने शोध ग्रन्थ 'पार्टी पोलिटिक्स इन एन इंडियन स्टेट' में एक दशक के अध्यक्षों, कार्यसमितियों तथा संसदीय मंडलों

का विस्तृत अध्ययन प्रस्तुत किया है। उसका सार यहां दिया जा रहा है। इसके बाद की सूचना भारतीय जनता पार्टी से उपलब्ध नहीं हो सकी। लेकिन मोटे रूप से आगे भी वही सामाजिक पृष्ठभूमि रही है। अध्यक्षों का प्राप्त विवरण ऊपर दिया ही जा चुका है। तीन कार्यसमितियों में नब्बे व्यक्ति रहे थे जिनमें महिलाएं चार ही थीं, शेष 86 पुरुष थे। उनमें 15 राजपूत, 35 ब्राह्मण, वैश्य तथा अन्य हिन्दू 28, किसान 4, अनुसूचित जाति, जनजाति तथा पिछड़ी जाति के आठ सदस्य थे। उपरोक्त तीनों कार्यसमितियां 1953-54, 1958-59 और 1965-66 के वर्षों की हैं। 1951 से 1962 तक के दस संसदीय बोर्डों की सामाजिक पृष्ठभूमि इस प्रकार है : 1951 से57 तक प्रत्येक बोर्ड में तीन तथा बाद में पाँच सदस्य थे। आम तौर पर प्रत्येक बोर्ड में ब्राह्मण, वैश्य तथा राजपूत ही सदस्य थे। सभी पुरुष थे। इस अध्ययन से एक बात मुख्य रूप से उभरकर सामने आई कि राजपूतों का कभी बहुमत नहीं रहा। शैक्षणिक दृष्टि से हाई स्कूल से कम योग्यता का कोई व्यक्ति नहीं था तथा स्नातक एवं विधि में उपाधिधारी थे। आयु वर्ग में भी प्रायः 25 से 60 वर्ष के बीच के लोग थे।

जनसंघ का विस्तार

प्रथम आम चुनाव के समय जागीरदारों ने इस विश्वास के साथ जनसंघ को समर्थन दिया था कि कांग्रेस विरोधी होने से जनसंघ राज्य में जागीर उन्मूलन का विरोध करने में उनका साथ देगा किन्तु उसने अपने घोषणा पत्र के अनुरूप जागीरदारी प्रथा का विरोध किया। इससे जागीरदार तथा बड़े राजपूत उनकी पार्टी के विरोधी हो गये। इसका प्रमाण प्रथम और दूसरे आम चुनाव के आंकड़ों में मिलता है। पहले चुनाव में जनसंघ ने विधानसभा के लिए पचास उम्मीदवार खड़े किये थे और जागीरदारों के समर्थन के कारण निर्वाचित आठों विधायक राजपूत थे। दूसरे आम चुनाव में जनसंघ केवल 47 उम्मीदवार ही खड़े कर पाया और उनमें से केवल छह ही चुने गये। वोटों का प्रतिशत भी गिरा, लेकिन संख्या में चालीस हजार अधिक मत मिले। प्रथम चुनाव का वोट प्रतिशत 5.9 था जबकि दूसरे में वह गिरकर 5.5 ही रह गया। लोकसभा के लिए 1952 में जनसंघ ने चार उम्मीदवार खड़े किये थे और जागीरदारों के समर्थन से चितौड़गढ़ लोकसभा क्षेत्र में कांग्रेस के लोकनायक माणिक्यलाल वर्मा जैसी हस्ती को बेरिस्टर उमाशंकर त्रिवेदी ने हरा दिया था। शेष तीनों हार गये। 1957 में जनसंघ ने लोकसभा के लिए छह प्रत्याशी खड़े किये लेकिन जागीरदारों के समर्थन के अभाव में एक भी विजयी नहीं हो सका। लेकिन 11.1 प्रतिशत वोट प्राप्त करने में जनसंघ अवश्य सफल रहा। 1952 में लोकसभा के लिए जनसंघ को केवल तीन प्रतिशत ही मत मिले थे।[9]

जातियों की दृष्टि से भी उपरोक्त दोनों चुनावों में निर्वाचित विधायकों का विश्लेषण जनसंघ का आधार विस्तृत होने का प्रमाण देता है। प्रथम आम चुनाव में चुने गये आठों विधायक

राजपूत थे। किन्तु दूसरे में निर्वाचित छह विधायकों में से केवल एक ही राजपूत था। दो ब्राह्मण तथा तीन अन्य हिन्दू (वैश्य) थे। 1962 में सम्पन्न तीसरे आम चुनाव में जनसंघ के 15 विधायक चुने गये जो 1957 से ढाई गुना अधिक थे। मतदाताओं की संख्या भी पौने दो गुना से भी अधिक हो गई थी। जनसंघ को विधानसभा में 9.2 प्रतिशत तथा लोकसभा में 9.8 प्रतिशत वोट मिले थे। लोकसभा में एक स्थान राजस्थान से प्राप्त हुआ। जनसंघ ने 1962 में विधानसभा के लिए 94 उम्मीदवार मैदान में उतारे थे। निर्वाचित पन्द्रह विधायकों में से चार-चार राजपूत, ब्राह्मण, और अन्य हिन्दू थे। दो अनुसूचित जाति, जनजाति तथा पिछड़ी जातियों में से थे।[10]

एक मुसलमान अब्दुल जब्बार चितौड़गढ़ जिले में निम्बाहेड़ा विधानसभा क्षेत्र से चुना गया। जनसंघ पर मुसलमान विरोधी होने का आरोप है। इसके बावजूद अपने चुनाव चिन्ह पर चुनवाना और पूरे पांच साल तक वह जनसंघ के साथ और अनुशासन में रहा, यह उस काल में आश्चर्यजनक माना जाता था। तीनों चुनावों में निर्वाचित अधिकांश विधायक, केवल दो को छोड़कर, 25 से 50 आयु वर्ग में थे। शिक्षा की दृष्टि से भी दूसरी और तीसरी में मैट्रिक (हाई स्कूल) से नीचे कोई नहीं था बल्कि स्नातक और विधि स्नातक थे। व्यवसाय की दृष्टि से भी समाजसेवी, व्यापारी, व्यवसायी (प्रोफेशनल) तथा जागीरदारों की श्रेणी में से थे। किन्तु एक भी कृषक नहीं था।[11] इस विश्लेषण से यह स्पष्ट होता है कि जनसंघ का विस्तार सभी जातियों, वर्गों, व्यवसायियों, शिक्षितों तथा युवकों एवं प्रौढ़ों में हो रहा था। जनसंघ, कांग्रेस के विकल्प या लोकतंत्र में विरोधी दल की महती आवश्यकता की दृष्टि से उभर रहा था। जो जागीरदार प्रथम विधानसभा में जागीर उन्मूलन के विरोध में जनसंघ छोड़ चुके थे, उनमें से कुछ तीसरी विधानसभा में वापस साथ आने लगे।

अनुशासित संगठन

आपात्काल तक जनसंघ अनुशासित कार्यकर्त्ता-आधारित संगठन था। नेता और कार्यकर्त्ता के बीच भेद तथा दूरी नहीं थी। इतना ही अंतर होता था, जैसा छोटे-बड़े के बीच होता था। कार्यकर्त्ता राष्ट्रीय स्वयंसेवक संघ की पृष्ठभूमि के कारण संगठन के लिए त्याग, पदलिप्सा का अभाव, पक्का हिन्दूवादी, एकता, राष्ट्रप्रेम तथा प्रखर राष्ट्रवादी होता था। हिन्दूनायक जैसे महाराणा प्रताप, छत्रपति शिवाजी, क्रांतिकारी शहीद भगतसिंह आदि स्वयंसेवक तथा कार्यकर्त्ता के प्रेरणास्त्रोत होते थे। पक्का हिन्दू धर्मावलम्बी होने के कारण राम, कृष्ण, शिव, हनुमान, गणेश आदि उसकी आराधना के देवता थे। भारत के विभाजन का उनमें जबर्दस्त दर्द था और वह अखण्ड भारत का आकांक्षी था। अखण्ड भारत तथा हिन्दू राष्ट्र की आकांक्षा रखता था। भारत हिन्दुओं का ही देश है। भारत में रहने वाले को भारतीय होकर ही रहना होगा। पाकिस्तान के प्रति मन में घृणा थी। कश्मीर के विवाद के कारण पाकिस्तान को नेस्तनाबूत करना उसका भावनात्मक विचार था। पार्टी का कार्यक्रम नहीं था।

अंग्रेजों से पूर्व मुसलमानों का भारत पर आक्रमण तथा सैकड़ों वर्षों का आधिपत्य, धर्मान्तरण, मातृभूमि का विभाजन और दंगों के कारण शरणार्थियों की समस्या आदि कई राष्ट्रीय प्रश्नों के कारण जनसंघ को पहले चुनाव में राजपूत जागीरदारों, हिन्दूवादियों, आर्य समाजियों, सनातन धर्मसभा के लोगों, महंतों, पुरोहितों, शरणार्थियों आदि का पूरा समर्थन मिला। वे उनमें से कई का कारण कांग्रेस को मानते थे और उसके हिन्दू-मुसलमान एकता के नारे को वोटों के लिए तुष्टिकरण की नीति का आरोप लगाते थे। राजस्थान सरकार द्वारा पब्लिक-ट्रस्ट एक्ट के अन्तर्गत देवालयों की संपत्ति और व्यवस्था शासनाधीन होने के कारण उससे प्रभावित वर्ग ने भी जनसंघ का साथ दिया था।[12]

जनसंघ के नेताओं की पहचान

पहली विधानसभा में जनसंघ के आठ में से छह विधायकों के पार्टी छोड़ देने से राजस्थान में उसकी विशेष पहचान नहीं बन सकी। लेकिन राज्य के मतदाताओं में से उसे केवल जागीरदारी प्रथा के समर्थकों का ही घाटा हुआ। मतदाताओं का अन्य वर्ग उसके साथ बना रहा। दूसरी विधानसभा (1957 से 1962) के कार्यकाल में यद्यपि उसके छह विधायक ही थे, लेकिन उसके आक्रमणात्मक रुख के कारण जनसंघ की पहचान होने लगी।[13] सन् 1957 में सम्पन्न विधानसभा के चुनाव में भैरोंसिंह शेखावत दुबारा चुनकर आ गये थे। जयपुर के जौहरी बाजार निर्वाचन क्षेत्र से चुने गये सतीशचन्द्र अग्रवाल विधानसभा में शेखावत के जोड़ीदार प्रमाणित हुए। उस काल में जनसंघ ने समाज की विभिन्न समस्याओं को लेकर सरकार पर जोरदार प्रहार किये थे। तब तक शेखावत प्रखर वक्ता के रूप में मान्य हो गये थे। जब वे बोलते तो सारा सदन सन्न रह जाता था। अग्रवाल ने मुख्यमंत्री मोहनलाल सुखाड़िया पर नाथद्वारा मंदिर की संपत्ति के गबन का गंभीर दोषारोपण किया था। मगर सुखाड़िया ने भी अपने व्यक्तिगत लांछन को धुलवाने के लिए राजस्थान उच्च न्यायालय के मुख्य न्यायाधीश से न्यायिक जांच कराई। मुख्य न्यायाधिपति सरजूप्रसाद आयोग ने खुली जांच कर सुखाड़िया को निर्दोष होने का प्रमाणपत्र प्रदान किया।

हाईकोर्ट आंदोलन

उक्त काल में राजस्थान में कई आंदोलन भी हुए। उन्हें जनसंघ के नेताओं ने पूरा सहयोग तथा समर्थन दिया। विद्यार्थियों ने ट्यूशन फीस विरोधी आंदोलन किया। चुंगीकर, बिक्रीकर आदि लगाने का जबर्दस्त विरोध हुआ था। जनसंघ ने विद्यार्थियों तथा व्यापारियों के विरोध का न केवल समर्थन किया बल्कि पूरा सहयोग दिया। इससे समाज के विभिन्न वर्गों में उसकी पैठ बढ़

गई। जयपुर में सबसे अधिक महत्वपूर्ण आंदोलन जयपुर से राजस्थान उच्च न्यायालय जोधपुर स्थानान्तरित करने के विरुद्ध हुआ था। सतीशचन्द्र अग्रवाल स्वयं वकील थे, उन्होंने वकीलों के आंदोलन को नेतृत्व प्रदान किया था। यह काफी लम्बे समय तक चला। इससे जनसंघ के नेताओं की योग्यता, नेतृत्व क्षमता तथा जनता के कष्टों के प्रति संवेदनशीलता की छाप पड़ने लगी। हाईकोर्ट आंदोलन नाम से विख्यात वकीलों के संघर्ष ने कई बार हिंसक रूप भी धारण किया था और जयपुर के प्रायः सभी वरिष्ठ वकीलों की गिरफ्तारी भी हुई थी।

इस आंदोलन की राजनीतिक पृष्ठभूमि भी थी। रियासतों के एकीकरण के बाद राजस्थान के बड़े शहरों का महत्व कम हो गया था। इससे नेताओं और जनता में भी रोष था। जिस किसी को विभाग के प्रधान कार्यालय तक काम पड़ता तब उन्हें राज्य के किसी भी कोने से जयपुर आना पड़ता था। इससे जयपुर में जहाँ विभिन्न व्यवसायों को बढ़ावा मिला, वहां अन्य शहरों के व्यापारियों को हानि होने लगी। जयपुर में एकीकृत उच्च न्यायालय होने से न्याय महंगा होने के साथ अधिक समय लगने लगा। अन्य स्थानों के वकीलों की वकालत प्रभावित होने लगी । उन्हें जयपुर स्थानान्तरित होना पड़ा या दो स्थानों पर कार्यालय चलाने पड़े।

राजस्थान के निर्माण के समय राज्य की राजधानी के लिए जोधपुर, उदयपुर आदि भी दावेदार थे। किन्तु एक समिति की सिफारिश के आधार पर जयपुर को ही राजधानी के लिए उपयुक्त समझा गया और हाईकोर्ट भी जयपुर में ही रखा गया था। तब अजमेर अलग राज्य था। राज्य पुनर्गठन आयोग की सिफारिश पर अजमेर राज्य का 1 नवम्बर, 1956 को राजस्थान में विलय कर दिया गया। तब राजधानी का प्रश्न पुनः उत्पन्न हो गया। एक ओर जहां अजमेर के नेताओं ने अजमेर का राज्य के केन्द्र में स्थित होने के आधार पर उसे राजधानी बनाने का दावा किया वहां दूसरी ओर जोधपुर और उदयपुर वालों ने भी अपने-अपने नगर को राजधानी बनाने की मांग की। विवाद के तूल पकड़ने पर भारत सरकार ने सत्यनारायण राव की अध्यक्षता में एक त्रिसदस्यीय जांच समिति गठित की जिसने दावेदारों के शहरों का दौरा किया और विभिन्न पक्षों के तर्कों को सुनने के बाद अपनी सिफारिशें प्रस्तुत कीं।[14]

राव समिति की सिफारिश थी कि राजधानी जयपुर में यथावत रूप से रहे, लेकिन रियासतों की पूर्व राजधानियों के महत्व को बनाये रखने के लिए विभिन्न विभागों के प्रधान कार्यालयों को वहां स्थानान्तरित किया जाए। समिति ने उच्च न्यायालय जोधपुर स्थानान्तरित करने की सिफारिश की। राज्य सरकार ने समिति की सिफारिशें स्वीकार कर उन्हें क्रियान्वित कर दिया। इसके अनुसार हाईकोर्ट जोधपुर चला गया। अजमेर के महत्व को स्वीकार कर वहां राजस्थान लोक सेवा आयोग, राजस्थान राजस्व मंडल, राजस्थान माध्यमिक शिक्षा मंडल तथा आयुर्वेदिक विभाग स्थानान्तरित किये गये। उदयपुर पहाड़ी तथा खनिज क्षेत्र होने से वहां खनिज एवं भूगर्भ, आबकारी तथा देवस्थान विभाग स्थानान्तरित किये गये। बीकानेर में प्राथमिक एवं माध्यमिक

शिक्षा विभाग तथा अभिलेखागार कार्यालय रखे गये। ये सभी विभाग अब तक इन्हीं शहरों में स्थित हैं। इंदिरा गांधी नहर के निर्माण के बाद बीकानेर में उपनिवेशन विभाग स्थापित कर दिया गया।

पूर्वी राजस्थान तथा जयपुर में प्रबल विरोध के बावजूद राजस्थान उच्च न्यायालय 1958 में जोधपुर स्थानान्तरित कर दिया गया। कांग्रेस को चुनावों में इसका खमियाजा खूब भुगतना पड़ा। जयपुर शहर में तो कांग्रेस को 1962 तथा 1967 के चुनावों में विधानसभा तथा लोकसभा की एक भी सीट नहीं मिल सकी। 1962 में तत्कालीन गृहमंत्री रामकिशोर व्यास जनसंघ के नेता भैरोंसिंह शेखावत से हार गये जबकि स्वतंत्र पार्टी का प्रत्याशी भी मैदान में था। 1958 के बाद से जयपुर में हाईकोर्ट की बेंच स्थापित करने की मांग बराबर उठती रही। जोधपुर में उसकी प्रतिकूल प्रतिक्रिया होती थी जो आज भी जारी है। अन्ततः मांग स्वीकार करनी पड़ी। जयपुर में 31 जनवरी, 1977 से बेंच विधिवत कार्य कर रही है। अब तो उदयपुर तथा कोटा में भी बेंच स्थापित करने की मांग हो रही है।

किसानों का समर्थन

दूसरी विधानसभा में जनसंघ के सदस्यों ने विधायी कार्यों में भी सक्रिय होकर भाग लिया था। यद्यपि विधानसभा में रामराज्य परिषद के सत्रह सदस्य थे जबकि जनसंघ के मात्र छह होने के बावजूद वे बहुत तैयारी करके सदन में आते थे। सदन की प्रक्रिया तथा नियमों की उन्हें पूर्ण जानकारी हो गई थी। इससे वे हर जन मुद्दे को उठाते थे। किसानों का समर्थन प्राप्त करने के लिए सहकारी कृषि योजना का जनसंघ ने विरोध किया और कहा कि इससे कृषकों का भूमि का स्वामित्व समाप्त हो जाएगा। उन्होंने राजस्थान खातेदारी (संशोधन) अधिनियम 1958 का विरोध किया। जनसंघ के नेता भैरोंसिंह शेखावत ने आरोप लगाया कि कांग्रेस सरकार ने अपनी सोची-समझी नीति के अन्तर्गत इंदिरा गांधी नहर क्षेत्र के किसानों को खातेदारी अधिकार से वंचित करने के लिए यह संशोधन प्रस्तुत किया है।[15] इसी तरह जनसंघ ने किसानों पर लगान के अनुपात में नकद लेवी वसूल करने के विधेयक का कड़ा विरोध किया जिसमें 75 रुपये वार्षिक से अधिक लगान देने वालों पर लेवी लगाई गई थी। इसका कांग्रेस में जाट लॉबी ने भी विरोध किया था।[16]

राजस्थान में 2 अक्टूबर, 1959 को एक विधेयक द्वारा स्थापित पंचायती राज का भी जनसंघ ने विरोध किया। जनसंघ का संदेह था कि वास्तविकता में सत्ता का विकेन्द्रीकरण नहीं किया जायेगा बल्कि इसके माध्यम से जनता पर अपनी पकड़ मजबूत करने के लिए यह कदम उठाया जा रहा है।

तीसरे आम चुनाव से पूर्व राजस्थान में स्वतंत्र पार्टी की स्थापना हो गई थी। स्वतंत्र पार्टी को जयपुर के राजपरिवार, राजाओं तथा जागीरदारों का भरपूर समर्थन प्राप्त हो गया था। एक बार फिर राजस्थान में 1952 के प्रथम आम चुनाव की सी स्थिति पैदा हो गई थी। जनसंघ के नेताओं ने राजनीतिक स्थिति का आकलन करके स्वतंत्र पार्टी से चुनावी तालमेल करने के प्रयत्न किये लेकिन स्वतंत्र पार्टी इसके लिए तैयार नहीं हुई। वह इसे कट्टर हिन्दूवादी पार्टी मानती थी और इससे मुसलमानों के वोटों का नुकसान होने का उसे भय था। इसलिए स्वतंत्र पार्टी के तत्कालीन अध्यक्ष डूंगरपुर के महारावल लक्ष्मणसिंह ने कहा कि राज्यव्यापी चुनावी समझौता करने के बजाय वे क्षेत्रीय आधार पर दलों से तालमेल करेंगे। फिर भी जनसंघ 1962 के चुनाव में 15 विधायक चुनवाने में सफल हुआ। कांग्रेस को 176 सदस्यों के सदन में स्पष्ट बहुमत प्राप्त नहीं हो सका, केवल 88 विधायक जीते। एक निर्दलीय को मिलाकर सरकार बनाई। स्वतंत्र पार्टी के 36, जनसंघ 15, भारतीय कम्युनिस्ट पार्टी 5, समाजवादी दल 5, रामराज्य परिषद् 3, प्रजा समाजवादी पार्टी 2 तथा निर्दलीय 22 सदस्य चुने गये।[17]

भारतीय परिवेश में परिवर्तन

तीसरी विधानसभा में स्वतंत्र पार्टी यद्यपि मुख्य विपक्षी दल हो गया था लेकिन जनसंघ की आक्रामक एवं कांग्रेस विरोधी दलों से सहयोग की नीति के कारण राज्य में उसकी छवि उत्तरोत्तर निखरती जा रही थी। 1962-1967 के पांच वर्षों में देश के राजनीतिक परिवेश में बहुत परिवर्तन हुआ। 1962 में ही चीन ने भारत पर आक्रमण करके उत्तर-पूर्व में हमारे नब्बे हजार किलोमीटर क्षेत्र पर कब्जा कर लिया था। इस धक्के से जवाहरलाल नेहरू का अचानक निधन हो गया। लालबहादुर शास्त्री प्रधानमंत्री हो गये। पाकिस्तान ने भारत की निर्बल सैनिक शक्ति समझकर तथा राजनीतिक अस्थिरता का लाभ उठाकर 1965 में आक्रमण कर दिया। जनसंघ ने दोनों आक्रमणों का विरोध किया और मातृभूमि की रक्षा तथा सैनिकों और जनता का मनोबल सुदृढ़ रखने में भारत सरकार का साथ दिया। चीन के आक्रमण के कारण उसे कम्युनिस्टों के विरोध का सुअवसर प्राप्त हो गया। देश में आम जरूरत की चीजों के दाम बहुत बढ़ गये थे। लोग परेशान थे। उनका बजट असंतुलित हो गया था। भारत-पाक समझौता वार्ता के अंतिम दिन 11 जनवरी, 1966 को ताशकन्द में हृदयाघात के कारण शास्त्री का निधन हो गया। सारे देश को जबर्दस्त धक्का लगा। श्रीमती इंदिरा गांधी प्रधानमंत्री हुईं। उनके एक वर्ष के शासन में ही चौथी विधानसभा तथा लोकसभा के (1967) चुनाव हो गये। उक्त पृष्ठभूमि में कांग्रेस की प्रतिष्ठा को जबर्दस्त आघात पहुँचा। उत्तरी भारत के कई राज्यों में कांग्रेस हार गई। राजस्थान भी उनमें से एक था।

जनसंघ द्वारा हर क्षेत्र में घुसपैठ

उपरोक्त (1962-67) काल में राज्य सरकार ने कुछ नये कानून बनाये जिनके द्वारा विपक्ष को कांग्रेस की शिक्षा नीति, व्यापारियों द्वारा ऋण देने सम्बन्धी परम्परागत व्यवस्था, भूमि-सुधार, भूमि एवं भवन कर आदि का कड़ा विरोध करने का अवसर मिल गया। 1962 में जोधपुर तथा उदयपुर में विश्वविद्यालय स्थापित किये गये थे। 1964 में प्राथमिक शिक्षा कानून बनाया गया था। इनके द्वारा राजस्थान की शिक्षा नीति की आलोचना से शिक्षकों का समर्थन प्राप्त करने का जनसंघ को अवसर मिला। भूमि एवं भवन कर लगाने तथा व्यापारियों द्वारा ब्याज पर कर्ज देने की परम्परागत व्यवस्था के विरुद्ध कानून बनाने की आलोचना से मध्यमवर्ग तथा व्यापारी समाज में जनसंघ के प्रति सहानुभूति बढ़ी। राजस्थान में असामियों (किसानों) को नकद ऋण, सामान तथा कपड़ा आदि उधार देकर फसल के समय चक्रवर्ती ब्याज सहित वसूल करने का परम्परागत व्यवसाय रहा है। इस व्यवसाय से जहां जरूरतमंद लोगों की मदद होती है वहीं उनका भारी शोषण भी होता था। इस कानून के बाद देन-लेन का व्यवसाय करने वाले के लिए लाइसेंस आदि के सरकारी हस्तक्षेप के प्रावधान से व्यापारियों की समस्याएं बढ़ गईं। इसके कारण व्यापारियों में भारी रोष था। विपक्ष को इसका लाभ मिला। भूमि-सुधार सम्बन्धी विधयेक की बहस में भाग लेने से किसानों तक जनसंघ को पहुँचने का अवसर मिला। जनसंघ ने जहां भी मौका मिला, वहां अपने सदस्य को चुनाव लड़वाने तथा अन्य गैरकांग्रेसी दलों (कम्युनिस्ट पार्टी को छोड़कर) से सहयोग करने की नीति अपनाई। इससे जनसंघ की हर क्षेत्र में पहुँच बढ़ने लगी। कई नगरपालिकाओं तथा कोटा संभाग में सहकारी समितियों पर अपना कब्जा करने में वह सफल हुआ।

जनसंघ की नींव पक्की होने लगी

सन् 1957 का आम चुनाव जनसंघ के लिए अपनी जड़ मजबूत करने का आधार बना। जयपुर, कोटा, तथा सीकर जिलों के छह क्षेत्रों में उसका प्रभाव स्थापित हुआ। 1962 के चुनाव में कोटा संभाग तथा उदयपुर जिले में उसने अपनी शक्ति को बढ़ाया।[18] सन् 1967 के चौथे आम चुनाव में जनसंघ ने विपक्ष के मतों के विभाजन को रोकने का भरसक प्रयत्न किया।

वह स्वतंत्र पार्टी के साथ चुनावी समझौता करने में सफल हुआ। सन् 1966 के अंतिम माह में कांग्रेस में जाट गुट दो धड़ों में बंट गया। कुंभाराम आर्य तथा झालावाड़ के पूर्व महाराजा हरिश्चन्द्रसिंह समर्थक मंत्री पार्टी छोड़कर बाहर आ गये और जनता पार्टी बनाई। जनता पार्टी भी स्वतंत्र पार्टी-जनसंघ के चुनावी समझौते में भागीदार बनी। तीनों ने मिलकर चुनाव लड़ा। जनसंघ ने अपने 62 उम्मीदवार खड़े किये थे जिनमें से 22 विजयी हुए। जनसंघ के पुराने

कार्यकर्त्ता, भाजपा के प्रदेशाध्यक्ष, उपमुख्यमंत्री तथा विधानसभा के अध्यक्ष रहे हरिशंकर भाभड़ा ने एक भेंट में बताया कि जहां उनकी स्थिति मजबूत होती उसे वे नहीं छोड़ते थे। इससे उनकी नींव पक्की होती चली गई। कोटा जिले में 1962 के विधानसभा चुनाव में चार सीटें जीती थीं, 1967 में आठों पर जनसंघ का कब्जा हो गया तथा संभाग की दोनों लोकसभा सीटें प्राप्त हो गईं जबकि 1962 में वहां से लोकसभा की एक सीट ही प्राप्त हुई थी। चौथे आम चुनाव में जनसंघ के 22 विधायक दस जिलों में चुने गये थे। वे इस प्रकार हैं : अलवर, बूंदी, चूरू, जोधपुर से एक-एक, अजमेर, जयपुर, झालावाड़, सीकर, सवाईमाधोपुर से दो-दो तथा कोटा जिले से आठ। लोकसभा के लिए कोटा, झालावाड़ तथा सीकर क्षेत्र से सांसद निर्वाचित हुए थे।[19]

राजस्थान में कांग्रेस पिछले तीनों विधानसभा चुनावों (1957 को छोड़कर) में स्पष्ट बहुमत के किनारे पर ही पहुँची थी। 1967 में उसे अप्रत्याशित धक्का लगा। पहली बार स्वतंत्र पार्टी, जनसंघ तथा जनता पार्टी गठबन्धन ने सरकार बनाने के लिए वोट मांगा था और वह 184 के सदन में कांग्रेस को पछाड़ने में सफल हुआ। कांग्रेस केवल 89 सीटें ही जीत पाई। स्पष्ट बहुमत के लिए चार की कमी रह गई। विपक्ष में 95 जीते थे। उन्होंने संयुक्त विधायक दल गठित कर लिया था। उसमें स्वतंत्र पार्टी 49, जनसंघ 22, संयुक्त समाजवादी दल 8, भारतीय कम्युनिस्ट पार्टी 1 तथा निर्दलीय 15 थे। जनता पार्टी ने इनमें से 11 उसके सदस्य होने का दावा किया। राज्यपाल डा. संपूर्णानंद द्वारा संयुक्त विधायक दल को सरकार बनाने का निमंत्रण नहीं देने के विरुद्ध चले आंदोलन का सर्वाधिक लाभ जनसंघ ने उठाया। जयपुर में हुए इस आंदोलन का नेतृत्व जनसंघ के हाथ में ही रहा। आंदोलन में जयपुर के जौहरी बाजार में चलाई गई पुलिस की गोली एवं तत्सम्बन्धी बेरी आयोग की न्यायिक जांच को भी जनसंघ ने कांग्रेस की सत्तालिप्सा को प्रमाणित करने में खूब उपयोग किया था।

पांचवें चुनाव में हानि

किन्तु 1967 से 1972 यानी चौथे एवं पांचवें विधानसभा चुनावों के बीच प्रधानमंत्री श्रीमती गांधी द्वारा उठाये गये विभिन्न कदमों के कारण राज्य के गैरकांग्रेसी दलों को बहुत नुकसान हुआ था और कांग्रेस को उनका लाभ मिला। श्रीमती गांधी ने कांग्रेस की शक्ति को पूर्णरूप से संगठित कर लिया था। राजाओं के प्रिवीपर्स समाप्त करने तथा उन्हें सामान्य नागरिक का दर्जा देने और बैंकों के राष्ट्रीयकरण के कारण स्वतंत्रपार्टी की शक्ति क्षीण हो गई। बंगलादेश के युद्ध में जनसंघ ने इंदिरा गांधी का समर्थन किया था। इससे जनसंघ को कांग्रेस की आलोचनाओं का लाभ नहीं मिल सका । कांग्रेस के विभाजन से पार्टी में गुटबंदी, जातिवाद तथा भीतरघात शून्य हो गये। यहां तक कि कांग्रेस के नेताओं एवं सरकार पर लगने वाले भ्रष्टाचार, पक्षपात, भाई-भतीजावाद तथा लालफीताशाही के आरोपों का लाभ भी विरोधी दलों को नहीं मिल सका।

1972 के आम चुनाव में कांग्रेस विधानसभा के 184 में से 145 स्थानों पर विजय प्राप्त करने में सफल हुई जो उस समय तक का कीर्तिमान था। जनसंघ केवल आठ सीटें जीत पाया। स्वतंत्र पार्टी 11, भारतीय कम्युनिस्ट पार्टी 4, समाजवादी पार्टी 4, संगठन कांग्रेस एक तथा निर्दलीय 11 सदस्य निर्वाचित हुए थे। 1971 में लोकसभा के मध्यावधि चुनाव में बंगलादेश के युद्ध में भारत सरकार का समर्थन करने से 1967 की तुलना में जनसंघ के वोटों में दो प्रतिशत से अधिक की वृद्धि हुई और एक स्थान अधिक मिला था। 1967 में (स्वतंत्र पार्टी-जनसंघ चुनावी समझौता था) जनसंघ तीन स्थानों पर जीता और उसे 10.27 प्रतिशत मत मिले थे। लेकिन 1971 में उसने चार स्थान प्राप्त कर लिये और वोटों का प्रतिशत 12.38 हो गया था। लेकिन विधानसभा में उसे वह लाभ प्राप्त नहीं हो सका। इसका एक कारण यह भी था कि तब गैरकांग्रेसी दलों में चुनावी तालमेल नहीं हुआ था और सभी को कांग्रेस से मुकाबला करना पड़ा और कांग्रेस विरोधी वोटों का विभाजन हो गया। बंगलादेश युद्ध के समय श्रीमती इंदिरा गांधी को जनसंघ के नेता अटलबिहारी वाजपेयी ने उन्हें 'दुर्गा' तथा अन्य नेताओं ने देवी की संज्ञा देकर प्रशंसा की थी और कहा था कि यह राक्षसों का वध करने आई है। देश में इंदिरालहर बह रही थी। इसलिए जब 1972 के विधानसभा चुनाव में कांग्रेस की आलोचना की तो उसका लाभ जनसंघ सहित अन्य दलों को नहीं मिल सका।

जनसंघ को पीछे धकेला

बंगलादेश के युद्ध से उत्पन्न इंदिरा गांधी लहर ने भारतीय जनसंघ को बीस वर्ष पूर्व की स्थिति में धकेल दिया। 1971 के लोकसभा के मध्यावधि चुनाव में राजस्थान जनसंघ के नेता भैरोंसिंह शेखावत को बाड़मेर निर्वाचन क्षेत्र में पूर्व कम्युनिस्ट तथा कांग्रेस में वामपंथी अमृत नाहटा ने पटकनी दे दी। भैरोंसिंह शेखावत विधानसभा में प्रखर विरोधी नेता थे। नाहटा का विरोध करने के लिए चुनाव लड़ा। बाड़मेर क्षेत्र में राजपूत मतदाताओं की काफी संख्या को ध्यान में रखकर उन्होंने उस क्षेत्र का चयन किया था। लेकिन जाट, मुसलमान व अनुसूचित जाति तथा जनजाति द्वारा आमतौर पर कांग्रेस का समर्थन करने के कारण वे हार गये। 1972 के विधानसभा चुनाव में वे एक युवा कांग्रेस नेता से जयपुर जैसे जनसंघ के गढ़ में पराजित हो गये। उनके साथी सतीशचन्द्र अग्रवाल ने चुनाव ही नहीं लड़ा। जनसंघ पहले आम चुनाव की सी स्थिति में आ गया जब उसके आठ विधायक निर्वाचित हुए थे। यही स्थिति पांचवें चुनाव (1972) में हो गई। 184 सदस्यों के सदन में एक-चौथाई भी विरोधी दलों के सदस्य नहीं होने तथा अधिकांश नये विधायक होने से कोई विशेष प्रभाव नहीं छोड़ पाये। इस चुनाव में भारतीय कम्युनिस्ट पार्टी के विधायक कांग्रेस के समर्थन से जीते थे। एक समझौते के अन्तर्गत कांग्रेस ने वे स्थान उनके लिए छोड़े थे।

मुख्यमंत्री बरकतुल्ला खां के काल में राज्य कर्मचारियों का जबर्दस्त आंदोलन हुआ था। चालीस दिनों तक उन्होंने हड़ताल की। आगजनी व प्रदर्शन हुए। सैकड़ों कर्मचारी गिरफ्तार किये गये और उन पर हिंसक घटनाओं के मुकदमे बने। लेकिन अवसर का लाभ उठाने वाला जनसंघ जनता का समर्थन नहीं दिला सका। ऐसे ही रोडवेज कर्मचारियों का कम्युनिस्ट प्रभावित आंदोलन हुआ था। मगर इसका लाभ भी जनसंघ को नहीं मिला। इसके बाद 25 जून, 1975 को देश में आपात्काल लागू हो गया था और जनसंघ के नेता भी जेलों में डाल दिये गये थे। राष्ट्रीय स्वयं सेवक संघ पर प्रतिबंध लग गया। केवल भूमिगत नेता समय-समय पर सत्याग्रह करते रहते थे। भारतीय कम्युनिस्ट पार्टी ने देश में आपातकाल लगाने का समर्थन किया था।

आपात्काल समाप्त होने के बाद उत्तरी भारत के प्रमुख गैरकांग्रेसी दलों ने कांग्रेस को परास्त करने के लिए जनता पार्टी नामक दल के जरिये एक मोर्चा बनाया था। अन्य दलों के समान जनसंघ भी उसमें विलीन हो गया। राजस्थान में जनसंघ सहित सभी गैर-कांग्रेसी दलों के नाम मिट गये। आपात्काल की समाप्ति के बाद मार्च 1977 में सम्पन्न लोकसभा के चुनाव में जनता पार्टी ने कांग्रेस को जबर्दस्त पटकनी दी। कांग्रेस 25 में से केवल नागौर की एक जाट प्रभावित सीट बचा पाई। जून 1977 में हुए विधानसभा के चुनाव में कांग्रेस को अपने जीवन की सबसे बड़ी हार का सामना करना पड़ा। दो सौ सदस्यों के सदन में जनता पार्टी ने 150 स्थान प्राप्त किये और कांग्रेस 41 स्थानों पर ही सिमट गई। भारतीय कम्युनिस्ट पार्टी, मार्क्सवादी कम्युनिस्ट पार्टी एक-एक तथा छह स्थानों पर निर्दलीय चुने गये थे। लेकिन जनता पार्टी के उदय में भारतीय जनता पार्टी का जन्म छिपा था। जनता पार्टी में राजस्थान में जनसंघ के अलावा स्वतंत्र पार्टी, कांग्रेस (संगठन), भारतीय क्रांतिदल (या भारतीय लोकदल) तथा समाजवादी पार्टी का विलय हुआ था। इससे पूर्व स्वतंत्र पार्टी राज्य की सबसे बड़ी पार्टी थी। लेकिन उसका नेतृत्व जनसंघ जैसा प्रभावशाली नहीं था। राजस्थान में भारतीय क्रांतिदल के वे सदस्य थे जिन्होंने 1967 के चुनाव से पूर्व कांग्रेस छोड़कर जनता पार्टी बनाई थी जो बाद में चौधरी चरणसिंह की उपरोक्त पार्टी में विलीन हो गई थी।

युग परिवर्तन का वर्ष

आपात्काल के बाद 1977 में हुए चुनाव स्वतंत्र भारत के इतिहास में युग परिवर्तन की घटना है। पिछले तीस वर्षों से भारत सरकार कांग्रेस पार्टी की थी। कभी कोई अन्य दल उसे परास्त करने की चुनौती नहीं दे पाया था। अगर सर्वोदयी नेता जयप्रकाश नारायण की प्रेरणा से गैरकांग्रेसी दलों के विलय से जनता पार्टी नहीं बनती तो कांग्रेस को हराना तब भी संभव नहीं होता। राजस्थान में भी जनता पार्टी ने विधानसभा में तीन-चौथाई बहुमत प्राप्त किया था। सरकार तो जनता पार्टी की बननी थी किन्तु उसका नेता अर्थात मुख्यमंत्री कौन हो? यह बड़ा प्रश्न था। उपरोक्त चुनाव से पूर्व

तक स्वतंत्र पार्टी ही राज्य की सबसे बड़ी पार्टी थी। जनता पार्टी के निर्वाचित 150 सदस्यों में से कौनसी पार्टी के कितने सदस्य थे, ये आंकड़े उपलब्ध नहीं हैं। स्वतंत्र पार्टी के पूर्व नेता दिग्विजयसिंह ने एक भेंट में अपनी पार्टी के अधिक सदस्य होने का दावा अवश्य किया है। स्वतंत्र पार्टी अपने नेता डूंगरपुर महारावल लक्ष्मणसिंह को मुख्यमंत्री बनवाना चाहती थी। संगठन कांग्रेस में कई स्वतंत्रता सेनानी भी थे। प्रधानमंत्री संगठन कांग्रेस के नेता मोरारजी देसाई बने थे। इसलिए उसके सदस्य अपने दल के नेता को मुख्यमंत्री चुनवाना चाहते थे।

इस संघर्ष का जनता पार्टी के केन्द्रीय नेताओं ने पहले ही अनुमान कर लिया था। इसलिए विलय के समय राज्यों का बंटवारा भी कर लिया गया था। उसके अनुसार राजस्थान जनसंघ को मिला था। इस निर्णय की पुष्टि दिग्विजयसिंह तथा भारतीय क्रांतिदल के पूर्व नेता और प्रधानमंत्री चन्द्रशेखर की केन्द्रीय सरकार में मंत्री रहे दौलतराम सारण ने भी की है। सारण ने बताया कि समझौते के अनुसार उत्तरप्रदेश व हरियाणा भारतीय लोकदल को, राजस्थान एवं मध्यप्रदेश जनसंघ, बिहार, समाजवादी पार्टी तथा गुजरात संगठन कांग्रेस और उड़ीसा स्वतंत्र पार्टी को दिया गया था। इसलिए राजस्थान के मुख्यमंत्री पद पर जनसंघ के नेता का निर्वाचन किया जाना था।

नेता पद का विवाद

दिग्विजयसिंह ने जानकारी दी कि केन्द्र का उक्त निर्देश राजस्थान स्वतंत्र पार्टी के नेताओं के गले नहीं उतर रहा था। स्वतंत्र पार्टी की एकछत्र नेता जयपुर की तत्कालीन महारानी (वर्तमान में राजमाता) गायत्रीदेवी जनसंघ को कट्टर हिन्दूवादी और मुसलमान विरोधी मानती थीं। उन्होंने 1967 में स्वतंत्र पार्टी-जनसंघ समझौता भी विवशतापूर्वक स्वीकार किया था क्योंकि उसके बिना कांग्रेस को परास्त करना संभव नहीं था। यह भी कहा जाता है कि पूर्व महारानी जनसंघ के नेता भैरोंसिंह शेखावत को पसन्द नहीं करती थीं। शेखावत राज्य के प्रभावशाली, तेज तर्रार और कूटनीतिक राजनेता माने जाते हैं। इसलिए उनसे उनकी राजनीतिक वैमनस्यता भी थी। एक स्त्री नेता का पुरुष नेता से विरोध भी स्वाभाविक होता है। दोनों के बीच कटुता भी थी। शेखावत सामान्य राजपूत हैं। उन्होंने प्रथम विधानसभा में भी जागीर उन्मूलन कानून का समर्थन किया था। 1962 के चुनाव में स्वतंत्र पार्टी-जनसंघ के बीच चुनावी तालमेल नहीं हुआ था। लेकिन अंदरखाना कुछ (40 सीटों) सीटों पर एक-दूसरे के विरुद्ध उम्मीदवार खड़े नहीं करने की सहमति थी। इसमें एक सीट जयपुर में किशनपोल बाजार की भी थी जहां से शेखावत राज्य के तत्कालीन गृहमंत्री रामकिशोर व्यास के विरुद्ध खड़े हुए थे। लेकिन स्वतंत्र पार्टी ने महेन्द्रसिंह पंवार को खड़ा कर दिया। इस कारण शेखावत महारानी से नाराज थे। स्वतंत्र पार्टी के विरोध के बावजूद शेखावत चुने गये। इससे दोनों के मनों में गांठ थी। इसलिए भी महारानी शेखावत को मुख्यमंत्री

बनाना पसन्द नहीं करती थीं। दिग्विजयसिंह ने यह भी बताया कि महारानी ने फैसला बदलवाने का पूरा प्रयत्न किया। मगर जनता पार्टी के नेताओं ने निर्णय बदलने से मना कर दिया। स्वतंत्र पार्टी के अध्यक्ष महारावल लक्ष्मणसिंह को भी यह फैसला स्वीकार नहीं था। लेकिन केन्द्रीय दबाव के कारण वे मन मसोस कर रह गये। जब नेता का चुनाव हुआ तो राजस्थान जनता पार्टी के अध्यक्ष मास्टर आदित्येन्द्र (संगठन कांग्रेस) शेखावत के विरुद्ध खड़े हो गये। लेकिन आदित्येन्द्र बुरी तरह पराजित हुए। स्वतंत्र पार्टी के विधायकों ने अनुशासित सिपाही की तरह शेखावत को समर्थन दिया था। चुनाव परिणाम की घोषणा के बाद शेखावत ने अपने से आयु में बड़े होने के कारण मास्टर आदित्येन्द्र के पैर छुए और अपनी सरकार में वित्तमंत्री बनाया। महारावल को राज्य विधानसभा का अध्यक्ष चुना गया। मगर महारावल इस समझौते से असहज ही रहे। उन्होंने बीच में त्यागपत्र दे दिया। भैरोंसिंह शेखावत के मुख्यमंत्री चुने जाने से राजस्थान में जनसंघ का प्रभाव कल्पनातीत बढ़ गया। शेखावत की ऐसे भी राजस्थान में बड़ी धाक थी। वे बहुत लोकप्रिय तथा कांग्रेस के पूर्व मुख्यमंत्री मोहनलाल सुखाड़िया के बाद बड़े जननेता माने जाते थे। इससे बाद में निर्मित भारतीय जनता पार्टी के वे एकछत्र जननेता हो गये। उनकी पार्टी में भी उनको चुनौती देने का कोई साहस नहीं कर पाता था।

भारतीय जनता पार्टी का जन्म

दिल्ली में जनता पार्टी के नेताओं के बीच आपसी टकराहट का कांग्रेस ने लाभ उठाया। जनता पार्टी के एक खेमे ने मोरारजी देसाई की सरकार गिरा दी और कांग्रेस समर्थन से चरणसिंह प्रधानमंत्री बन गये। बाद में कांग्रेस ने समर्थन वापस ले लिया। चरणसिंह सरकार अल्पमत में आ गई और लोकसभा भंग कर नये चुनाव की घोषणा कर दी। जनसंघ के नेताओं ने जनवरी 1980 में सातवीं लोकसभा का चुनाव तो जनता पार्टी में रहकर ही लड़ा लेकिन उस वर्ष में ही जनता पार्टी से अलग होकर भारतीय जनता पार्टी बना ली। यह जनसंघ से कुछ अलग थी। इसका झंडा और चुनाव चिह्न बदल गया। जनसंघ पूर्ववत उसी रूप में बना रहा, उसमें वे लोग हैं जिन्हें परिवर्तित नीति स्वीकार नहीं थी। लेकिन राजस्थान में जनसंघ नहीं रहा। जनसंघ के सभी पूर्व सदस्य भारतीय जनता पार्टी में आ गये।

दिल्ली में पुनः कांग्रेस की सरकार बन गई। प्रधानमंत्री श्रीमती इंदिरा गांधी ने जनता पार्टी की नीति का ही अनुसरण कर उन सभी राज्यों की सरकारें गिरा दीं, जहां पर गैरकांग्रेसी पार्टियां शासन में थीं। राजस्थान में भी जनता पार्टी की सरकार तथा विधानसभा भंग कर 16 फरवरी, 1980 को राष्ट्रपति शासन लागू कर दिया गया। मई 1980 में राज्य विधान सभा के मध्यावधि चुनाव हुए। राज्य की सभी पार्टियों ने चुनाव लड़ा। भारतीय जनता पार्टी को कांग्रेस के अतिरिक्त अन्य दलों की अपेक्षा तीस माह की भैरोंसिंह सरकार का बहुत लाभ मिला।

दिल्ली में जनता पार्टी की फूट के कारण देश की पहली गैरकांग्रेसी सरकार की छवि अत्यन्त धूमिल हो गई थी। यह आम धारणा हो गई थी कि सरकार तो कांग्रेस ही चला सकती है। राजस्थान में कांग्रेस को दो सौ सदस्यों की विधानसभा में 133 सीटें मिलीं। दूसरी बड़ी पार्टी के रूप में भारतीय जनता पार्टी उभरी। राजस्थान में जनसंघ सहित पिछले तीस वर्षों में पहली बार उसका कमल 32 तालाबों में खिला जो बाद में अपना क्षेत्र बढ़ाती ही गयी। जनता पार्टी (जे.पी.)8, जनता पार्टी (एस-चरणसिंह)7, कांग्रेस (अर्स) 6, जनता पार्टी (एस. राजनारायण) 1, मार्क्सवादी कम्युनिस्ट पार्टी को एक तथा 12 निर्दलीय चुने गये। भैरोंसिंह शेखावत राज्य विधानसभा में पहली बार मान्यता प्राप्त विपक्ष के नेता हो गये। भारतीय जनता पार्टी की राजस्थान में हैसियत बढ़ गई।

कांग्रेस की सरकार पूरे पांच वर्ष शासन में रही। लेकिन इस बीच तीन मुख्यमंत्री बदले और तीनों की नियुक्ति कांग्रेस उच्चकमान श्रीमती इंदिरा गांधी के जरिये हुई थी। कांग्रेस में केन्द्र की अनुमति के बिना पत्ता भी हिल नहीं सकता था लेकिन संगठन में फूट तथा कांग्रेस नेताओं में महत्वाकांक्षा प्रबल होती गई। पांच वर्षों में पांच बार मंत्रिमंडलों में हेर-फेर करने पड़े थे।

भाजपा का उत्थान

अस्सी का दशक भारतीय जनता पार्टी का कहने को तो वह उसका शैशव काल था। किन्तु वास्तविकता में यह उसका उत्थान का काल था। जनसंघ के संकीर्ण हिन्दूवादिता से वह निकल चुका था। अल्पकाल के लिए सत्ता में रह जाने से राजनीतिक व्यावहारिकता एवं दांवपेंचों का पता चल गया था। साथ ही सत्ता का आनन्द और मोह भी पैदा हो गया था। इन पूरे दस वर्षों में भाजपा के राजस्थान में मुख्य विपक्षी दल होने से उसकी आवाज बलवती तथा गतिविधियां बढ़ती ही गईं।

जनता पार्टी दो टुकड़ों में बंट गई थी। एक के नेता वे लोग थे जो समाजवादी पार्टी से आये थे। दूसरी में अन्य नेतागण थे जो अन्य दलों से आये थे। उनमें वे भी शामिल थे जो कांग्रेस छोड़कर बाहर आये थे। पूर्व प्रधानमंत्री चरणसिंह ने लोकदल का पुनः निर्माण कर लिया था। वह जाट तथा अन्य किसान जातियों का संगठन था। इसका प्रभाव जाट बाहुल्य राज्यों में अधिक था। कम्युनिस्ट देशभर में पश्चिमी बंगाल, त्रिपुरा तथा केरल तक ही शक्ति के मुख्य केन्द्र हो गये। लोहियावादी (समाजवादी) बिहार में सीमित हो गये। राजस्थान में इनका प्रभाव विशेष नहीं रहा। ये भी जनता पार्टी तथा लोकदल में ही अधिकतर विभक्त रहे। राजाओं, महाराजाओं तथा जागीरदारों का प्रभाव सत्तर के दशक में ही समाप्त हो चुका था। वे अब राजपूत मतदाता के रूप में हो गये थे और वे भी विभिन्न दलों में चले गये थे जिनमें कांग्रेस भी थी। राजस्थान में राजनीति के मुख्य केन्द्र -- कांग्रेस, भाजपा तथा अन्य दल हो गये थे।

भाजपा ने शेखावत के नेतृत्व में जनता की समस्याएं – मुख्यतः बिजली, पानी, अकाल, सड़क, परिवहन, शिक्षा, चिकित्सा आदि नागरिक जीवन के लिए आवश्यक सुविधाओं को मुद्दा बनाकर शासन से अपना संघर्ष जारी रखा। भाजपा के प्रारंभिक काल के अध्यक्ष हरिशंकर भाभड़ा ने एक भेंट में बताया कि जनता को न्यूनतम आवश्यकताएं उपलब्ध कराने के लिए जहां भी जिस किसी दल ने संघर्ष किया, उसमें भाजपा ने एक दूसरे का पूरा सहयोग किया। इससे भाजपा की जनता में पैठ बढ़ती गई और नये-नये कार्यकर्त्ता जुड़ते चले गये। जनता को साथ लेकर धरने, प्रदर्शन तथा सभाएं कीं। राज्य सरकार को ज्ञापन दिये। आंदोलन तक किये तथा विधानसभा में उन प्रश्नों को पुरजोर ढंग से उठाया। सरकार का विरोध व बहिर्गमन किये। सरकार को मांगें स्वीकार करने के लिए बाध्य किया। रावी-व्यास-सतलुज के पानी के बंटवारे तथा बिजली के अन्तर्राज्यीय समझौतों पर राज्य के हित को मुद्दा बनाया। 31 अक्टूबर, 1984 को श्रीमती इंदिरा गांधी की हत्या नहीं होती तो 1985 के चुनाव परिणाम भिन्न होने की पूर्ण संभावना थी। फिर भी आठवीं विधानसभा में भाजपा की शक्ति में छह सीटों की वृद्धि हुई। कांग्रेस को बीस का नुकसान भुगतना पड़ा। 1985 के विधानसभा चुनाव में कांग्रेस 113, भाजपा 38, लोकदल 27, जनता पार्टी 10, मार्क्सवादी कम्युनिस्ट पार्टी एक तथा नौ निर्दलीय चुने गये थे। दो क्षेत्रों में प्रत्याशियों के निधन के कारण चुनाव स्थगित हो गये थे। इससे चार माह पूर्व (1984) सम्पन्न लोकसभा के चुनाव में कांग्रेस राज्य की सभी पच्चीसों सीटें ले गई और उसके विरुद्ध कोई भी नहीं चुना जा सका। श्रीमती गांधी की हत्या की सहानुभूति में कांग्रेस को 52.72 प्रतिशत वोट मिले। तत्कालीन विपक्ष में भाजपा को सर्वाधिक 23.69 तथा लोकदल को 11.23 प्रतिशत वोट मिले। जनता पार्टी 3.87 वोटों पर ही अटक गई।

इस दशक में भाजपा ने न केवल अपनी पहचान बढ़ायी बल्कि राज्य की एक राजनीतिक शक्ति के रूप में उभर गई थी। 1984 के लोकसभा चुनाव कांग्रेस की सफलता का कीर्तिमान था, किन्तु वह ग्राफ धीरे-धीरे गिरता ही गया और भाजपा की शक्ति में उत्तरोत्तर वृद्धि होती गई। भाजपा के भाग्य से बोफोर्स कांड कांग्रेस के अधःपतन का मुख्य कारण बन गया और प्रधानमंत्री राजीव गांधी के काल में ही वह हिमालय की चोटी से धराशायी हो गयी। उसी दौरान विश्व हिन्दू परिषद् ने अयोध्या में राममंदिर के निर्माण के प्रश्न को बहुत उछाला। उसने निर्माण के लिए देशभर में ईंटें,पत्थर एकत्रित किए तथा हिन्दू भावना को खूब उभारा। भाजपा के कार्यकर्त्ताओं ने इसमें सक्रिय रूप से भाग लिया। राजस्थान में उसका बहुत प्रभाव पड़ा। 1989 के लोकसभा तथा 1990 के विधानसभा चुनावों में भ्रष्टाचार तथा रामलला का मंदिर निर्माण अहम मुद्दे हो गये थे। राजस्थान कांग्रेस में गुटबंदी तथा 1985-1990 के बीच हरिदेव जोशी को मुख्यमंत्री बनाना, तीन वर्ष में ही उन्हें हटाना और शिवचरण माथुर को लाना, चुनाव से चार माह पूर्व उन्हें भी हटाना और फिर जोशी को वापस बुलाना, सतारूढ़ दल की प्रतिष्ठा को गिराने वाला प्रमाणित हुआ। लोकसभा के 1989 के चुनाव में प्रदेश में कांग्रेस को एक भी सीट नहीं मिली थी, वहीं एक

चुनावी समझौते के कारण भाजपा 13, जनता दल 11 तथा मार्क्सवादी कम्युनिस्ट पार्टी एक स्थान प्राप्त करने में सफल हुई। भाजपा के मतों में 1984 के लोकसभा चुनाव के मुकाबले में छह प्रतिशत की वृद्धि हो गई। कांग्रेस को 36.98, जनता दल को 25.68 तथा माकपा को 2.08 प्रतिशत वोट मिले। भाजपा के वोट 29.64 प्रतिशत थे। नवीं विधानसभा के चुनाव (1990) में भाजपा ने 85 तथा जनता दल ने 55 स्थानों पर कब्जा कर लिया था। कांग्रेस केवल 50 स्थान प्राप्त कर सकी। माकपा एक तथा निर्दलीय नौ स्थानों पर जीते। भाजपा की सफलता पूर्व चुनाव की तुलना में दो गुना से अधिक हो गई थी। राजस्थान में वह जनता दल के सहयोग से सरकार बनाने में सफल हुई।

जनता दल में फूट

सन् 1990 के राज्य विधानसभा के चुनाव ने जहां भाजपा की सरकार बनाने के द्वार खोले वहां उसके नेतृत्व की परीक्षा भी हो गई। जनता दल को 55 स्थान मिले थे और कांग्रेस के पास पचास थे। चाहते तो दोनों मिलकर सरकार बना सकते थे और भाजपा को विपक्ष में बैठने को विवश कर सकते थे। किन्तु राज्यपाल द्वारा विधानसभा में सबसे बड़ा दल होने के नाते उसके नेता भैरोंसिंह शेखावत को परिणाम घोषित होने के दो दिन में ही 4 मार्च, 1990 को मुख्यमंत्री की शपथ दिला दी गई। यद्यपि उन्होंने दस दिनों में भाजपा एवं जनता दल का मिलाजुला मंत्रिमंडल बनाया था। लेकिन सरकार गठन का संकट समाप्त नहीं हुआ था। केन्द्र में उस समय जनता दल के नेता विश्वनाथ प्रतापसिंह की सरकार थी। भाजपा उसको बाहर से समर्थन दे रही थी। लेकिन जब भाजपा के अध्यक्ष लालकृष्ण आडवाणी की रथ-यात्रा को बिहार में लालूप्रसाद यादव की सरकार ने रोका और उन्हें गिरफ्तार कर लिया तब भाजपा ने समर्थन वापस ले लिया। इस पर जनता दल में फूट पड़ गई और जनता पार्टी के 1979 के चरणसिंह के इतिहास को चन्द्रशेखर ने फिर दोहराया। उस समय वी. पी. सिंह का गुट चाहता था कि राजस्थान में भाजपा की सरकार को गिराने के लिए जनता दल सरकार से अलग हो जाए और कांग्रेस को साथ लेकर सत्ता हथिया ले। कहा जाता है कि वी. पी. सिंह भैरोंसिंह से खुश नहीं थे। वे केन्द्र में भाजपा के समर्थन वापस लेने का दण्ड राजस्थान भाजपा को देना चाहते थे।

जनता दल के तत्कालीन नेता और शेखावत की सरकार में प्रभावशाली मंत्री रहे दिग्विजयसिंह (वर्तमान में कांग्रेस में) ने एक भेंट में उपरोक्त रहस्योद्घाटन किया कि जनता दल के राज्याध्यक्ष नाथूराम मिर्धा इसे क्रियान्वित करना चाहते थे। लेकिन जनता दल में स्वतंत्र पार्टी का धड़ा मिर्धा की योजना को आशंका से देखता था। मिर्धा स्वयं मुख्यमंत्री बनना चाहते थे। दिग्विजयसिंह को, जिन्होंने बाद में जनता दल (दि) बनाया था, आशंका थी कि मिर्धा का धड़ा उनके गुट की उपेक्षा कर सकता है। इसके अलावा सरकार नहीं चलने पर दुबारा चुनाव होंगे

जिसको जनता पसन्द नहीं करेगी। नाथूराम मिर्धा का धड़ा जाट नीत था जो लोकदल से आया था और वह वी.पी. सिंह गुट को पसन्द नहीं करता था। शेखावत ने दिग्विजयसिंह का दर्जा ऊंचा कर उन्हें गृहमंत्री बना दिया और उनके कुछ अन्य साथियों को मंत्रिमंडल में ले लिया। इससे मिर्धा की योजना विफल हो गई। राजस्थान में भाजपा नीत सरकार बनी रही और उसका प्रभाव बढ़ता गया। राजस्थान में उन्हीं दिनों राममंदिर निर्माण का आंदोलन चरम सीमा पर चल रहा था। उसे हिन्दू जनता का खूब समर्थन मिल रहा था।

राष्ट्रपति शासन

केन्द्र में जनता दल की सरकार अधिक समय तक नहीं चल सकी। वी.पी. सिंह के इस्तीफा दे देने पर जनता दल के ही चन्द्रशेखर धड़े ने कांग्रेस के बाहरी समर्थन से सरकार बनाई। कांग्रेस नेता पूर्व प्रधानमंत्री राजीव गांधी ने 1979 की नीति पुनः अपनाई। कुछ समय बाद र.जीव गांधी पर पुलिस की निगरानी का मुद्दा बनाकर समर्थन वापस ले लिया। 1991 में लोकसभा के पुनः मध्यावधि चुनाव हुए। चुनावों के दौरान ही 21 मई की रात को राजीव गांधी की मानव बम द्वारा नृशंस हत्या कर दी गई। केन्द्र में पी.वी. नरसिंहराव के नेतृत्व में कांग्रेस की सरकार बन गई। अयोध्या में मंदिर निर्माण का आंदोलन शिखर पर पहुँच गया था। भाजपा के नेता उसका नेतृत्व कर रहे थे। अन्ततः 6 दिसम्बर, 1992 को अयोध्या में बावरी मस्जिद के ढांचे को दलबल सहित सशस्त्र पुलिस की उपस्थिति में ढहा दिया गया। विश्व के मुस्लिम समाज में तूफान मच गया। देश में जगह-जगह साम्प्रदायिक दंगे, आगजनी तथा बलवे हुए। बंबई जैसे कई शहर जल उठे। कई अन्तर्राष्ट्रीय संगठनों ने इस घटना की निन्दा की और मुसलमानों के साथ ही धर्मनिरपेक्षवादी आहत महसूस करने लगे। जनता के बढ़ते रोष को ठंडा करने के लिए राजस्थान सहित भाजपा की सरकारों को गिरा दिया गया। राजस्थान में 15 दिसम्बर, 1992 को राष्ट्रपति शासन लागू कर दिया गया। भैरोंसिंह शेखावत की सरकार एक बार पुनः अपदस्थ कर दी गई।

भाजपा सरकार बनाने में सफल

उपरोक्त परिस्थिति में भैरोंसिंह शेखावत एक दिन के लिए भी चुप नहीं बैठे। उन्होंने राजस्थान के कोने-कोने का दौरा कर राष्ट्रपति शासन लागू करने के लिए केन्द्र की कांग्रेस सरकार को खूब कोसा तथा हिन्दू भावना को उद्वेलित किया। शेखावत के दौरों से गांव-गांव में भाजपा के कार्यकर्त्ता आंदोलित रहे। परिणामस्वरूप जब 11 नवम्बर, 1993 को दसवीं विधानसभा के चुनाव हुए तो मुख्य मुकाबला भाजपा और कांग्रेस के बीच ही रह गया। 60.59 प्रतिशत मतदान

हुआ जो उस समय तक का सर्वोच्च था। भाजपा 1990 के परिणाम से भी 11 स्थान अधिक जीत कर विधानसभा में सबसे बड़े दल के रूप में सामने आयी। लेकिन इस बार पूर्ववत स्थिति नहीं थी। राज्यपाल ने सबसे बड़ी पार्टी के नाते भाजपा को शपथ के लिए आमंत्रित नहीं किया। भाजपा के 96 विधायक जीते। कांग्रेस भी अपनी सीटें ड्योढी कर 76 पर पहुँच गई थी। जनता दल के केवल छह सदस्य जीत पाये। माकपा का एक विधायक चुना गया। 21 निर्दलीय चुने गये। कांग्रेस का दावा था कि निर्दलियों में अधिकांश उसके बागी हैं। फिर भी कांग्रेस का स्पष्ट बहुमत नहीं होता था। कई दिनों तक दोनों दल काफी जोड़-तोड़ करते रहे। कांग्रेस सबसे बड़ी पार्टी का दावा करने लायक स्थिति में नहीं पहुँच पाई। यह भी आरोप लग रहा था कि राजभवन कांग्रेस की खूब मदद कर रहा है। लेकिन राजनीति के तेज खिलाड़ी भैरोंसिंह शेखावत जनता दल को दो फाड़कर तथा निर्दलियों का समर्थन प्राप्त कर 4 दिसम्बर,1993 को भाजपा की सरकार बनाने में सफल हो गये। निर्दलियों में कुछ तो बाद में भाजपा में ही सम्मिलित हो गये। सरकार पूरे पांच वर्ष चली तथा अन्त तक उसके समर्थक सदस्यों की संख्या 112 तक पहुँच गई थी। हालांकि उनमें से कुछ 1998 के चुनाव के समय साथ छोड़कर कांग्रेस में चले गये थे। किन्तु शेखावत मंत्रिपरिषद के सदस्यों की 46 संख्या तक पहुँच गई थी। ऐसे ही 1990 की शेखावत मंत्रिपरिषद में इससे भी एक अधिक 47 सदस्य थे जो तब तक की सर्वाधिक संख्या थी।

महत्वाकांक्षी धराशायी

भाजपा की सरकार राष्ट्रपति शासन के काल को छोड़ कर निरन्तर चल रही थी। भाजपा के कुछ नेताओं में सत्ता की महत्वाकांक्षा बढ़ रही थी । रामदास अग्रवाल कई वर्षों से प्रदेशाध्यक्ष थे। इतने बड़े मंत्रिमंडल के बाद भी कई विधायक तथा प्रदेश के नेता सत्ता से दूर थे। अब भाजपा सदस्यों का आचरण पूर्व जनसंघ जैसा नहीं रहा था जब केवल त्याग और समर्पण की ही भावना होती थी। दल के नायक के आदेशों की पालना करना ही कार्यकर्त्ता का कर्त्तव्य होता था। अब कांग्रेस की सत्ता संस्कृति भाजपा में उससे भी कहीं अधिक थी। राजनीति देश सेवा के स्थान पर व्यवसाय बन गई थी। प्रदेश के कतिपय नेताओं द्वारा मुख्यमंत्री को अपदस्थ करने की मुहिम उस समय चलाई गई जब शेखावत उपचार के लिए अमरीका गये हुए थे। जब शेखावत को सूचना मिली, वे तुरंत लौट कर आये और महत्वाकांक्षियों के सपने चकनाचूर कर दिये। लेकिन 1998 के चुनाव में संभवतः उसका बदला ले लिया गया। शेखावत दो स्थानों से विधानसभा के लिए खड़े हुए थे। केवल बाली से जीत पाये और गंगानगर में उन्हें हरा दिया गया। पार्टी के सदस्यों की संख्या 112 से घटकर एक-तिहाई से कम केवल 33 रह गई। भाजपा को आठ वर्षों के शासन में यह करारी चोट थी। इससे भाजपा के कार्यकर्त्ताओं में इतनी निराशा आ गई कि कांग्रेस के पांच वर्षों के शासनकाल में वे बिल्कुल निष्क्रिय रहे। जनता की बिजली-पानी की ज्वलंत

समस्याएं भी सुषुप्त पड़े वामपंथियों के नेतृत्व में किसानों ने उठाईं। शेखावत उपराष्ट्रपति होकर दिल्ली चले गये। राज्य में भाजपा की बागडोर वर्तमान मुख्यमंत्री वसुन्धराराजे को संभला दी गई। किन्तु उन्होंने छह महीने बाद बड़ी हिचकिचाहट के साथ उच्चकमान के आदेश की पालनार्थ स्वीकार किया।

परिवर्तन यात्रा

बड़े योजनाकार, केन्द्रीय नेता स्वर्गीय प्रमोद महाजन ने प्रदेशाध्यक्ष श्रीमती वसुन्धराराजे की सौ दिनों की परिवर्तन यात्रा का कार्यक्रम बनाया। ग्वालियर राजपरिवार की सुपुत्री तथा धौलपुर की महारानी ने आधुनिक सुविधाओं से युक्त एक रथ में राजस्थान की तपती गर्मी में गांव-गांव के सम्पर्क का अभूतपूर्व अभियान प्रारंभ किया। उनके अद्भुत साहस और लगन ने कांग्रेस का बेड़ा गर्क कर दिया। राजपूत पुत्री तथा जाट बहू अपने चेहरे पर प्रफुल्लित मुस्कान लेकर जब राजस्थानी महिलाओं के बीच उन्हीं की वेशभूषा में पहुंचती तो सभी को अपनी ओर सस्नेह आकर्षित कर लेती थी। राजस्थान में यह पहली महारानी थी जो एक सौ दिनों तक राज्य के अधिकांश भागों में स्त्री-पुरुषों के बीच साक्षात हुई थी। इससे पूर्व यह प्रयास जयपुर की पूर्व महारानी गायत्रीदेवी ने 1962 तथा 1967 के चुनावों में केवल अपनी रियासत में किया था जिसके कारण स्वतंत्र पार्टी को अभूतपूर्व सफलता मिली थी। यह सर्वविदित है कि वह राजस्थानी तो क्या हिन्दी भी ठीक से नहीं बोल सकती थी। लेकिन वसुन्धराराजे के पास कई गुण थे। लंबा तिलक लगाये देवीभक्त, वीरांगना जब पग-पग पर देवालयों को धोकती तो सारा वातावरण भाजपामय हो जाता था। उनके व्यक्तित्व का जादू तथा राज्य कर्मचारियों के असंतोष ने भाजपा को विधानसभा में जीत का कीर्तिमान बनाने में सहायता की। भाजपा 120 सीटें जीतने में सफल हुई। उसी धार्मिक भावना तथा कर्मकाण्ड की सार्वजनिक पूर्ति कर उन्होंने शासन भार ग्रहण किया था। ऐसा संभवतः तब तक किसी धार्मिक देश में भी नहीं हुआ होगा जहां सार्वजनिक तौर पर शपथ से पूर्व पूजा पाठ किया गया हो। मुख्यमंत्री और मंत्रियों ने कुर्सी की पूजा कर पद भार ग्रहण किया था।

वसुन्धरा द्वारा दो किश्तों में कानून की सीमा में मंत्रिमंडल का निर्माण किया गया। मंत्रिमंडल के निर्माण में राष्ट्रीय स्वयंसेवक संघ की सलाह भी महत्वपूर्ण रही। नये मंत्रियों का चयन होने से कई स्थापित नेता मंत्रिमंडल में नहीं आ सके। इस कारण भाजपा के कई वरिष्ठ विधायकों में रोष था। गुर्जर, कूमावत आदि विभिन्न जातियों ने अपने वरिष्ठ नेताओं को मंत्री बनाने की मांग की। मुख्यमंत्री के जिले झालावाड़ के एक विधायक जगन्नाथ ने तो बगावत तक कर दी। आखिरकार उसे पार्टी से निलंबित कर दिया गया। ऐसा राजस्थान के इतिहास में पहली बार देखने को मिला। सभी राजनीतिक दलों के नेताओं का विश्लेषण है कि जाटों के समर्थन के

कारण भाजपा को अभूतपूर्व सफलता मिली थी। इस कारण राज्य में जातिवाद की राजनीति सशक्त हो गई। कांग्रेस के नेताओं ने भी जातीय आधार पर प्रदेशाध्यक्ष तथा विधानसभा दल का नेता नियुक्त करने की मांग की। कांग्रेस उच्चकमान ने वैसा ही कर एक नई परंपरा को जन्म दिया जो लोकतंत्र के लिए आत्मघाती है। भाजपा की मुख्यमंत्री वसुन्धराराजे ने भी राज्य की अकाल-वर्षा आदि समस्याओं के निदान के लिए देवालयों में प्रार्थनाओं से हल करने की नई परम्परा प्रारंभ की। ये कार्यक्रम राजकीय स्तर पर आयोजित किये गये। इस तरह राजस्थान के दोनों प्रमुख दलों ने जातिवाद और कर्मकाण्ड की स्थापना की। इसी वर्ष में पूर्व राज्यपाल तथा भाजपा के नेता मदनलाल खुराना ने लोकसभा चुनाव से पूर्व राजभवन में गरीबों को सहायता का अभियान चलाकर गरीबी मिटाने की नई योजना प्रारंभ की जो व्यक्तिगत लोकप्रियता प्राप्त करने तक ही सीमित रही। वसुन्धराराजे सरकार ने राष्ट्रीय जनतांत्रिक गठबन्धन के पूर्व वित्तमंत्री जसवन्तसिंह की चाल पर राज्य के सात लाख कर्मचारियों को प्रसन्न करने के लिए वह सब कुछ दिया जिसके लिए कांग्रेस के अशोक गहलोत शासन के समय उन्होंने कीर्तिमान हड़ताल कर संघर्ष किया था। लेकिन राज्य के सवा करोड़ गरीबी रेखा से नीचे जीवन यापन करने वालों में से एक प्रतिशत को उसका एक अंश भी प्राप्त हो सके ऐसी कोई नई योजना प्रारंभ नहीं की। भाजपा सरकार ने अपने शासन की पहली और दूसरी वर्षगांठ को त्योहार के रूप में मनाया। राज्य की छह करोड़ जनता निरीह आंखों से इस अपव्यय को देखती रही।

मुख्यमंत्री निर्वाचित होने के बाद श्रीमती राजे ने प्रदेश अध्यक्ष का पद त्याग कर दिया। भाजपा उच्च नेतृत्व ने प्रदेश के वरिष्ठ उपाध्यक्ष तथा पूर्व मंत्री ललितकिशोर चतुर्वेदी को अध्यक्ष नियुक्त कर दिया। तब वसुन्धरा तथा चतुर्वेदी के बीच अच्छा सहयोग था। वसुन्धराराजे के नेतृत्व में भाजपा की जीत का सूरज उत्तरोत्तर चमकता ही गया। विधानसभा के चुनाव के बाद सम्पन्न लोकसभा के चुनाव में भी भाजपा ने 25 में से 21 सीटें जीतकर नया रेकार्ड बनाया। विधानसभा के उपचुनावों में भी भाजपा कांग्रेस से आगे रही। उसके बाद पंचायतीराज संस्थाओं तथा दो किश्तों में सम्पन्न स्थानीय निकायों के चुनावों में भी भाजपा कांग्रेस से आगे रही। यह बात जरूर है कि पंचायतीराज संस्थाओं में कांग्रेस ने भाजपा को अवश्य अच्छी चुनौती दी। धीरे-धीरे संगठन के नेताओं तथा वरिष्ठ विधायकों में असंतोष बढ़ने के समाचार बराबर सामने आ रहे हैं। संगठन तथा प्रदेश अध्यक्ष का चुनाव आगे-से-आगे टलता जा रहा है। विभिन्न निगमों में नियुक्तियों की प्रतीक्षा की जा रही है। भाजपा सरकार की नीतियों को लेकर मंत्रियों तथा प्रदेश नेताओं के बीच मतभेद भी सामने आने लगे हैं। दिल्ली में भाजपा के राष्ट्रीय अध्यक्ष लालकृष्ण आडवाणी तथा राष्ट्रीय स्वयंसेवक संघ के पदाधिकारियों के बीच पाकिस्तान के निर्माता मोहम्मद अली जिन्ना के बारे में उनकी टिप्पणी को लेकर जबर्दस्त मतभेद हो गया है। आडवाणी ने अपनी टिप्पणी वापस लेने के बजाय दिसम्बर 2005 में पदत्याग की घोषणा राष्ट्रीय कार्यकारिणी की चेन्नई बैठक में कर दी और उसके पालनार्थ इस्तीफा भी दे दिया। राजनाथसिंह

उनके स्थान पर नये अध्यक्ष हो गये हैं। साथ ही आडवाणी ने संघ को भाजपा के मामले में हस्तक्षेप से दूर रहने का एक महत्वपूर्ण संदेश दिया है। इसके दूरगामी परिणाम होंगे। पिछले कई माह से चल रही इस सैद्धान्तिक खींचतान के कारण प्रदेश नेताओं का असंतोष ठंडे बस्ते में बंद है। इस तरह के विवाद गुजरात एवं दिल्ली के नेताओं में बहुत गरम हैं।

संदर्भ

1. Party Politics In An Indian State : Prof. K.L. Kamal, P. 139-144
2. Party Politics In An Indian State : Prof. K.L. Kamal, P. 148
3. Party Politics In An Indian State : Prof. K.L. Kamal, P. 144

4-5. दीपक, राजस्थान में जनसंघ की प्रगति के बढ़ते कदम, 1961, पृ.70

6. Party Politics In An Indian State : Prof. K.L. Kamal, P. 145
7. Party Politics in An Indian State : Prof. K.L. Kamal, P. 145
8. निर्वाचन आयोग : प्रथम आम चुनाव का प्रतित्रेदन, 1952
9. Party Politics In An Indian State : Prof. K.L. Kamal, P. 159-161

10-11. Party Politics In An Indian State : Prof. K.L. Kamal, P. 177

12. Spot Light on Rajasthan Politics : Prof. K.L. Kamal, P. 66
13. जगदीशप्रसाद माथुर से भेंटवार्ता : 15 नवम्बर, 2004
14. राजस्थान वार्षिकी : संपादक, सीताराम झालानी, खण्ड-5, पृ. 111 वर्ष, 1997
15. Party Politics In An Indian State : Prof. K.L. Kamal, P. 162
16. पूर्व केन्द्रीय मंत्री दौलतराम सारण से भेंटवार्ता : 5 नवम्बर, 2004
17. राजस्थान निर्वाचन विभाग, 1962
18. Party Politics In An Indian State : Prof. K.L. Kamal, P. 164
19. Party Politics In An Indian State : Prof. K.L. Kamal, P. 167

7

स्वतंत्र पार्टी

स्वतंत्रता प्राप्ति के बाद राजस्थान में दो दशक तक सामंतों में ऐसे व्यक्ति थे जो नई व्यवस्था को मन से स्वीकार नहीं कर पा रहे थे। उन्होंने लोकतंत्रीय मार्ग से सत्ता प्राप्त करने और यदि वह संभव नहीं हो सके तो प्रभावशाली विपक्ष की भूमिका निभाने का प्रयत्न किया । प्रथम चुनाव में जोधपुर महाराजा स्वर्गीय हनुवन्तसिंह के नेतृत्व में रामराज्य परिषद से तथा कई निर्दलीय उम्मीदवार खड़े कर कांग्रेस का विरोध किया गया था। किन्तु दुर्भाग्य से महाराजा की विमान दुर्घटना में मृत्यु से सत्ता प्राप्ति का सपना साकार नहीं हो सका। इस वर्ग का संघर्ष दूसरे चुनाव में भी चालू रहा। 1957 के दूसरे आम चुनाव में डूंगरपुर के पूर्व महारावल लक्ष्मणसिंह ऐसे वर्ग की बड़ी आशा थे। महारावल ने 1952 तथा 1957 में अपनी ही रियासत में कांग्रेस के उम्मीदवार वागड़ के गांधी तथा पूर्व मंत्री भोगीलाल पंड्या (जिन्होंने डूंगरपुर रियासत में शोषण-अत्याचार के विरुद्ध जनजागरण के लिए जान हथेली में रखकर संघर्ष किया था) को खुली चुनौती दी थी, मगर जनता ने उन्हें जीत प्रदान नहीं की। राजस्थान में पहले आम चुनाव में कांग्रेस के विरुद्ध दक्षिणपंथी रामराज्य परिषद (राराप), भारतीय जनसंघ, हिन्दू महासभा तथा कुछ वामपंथी दल मैदान में थे। निर्दलियों तथा राराप को छोड़कर अन्य दलों को नाम मात्र की सफलता मिली थी। 1957 के दूसरे आम चुनाव में उनकी संख्या में और कमी हो गई तथा कांग्रेस की स्थिति में विशेष सुधार हो गया था।

दूसरे आम चुनाव के बाद कांग्रेस की नीतियों में क्रान्तिकारी मोड़ आया। प्रधानमंत्री स्वर्गीय जवाहरलाल नेहरू के नेतृत्व में कांग्रेस ने समाजवादी दिशा की ओर बढ़ने का निर्णय कर लिया। 1959 में नागपुर में सम्पन्न अखिल भारतीय कांग्रेस कमेटी का आर्थिक प्रस्ताव उसका मूल है। इसमें कांग्रेस ने जागीरदारी प्रथा की समाप्ति के बाद किसान के भू-स्वामित्व (लैण्ड सीलिंग) की सीमा, संयुक्त सहकारी कृषि तथा अन्न के थोक व्यापार के राज्य एकाधिकार (राष्ट्रीयकरण) की नीति स्वीकार की। इस नीति से कांग्रेस के वयोवृद्ध नेता एवं भारत के प्रथम गवर्नर जनरल सी.राजगोपालाचारी (राजाजी) सहमत नहीं थे। उनका मत था कि इससे व्यक्ति की आर्थिक स्वतंत्रता समाप्त हो जायेगी। राज्य पूंजीवाद की स्थापना होगी यानी व्यक्ति की

पूंजी तथा उत्पादन पर सरकारी नियंत्रण हो जाएगा। इस प्रस्ताव से ग्रामीण जीवन तीन प्रकार से प्रभावित होगा। एक, भू-सीलिंग से गांवों के मध्यमवर्ग की कमर टूट जायगी। दो, अन्न के थोक व्यापार पर राज्य का एकाधिकार होने से गांवों में रहने वाले हजारों छोटे व्यापारी समाप्त हो जायेंगे तथा किसान को सीधा सरकारी कर्मचारी से सामना करना पड़ेगा। सरकार मनमाने भाव पर अन्न खरीदेगी। तीन, सहकारी खेती का अर्थ होगा, सोवियत रूस तथा चीन के मार्ग द्वारा भूमि पर व्यक्ति का स्वामित्व समाप्त कर कृषि उत्पादन नौकरशाही के नियंत्रण में चला जायगा।

स्वतंत्र पार्टी की स्थापना

उपरोक्त प्रस्ताव के विरोधियों की एक बैठक राजाजी के नेतृत्व में 4 जून, 1959 को मद्रास में हुई जिसमें नई पार्टी बनाने का निर्णय किया गया। एक और दो अगस्त, 1959 को बम्बई में स्वतंत्र पार्टी की औपचारिक रूप से स्थापना हुई। उसका पहला राष्ट्रीय सम्मेलन 19-20 मार्च, 1960 को पटना में हुआ। एम.आर.मसानी इसके महामंत्री निर्वाचित हुए थे।

पार्टी के संस्थापक राजाजी ने मेवाड़ सरकार के पूर्व वैधानिक सलाहकार तथा स्वतंत्र पार्टी के उपाध्यक्ष के.एम.मुंशी को राजस्थान में कुछ प्रमुख राजाओं, जागीरदारों तथा असंतुष्ट नेताओं से संपर्क करने को भेजा। उन्होंने राजस्थान में जैसलमेर के महाराजा हुकमसिंह, भिनाय के राजा कल्याणसिंह, डूंगरपुर के महारावल लक्ष्मणसिंह, अजमेर के उद्योगपति सोभागमल लोढ़ा तथा उदयपुर, जोधपुर, जयपुर तथा किशनगढ़ के पूर्व राजाओं से संपर्क किया था।[1]

सामंतों के 'राजकुमारों' के लिए अजमेर में चल रहे मेयो कॉलेज के प्रो. मदनसिंह, भिनाय के राजा कल्याणसिंह, भरतपुर महाराजा के छोटे भ्राता राजा मानसिंह, रायसहाब बुलाकीदास तथा सेवानिवृत्त अधिकारी वलीदुल्लाहखां ने स्वतंत्र पार्टी की राजस्थान में शाखा स्थापित करने का निर्णय किया। ये पांचों राजस्थान में स्वतंत्र पार्टी के संस्थापक कहलाये। राजा कल्याणसिंह को संगठन सचिव चुना गया और जयपुर में ऑफिस खोला गया। 1959 में ही राजस्थान में काम प्रारम्भ हो गया। बाद में कल्याणसिंह को ही अध्यक्ष भी चुन लिया गया।[2]

जब तक महारावल डूंगरपुर स्वतंत्र पार्टी में शामिल नहीं हुए तब तक लोगों को इसकी जानकारी भी नहीं हुई। महारावल ने इस समय तक किसी राजनीतिक दल की सदस्यता ग्रहण नहीं की थी और स्वतंत्र पार्टी भी तब तक बिना नेता के थी। महारावल क्षत्रिय महासभा के नेता थे और राजपूतों की राजनीति में उनका बहुत प्रभाव था। इससे उन समस्त राजपूत नेताओं को एक दिशा मिल गई जिन्होंने तब तक किसी भी राजनीतिक दल की सदस्यता नहीं ली थी। इसके बावजूद जब तक तत्कालीन जयपुर महारानी गायत्रीदेवी ने सदस्यता स्वीकार नहीं की तब तक स्वतंत्र पार्टी को गति तथा बल नहीं मिला था।[3]

अमरीकी नीति का गुणगान

राजा कल्याणसिंह ने स्वतंत्र उद्यमिता की अमरीकी नीति का गुणगान करते हुए लोगों से स्वतंत्र पार्टी में सम्मिलित होने की अपील की थी। उन्होंने कांग्रेस की संयुक्त सहकारी कृषि नीति की आलोचना करते हुए अपने वक्तव्य में कहा था कि भू-सीलिंग की अधिकतम सीमा निश्चित करके भी राज्य के दो-तीन प्रतिशत से अधिक भूमिहीनों को संतुष्ट नहीं किया जा सकता है। खेत और परिवार को नष्ट करने से व्यक्ति की स्वंतत्र उद्यमिता तथा व्यक्तिगत स्वामित्व की रक्षा नहीं की जा सकती है। राज्य विधानसभा में प्रस्तावित भूमि सुधार के विधेयकों की आलोचना करते हुए कल्याणसिंह ने कहा कि इनसे किसी का लाभ नहीं होगा। इसके विपरीत उत्पादन घटेगा तथा वर्ग-संघर्ष बढ़ जायेगा। सत्तारूढ़ दल की नीतियों को अधिनायकवादी और साम्यवादी बताते हुए राजा ने जनतंत्र को बचाने की अपील की। अंत में अमरीकी राष्ट्रपति अब्राहम लिंकन के उद्घोष को उद्धृत कर कहा, "बलवान को निर्बल करके कमजोर को शक्तिशाली नहीं बना सकते... धनाढ्य को नष्ट कर गरीब की सहायता नहीं कर सकते... मनुष्य के पहल की क्षमता तथा स्वतंत्रता समाप्त कर उसमें चरित्र तथा साहस का निर्माण नहीं किया जा सकता है।"[4]

राजस्थान में स्वतंत्र पार्टी का विस्तार तत्कालीन महारानी गायत्रीदेवी की सक्रियता, लगन तथा पूर्व जयपुर रियासत में उनके प्रभाव से ही किया जा सका। इसका वर्णन राजमाता गायत्रीदेवी ने अपनी आत्मकथा 'ए प्रिन्सेस रिमेम्बर्स', दी मेमोरीज ऑफ दी महारानी ऑफ जयपुर, में किया है। उसे रूपा एण्ड कं. ने 1995 में प्रकाशित किया है। चार सौ पृष्ठों की इस पुस्तक पढ़ने से लगता है कि राजमाता ने ईमानदारी, पारदर्शी तथा प्रांजल अंग्रेजी में अपने जन्म से लेकर वर्तमान स्थिति की भावनात्मक प्रस्तुति की है। उसके अध्यायों में अपने पति तथा जयपुर के महाराजा स्वर्गीय सवाई मानसिंह (द्वितीय) के प्रति अपने अटूट स्नेह एवं सम्मान के सम्बन्धों को स्थान-स्थान पर रेखांकित किया है। मानों ये दोनों 'एक-दूजे' के लिए ही बने थे। अपने प्रियतम को उन्होंने 'जय' नाम से सम्बोधित किया है।

राजमाता ने राजनीतिक स्थिति का वर्णन प्रथम आम चुनाव से किया है और टिप्पणी की है कि उस समय देश में कांग्रेस का मुकाबला करने लायक कोई पार्टी नहीं थी। यही स्थिति राजस्थान की बताई और कहा, "कम्युनिस्ट पार्टी कोई चुनौती नहीं थी। रूढ़िवादी तथा प्रतिक्रियावादी हिन्दू महासभा के पास प्रभावशाली उम्मीदवार नहीं थे।"[5]

जोधपुर महाराजा हनुवन्तसिंह के चुनाव परिणाम घोषित होने से पूर्व विमान दुर्घटना में मारे जाने पर खेद प्रगट करते हुए राजमाता ने टिप्पणी की : "उनकी मृत्यु के बाद विपक्ष का नेतृत्व करने वाला कोई नहीं था।"[6] शोकमग्न जोधपुर महल की स्थिति का वर्णन करते हुए उन्होंने लिखा है कि जयनारायण व्यास राजप्रमुख सवाई मानसिंह के साथ विमान द्वारा वहां पहुँचे थे और

"भीड़ ने जब व्यास को देखा तो वह रोष में आ गई। उसने आवेश में उनका पीछा किया। वे अपने को बड़ी कठिनाई से जनाने में पड़ी पर्दाकार में बचा पाये।"[7]

जयपुर महाराजा को आघात

आत्मकथा में उनके राजनीति में आने की पृष्ठभूमि का वर्णन करते हुए राजमाता ने लिखा है कि अक्टूबर, 1956 में राष्ट्रपति डॉ. राजेन्द्रप्रसाद, प्रधानमंत्री जवाहरलाल नेहरू तथा गृहमंत्री ने जब 'जय' को सूचित किया कि अब राजप्रमुख का पद नहीं रहेगा तो उन्हें बहुत आघात पहुँचा। महाराजा ने नेहरू को लिखा कि रियासत के विलय के समय यह समझौता हुआ था कि राजप्रमुख के पद पर वह जीवन पर्यन्त रहेंगे। नेहरू ने एक वाक्य में जवाब दिया कि "संविधान को पाषाण नहीं बनाया जा सकता है।"[8]

गायत्रीदेवी के मन पर इसकी गंभीर प्रतिक्रिया हुई। उन्होंने लिखा : "तब मैं सरकार की ईमानदारी पर प्रश्न करने लगी जो समझौते का संविधान में प्रावधान करके कितनी आसानी से मुकर सकती है?"[9]

इसके कुछ दिनों बाद अचानक एक शाम को राजस्थान के तत्कालीन मुख्यमंत्री मोहनलाल सुखाड़िया महारानी से मिलने पहुँचे और जयपुर लोकसभा क्षेत्र से कांग्रेस के उम्मीदवार के तौर पर चुनाव में खड़े होने का प्रस्ताव किया। इस प्रस्ताव से वह विस्मित हो गईं। राजमाता ने लगभग चार पृष्ठों में देश एवं राज्य की राजनीतिक तथा प्रशासनिक स्थिति का वर्णन करते हुए अपनी पुस्तक में लिखा है कि महात्मा गांधी की कांग्रेस भ्रष्ट हो गई है। पुराने रईसों के स्थान पर नये कांग्रेस नेता हो गये हैं। जनता करों के भार से दबी जा रही है। देश को एक सशक्त एवं तर्कसंगत विपक्ष की आवश्यकता है जो कांग्रेस को पथभ्रष्ट होने से रोक सके। महारानी ने महाराजा से भी इस बारे में विस्तार से विचार-विमर्श किया था। महाराजा ने ठिठोली करते हुए कहा कि "यदि कांग्रेस में शामिल हो जायें तो वह जयपुर के लिए कुछ कर सकेंगी।" उन्होंने लिखा : "मैंने सोचा कि यदि मेरे सिद्धान्तों का कुछ अर्थ है तो मुझे सच्चे विरोधी दल को कमजोर करने में सहायक नहीं होना चाहिए।" महारानी ने उसी दिन मुख्यमंत्री को सूचित कर दिया कि वह उनका प्रस्ताव स्वीकार नहीं कर सकेंगी।[10]

महारानी ने लिखा कि वह जयपुर शहर की बिगड़ती हुई दशा से बहुत चिन्तित थीं। शहरकोट को तोड़ा जा रहा था। मुख्यमंत्री से भी मिलना चाहा, मगर उन्होंने समय नहीं दिया। आखिर उन्होंने प्रधानमंत्री को पत्र लिखा जिसका दो दिन में ही उत्तर आ गया। नेहरू ने प्रत्युत्तर दिया, "वे जयपुर के साथ अपवित्र कर्म कर रहे हैं। वह मुख्यमंत्री को पत्र लिख रहे हैं कि इस काम को (चारदीवारी गिराने को) तत्काल रोका जाये।"[11]

महारानी का राजनीति में प्रवेश

महारानी ने स्वतंत्र पार्टी में सम्मिलित होने का निर्णय उस दिन किया जब पृथ्वीराज (वह उन्हें प्यार से 'पेट' नाम से पुकारती हैं तथा वह वरिष्ठ महारानी का महाराजकुमार है) का उनकी बहिन की पुत्री से सगाई का समारोह हो रहा था। उसी प्रातः उन्होंने फार्म मंगा कर भर दिया और स्वतंत्र पार्टी की सदस्या हो गईं।

राजमाता ने स्वतंत्र पार्टी के अध्याय में लिखा कि सन् 1960 में उन्होंने राजनीति में प्रवेश का निर्णय कर लिया था। राजाजी द्वारा संस्थापित स्वतंत्र पार्टी के उदय से वह तथा महाराजा बहुत प्रभावित हुए थे। उन्हें यह आशा बंधी थी कि वह कांग्रेस के विरुद्ध सशक्त विपक्ष की भूमिका बखूबी निभायेगी। कांग्रेस के कुशासन, भ्रष्टाचार तथा महात्मा गांधी के सिद्धान्तों के विरुद्ध समाजवादी विचारधारा स्वीकार करने से वह और महाराजा चिन्तित थे। लेकिन महाराजा राजनीति में नहीं आकर तटस्थ रहना चाहते थे।

कुछ दिनों बाद ब्रिटेन की महारानी एलिजाबेथ (द्वितीय) तथा उनके पति ड्यूक ऑफ एडिनबरा प्रिन्स फिलिप के 23 जनवरी, 1961 को जयपुर की यात्रा के अवसर पर जयपुर महाराजा द्वारा आयोजित किये जाने वाले स्वागत समारोह को (दरबार) लेकर देश में बहुत झमेला हुआ था। महाराजा ने निमंत्रण पत्र में अचकन, साफा तथा तलवार (दरबारी पोशाक) लेकर उपस्थित होने का आग्रह किया था। प्रधानमंत्री ने ऐसे प्रावधान पर आपत्ति की थी। महाराजा ने इसकी सफाई में प्रधानमंत्री को यह लिखा कि "यह जयपुर की परम्परागत पोशाक है और सरदार समारोह में इसी वेशभूषा में आते हैं।"[12]

इस प्रसंग पर महाराजा सवाई मानसिंह (द्वितीय) की जीवनी 'दी लास्ट महाराजा' में लेखक क्वेंटिन क्रयू ने लिखा कि महाराजा ने पहले मुख्यमंत्री तथा सार्वजनिक निर्माण मंत्री झालावाड़ महाराजा हरिश्चन्द्रसिंह को साफा पहनकर आने का निमंत्रण दिया था। मुख्यमंत्री सुखाड़िया ने टोपी पहनकर आने की धमकी दी। राज्यपाल ने केन्द्र को सारे मामले की रिपोर्ट भेजी। उन्होंने आशंका प्रगट की कि महाराजा राजाशाही का प्रदर्शन करना चाहते हैं। राजस्थान में सामंतशाही का प्रभाव बढ़ता जा रहा है, जो अगले चुनावों को प्रभावित करेगा। इस पर महाराजा ने सभी मंत्रियों को बिना साफा पहने आने का निमंत्रण दिया। मगर वे सभी साफा पहनकर आये। किन्तु उन्हें अलग बिठाया और ब्रिटिश महारानी से उनका परिचय नहीं कराया। दर्शकों के लिए टिकिट लगाये थे। सरकार के विरोध पर वह रुपया वापस लौटाया गया था।[13]

महारानी इससे पूर्व राजप्रमुख का पद समाप्त करने से आहत थीं ही। उनका आरोप था कि महाराजा तथा पूर्व राजप्रमुख की राज्य सरकार द्वारा उपेक्षा की जाने लगी थी। उनका मत था कि जन-असंतोष बढ़ता जा रहा था। उन्होंने कुछेक घटनाएं प्रस्तुत कीं जिनमें महाराजा का जनता ने भावपूर्ण स्वागत किया और उनसे आशा करने लगे थे। किन्तु महाराजा अपने को असमर्थ पाते

थे। ऐसी पृष्ठभूमि में सगाई समारोह के दिन प्रातः जय से पूछा, "क्या मैं स्वतंत्र पार्टी में शामिल हो सकती हूँ?" उन्होंने लिखा, "महाराजा नींद में अलसाये हुए थे, लेकिन 'हां' कहा।" महारानी ने अपने एडीसी से स्वतंत्र पार्टी के सचिव को नाश्ते पर बुलाने को कहा और घुड़सवारी के लिए निकल पड़ीं। उनके लौटने पर सचिव फार्म के साथ उपस्थित था, उन्होंने पृथ्वीराज के सामने हस्ताक्षर कर दिये और सगाई समारोह के लिए पेट के साथ सिटी पैलेस के लिए चल दीं।[14]

स्वतंत्र पार्टी की सदस्या बनीं

समाचारपत्र वालों को महारानी के स्वतंत्र पार्टी (स्वपा) की सदस्यता ग्रहण करने का पता चल गया था। वे राजमहल से दिन भर इसकी पुष्टि कराते रहे। लेकिन एडीसी को जानकारी नहीं थी, इसलिए वह बराबर अनभिज्ञता प्रगट करता रहा। दोपहर के भोजन के बाद महाराजा को पता चला तो उन्होंने महारानी की जल्दबाजी पर आश्चर्य प्रगट किया। ब्रिटिश महारानी की यात्रा के दो सप्ताह बाद तक उसे गुप्त रखा गया। 11 फरवरी, 1961 को यह समाचार प्रकाशित हुआ कि महारानी स्वतंत्र पार्टी की सदस्य बन गई हैं। ब्रिटिश महारानी 23 जनवरी, 1961 को जयपुर आई थीं। 'दी लास्ट महाराजा' के अनुसार चूंकि महारानी राजनीति से अनभिज्ञ थीं इसलिए महाराजा ने क्षत्रिय महासभा के अध्यक्ष तथा उनके विश्वस्त ठाकुर देवीसिंह मंडावा को स्वतंत्र पार्टी की सदस्यता ग्रहण कराई।

'दी लास्ट महाराजा' के अनुसार जयपुर रियासत के पूर्व दीवान वी.टी.कृष्णमाचारी ने अप्रेल 1961 में महाराजा को लिखा कि महारानी चुनाव न लड़ें अन्यथा कांग्रेस शासन उनके प्रिवीपर्स बंद कर देगी या उस पर टैक्स लगा देगी। किन्तु महारानी अपने निर्णय पर अटल रहीं।[15]

तृतीय आम चुनाव (1962) से लगभग एक वर्ष पूर्व जयपुर की महारानी गायत्रीदेवी का स्वतंत्र पार्टी में सम्मिलित हो जाना विस्फोटक था। मुख्यमंत्री मोहनलाल सुखाड़िया की कांग्रेस सरकार विद्यार्थियों के फीस विरोधी, वकीलों के जयपुर से हाईकोर्ट जोधपुर ले जाने तथा सामंतों के छुट्ट-भय्याओं तथा भोमियों के जागीरदारी उन्मूलन के विरुद्ध आंदोलनों के बावजूद किसानों के पक्ष में भूमि-सुधार के कई कानून बनाये जा रही थी। पंचायतीराज की स्थापना का भी वह श्रेय ले चुकी थी।

राजस्थान देश में दूसरा राज्य था जहां 2 अक्टूबर, 1959 को ही सत्ता का विकेन्द्रीकरण किया जा चुका था। उपरोक्त आंदोलनों का सम्बन्ध मध्यमवर्ग तथा राजपूत जाति तक ही सीमित था। संभवतः मुख्यमंत्री को महारानी के राजनीति में प्रवेश की पहले ही आशंका हो गई थी। इसीलिए उन्होंने कांग्रेस के टिकिट पर चुनाव लड़ने का आग्रह 1957 के चुनाव के समय ही कर दिया था। मगर उन्होंने मना कर दिया था। राजाजी की पार्टी होने के बावजूद राजस्थान में किसी वरिष्ठ कांग्रेसी नेता ने स्वतंत्र पार्टी की सदस्यता कभी ग्रहण नहीं की थी। मूल रूप से वह राजाओं

की पार्टी ही कहलाई। लेकिन महारावल ने इस आरोप को सही नहीं माना। पूर्व जयपुर रियासत क्षेत्र में यह गायत्रीदेवी की पार्टी के नाम से जानी जाती थी।

प्रो. सी.पी. भांभरी के अध्ययन के अनुसार स्वतंत्र पार्टी के संसदीयबोर्ड के सात सदस्यों में से चार राजा तथा जागीरदार थे। यही उम्मीदवारों का चयन करके केन्द्र को नाम प्रस्तावित करता था। 1966 तक दो बोर्ड गठित हुए थे। दूसरे में एक सामंत कम कर दिया गया। ऐसे ही दो बार बनी कार्यकारिणी में पहली बार 6 में से चार तथा दूसरी में पांच सामंत थे। पांच सामंत प्रमुख थे जो दोनों सर्वोच्च समितियों के सदस्य होते थे। ये थे – महारावल लक्ष्मणसिंह, महारानी गायत्रीदेवी, ठाकुर मानधातासिंह, केसरीसिंह तथा रघुवीरसिंह बिसाऊ। महारावल अध्यक्ष तथा महारानी उपाध्यक्ष थीं। स्वतंत्र पार्टी के समय तक विधानसभा में विपक्ष के नेता भी महारावल ही रहे। दोनों समितियों में कभी भी अनुसूचित जाति, जनजाति तथा पिछड़ी जाति का सदस्य नहीं रहा। कोई किसान भी उनमें नहीं था। विधानसभा दल की कार्यकारिणी में भी पदाधिकारी उपरोक्त वर्ग के ही विधायक थे।[16]

जयपुर राजपरिवार का प्रभाव

तीसरे आम चुनाव से पूर्व स्वतंत्र पार्टी तथा जनसंघ के बीच चुनावी तालमेल का प्रयत्न हुआ। लेकिन महारानी गायत्रीदेवी के जनसंघ के प्रति विचारों के कारण समझौता नहीं हो सका। लेकिन अंदरखाना कुछ प्रमुख सीटों पर आपसी सहमति थी कि एक-दूसरे के विरुद्ध उम्मीदवार खड़े नहीं करेंगे। उनमें से एक जयपुर की किशनपोल बाजार की सीट भी थी जहां से जनसंघ के नेता भैरोंसिंह शेखावत चुनाव लड़ रहे थे। किन्तु स्वतंत्र पार्टी ने महेन्द्रसिंह पंवार को उनके विरुद्ध मैदान में उतार दिया। इससे दोनों दलों के नेताओं के बीच खटास पैदा हो गया जो अंत तक जारी रहा।

सन् 1962 के आम चुनाव में लोकसभा के लिए स्वतंत्र पार्टी ने 10 स्थानों पर और जनसंघ ने 11 पर अपने प्रत्याशी खड़े किये थे। उनमें से क्रमशः तीन और एक ही विजयी हुआ। उनके वोट का प्रतिशत क्रमशः 19.1 तथा 9.8 प्रतिशत रहा। जमानत क्रमशः एक और चार की जब्त हुई। जयपुर लोकसभा सीट पर महारानी ने अपने निकटतम कांग्रेस प्रत्याशी को पौने दो लाख मतों से हराया जो उस समय तक का सर्वाधिक मतों का देश में कीर्तिमान था। कांग्रेस के उम्मीदवार सहित सभी की जमानतें जब्त हो गई थीं। महाराजा मानसिंह ने सिटी पैलेस की बालकनी से अपने परिवार सहित महारानी के विजय जुलूस को देखा और हर्ष में सोने के सिक्कों की उछाल की थी। महाराजा ने मतदान से पूर्व चौगान में आमसभा कर महारानी के पक्ष में वोट देने की परोक्ष रूप से अपील भी की थी । महारानी ने अपनी आत्मकथा में स्वीकार किया है कि वह 'जय' की जीत थी।

तीसरे आम चुनाव में स्वतंत्र पार्टी ने जयपुर राजपरिवार के तीन व्यक्तियों को खड़ा किया था। जयपुर महाराजा से भी महारानी ने चुनाव लड़ने का आग्रह किया था, लेकिन वे तैयार नहीं हुए। किन्तु 1962 में जयपुर महाराजा सवाई मानसिंह राज्यसभा के लिए चुने गये। उनके दोनों महाराजकुमार जयसिंह विधानसभा तथा पृथ्वीराज लोकसभा के लिए चुने गये। जयसिंह ने मालपुरा विधानसभा क्षेत्र में तत्कालीन राजस्व मंत्री दामोदरलाल व्यास को पराजित किया था। लेकिन 1967 के चुनाव में उसी क्षेत्र से व्यास ने महारानी को पटकनी दी। पृथ्वीराज दौसा लोकसभा क्षेत्र से जीते थे। लेकिन 1968 के उपचुनाव में पृथ्वीराज उसी क्षेत्र में दौसा के तत्कालीन सामान्य कांग्रेस कार्यकर्त्ता नवलकिशोर शर्मा से हार गये जो वर्तमान में (2005) गुजरात के राज्यपाल हैं। पूर्व में शर्मा अ.भा. कांग्रेस कमेटी के महामंत्री, प्रदेश कांग्रेसाध्यक्ष, केन्द्र में मंत्री तथा वर्षों तक सांसद व विधायक रहे थे।

जयपुर राजपरिवार का 1962 तथा 1967 के आम चुनावों में जबर्दस्त प्रभाव था। जयपुर जिले के 17 विधानसभा क्षेत्रों में से 1962 में 13 तथा 1967 में 11 स्थानों पर स्वतंत्र पार्टी विजयी रही। 1967 में स्वतंत्र पार्टी तथा जनसंघ के बीच चुनावी तालमेल था। उसमें तीन स्थानों पर जनसंघ विजयी हुआ। 1962 में स्वतंत्र पार्टी ने जयपुर की पूर्व रियासत की दो-तिहाई विधानसभा सीटों पर कब्जा करने के साथ ही टोंक और अजमेर में भी काफी प्रभाव डाला था।

चौथे आम चुनाव में दोनों दक्षिणपंथी दलों ने सरकार बनाने के लिए मिलकर वोट मांगा था। दोनों में चुनावी तालमेल था जबकि 1962 में अलग-अलग लड़कर मजबूत विपक्ष के लिए मतदान की अपील की थी। 1967 में स्वतंत्र पार्टी ने विधानसभा की 109 तथा जनसंघ ने 62 सीटों पर चुनाव लड़ा था। स्वतंत्र पार्टी ने 49 और जनसंघ ने 22 सीटें जीतीं, उन्हें क्रमशः 26.6 तथा 11.9 प्रतिशत वोट मिले और क्रमशः 16 तथा 11 उम्मीदवारों की जमानतें जब्त हुई थीं।[17]

सामंतों का वर्चस्व

तीसरे आम चुनाव में स्वतंत्र पार्टी के निर्वाचित 36 विधायकों में से 16 सामंत थे। चुनाव के बाद तीन विधायकों ने स्वतंत्र पार्टी की सदस्यता ग्रहण की, वे सभी सामंत थे। उनके नाम इस प्रकार हैं : छतरसिंह, सौभाग्यसिंह तथा फतहसिंह। 1964 के उपचुनाव में महुवा से ठाकुर मानधातासिंह चुनकर आये। इस प्रकार कुल चालीस विधायक हो गये जिनमें आधे राजपूत थे। राजपूतों के अलावा छह-छह ब्राह्मण एवं अन्य हिन्दू जातियों के थे। किसान दो तथा छह ही अनुसूचित जाति, जनजाति तथा पिछड़ी जातियों के थे। लोकसभा के लिए निर्वाचित तीन में से दो सामंत और एक आरक्षित अनुसूचित जाति का था। ये तीनों क्षेत्र पूर्व जयपुर रियासत के ही थे। राज्यसभा में जयपुर महाराजा के अलावा 1964 में ठाकुर देवीसिंह मंडावा को भेजा गया, वे भी सामंत थे।

स्वतंत्र पार्टी की तगड़ी जीत के हर्ष में जयपुर महाराजा मानसिंह, जो राजनीति में तटस्थ रहना चाहते थे, वे भी निर्दलीय रूप में राज्यसभा में पहुँच गये। बाद में स्पेन में राजदूत नियुक्त होने पर 1965 में त्यागपत्र दे दिया था।

प्रो. कमल ने अपनी पुस्तक में एक टिप्पणी में गंभीर प्रश्न पैदा किया है कि राजाजी ने स्वतंत्र पार्टी की स्थापना सहकारी कृषि के विरुद्ध किसानों के हित में की थी, लेकिन राजस्थान में वह अल्पमात्रा में भी किसानों को जोड़ नहीं पाई। राजस्थान में स्वतंत्र पार्टी का नेतृत्व मुख्य रूप से राजपूत जाति का था। वह भी राजाओं एवं जागीरदारों का ही।[18]

स्वतंत्र पार्टी के शैशवस्था में ही उसके पहले विधानसभा चुनाव में उसकी शानदार जीत न केवल चौंकाने वाली बल्कि कांग्रेस की आंखें खोलने वाली थी। कोई कल्पना नहीं कर सकता था कि बिना किसी विशेष राजनीतिक अपील के कांग्रेस के विरुद्ध इतनी बड़ी सफलता मिलेगी। पहले आम चुनाव में जोधपुर महाराजा की सक्रिय भागीदारी के बावजूद कांग्रेस के विरुद्ध रामराज्य परिषद केवल 24 स्थानों पर ही कब्जा कर पाई थी। हालांकि 35 निर्दलीय विधायक चुने गये थे। द्वितीय आम चुनाव में यह संख्या घटकर रामराज्य परिषद 17 तथा निर्दलीय 32 ही रह गये थे। 1962 के आम चुनाव में रामराज्य परिषद 3, निर्दलीय 22 के अतिरिक्त वामपंथी दलों–भारतीय कम्युनिस्ट पार्टी 5, समाजवादी पार्टी 5 और प्रजा-समाजवादी पार्टी ने दो स्थानों पर विजय प्राप्त की थी। कांग्रेस को स्पष्ट बहुमत भी नहीं मिल सका, वह केवल 88 सीटें जीत पाई। मगर उसने एक निर्दलीय के सहयोग से सरकार बनाने में सफलता प्राप्त कर ली। तत्कालीन विपक्षी दलों के बीच कोई गठजोड़ भी नहीं हुआ था। उस समय विधानसभा के सदस्यों की संख्या 176 थी।

स्वतंत्र पार्टी की नकारात्मक वोटों से जीत

स्वतंत्र पार्टी तथा विपक्षी दलों की अकल्पनीय जीत कांग्रेस के विरुद्ध नकारात्मक वोटों के कारण थी। स्वतंत्र पार्टी, जनसंघ तथा वामपंथी दलों ने कांग्रेस सरकार को निकम्मी, भ्रष्टाचार, लालफीताशाही, भाई-भतीजावाद तथा पक्षपात के गंभीर आरोपों से जनता के सामने कठघरे में खड़ा कर दिया था। किन्तु स्वतंत्र पार्टी ने न केवल सशक्त विपक्ष के लिए बल्कि यह कह कर वोट मांगे कि वर्तमान शासन से तो राजाओं का राज अच्छा था। महारानी की इस तुलना ने मतदाताओं की दुखती रग पर हाथ रख दिया और उन्होंने रोष में उसके पक्ष में मतदान किया। उसका लाभ शेष विपक्षी दलों को भी मिला। उन दलों के संगठन मजबूत थे और कार्यकर्त्ता भी थे, किन्तु धन और साधनों का पूर्ण रूप से अभाव था। साधनों में सत्तारूढ़ दल कांग्रेस का केवल स्वतंत्र पार्टी ही मुकाबला कर सकती थी। लेकिन उसके पास संगठन तथा कार्यकर्त्ता नहीं थे। स्वतंत्र पार्टी को उन सब जागीरदारों का प्रत्यक्ष-अप्रत्यक्ष सहयोग प्राप्त हो गया जिनकी जागीरें समाप्त हो गई थीं।

कांग्रेस ने 2 लाख 25 हजार 993 जागीरें पुनर्ग्रहित की थीं जिनकी वार्षिक आय 3 करोड़ 86 लाख 92 हजार 842 रुपये थी। इनके अलावा 56 हजार 581 धार्मिक जागीरें भी समाप्त कीं जिनकी वार्षिक आय 25 लाख 90 हजार 625 रुपये होती थी। पब्लिक ट्रस्ट एक्ट बनाकर मंदिरों का प्रशासन और उनकी संपत्ति भी सरकार ने ले ली थी।[19] इनके अलावा बढ़ती हुई महंगाई तथा अन्य दैनंदिन समस्याओं से पीड़ित मतदाताओं को स्वतंत्र पार्टी में नया प्रकाश दिखा और उसे उन्होंने समर्थन दिया। राजाजी की अपील पर उद्योगपतियों तथा बड़े व्यापारियों ने भी स्वतंत्र पार्टी का साथ दिया था। राजाजी ने स्पष्ट किया था कि उनकी आर्थिक स्वतंत्रता तथा संपत्ति की सुरक्षा स्वतंत्र पार्टी की नीतियों में ही है।

राजनीतिक परिवेश बदला

स्वतंत्र पार्टी की राजस्थान में जीत ऐतिहासिक थी। इससे उसकी देश में शक्ति बढ़ गई। उड़ीसा तथा गुजरात राज्यों में भी स्वतंत्र पार्टी को भरपूर समर्थन मिला था। इससे देश के राजनीतिक परिवेश में बड़ा परिवर्तन आया। अक्टूबर 1962 में चीन ने भारत पर आक्रमण कर देश की सुरक्षा को खतरा पैदा कर दिया था। पं. नेहरू की तटस्थता की विदेश नीति तथा पंचशील के सिद्धान्त पर प्रश्न चिह्न लग गया था। मार्क्सवादी कम्युनिस्ट पार्टी के नेताओं को जेल में बंद कर दिया गया था। जवाहरलाल नेहरू को चीन के विश्वासघात का बड़ा धक्का लगा। डेढ़ वर्ष बाद तो उनकी मृत्यु ही हो गई। संयुक्त सहकारी कृषि की योजना कागजों में ही रह गई। इसके लिए सरकारी तौर पर कोई विशेष प्रयत्न नहीं किया गया। मई 1964 में लालबहादुर शास्त्री प्रधानमंत्री बन गये। प्रमुख रूप से वे राष्ट्रवादी थे। 1965 में पाकिस्तान ने भारत पर हमला कर दिया। शास्त्री के नेतृत्व में लड़ी गई लड़ाई ने भारतीयों के मन में जबर्दस्त आत्मविश्वास पैदा किया। दलगत राजनीति सुषुप्त हो गई। देश राष्ट्रीयता की भावना में हिलोरें लेने लगा। देश की सुरक्षा के लिए सारे दल एक हो गये। कांग्रेस विरोधी भावना को अर्द्धविराम लग गया था। देश की सुरक्षा पर विशेष चर्चा तथा ध्यान जाने लगा।

इस दौरान स्वतंत्र पार्टी के अधिकांश विधायक राजनीति में नौसिखिये तथा संसदीय कार्यप्रणाली में निरक्षर होने के कारण विधानसभा में भारी संख्या में होने के बावजूद बहुत अधिक नहीं कर पाये। जनसंघ के विधायक बहुत होशियार तथा तेज थे। स्वतंत्र पार्टी में कुछ पुराने विधायक थे। ये सब मिलकर सदन में कांग्रेस को टक्कर अवश्य देते थे। विधानसभा में बहस बहुत जीवन्त होती थी। बहस में जनता की समस्याएं, भ्रष्टाचार, लालफीताशाही, पक्षपात और भाई-भतीजावाद के मुद्दे छाये रहते थे। जयपुर राजपरिवार के चार सदस्य जन प्रतिनिधि चुने जा चुके थे। महाराजा, महारानी तथा पृथ्वीराज सांसद होने के बावजूद दिल्ली तथा इंग्लैण्ड में ही अधिकतर रहते थे। जयसिंह विधायक थे। तीसरी विधानसभा में राजपरिवारों के पांच व्यक्ति

चुनकर आये थे। ये विपक्ष की बेंचों पर अंतिम पंक्ति में शालीनतापूर्वक कुछ समय तक बैठते थे। उनमें से किसी ने भी पांच वर्षों के कार्यकाल में संभवतः कभी भी मुंह नहीं खोला था। 1965 में महाराजा को स्पेन में भारत का राजदूत नियुक्त कर दिये जाने से वे और महारानी मेड्रिड (स्पेन की राजधानी) में अपना अधिकतर समय बिताते थे।

राजनीतिक परिवेश में बदलाव तथा प्रमुख विपक्षी दल की जनता में निष्क्रियता के बावजूद सत्तारूढ़ दल कांग्रेस में सब कुछ सहज नहीं था। 1962 के चुनाव की चुनौती ने कांग्रेस के सभी नेताओं के अस्तित्व को खतरा पैदा कर दिया था। राजस्थान में प्रारंभ से कांग्रेस में जाट लॉबी का वर्चस्व रहा था। पहली विधानसभा में 22 जागीरदार विधायकों के कांग्रेस में आ जाने के बाद भी जाट-राजपूत राजनीति में समन्वय स्थापित नहीं हो पाया था। 1962 के चुनाव में कांग्रेस में जाट नेतृत्व को राजपूतों की पुनः चुनौती मिल गई थी। उस चुनाव में कुल 36 राजपूत विधायक चुने गये थे जिनमें कांग्रेस के केवल 12 ही थे। जाट कुल 24 ही जीत पाये थे जिनमें कांग्रेस में 15 तथा 9 विपक्ष में चुने गये थे। 27 ब्राह्मण विधायक चुने गये थे जिनमें कांग्रेस के 16 तथा वैश्य 18 में से 8 ही थे। शेष विपक्षी दलों में जीते। उस समय मोहनलाल सुखाड़िया मुख्यमंत्री थे। मंत्रिमंडल में जाट मंत्रियों की संख्या सात तक पहुँच गई थी। राजपूत मंत्री दो ही थे। फिर भी प्रमुख जाट नेता कुंभाराम आर्य, दो जाट मंत्री तथा दो राजपूत मंत्री, झालावाड़ के महाराजा हरिश्चन्द्रसिंह तथा भीमसिंह मंडावा को लेकर चौथे आम चुनाव से दो माह पूर्व कांग्रेस छोड़ गये और नया राजनीतिक दल जनता पार्टी के नाम से बनाया। उसमें लोकनायक स्व. जयनारायण व्यास के कुछ पूर्व साथी भी थे।

जयपुर महाराजा मानसिंह ने जाटों और राजपूतों के बीच बढ़ते तनाव को देखकर प्रधानमंत्री लालबहादुर शास्त्री को पत्र लिखा था कि राजस्थान में आप व्यक्तिगत रूप से रुचि लें अन्यथा यह स्थिति बुरी से बदतर हो जायगी। राजपूतों तथा जाटों में स्थायी दुश्मनी कृषि की उन्नति को प्रभावित कर रही है।[20]

शास्त्री के प्रधानमंत्री बनने से जयपुर का राजपरिवार बहुत खुश हुआ। यद्यपि महाराजा ने स्पेन का राजदूत बनना स्वयं स्वीकार किया था और राज्यसभा से इसी कारण इस्तीफा भी दिया था। महारानी ने अपनी आत्मकथा में लिखा है कि इस पर लोगों की टिप्पणी थी कि सरकार उन्हें देश के बाहर भेजना चाहती थी, इसलिए उन्हें यह नियुक्ति दी गई है। इस सम्बन्ध में उनकी स्वयं की टिप्पणी गंभीर है, ''जय (महाराजा) के प्रभाव से उनके परिवार ने राजस्थान में कांग्रेस को इतना अधिक नुकसान पहुँचा दिया था कि उनको (उनके साथ मुझे भी) विदेश में नियुक्त कर, जनता से समर्थन की आशा कर सकते थे।'' साथ ही यह भी लिखा कि राजाजी महाराजा द्वारा राजदूत का पद स्वीकार करने से अप्रसन्न हुए।[21]

सत्ता के लिए चुनावी गठबन्धन

इधर चौथा आम चुनाव नजदीक आ गया था। महारानी ने लिखा, ''स्वतंत्र पार्टी के राष्ट्रीय नेताओं का सोचना था कि दक्षिणपंथी, रूढ़िवादी हिन्दू जनसंघ के साथ चुनावी गठबन्धन करने से संसद तथा विधानसभाओं में विरोध के लिए ज्यादा स्थान जीत सकते हैं।''[22] लेकिन महारानी का मानना था कि मतों के विभाजन को रोकने के लिए यह ठीक हो सकता है किन्तु उन्हें यह राजनीतिक आत्महत्या सा लग रहा था। सबसे महत्वपूर्ण बात उनकी निगाह में यह थी कि स्वतंत्र पार्टी के लोग धर्मनिरपेक्षवादी हैं जबकि हिन्दू जनसंघ के साथ गठबन्धन से मुसलमान वोटों का नुकसान होगा। पिछले चुनाव में उनका पूरा समर्थन मिला था। उन्होंने अपनी भावना राजाजी के पास पत्र द्वारा पहुँचाई, लेकिन पार्टी का निर्णय कायम रहा। वह स्पेन से जयपुर लौटकर समझौता वार्ता में संलग्न हो गई। जनसंघ उनकी कुछ सीटें चाहता था जो अंत में उन्हें देनी पड़ीं। लेकिन महारानी इस गठबन्धन से प्रसन्न नहीं थीं। उनका भय था, ''जनसंघ स्वतंत्र पार्टी का दोस्त होने के बजाय प्रतियोगी हो जायेगा। स्वतंत्र पार्टी (स्वपा) अकेले चुनाव लड़कर अधिक लाभ में रह सकती थी। उधर जनसंघ राजस्थान में स्वपा के जन्म से दुखी था, क्योंकि हमने (स्वपा) उनके वोट ले लिये थे।''[23] कुंभाराम आर्य की जनता पार्टी भी चुनावी समझौता चाहती थी। महारानी के अनुसार कुंभाराम ने तर्क दिया कि ''यदि विपक्ष के वोट बंट गये तो कांग्रेस अल्पमत में आकर भी अपनी सरकार बना लेगी।'' जनता पार्टी के साथ समझौते से स्वपा की सीटें और बंट गईं।[24]

महारानी के सामने अपने परिवार की समस्या थी। पृथ्वीराज तथा जयसिंह राजनीति में रुचि नहीं होने से चुनाव नहीं लड़ना चाहते थे। इसलिए पृथ्वीराज की दौसा की लोकसभा सीट पर बंबई के उद्योगपति तथा स्वपा के कोषाध्यक्ष चिरंजीतराय को यहां लाकर खड़ा किया गया। जयसिंह की मालपुरा विधानसभा सीट पर स्वयं महारानी खड़ी हुईं।

ताशकंद में भारत-पाक समझौते की रात को अचानक लालबहादुर शास्त्री का स्वर्गवास हो जाने से जनवरी, 1966 में नेहरू की पुत्री श्रीमती इंदिरा गांधी प्रधानमंत्री हो गई थीं। वह बहुत दृढ़प्रतिज्ञ थीं। गत पांच वर्षों में दो लड़ाइयां, नेहरू तथा शास्त्री के निधन और कांग्रेसजनों पर भ्रष्टाचार, पक्षपात, भाई-भतीजावाद के आरोप, बढ़ती महंगाई, अकुशल प्रशासन से जनता की नाराजगी, 1962 के चुनाव में स्वपा की सफलता से सामंतों के साथ बड़े उद्योगपतियों का भी राजनीति में रुझान बढ़ने लगा था। देश के प्रमुख उद्योगपति बिड़ला परिवार की पहल और निर्देश पर पांच उद्योगपति स्वतंत्र पार्टी के टिकट पर राजस्थान में 1967 का लोकसभा का चुनाव लड़ने आये थे और पांचों विजयी हुए। उनके नाम इस प्रकार हैं। झुंझुनूं से आर.के. बिड़ला, दौसा से चिरंजीतराय, पाली से सुरेन्द्रकुमार तापड़िया, जालौर से देवकीनंदन पाटोदिया तथा नागौर से नंदकुमार सोमानी। महारानी जयपुर क्षेत्र से पुनः निर्वाचित हुई ही थीं। सीकर से

जनसंघ के टिकट पर उद्योगपति श्रीगोपाल साबू तथा झालावाड़ लोकसभा क्षेत्र से कोटा के महाराजकुमार बृजराजसिंह चुने गये थे। इससे पूर्व वे कांग्रेस के उम्मीदवार हुआ करते थे। राजस्थान में विधानसभा के साथ लोकसभा के लिए भी स्वपा-जनसंघ में चुनावी गठबंधन था। दोनों चुनाव 15, 18, 20 फरवरी, 1967 को एक साथ हुए थे। चुनाव परिणाम से जयपुर महाराजा की बांछें खिल उठीं। उन्होंने स्पेन में भारत के राजदूत होते हुए भी जयपुर में बिड़ला हाउस में निर्वाचित सांसदों के सम्मान में एटहोम (अल्पाहार) दिया। महाराजा ने अतिथियों का स्वागत किया था।

सरकार बनाने के लिए संघर्ष

उपरोक्त पृष्ठभूमि में कांग्रेस तथा गैरकांग्रेसी दलों में कांटे की टक्कर हुई। राजस्थान में पिछले तीन चुनावों में भी कांग्रेस और सामंतों के बीच कड़ा मुकाबला रहा था, केवल 1957 के चुनाव को छोड़कर। कांग्रेस ने जोड़तोड़ कर ही सरकारें बनाई थी। इस चुनाव में दोनों पक्षों के बीच छह विधायकों का अंतर था। कांग्रेस के 89 विधायक चुने गये थे और विपक्ष की संख्या 95 थी। विपक्ष की सरकार बनाने के मुद्दे पर सभी विधायक एक थे। उनमें सोशलिस्ट, कम्युनिस्ट तथा निर्दलीय भी शामिल थे।

राजस्थान के राज्यपाल उत्तरप्रदेश के पूर्व कांग्रेसी मुख्यमंत्री डॉ. संपूर्णानंद थे। गैरकांग्रेसी दलों ने गठजोड़ कर राज्यपाल से सरकार बनाने का निमंत्रण देने का आग्रह किया। लेकिन गैरकांग्रेसी सदस्यों का गठबंधन अपना नेता नहीं चुन पाया था। इस संदर्भ में महारानी का कथन बहुत गंभीर है। उन्होंने लिखा : 'राज्यपाल ने कोई टिप्पणी नहीं की। हमें लगा कि वह अपने निर्णय में विलम्ब कर रहे हैं। नियमानुसार परिणाम घोषित होने के दस दिनों में विधानसभा की बैठक बुला लेनी चाहिए थी। लेकिन राज्यपाल द्वारा कांग्रेस तथा विपक्ष दोनों में से किसी को भी सरकार बनाने का निमंत्रण नहीं देने से संदेह होने लगा था। ... उन्हें दिल्ली से बराबर निर्देश मिल रहे होंगे। वे राजस्थान में सत्ताधारी दल को बनाये रखने का प्रयत्न कर रहे होंगे क्योंकि छह राज्यों में कांग्रेस पहले ही शासन खो चुकी थी।... हमें डर था कि हमारे मामूली बहुमत को तोड़ने के लिए कांग्रेस उन्हें घूंस देने के लिए समय ले रही होगी। हमारे एक सदस्य को कांग्रेस में शामिल होने के लिए राजी किया जा रहा था। केवल तीन के और खोने पर हमारा बहुमत समाप्त हो सकता है।... हमने विधायकों को तोड़ने से बचाने के लिए राज्यपाल का निर्णय होने तक उन्हें कानोता के किले में (जयपुर के पास) बंद रखा।'[25]

राज्यपाल डॉ. संपूर्णानंद ने 4 मार्च, 1967 को स्थायित्व तथा मद्रास (तमिलनाडु) के पूर्व निर्णय के आधार पर विधानसभा में सबसे बड़ी पार्टी कांग्रेस के नेता को सरकार बनाने के लिए आमंत्रित करने का निर्णय घोषित किया। इसने जयपुर की उत्तेजित जनता में आग में घी का

काम किया। जयपुर में आक्रोशित प्रदर्शन होने लगे। 1952 के बाद यह पहला अवसर था जब विपक्ष की सरकार बन सकती थी। चुनाव सम्पन्न हुए दो सप्ताह हो चुके थे। प्रदर्शनों में प्रदर्शनकारियों तथा पुलिस के बीच लाठी-भाटा जंग होती थी। गठबन्धन ने आमसभा में शक्तिप्रदर्शन किया और दूसरे दिन सुबह राज्यपाल से मिलने का कार्यक्रम घोषित किया। राज्य सरकार ने राजभवन क्षेत्र, सिविल लाइन्स में धारा 144 लगा दी। आंदोलित भीड़ शिष्टमंडल के साथ प्रतिबंधित क्षेत्र में जाने लगी। पुलिस ने रोकने के लिए अश्रुगैस तथा लाठी-प्रहार किया। इससे लोगों में रोष और अधिक भड़क उठा।

दूसरे दिन सात मार्च 1967 को जयपुर के जौहरी बाजार में प्रदर्शनकारियों तथा पुलिस के बीच कड़ा संघर्ष हुआ। एक सदस्यीय न्यायाधीश भगवतीप्रसाद बेरी आयोग ने अपनी जांच रिपोर्ट में कहा कि पुलिस ने अत्यधिक गोलियां चलाईं और नौ व्यक्ति मारे गये तथा 49 व्यक्ति घायल हुए थे। शहर में कर्फ्यू लगा दिया गया था।[26]

विषम स्थिति में राज्यपाल के निर्णय के विरुद्ध राष्ट्रपति एस.राधाकृष्णन के सामने गठबंधन का बहुमत सिद्ध करने के लिए सभी विधायक दिल्ली गये । राष्ट्रपति ने उन्हें विधानसभा के अध्यक्ष के चुनाव में बहुमत सिद्ध करने का अवसर दिया।[27] दुर्भाग्य से कांग्रेस से पृथक हुए जनता पार्टी के नेता, झालावाड़ के महाराजा हरिश्चन्द्रसिंह का अचानक दिल्ली में भारी हृदयाघात के कारण निधन हो गया। विपक्ष के लिए यह बड़ा आघात था। इधर राज्य सरकार ने जनता में अशांति के नाम पर राष्ट्रपति शासन लागू करने की केन्द्र को सिफारिश कर दी। गोलीकांड से पांच दिन बाद 13 मार्च, 1967 को राजस्थान में पहली बार राष्ट्रपति शासन लगा दिया गया। इस बीच विधायकों की खरीद-फरोख्त में गठबंधन का बहुमत समाप्त हो गया। कांग्रेस के नेता मोहनलाल सुखाड़िया ने सरकार बना ली।

डेढ़ दशक में स्वतंत्र पार्टी समाप्त

पिछले पांच वर्षों के अन्तराल की तरह चौथे और पांचवें आम चुनाव के बीच पुनः कई राजनीतिक घटनाएं ऐसी हुईं जिन्होंने देश के परिवेश में कई परिवर्तन ला दिये। ये परिवर्तन नेहरू युग से भी अधिक क्रांतिकारी थे। 1967 के चुनाव में कई राज्यों में कांग्रेस की सरकारें गिरने को श्रीमती इंदिरा गांधी ने चेतावनी के रूप में लिया। उन्होंने सामंतों तथा उद्योगपतियों की बढ़ती शक्ति को रोकने की दृष्टि से चौदह बैंकों का राष्ट्रीयकरण किया। इसके बाद राजाओं के प्रिवीपर्स, उपाधियां, रियासतों के झंडे, तोपों की सलामी तथा अन्य विशेषाधिकारों को समाप्त करने के लिए संविधान में आवश्यक संशोधन कराये। कांग्रेस में अपनी शक्ति को संग्रहित तथा विरोधी विंचारधाराओं वालों से छुटकारे के लिए कांग्रेस को दो फाड़ कर दिया, इंडीकेट तथा सिंडीकेट। कांग्रेस के पुराने नेताओं को कमजोर करने के लिए राष्ट्रपति के चुनाव में संगठन के उम्मीदवार के विरुद्ध

उपराष्ट्रपति वी.वी. गिरि को खड़ा किया और अन्तरात्मा की आवाज पर वोट डलवाकर उन्हें (गिरि) जितवा दिया। भारत-पाक युद्ध के द्वारा बंगलादेश का निर्माण कराके देश में अपनी शक्ति का आकलन करने के लिए 1971 में मध्यावधि चुनाव कराये। इन घटनाओं से स्वतंत्र पार्टी न केवल कमजोर हुई बल्कि पतन के कगार पर पहुँच गई। चौथे लोकसभा चुनाव में जहां स्वपा के आठ सांसद चुने गये थे पांचवे (1971) में केवल तीन जीत पाये, जिनमें एक राजमाता गायत्रीदेवी स्वयं भी थीं। यहां तक कि जी.डी. बिड़ला के पुत्र कृष्णकुमार बिड़ला कांग्रेस प्रत्याशी से हार गये। विधानसभा के 1972 में सम्पन्न चुनाव में उसकी स्थिति और बदतर हो गई। 1967 में 49 विधायक चुने गये थे। अब यह संख्या घटकर केवल ग्यारह रह गई। आपात्काल के बाद 1977 के चुनाव में स्वतंत्र पार्टी भी अन्य दलों के साथ जनता पार्टी में विलीन हो गई। कहने को डेढ़ दशक में जिस जोश तथा तेज गति से स्वपा मैदान में आई वैसे ही तिरोहित हो गई। स्वतंत्र पार्टी के अध्यक्ष महारावल लक्ष्मणसिंह तथा उनके साथ कई नेताओं ने कांग्रेस की सदस्यता ग्रहण कर ली। राजमाता गायत्रीदेवी ने राजनीति छोड़ दी। आपात्काल में उन्हें जेल में रखा गया था। जयपुर महाराजा मानसिंह की इंग्लैण्ड में पोलो मैच खेलते हुए जून, 1970 में घोड़े से गिर जाने से मृत्यु हो गई। जयपुर लाकर दाह-संस्कार किया गया। जयपुर की जनता द्वारा उनको अंतिम विदाई ऐतिहासिक थी। राजाजी के निधन के बाद तीसरी और चौथी विधानसभाओं के अनेक नये सदस्य कांग्रेस में शामिल हो गये।

संदर्भ

1. Party Politics In An Indian State : Prof. K.L. Kamal, P. 182
2. Party Politics In An Indian State : Prof. K.L. Kamal, P. 183
3. Party Politics In An Indian State : Prof. K.L. Kamal, P. 184
4. Party Politics In An Indian State : Prof. K.L. Kamal, P. 182-183
5. A Princess Remembers : Gayatri Devi, P. 249
6. A Princess Remembers : Gayatri Devi, P. 250
7. A Princess Remembers : Gayatri Devi, P. 250
8. A Princess Remembers : Gayatri Devi, P. 254
9. A Princess Remembers : Gayatri Devi, P. 254
10. A Princess Remembers : Gayatri Devi, P. 260
11. A Princess Remembers : Gayatri Devi, P. 264
12. A Princess Remembers : Gayatri Devi, P. 277
13. The Last Maharaja : Quentin Crewe, P. 209
14. A Princess Remembers : Gayatri Devi. P. 277
15. The Last Maharaja : Quentin Crewe, P. 210

16. Party Politics In An Indian State : Prof. K. L. Kamal, P. 195
17. सभी आंकड़े राजस्थान निर्वाचन विभाग के
18. Party Politics In An Indian State : Prof. K. L. Kamal, P. 202
19. Land Reforms in Rajasthan : A Silent Revolution : दामोदरलाल व्यास पूर्व राजस्व मंत्री (प्रदेश कांग्रेस की स्मारिका, 1963), पृ. 85
20. The Last Maharaja : Quentin Crewe, P. 220
21. A Princess Remembers : Gayatri Devi, P. 324
22,23,24. A Princess Remembers : Gayatri Devi, P. 332
25. A Princess Remembers : Gayatri Devi, P. 334 -335
26. प्रतिवेदन, बेरी जांच आयोग 1967 : जयपुर, जौहरी बाजार गोली कांड
27. A Princess Remembers : Gayatri Devi, P. 337

8

दलों का दल-दल

राजस्थान में प्रथम आम चुनाव से ही राजनीतिक दलों की संख्या अपेक्षा से अधिक रही है। स्वतंत्रता संग्राम में जो दल थे, उनके अलावा कई और मैदान में आ गये। उनमें से कुछ तो पहले से देश में काम कर रहे थे और कइयों का निर्माण चुनाव से पूर्व ही हुआ था। सन् 1952 में विधानसभा चुनाव में ग्यारह अखिल भारतीय स्तर के दलों ने भाग लिया था जिनमें से केवल सात के उम्मीदवार सफल हो पाये। चार का कोई प्रतिनिधि नहीं चुना जा सका। चुने गये दलों के नाम इस प्रकार हैं : कांग्रेस, रामराज्य परिषद, भारतीय जनसंघ, कृषिकार लोकपार्टी, हिन्दू महासभा, कृषक-मजदूर पार्टी तथा सोशलिस्ट पार्टी। पराजित दलों के नाम : कम्युनिस्ट पार्टी, शिड्यूल्ड कास्ट फैडरेशन, के.जी.एस.पी. तथा फॉरवर्ड ब्लॉक हैं। अंतिम तीनों ने फिर कभी राजस्थान में चुनाव नहीं लड़ा।

उपरोक्त दलों में रामराज्य परिषद कांग्रेस के बाद अधिक प्रभावशाली पार्टी थी जिसके 160 सदस्यों के सदन में 24 निर्वाचित हुए थे। इसको राजाओं, जागीरदारों तथा राजस्थान क्षत्रिय महासभा का समर्थन प्राप्त हुआ था। दूसरा आम चुनाव, जो 1957 में सम्पन्न हुआ था, में केवल सात दल ही मैदान में रहे। सफल दलों में से कांग्रेस की संख्या बढ़ गई लेकिन रामराज्य परिषद तथा जनसंघ के सदस्यों की संख्या कम हो गई। प्रजा-समाजवादी दल नया सामने आया। पहली बार भारतीय कम्युनिस्ट पार्टी (भाकपा) को सफलता मिली। ऐसे पहली विधानसभा में भी एक उपचुनाव में कम्युनिस्ट विधायक चुनकर आ गया था। ये थे एच.के. व्यास जो महाराजा हनुवंतसिंह की चुनाव परिणाम की घोषणा से पूर्व ही वायुयान दुर्घटना में मृत्यु हो जाने के कारण रिक्त हुए जोधपुर सिटी क्षेत्र से निर्वाचित हुए थे। व्यास ने अपनी प्रभावशाली भाषणशैली, तर्कसम्मत दलीलों, जन-साधारण से जुड़े मुद्दों और भ्रष्टाचार के नित नये मामलों के पर्दाफाश से अपने दल के अकेले सदस्य होने के बावजूद अपना विशिष्ट स्थान बना लिया था। व्यास ने इसके बाद रायपुर और जयपुर शहर से भी चुनाव लड़े लेकिन कभी सफल नहीं हो सके। बाद में उन्हें भाकपा की केन्द्रीय राजनीति में दिल्ली बुला लिया गया जहां जीवन के अंतिम दिनों तक विभिन्न

पदों पर दायित्व का निर्वहन किया। कृषिकार लोकपार्टी तथा कृषक-मजदूर पार्टी ने भी चुनाव लड़ा था किन्तु इनका एक भी उम्मीदवार चुना नहीं जा सका। बाद में ये दोनों पार्टियां मैदान से बाहर हो गयीं।

तृतीय विधानसभा के चुनाव में आठ दलों ने भाग लिया था। हिन्दू महासभा पराजित हुई। स्वतंत्र पार्टी पहली बार मैदान में आई और कांग्रेस के बाद राज्य की दूसरी बड़ी पार्टी हो गई। जनसंघ की स्थिति में भी यथेष्ट सुधार हुआ। लेकिन रामराज्य परिषद निर्बल हो गई। समाजवादी दल पुनः मैदान में आया और सफल रहा। भाकपा ने भी अपनी स्थिति काफी सुधारी।

चौथी विधानसभा के चुनाव में रिपब्लिकन पार्टी पहली बार मैदान में आई और विफल रही। 1964 में कम्युनिस्ट पार्टी का विभाजन हो चुका था। भाकपा का एक सदस्य चुना गया और मार्क्सवादी कम्युनिस्ट पार्टी (माकपा) हार गई। यही गति प्रजा-समाजवादी दल की हुई। लेकिन नवगठित संयुक्त समाजवादी दल ने अच्छी सफलता प्राप्त की। रामराज्य परिषद मैदान में ही नहीं आई।

पांचवीं विधानसभा के चुनाव में विशाल हरियाणा पार्टी सामने आई किन्तु उसे कोई सफलता नहीं मिली। यही स्थिति मार्क्सवादी कम्युनिस्ट पार्टी और रिपब्लिकन पार्टी की हुई। 1969 में कांग्रेस का विभाजन हो जाने से संगठन कांग्रेस ने चुनाव लड़ा और उसका एक सदस्य चुना जा सका। शेष विजयी दलों में सोशलिस्ट पार्टी भी थी।

छठी विधानसभा के चुनाव आपात्काल के बाद हुए थे। तब चार गैरकांग्रेसी दलों के विलय से जनता पार्टी बनी थी। वह मैदान में आयी और उसने कांग्रेस को बुरी तरह पराजित किया। मुस्लिम लीग ने पहली बार चुनाव लड़ा और रामराज्य परिषद तथा विशाल हरियाणा पार्टी ने भी फिर भाग्य आजमाया, मगर विफल रहीं।

आपात्काल में अभिव्यक्ति पर प्रतिबंध लगाने तथा विपक्षी दलों के नेताओं को जेलों में ठूंसने की सजा देने के विरुद्ध कांग्रेस विरोधी दलों ने विलय कर जनता पार्टी का निर्माण 1977 के लोकसभा चुनाव के समय किया था किन्तु वह ढाई वर्ष में ही दल-दल में फंस गई।

सातवीं विधानसभा के चुनाव में जनता पार्टी के टुकड़े हो गये। भारतीय जनसंघ, भारतीय जनता पार्टी हो गई। जनता पार्टी के पूर्व घटक नये नामों से मैदान में आये और सफल रहे। उनके नाम इस प्रकार हैं : जनता पार्टी (जे.पी.), जनता पार्टी (एस. चरणसिंह), जनता पार्टी (एस. राजनारायण) तथा कांग्रेस (अर्स)। कांग्रेस ने बड़ा मैदान मारा। माकपा तथा भाकपा ने भी खाता खोला। फिर भी दलों का ध्रुवीकरण नहीं हुआ था।

जनता पार्टी का विखंडन

लोकदल तथा जनता दल के पूर्व नेता डा. चन्द्रभान ने[1] (जो 1994 से कांग्रेस में हैं तथा अशोक गहलोत की कांग्रेस सरकार में मंत्री थे) एक भेंट में बताया कि जनता पार्टी के विखंडन के बाद भारतीय जनसंघ ने भारतीय जनता पार्टी बनाई तो पूर्व प्रधानमंत्री चरणसिंह ने (पहले भारतीय क्रांति दल जो बाद में भारतीय लोकदल (भालोद) हो गया था) 1980 में लोकसभा चुनाव के अवसर पर जनता पार्टी (सेक्युलर) के नाम से राष्ट्रीय पार्टी का निर्माण किया था। बाद में वह लोकदल हो गया। राजस्थान में उसका अध्यक्ष पूर्व केन्द्रीय मंत्री तथा किसान यूनियन के नेता दौलतराम सारण को बनाया गया था। संयुक्त समाजवादी पार्टी के सदस्य जनता पार्टी (जे.पी.) में रहे। लोकसभा के चुनाव में कांग्रेस से परास्त होने के बाद लोकदल दो खेमों में बंट गया। एक का नाम लोकदल (चरणसिंह) तथा दूसरे का नाम लोकदल (कर्पूरी ठाकुर, बिहार के समाजवादी नेता) हो गया। लेकिन कुछ अर्से बाद कांग्रेस विरोधी नेताओं ने 1984 के लोकसभा चुनाव से पूर्व पुनः एक होने का प्रयत्न किया। तब हरियाणा के किसान नेता चौधरी देवीलाल भी इस मुहिम में शामिल हो गये। नये नाम से दलित मजदूर-किसान पार्टी बनायी गई। जनता में उसका नाम लोकदल ही था। राजस्थान में उसके अध्यक्ष नाथूराम मिर्धा थे जो 1977 में अकेले कांग्रेस सांसद जीते थे। किन्तु बाद में चरणसिंह मंत्रिमंडल में शामिल हो गये थे। 1984 के लोकसभा चुनाव में श्रीमती इंदिरा गांधी की शहादत के कारण पच्चीसों सीटें कांग्रेस ले गई। नाथूराम मिर्धा भी अपने भतीजे रामनिवास मिर्धा (कां) से हार गये। लेकिन तीन माह बाद (मार्च 1985) हुए विधानसभा के चुनाव में कांग्रेस विरोधी दलों ने अपनी स्थिति में सुधार कर लिया। तब भाजपा 38, लोकदल 27, जनता पार्टी 10, माकपा एक, निर्दलीय 9 तथा कांग्रेस ने 113 स्थान दो सौ सदस्यों के सदन में प्राप्त किये थे जबकि 1980 के विधानसभा चुनाव में भाजपा 33, जनता पार्टी (जे.पी.) 8, जनता पार्टी (एस-चरणसिंह)7, भाकपा एक, निर्दलीय 12 और कांग्रेस ने दो-तिहाई स्थान यानी 133 पर कब्जा किया था।

जाट नेताओं में टकराहट

आपातकाल पीड़ित दलों ने 1985 के विधानसभा चुनाव में अपनी स्थिति में सुधार कर ही लिया था। भारतीय जनता पार्टी ने भारतीय जनसंघ का पूरा क्षेत्र अपने अधीन कर लिया था। उसमें बिखराव नहीं होने से उसकी स्थिति सुदृढ़ होती जा रही थी। लेकिन किसान वर्ग के नाम पर जाट नेतृत्व में टकराव कम नहीं हो रहा था। नाथूराम मिर्धा राजस्थान लोकदल के अध्यक्ष तथा विधायक दल के भी नेता थे। जनता पार्टी के अध्यक्ष कल्याणसिंह कालवी थे। चौधरी चरणसिंह का स्वास्थ्य नरम रहने लगा। उनके पुत्र अजीतसिंह अमरीका से लौट आये। चौधरी चरणसिंह

स्वर्ग सिधार गये। उसके बाद लोकदल फिर बिखर गया। उसके दो टुकड़े हो गये। एक लोकदल अजीतसिंह (ए) तथा दूसरा हेमवतीनंदन बहुगुणा (बी) कहलाया। लोकदल (ए) के राजस्थान में अध्यक्ष दौलतराम सारण थे और बी के नाथूराम मिर्धा।

देश के घटनाचक्र में फिर बदलाव आया। 1987 में हरियाणा में विधानसभा के चुनाव हुए जिसमें चौधरी देवीलाल का लोकदल (बी) भारी मतों से विजयी हुआ था। केन्द्र में राजीव गांधी मंत्रिमंडल के सदस्य वित्त एवं रक्षा मंत्री वी.पी. सिंह ने पद से इस्तीफा देकर बोफोर्स तोपों की खरीद में भारत सरकार की नीति के विरुद्ध दलाली लेने का आरोप लगा कर देश में भ्रष्टाचार के खिलाफ जबर्दस्त माहौल पैदा कर दिया था। वी.पी. सिंह ने जनमोर्चा बनाया जिसमें राजीव मंत्रिमंडल तथा नेहरू परिवार के सदस्य अरुण नेहरू भी साथ आ गये। राजस्थान में जनमोर्चा के संयोजक, पूर्व मुख्यमंत्री स्वर्गीय हरिदेव जोशी के कांग्रेस मंत्रिमंडल के पूर्व सदस्य स्वर्गीय मोहन छंगाणी (पूर्व कम्युनिस्ट) थे तथा जयपुर में डॉ. बी.के. सचदेवा सहयोगी थे। चौधरी देवीलाल वी.पी. सिंह के नजदीक आ गये। देवीलाल जनता पार्टी में चले गये। राजनीतिक घटनाक्रम तेजी से बदल रहा था। अजीतसिंह भी जनता पार्टी में चले गये। वे उसके राष्ट्रीय अध्यक्ष चुन लिये गये। राजस्थान के डा. चन्द्रभान राष्ट्रीय सचिव हो गये।

बंगलौर में उपरोक्त दलों के राष्ट्रीय नेताओं का एक सम्मेलन हुआ जिसमें वी.पी. सिंह के नेतृत्व में जनता दल बनाने का निर्णय हुआ। तब नाथूराम मिर्धा को राजस्थान का अध्यक्ष तथा दिग्विजयसिंह को महामंत्री नियुक्त किया गया। अजीतसिंह जनता दल के राष्ट्रीय महासचिव हो गये तथा मोहनप्रकाश तथा डा. चन्द्रभान को क्रमशः महासचिव और सचिव का दायित्व सौंपा गया। पुराने सभी दल, लोकदल, जनता पार्टी उसमें विलीन हो गये। 1989 के लोकसभा चुनाव में जनता दल ने कांग्रेस का विरोध किया और सत्ता हथियाने में सफल हुआ। वी.पी.सिंह प्रधानमंत्री हो गये। राजस्थान में भाजपा तथा जनता दल ने मिलकर चुनाव लड़ा था। इसमें राजस्थान से लोकसभा के लिए भाजपा के 13, जनता दल के 11 तथा उनके समर्थन से माकपा का एक सदस्य चुना गया और कांग्रेस का पुनः सफाया हो गया।

अ.ज.ग.र.

जनता दल के नेता चौधरी देवीलाल ने लोकसभा चुनाव के समय एक नारा अ.ज.ग.र. दिया था और भविष्यवाणी की थी कि अ-से अहीर, ज-से जाट, ग-से गूजर तथा र-से राजपूत से निर्मित यह 'अजगर' कांग्रेस को खा जायेगा। राजस्थान में यही हुआ। फरवरी 1990 में विधानसभा के चुनाव हुए। भाजपा तथा जनता दल के गठबन्धन ने कांग्रेस को पुनः 1977 जैसी पटकनी दी। कांग्रेस केवल पचास स्थान ले पाई जबकि भाजपा 85 तथा जनता दल 55 स्थानों पर कब्जा करने में सफल हुआ। इस समझौते में भी राजस्थान भाजपा को दे दिया गया था। चौधरी

देवीलाल ने शाहपुरा (जयपुर) की आम सभा में घोषणा कर दी थी कि राजस्थान के अगले मुख्यमंत्री भाजपा नेता भैरोंसिंह शेखावत होंगे। वैसा ही हुआ। किसी ने विरोध भी नहीं किया। भाजपा तथा जनता दल की मिलीजुली सरकार बन गई।

इसी दौरान दिल्ली में फिर सब कुछ ठीक नहीं चल रहा था। उपप्रधानमंत्री चौधरी देवीलाल का किसान वर्ग द्वारा ऐतिहासिक सम्मान किया गया था। विशाल रैली आयोजित हुई। यद्यपि देवीलाल ने अपना नेता पद का हक छोड़कर वी.पी.सिंह को दिल्ली की राजगद्दी सौंपी थी। तब जनता पार्टी के नेता चन्द्रशेखर भी अपनी उपेक्षा से नाराज हो गये थे। उपप्रधानमंत्री देवीलाल का अभूतपूर्व सम्मान प्रधानमंत्री वी.पी.सिंह को अच्छा नहीं लगा था। उन्होंने वर्षों से ठंडे बस्ते में बंद मंडल आयोग की रिपोर्ट लागू करने की घोषणा कर दी। जनता दल में ही तनाव बढ़ गया। जनता में उसका जबर्दस्त विरोध हुआ। स्वतंत्रता संग्राम में भी कभी आत्मदाह नहीं हुआ था, वह मंडल आयोग के विरुद्ध आंदोलनों में हुआ। अयोध्या में राममंदिर के निर्माण के लिए भाजपा के अध्यक्ष लालकृष्ण आडवानी की रथयात्रा को बिहार में रोककर उन्हें गिरफ्तार कर लिया गया था। इसके विरोध में भाजपा ने जनता दल सरकार को बाहर से दिया जा रहा अपना समर्थन वापस ले लिया। वी.पी. सिंह की सरकार अल्पमत में आ गई थी। कांग्रेस ने 1979 का खेल दुबारा खेला। बाहर से समर्थन देकर चन्द्रशेखर की सरकार बनवा दी। किन्तु कुछ दिनों बाद कांग्रेस नेता राजीव गांधी की पुलिस द्वारा निगरानी कराने का आरोप लगाकर समर्थन वापस ले लिया गया था।

राजस्थान में चौधरी देवीलाल की निरन्तर बढ़ती हुई सक्रियता तथा गतिविधियों का प्रारम्भ में भाजपा नेता भैरोंसिंह शेखावत ने कटु शब्दों में विरोध करते हुए कहा था कि वे राजस्थान को हरियाणा का उपनिवेश हर्गिज नहीं बनने देंगे लेकिन भाजपा और जनता दल का गठबंधन होते ही उनके स्वर बदल गये। दोनों नेताओं (देवीलाल और भैरोंसिंह शेखावत) ने एक ही विजयरथ में सवार होकर समूचे जाट बाहुल शेखावाटी, चूरू-बीकानेर, गंगानगर आदि जिलों का चुनावी दौरा किया। यही नहीं देवीलाल के पोते अजयसिंह को शेखावत ने अपने गृह क्षेत्र दांतारामगढ़ से विधायक तक चुनवाया।

शेखावत सरकार बची

जब भाजपा ने वी.पी. सिंह सरकार का समर्थन वापस लिया तब इसकी प्रतिक्रिया में राजस्थान में भैरोंसिंह की सरकार गिराने के लिए जनता दल के सदस्यों को वही खेल खेलने को कहा गया। इस पर राजस्थान जनता दल में दो धड़े हो गये। डा. चन्द्रभान के अनुसार मंत्रिमंडल के ग्यारह सदस्यों ने त्यागपत्र दे दिये थे। किन्तु जनता दल (दिग्विजयसिंह) धड़े ने शेखावत का साथ दिया। इससे सरकार गिरने से बच गई और जनता दल में बिखराव हो गया। डा. चन्द्रभान के

अनुसार जनता दल का जो धड़ा बाहर रहा, उसके भी तीन टुकड़े हो गये। यह घटना 1991 की है जब लोकसभा के चुनाव भी हुए थे। नाथूराम मिर्धा का एक धड़ा पुनः कांग्रेस में सम्मिलित हो गया। संपतराम के नेतृत्व वाला धड़ा, वी.पी. सिंह के साथ रहा। तीसरा धड़ा अजीतसिंह वाला जनता दल (ए) हो गया। उसके राजस्थान में अध्यक्ष डा. चन्द्रभान थे।

दिनांक 6 दिसम्बर, 1992 को अयोध्या में बावरी मस्जिद का ढाँचा गिरा दिया गया। केन्द्र ने राष्ट्रपति शासन लागू कर भैरोंसिंह सरकार को अपदस्थ कर दिया था। नवम्बर 1993 में राज्य विधानसभा के चुनाव के समय बिछड़े भाई, जो कांग्रेस में नहीं गये थे, पुनः एक हो गये। राजस्थान में जनता दल के अध्यक्ष संपतराम और महासचिव डा. चन्द्रभान थे। मगर जनता दल को आकर्षक सफलता नहीं मिली। केवल छह विधायक चुने गये। उनमें से तीन भाजपा की सरकार में चले गये। केवल बांसवाड़ा के आदिवासी विधायक जनता दल में रह गये। 1998 के विधानसभा चुनाव में भी उनके पास वही तीन क्षेत्र रह गये और आज भी वही स्थिति है। अब वे जनता दल (यू) में हैं जिसके नेता शरद यादव हैं। जनता दल के नेताओं में अधिकतर कांग्रेस में चले गये। बचे खुचे भाजपा में सम्मिलित हो गये।

दल-दल

पिछले दो दशकों से भी अधिक समय हो गया है कि उत्तरी भारत में राजनीतिक दलों का दल-दल हो गया है। इसका पूरा इतिहास भी इने गिने राजनेताओं को ही याद है। जनता में केवल धुंधली छवि राष्ट्रीय नेताओं की है। इनमें राजस्थान के नेताओं के नाम केवल रिकार्ड रखने वाले ही बता सकते हैं कि कौन, कब किस दल में था और कब दूसरे में चला गया। मुख्य दल तो जनता पार्टी, लोकदल तथा जनता दल ही थे। किन्तु उनके नेताओं के बीच मत-मतान्तर तथा हित-अहित का ऐसा झगड़ा था कि कभी साथ हो जाते और कभी अलग। राजस्थान में यह दल-दल आपातकाल के बाद निर्मित जनता पार्टी के 1979 के अंत में बिखराव से बना जो मोटे रूप से 1993 के विधानसभा चुनाव तक नाम लेवा जारी रहा। उस चुनाव के समय थक कर उनमें से अधिकांश कांग्रेस में और बचे-खुचे भारतीय जनता पार्टी में शामिल हो गये। अब जनता दल (यू) बांसवाड़ा जिले में आदिवासियों तक ही सीमित है। अजीतसिंह का राष्ट्रीय लोकदल तथा हरियाणा के पूर्व मुख्यमंत्री ओमप्रकाश चौटाला का इंडियन नेशनल लोकदल (इनलो) 2003 के विधानसभा चुनाव में मैदान में था। बिहार के अनुसूचित जाति के नेता तथा केन्द्रीय मंत्री रामविलास पासवान की लोकजनशक्ति पार्टी (लोजपा) भी चुनावी दंगल में कूद पड़ी। उसका एक विधायक भी है। उत्तरप्रदेश की पूर्व मुख्यमंत्री मायावती की बहुजन समाजवादी पार्टी तथा उत्तरप्रदेश के मुख्यमंत्री मुलायमसिंह की समाजवादी पार्टी भी राजस्थान में आ गई है। लेकिन समाजवादी पार्टी ने राज्य विधानसभा में अपना खाता नहीं खोला। ऐसे ही महाराष्ट्र के नेता शरद पवार (जो वर्तमान में

केन्द्रीय मंत्री भी हैं) की राष्ट्रवादी कांग्रेस पार्टी तथा महाराष्ट्र के नेता बाल ठाकरे की शिवसेना के भी दफ्तर खुले हुए हैं। बहुजन समाजवादी पार्टी ने 1993 में विधानसभा का चुनाव लड़ा था लेकिन कोई भी नहीं जीता। लेकिन 1998 की विधानसभा में उसके दो सदस्य पहुँच गये। 2003 में भी उसकी स्थिति यथावत रही।

आठवीं, नवीं, दसवीं, ग्यारहवीं, तथा बारहवीं विधानसभाओं के चुनावों में विभिन्न दलों के नेताओं ने कई दल बनाये, बिगाड़े और चुनाव लड़ते रहे। एक नया नाम लोकदल हो गया। फिर आगे जाकर सब ने मिलकर जनता दल नया नाम दे दिया। कुछ पुराने-नये नामों से और दल सामने आते रहे। मगर बहुजन समाजवादी पार्टी के अलावा किसी को सफलता नहीं मिली। वर्तमान विधानसभा के 2003 में सम्पन्न चुनाव में सर्वाधिक पंजीकृत और अपंजीकृत 33 दलों ने अपना भाग्य आजमाया किन्तु उनमें से केवल पांच को विजयश्री मिली।

राजनीतिक ध्रुवीकरण

पिछले एक दशक में देश के उत्तरी और दक्षिणी राज्यों में जहां क्षेत्रीय दलों के शक्तिशाली एवं प्रभावशाली होने की राजनीतिक स्थिति बन रही है वहां राजस्थान मुख्य रूप से द्विदलीय व्यवस्था की ओर तेजी से अग्रसर एवं स्थापित होता जा रहा है। आज राजस्थान में कांग्रेस तथा भारतीय जनता पार्टी ही मुख्य दल हैं। अन्य लघु दलों की स्थिति रियासती राज्यों के 'छुट्ट भय्याओं' सी है। इसका एक मुख्य कारण लगातार आठ वर्षो तक (बीच में एक वर्ष को छोड़कर) भाजपा नेता भैरोंसिंह शेखावत का एक छत्र शासन में रहना तथा राज्य की जातियों का दो खेमों में बंट जाना माना जा सकता है। राजस्थान में कांग्रेस, स्वतंत्रता के पश्चात की एक स्थापित पार्टी है, वहीं लोकतांत्रिक व्यवस्था सुदृढ़ होने से उसकी विरोधी भारतीय जनता पार्टी है। आगे का राजनीतिक भविष्य व्यक्तियों एवं जातियों के नेतृत्व पर निर्भर करेगा या जनता के आर्थिक उत्थान पर यह अभी स्पष्ट दिखाई नहीं दे रहा है। इसके गर्भ में अभी कई कारक छिपे हुए हैं।

संदर्भ

1. पूर्वमंत्री डॉ. चन्द्रभान से एक भेंटवार्ता : 11 दिसम्बर, 2004

9

वामपंथी आंदोलन

राजस्थान में बिना किसी जाति, धर्म और वर्ग के समर्थन के बावजूद वामपंथी तथा समाजवादी आंदोलन जीवित रहा तथा राज्य के राजनीतिक इतिहास में अपना स्थान निरन्तर बनाये रखा। यही उसकी उपलब्धि कही जा सकती है जबकि देश के कई अन्य राज्यों में उसका अभाव ही रहा था। यह सही है कि राजस्थान में कोई वामपंथी या समाजवादी दल सत्ता के समीप नहीं पहुँच सका। लेकिन राज्य में बने भूमि-सुधार के कानूनों को उन्होंने प्रभावित किया। इस आंदोलन ने मजदूर वर्ग को न केवल जीने, बल्कि उन्नत जीवन योग्य स्थिति में पहुँचाने में सहायता की। किन्हीं क्षेत्रों में उसको सीधे शोषण से बचाया। उद्योगपतियों को यह अहसास कराने में भी मदद की कि उद्योगों को लाभ की स्थिति में रखने तथा औद्योगिक शांति के लिए यह आवश्यक है कि श्रमिकों को उनके जीने के मानवीय अधिकार से वंचित न किया जाय। किसानों को उनकी भूमि के स्वामित्व, बिजली-पानी तथा उत्पादन बढ़ाने के लिए आवश्यक सुविधाएं निर्बाध रूप से प्राप्त होती रहें। इस आंदोलन ने समाज के दलित एवं पिछड़े वर्गों में एक चेतना उत्पन्न करने में मदद की, मुख्य रूप से आदिवासी क्षेत्र में। देश में अस्सी के दशक तक सैद्धान्तिक राजनीति का वर्चस्व रहा। तब तक इसने भी राजस्थान में अपना अस्तित्व बनाये रखा। इसके बाद देश के अन्य राज्यों जैसी राजनीतिक स्थिति पहुँच गई, इससे राजस्थान में वामपंथी तथा समाजवादी आंदोलन भी अछूता नहीं रहा।

साम्यवादी

साम्यवादी विचार सन् 1942 के कांग्रेस के 'अंग्रेजो भारत छोड़ो आंदोलन' के विरुद्ध रहने के बाद भी राजस्थान जैसी सामंती व्यवस्था में जीवित रहा। चाहे मार्क्सवादी विचारधारा ने मतदाताओं को अन्य दक्षिणपंथी दलों के समान प्रभावित नहीं किया हो लेकिन सदस्यों की कर्तव्यनिष्ठा तथा जनसमस्याओं के प्रति उनकी चिन्ता एवं निराकरण में सहायक बने रहने के

कारण 1952 के प्रथम महाचुनाव में पराजित होने के बावजूद पांच माह बाद जोधपुर में हुए उपचुनाव में एक स्थान प्राप्त करने में भारतीय कम्युनिस्ट पार्टी सफल हुई। पहले विधायक जोधपुर के कम्युनिस्ट नेता स्वर्गीय एच.के.व्यास थे जिन्होंने अपनी वाणी द्वारा विधानसभा में अपनी छाप छोड़ी। 1957 में एक स्थान फिर प्राप्त किया और 1962 में पांच हो गये। 1967 के चुनाव में वापस एक पर आ गये। 1967 में गैर कांग्रेसी दलों की सरकार बनाने के लिए भाकपा के विधायक स्वर्गीय रामानंद अग्रवाल ने स्वतंत्र पार्टी-जनसंघ गठबन्धन का साथ दिया था। तब संयुक्त समाजवादी दल के 8 तथा 15 निर्दलीय भी उनके साथ थे। मगर कांग्रेस की चाणक्य नीति के कारण सरकार नहीं बन सकी थी। 1972 में कांग्रेस के साथ समझौते से फिर चार हो गये। 1977 के चुनाव में विभाजित पार्टी के एक-एक सदस्य जीत गये। 1962 में चीनी आक्रमण के बाद पार्टी का विभाजन 1964 में हो गया था। 1977 की स्थिति 1980 की विधानसभा में भी बनी रही। 1985 से 2003 तक केवल मार्क्सवादी कम्युनिस्ट पार्टी का एक-एक सदस्य निर्वाचित होता आ रहा है। मूल पार्टी भारतीय कम्युनिस्ट पार्टी की स्थिति कमजोर हो गई है। विगत पांच चुनावों में जीतने वाले विधायक किसान प्रभावित क्षेत्रों के थे। वे सभी मार्क्सवादी कम्युनिस्ट पार्टी के हैं तथा शेखावाटी, गंगानगर तथा हनुमानगढ़ जिलों से आते हैं। ये जाट तथा पंजाब के किसानों के क्षेत्र हैं। भारतीय कम्युनिस्ट पार्टी से जीतने वाले विधायकों के क्षेत्र गंगानगर, हनुमानगढ़ के किसान प्रभावित के अलावा मध्यमवर्ग तथा आदिवासी भी था। राजस्थान भाकपा के नेता स्वर्गीय रामानंद अग्रवाल तीन बार एक ही क्षेत्र अलवर से चुने गये थे। 1989 के लोकसभा चुनाव में मार्क्सवादी कम्युनिस्ट पार्टी के श्योपतसिंह चुने गये। राजस्थान से अब तक एक ही कम्युनिस्ट नेता लोकसभा में पहुँचा है।

राजस्थान में स्वतंत्रता संग्राम में साम्यवादी विचारधाराओं के कार्यकर्त्ताओं ने भी भाग लिया था। उनमें से कई कांग्रेस में भी थे। बाद में भी वापस चले गये। कांग्रेस में एक वर्ग ऐसा भी था, जो मार्क्सवाद तथा रूसी क्रांति से प्रभावित था। लेकिन 1942 के भारत छोड़ो आंदोलन का कम्युनिस्टों द्वारा विरोध करने के कारण कांग्रेस सहित अन्य दल उनके विरुद्ध थे। उन्होंने कांग्रेस में समाजवादी मंच भी बना रखा था। राजस्थान में कम्युनिस्ट तथा समाजवादी विचारधारा के कार्यकर्त्ता अधिकांश विद्यार्थी तथा नवयुवक थे। जब देश में कम्युनिस्टों को कांग्रेस से निकालने की कार्यवाही हो रही थी तब राजस्थान में विद्यार्थी कांग्रेस में साम्यवादी विचारधारा वाले छात्र नेताओं को जयपुर के टाउन हाल से, जहां पिछला विधानसभा भवन था, 1945 में सम्पन्न सम्मेलन से निष्कासित किया गया था। तब उन्होंने चितौड़गढ़ जिले के एक कस्बे कपासन में स्टूडेण्ट फैडरेशन की स्थापना करने का निर्णय किया था। बाद में उसका विस्तार होता रहा।

बंगाल के एक क्रांतिकारी स्वामी कुमारानंद अंग्रेजों की गिरफ्तारी से बचने के लिए नाम बदल कर सन् 1912 से ब्यावर में काम करने लगे थे। 1921 में सम्पन्न किसान सम्मेलन में

उन्होंने पहली बार कम्युनिस्ट पार्टी का लाल झंडा मंच पर फहराया था। तीस के दशक में उन्होंने अजमेर जिले में रेल मजदूरों को संगठित किया था। इस तरह कम्युनिस्ट पार्टी किसान, मजदूर तथा विद्यार्थियों में काम करने लगी थी। स्वतंत्रता के पश्चात आल इंडिया ट्रेड यूनियन कांग्रेस के झंडे तले विभिन्न उद्योगों में अपना अच्छा प्रभाव कई नगरों में स्थापित कर लिया था। अलवर, गंगानगर तथा शेखावाटी के जिलों में किसानों के बीच उनकी समस्याओं को हल करवाने में कम्युनिस्ट नेताओं ने महती भूमिका अदा की थी और वहीं से अधिकतर उनके विधायक निर्वाचित होकर विधानसभा में पहुँचे थे।[1]

कम्युनिस्ट पार्टी का विभाजन हो जाने पर मार्क्सवादी कम्युनिस्ट पार्टी प्रभावित सेण्टर फॉर इंडियन ट्रेड यूनियन (सीटू) और ऑल इंडिया ट्रेड यूनियन कांग्रेस (एटक) के बीच प्रतिद्वन्द्विता का भयंकर संघर्ष चला जिससे मजदूरों का अहित भी हुआ। कोटा, पाली, किशनगढ़ तथा जयपुर जिलों में सीटू का वर्चस्व रहा तो एटक भरतपुर, अलवर, जोधपुर, अजमेर जिलों में स्थापित रही।[2]

सत्तर के दशक के अंतिम वर्षों में कम्युनिस्ट पार्टी की त्रासदी शुरू हो गई थी। भारतीय कम्युनिस्ट पार्टी ने (भाकपा) इंदिरा गांधी की अल्पमत कांग्रेस सरकार (1969-70) को बचाने के लिए लोकसभा में उसे समर्थन दिया। फिर 1972 के विधान सभा चुनाव में राजस्थान में कांग्रेस के समर्थन से चुनाव लड़ा था। जब देश में जयप्रकाश नारायण के नेतृत्व में इंदिरा गांधी की सरकार के विरुद्ध आंदोलन चल रहा था तो भाकपा ने उसका विरोध किया। यही नहीं कांग्रेस सरकार द्वारा देश में आपात्काल लागू करने का समर्थन किया। भाकपा का कहना था कि जयप्रकाश नारायण का आंदोलन कांग्रेस सरकार की प्रगतिशील एवं वामपक्षीय नीतियों के विरुद्ध है। आपात्काल के समर्थन के लिए भाकपा का तर्क था कि "आपात् स्थिति के साथ बीस सूत्रीय कार्यक्रम की घोषणा देश की प्रगतिशील नीतियों को और मजबूत करने की श्रीमती गांधी की इच्छा को प्रगट करती है।"[3]

भाकपा के लिए अपनी बचत का केवल एक मात्र कदम था जब उसने संजय गांधी के संविधान-इतर शक्ति के रूप में काम करने का विरोध किया। "अलवर में भाकपा की राज्य शाखा के महामंत्री रामानंद अग्रवाल के नेतृत्व में कई हजार किसानों ने लाल झंडों के साथ संजय गांधी की नीतियों के विरोध में प्रदर्शन किया था।"[4]

राजस्थान में भारतीय कम्युनिस्ट पार्टी के कार्यालय तथा जिला घटक भी हैं। मजदूर, किसान, महिला, विद्यार्थी आदि कई मंचों पर उसके कार्यकर्त्ता सक्रिय रूप से काम भी करते हैं। लेकिन वह अब किसी क्षेत्र में पूर्ववत शक्ति के रूप में विद्यमान नहीं रह गई है। उसकी तुलना में मार्क्सवादी कम्युनिस्ट पार्टी का प्रभाव व्यापक क्षेत्र में है। मजदूरों, किसानों तथा विद्यार्थियों में उसकी पैठ गहरी है।

समाजवादी

रूसी क्रांति से प्रभावित एवं उत्प्रेरित समाजवादी विचारधारा ने भारत में स्वतंत्रता संग्राम के कई सेनानियों के मनों में एक नया उत्साह उत्पन्न किया और वे आजादी के बाद नई समाज व्यवस्था का सपना संजोने लगे थे। जब तक कांग्रेस ने एक झंडे तले दो अलग-अलग विचार पनपने पर रोक नहीं लगाई थी तब तक यह चलता रहा। लेकिन जब कांग्रेस ने प्रतिबंध लगा दिया तब समाजवादी पार्टी की स्थापना अलग से की गई। उसका प्रभाव राजस्थान में भी पड़ा। समाजवादी नेता पंडित रामकिशन शर्मा ने एक भेंट में बताया कि स्वतंत्रता के पश्चात जयपुर जिले के बांदीकुई कस्बे में समाजवादी विचारधारा वाले कांग्रेस कार्यकर्त्ताओं की एक बैठक हुई जिसमें अरुणा आसफअली ने भी भाग लिया था। उसमें राजस्थान में समाजवादी दल बनाने का निर्णय हुआ था। उसके बाद कोटा में पहला सम्मेलन हुआ जिसमें राज्य के विभिन्न स्थानों से एकत्रित कार्यकर्त्ताओं ने समाजवादी दल की स्थापना की। हीरालाल जैन उसके प्रथम महासचिव निर्वाचित हुए। 1952 के प्रथम आम चुनाव में ठेठ आदिवासी भील क्षेत्र बांसवाड़ा से बेलजीभाई पहले समाजवादी विधायक चुने गये। किन्तु उनका निर्वाचन अवैध घोषित होने पर उसी क्षेत्र से राजस्थान की पहली महिला समाजवादी विधायक श्रीमती यशोदादेवी नवम्बर, 1953 में चुनी गई। राजस्थान में यह महिला जागृति का एक ज्वलंत उदाहरण है, वह भी आदिवासी क्षेत्र में। बांसवाड़ा-डूंगरपुर जिले भील-आदिवासियों के धर्मगुरु मामा बालेश्वरदयाल से प्रभावित हैं।[5]

अखिल भारतीय स्तर पर समाजवादी विचारकों में मत-मतान्तर चलते रहे। कांग्रेस के प्रति नरम या झुकाव का विचार रखने वाले नेता भी समाजवादी दल से जुड़ना चाहते थे। इसलिए प्रजा-समाजवादी पार्टी का निर्माण हुआ। उसमें जयप्रकाश नारायण, आचार्य नरेन्द्रदेव, आचार्य जे.बी.कृपलानी, अशोक मेहता जैसे नेता थे। किन्तु सख्त समाजवादी विचारक राममनोहर लोहिया कांग्रेस से किसी प्रकार का सम्बन्ध नहीं रखना चाहते थे। उनकी अलग प्रकार की सोच थी। महिला सहित दलितों और पिछड़ों के उत्थान पर विशेष ध्यान देने तथा हिन्दी का प्रयोग आदि कई उनके प्रमुख सिद्धान्त थे जिनको वे सर्वोच्च प्राथमिकता देते थे।

केरल में प्रजा-समाजवादी नेता पट्टम थानू पिल्लई के नेतृत्व में कांग्रेस की मिली-जुली सरकार थी। केरल में उनकी सरकार की पुलिस ने गोली चलाई थी। लोहिया समाजवादी सरकार द्वारा जनता पर गोली चलाने के घोर विरोधी थे। गोलीकांड के समय लोहिया जेल में थे। लोहिया ने जेल से मुख्यमंत्री पट्टम थानू पिल्लई को तत्काल इस्तीफा देने का तार भेजा। वे उस समय पार्टी के महासचिव थे। उन्होंने कांग्रेस से सहयोग नहीं करने का निर्देश दिया। इस विचार से अन्य कई नेता सहमत नहीं थे।[6]

जयपुर में लोहिया का निलंबन

इसी ऊहापोह की स्थिति में जयपुर के बनीपार्क स्थित पीरामल होटल में प्रजा-समाजवादी पार्टी का एक शिविर हुआ जिसमें जयप्रकाश नारायण, आचार्य नरेन्द्रदेव (अध्यक्ष), जे.बी.कृपलानी आदि नेता भी उपस्थित थे। रामकिशन के अनुसार इस शिविर में राजस्थान से उन्हें तथा हीरालाल जैन को भी निमंत्रित किया गया था। समाजवादी नेताओं में मतभेद से जयप्रकाश बहुत दुखी थे और वे रोये। उन्होंने मतभेद समाप्त करने की मार्मिक अपील भी की। लेकिन लोहियावादी अपने विचार पर अटल रहे। तब राममनोहर लोहिया को पार्टी से जयपुर में निलंबित कर दिया गया और प्रजा-समाजवादी पार्टी टूट गई।[7]

राजस्थान में भी इसका प्रभाव पड़ा। बीकानेर, उदयपुर, भीलवाड़ा जिले प्रजा-समाजवादी पार्टी में रहे। भरतपुर, कोटा, बांसवाड़ा, अलवर, धौलपुर, करौली, जयपुर तथा गंगानगर जिले राममनोहर लोहिया की समाजवादी पार्टी में रहे। पं. रामकिशन के अनुसार राजस्थान में दोनों दलों के नेताओं में एक-दूसरे के जिलों में हस्तक्षेप नहीं करने पर सहमति हुई। 1958 के आसपास रामकिशन राजस्थान समाजवादी दल के अध्यक्ष तथा हीरालाल जैन महासचिव चुने गये।[8]

समाजवादी दल ने राज्य की जनता की समस्याओं, अंग्रेजी हटाओ-हिन्दी लाओ, जाति तोड़ो तथा अन्य कई लोहिया के सिद्धान्तों पर आधारित प्रश्नों को लेकर अनेक वर्षों तक संघर्ष किया। जेलों में गये, प्रदर्शन तथा सभाएं कीं। सत्याग्रहों में कार्यकर्त्ताओं को सजाएं भी हुईं।

समाजवादियों का संघर्ष

साठ का दशक प्रदेश में समाजवादियों के संघर्ष का चरमोत्कर्ष काल था। इसी काल में दक्षिणपंथी स्वतंत्र पार्टी तथा जनसंघ ने कांग्रेस को कड़ी टक्कर दी थी। लेकिन कुछ जिलों में, विशेषकर भरतपुर, बांसवाड़ा, गंगानगर तथा बीकानेर जिलों में समाजवादियों ने अपने आंदोलनों के जरिये समाज में अपना प्रभाव बढ़ा लिया था। 1965 के पंचायत चुनावों में भरतपुर के जिला प्रमुख पद पर समाजवादी नेता पं. रामकिशन चुने गये थे। ऐसे ही आदिवासी जिला बांसवाड़ा के जिला प्रमुख केशवभ्राता थे। इन दस वर्षों में सम्पन्न 1962 तथा 1967 के विधानसभा चुनावों में समाजवादी विचारधारा के क्रमशः नौ और आठ विधायक चुने गये थे। तीसरी विधानसभा में प्रजा-समाजवादी दल के दो तथा एक समाजवादी उमरावसिंह ढाबरिया निर्दलीय चुनकर आये थे। गंगानगर से प्रो. केदारनाथ संयुक्त समाजवादी दल से चुने गये थे। 1972 के विधानसभा

चुनाव में समाजवादी पार्टी के चार विधायक चुने गये थे। 1977 में समाजवादी पार्टी का भी जनता पार्टी में विलय हो गया था। जनता पार्टी के विखंडन के बाद 1980 में जनता पार्टी (जे.पी.) से आठ विधायक निर्वाचित हुए थे। 1985 में केवल जनता पार्टी नाम रह गया। उसके विधायकों की संख्या दस थी। 1990 के विधानसभा चुनाव से पूर्व जनता पार्टी का विलय जनता दल में हो गया । उसके 55 विधायक चुने गये थे। उनमें समाजवादी विचारक भी शामिल थे।[9]

तीसरी और चौथी विधानसभा में समाजवादी विधायकों की भूमिका महत्वपूर्ण रही। प्रो. केदार ने गंगानगर जिले के किसानों की नहरी पानी की समस्याएं खूब जोर से उठाई थीं। उनका साथ अन्य दलों ने भी दिया। गंगानगर जिले में किसान आंदोलन भी किये थे। उसमें कांग्रेस को छोड़कर आये जाट नेता चौधरी कुंभाराम आर्य भी साथ थे। 7 जनवरी, 1970 को संगरिया में पुलिस की गोली से चार लोग मारे गये। उसी दिन भादरा में आंदोलनकारी छात्रों पर पुलिस ने गोली चलाई जिसमें दो व्यक्ति मारे गये। उपरोक्त गोलीकांडों के विरुद्ध चूरू में छात्रों ने विरोध प्रदर्शन किया। वहां पर 13 जनवरी, 1970 को हुए पुलिस गोलीकांड में दो व्यक्ति मारे गये। किसानों का यह आंदोलन पिछले कई वर्षों से चल रहा था।[10]

तीसरी विधानसभा में माणिकचन्द सुराणा ने राजस्थान राज्य सहकारी क्रय-विक्रय संघ के तत्कालीन अध्यक्ष तथा पूर्व कांग्रेस मंत्री कुंभाराम आर्य के विरुद्ध गुड़ की खरीद में घोटाला करने का आरोप लगाया। उनका आरोप था कि गुड़ की खरीद ऊंचे दामों पर की गई तथा परिवहन में अधिक भुगतान किया गया था। सुराणा ने एक भेंट में कहा कि कुंभाराम आर्य ने "गुड़ खाने की चीज है, खा गये" कहकर उड़ाने का प्रयत्न किया।[11]

ऐसा ही एक घोटाला छोटीसादड़ी सोनाकांड का उमरावसिंह ढाबरिया तथा माणिकचन्द सुराणा ने उठाया था। उनका तत्कालीन मुख्यमंत्री मोहनलाल सुखाड़िया पर आरोप था कि चित्तौड़गढ़ जिला स्थित छोटीसादड़ी में एक सेठ के घर पर दीवारों तथा जमीन में दबा सोना, जो एक छापे में केन्द्रीय सरकार के कस्टम अधिकारियों ने बरामद किया था, उसमें से काफी सोना बीच में ही पार करा दिया गया। मगर सुखाड़िया ने इस आरोप को मनगढ़न्त बताया था। चित्तौड़गढ़ के तत्कालीन ट्रेज़री ऑफिसर के.के. खन्ना ने एक भेंट में बताया कि यह मामला 1964 के आसपास का है। चित्तौड़गढ़ जिले के प्रतापगढ़ क्षेत्र में अफीम की खेती होती थी। बताया जाता है कि अंग्रेजों के शासनकाल में यह अफीम चीन भेजी जाती थी और उसके बदले ईंटों में सोना आता था। कुछ सोना जमींदोज था। उन दिनों देश में गोल्ड कण्ट्रोल ऑर्डर लगा हुआ था जिसके अन्तर्गत सोने की घोषणा करनी होती थी। उसका पता करने के लिए वह खुदाई की गई थी।

खन्ना ने बताया कि 1965 की भारत-पाक लड़ाई के बाद तत्कालीन प्रधानमंत्री लालबहादुर शास्त्री को उस सोने से तोलने का आदेश मिलने पर जिलाधीश की देखरेख में वह सोना तोलकर चित्तौड़गढ़ ट्रेजरी में जमा कराया गया था। इस सम्बन्ध में पुलिस में मामला भी दर्ज हुआ था। लेकिन सुखाड़िया से उसका कोई सम्बन्ध प्रमाणित नहीं हुआ।[12]

गैरकांग्रेसवाद

पं. रामकिशन ने बताया कि 1967 के चुनाव के अवसर पर लोहिया ने कांग्रेस को पराजित करने के लिए रणनीति के तौर पर गैरकांग्रेसवाद का नारा दिया था। उनका नारा था 'कांग्रेस हटाओ' तथा छह माह में यह सिद्ध कर दो कि गैरकांग्रेसी सरकार, कांग्रेस से बेहतर है। उनका लक्ष्य था कि 'सोशलिस्ट पार्टी ने की है ललकार, पिछड़े पावे सौ में से साठ।'

डा. राममनोहर लोहिया का 12 अक्टूबर,1967 को अचानक देहान्त हो गया। जिन राज्यों में गैरकांग्रेसी सरकारें बनीं वे लोहिया के नारे पर खरी नहीं उतरीं। रामकिशन का मत है कि "धीरे-धीरे समाजवादी आंदोलन कमजोर हो जाने के कारण समाजवादी नेताओं ने गैरकांग्रेसवाद के नारे को रणनीति के स्थान पर दल की नीति मान लिया। परिणाम यह हुआ कि समाजवादी कार्यक्रम क्रियान्वित हो, न हो, सत्ता में बने रहो। यह लक्ष्य हो गया।" उनका तो यह भी कहना है कि "गैरकांग्रेसवाद, समाजवादी आंदोलन को कमजोर करने में सहायक हो गया।"[13]

सन् 1967 में केन्द्र में श्रीमती इंदिरा गांधी प्रधानमंत्री थीं। कुछ राज्यों में कांग्रेस परास्त हो गई थी और संयुक्त विधायक दल की सरकारें बनीं। लेकिन वे अधिक समय तक नहीं चल सकीं। बंगलादेश का निर्माण हो जाने से देश में इंदिरा लहर चलने लगी। फिर भी राजस्थान में 1972 के विधानसभा चुनाव में समाजवादी दल के चार विधायक चुने जा सके। किन्तु आपात्काल के बाद समाजवादी दल का भी जनता पार्टी में विलय हो गया। 1980 में जनता पार्टी भी टूट गई। तब समाजवादी नेतागण जनता पार्टी (जे.पी.) में रहे। उसी वर्ष सम्पन्न विधानसभा के चुनाव में उसके आठ विधायक चुने गये। 1985 के चुनाव में उनकी संख्या दस हो गई। फिर 1990 के चुनाव के अवसर पर सब दलों का जनता दल बन गया। 1993 में जनता दल के केवल छह विधायक चुने गये। 1998 के विधानसभा चुनाव में घटकर तीन रह गये। जनता दल के भी फिर कई टुकड़े हो गये। इस समय जनता दल (यू) तथा जनता दल (एस) के अलावा मुलायमसिंह का समाजवादी दल, समता पार्टी आदि कई दल हैं। कुछ समाजवादी कांग्रेस तथा भारतीय जनता पार्टी में भी चले गये हैं जिनमें प्रमुख पूर्वमंत्री माणिकचन्द सुराणा हैं। 2003 के विधानसभा चुनाव में जनता दल (यू) के आदिवासी क्षेत्र बांसवाड़ा से तीन विधायक फिर चुने गये हैं।[14]

संदर्भ

1–2. श्रमजीवी आंदोलन की शक्ति : दुष्यंत ओझा, पृ. 53 से 57, शौकत उस्मानी जन्म शती स्मारिका 2001, प्रकाशक : शौकत उस्मानी फाउण्डेशन, बीकानेर

3–4. जननेता – रामानंद अग्रवाल; एक संघर्षपूर्ण जीवनगाथा : जुगमंदिर तायल, पूर्व संयुक्त निदेशक-कॉलेज शिक्षा, राजस्थान, पृ. 14-15, प्रकाशक : रामानंद अग्रवाल स्मृति ग्रन्थ संस्थान, अलवर, 1995

5,6,7. समाजवादी नेता रामकिशन शर्मा से भेंट : दि. 16 दिसम्बर, 2004

8. समाजवादी नेता रामकिशन शर्मा से भेंट : दि. 16 दिसम्बर, 2004

9. राजस्थान निर्वाचन विभाग

10. जनसंघर्षों के पुरोधा ; प्रो. केदार : आनन्दपाल, पृ. 101 से 104, प्रकाशक : लोकस्मृति संस्थान, श्रीगंगानगर, जनवरी, 2003

11. पूर्व मंत्री माणिकचन्द सुराणा से भेंट : दि. 13 दिसम्बर, 2004

12. पूर्व कोषाधिकारी चित्तौड़गढ़, के.के. खन्ना से भेंट : दि. 05 जनवरी, 2005

13. समाजवादी नेता रामकिशन शर्मा से भेंटवार्ता : 16 दिसम्बर, 2004

14. राजस्थान निर्वाचन विभाग

10

मोहनलाल सुखाड़िया शासन के सत्रह साल

स्वर्गीय मोहनलाल सुखाड़िया का सत्रह वर्षों का निरन्तर मुख्यमंत्रित्व का कार्यकाल राजस्थान में एक कीर्तिमान है। देश के अन्य राज्यों में भी पं. गोविन्द बल्लभ पंत (उत्तरप्रदेश), डॉ. विधानचन्द्रराय (पश्चिम बंगाल), डॉ. श्रीकृष्ण सिन्हा (बिहार) तथा रविशंकर शुक्ल (मध्यप्रदेश) जैसे इने-गिने मुख्यमंत्री ही थे जिन्हें लम्बे समय तक पदासीन रहने का सौभाग्य प्राप्त हुआ था। यह किसी दैवीय अधिकार (राजा होने) के कारण नहीं था और न किसी अधिनायक की शक्ति। यह लोकतांत्रिक पद्धति से प्राप्त जनता का विश्वास था। लेकिन यह सहज, सुगम और केवल ईश-कृपा का परिणाम नहीं था बल्कि कांटों भरा ताज था जो अपार धैर्य, मंद-मंद मुस्कान तथा बिना प्रतिशोध की भावना से जीता गया था। घर वाले (कांग्रेसजन) ईर्ष्या रोग से पीड़ित थे तो विरोधी दलों ने उन्हें परास्त करने की पूरी कोशिश की, मगर उनकी शतरंजी चालों के सामने सफल नहीं हो पाये। इन प्रतिगामी ताकतों के बावजूद देश के अन्य राज्यों के समकक्ष राजस्थान को लाने के अपने लक्ष्य, चुनौती और स्वप्न को साकार करने के संकल्प से सुखाड़िया को कोई डिगा नहीं सका। सत्रह वर्षों के शासन काल में उन्हें लांछित करने में उक्त पक्षों ने कोई कसर नहीं छोड़ी लेकिन बाद के मुख्यमंत्रियों से तुलना करने पर वे भी पछताये। मृत्यु के बाद सारे दाग स्वतः बेदाग प्रमाणित हो गये। उन पर न धन, न वंश, न व्यक्तिगत गुट का आरोप ठहरा। यहां तक कि व्यक्तिगत महत्वाकांक्षा के स्थान पर संगठन की शक्ति सिद्ध हुई। सत्ता और शक्ति का अनुपम विकेन्द्रीकरण परिलक्षित हुआ जबकि आज के सत्ताधारियों में इन गुणों का पूर्णतः अभाव है।

मोहनलाल सुखाड़िया अड़तीस वर्ष की अल्पायु में देश के विशालतम राज्य के मुख्यमंत्री अपनी बिना आकांक्षा के परिस्थितिवश 13 नवम्बर, 1954 को नियुक्त हो गये जबकि राज्य की पहली पीढ़ी के कई दिग्गज राजनीति में सक्रिय थे। कांग्रेस पार्टी का उच्चतम नेतृत्व पांच वर्ष के शिशु राज्य का नेतृत्व एक नन्हे-मुन्ने को सौंपने से हिचकिचा रहा था जबकि इससे पूर्व इस स्वल्प काल में तीन मुख्यमंत्री बदलने के बाद भी स्थायित्व प्राप्त नहीं हो रहा था। कांग्रेस के केन्द्रीय नेतृत्व के लिए राजस्थान स्थायी चिन्ता का विषय बन गया था। लेकिन एक डिप्लोमाधारी

विद्युत इंजीनियर ने अपनी मधुर मुस्कान, सरल व्यवहार और दंभ विहीनता के बल पर सबको निस्तेज कर दिया तथा धीरे-धीरे उनको गुणग्राही बना लिया। जो नेतागण अपने अहं के कारण नहीं बदल सके वे मार्ग से दूर होते चले गये। बाद में वे पछताये भी, लेकिन तब क्या होता, "जब चिड़िया चुग गई खेत।" यह स्वीकारोक्ति जाट नेता स्वर्गीय कुंभाराम आर्य के अनुयायी तथा पूर्व प्रधानमंत्री चन्द्रशेखर के मंत्रिमंडल के सदस्य रहे दौलतराम सारण ने एक भेंट में की है।[1] स्वयं कुंभाराम आर्य की टिप्पणी महत्वपूर्ण है : "श्री मोहनलाल सुखाड़िया और राजस्थान एक दूसरे के प्रतिबिम्ब होने के कारण राजस्थान के बिना सुखाड़िया की और सुखाड़िया के बिना राजस्थान की गाथा का वर्णन नहीं किया जा सकता है।"[2]

नेहरू की चिन्ता

जयनारायण व्यास अपनी आदर्शवादिता, स्वाभिमान, अदूरदर्शिता, राजनीति में तोड़फोड़ के विरोधी तथा कांग्रेस के केन्द्रीय नेतृत्व की सलाह की उपेक्षा के कारण 6 नवम्बर, 1954 को राज्य विधानसभा कांग्रेस दल के नेता के चुनाव में सुखाड़िया से आठ मतों से पराजित हो गये। लेकिन यह फैसला केन्द्रीय नेतृत्व के गले नहीं उतर रहा था। केन्द्र के नेताओं ने नेता पद के मतदान से पूर्व यह अप्रिय दिन टालने का बहुत प्रयत्न किया, मगर वे निष्फल रहे। माणिक्यलाल वर्मा ने अपनी 1 नवम्बर,1954 की डायरी में लिखा कि "रात्रि को श्री बलवंतभाई मेहता ने कहा कि आदित्येन्द्रजी (तत्कालीन प्रदेश कांग्रेसाध्यक्ष) को मुख्यमंत्री बना दो। किन्तु श्री आदित्येन्द्रजी ने इनकार कर दिया।"[3] जो देश के लिए जिये ग्रंथ के लेखक शंकरसहाय सक्सेना ने टिप्पणी की कि "यह स्पष्ट हो जाता है कि नेहरूजी सुखाड़ियाजी को मुख्यमंत्री नहीं बनाना चाहते थे। परन्तु वर्माजी के प्रयत्नों के फलस्वरूप अंत में श्री नेहरू सहमत हो गये।"[4] इस संबंध में वर्माजी ने अपनी डायरी में इस प्रकार लिखा है : "12 नवम्बर, 1954 को नेहरूजी का फैसला बलवंतभाई ने सुना दिया कि सुखाड़ि्याजी मंत्रिमंडल बनावें। श्री मथुरादास माथुर के लिए पंडितजी ने कहा कि मैं हां नहीं कहूंगा। पार्लियामेण्ट्री बोर्ड भी उन्हें लेने से इनकार करता है। फिर भी सुखाड़ियाजी चाहें तो ले सकते हैं। हमने पंडितजी की इच्छानुसार चलने का फैसला किया।"[5]

नेहरू के संदर्भ में स्वयं सुखाड़िया ने अपने एक लेख में उनकी इस भावना को प्रगट किया था। सुखाड़िया का यह लेख 'राजस्थान ए डिकेड ऑफ रिकन्स्ट्रक्शन' में प्रकाशित हुआ है। इस पुस्तक का प्रकाशन नवम्बर, 1964 में सुखाड़िया के मुख्यमंत्री काल को दस वर्ष पूर्ण होने के अवसर पर किया गया था। इस पुस्तक के संपादक वरिष्ठ पत्रकार प्रवीणचन्द्र छाबड़ा तथा आर.के.मिश्र हैं।

सुखाड़िया ने अपने लेख 'राजस्थान के निर्माण का प्रयास' में लिखा है कि " मैं जब 1954 में मुख्यमंत्री चुना गया तो पंडित जी के दिल में पूरा भरोसा नहीं था कि राजस्थान की उलझी राजनीति को मैं संभाल पाऊंगा या नहीं। पंडितजी से जब मैं बात करता था तब मुझे ऐसा आभास होता था कि उनके मन में राजस्थान के भविष्य के बारे में चिन्ता है। मुझे याद है कि 1957 के चुनाव के मौके पर जब मैं उनके पास गया तब उनके दिल में बड़ी चिन्ता थी कि कई नेता हमसे नाराज हैं। बहुत से झगड़े राजस्थान कांग्रेस में हैं। इसका क्या परिणाम होगा ? जब मैंने उनसे कहा कि राजस्थान में कांग्रेस विजयी होगी तो उनके चेहरे पर भरोसे के भाव का अनुभव हुआ।"[6]

सुखाड़िया के शासनारूढ़ होने के साथ ही राजस्थान में स्वतंत्रता संग्राम के वरिष्ठतम सेनानियों के युग का पटाक्षेप हो गया। स्वतंत्रता संग्राम के वे दिग्गज, जिन्होंने देश की आजादी के लिए अपना सर्वस्व लगा दिया था, सुखाड़िया के उदय के साथ ही धीरे-धीरे प्रभावहीन हो गये। इनमें जयनारायण व्यास, हीरालाल शास्त्री, गोकुलभाई भट्ट, टीकाराम पालीवाल (जयपुर), रघुवरदयाल गोयल (बीकानेर), भूरेलाल बया (उदयपुर), अक्षयसिंह डांगी (उदयपुर), प्रो. गोकुललाल असावा (शाहपुरा), मास्टर बलवंतसिंह मेहता (उदयपुर), युगलकिशोर चतुर्वेदी (भरतपुर), अभिन्नहरि (कोटा), वेदपाल त्यागी (कोटा), रामकरण जोशी (दौसा), मास्टर भोलानाथ (अलवर), दौलतमल भंडारी (जयपुर) तथा नरोत्तमलाल जोशी (झुंझुनूं) आदि के नाम लिए जा सकते हैं। बाद में ये नेता राजनीति में महत्वपूर्ण नहीं रहे। भंडारी तथा त्यागी राजस्थान हाईकोर्ट के न्यायाधीश नियुक्त कर दिये गये। प्रो. प्रेमनारायण माथुर वनस्थली विद्यापीठ में अध्यापन करने लगे।

केन्द्रीय नेतृत्व के विकल्प

मुख्यमंत्री मोहनलाल सुखाड़िया को अपना मंत्रिमंडल बनाने की अनुमति देने के बावजूद केन्द्रीय नेतृत्व उनकी सफलता के प्रति आश्वस्त नहीं था। राजस्थान कांग्रेस में एकता स्थापित करने के लिए कांग्रेस अध्यक्ष यू.एन. ढेबर निरन्तर प्रयत्न करते रहे। उन्होंने जयनारायण व्यास, गोकुलभाई, हीरालाल शास्त्री, मा. आदित्येन्द्र तथा वर्मा से कई बार वार्ताएं कीं। ढेबर भाई कांग्रेस सरकार के कामकाज को निर्देशित करने के लिए एक समिति बनाना चाहते थे। किन्तु यह वर्मा को स्वीकार नहीं था। केन्द्रीय नेतृत्व सुखाड़िया से त्यागपत्र दिलवाकर नया नेता चुनवाना चाहता था। यह विकल्प भी वर्मा को मंजूर नहीं था।[7]

कांग्रेस उच्च नेतृत्व द्वारा प्रदेश के नेताओं में एकता के लिए अ.भा. कांग्रेस कमेटी के महामंत्री श्रीमन्नारायण अग्रवाल की उपस्थिति में 7 जुलाई, 1955 को एक अनौपचारिक

सलाहकार समिति गठित की गई जिसके बारे में यह निर्णय हुआ कि इस समिति का कोई वैधानिक अस्तित्व नहीं होगा। यह अनौपचारिक रूप से मिलकर राज्य की समस्याओं पर विचार करेगी तथा उनका हल ढूंढ़ेगी। इस समिति के फैसलों को मानना नैतिक दायित्व होगा। प्रदेश कांग्रेस के कार्यालय में सम्पन्न बैठक में मास्टर आदित्येन्द्र, हीरालाल शास्त्री, जयनारायण व्यास, गोकुलभाई भट्ट, माणिक्यलाल वर्मा, टीकाराम पालीवाल तथा मुख्यमंत्री मोहनलाल सुखाड़िया थे। ये सातों ही उपरोक्त समिति के सदस्य थे। नेताओं में एकता के लिए प्रदेश कांग्रेस के चुनाव भी स्थगित कर दिये गये। बाद में गोकुलभाई भट्ट को चुनाव अधिकारी नियुक्त किया गया।[8]

कांग्रेस का उच्च नेतृत्व सुखाड़िया को मुख्यमंत्री बनाये रखने पर राजी नहीं था, इस संदर्भ में कुंभाराम आर्य ने भी अपने संस्मरण में लिखा है कि ''मैं दिल्ली गया और मंत्रिमंडल के सदस्यों की सूची ढेबर भाई, गोविन्द बल्लभ पंत और नेहरू को देकर स्पष्ट कर दिया कि राजस्थान में सुखाड़िया के नेतृत्व में कांग्रेस की सरकार बनेगी, इसलिए यह स्वीकृत होनी चाहिए।'' इस पर ढेबर भाई ने कहा कि ''तुम लोग जो कर रहे हो, उसका दण्ड तुम्हें ही भुगतना होगा।'' कुंभाराम आगे लिखते हैं कि ''सुखाड़िया को मंत्रिमंडल बनाने की इजाजत मिल गई, साथ ही हाई कमांड की नाराजगी भी बढ़ गई।''[9]

कुंभाराम ने उपरोक्त दण्ड का प्रमाण भी प्रस्तुत किया कि ''ढेबरभाई के मित्र खंडूभाई की रिपोर्ट के आधार पर सात सदस्यीय समिति ने उन्हें कांग्रेस से निष्कासित करने की सिफारिश कर दी। इसका राजस्थान के कांग्रेसजनों ने विरोध किया। तब मामला नेहरू को सौंप दिया गया। बाद में नेहरू ने इस मामले को निपटाया तब राजस्थान के कांग्रेसजनों में शांति हुई।''[10]

इसी संदर्भ में पूर्व मंत्री स्वर्गीय बृजसुंदर शर्मा ने भी अपने संस्मरण में लिखा है कि, ''मैं, सुखाड़ियाजी, मथुरादासजी तथा कुंभारामजी, व्यासजी के पास गये और उनसे कहा कि आप हमारे नेता हैं। विश्वासमत प्राप्त करने की जरूरत नहीं है । मगर वे विश्वास मत प्राप्त न करने के लिए तैयार नहीं हुए। तब हमने सुखाड़ियाजी को नेता पद का चुनाव लड़ने के लिए तैयार किया। उन्होंने आगे लिखा कि 'लोगों के मन में यह भ्रांति है कि सुखाड़ियाजी ने व्यासजी के विरुद्ध षड़यंत्र रचकर उन्हें हटाया, यह दूर होना चाहिए।'[11]

उपराष्ट्रपति शेखावत की प्रतिक्रिया

राजस्थान निर्माण के बाद के राजनीतिक घटनाक्रम के संदर्भ में जब उपराष्ट्रपति भैरोंसिंह शेखावत से (जो तीन बार में साढ़े दस वर्ष तक राजस्थान के मुख्यमंत्री रहे) एक भेंट में उनकी प्रतिक्रिया जाननी चाही तो उन्होंने कहा : '' राजस्थान जैसे रियासती राज्य में उसके निर्माण के

बाद जिस तेजी के साथ राजनीतिक घटनाएं हुईं, वे अभूतपूर्व हैं। 1952 के प्रथम आम चुनाव में राजाओं और जागीरदारों ने कांग्रेस की स्वतंत्रता संग्राम की पुरानी पीढ़ी का जबर्दस्त विरोध किया था। उस समय तक उनका समाज में बड़ा प्रभाव था। जहां कांग्रेस जीती, वहां राजाओं और जागीरदारों का प्रभाव कम था। जयनारायण व्यास को दो स्थानों पर हरा दिया गया। माणिक्यलाल वर्मा को भी हरा दिया गया था। हीरालाल शास्त्री का गुट पिछड़ चुका था। गोकुलभाई भट्ट भी हार गये और सक्रिय राजनीति से दूर हो गये थे। व्यासजी उपचुनाव में जीत कर दो वर्ष तक ही सत्ता में रह पाये। राजस्थान में जयनारायण व्यास से बड़ा कोई आदर्शवादी व्यक्ति नहीं हुआ। 1954 में विश्वास प्रस्ताव पर विधायकों का समर्थन लेने उनके पास नहीं गये और हार गये। वे कहते – थेअगर विधायक मेरा साथ नहीं देना चाहते हैं तो मैं मुख्यमंत्री क्यों रहूँ।'' शेखावत ने व्यास के सिद्धान्तों तथा आदर्शों के कई प्रसंग सुनाये।

शेखावत 1952 में भारतीय जनसंघ के विधायक थे और 1954 में कांग्रेस में नेता पद के लिए शक्ति-परीक्षण उनके सामने ही हुआ था। उन्होंने आगे कहा, ''सुखाड़िया के नेता निर्वाचित होने के साथ ही राजस्थान में नई पीढ़ी उभरी। राजा, जागीरदार, रामराज्य परिषद तथा क्षत्रिय परिषद कमजोर हो गई। कोटा, बीकानेर, अलवर तथा भरतपुर क्षेत्र की नई पीढ़ी उनके साथ होती चली गई। उदयपुर क्षेत्र उनके साथ था ही। कांग्रेस की पुरानी पीढ़ी के साथ जो रहे, वे भी धीरे-धीरे प्रभावहीन होते गये।''[12]

बहुक्षेत्रीय मंत्रिमंडल

सुखाड़िया ने 13 नवम्बर, 1954 को ग्यारह अन्य साथियों के साथ अपने मंत्रिमंडल की शपथ ग्रहण की जिनमें उनके अलावा कुंभाराम आर्य, दामोदरलाल व्यास, बद्रीप्रसाद गुप्ता, बृजसुन्दर शर्मा, भोगीलाल पंड्या, रामकिशोर व्यास, रामनिवास मिर्धा,अमृतलाल यादव , श्रीमती कमला, अलीमुद्दीन शाह तथा संपतराम थे। अंतिम तीनों उपमंत्री थे और शेष सभी मंत्री थे। इनमें से चार– कुंभाराम, भोगीलाल पंड्या, रामकिशोर व्यास तथा अमृतलाल यादव जयनारायण व्यास मंत्रिमंडल के भी सदस्य थे। सात नये थे। इसमें जाट मंत्रियों की संख्या तीन हो गई। पहली बार किसी महिला तथा मुसलमान को मंत्रिमंडल में लिया गया। अनुसूचित जाति के मंत्री भी बढ़कर दो हो गये। डेढ़ वर्ष बाद फरवरी, 1956 में रामचन्द्र चौधरी तथा खेतसिंह राठौड़ को सम्मिलित किया गया। इससे जाट चार हो गये तथा पहली बार राजपूत को शामिल किया गया जबकि व्यास मंत्रिमंडल में कोई राजपूत नहीं था। एक नवम्बर, 1956 को अजमेर राज्य का राजस्थान में विलय हो जाने पर ब्यावर के श्रमिक नेता बृजमोहन शर्मा को नियुक्त करने के साथ ही कांग्रेस उच्च सत्ता के निर्देश पर जयनारायण व्यास के प्रमुख समर्थक रामकरण जोशी को भी मंत्री बना दिया गया। इस प्रकार मंत्रिमंडल के सदस्यों की संख्या सोलह हो गई। इनमें सुखाड़िया के

अतिरिक्त ब्राह्मण 6, जाट 4, अनुसूचित जाति के दो तथा वैश्य, राजपूत और मुसलमान एक-एक थे । राज्य के तत्कालीन 26 में से सोलह जिलों का प्रतिनिधित्व हो गया। इनके नाम इस प्रकार हैं : जयपुर 4, उदयपुर 2, अलवर 2, चूरू, टोंक, अजमेर, बूंदी, डूंगरपुर, गंगानगर तथा नागौर से एक-एक थे जबकि व्यास मंत्रिमंडल में इनसे कम जिलों के मंत्री थे। इसमें एक महत्वपूर्ण बात और थी कि जाट नेता नाथूराम मिर्धा को सुखाड़िया ने मंत्री नहीं बनाया जो व्यास मंत्रिमंडल में शामिल थे। पूर्व मुख्यमंत्री तथा बाद में उपमुख्यमंत्री रहे टीकाराम पालीवाल भी नहीं थे। उन्होंने यह कहकर मंत्री बनने से इनकार कर दिया कि सुखाड़िया स्वयं उनकी सरकार में मंत्री थे इसलिए अब उनके अधीन मंत्री बनना उनकी प्रतिष्ठा के प्रतिकूल होगा।

रामनिवास मिर्धा राजनीति में आने से पूर्व राजस्थान प्रशासनिक सेवा के अधिकारी थे और इनके पिता बल्देवराम मिर्धा भूतपूर्व जोधपुर रियासत में पुलिस के उपमहानिरीक्षक थे। राज्य सेवा से अवकाश के बाद उन्होंने मारवाड़ में किसान सभा की स्थापना की थी। नाथूराम मिर्धा का सार्वजनिक जीवन भी इसी किसान सभा से आरम्भ हुआ था। 1952 के प्रथम चुनाव से पूर्व इसका कांग्रेस में विलय हो गया था। तत्कालीन राजनीतिक जानकारों के अनुसार रामनिवास मिर्धा को, जो पालीवाल और व्यास मंत्रिमंडल के दौरान नाथूराम मिर्धा के निजी सचिव पद पर

मोहनलाल सुखाड़िया मंत्रिमंडल (प्रथम पारी)

शपथग्रहण : 13 नवम्बर, 1954, 20 दिसम्बर 1954

अग्रिम पंक्ति में बायें से दायें : अमृतलाल यादव, भोगीलाल पंड्या (दोनों मंत्री), मोहनलाल सुखाड़िया (मुख्यमंत्री), सवाई मानसिंह (राजप्रमुख), रामकिशोर व्यास, बृजसुन्दर शर्मा तथा कुंभाराम आर्य (सभी मंत्री)।

पिछली पंक्ति में बायें से दायें : रामनिवास मिर्धा (मंत्री), शाह अलीमुद्दीन (उपमंत्री), दामोदरलाल व्यास (मंत्री), सम्पतराम (उपमंत्री) तथा बद्रीप्रसाद गुप्ता (मंत्री)।

कार्यरत थे, 4 अक्टूबर1953 को राज्य सेवा से त्यागपत्र देकर नागौर पूर्व क्षेत्र के उपचुनाव में कांग्रेस टिकट पर नाथूराम मिर्धा की पहल पर ही विधायक चुने गये थे। इस प्रकार राज्यसेवा से त्यागपत्र देकर विधायक और फिर मंत्री बनने वाले रामनिवास मिर्धा प्रदेश के पहले राजनेता हैं।

जहां तक नवम्बर, 1954 में सुखाड़िया मंत्रिमंडल में नाथूराम मिर्धा के शामिल नहीं होने और रामनिवास मिर्धा को कैबिनेट मंत्री बनाने का प्रश्न है, यह नाथूराम मिर्धा की सोची-समझी चाल थी क्योंकि दो मिर्धाओं को एक साथ मंत्रिमंडल में शामिल करना संभव नहीं हो सकता था। इसलिए 'चाचा' ने अपने 'भतीजे' के लिए दो वर्ष तक मंत्रीपद का त्याग किया। 1957 के चुनाव के बाद नाथूराम मिर्धा सुखाड़िया मंत्रिमंडल में स्वयं तो मंत्री बन गये और रामनिवास मिर्धा को विधानसभा अध्यक्ष बनाने के लिए 'अंगद' की तरह अड़ गये। इसका परिणाम यह हुआ कि प्रथम विधानसभा के अध्यक्ष रहे नरोत्तमलाल जोशी पुनः इस पद पर नहीं चुने जा सके जो तब तक के सफलतम विधानसभा अध्यक्ष समझे जाते थे। वर्तमान विधानसभा का स्वरूप-निर्धारण तथा सचिवालय की स्थापना उन्हीं के काल में हुई तथा अनेक संसदीय परम्परायें और प्रणालियां उन्होंने विकसित कीं।

व्यास समर्थकों में फूट पड़ जाने के बाद भी सौ से अधिक कांग्रेस विधायकों में से लगभग 45 उनके (व्यास) साथ थे। यह दावा एक तत्कालीन पत्रकार पचहत्तर वर्षीय प्रवीणचन्द्र छाबड़ा ने अपनी स्मृति के आधार पर एक भेंट में किया है।[13] उनमें विपक्ष से कांग्रेस में आये राजपूत जागीरदार भी थे जिनको कांग्रेस में लेने के कारण ही पूर्व मुख्यमंत्री जयनारायण व्यास का, कुंभाराम आर्य, मथुरादास माथुर (व्यास के निकटतम साथी), सुखाड़िया आदि विधायकों ने विरोध किया था। नेहरू के निर्देशानुसार माथुर को मंत्रिमंडल में नहीं लिया गया। लेकिन उन्हें विधानसभा कांग्रेस दल का मुख्य सचेतक अवश्य नियुक्त किया गया था। जाट नेता मनफूलसिंह को सचेतक तथा नाथूराम मिर्धा को विधायक दल का सचिव नियुक्त किया गया। इस तरह जाटों को विशेष महत्व दिया गया। रामकिशोर व्यास दल के उपनेता चुने गये।

नेताओं में एकता के प्रयत्न

सुखाड़िया सरकार को चलते हुए सोलह माह से अधिक समय हो गया था परन्तु कांग्रेसजनों में मतैक्य नहीं था। जयनारायण व्यास इस स्थिति से क्षुब्ध थे और वर्मा इस कारण व्यथित थे। वे चाहते थे कि आपसी वैमनस्य समाप्त हो जाय। 24 मार्च, 1956 को प्रदेश कांग्रेस की बैठक में कांग्रेसजनों को यह क्षोभ और रोष प्रकट करने का अवसर मिल गया। माणिक्यलाल वर्मा की 24 मार्च, 56 की डायरी के अनुसार शोभाराम (मत्स्य प्रदेश के नेता, जो बाद में प्रदेशाध्यक्ष हुए), रामकरण जोशी तथा टीकाराम पालीवाल ने कड़े शब्दों में अपना क्षोभ प्रगट किया। वर्मा

ने अपने उत्तर में कहा, "यदि आप सब चाहते हैं कि वर्तमान मंत्रिमंडल समाप्त हो तो इसके लिए अपने मनों को साफ कर प्रांत में अच्छा वातावरण बनाने का प्रयत्न करना होगा, तभी हम ऐसा मंत्रिमंडल बना सकेंगे जिसे सभी कांग्रेसजनों का समर्थन प्राप्त हो।"[14] यशोगाथा के लेखक शंकरसहाय सक्सेना ने टिप्पणी की कि वर्मा के भाषण का प्रभाव यह हुआ कि कटुता बहुत कुछ धुल गई और सभी ने प्रांत का वातावरण अच्छा बनाने का आश्वासन दिया।[15]

इसी बैठक में वर्मा ने प्रदेश कांग्रेस तथा अ.भा.कांग्रेस कमेटी की सदस्यता से त्यागपत्र देने तथा अपनी समस्त संपत्ति नेहरू को अर्पित करने की घोषणा की। व्यास ने वर्मा के भाषण की सराहना की और अपनी सद्भावना प्रगट करते हुए उन्हें पत्र लिखा।[16]

मनों का मैल धुला नहीं। वर्मा 16 अप्रेल, 1956 को व्यास से मिले और कांग्रेसजनों में वैमनस्य दूर करने की दृष्टि से उन्होंने तीन प्रस्ताव उनके सामने रखे : "एक, प्रांत की एकता की दृष्टि से मौजूदा मंत्रिमंडल में अपने कुछ व्यक्तियों को मंत्री बना दें। व्यासजी ने कहा कि एक-दो मंत्रियों के शामिल होने से क्या हेर-फेर होने वाला है ? दो, प्रदेशाध्यक्ष, मुख्यमंत्री, आप और मैं अपने हस्ताक्षरों से पत्र लिखकर राजस्थान का मामला पंडितजी को सौंप दें। व्यासजी ने कहा कि इस प्रकार हस्ताक्षर करने का न तो हमें अधिकार है और न ही यह वैधानिक है। तीसरा, सुखाड़ियाजी का त्यागपत्र आपको दिला दूं और आप चाहे जिसे मुख्यमंत्री और मंत्री बनावें। हाईकमांड को मनाने की जिम्मेदारी मैं लेता हूँ। व्यासजी ने कहा, मुख्यमंत्री आप (वर्मा) हो जायें। मैंने कहा, मैं अपनी सेवाओं पर पानी नहीं फेरना चाहता। (वर्मा भविष्य में कोई पद नहीं लेने की घोषणा पहले ही कर चुके थे) व्यास फिर बोले, पालीवाल चला नहीं सकते। शास्त्री को इस जन्म में अवसर नहीं मिलेगा। मैं आप से भी आगे रहूँगा (आलोचना करने में) इस मंत्रिमंडल को चलने दें। संगठन के सम्बन्ध में हमें जरूर सोचना चाहिए। (डायरी : 16 अप्रेल, 1956)[17]

10 मई, 1956 की डायरी में वर्मा ने लिखा : "श्री ढेबरभाई से 4 बजे मिला, मुझे राजस्थान का मुख्यमंत्री बनने को कहा। मैंने कहा, मुझे इस नर्क यातना में क्यों डालते हो ? 'पंडितजी का आदेश होगा तो मानोगे', उन्होंने पूछा। मैंने कहा, वे देश के नेता हैं। दूसरा सब हुक्म मानूंगा, इसकी तामील नहीं करूंगा।"[18]

सुखाड़िया मंत्रिमंडल बने लगभग डेढ़ वर्ष होने को आया था लेकिन मामला सुलझा नहीं। व्यास यथास्थिति स्वीकार करने को तैयार नहीं थे तो केन्द्र अंदर-ही-अंदर भयभीत था। उसे नई पीढ़ी का सुखाड़िया पसन्द नहीं था। राजस्थान के नेताओं में आपसी समझौता नहीं हो रहा था। वर्मा-सुखाड़िया धड़ों में फूट नहीं पड़ रही थी। प्रशासन ठीक से चल रहा था। राज्य की जनता में किसी प्रकार का असंतोष नहीं फैल रहा था। न कोई आंदोलन हो रहा था और न विपक्ष कांग्रेस की पुरानी पीढ़ी के विवाद का लाभ उठा पा रहा था। न आज की तरह दल बदलकर नई सरकार बनाने की पहल की जा रही थी। विवाद केवल नई पीढ़ी को स्वीकार कर लेने का था। लेकिन वह नहीं हो रहा था।

व्यास प्रदेशाध्यक्ष बने

अंत में इस विवाद के एक अंक का पटाक्षेप कांग्रेस उच्च नेतृत्व के इस निर्णय से हुआ कि मास्टर आदित्येन्द्र के स्थान पर जयनारायण व्यास को प्रदेशाध्यक्ष बना दिया जाय। इससे वर्मा ने सहमति प्रगट की। आदित्येन्द्र ने प्रदेश के अध्यक्ष पद से त्यागपत्र दे दिया और व्यास उनके स्थान पर चुने गये। व्यास, वर्मा, सुखाड़िया तथा आदित्येन्द्र का एक संयुक्त वक्तव्य इस अवसर पर जारी किया गया जिसमें एकता की ध्वनि निकलती थी।[19] किन्तु वह बाहरी थी। उनके मतभेद समाप्त नहीं हुए थे।

दूसरे महा चुनाव (1957) का अवसर आ गया। कांग्रेस के उम्मीदवारों के निर्णय में मतभेद और तीव्र हो गये। विवाद के दूसरे अंक का पर्दा आरोहण हो चुका था। मंच पर दोनों पक्ष आमने-सामने आ गये। उदयपुर क्षेत्र के जिन लोगों को टिकट दिये गये थे उन्होंने वर्मा के नेतृत्व में कांग्रेस के केन्द्रीय नेतृत्व को सूचित कर दिया कि वे खड़े नहीं होंगे। केवल निरंजननाथ आचार्य (जो बाद में विधानसभा के अध्यक्ष रहे थे) ने टिकट नहीं लौटाया। वर्मा ने नेहरू को एक विरोध पत्र लिखा, तब स्थिति में सुधार हुआ और वर्मा आदि चुनाव में खड़े हुए।[20]

वर्मा और व्यास के बीच मतभेद बरकरार रहे। व्यास ने सुखाड़िया को मन से कभी मुख्यमंत्री स्वीकार नहीं किया। व्यास अपने समाचार पत्र 'पीप' द्वारा कांग्रेस सरकार की आलोचना तथा भ्रष्टाचार का विरोध निरन्तर करते रहे। तीसरे आम चुनाव (1962) में कांग्रेस के कुछ उम्मीदवारों का व्यास ने खुला विरोध किया। उनके विरुद्ध उन्होंने आम सभाएं कीं। जब कांग्रेस नेतृत्व इस अनुशासनहीनता के लिए व्यास को पार्टी की सदस्यता से निलंबित करने पर गंभीरतापूर्वक विचार कर रहा था, तब वर्मा ने नेहरू को पत्र लिखकर अनुशासनात्मक कार्रवाई करने का विरोध किया और लिखा कि "यदि व्यासजी को कांग्रेस से निकाला गया तो मैं भी कांग्रेस से त्यागपत्र दे दूंगा।"[21]

शक्ति-परीक्षण

सुखाड़िया का सत्रह वर्षों का कार्यकाल कंटकाकीर्ण था। उनके विराधियों ने पग-पग पर उनको क्षति पहुंचाने या उनकी छवि धूमिल करने के लिए कांटे बिछाये। लेकिन सुखाड़िया उन्हीं कांटों को फूल बनाकर प्रतिरोधियों पर बरसाते रहे। इससे वे या तो उनके समर्थक हो गये या स्वयं ही कुम्हला गये। केन्द्रीय नेतृत्व ने आखिरकार कड़वा घूंट पी लिया। व्यास को प्रदेशाध्यक्ष बना ही दिया था। लेकिन सुखाड़िया को उखाड़ने का पुनः अवसर आ गया जब अजमेर राज्य का एक नवम्बर, 1956 को राजस्थान में विलय हुआ। अजमेर के पूर्व मुख्यमंत्री हरिभाऊ उपाध्याय को कांग्रेसदल का नेता निर्वाचित कराने का व्यास-शास्त्री गुट ने प्रयत्न किया। हरिभाऊ उपाध्याय

बहुत पुराने गांधीवादी थे तथा स्वतंत्रता संग्राम में तीस के दशक से रचनात्मक काम कर रहे थे। गांधीजी के निकट थे। लेकिन कांग्रेस का केन्द्रीय नेतृत्व नहीं चाहता था कि अगले आम चुनाव (1957) से कुछ माह पूर्व राजस्थान में फिर से मतभेद हों और गुटबाजी पनपे। इसलिए विधायकों की बैठक से पूर्व रात को केन्द्र के आग्रह पर स्वयं उपाध्याय ने ही अपना नाम वापस ले लिया और चुनाव टल गया। अगर चुनाव होता तो भी संभवतः सुखाड़िया ही बने रहते।[22]

ऐसा ही अवसर 1957 के आम चुनाव के बाद आया जब नये विधानसभा कांग्रेस दल को अपना नेता चुनना था। पूर्व मुख्यमंत्री टीकाराम पालीवाल पुनः विधायक चुन लिये गये थे। कांग्रेस संसदीय बोर्ड की बैठक में नेहरू तथा लालबहादुर शास्त्री चाहते थे कि पालीवाल मुख्यमंत्री बनें। परन्तु लोकतांत्रिक प्रणाली की प्रक्रिया में सुखाड़िया चुने गये।[23] कहा जाता है कि कांग्रेस विधायक दल की बैठक में 45 के मुकाबले 55 मतों से पालीवाल पराजित हो गये। बाद में पालीवाल 1958 में राज्यसभा के सदस्य चुन लिये गये और विधानसभा से त्यागपत्र दे दिया।

एक अन्य जानकारी के अनुसार 1958 में सुखाड़िया के नेतृत्व को फिर से चुनौती दी गई। यह चुनौती पालीवाल, व्यास और शास्त्री के साथ मास्टर आदित्येन्द्र ने, जिनके एक चहेते युगलकिशोर चतुर्वेदी को मंत्री नहीं बनाने के विरोधस्वरूप तथा भोगीलाल पंड्या ने स्वयं को मंत्री नहीं बनाने के कारण पांच नेताओं ने दी थी।

उपरोक्त संदर्भ में 'दी कांग्रेस पार्टी इन राजस्थान' के लेखक रिचार्ड सिसन ने इस विषय में थोड़ी-सी भिन्न जानकारी प्रकाशित की है। सन् 1958 में सुखाड़िया को मुख्यमंत्री के पद से हटाने के लिए प्रजामंडल काल के नेताओं ने यानी पुरानी पीढ़ी ने अंतिम प्रयास किया। इसके लिए असंतुष्टों की एक बैठक हुई जिसमें कई कांग्रेस विधायकों और संगठन के नेताओं ने भाग लिया था। उनमें प्रमुख जयनारायण व्यास, हीरालाल शास्त्री, टीकाराम पालीवाल, भोगीलाल पंड्या, मास्टर आदित्येन्द्र, नरोत्तमलाल जोशी तथा राजबहादुर थे।[24] बैठक में सुखाड़िया के विरुद्ध एक आरोप पत्र तैयार किया गया जिसमें भ्रष्टाचार, भाई-भतीजावाद तथा पक्षपात के आरोप लगाये गये। मुंख्यमंत्री ने आरोप पत्र कांग्रेस के केन्द्रीय नेतृत्व के पास जांच कराने के लिए भिजवा दिया और अविश्वास प्रस्ताव के जरिये नेतृत्व की चुनौती को स्वीकार किया। सुखाड़िया गुट ने आरोपों का खुलासा करने तथा समर्थन जुटाने की रणनीति के लिए कांग्रेस नेताओं की कई बैठकें कीं। ऐसी एक बैठक में अस्सी कांग्रेस विधायक तथा बीस जिला कांग्रेसाध्यक्ष उपस्थित थे। सुखाड़िया ने उन आरोपों को निराधार बताया तथा कहा कि सवाईमाधोपुर सीमेण्ट फैक्ट्री को जो ऋण दिया गया था उसकी स्वीकृति, आरोपपत्र पर हस्ताक्षर करने वाले स्वयं भोगीलाल पंड्या ने दी थी, जब वे उद्योगमंत्री थे।[25] सुखाड़िया के विरुद्ध अविश्वास प्रस्ताव 23 अक्टूबर, 1958 को सम्पन्न विधानसभा कांग्रेस दल की बैठक में रखा गया जो 55 के मुकाबले 72 मतों से गिर गया।[26]

मोहनलाल सुखाड़िया मंत्रिमंडल (द्वितीय पारी)

शपथग्रहण : 11 अप्रेल, 1957, 10 फरवरी, 1960

अग्रिम पंक्ति में बायें से दायें : बद्रीप्रसाद गुप्ता, नाथूराम मिर्धा (दोनों मंत्री), मोहनलाल सुखाड़िया (मुख्यमंत्री), सरदार गुरुमुखनिहालसिंह (राज्यपाल), हरिभाऊ उपाध्याय, रामकिशोर व्यास तथा दामोदरलाल व्यास (सभी मंत्री)।

पिछली पंक्ति में बायें से दायें : रिखबचंद धारीवाल, सम्पतराम, भीखाभाई (सभी मंत्री) तथा पूनमचंद विश्नोई (उपमंत्री)।

कांग्रेस की अभूतपूर्व सफलता

एक नवम्बर, 1956 को राज्य पुनर्गठन आयोग की सिफारिश के अनुसार वर्तमान राजस्थान का निर्माण हो चुका था। इसके बाद 1957 में दूसरा आम चुनाव प्रदेश कांग्रेसाध्यक्ष जयनारायण व्यास तथा मुख्यमंत्री मोहनलाल सुखाड़िया के नेतृत्व में लड़ा गया और उसे अभूतपूर्व सफलता मिली थी। विधानसभा के 176 सदस्यों में से कांग्रेस के 119 विधायक चुने गये थे। इनमें पांच निर्विरोध निर्वाचित हुए थे। राजाओं और जागीरदारों ने रामराज्य परिषद के झंडे तले पिछला चुनाव लड़ा था और 24 स्थान प्राप्त किये थे। लेकिन इस चुनाव में वे केवल 17 स्थान ही ले सके। पिछले चुनाव में 35 निर्दलीय निर्वाचित हुए थे, वे भी घटकर 32 रह गये। इनमें से कई को सामंतों का समर्थन था। भारतीय जनसंघ के दो कम होकर छह ही चुने जा सके। लेकिन इस बार उन्हें जागीरदारों का समर्थन प्राप्त नहीं था, क्योंकि जनसंघ ने जागीरदारी प्रथा समाप्त करने

का समर्थन किया था। दोनों चुनावों की तुलना जनता में राजनीतिक चेतना प्रदर्शित करती है जबकि कांग्रेस में मतभेद समाप्त नहीं हुए थे।

लोकसभा में भी कांग्रेस को बड़ी सफलता मिली। 1952 की तुलना में कांग्रेस के 22 में से 18 सांसद चुने गये और 53.65 प्रतिशत वोट मिले जबकि पहले चुनाव में कांग्रेस के 22 में से 11 सदस्य चुने गये थे और 41.84 प्रतिशत ही वोट मिले थे। विधानसभा के लिए कांग्रेस को 1952 में 39 प्रतिशत वोट मिले थे जबकि 1957 में 45.13 प्रतिशत थे। दूसरे आम चुनाव के बाद सुखाड़िया ने नया मंत्रिमंडल बनाया जिसमें उन सहित कुल 11 सदस्य थे। इनमें पांच मंत्री तथा पांच ही उपमंत्री थे। अजमेर राज्य के पूर्व मुख्यमंत्री हरिभाऊ उपाध्याय वित्तमंत्री नियुक्त किये गये। इस मंत्रिमंडल में कुंभाराम नहीं थे। पार्टी ने उन्हें टिकट ही नहीं दिया था। 1952 में कांग्रेस ने उन्हें टिकट तो दे दिया था लेकिन नाम वापस लेने की तिथि के बाद प्रदेश कांग्रेस में आंतरिक कलह के कारण कांग्रेस उच्चसत्ता ने चुनाव में भाग लेने तथा प्रचार करने पर पाबंदी लगा दी थी। फिर भी आर्य 16 हजार से अधिक वोटों से निर्वाचित हुए। 1957 में तब कुंभाराम ने राजस्थान पंचायत संघ की स्थापना की और उसके काम में लग गये।[27]

इस मंत्रिमंडल में दूसरे बड़े जाट नेता नाथूराम मिर्धा को सम्मिलित कर लिया गया। आर्य को 1960 में राज्यसभा में भेज दिया गया। पूर्व मंत्रिमंडल के दामोदरलाल व्यास, बद्रीप्रसाद गुप्ता तथा रामकिशोर व्यास को पुन : मंत्री नियुक्त किया गया। इनमें दामोदर व्यास मालपुरा क्षेत्र से निर्विरोध विधायक चुने गये थे। पूर्व मंत्री रामनिवास मिर्धा को विधानसभा का अध्यक्ष चुनवा दिया गया। पांच उपमंत्रियों में से पूर्व उपमंत्री संपतराम को पुन : नियुक्त कर दिया गया लेकिन चार नये नियुक्त किये गये जिनके नाम इस प्रकार हैं : रिखबचन्द धारीवाल, भीखाभाई, पूनमचन्द विश्नोई तथा दौलतराम सारण। इनमें से धारीवाल, भीखाभाई तथा संपतराम को फरवरी 1960 में किये गये विस्तार में मंत्री बना दिया गया। पूर्व मंत्री रामचन्द्र चौधरी को पुनः लिया गया और झालावाड़ महाराजा हरिश्चन्द्रसिंह की मंत्री पद पर नियुक्त की गई जो आगे चल कर राजनीतिक विवाद का कारण बन गई। इनके अलावा जयनारायण व्यास के समर्थक बरकतुल्लाखां को उपमंत्री नियुक्त किया गया जो सुखाड़िया के त्यागपत्र के बाद 1971 में राज्य के मुख्यमंत्री बने। मंत्री परिषद की संख्या कुल चौदह ही रही। उनमें सुखाड़िया के अतिरिक्त तीन ब्राह्मण, तीन ही जाट, दो वैश्य, एक विश्नोई, एक राजपूत, एक अनुसूचित जाति, एक ही जनजाति का और एक मुसलमान था। पिछले मंत्रिमंडल की तुलना में ब्राह्मण और जाट मंत्रियों में क्रमशः तीन और एक की कमी की। ऐसे अनुसूचित जाति का भी एक ही सदस्य था लेकिन पहली बार आदिवासी यानी जनजाति का प्रतिनिधि मंत्रिमंडल में नियुक्त हुआ। जाट को विधानसभा अध्यक्ष बनाया वैसे ही ब्राह्मण निरंजननाथ आचार्य को उपाध्यक्ष चुनवाया। ऐसे ही हरिदेव जोशी (ब्राह्मण) को मुख्य सचेतक नियुक्त कर दिया।[28] महाराजा को मंत्री बनाने से न केवल जाट नेता कुंभाराम आर्य नाराज हुए बल्कि माणिक्यलाल वर्मा को भी रोष था।

पहले भी कुंभाराम, जो जागीरदार विधायकों को कांग्रेस में सम्मिलित करने का विरोध करने वालों में से एक थे और सुखाड़िया को नेता निर्वाचित कराने में उनकी अहम भूमिका रही थी, का मुख्यमंत्री (सुखाड़िया) से ग्यारह माह में ही मतभेद हो गया था और 25 अक्टूबर, 1955 को मंत्री पद से त्यागपत्र दे दिया था। उनकी जीवनी के लेखक ने इसका कारण भू सीलिंग, पंचायतीराज, सहकारिता के कानूनों तथा प्रशासनिक मतभेद होना बताया है। दूसरे आम चुनाव में उन्हें टिकट नहीं मिलने पर आर्य पंचायतीराज को शक्तिशाली बनाने में लग गए। उनके अनुसार पंचायतीराज के माध्यम से ग्रामीण अपनी समस्याओं का समाधान कर सकता है।

महाराजा हरिश्चन्द्र विदेश मंत्रालय में राजनयिक थे। 1957 के विधानसभा चुनाव से पूर्व प्रधानमंत्री जवाहरलाल नेहरू के निर्देश पर उन्हें विदेश मंत्रालय से त्यागपत्र दिलाकर राजनीति में उतारा गया था। लगता है कि सुखाड़िया के सवा दो वर्ष के शासन के बाद भी नेहरू आश्वस्त नहीं थे, इसलिए यह कदम उठाया हो। दूसरा कारण राजपूतों का समर्थन प्राप्त करना हो, क्योंकि राजस्थान में राजा-महाराजा, जागीरदार आदि प्रारंभ से ही कांग्रेस का घोर विरोध कर रहे थे। मगर सुखाड़िया के राजनीतिक गुरु माणिक्यलाल वर्मा राजाओं तथा जागीरदारों को कांग्रेस में सम्मिलित किये जाने के कड़े विरोधी थे। इसीलिए उन्होंने व्यास का विरोध किया था। सुखाड़िया ने फोन करके जब वर्मा को पूर्व राजनयिक झालावाड़ महाराजा को मंत्रिमंडल में लेने की कांग्रेस संसदीय समिति के निर्णय की सूचना दी तो उन्होंने रोष प्रगट किया और अपनी 23 अप्रेल, 1957 की डायरी में इस प्रकार लिखा : ''जब पार्टी का फैसला हो गया तो मैं क्या कहता''... आगे लिखा, ''सुखाड़ियाजी सिद्धान्त के पक्के नहीं हैं, अपनी सत्ता चलाने के लिए किसी भी बुराई से समझौता कर सकते हैं। यह नीति उनके जीवन का विकास रोकेगी तथा मजबूती और प्रगतिशीलता से नहीं चला सकेंगे।''[29] लेकिन तब उन्हें मंत्री नहीं नियुक्त किया। संभवतः वर्मा की व्यंगात्मक भाषा से उन्होंने अपना निर्णय रद्द कर दिया हो। लेकिन लगता है कि केन्द्र के दबाव से अन्ततः 10 फरवरी, 1960 को महाराजा को मंत्री पद की शपथ दिला दी गयी और इस कारण वर्मा सुखाड़िया से जीवन भर नाराज रहे।

द्वितीय महा निर्वाचन के बाद कांग्रेस ने जनता में अपनी शक्ति काफी बढ़ा ली थी। इसका प्रमुख कारण राज्य में जागीरें समाप्त कर दी गई थीं। राज्य के किसान ने शताब्दियों में पहली बार भूस्वामी होने की खुली हवा में सांस ली थी। अब वह किसी जमींदार, जागीरदार तथा राजा का गुलाम नहीं था। कानूनन सामाजिक ऊंच-नीच की दूरी मिट गई थी। यद्यपि कांग्रेस का उच्च नेतृत्व राजस्थान की नई पीढ़ी की योग्यता तथा प्रशासनिक क्षमता के प्रति आश्वस्त नहीं था लेकिन राज्य के कांग्रेसजनों की ओर से नेतृत्व बदलने की मांग नहीं की गई। सुखाड़िया मंत्रिमंडल कांग्रेस के लक्ष्य और कार्य करने में संलग्न था। पार्टीजनों में मतैक्य न होने के बाद भी प्रशासन पर उसका प्रभाव नहीं पड़ने दिया। सुखाड़िया सरकार के सामने भूमि-सुधार के अतिरिक्त विकास

तथा प्रशासनिक एकीकरण के महत्वपूर्ण काम थे। वह उसमें संलग्न हो गई। उस समय मंत्रियों को अपने विभागों में निर्णय लेने की पूर्ण स्वतंत्रता थी। काम करने का एक प्रशासनिक ढांचा तथा नियमों की प्रक्रिया थी। सुखाड़िया मंत्रिमंडल ने तन्मयता के साथ काम किया। उन पांच वर्षों में कई नये कानून बनाये गये। जागीरदारों के मुआवजे तथा अन्य विवादास्पद मामलों के निपटारे के लिए एक अलग विभाग का निर्माण किया गया था। राजस्थान बाईस देशी रियासतों के एकीकरण से बना राज्य होने से सबके अलग-अलग कानून थे। इस संदर्भ में भारतीय प्रशासनिक सेवा के तत्कालीन उच्चाधिकारी लक्ष्मीलाल जोशी ने लिखा कि ''सुखाड़िया सरकार ने सभी कानूनों का एकीकरण किया, जागीरें समाप्त कीं और उनके मुआवजे के विवाद उनसे परामर्श के बाद निश्चित किये। शनैः-शनैः समाज के विभिन्न वर्गों की आवश्यकताओं को ध्यान में रखकर भावनात्मक एकता स्थापित की।'' [30] प्रशासन में सुधार के लिए सुखाड़िया के काल में कई अध्ययन दल गठित किये गये थे जिनमें कुछ प्रमुख इस प्रकार थे : विभागीय प्रक्रिया समिति, सचिवालय पुनर्गठन समिति, प्रशासनिक जांच समिति, आर्थिक समिति, न्यायपालिका तथा कार्यपालिका के पृथक्कीकरण के लिए समिति, प्रशासनिक सुधार समिति, राजस्व कानून आयोग, पंचायतीराज अध्ययन दल आदि।[31]

असंतुष्ट निर्बल : विपक्ष सबल

राज्य में राजनीतिक स्थायित्व स्थापित होता जा रहा था। कांग्रेस का असंतुष्ट गुट स्वयं ही निर्बल होता जा रहा था। लेकिन विरोधी दल बहुत सक्रिय थे। व्यापारियों ने 1955 में बिक्रीकर लगाने का खूब विरोध किया था उसे असंतुष्ट कांग्रेस नेताओं का गुप्त समर्थन भी था। दूसरे आम चुनाव के बाद विद्यार्थियों ने फीसवृद्धि विरोधी आंदोलन किया। आम चुनाव से पूर्व छोटे जागीरदारों ने भूस्वामी आंदोलन किया ही था। छियालीस दिनों के बाद भू-स्वामी संघ ने अचानक अपना आंदोलन समाप्त कर दिया। सरकार ने भू-स्वामी संघ के अध्यक्ष ठाकुर मदनसिंह दांता, उपाध्यक्ष शिवचरणदास, ठाकुर रघुवीरसिंह, विधायक तनसिंह तथा लगभग 2700 आंदोलनकारियों को रिहा कर दिया। ठाकुर मदनसिंह ने सरकार से भू-स्वामियों की मांगों पर सहानुभूतिपूर्वक विचार करने की अपील की। सरकार और अखिल भारतीय क्षत्रिय महासभा के नेताओं के बीच कई दिनों से परामर्श चल रहा था। महासभा की राय से आंदोलन स्थगित किया गया था।[32] लेकिन सबसे अधिक राजनीतिक दृष्टि से प्रभावशाली हाईकोर्ट आंदोलन था जिसका नेतृत्व वकील कर रहे थे और भारतीय जनसंघ उसका लाभ उठा रहा था। ये सभी आंदोलन विभिन्न वर्गों के थे। लेकिन इससे कानून-व्यवस्था की स्थिति में व्यवधान आया तथा जनता में कांग्रेस सरकार के प्रति असंतोष बढ़ा जिसका लाभ विपक्ष को तीसरे महाचुनाव में मिला। लेकिन इसके बावजूद सुखाड़िया के शासन काल में 2 अक्टूबर, 1959 को राज्य में पंचायतीराज की स्थापना

की गई। उसका उद्घाटन प्रधानमंत्री जवाहरलाल नेहरू ने जाट नेता तथा सुखाड़िया मंत्रिमंडल के सदस्य नाथूराम मिर्धा के जिले नागौर में किया। लगता है स्थान का चयन सुखाड़िया का सोचा-समझा राजनीतिक कदम था। इससे जहां मिर्धा का महत्व बढ़ा, वहां बीकानेर संभाग के जाट नेता कुंभाराम आर्य, जिन्होंने पंचायतीराज की स्थापना के लिए संगठन बनाया था, उपकृत भी कर दिया तथा उनकी मुहिम को निर्बल बना दिया।

सुखाड़िया पर संगीन आरोप

विधानसभा में भारतीय जनसंघ यद्यपि छोटा दल था लेकिन बहुत अधिक सक्रिय, मुखरित तथा आक्रामक होने के कारण राजनीतिक तौर पर छाया रहता था। इसके विपरीत कांग्रेस सरकार के बहुत प्रभावशाली होने के बावजूद राजनीतिक तथा प्रशासनिक भ्रष्टाचार, लालफीताशाही, पक्षपात और भाई-भतीजावाद के आरोपों के कारण उसकी छवि निरन्तर धूमिल होती जा रही थी। भारतीय जनसंघ के नेता भैरोंसिंह शेखावत (वर्तमान उपराष्ट्रपति) आक्रामक शैली में विधानसभा में भाषण करते थे। वे प्रमाणों के आधार पर आरोप लगाते थे तथा सरकार की कमियों को प्रभावशाली ढंग से उजागर करते थे। उनके एक साथी जयपुर के विधायक सतीशचन्द्र अग्रवाल ने फरवरी 1958 में विधानसभा में मुख्यमंत्री मोहनलाल सुखाड़िया पर नाथद्वारा मंदिर के सोने की गड़बड़ करने का गंभीर आरोप लगाया । अग्रवाल का आरोप था कि नाथद्वारा मंदिर से करोड़ों रुपयों की संपत्ति निकालने में सुखाड़िया का हाथ है। इससे न केवल राजस्थान बल्कि सारा देश हतप्रभ रह गया। सुखाड़िया ने अपने को निर्दोष प्रमाणित कराने के लिए राजस्थान उच्च न्यायालय के तत्कालीन मुख्य न्यायाधीश वांचू से न्यायिक जांच कराने की घोषणा की। इससे कांग्रेस पार्टी भी स्तंभित रह गई। जायल क्षेत्र से कांग्रेस के तत्कालीन विधायक मानिकचन्द कोठारी ने घोषणा के बाद मुख्यमंत्री से उनके कक्ष में जाकर कहा कि 'जांच आयोग की घोषणा कर आपने उचित नहीं किया' तो सुखाड़िया ने उन्हें उत्तर दिया 'गुजरात से प्रकाशित समाचारपत्रों के आधार पर जब विपक्ष ने विधानसभा में मेरे चरित्र पर ऐसे लांछन लगाये हैं, उस स्थिति में इसके अतिरिक्त मेरे पास कोई मार्ग नहीं था।' जब कोठारी ने पुनः कहा, 'ऐसी महत्वपूर्ण घोषणा से पूर्व मंत्रिमंडल तथा विधायक दल के सामने यह स्थिति रखकर उनकी स्वीकृति लेनी चाहिए थी, सुखाड़िया ने प्रत्युतर में कहा, "जिस तरह निर्लज्जतापूर्ण लांछन मेरे पर लगाया गया है, उसकी जांच करा लेना ही ठीक है।"[33] घोषणा के बाद न्यायाधिपति वांचू के उच्चतम न्यायालय में स्थानान्तरित हो जाने पर न्यायाधीश सरजूप्रसाद की उस पद पर नियुक्ति हुई।

राजस्थान के मुख्य न्यायाधीश सरजूप्रसाद ने कई महीनों की खुली अदालत में जांच के बाद सुखाड़िया को निर्दोष घोषित किया था। यह भी संयोग था कि जब सुखाड़िया मुख्यमंत्री बने तब उनके पक्ष का कोई दैनिक नहीं था। बहुत पुराना दैनिक 'लोकवाणी' हीरालाल शास्त्री

तथा 1951 में प्रकाशित दैनिक 'राष्ट्रदूत' जयनारायण व्यास समर्थक माना जाता था। तब सुखाड़िया को अपने शासन के एक वर्ष में ही एक दैनिक 'नवयुग' प्रकाशित करना पड़ा जिसके प्रधान संपादक प्रदेश कांग्रेस के महामंत्री हरिदेव जोशी (जो बाद में मुख्यमंत्री भी चुने गये) थे। लेकिन उसकी आर्थिक स्थिति ठीक नहीं रहने से उनके शासनकाल में ही बंद हो गया। इन्हीं कारणों से लोकवाणी भी बंद कर दी गई। सरजूप्रसाद आयोग की कार्रवाई को 'नवयुग' के लिए 'कवर' करने का मुझे सौभाग्य प्राप्त हुआ था। तब मैं 'नवयुग' में था। मैंने देखा कि जनसंघ अपना आरोप प्रमाणित नहीं कर पाया था।

सुखाड़िया ने विधायक दल की स्थिति को काफी नियंत्रण में रख छोड़ा था। 1957 के चुनाव के समय प्रदेशाध्यक्ष जयनारायण व्यास तथा संयुक्त प्रदेश कांग्रेस के अध्यक्ष शोभाराम (मत्स्य संघ के पूर्व मुख्यमंत्री) थे। सुखाड़िया के दो अन्य साथी कुंभाराम आर्य तथा मथुरादास माथुर सत्ता से दूर थे। आर्य को 1957 में टिकट नहीं मिला और माथुर को लोकसभा में भेज दिया गया। तब माथुर को प्रदेश कांग्रेसाध्यक्ष चुनवा दिया गया और आर्य भी 1960 में राज्यसभा के सदस्य चुन लिये गये।

महत्वाकांक्षी परियोजना

राजस्थान का दूसरा नाम मरुप्रदेश है। अतीत में यहां एक कथा प्रचलित थी कि दूध मांगो तो मिल जायेगा लेकिन पीने के लिए एक लोटा पानी भी मिलना असंभव है। थार के रेगिस्तान में कई लड़कियां कुंवारी ही मार दी जाती थीं क्योंकि पिता ऐसी किसी जगह विवाह नहीं करना चाहता था जहां पेयजल नहीं है। जैसलमेर जिले में ऐसे गांव हैं जहां माता-पिता पुत्री के जन्मते ही मार डालते थे। परिवार की एक महिला दिनभर पानी भरने का ही काम करती थी। मीलों दूरी से पानी लाना पड़ता था। इस समस्या का समाधान मुश्किल जरूर था, मगर असंभव नहीं। इसको मोहनलाल सुखाड़िया ने संभव कर दिखाया, राजस्थान नहर का निर्माण कर। इसका बीजारोपण बीकानेर के तत्कालीन महाराजा सर गंगासिंह ने 1928 में गंगनहर का निर्माण करके किया था। इससे तत्कालीन गंगानगर जिले का एक भाग सरसब्ज भी होने लगा था। बीकानेर रियासत के तत्कालीन इंजीनियर कंवरसेन ने इसकी महती योजना तैयार की थी। योजना थी सुदूर हिमालय का पानी थार के रेगिस्तान में लाना। यह काम भी हिमालय पर्वत जितना बड़ा था। लेकिन सुखाड़िया ने राज्य की अस्थिर राजनीतिक स्थिति में भी इस महत्वाकांक्षी योजना का शिलान्यास करवाया, तत्कालीन गृहमंत्री गोविन्द बल्लभ पंत से, तब इसका नाम 'राजस्थान नहर' परियोजना था। प्रधानमंत्री श्रीमती इंदिरा गांधी की शहादत के बाद इसका नामकरण उनके नाम पर कर दिया गया है। 58 करोड़ की प्रस्तावित मूल परियोजना पर फरवरी, 2003 तक 2400 करोड़ रुपये खर्च किये जा चुके हैं। 'मरुगंगा' नाम से इस प्रसिद्ध इंदिरा गांधी नहर ने विशाल एवं दुर्गम मरुस्थल

को भेदते हुए पंजाब में हरिके बैराज से जैसलमेर जिले के ऐतिहासिक नगर मोहनगढ़ तक की 649 किलोमीटर लम्बी जल-यात्रा पूरी की है। इस परियोजना से लगभग नौ लाख हैक्टेयर मरुभूमि की सिंचाई की जा रही है। नहर से चूरू, गंगानगर, हनुमानगढ़, बीकानेर, जैसलमेर, बाड़मेर, नागौर तथा जोधपुर जैसे रेगिस्तानी जिलों के 29 कस्बों तथा 3461 गांवों की लगभग पौने दो करोड़ जनता, पशुओं, उद्योगों को पेयजल उपलब्ध हो सकेगा।[34]

राजपूत और सुखाड़िया

सुखाड़िया काल में एक ओर राजनीतिक संघर्ष चलता रहा तो दूसरी ओर विकास के पथ पर राज्य बराबर आगे बढ़ता रहा। दूसरे आम चुनाव की अपूर्व सफलता के बाद भी राजपूत वर्ग कांग्रेस को स्वीकार नहीं कर पाया था जबकि प्रथम चुनाव के बाद बाईस राजपूत जागीरदार विधायकों को कांग्रेस में सम्मिलित किया जा चुका था। दूसरे चुनाव में सबसे अधिक 26 राजपूत विधायक चुने गये थे। उनमें से कांग्रेस के केवल 15 ही थे। हालांकि 1952 में कुल निर्वाचित 54 राजपूतों में से कांग्रेस के केवल 3 विधायक ही थे। इस स्थिति में काफी बड़ा बदलाव आया था। कांग्रेस में जाटों का सर्वाधिक प्रभाव तथा वर्चस्व था। सुखाड़िया ने सभी प्रमुख जाट नेताओं को महत्वपूर्ण पदों पर पहुँचाने के बाद राजपूतों को भी सत्ता से जोड़ने का प्रयत्न किया। उन्होंने झालावाड़ के पूर्व महाराजा हरिश्चन्द्रसिंह को अपने मंत्रिमंडल में 10 फरवरी, 1960 को सम्मिलित किया। तब तक एक भी राजपूत मंत्री नहीं था (चुनाव के तत्काल बाद भी सुखाड़िया उन्हें मंत्री नियुक्त करना चाहते थे लेकिन एक पूर्व राजनयिक और वह भी राजा होने से माणिक्यलाल वर्मा ने रोष प्रगट किया था) संभवतः इस कारण उस समय नियुक्ति टल गई थी। किन्तु तीन वर्ष बाद मुख्यमंत्री ने चाहे केन्द्रीय दबाव हो या राजनीतिक आवश्यकता के कारण महाराजा की नियुक्ति की। लेकिन जाट नेता कुंभाराम को यह कदम पसन्द नहीं आया। आर्य ने 1963 में प्रो. के.एल. कमल से एक भेंट वार्ता में इससे सहमति प्रगट की थी। उनका आक्षेप था कि मुख्यमंत्री सामंतों को प्रोत्साहित कर रहे हैं और उनकी (जाट नेता) उपेक्षा कर रहे हैं। स्वयं महाराजा ने जून 1966 में प्रो. कमल से कहा था कि कुंभाराम तो उनकी नियुक्ति के अधिक विरोधी नहीं थे लेकिन अन्य जाट नेता विरुद्ध थे।[35] अन्य जाट नेता कौन थे, यह उन्होंने स्पष्ट नहीं किया।

सुखाड़िया से विरोध का एक और प्रमाण मिलता है। (क्योंकि आगे जाकर 1966 में इस कारण कांग्रेस में विभाजन हुआ था) । माथुर के बाद 3 जनवरी, 1958 को शेखावाटी के जाट नेता सरदार हरलालसिंह को प्रदेशाध्यक्ष जैसे महत्वपूर्ण पद पर चुनवाया गया था, वे 1959 तक पदासीन रहे । इसके बाद सुखाड़िया हरिदेव जोशी को प्रदेशाध्यक्ष बनवाना चाहते थे। इसका आर्य ने विरोध किया और मथुरादास माथुर को मैदान में उतार दिया। माथुर और कुंभाराम तब तक

राजनीतिक मित्र थे। सुखाड़िया ने सीधा मुकाबला टालने के लिए जोशी से नाम वापस करवा लिया और 1960 में माथुर प्रदेशाध्यक्ष चुन लिये गये।[36]

गायत्रीदेवी को सुखाड़िया का प्रस्ताव

राज्य में कांग्रेस की स्थिति मजबूत करने के लिए सुखाड़िया राजाओं का समर्थन प्राप्त करने का प्रयत्न कर रहे थे। इसका रहस्योद्घाटन स्वतंत्र पार्टी की राजस्थान में नेता तथा तत्कालीन महारानी गायत्रीदेवी ने अपनी आत्मकथा 'ए प्रिन्सेस रिमेम्बर्स' में किया है। यह घटना तीसरे आम चुनाव तथा महारानी के 1960 में स्वतंत्र पार्टी की सदस्य बनने से पूर्व की है। वर्तमान राजमाता ने लिखा कि "एक दिन शाम को राजस्थान के मुख्यमंत्री उनसे मिलने पहुँचे और कहा कि आप जयपुर लोकसभा क्षेत्र से कांग्रेस के उम्मीदवार के तौर पर खड़े होने पर विचार करें।"... इस प्रस्ताव से वह भौचक्की रह गईं। वह कांग्रेस सरकारों की स्थिति पर विचार करने लगीं। उन्होंने सुखाड़िया से कहा कि "मुझे अपने पति (महाराजा) से परामर्श करना होगा।" उन्होंने (मुख्यमंत्री) प्रत्युत्तर दिया कि " जल्दी नहीं है, आप इस पर विचार करें और दो-तीन दिन बाद बता दें।" बाद में महारानी ने महाराजा से सलाह की, इस पर दोनों ने काफी विचार-विमर्श किया। 'जय (महाराजा) ने उनसे कहा कि वह यह सोचते हैं कि यदि वह कांग्रेस में शामिल हो जाय तो जयपुर के लिए कुछ उपयोगी काम कर सकेगी।' लेकिन महारानी ने लिखा : "मैंने सोचा ऐसा करना बेईमानी होगी क्योंकि मैं कांग्रेस की नीतियों तथा उसके प्रशासन के परिणामों में पूर्ण रूप से विश्वास नहीं रखती ."[37]

राजपूतों का आरोप

पता नहीं राजपूतों को कब यह अनुभव होने लगा कि कांग्रेस में उनकी उपेक्षा हो रही है। उणियारा से स्वतंत्र पार्टी तथा कांग्रेस के पूर्व विधायक और भैरोंसिंह की सरकार में दो बार मंत्री रहे दिग्विजयसिंह ने कांग्रेसाध्यक्ष श्रीमती सोनिया गांधी को सन् 2002 में एक ज्ञापन दिया था। उसमें उन्होंने 1952 से लेकर 1998 तक के चुनावों तथा मंत्रिमंडलों का विश्लेषण कर आरोपित किया था कि राजस्थान में कांग्रेस ने हमेशा राजपूतों की उपेक्षा की है। इसके परिणामस्वरूप 1967 के चुनाव से वे कांग्रेस से दूर हो गये। 1977 के बाद तो न केवल उपेक्षा बल्कि अपमानित किया गया। उन्होंने उदाहरण देकर बताया कि अ.भा. कांग्रेस कमेटी के 42 सदस्यों में केवल एक राजपूत है। 1998 के लोकसभा चुनाव में 25 उम्मीदवारों में से केवल एक राजपूत था जबकि भाजपा ने चार व्यक्तियों को टिकट दिया था। तत्कालीन प्रदेश कांग्रेस कमेटी की चुनाव समिति में एक राजपूत है; जबकि छह जाट हैं। उन्होंने ज्ञापन में यह भी आरोप लगाया कि "जाट कांग्रेस

उच्च नेतृत्व पर दबाव डालते हैं ... राजपूतों को संगठन तथा सत्ता में समानुपातिक प्रतिनिधित्व नहीं देने से उन्हें 'जबरन' भाजपा में धकेल दिया गया था जबकि वे कांग्रेस में रहना चाहते हैं। इसलिए उनके सामने अन्य कोई विकल्प नहीं है।''[38]

तीसरे आम चुनाव (1962) से पूर्व सुखाड़िया सरकार को सात वर्षों से अधिक समय हो गया था जबकि इससे पूर्व (1949-1954) साढ़े पांच वर्षों में पांच सरकारें बन चुकी थीं और चार मुख्यमंत्री बदले जा चुके थे। (हीरालाल शास्त्री, सी.एस. वेंकटाचारी, जयनारायण व्यास, टीकाराम पालीवाल तथा पुनः व्यास) सुखाड़िया सरकार यद्यपि स्थायी थी किन्तु जाट-राजपूत विवाद समाप्त नहीं हुआ था। इन दोनों में सदियों से बैर था। वह आगे भी जारी रहा। 1965 में जयपुर महाराजा सवाई मानसिंह (द्वितीय) ने (तब स्पेन में भारत के राजदूत थे) तत्कालीन प्रधानमंत्री लालबहादुर शास्त्री को एक पत्र लिखकर सुझाव दिया कि " राजस्थान में आप व्यक्तिगत रुचि लें अन्यथा यह राज्य बुरा से निकृष्ट हो जायगा। शासन कौशलहीन तथा भ्रष्ट है। राजपूतों तथा जाटों में स्थायी बैर है।''[39]

तीसरे आम चुनाव की पृष्ठभूमि

भारत के पूर्व गवर्नर जनरल सी. राजगोपालाचारी (राजाजी) के आह्वान पर राजस्थान में स्वतंत्र पार्टी का जन्म हो चुका था। जयपुर महारानी गायत्री देवी, जिनका अपनी रियासत में अच्छा प्रभाव था, डूंगरपुर के महारावल लक्ष्मणसिंह, अन्य कई बड़े जागीरदारों तथा कुछ राजघरानों ने स्वतंत्र पार्टी की सदस्यता स्वीकार कर ली थी। पार्टी में उनका ही वर्चस्व था। उन्होंने सुखाड़िया सरकार के कई महत्वपूर्ण विकास कार्यों के बावजूद राज्य में कांग्रेस के लिए चुनौती पैदा कर दी थी। भारतीय जनसंघ ने पिछले पांच वर्षों में कई बड़े आंदोलन किये थे। विधानसभा में कांग्रेस की छवि को धूमिल करने तथा प्रशासन पर आक्रमणात्मक रुख के कारण जनसंघ की स्थिति मजबूत थी। उसके पास संगठन भी था। राष्ट्रीय स्वयंसेवक संघ का जबर्दस्त सहारा था। किन्तु स्वतंत्र पार्टी के जरिये राजाओं और पूर्व जागीरदारों के मैदान में आ जाने से सब से ज्यादा नुकसान भारतीय जनसंघ को हो रहा था। उसकी मेहनत और कमाई पृष्ठ में चली गई और अखिल भारतीय स्तर पर कांग्रेस से निकली स्वतंत्र पार्टी सामने आ गई। राजस्थान में 1962 के चुनाव में पुनः 1952 की स्थिति बन गई थी । 'सामंत बनाम कांग्रेस' हो गया था।

कांग्रेस में आंतरिक कलह

तीसरे आम चुनाव के समय विरोधी दलों की चुनौतीपूर्ण स्थिति के अलावा कांग्रेस संगठन भी मजबूत नहीं था। उस समय पार्टी में दो प्रकार के अन्तःकलह थे। एक व्यास समर्थकों का तथा

दूसरा जाट-राजपूत विवाद का। व्यास समर्थकों की संख्या काफी घट गई थी और वे संगठन में प्रभावशाली भी नहीं रहे थे। यहां तक कि मई, 1960 में प्रदेश चुनाव बोर्ड के चुनाव में व्यास को केवल 33 मत मिले जबकि जीत के लिए 114 की आवश्यकता थी।[40] व्यास के पास संगठन में कोई पद नहीं था। असंतुष्ट नेता भरतपुर के पूर्व प्रदेश कांग्रेसाध्यक्ष मास्टर आदित्येन्द्र तथा पूर्व महामंत्री युगलकिशोर चतुर्वेदी, अलवर के काशीराम गुप्ता, उदयपुर के भूरेलाल बया (शास्त्री सरकार में पूर्व मंत्री) आदि व्यास के साथ थे। इन नेताओं ने कांग्रेस छोड़ने का निर्णय किया था। व्यास ने जनता कांग्रेस बनाने का संकेत दिया। बया तो विरोध में सामने आ गये थे।[41] पूर्व मुख्यमंत्री हीरालाल शास्त्री तथा टीकाराम पालीवाल भी व्यास के साथ आ गये थे। ये सभी सुखाड़िया के नेतृत्व को चुनौती देना चाहते थे। इन नेताओं ने जयपुर में एकत्रित होकर मांग की कि केवल ईमानदार तथा पार्टी को समर्पित व्यक्तियों को ही कांग्रेस का टिकट दिया जाय। व्यास ने कांग्रेसजनों का आह्वान किया कि भ्रष्ट कांग्रेसियों को वोट न दें। व्यास के इस रवैये की प्रधानमंत्री नेहरू तक ने 24 जनवरी, 1962 की जयपुर की आमसभा में आलोचना की।[42]

जाट नेताओं ने सुखाड़िया के सामने 1954 जैसी स्थिति पैदा कर दी जब उन्होंने तत्कालीन मुख्यमंत्री जयनारायण व्यास का जागीरदार विधायकों को कांग्रेस में सम्मिलित करने का विरोध किया था। तब उनके साथ स्वयं सुखाड़िया भी थे। इस बार महाराजा हरिश्चन्द्रसिंह को मंत्री बनाने के कारण विरोध में थे। नाथूराम मिर्धा, दौलतराम सारण तथा पूनमचन्द विश्नोई ने मंत्री परिषद से त्यागपत्र दे दिये थे। मिर्धा मंत्री तथा सारण और विश्नोई उपमंत्री थे। मिर्धा ने मुख्यमंत्री को कहा था कि ''राजाओं को कांग्रेस में सम्मिलित करने से राज्य में सामंतशाही को बढ़ावा मिलेगा। समाचारपत्र में यह भी बताया गया कि कुंभाराम ने मिर्धा से मंत्रिमंडल छोड़ने तथा आगामी चुनाव के लिए जोधपुर डिवीजन में जाट शक्ति को संग्रहित करने को कहा था।''[43] किन्तु राजस्थान विधानसभा द्वारा प्रकाशित पुस्तक 'राजस्थान का मंत्रिमंडल' के अनुसार सभी मंत्रियों ने अपना कार्यकाल पूर्ण किया। संभवतः त्यागपत्र मंजूर नहीं होने से वे पद पर बने रहे।

फरवरी 1962 में लोकसभा तथा विधानसभा के लिए चुनाव हुए। कांग्रेस के विरुद्ध निर्दलियों के अतिरिक्त छह दलों ने चुनाव लड़ा था। चुनाव में कड़ा संघर्ष हुआ था। पुनः 1952 के चुनाव परिणामों की स्थिति आ गई थी। कांग्रेस 176 सदस्यों की विधानसभा में केवल 88 स्थान (एक निर्विरोध सहित) ही प्राप्त कर सकी। आवश्यक स्पष्ट बहुमत के लिए एक निर्दलीय का समर्थन लेकर सरकार बनानी पड़ी। कांग्रेस को केवल 40 प्रतिशत वोट मिले जबकि 1957 में उसे 45.2 प्रतिशत तथा 1952 में 39.5 प्रतिशत मत प्राप्त हुए थे। लोकसभा में उसके बाईस में से 14 सांसद जीते और 37.6 प्रतिशत वोट मिले। तीसरे आम चुनाव की सबसे बड़ी उपलब्धि दो वर्ष पूर्व निर्मित स्वतंत्र पार्टी की जीत थी। उसने विधानसभा में 17.1 प्रतिशत वोट प्राप्त कर 36 तथा लोकसभा में 19.1 प्रतिशत वोटों से 3 स्थान हथिया लिये। भारतीय जनसंघ विधानसभा में 15 तथा लोकसभा में एक स्थान प्राप्त कर सका और उसके वोट क्रमशः 9.2 तथा 9.8 प्रतिशत थे।

रामराज्य परिषद पिछड़ गई। वह विधानसभा में तीन तथा लोकसभा में एक स्थान ही प्राप्त कर सकी। लेकिन वाममंथियों ने पहली बार बड़ी सफलता प्राप्त की। भारतीय कम्युनिस्ट पार्टी तथा समाजवादी दल के पांच-पांच तथा प्रजा-समाजवादी दल के दो विधायक चुने गये।[44]

यद्यपि कांग्रेस सरकार बनाने में सफल रही, लेकिन तेरह वर्षों के शासन तथा विकास के बहुआयामी कदमों के बावजूद विधानसभा में केवल 50 प्रतिशत स्थान प्राप्त करना एक प्रकार से उसकी हार थी। इस हार के विशेष कारण थे। स्वतंत्र पार्टी के झंडे तले सामंत पुनः सक्रिय और संगठित हो गये थे। उनका लोकतंत्रीय मार्ग से सत्ता हथियाने का प्रयत्न था। महारानी गायत्रीदेवी के मैदान में उतरने से पूर्व जयपुर रियासत क्षेत्र में कांग्रेस को बड़ा धक्का लगा। सुखाड़िया मंत्रिमंडल के दो वरिष्ठ मंत्री दामोदरलाल व्यास तथा रामकिशोर व्यास चुनाव हार गये। दामोदरलाल व्यास को महाराजकुमार जयसिंह ने तथा रामकिशोर व्यास को जनसंघ के नेता भैरोंसिंह शेखावत ने विधानसभा के पटल पर चुनौती देकर हराया था। जागीरें समाप्त करने से 1957 के चुनाव में गांवों के किसानों ने कांग्रेस को जबर्दस्त समर्थन दिया था। वह सब इस चुनाव में तिरोहित हो गया। जागीरदारों के परम्परागत सम्बन्ध और गायत्रीदेवी का प्रभाव उनके जीतने में सहायक हुए। रामकिशोर व्यास के हारने का एक कारण जयपुर से हाईकोर्ट समाप्त करने के विरुद्ध जनसंघ प्रभावित आंदोलन भी था।

तीसरे आम चुनाव में कांग्रेस की खराब स्थिति के लिए सबसे बड़ा कारण संगठन में भितरघात होना था। कांग्रेसाध्यक्ष ने खण्डूभाई देसाई समिति को जांच का दायित्व सौंपा था। खण्डूभाई ने अपनी रिपोर्ट में कहा था कि जाट नेता कुंभाराम आर्य ने कांग्रेस के कुछ उम्मीदवारों को हराने के लिए भितरघात किया था। इसलिए उनके विरुद्ध सख्त कार्रवाई की जानी चाहिए। लेकिन कांग्रेस उच्च नेतृत्व ने इस सिफारिश पर कोई कार्रवाई नहीं की। इसका कारण यह था कि चूंकि विधानसभा में कांग्रेस की संख्या बहुमत की सीमा पर थी और यदि पार्टी का विभाजन हो जाता तो सरकार गिरने का खतरा था। कुंभाराम अपने साथियों के साथ विपक्ष से जुड़ सकते थे। रिपोर्ट में यह भी कहा गया था कि जनता में अधिकारियों का दबदबा था। शासन अकुशल तथा भ्रष्टाचार की भी शिकायतें थीं।[45]

चुनाव प्रचार में क्षेत्रीयवाद को मोहरा बनाया गया। सुखाड़िया पर उदयपुर डिवीजन के साथ पक्षपातपूर्ण तथा अन्य संभागों की उपेक्षा का गंभीर आरोप लगाकर कांग्रेस विरोधी उम्मीदवारों ने काफी लाभ उठाया। इससे जनता में भावनात्मक एकता स्थापित करने में हमेशा कठिनाई बनी रही। लेकिन सुखाड़िया ने इस आरोप को अस्वीकार किया। प्रो. के.एल.कमल ने एक भेंट में बताया कि 'दी कांग्रेस पार्टी इन राजस्थान' के लेखक तथा केलिफोर्निया विश्वविद्यालय, बर्कले के प्रो. रिचार्ड सिसन सुखाड़िया से मिले और पूछा था कि आप पर राज्य में क्षेत्रीय असंतुलन का आरोप है। उन्होंने उसका खंडन करते हुए कहा कि "मेरी सरकार राजस्थान नहर के निर्माण पर बहुत धन खर्च कर रही है जिसका लाभ गंगानगर, बीकानेर तथा

जोधपुर जिलों को मिलेगा और करोड़ों का अन्न पैदा होगा। राज्य के चहुँमुखी विकास पर ध्यान दिया जा रहा है।'' सुखाड़िया के साथ बातचीत के बाद सिसन ने प्रो. कमल से कहा, ''मैं अब तक भारत के ऐसे योग्य नेता (सुखाड़िया) से नहीं मिला।''

मोहनलाल सुखाड़िया मंत्रिमंडल (तृतीय पारी)

शपथग्रहण : 12 मार्च, 1962

अग्रिम पंक्ति में बायें से दायें : दौलतराम सारण (उपमंत्री), भीखाभाई (मंत्री), श्रीमती कमला बेनीबाल, बालकृष्ण कौल तथा हरिभाऊ उपाध्याय (सभी मंत्री), मोहनलाल सुखाड़िया (मुख्यमंत्री), सरदार गुरुमुखनिहालसिंह (राज्यपाल), मथुरादास माथुर, बरकतुल्ला खां (दोनों मंत्री) तथा श्रीमती प्रभा मिश्रा (उपमंत्री)।

पिछली पंक्ति में बायें से दायें : परसराम मदेरणा (उपमंत्री), हरिश्चन्द्रसिंह झालावाड़ तथा नाथूराम मिर्धा (दोनों मंत्री), भवानीशंकर मंदवाना, चन्दनमल बैद, रामप्रसाद लढ्ढा तथा दिनेशराय डांगी (सभी उपमंत्री)।

संतुलित मंत्रिमंडल

तीसरे चुनाव से निर्मित विधानसभा कांग्रेस दल के नेता पद पर मोहनलाल सुखाड़िया पुनः निर्विरोध चुन लिये गये। इस बार 1957 की तरह किसी ने चुनौती नहीं दी। पिछले मंत्रिमंडल में जाट-राजपूत विवाद था लेकिन इस बार वह सामने नहीं आया। सुखाड़िया ने व्यापक जातीय तथा क्षेत्रीय आधार पर मंत्रिमंडल का निर्माण किया। कुंभाराम आर्य को विधानसभा का टिकट नहीं मिला था। महाराजा हरिश्चन्द्र को पिछले मंत्रिमंडल में नियुक्त किये जाने का उन्होंने विरोध किया था। इस बार उनकी पुनर्नियुक्ति भी हुई और विरोधी दलों में राजपूतों के बढ़ते प्रतिनिधित्व

को ध्यान में रखकर एक उपमंत्री भीमसिंह मंडावा की नियुक्ति की गई। 1962 में कुल 36 राजपूत विधायक जीते थे, जिनमें कांग्रेस के केवल 12 ही थे। नाथूराम मिर्धा को मंत्री और श्रीमती कमला को उपमंत्री बनाया गया। मिर्धा पहले भी मंत्री थे। कुंभाराम के साथी दौलतराम सारण को पुनः उपमंत्री बनाया गया। जोधपुर के युवा जाट नेता परसराम मदेरणा को भी उपमंत्री पद दिया गया। इस प्रकार मंत्रिमंडल में चार जाट हो गए। मथुरादास माथुर, जो अब तक बाहर थे, उन्हें गृहमंत्री जैसा महत्वपूर्ण पद दिया गया। जयनारायण व्यास के पूर्व समर्थक बरकतुल्ला खां को पदोन्नत कर दिया गया और व्यास के एक और साथी चन्दनमल बैद को उपमंत्री नियुक्त किया गया। आदिवासी नेता भीखाभाई को पुनः मंत्री बना दिया। सर्वोदयी नेता तथा अजमेर राज्य के पूर्व मुख्यमंत्री हरिभाऊ उपाध्याय के साथ नेहरू परिवार से सम्बद्ध बालकृष्ण कौल को भी वित्तमंत्री का महत्वपूर्ण पद दे दिया। पांच नए उपमंत्री क्षेत्र तथा जाति की दृष्टि से भी जोड़े गए। उनके नाम इस प्रकार हैं : रामप्रसाद लढ्ढा, भवानीशंकर नंदवाना, निरंजननाथ आचार्य, श्रीमती प्रभा मिश्रा तथा अनुसूचित जाति के दिनेशराय डांगी। इस प्रकार मुख्यमंत्री सहित मंत्रिपरिषद में 18 सदस्य हो गये। उनमें आठ मंत्री तथा नौ उपमंत्री थे। परिस्थितियों में बदलाव आया। कुंभाराम को 1964 में हनुमानगढ़ क्षेत्र से उपचुनाव में विजयी कराके राजस्वमंत्री जैसे महत्वपूर्ण पद पर नियुक्त किया गया। राजनीतिक संतुलन बनाने के लिए हरिभाऊ उपाध्याय का स्थान रिक्त होने के बाद 2 जून, 1965 को चार नये मंत्री बनाये गये। उनके नाम इस प्रकार हैं : पूर्व मंत्री दामोदरलाल व्यास, जो 1962 में चुनाव हार गये थे, उन्हें राजाखेड़ा क्षेत्र से उपचुनाव जिताकर लाया गया। सुखाड़िया के निकटतम साथी प्रदेशाध्यक्ष हरिदेव जोशी, बृजसुंदर शर्मा तथा अमृतलाल यादव को भी मंत्री पद की शपथ दिलवाई गई। लगभग दस माह बाद चन्दनमल बैद, निरंजननाथ आचार्य, परसराम मदेरणा तथा रामप्रसाद लढ्ढा को पदोन्नत कर दिया गया और तीन उपमंत्री और नियुक्त किये गये। वे इस प्रकार हैं : घासीराम यादव, मनफूलसिंह तथा रामदेवसिंह। अंतिम दोनों जाट हैं। इस प्रकार मंत्रिपरिषद में 26 सदस्य हो गये। इस मंत्रिमंडल में ब्राह्मण, जाट, वैश्य, राजपूत, अनुसूचित जाति तथा जनजाति और मुसलमान का समानुपातिक प्रतिनिधित्व था।

सुखाड़िया को केन्द्र से मान्यता

सन् 1962 में आम चुनाव के बाद मुख्यमंत्री मोहनलाल सुखाड़िया ने बहुत ही बुद्धिमत्तापूर्ण तथा गुटबाजी से ऊपर उठकर अपने मंत्रिमंडल का निर्माण किया। स्पष्ट बहुमत नहीं होने के बावजूद उन्होंने अपनी और कांग्रेस की शक्ति मजबूत कर ली। जयनारायण व्यास को जवाहरलाल नेहरू द्वारा प्रताड़ित किये जाने के बाद कांग्रेस उच्च नेतृत्व से सुखाड़िया को पूर्ण आशीर्वाद तथा

मान्यता मिल गई। जवाहरलाल नेहरू ने स्पष्ट घोषणा की कि कांग्रेस की पुरानी पीढ़ी के नेताओं तथा व्यास द्वारा 'सुखाड़िया के विरुद्ध लगाये गये भ्रष्टाचार, पक्षपात, भाई-भतीजावाद के आरोप निराधार एवं शरारतपूर्ण पाये गये।'[46]

मंत्रिमंडल के सदस्यों का विश्लेषण करने पर स्पष्ट होता है कि केन्द्र ने मुख्यमंत्री को अपने विरोधियों के साथ वे चाहें जैसा व्यवहार करने की छूट दे दी। अब मंत्रिमंडल तथा संगठन पूर्णरूप से सुखाड़िया के नेतृत्व में था। कथित व्यास समर्थक महाराजा हरिश्चन्द्र, बरकतुल्ला खां तथा चन्दनमल बैद को उन्होंने अपने मंत्रिमंडल में ले लिया। उन्हें महत्वपूर्ण विभागों से भी नवाजा गया। बरकतुल्ला खां का कद बढ़ा दिया गया। कुंभाराम के समकक्ष अन्य जाट नेताओं को लाने के लिए नाथूराम मिर्धा के साथ श्रीमती कमला, दौलतराम सारण तथा परसराम मदेरणा को उपमंत्री नियुक्त किया गया। नाथूराम मिर्धा की हैसियत में वृद्धि करने के लिए उन्हें सदन का उपनेता भी चुनवा दिया। 1964 में हनुमानगढ़ के उपचुनाव में कुंभाराम को जितवाकर मंत्री बनाया गया। डेढ़ वर्ष बाद जब कुंभाराम ने फिर अपनी शक्ति दिखाने कर प्रयत्न किया तो दो जाट उपमंत्री रामदेवसिंह तथा मनफूलसिंह को जोड़ दिया। इन नियुक्तियों से जहां बीकानेर डिवीजन में कुंभाराम के अलावा शक्ति का अन्य केन्द्र स्थापित कर दिया वहीं शेखावाटी के जाटों के लिए अपने व्यक्ति को मंत्रिमंडल में सम्मिलित कर लिया। इस प्रकार सात जाट मंत्री हो गये। राजपूतों का प्रतिनिधित्व बढ़ाने के लिए भीमसिंह मंडावा को उपमंत्री नियुक्त कर दिया। ऐसे कुल निर्वाचित 36 राजपूत विधायकों में से कांग्रेस के केवल 12 ही थे। जाटों में कुल निर्वाचित 24 में से 15 कांग्रेस के थे। कुंभाराम के साथी मथुरादास माथुर को गृहमंत्री जैसा महत्वपूर्ण दायित्व सौंपा। क्षेत्रीय प्रतिनिधित्व बढ़ाने के लिए उपमंत्रियों की संख्या भी बढ़ा दी। बाद में अगले चुनाव से एक वर्ष पूर्व निरंजननाथ आचार्य, चन्दनमल बैद, परसराम मदेरणा तथा रामप्रसाद लढ्ढा को पदोन्नत कर दिया। प्रारंभ से जाटों की तरह ब्राह्मणों का भी कांग्रेस को भरपूर समर्थन मिला था। इस चुनाव में कुल निर्वाचित 27 ब्राह्मणों में से 16 कांग्रेस में थे। उनमें से आठ मंत्रिमंडल में ले लिये गये। वैश्यों में भी 18 में से 8 कांग्रेस विधायक थे। इस मंत्रिमंडल में उनमें से दो शामिल थे। अनुसूचित जाति के दो तथा जनजाति का एक था। अन्य पिछड़ी जाति का भी एक सदस्य था। उदयपुर संभाग के छह, जोधपुर संभाग के छह, जयपुर के आठ, बीकानेर के चार तथा कोटा के दो मंत्री मंत्रिमंडल में शामिल थे।

सुखाड़िया ने जहां अपनी शक्ति में वृद्धि की और असंतुष्टों को मंत्री परिषद में सम्मिलित किया, वहीं कांटे को कांटे से निकालने वाले मंत्रियों की भी नियुक्ति की। कुंभाराम के बाद उनके पक्के विरोधी तथा सुखाड़िया के पक्के समर्थक दामोदरलाल व्यास को भी राजाखेड़ा से उपचुनाव में जिताकर लाये और मंत्री बनाया। ऐसे ही कोटा और बीकानेर डिवीजन में एक दूसरे के विरोधी मंत्रियों को सम्मिलित किया। यह समीकरण अन्य क्षेत्रों में भी अपनाया गया। इससे उन सबकी नजर में मुख्यमंत्री का वर्चस्व बढ़ गया। इसी अवधि में ग्यारह निर्दलीय विधायक भी कांग्रेस में

सम्मिलित हो गये। इससे कांग्रेस विधायकों की संख्या बढ़ गई।[47]

उपरोक्त मंत्रिमंडल का निर्माण और विस्तार चार चरणों में पूरा हुआ। पहला 20 मार्च, 1962, दूसरा 14 नवम्बर, 1964, तीसरा 2 जून, 1965 तथा अंतिम 30 अप्रेल, 1966 को। इस बीच मार्च, 1965 में हरिभाऊ उपाध्याय ने त्यागपत्र दे दिया था। विद्रोह करके 27 दिसम्बर, 1966 को पांच मंत्री त्यागपत्र देकर कांग्रेस से ही अलग हो गये। ये थे कुंभाराम आर्य, श्रीमती कमला, महाराजा हरिश्चन्द्र, दौलतराम सारण तथा भीमसिंह मंडावा। इन्होंने जनता पार्टी बनाई। इन मंत्रियों का मुख्यमंत्री मोहनलाल सुखाड़िया से मतभेद पैदा हो गया था। इनका आक्षेप था कि सुखाड़िया उनकी उपेक्षा तथा राजनीतिक हस्तक्षेप करते हैं। वे उनकी नीतियों से सहमत नहीं हैं। मुख्यमंत्री ने नाथूराम मिर्धा को प्राथमिकता देना शुरू कर दिया था।[48]

चौधरी कुंभाराम आर्य

कांग्रेस में गृहशांति अल्पकालिक ही रही। कहा जाता है कि कुंभाराम अपने स्वभाव से अधिक समय तक एक स्थिति में नहीं रह सकते थे। यह उनका पूर्व इतिहास भी रहा है। इसके अलावा वे समझौतावादी कतई नहीं थे। उनके मन में जो जंचती थी, वही वे करते थे। न वे अपनी उपेक्षा बर्दाश्त करते थे और उनकी बात कोई नहीं माने, यह भी उन्हें स्वीकार नहीं था। वे जहां कट्टर राजपूत (सामंतों) विरोधी थे, वहां जाटों (किसानों) के हित को ही सर्वोपरि मानते थे। वे अपने जीवन में कई पार्टियों के सदस्य रहे। नई पार्टी बनाई और उसका विलय किया। फिर दूसरी में चले गये। सरकारी नौकरी और आर्य समाज से अपना जीवन शुरू किया। पहले वे समाज-सुधारक थे। बाद में राजनेता हो गये। राजस्थान की राजनीति में लगभग बीस वर्षों तक वे बहुत महत्वपूर्ण रहे। जीवन के अंतिम पड़ाव में राजनीति से ही मोह भंग हो गया। कुंभाराम के अनन्य सहयोगी दौलतराम सारण ने एक भेंट में कहा कि उन्होंने अपने जीवन में आठ बड़ी भूलें कीं। पहली भूल कांग्रेस छोड़ना था। उनके साथ सारण भी बाहर आ गये थे और आपातकाल तक आर्य के साथ रहे। कुंभाराम उसके बाद कांग्रेस में चले गये। किन्तु सारण 1993 में कांग्रेस में गये। तब तक चौधरी अजीतसिंह के लोकदल में रहे।[49]

कुंभाराम के जनता पार्टी का निर्माण करने पर जयनारायण व्यास के कतिपय साथी, जिनमें रामकरण जोशी भी थे, उनके साथ हो गये। जनता पार्टी ने स्वतंत्र पार्टी तथा भारतीय जनसंघ के साथ मिलकर चौथे आम चुनाव में कांग्रेस को चुनौती दी। राजस्थान में कांग्रेस का पहला विभाजन हो गया। कांग्रेस पुनः 1952 के चुनाव की स्थिति में आ गई। लेकिन यह मुकाबला केवल सामंतों का नहीं था बल्कि लोकतांत्रिक प्रणाली से सामंतों तथा राजनेताओं का था। उन्होंने वैकल्पिक सरकार के नारे के साथ चौथा आम चुनाव लड़ा था।

विपक्ष कांग्रेस के बराबर हो गया

मुख्यमंत्री सुखाड़िया ने चुनाव परिणामों को ध्यान में रखकर दूरदर्शितापूर्ण ढंग से अपने घर को तो ठीक कर लिया था। व्यास समर्थकों को मंत्रिमंडल में सम्मिलित कर लेने से बाहर रहे असंतुष्ट कांग्रेसजनों का प्रभाव स्वतः निस्तेज हो गया।

लेकिन 1962 के चुनाव में विरोधी दल बराबर की शक्ति के साथ उभर कर सामने आ गये थे। स्वतंत्र पार्टी ने पहले ही चुनाव में 36 सीटें जीत ली थीं। चार बाद में और जुड़ गये। इस प्रकार स्वतंत्र पार्टी के विधायकों की संख्या चालीस हो गई थी। अधिकतर सीटें पूर्व जयपुर रियासत में महारानी गायत्रीदेवी तथा उसके राजघराने के प्रभाव के कारण जीती थीं। पूर्व जयपुर रियासत में पांच जिले थे – जयपुर, टोंक, सीकर, झुंझुनूं तथा सवाईमाधोपुर। जयपुर जिले में कांग्रेस को 17 में से केवल 2 स्थान मिले । सीकर में एक भी क्षेत्र कांग्रेस के कब्जे में नहीं आया। झुंझुनूं और सवाईमाधोपुर की क्रमशः 7 और 8 सीटों में से कांग्रेस को केवल तीन मिलीं। इस क्षेत्र में स्वतंत्र पार्टी ने लोकसभा के भी तीन स्थान हथिया लिये थे।[50]

भारतीय जनसंघ की शक्ति में वृद्धि हो गई थी। 1962 में स्वतंत्र पार्टी तथा जनसंघ में सीधा चुनावी समझौता तो नहीं था लेकिन कुछ सीटों पर दोनों के बीच भीतरखाना सहमति थी। जनसंघ के विधायकों की संख्या पिछले चुनाव से ढाई गुनी बढ़कर 15 हो गई। ऐसे ही भाकपा तथा समाजवादी विधायकों की संख्या क्रमशः 5-5 हो गई। दो प्रजासमाजवादी पार्टी के सदस्य भी चुन लिये गये। रामराज्य परिषद ने अपना खाता चालू रखा और उसके तीन विधायक चुने गये। बाईस निर्दलीय चुने गये।

विधानसभा में पक्ष-विपक्ष की बराबर की शक्ति होने से सत्ताधारी दल कांग्रेस के लिए सब कुछ सहज नहीं था। सदन में विपक्ष के नेता महारावल लक्ष्मणसिंह, जो पहली बार चुनकर आये थे, जनसंघ के नेता भैरोंसिंह शेखावत, सतीशचन्द्र अग्रवाल, समाजवादी नेता रामकिशन शर्मा, मुरलीधर व्यास, माणिकचन्द सुराणा, उमरावसिंह ढाबरिया, मुकुटबिहारीलाल गोयल, भाकपा के रामानंद अग्रवाल, श्योपतसिंह, योगेन्द्र हांडा आदि अपने जिलों के महत्वपूर्ण, प्रभावशाली तथा आक्रामक नेता थे। इससे वादविवाद उत्तेजनापूर्ण होता था। कांग्रेस की स्थिति अधिकतर बचाव की रहती थी। बहुत अधिक चर्चित छोटीसादड़ी सोना कांड भी इसी सदन में उठा जिसमें समाजवादी नेताओं ने अमानत में खयानत का आरोप लगाया था। मगर मुख्यमंत्री ने आरोप का खंडन किया और मामला पुलिस को अनुसंधान के लिए सुपुर्द कर दिया। राजस्थान सहकारी क्रय-विक्रय संघ द्वारा उत्तरप्रदेश से खरीदे गये गुड़ के मूल्य तथा परिवहन की दरों को लेकर संघ के तत्कालीन अध्यक्ष कुंभाराम आर्य पर गंभीर आरोप लगे थे। (इन आरोपों की विस्तृत जानकारी वामपंथी आंदोलन वाले अध्याय में दी गई है।)

सुखाड़िया पर अपने क्षेत्र उदयपुर संभाग की तुलना में अन्य संभागों के विकास कार्यों में उनकी उपेक्षा करने के गंभीर आरोप न केवल विपक्ष अपितु स्वयं कांग्रेस नेताओं द्वारा भी लगाये जाते रहे। मगर सुखाड़िया ने उनको कभी स्वीकार नहीं किया। इन्हीं पांच वर्षों में जोधपुर तथा उदयपुर में दो नये विश्वविद्यालय स्थापित किये गये। गांवों के गरीबों को साहूकारों द्वारा दिये जाने वाले कर्जों की वसूली में ब्याज-दर-ब्याज तथा अन्य प्रकार के शोषण से बचाने के लिए एक कानून बनाया गया जिसका व्यापारियों ने विरोध किया था। इसी प्रकार के कई अन्य कानून भी बनाये गये। इन विधेयकों पर बहस के समय विरोधी दलों की भूमिका महत्वपूर्ण रही तथा कानूनों की कमियों को दूर करने में मदद भी सिद्ध हुई। इससे दोनों पक्षों की सक्रियता समाज के सामने आई।

विपक्ष का प्रधानमंत्री को ज्ञापन

सशक्त विपक्ष ने विधानसभा में भ्रष्टाचार, पक्षपात, भाई-भतीजावाद तथा सत्ता के दुरुपयोग के कई आरोप लगाये थे किन्तु बहुमत के कारण वे नगाड़े के सामने तूती की आवाज होकर रह गये। तत्संबंधी एक ज्ञापन प्रधानमंत्री को भी दिया गया।

ज्ञापन में मुख्यमंत्री मोहनलाल सुखाड़िया पर बयालीस आरोप लगाये गये थे। ज्ञापन पर चौदह विधायकों के साथ दो सांसदों ने भी हस्ताक्षर किये थे। विधायक स्वतंत्र पार्टी, समाजवादी, प्रजा समाजवादी पार्टी तथा भारतीय कम्युनिस्ट पार्टी के थे। आरोपों में सुखाड़िया पर व्यक्तिशः आय से अधिक संपत्ति अर्जित करने का गंभीर आरोप भी था। लाइसेंस तथा परमिट के जरिये धन कमाना, जनहित के विपरीत उद्योगपतियों को ऋण स्वीकृत करना, भाई-भतीजावाद, पक्षपात तथा सत्ता का दुरुपयोग करने के आरोप थे। हस्ताक्षरकर्त्ताओं ने प्रधानमंत्री से मांग की कि सुखाड़िया को मुख्यमंत्री के पद से हटाया जाय तथा आरोपों की जांच के लिए आयोग नियुक्त किया जाय।[51]

सुखाड़िया सत्ता तथा संगठन के सर्वेसर्वा हो गये थे। मंत्रिमंडल के बाद संगठन को मजबूत करने तथा अपने पक्के समर्थक को प्रदेशाध्यक्ष चुनवाने के लिए चुनाव कराया। 1962 के चुनाव तक मथुरादास माथुर प्रदेशाध्यक्ष थे। उन्हें गृहमंत्री नियुक्त किया ही जा चुका था। नये प्रदेशाध्यक्ष हरिदेव जोशी 2 जून, 1965 को मंत्री हो जाने के बाद भी 21 मई, 1966 तक पदासीन रहे। इसी काल में फरवरी 1966 में जयपुर में कांग्रेस का राष्ट्रीय अधिवेशन आयोजित किया गया। भारत-पाक युद्ध, लालबहादुर शास्त्री के आकस्मिक निधन और श्रीमती इंदिरा गांधी के प्रधानमंत्री चुने जाने के बाद आयोजित महत्वपूर्ण अधिवेशन था। इससे पूर्व अक्टूबर 1963 में जयपुर में ही कांग्रेस महासमिति का अधिवेशन हो चुका था।

सुखाड़िया के पदत्याग की घोषणा

संभवतः संगठन कौशल के कारण कांग्रेसाध्यक्ष के. कामराज नाडार के निर्देश पर सुखाड़िया ने अखिल भारतीय कांग्रेस कमेटी के महामंत्री का पद संभालने की इच्छा घोषित की। 15 फरवरी, 1966 को विधानसभा कांग्रेस दल के नये नेता का चुनाव होना था। नेता पद के लिए कई उम्मीदवारों के नाम चल रहे थे। लेकिन किसी एक नाम पर कांग्रेस विधायकों में एकता नहीं हो पा रही थी। नये नेता पद के लिए तत्कालीन वित्तमंत्री बालकृष्ण कौल, कृषिमंत्री नाथूराम मिर्धा तथा राजस्वमंत्री कुंभाराम आर्य के नाम उभरकर सामने आये। इनमें एक भी सुखाड़िया की पसन्द का नहीं था जबकि कुंभाराम ने कांग्रेस अधिवेशन के समय यह घोषणा की कि सुखाड़िया जिसे भी मनोनीत कर देंगे, उसे वह स्वीकार कर लेंगे। कांग्रेसाध्यक्ष ने पुनः गुटबंदी शुरू होने की आशंका को दृष्टिगत रख कर पार्टी के हित में मुख्यमंत्री से पद रिक्त न करने की सलाह दी। अन्ततः सुखाड़िया ने दिल्ली जाने का विचार रद्द कर दिया।[52] इसके दो परिणाम निकले, एक- सुखाड़िया ही कांग्रेस के एकछत्र नेता थे, दो – विधायक दल में कई गुट थे।

सुखाड़िया राजस्थान की आवश्यकता है, यह निष्कर्ष कांग्रेस के 'कामराज प्लान' के समय भी सामने आया था। जवाहरलाल नेहरू के समय नेताओं का सत्ता से मोह भंग करने तथा योग्य व्यक्तियों को संगठन में लगाने की दृष्टि से अगस्त 1963 में यह योजना शुरू की गई थी। तब सुखाड़िया ने भी पद रिक्त करने की इच्छा के साथ नेहरू से भेंट की थी। रात को काफी देर तक बात करने के बाद नेहरू ने सुखाड़िया से पूछा, "(पद छोड़ने के बाद) राजस्थान का क्या होगा? इस बारे में निश्चिन्त नहीं हो सकता। तुम्हें इस पद पर बना रहना होगा।"[53]

चौथे आम चुनाव (1967) से पूर्व राजस्थान कांग्रेस में सुखाड़िया सर्वशक्तिमान नेता थे। इसका प्रमाण प्रदेश कांग्रेसाध्यक्ष के चुनाव से मिलता है। हरिदेव जोशी के मंत्री बनने के बाद नये अध्यक्ष का चुनाव किया जाना था। जून, 1966 में चुनाव हुआ। पूर्व मंत्री रामकिशोर व्यास सुखाड़िया के उम्मीदवार थे। कुंभाराम ने नाथूराम मिर्धा तथा मथुरादास माथुर को खड़ा करने के प्रयत्न किये। मगर दोनों में से कोई भी तैयार नहीं हुआ तो कुंभाराम स्वयं मैदान में उतरे। किन्तु वे रामकिशोर व्यास के सामने केवल 52 वोट प्राप्त कर सके जबकि व्यास को 142 वोट मिले थे। यह सुखाड़िया के प्रति संगठन का विश्वास मत था।[54] जहां तक माथुर का प्रश्न है, तीसरे चुनाव के बाद गृहमंत्री बनने पर उन्होंने इसके बल पर शक्ति-संचय शुरू कर दिया था । इसलिए सुखाड़िया ने 19 नवम्बर, 1963 को अचानक यह विभाग छीनकर आयोजना तथा अन्य महत्वहीन विभागों का मंत्री रखकर झटका दे दिया था।

1967 का ऐतिहासिक वर्ष

राजस्थान के राजनीतिक इतिहास में चौथा आम चुनाव तथा 1967 का वर्ष हमेशा ऐतिहासिक रहेगा। इस चुनाव में कांग्रेस को विरोधी दलों ने जबर्दस्त पटकनी दी थी। इससे पूर्व के दो चुनावों–1952 तथा 1962 में दोनों पक्ष लगभग बराबर रहे। बीव में 1957 के चुनाव में कांग्रेस ने अपनी शक्ति सवाई कर ली थी। लेकिन 1967 के चुनाव में 184 सदस्यों की विधानसभा में वह केवल 89 स्थान ही प्राप्त कर सकी और इनमें भी दामोदर व्यास के टोंक और मालपुरा दो क्षेत्रों से निर्वाचित होने के कारण व्यवहार में एक स्थान कम हो गया और कांग्रेस की विधायक संख्या 88 रह गयी। उसे स्पष्ट बहुमत के लिए पांच विधायकों की कमी थी। दूसरा महत्वपूर्ण बिन्दु यह था कि विपक्ष में दक्षिणपंथी तथा वामपंथी दोनों दलों के अतिरिक्त 15 निर्दलीय विधायक थे। ये सब मिलकर 95 होते थे और उन्होंने मिलकर संयुक्त विधायक दल का गठन कर लिया था। उनका राज्यपाल से निवेदन था कि कांग्रेस को सरकार बनाने के लिए आमंत्रित न करके विपक्ष को अवसर दिया जाय। किन्तु राज्यपाल डॉ. संपूर्णानंद ने 4 मार्च, 1967 को इस आग्रह को अस्वीकार कर दिया और तत्कालीन मद्रास राज्य के राज्यपाल डॉ. हरेकृष्ण मेहताव के एक पूर्व निर्णय का उदाहरण प्रस्तुत कर सदन में सबसे बड़ी पार्टी कांग्रेस के नेता मोहनलाल सुखाड़िया को सरकार बनाने का निमंत्रण दे दिया। इसका जयपुर में जबर्दस्त विरोध हुआ। पथराव, आगजनी, लाठीजार्च, अश्रुगैस तथा विरोध के तीसरे दिन 7 मार्च को पुलिस ने गोली चलाई जिसमें नौ लोग मारे गये और 49 घायल हुए। बेरी आयोग ने अपंने जांच प्रतिवेदन में यह माना कि 'अत्यधिक गोलियां' चलाई गई थीं। विपक्ष ने बहुमत प्रमाणित करने के लिए राष्ट्रपति डा. सर्वपल्ली राधाकृष्णन के सामने समस्त विधायकों को राष्ट्रपति भवन में प्रस्तुत किया था। जयपुर में गोलीकांड तथा कर्फ्यू के बाद राज्यपाल की सिफारिश पर 'हिंसा की आशंका' में 13 मार्च को राज्य में राष्ट्रपति शासन लागू कर दिया गया और विपक्ष को सरकार बनाने का अवसर प्रदान नहीं किया जबकि वर्तमान में केन्द्र में पिछले नौ वर्षों से साझी सरकारें चल रही हैं।

राज्यपाल ने नई विधानसभा भंग नहीं कर निलम्बित कर दी। न नई विधानसभा के सदस्यों को शपथ ग्रहण कराई और न सबसे बड़ी पार्टी के नेता को शपथ दिलाई। लेकिन राज्य में राष्ट्रपति शासन लागू करने की सिफारिश केन्द्र को कर दी। राज्य में 13 मार्च, 1967 को राष्ट्रपति शासन लागू हो गया। इस काल में कांग्रेस ने दलबदल करवाके अपना बहुमत स्थापित कर लिया और 26 अप्रेल, 1967 को सुखाड़िया मंत्रिमंडल ने शपथ ग्रहण की। राज्य में राष्ट्रपति शासन समाप्त हो गया। इस घटनाक्रम की देशभर में खूब आलोचना हुई।

राष्ट्रपति शासन के दौरान ही राज्यपाल डॉ. संपूर्णानंद का कार्यकाल समाप्त हो जाने पर उनके स्थान पर लोकसभा के पूर्व अध्यक्ष सरदार हुकुमसिंह राज्यपाल नियुक्त होकर आ गये। उन्होंने दोनों पक्षों से प्राप्त समर्थकों की सूची में से जो नाम समान थे, उन्हें बुलाकर उनका मत जानने के बाद कांग्रेस के नेता को सरकार गठन का निमंत्रण दे दिया। इस घटनाक्रम में विपक्ष की केवल एक कमजोरी सामने आई। यद्यपि दक्षिणपंथी तथा वामपंथी सदस्यों ने मिलकर संयुक्त दल तथा न्यूनतम साझा कार्यक्रम स्वीकार कर लिया था किन्तु वे अपने दल का नेता नहीं चुन पाये थे। नेता के प्रश्न पर उनमें एकता नहीं थी। विपक्ष में स्वतंत्र पार्टी सबसे बड़ी थी। उसके 49 सदस्य थे। महारावल लक्ष्मणसिंह पार्टी के अध्यक्ष तथा विधानसभा दल के नेता थे। लेकिन स्वतंत्र पार्टी के कई विधायक तथा जनसंघ के सतीशचन्द्र अग्रवाल आदि महारानी गायत्रीदेवी को नेता चुनना चाहते थे जबकि महारावल बड़े दल के अध्यक्ष होने के नाते स्वयं को नेता चुने जाने की इच्छा रखते थे। चुनाव से पूर्व कांग्रेस से अलग होकर निर्मित जनता पार्टी के सदस्य महाराजा हरिश्चन्द्र को नेता चुनवाना चाहते थे। इस कारण सरकार बनाने के प्रश्न पर एक होने के बाद भी नेता नहीं चुने जाने से उनके सामने एक समस्या थी। जनसंघ के तत्कालीन नेता तथा वर्तमान उपराष्ट्रपति भैरोंसिंह शेखावत ने उपरोक्त रहस्योद्घाटन किया कि इस कारण भी तब विपक्ष की सरकार नहीं बन सकी थी।[55] 'राजस्थान पॉलिटी, इकोनोमी एण्ड सोसायटी' के लेखक बी.एल. पानगड़िया तथा एन.सी. पहाड़िया ने लिखा है कि संयुक्त मोर्चे ने महारावल लक्ष्मणसिंह को नेता चुन लिया था और 95 विधायकों का समर्थन होने के आधार पर राज्यपाल से सरकार बनाने का अनुरोध किया था। इसकी पुष्टि अन्य सूत्रों से नहीं होती है।

पहला दलबदलू

वर्ष 1967 की एक और महत्ता है। कांग्रेस के नेता को सरकार बनाने का राज्यपाल द्वारा निमंत्रण दिये जाने से विपक्ष में भगदड़ मच गई। सबसे पहला दलबदलू जनसंघ का विधायक रामचरण था। राष्ट्रपति शासनकाल में संयुक्त मोर्चे से छह विधायक दलबदल कर कांग्रेस के समर्थन में आ गये। वर्तमान दलबदल विरोधी कानून यदि उस समय बन गया होता तो यह संभव नहीं होता। कांग्रेस के नेता मोहनलाल सुखाड़िया ने नये राज्यपाल सरदार हुकुमसिंह को 88+6=94 विधायकों के समर्थन की सूची प्रस्तुत की जबकि महारावल ने 110 विधायकों की। दोनों सूचियों में इक्कीस नाम समान थे। राज्यपाल ने समान नाम वाले विधायकों को एक-एक करके बुलाकर उनकी प्रतिबद्धता की राय ली और जिसके साथ जो थे, उनके समर्थन में हस्ताक्षर करवा लिये। फिर कांग्रेस के नेता को सरकार बनाने का निमंत्रण दे दिया। राज्यपाल इस नतीजे पर पहुँचे कि सुखाड़िया के समर्थन में 94 तथा महारावल के साथ 88 हैं। झालावाड़ महाराजा हरिश्चन्द्र की

अकस्मात दिल्ली में हृदयाघात के कारण मृत्यु हो जाने से एक विधायक और कम हो गया था। 1967 के चुनाव परिणाम की स्थिति बिल्कुल उलट गई। बाद में कांग्रेस समर्थक विधायकों की संख्या धीरे-धीरे 108 हो गई।[56] पहली बार सैंतीस सदस्यीय मंत्रिपरिषद बनी। विधानसभा के अध्यक्ष तथा उपाध्यक्ष को मिलाकर कांग्रेस के लगभग आधे विधायकों के पास सत्ता थी। यद्यपि मंत्रिमंडल बहुमत बनाये रखने की दृष्टि से बनाया गया था, फिर भी सभी जातियों के भरपूर समर्थन का ध्यान रखा गया। पहली बार सरदार (पंजाबी) को मंत्रिपरिषद में लिया गया था।

मोहनलाल सुखाड़िया मंत्रिमंडल (चतुर्थ पारी)

शपथग्रहण : 26 अप्रेल, 1967, 5 सितम्बर, 1967

कुर्सियों पर बायें से दायें : नारायणसिंह मसूदा, परसराम मदेरणा, बरकतुल्ला खां (सभी मंत्री), मोहनलाल सुखाड़िया (मुख्यमंत्री), सरदार हुकुमसिंह (राज्यपाल), मथुरादास माथुर, दामोदर व्यास तथा अमीनुद्दीन अहमद लुहारु (सभी मंत्री)।

कुर्सियों के पीछे बायें से दायें : बृजसुन्दर शर्मा, शोभाराम, रामप्रसाद लढ्ढा, भीखाभाई, हरिदेव जोशी, अमृतलाल यादव तथा शिवचरण माथुर (सभी मंत्री)।

दूसरी पंक्ति में बायें से दायें : मनफूलसिंह, जयकृष्ण शर्मा, श्रीमती सुमित्रासिंह (सभी राज्यमंत्री), श्रीमती प्रभा मिश्रा (उपमंत्री), वी.एन. जोशी, हीरालाल देवपुरा (सभी राज्यमंत्री) तथा राव धीरसिंह (उपमंत्री)।

तीसरी पंक्ति में बायें से दायें : राव हरिसिंह बेगूं, कन्हैयालाल पटेल, भीमसेन चौधरी, माधोसिंह भैंसवाड़ा, रामदेवसिंह महरिया, खेतसिंह राठौड़, शिवचरणसिंह, प्रद्युम्नसिंह तथा रामचरण (सभी उपमंत्री)।

जातियों में सबसे ज्यादा ब्राह्मण 7, जाट 6, राजपूत 5, वैश्य 4, अनुसूचित जाति के भी 4, जनजाति के 3, कायस्थ 2, अन्य पिछड़ी जाति के 2 तथा मुसलमान भी 2 थे। इनके अलावा सुखाड़िया स्वयं थे। विधानसभा का अध्यक्ष ब्राह्मण तथा विश्नोई को उपाध्यक्ष चुना गया था। ब्राह्मण को ही मुख्य सचेतक नियुक्त किया गया था लेकिन तब तक यह पद वैतनिक नहीं होता था।

सन् 1967 में दलबदल के आधार पर निर्मित मंत्रिमंडल के सदस्यों के नाम इस प्रकार हैं : मुख्यमंत्री : मोहनलाल सुखाड़िया, मंत्रीगण : अमीनुद्दीन अहमद, अमृतलाल यादव, दामोदरलाल व्यास, नारायणसिंह मसूदा, परसराम मदेरणा, बरकतुल्ला खां, बृजसुंदर शर्मा, भीखाभाई, मथुरादास माथुर, रामकिशोर व्यास, रामप्रसाद लढ्ढा, शिवचरण माथुर, शोभाराम, हरिदेव जोशी। राज्यमंत्री : जयकृष्ण शर्मा, मनफूलसिंह, विशंभरनाथ जोशी, श्रीमती सुमित्रासिंह, हीरालाल देवपुरा। उपमंत्री : कन्हैयालाल पटेल, खेतसिंह राठौड़, गंगाराम चौधरी, गुरदीपसिंह, जसराज, धीरसिंह (राव), प्रद्युम्नसिंह, श्रीमती प्रभा मिश्रा, बृजप्रकाश गोयल, भीमसेन चौधरी, माधोसिंह भैंसवाड़ा, मुल्कराज थिंद, रामचरण, रामदेवसिंह, शिवचरणसिंह, समर्थलाल मीणा तथा हरिसिंह। पहले मनफूलसिंह को उपमंत्री नियुक्त किया गया था तथा चार संसदीय सचिव नियुक्त किये गये थे, जिन्हें बाद में पदोन्नत कर उपमंत्री बनाया गया । उनके नाम इस प्रकार हैं : जसराज, बृजप्रकाश गोयल, मुल्कराज थिंद एवं समर्थलाल मीणा। दलबदल द्वारा नियुक्त किये गये उपमंत्रियों के नाम : कन्हैयालाल पटेल, रामचरण तथा संसदीय सचिव जसराज, मुल्कराज थिंद तथा समर्थलाल मीणा थे। कुल पांच थे। सिकराय के कांग्रेस विधायक किशनलाल मीणा को भी संसदीय सचिव नियुक्त किया गया था लेकिन उन्होंने इस पद पर आने से मना कर दिया।

सुखाड़िया के विरुद्ध चुनाव याचिका

सन् 1967 के चुनाव में सुखाड़िया से पराजित जनसंघ के उम्मीदवार भानुकुमार शास्त्री ने उनके विरुद्ध राजस्थान उच्च न्यायालय में याचिका प्रस्तुत की। याचिका में सुखाड़िया पर मतदान से पूर्व वोट प्राप्त करने के लिए सत्ता के दुरुपयोग के आरोप के आधार पर निर्वाचन रद्द करने की मांग की गई थी। तत्कालीन मुख्य न्यायाधीश जगतनारायण ने इस आधार पर चुनाव रद्द नहीं किया और उसे 'भ्रष्ट आचरण' भी नहीं माना किन्तु 'बुरा आचरण' जरूर बताया। सुखाड़िया ने उच्चतम न्यायालय में इसकी अपील की। उच्चतम न्यायालय ने राजस्थान उच्च न्यायालय के निर्णय को बहाल रखा। इस बीच कुछ विधायकों ने राष्ट्रपति को ज्ञापन देकर अनुरोध किया कि चुनाव

याचिका में वर्णित आरोपों के आधार पर सुखाड़िया को पद से हटाया जाय। इससे सार्वजनिक जीवन में नैतिकता का आदर्श स्थापित होगा। ज्ञापन में कहा गया कि उच्च न्यायालय ने माना है कि सुखाड़िया ने चुनाव से पूर्व अपने निर्वाचन क्षेत्र में आचार संहिता की अवहेलना कर पांच लाख रुपये के निर्माण करवाये। मतदाताओं को सस्ती कीमत पर पट्टे दिलवाये, सार्वजनिक नल लगवाये और सड़कों का निर्माण करवाया।

सुखाड़िया के लिए मुख्यमंत्री पद का अंतिम सोपान अंगारों पर चलने के समान था। चौथे आम चुनाव में कांग्रेस के अल्पमत में रहने के कई कारण थे। सबसे बड़ा कारण विरोधी दलों की चुनावी एकता तथा वैकल्पिक सरकार बनाने की चुनौती थी। जहां सामंतगण एक बार पुनः मैदान में आ डटे थे, वहीं कांग्रेस के उम्मीदवारों की छवि धूमिल होती जा रही थी। क्षेत्र में उनमें से कई बदनाम थे। लोग उनके व्यवहार से रुष्ट थे। भ्रष्टाचार की आम शिकायतें थीं। विरोधी दलों ने सत्ताधारियों की छवि धूमिल करने में कोई कसर नहीं रखी थी। प्रशासन में लालफीताशाही तथा भ्रष्टाचार व्याप्त था। इससे जनता उनसे नाराज रहती थी। महंगाई तथा अन्य कारणों से लोगों की समस्याएं बढ़ती जा रही थीं। कांग्रेस का विभाजन हो जाने से जाट प्रभावित क्षेत्रों में कांग्रेस का विरोध बढ़ता जा रहा था। नाथूराम मिर्धा जैसे सशक्त जाट नेता को हरा दिया गया। फिर भी कांग्रेस वोट के प्रतिशत में पिछले चुनाव की तुलना में वृद्धि हुई। 1962 में कांग्रेस को विधानसभा में जहां 40.02 प्रतिशत वोट मिले थे , वहां 1967 में 41.44 प्रतिशत मत मिले थे। 1.42 प्रतिशत की वृद्धि थी। कांग्रेस 182 में से 173 स्थानों पर या तो जीती या दूसरे स्थान पर रही।[57] क्योंकि अधिकतर स्थानों पर कांग्रेस का विपक्षी दलों में चुनावी समझौते के कारण सीधा मुकाबला था। 89 पर कांग्रेस जीती और 84 स्थानों पर दूसरे स्थान पर रही। कांग्रेस ने विधानसभा के 184 स्थानों में से 182 पर ही अपने उम्मीदवार खड़े किये थे।

यद्यपि कांग्रेस ने सरकार बना ली थी। लेकिन विपक्ष बराबर की शक्ति में होने से सरकार को हमेशा खतरा बना रहता था। विपक्ष ने शक्ति परीक्षण के लिए सुखाड़िया सरकार के विरुद्ध अविश्वास प्रस्ताव रखा। 23 जनवरी, 1968 को यह प्रस्ताव 52 के मुकाबले 96 मतों से गिर गया।[58]

इससे विपक्ष में निराशा व्याप्त हो गई। इसके बाद अप्रेल 1968 में दौसा लोकसभा क्षेत्र के उपचुनाव में जयपुर के महाराजकुमार पृथ्वीराजसिंह को तत्कालीन जयपुर देहात जिला कांग्रेस के महामंत्री नवलकिशोर शर्मा ने हरा दिया। ऐसे ही चौमूँ विधानसभा क्षेत्र के उपचुनाव में कांग्रेस के पूर्व मंत्री रामकिशोर व्यास ने विपक्ष के उम्मीदवार पूर्व मुख्यमंत्री टीकाराम पालीवाल को हरा दिया। उन्होंने स्वतंत्र पार्टी के टिकट पर चुनाव लड़ा था।

सुखाड़िया पर संकट

मगर सुखाड़िया के लिए स्थिति ठीक नहीं थी। उनके सितारे उलटे ही चल रहे थे। केन्द्र में प्रधानमंत्री श्रीमती इंदिरा गांधी की शक्ति बढ़ती जा रही थी। उनका मोरारजी देसाई से मतभेद तथा विरोध भी निरन्तर बढ़ता जा रहा था। इंदिरा गांधी ने अपनी शक्ति को संग्रहित करने के लिए 1969 में कांग्रेस महासमिति के बंगलौर अधिवेशन में पार्टी का विभाजन करा दिया। सुखाड़िया संगठन के समर्थक थे। वे पार्टी में इंदिरा गांधी विरोधी गुट (सिंडीकेट) के पक्षधर थे। कोषाध्यक्ष अतुल्य घोष उनके अच्छे मित्र थे। फिर भी बंगलौर अधिवेशन के बाद डीडवाना में प्रदेश कांग्रेस की बैठक कर सुखाड़िया ने (इंडीकेट) इंदिरा कांग्रेस (ज) के पक्ष में प्रस्ताव पारित किया। इससे पूर्व राष्ट्रपति डॉ. जाकिरहुसैन की 3 मई, 1969 को अचानक मृत्यु हो गई थी। 12 जुलाई, 1969 को कांग्रेस संसदीय दल ने, जिसमें सिंडीकेट के सदस्यों का वर्चस्व था, श्रीमती गांधी की इच्छा के विपरीत नीलम संजीव रेड्डी को राष्ट्रपति पद के लिए अपना उम्मीदवार घोषित कर दिया। सोची-समझी राजनीति के अन्तर्गत तत्कालीन उपराष्ट्रपति वी.वी.गिरि ने भी अपना नामाकंन पत्र भर दिया। प्रधानमंत्री श्रीमती गांधी ने गिरि को समर्थन दिलाने के लिए कांग्रेस के सांसदों तथा विधायकों को 'अन्तरात्मा की आवाज' पर वोट देने की अपील की। कांग्रेस सांसदों तथा विधायकों का देश में बहुमत होने के बावजूद रेड्डी गिरि से हार गये । राजस्थान के केवल चार विधायकों–बरकतुल्ला खां, शिवचरण माथुर, पूनमचन्द विश्नोई तथा श्रीमती लक्ष्मीकुमारी चूंडावत के अलावा सुखाड़िया के नेतृत्व में सभी विधायकों ने रेड्डी को वोट दिया था। हालांकि सुखाड़िया अनेक बार यह स्पष्ट कर चुक थे कि वे भले ही कांग्रेस के अधिकृत प्रत्याशी रेड्डी के पक्ष में हैं लेकिन प्रधानमंत्री के रूप में श्रीमती गांधी को ही चाहते हैं। श्रीमती गांधी ने इस विरोध को अपने मन में बांध लिया। इसके बाद वह सुखाड़िया से कभी प्रसन्न नहीं रहीं। बरकतुल्ला खां तथा शिवचरण माथुर को क्रमशः 1971 तथा 1981 में मुख्यमंत्री तथा विश्नोई को 1980 में विधानसभा अध्यक्ष तथा श्रीमती चूंडावत को 1971 में ही प्रदेश कांग्रेसाध्यक्ष पद पर नियुक्ति के साथ ही राज्यसभा में भिजवाकर पुरस्कृत कर दिया था।

श्रीमती इंदिरा गांधी ने बैंकों का राष्ट्रीयकरण कर दिया तथा राजाओं के प्रिवीपर्स, विशेषाधिकार, उपाधियां, उनकी रियासतों के झंडे फहराने आदि अधिकारों को समाप्त करने के क्रांतिकारी कदम उठाये। प्रिवीपर्स समाप्ति का संविधान संशोधन लोकसभा में तो पारित हो गया लेकिन राज्यसभा में पास नहीं हो सका। उसे लोकसभा के मध्यावधि चुनाव के बाद पास करवा लिया। लेकिन श्रीमती इंदिरा गांधी के इन कदमों से उद्योगपति तथा राजागण डर गये। उनकी राजनीतिक शक्ति कमजोर हो गई। इसी दौरान 1971 में लोकसभा के मध्यावधि चुनाव हुए। राजस्थान में सुखाड़िया के नेतृत्व में कांग्रेस ने चुनाव लड़ा। इसमें कांग्रेस (ज.) ने तेईस में से चौदह स्थानों पर विजय प्राप्त की। स्वतंत्र पार्टी केवल तीन सीटें ही जीत सकी और जनसंघ ने चार प्राप्त कीं जबकि 1967 में स्वतंत्र पार्टी 8 तथा जनसंघ 3 स्थानों पर विजयी हुआ था। कांग्रेस 10 स्थान ही प्राप्त कर सकी थी। 1967 तथा 1971 में दो-दो निर्दलीय विजयी हुए थे। 1967

में विजयी दोनों निर्दलीय बीकानेर के महाराजा डा. करणीसिंह तथा भरतपुर के महाराजा बृजेन्द्रसिंह थे। 1971 में पुनः डा. करणीसिंह जीत गये और जोधपुर की राजमाता कृष्णाकुमारी निर्दलीय विजयी हुईं। कांग्रेस को 1957 के बाद 1971 में 50.35 प्रतिशत वोट मिले जबकि 1957 में सर्वाधिक 53.65 प्रतिशत वोट प्राप्त हुए थे।[59] इंदिरा गांधी के कदमों तथा 1971 में पाकिस्तान के दो टुकड़े होकर बंगलादेश के निर्माण से सारे देश की फिजां ही बदल गई। इंदिरा गांधी के पक्ष में हवा बहने लग गई थी।

उपरोक्त स्थिति में भी सुखाड़िया के प्रति श्रीमती गांधी के मन की गांठ नहीं खुली। अन्ततः कांग्रेस उच्च सत्ता के निर्देश पर मोहनलाल सुखाड़िया ने 8 जुलाई, 1971 को मुख्यमंत्री पद से त्यागपत्र दे दिया और 9 जुलाई, 1971 को बरकतुल्ला खां ने मुख्यमंत्री पद की शपथ ली। सुखाड़िया का सत्रह वर्ष का ऐतिहासिक कार्यकाल समाप्त होने के साथ ही कांग्रेस में आंतरिक लोकतंत्र समाप्त हो गया।

गुजरात के वर्तमान राज्यपाल तथा प्रदेश कांग्रेस के पूर्व अध्यक्ष, सांसद और केन्द्र में मंत्री रहे पं. नवलकिशोर शर्मा ने बताया कि "जब सुखाड़ियाजी को मुख्यमंत्री पद से हटाया जा रहा था तब विधानसभा कांग्रेसदल में उनका पूर्ण बहुमत था। कोई उनके खिलाफ नहीं था। लगभग 105 विधायक इंदिराजी के पास गये और कहा कि सुखाड़ियाजी के मुख्यमंत्री नहीं रहने से राजस्थान कांग्रेस में अंधेरा हो जायेगा तो मैडम (श्रीमती गांधी) ने कहा, 'अंधेरे के बाद ही प्रकाश आता है।' सभी उनकी भावना को समझ गए और जयपुर लौट आए।"[60]

पूर्व मुख्यमंत्री स्वर्गीय हीरालाल देवपुरा ने इस सम्बन्ध में कहा कि "जब राजस्थान से एक शिष्टमंडल इंदिराजी से मिलने गया और उनसे अनुरोध किया कि वह सुखाड़ियाजी को त्यागपत्र न देने का निर्देश दें तो उन्होंने बड़ी 'चालाकी' से कहा कि 'उन्हें मनालो।' मगर सभी जानते थे कि सुखाड़ियाजी कैसे तैयार होते क्योंकि मैडम नहीं चाहती थीं!"[61]

सुखाड़िया से वर्मा की नाराजगी

मोहनलाल सुखाड़िया का मुख्यमंत्री पद का सत्रह वर्ष का कार्यकाल कांग्रेस संगठन की दृष्टि से यशस्वी रहा था। किन्तु उनके राजनीतिक गुरु, जिन्होंने उन्हें राज्य के सर्वोच्च पद पर पहुँचाया था, लोकनायक माणिक्यलाल वर्मा पहली बार उनसे 1957 में ही नाराज हो गये जब वे झालावाड़ के महाराजा हरिश्चन्द्रसिंह को मंत्री बनाना चाहते थे। बाद में 1963 में उनसे इस्तीफा तक मांग लिया। इसका उल्लेख उन्होंने अपनी 31 मार्च, 1963 की डायरी में किया है। वर्मा ने राजस्थान विमुक्त जाति सेवक संघ के दस हजार रुपये 'नवयुग' दैनिक के लिए खर्च करने, जीप के दुरुपयोग, बेगूं अफीम चोरी में जीप कांड, मंत्रिमंडल में कई मंत्रियों के भ्रष्टाचारी होने आदि की शिकायतें सुखाड़िया से कीं। इस पर सुखाड़िया ने मुख्यमंत्री का पद छोड़ने की इच्छा जाहिर की। "मैंने उन्हें प्रोत्साहन दिया कि छोड़ देवें। मेरा विश्वास है कि सिद्धान्तहीन

भ्रष्ट व्यक्तियों के बल पर सत्ता चलाने के बजाय छोड़ देना हमारे संगठन और देश को बचाना है।''[62] सुखाड़िया ने बाद में क्या किया और क्या निर्णय हुआ उसका कहीं उल्लेख नहीं मिलता है। लेकिन वे पद पर बने रहे।

चौथे आम चुनाव में कांग्रेस को स्पष्ट बहुमत नहीं मिला था और विपक्ष को राज्यपाल द्वारा सरकार बनाने का निमंत्रण नहीं दिये जाने से जयपुर में तीव्र विरोध हो रहा था। तब वर्मा ने मुख्यमंत्री को सलाह दी। इस बारे में उन्होंने अपनी डायरी में लिखा : ''13 मार्च, 1967 को श्री सुखाड़ियाजी से सात बजे मिला। कांग्रेस का बहुमत न होने से मैंने सलाह दी कि यदि प्रजातंत्र चलाना है तो विपक्षियों को आने दो, अन्यथा हिंसा फूटेगी। सुखाड़ियाजी ने मान लिया।''[63] उसी दिन राष्ट्रपति शासन लागू किया गया था।

मंत्रियों के रिश्वत लेने तथा उनके पुत्र-पुत्रियों के विवाहोत्सव के समय विलासिता, ऐश्वर्य, वैभव का प्रदर्शन और सिने-तारिकाओं के नृत्यों के कार्यक्रमों से वर्मा सुखाड़िया से बहुत नाराज हुए थे। इसका उल्लेख पूर्व मुख्यमंत्री शिवचरण माथुर ने भी एक भेंट में किया और बताया कि दोनों के बीच बोलचाल तक बंद हो गई थी। यहां तक कि पहले सुखाड़िया दौरों में जब कभी उदयपुर जाते तब वर्मा के निवास पर ही ठहरते थे। मगर दोनों के बीच नाराजगी बढ़ने पर वे सर्किट हाउस में ठहरने लगे।[64]

उपरोक्त घटनाओं तथा वर्मा की नाराजगी से कांग्रेस शासन की गिरावट की झलक मिलती है। सुखाड़िया स्वयं पर सारे आरोप निराधार पाये गये लेकिन वे अन्य मंत्रियों को नहीं रोक पाये तथा सत्ता के लिए सब कुछ सहन किया। इस स्थिति ने राज्य तथा देश को कहां पहुँचा दिया है। हीरालाल देवपुरा ने भी एक लेख में वर्मा और सुखाड़िया के बीच हुए मतभेदों का उल्लेख किया है। उन्होंने लिखा कि ''1961-62 में किसी प्रश्न को लेकर दोनों के बीच तीव्र-मतभेद हो गया था। इस कारण दोनों के बीच आपसी बातचीत तक बंद हो गई थी। .... ''श्रीमान वर्माजी ने ही सर्वप्रथम इस बाबत मुझे कुछ जानकारी दी। तब मैंने अविलम्ब श्री सुखाड़िया को श्रीमान वर्माजी के आक्रोश को शांत करने के लिए वर्मा साहब के पास जाकर रूबरू उनसे मिलने का आग्रह किया। इस पर श्री सुखाड़िया ने तुरन्त वर्माजी से भेंट कर उक्त प्रसंग सम्बन्धी अपनी सभी विवशताओं का जब खुलेपन से इजहार किया तो वर्माजी ने भी विषम परिस्थितियों की सम्यक जानकारी प्राप्त कर अपनी नाराजगी को वापस ले लिया। अन्यथा वर्माजी और सुखाड़ियाजी के संघर्ष से राजस्थान में पुराने एवं नये कार्यकर्त्ताओं के बीच निःसन्देह विभाजन हो जाने का खतरा था।''[65]

विस्मयकारी सफलता

लोकतंत्र में एक ही पार्टी के 'एक ही नेता के' एक ही पद पर निर्बाध रूप से बने रहना निश्चित रूप से विस्मयकारी है। इससे कई प्रश्न उत्पन्न होते हैं। एक, क्या उस व्यक्ति के समकक्ष अन्य

कोई योग्य नहीं था? दो, क्या उस व्यक्ति ने अन्य सभी को इतना निस्तेज कर दिया था या क्रय कर लिया था कि कोई चुनौती देने योग्य बचा ही नहीं था? तीन, क्या वह व्यक्ति इतना कुशल राजनीतिज्ञ था कि उसने अन्यों को बुरी तरह से विभाजित कर दिया था कि कोई उसे चुनौती न दे सके? चार, क्या वह व्यक्ति इन सब अवगुणों से ऊपर था, इस कारण वह सबको नेता स्वीकार था? पांच, क्या वह व्यक्ति इतना अच्छा था कि कांग्रेस परिवार के सभी सदस्य उसे ही वरिष्ठ या समकक्षों में प्रथम मानें ? ऐसे कई सवाल हैं जो मोहनलाल सुखाड़िया के व्यक्तित्व को लेकर निरन्तर सत्रह वर्षों तक एक ही पद पर बने रहने से पैदा होते हैं। अंत में भी स्वयं ही पदत्याग करते हैं जबकि समर्थकों का पूर्ण विश्वास था। उनके अलग-अलग उत्तर ढूंढ़ना अवांछित है। मगर इतिहास के पाठक ऐसे व्यक्ति की सफलता के कारण जरूर जानना चाहेंगे।

ऐसे किसी व्यक्ति की योग्यता तथा कौशल का पता प्रारंभ (जन्म) से नहीं चल सकता है। लेकिन कुछ संकेत उसको अपना नेता स्वीकार करने में अवश्य मिलते हैं।

सुखाड़िया स्वयं के शब्दों में 1952 के प्रथम आम चुनाव में लोकनायक जयनारायण व्यास जब दो विधानसभा क्षेत्रों में पराजित हो गये तो " राजस्थान के वरिष्ठ नेता और कई व्यक्ति इस राय के थे कि कांग्रेस का बहुमत चाहता है कि मैं नेतृत्व का भार संभालूं। ... तब मैंने व्यास तथा वर्मा को यह सब समझाया था कि चुनाव में हम (पक्ष-विपक्ष) बराबर की शक्ति में आये हैं और अगर मुझ जैसे नौजवान को मुख्यमंत्री बनाया जायेगा तो कुछ वरिष्ठ लोग, जो चुनकर आये हैं, वे सहन नहीं कर पायेंगे। इससे शायद राजस्थान में सामंती शासन रहे, कांग्रेसी शासन टूट जाय। ... इसलिए मुख्यमंत्री श्री टीकाराम पालीवाल को बना दिया जाय।... व्यास को यह बात पसन्द नहीं आई लेकिन मेरे आग्रह पर उन्होंने यह बात स्वीकार कर ली। "[66]

जब 1954 में सुखाड़िया को नेता चुना गया था तब व्यास से कांग्रेसजनों का सैद्धान्तिक मतभेद था। सुखाड़िया के जुलाई 1971 में पदत्याग के समय प्रदेश कांग्रेस के कई वरिष्ठ तथा पूर्व पीढ़ी के नेता जीवित थे। उनमें से कई ने पहले उन्हें हटाना भी चाहा, विरोध भी किया मगर सफल नहीं हो पाये थे। स्थिति यहां तक पहुँच गई कि वे नेता स्वयं अलग-थलग पड़ गये। लोग उन्हें भूल गये। उनके समर्थक सुखाड़िया के साथी तथा प्रशंसक हो गये। सुखाड़िया कुशल राजनीतिज्ञ अवश्य थे लेकिन बांटो और राज करो की नीति की जगह उनसे मधुर सम्बन्ध स्थापित कर या उन्हें उपकृत करके उनके नेता बने थे। यह भी नहीं कि वे महात्मा थे या गुणों की खान थे बल्कि व्यावहारिक और मानवीय स्वभाव को समझने वाले थे। वह भलीभांति जानते थे कि राजनीति में लोग केवल देश सेवा के लिए नहीं आते हैं। सबको नाम-धाम की चाह होती है। वह उसे मिलनी चाहिए। सुखाड़िया उन्हें वह अवसर तथा सम्मान देते थे।

तत्कालीन वरिष्ठ पत्रकार बियासी वर्षीय राजमल संघी ने कहा कि '1954 में सुखाड़िया के निर्वाचन के बाद उन्हें चुनौती देने की स्थिति में कोई नहीं था। कांग्रेस के केन्द्रीय नेतृत्व के पास अन्य कोई विकल्प नहीं था। उनका पार्टी तथा विपक्ष के नेता विरोध तो करते रहे किन्तु कोई चुनौती नहीं दे सका। सुखाड़ियाजी पार्टी के अंदर तथा विपक्ष के नेताओं के कार्यों में बाधा पैदा

नहीं करते थे बल्कि उन्हें उपकृत करते रहते थे। उनके सरकारी काम फोन पर ही कर देते थे। कोई भी अपनी समस्या लेकर जाता तो उसे तत्काल हल कर देते थे।'

सुखाड़िया की कार्यप्रणाली तथा शासन करने की कुशलता और योग्यता के बारे में संघी ने कहा कि "प्रशासन का पूरा सहयोग प्राप्त करने के लिए राज्य से बाहर के उच्चस्थ अधिकारियों के स्थान पर राजस्थान के अधिकारियों को नियुक्त किया। वे उच्चस्थ अधिकारी राज्य की प्रगति और हित चाहते थे। उन्होंने मुख्यमंत्री से पूरा सहयोग किया। इससे उनकी शासन पर पकड़ मजबूत हो गई। अधिकारीगण उनका कहना मानते थे। सफल प्रशासनिक एकीकरण के कारण अधिकारियों को शिकायत नहीं थी। प्रशासन पर उनका पूरा नियंत्रण था। प्रदेश तथा जनता की समस्याओं की उन्हें पूर्ण जानकारी थी। विभागों के कामकाज की जानकारी उन्हें उनके मंत्रियों से भी अधिक थी। सभी दलों के नेताओं की स्थिति तथा असलियत की उन्हें पूर्ण जानकारी थी। जो कोई काम लेकर जाता उसका कार्य तत्काल हो जाता। इससे कोई भी उनके सामने आंखें उठाने की स्थिति में नहीं था। सब उपकृत महसूस करते थे।"

यह पूछने पर कि उनके सफल शासन के बारह वर्षों बाद 1967 में सम्पन्न चुनाव में कांग्रेस को विधानसभा में फिर स्पष्ट बहुमत क्यों नहीं मिल सका ? संघी ने पुरानी स्मृतियों को ताजा करते हुए कहा कि "तब तक लोगों की शासन से अपेक्षाएं बहुत बढ़ गई थीं। जनता जागरूक हो गई थी। उन्हें उनकी न्यूनतम आवश्यकताओं की कमी महसूस होने लगी थी। राजकोष पर विकास व्यय का भार बढ़ता जा रहा था । उसके ऊपर प्रतिवर्ष पड़ने वाले अकाल के कारण राजकोष पर बड़ा वजन पड़ता था। आम जनता की आर्थिक स्थिति बहुत कमजोर थी। राज्य की वित्तीय स्थिति इतनी मजबूत नहीं थी कि वह लोगों की अपेक्षाओं की पूर्ण रूप से पूर्ति कर सके। विरोधी दलों द्वारा इन कमियों का अहसास कराने से कांग्रेस का प्रभाव जनता में कम होता जा रहा था। विपक्ष में उन्हें एक विकल्प दिखाई देने लगा। इसलिए चौथे आम चुनाव में कांग्रेस को पूर्ण बहुमत नहीं मिल सका।"[67]

सुखाड़िया की सफलता के बारे में जब अन्य वरिष्ठ पत्रकार पचहत्तर वर्षीय प्रवीणचन्द्र छाबड़ा की प्रतिक्रिया जानना चाहा तो उन्होंने कहा कि यही प्रश्न उन्होंने उनसे ही पूछा था, तब मुख्यमंत्री ने मंद-मंद मुस्कराते हुए बताया था कि "मैं किसी के पैर-पर-पैर नहीं रखता हूँ।" अर्थात् उनकी आकांक्षाओं को कुचलता नहीं हूँ। सुखाड़िया ने स्पष्ट किया कि 'उन्होंने कभी जानकर किसी व्यक्ति की, चाहे वह राजनेता हो, कार्यकर्त्ता हो या सरकारी अधिकारी या कर्मचारी उसकी प्रगति में बाधा उत्पन्न करने की कोशिश नहीं की।[68]

सुखाड़िया क्या न कर सके

एक प्रश्न उठता है कि इतने वर्षों के सफल नेतृत्व तथा शासन के बावजूद क्या ऐसे भी बिन्दु हैं जिन पर सुखाड़िया को ध्यान देना चाहिए था और नहीं दिया या नहीं दे सके या उन्हें नजरअंदाज

किया ? इसका मनन करने पर कुछ बातें सामने आती हैं जिन पर यदि वे ध्यान देते तो संभवतः राजस्थान की स्थिति बेहतर होती या तब तक उतना बिगाड़ नहीं होता जितना हो गया था।

रियासती राज्य होने से राजस्थान सभी क्षेत्रों में अत्यधिक पिछड़ा था। सुखाड़िया ने राजनीतिक संघर्षों तथा विरोध के बावजूद भूमि-सुधार, कृषि, सिंचाई, शिक्षा, स्वास्थ्य, चिकित्सा, सड़क, परिवहन, बिजली, पानी, उद्योग आदि विभिन्न क्षेत्रों को उन्नत करने के भरसक प्रयास किये। किन्तु प्रशासनिक कुशलता धीरे-धीरे समाप्त हो गई और उस गिरावट को वे नहीं रोक पाये। प्रशासन में राजनीतिक हस्तक्षेप, भ्रष्टाचार, भाई-भतीजावाद तथा पक्षपात स्वतंत्रता प्राप्ति के बाद की उपज है। रियासती काल में यह सब नहीं था। सुखाड़िया ने न केवल उसे रोका नहीं बल्कि बढ़ते हुए रोगों को रोक नहीं पाये। अगर यह कहा जाय तो अतिशयोक्ति नहीं होगी कि राजनीतिक लाभ के लिए उसे सहन किया या नजरअंदाज किया।

सुखाड़िया काल में जातिवाद आज के समान नहीं पनपा था और न वैसा था। किन्तु कांग्रेस का आधार, किसान के नाम पर पनपा जाटवाद था जो बढ़ता ही गया। उसकी प्रतिक्रिया में अन्य जातियों में जातिवाद संगठित होने लगा। इसका मुकाबला सुखाड़िया स्वयं को करना पड़ा। मगर उसे वह कुचल नहीं पाये बल्कि अपने हित में कई बार विष का दमन विष से करने के लिए काम में लिया। जब तक विपक्ष का आधार राजपूतवाद रहा तब तक मुकाबले की लड़ाई होती रही। लेकिन जब अन्य जातियों के नेताओं ने भी जातिवाद को सत्ता प्राप्ति का आधार बना लिया तब से राजनीति भ्रष्ट हो गई।

सुखाड़िया राजस्थान में पंचायतीराज की स्थापना के जनक थे। उन्होंने अपने शासन काल में न्याय पंचायतें तक स्थापित की थीं जिन्हें उन्हें ही समाप्त करना पड़ा था । लेकिन पंचायतीराज उनके समय में भी गांवों के विकास की सात सूत्री योजना को क्रियान्वित करने की सरकारी एजेन्सी मात्र बनकर रह गई । उसे न महात्मा गांधी के सपने का स्वरूप बना पाये और न सत्ता को विकेन्द्रीकृत कर पाये। आज वह राजनीतिक सत्ता तथा भ्रष्टाचार की पहली सीढ़ी मात्र बनकर रह गई है। अगर सुखाड़िया आज जीवित होते तो उस पर रोना संभवतः उसके जनक को भी आता। अगर उस समय सही माने में पंचायतीराज में सत्ता का विकेन्द्रीकरण कर दिया जाता और सरकारी प्रशासन का सख्त नियंत्रण नहीं रहता तो लोकतंत्र अधिक सबल होता, जो नहीं किया गया। यह काम बाद के शासकों ने भी नहीं किया।

सुखाड़िया यद्यपि स्वयं ही सत्ता से हट गये थे लेकिन कांग्रेस में उनकी शक्ति कम नहीं थी। राजस्थान की राजनीति से उन्हें दूर रखने के लिए श्रीमती गांधी ने सुखाड़िया को जनवरी 1972 में सुदूर दक्षिण में पहले कर्नाटक, बाद में आन्ध्र तथा अंत में तमिलनाडु का राज्यपाल नियुक्त कर दिया। वे 1977 में जनता पार्टी की दिल्ली में सरकार बनने तक राज्यपाल रहे। लेकिन सरकार बदलने के साथ ही उन्होंने तत्काल पदत्याग कर दिया। देश के अन्य राज्यों के तत्कालीन राज्यपालों में पद-त्याग की घोषणा करने वाले वे पहले राज्यपाल थे। हालांकि तत्कालीन प्रधानमंत्री मोरारजी देसाई ने उन्हें इस्तीफा न देने का आग्रह किया था लेकिन सुखाड़िया ने नैतिक

दृष्टि से पद पर रहना उपयुक्त नहीं माना। उनका मत था कि उन्हें कांग्रेस की सरकार ने राज्यपाल नियुक्त किया था। चूंकि अब जनता पार्टी की सरकार चुनी गई है इसलिए वे अब उसके प्रतिनिधि नहीं हो सकते। वे 9 अप्रेल, 1977 को चेन्नई छोड़कर उदयपुर आ गये और जून 1977 में हुए राज्य विधानसभा के चुनावों के दौरान एक बंद जीप के ऊपर अपना बिस्तर रखकर समूचे चुनाव क्षेत्रों में दिनरात कांग्रेस प्रत्याशियों का प्रचार किया। वे संगठन कांग्रेस यानी ब्रह्मानंद रेड्डी कांग्रेस में ही रहे और जनवरी 1978 के विभाजन के समय इंदिरा कांग्रेस में शामिल नहीं हुए। लेकिन जब पुरानी कांग्रेस का जनमानस पर प्रभाव नहीं रहा तब डेढ़ वर्ष बाद श्रीमती गांधी के अनुरोध पर 7 जुलाई, 1979 को अपने साथियों के साथ कांग्रेस (आई) में शामिल हो गये और जनवरी, 1980 में उदयपुर से लोकसभा का चुनाव लड़ा। पहली बार सांसद बनकर सुखाड़िया लोकसभा में पहुंचे और मृत्यु पर्यन्त उस पर बने रहे। इस काल में श्रीमती गांधी ने बिक्रीकर के स्थान पर वैकल्पिक कर का सुझाव देने के लिए एक सदस्यीय समिति का अध्यक्ष नियुक्त कर 21 सितम्बर, 1981 को यह भार उन्हें सौंपा था। उन्हें मंत्री स्तर का दर्जा प्रदान किया गया था किन्तु नियति को कुछ और ही मंजूर था। बीकानेर में आयोजित पंचायतीराज सम्मेलन में 66 वर्ष की आयु में हृदयाघात के कारण 2 फरवरी, 1982 को इस संसार से अलविदा हो गये। न केवल उदयपुर बल्कि समूचे राजस्थान ने उन्हें अश्रुभरी विदाई देकर उनके योगदान के ऋण से अपने को उऋण समझा।

सुखाड़िया – नींव का पत्थर

मोहनलाल सुखाड़िया

मोहनलाल सुखाड़िया राजस्थान के सफल राजनेता थे। वे सत्रह वर्ष (1954-1971) तक लोकतांत्रिक पद्धति से निर्वाचित राज्य के मुख्यमंत्री रहे। यह कार्यकाल सहज नहीं था। उन्हें अपने दल के असंतुष्ट नेताओं तथा विपक्षी दलों से कड़ा मुकाबला करना पड़ा। प्रारंभिक कई वर्षों तक कांग्रेस उच्च नेतृत्व ने मन से उन्हें स्वीकार नहीं किया, लेकिन हटा नहीं सका क्योंकि पार्टी का समर्थन प्राप्त था। लगभग बारह वर्षों तक पार्टी में ही प्रदेश के कई वरिष्ठ नेता उनका विरोध करते रहे। धीरे-धीरे पार्टी में विरोधी तो धराशायी हो गये लेकिन केन्द्रीय नेतृत्व फिर नाराज हो गया और उनके प्रति सर्वसम्मत विश्वास होने के बावजूद उन्हें पदत्याग करना पड़ा। पार्टी में उनकी शक्ति तथा व्यक्तित्व के कारण राज्यपाल के सम्मानजनक पद पर तो उन्हें नियुक्त किया गया लेकिन प्रदेश की सक्रिय राजनीति से उन्हें दूर कर दिया गया।

उनकी सफलता का रहस्य क्या था ? उनके समकालीनों के शब्दों में उनका 'मधुर व्यवहार' सुखाड़िया की बड़ी शक्ति थी। इस कारण उनके विरोधी भी नतमस्तक या पस्तहिम्मत हो जाते थे। दूसरा बड़ा कारण सुखाड़िया का जनता से सीधा जुड़ाव था। लोगों से व्यक्तिशः सम्पर्क रखने के लिए वे माह में लगभग पच्चीस दिन राज्य का दौरा करते थे। यह दौरा आज की तरह हवाई नहीं होता था। मोटरकार से गांव-गांव जाते थे। गांवों के बड़े बुजुर्गों तथा कांग्रेस के कार्यकर्त्ताओं को नाम लेकर पुकारते थे। उनके दुख-दर्द में भागीदार होते थे। गांव-कस्बे में एक दो स्थान पर गाड़ी से उतर कर लोगों से मिलते, उनसे सुख-दुख के बारे में बातचीत करते। राज तथा दल के काम-काज की जानकारी लेते थे। फाइलों का निपटारा कार में ही करते थे और अपने हस्ताक्षर के नीचे 'कार में' लिखते थे। इससे उनका जनता से जमीनी सम्बन्ध था। न तो कोई उनका कान भर सकता था और न उन्हें दूसरों की जानकारी पर निर्भर रहना पड़ता था। वे भूख के कच्चे थे। जहां भी भूख लगती, वहीं पेड़ के नीचे दरी बिछा कर भोजन कर लेते थे। उनके साथ इतना खाना पीना चलता था कि स्टाफ और कार्यकर्त्ता पेट भर लेते थे। साथ चलने वाले स्टाफ के हर व्यक्ति से यह जरूर पूछते थे कि उसने खाना खाया या नहीं। जिस कार्यकर्त्ता से बात करनी होती उसे अपने साथ गाड़ी में बिठा लेते थे। इन व्यक्तिगत संबंधों के कारण सभी उनके विश्वासपात्र तथा प्रियजन होते थे।

भारत के द्वितीय राष्ट्रपति डा. सर्वपल्ली राधाकृष्णन ने सुखाड़िया को उनकी उपलब्धियों के लिए बधाई देते हुए लिखा था : "राज्य को जिन कठिनाइयों का सामना करना पड़ा वे विकट थीं तथा कई अर्थों में अनुपम थीं, लेकिन सफलता के साथ उनका समाधान किया गया। राज्य विकास की ओर बढ़ा है तथा सुखद भविष्य का आधार तैयार हो गया है।"[69]

प्रधानमंत्री श्रीमती इंदिरा गांधी ने लिखा : "श्री मोहनलाल सुखाड़िया कांग्रेस पार्टी और हमारे देश के अग्रणी नेता थे। एक निष्ठावान राष्ट्रसेवक और कुशल प्रशासक थे।"[70]

पूर्व मुख्यमंत्री हरिदेव जोशी ने लिखा : "उनके साथ बिताये अवसरों की अनुभूति अभी भी उनके मन में है और अभी भी अनुभव करते हैं कि सुखाड़िया साहब की कही बातें उनका मार्गदर्शन कर सकती हैं। ऐसे व्यक्ति युगों में उत्पन्न होते हैं और कभी मिटा नहीं करते।"[71]

राजस्थान के मूर्धन्य साहित्यकार, राजस्थान विद्यापीठ उदयपुर के संस्थापक स्वर्गीय जनार्दनराय नागर ने अपने लेख 'जनतांत्रिक राजस्थान का शिलान्यास' में लिखा था कि "श्री सुखाड़ियाजी राजस्थान के स्वप्न शिल्पी हो गये। स्वप्नद्रष्टा होना मुश्किल नहीं है– स्वप्न शिल्पी होना अत्यन्त कठिन है।"[72]

मोहनलाल सुखाड़िया केवल सिद्धान्तवादी नहीं बल्कि व्यावहारिक राजनेता थे। संगठन के हित में वे अपने विरोधियों से भी समझौते कर लेते थे। इसका उल्लेख उनके राजनीतिक गुरु स्वर्गीय माणिक्यलाल वर्मा ने भी अपनी डायरी में किया है। उन्होंने लिखा : "सुखाड़ियाजी

सिद्धान्त के पक्के नहीं हैं, अपनी सत्ता चलाने के लिए किसी भी बुराई से समझौता कर सकते हैं।''[73]

6 नवम्बर, 1954 को सुखाड़िया ने लोकनायक जयनारायण व्यास को नेता पद के चुनाव में हराया था। इतिहासकार बालूलाल पानगड़िया के एक प्रश्न के उत्तर में सुखाड़िया ने कहा था : ''वह दिन तो उनके लिए अनन्त पीड़ा का था। उन्हें किन्हीं परिस्थितियोंवश व्यासजी जैसे गुरुजन से टक्कर लेनी पड़ी थी।''[74]

पूर्व मुख्यमंत्री और सुखाड़िया के घनिष्ठ साथी स्वर्गीय हीरालाल देवपुरा ने लिखा : ''विधानसभा में गुटबाजी की प्रवृत्ति को उत्पन्न एवं पनपने का मौका नहीं दिया... इस कारण कांग्रेस का एकजुट शासन इतने लम्बे समय तक सुदृढ़ बना रह सका। ... जब कभी विवाद सामने आता तो श्री सुखाड़िया अपनी रुझान एवं प्रकृति के परिणामस्वरूप बहुसंख्यक कांग्रेस संगठन को ही अपना समर्थन देते थे।''[75]

सुखाड़िया के पूर्व साथी स्वर्गीय बृजसुंदर शर्मा ने लिखा कि ''उनके व्यक्तित्व की खूबी थी कि वे किसी को नाराज नहीं कर पाते। यही कारण था कि विरोधी पक्ष के लोग भी उनका सम्मान करते थे। उनमें मानवीय गुणों का भण्डार था।''[76]

राजस्थान के बड़े नेत्रा तथा सर्वोदयी गोकुलभाई भट्ट ने लिखा : ''उनके कार्य करने की पद्धति लोगों को नाराज करने की नहीं थी।''[77]

जाट नेता कुभांराम आर्य ने लिखा : ''सुखाड़िया सहनशील, कुशल और बुद्धिमान राजनीतिज्ञ था।''[78]

गुजरात के राज्यपाल पं. नवलकिशोर शर्मा ने कहा कि ''मैं उनके प्रतिद्वन्द्वी के गुट में था। फिर भी 1968 के लोकसभा उपचुनाव में मुझे खड़ा कर मेहनत करके मुझे जितवाया। वे महान थे तथा प्रतिशोध की भावना से ऊपर थे।''[79]

मुख्यमंत्री सुखाड़िया के सचिव, सेवानिवृत्त आई.ए.एस. स्वर्गीय भूपेन्द्र हूजा ने लिखा : ''श्री सुखाड़िया वक्त के पाबन्द, बोलचाल में मृदुभाषी ही नहीं, बल्कि बोलते और लिखते या आदेश देते समय भी वे कम-से-कम शब्दों का प्रयोग करने में दक्ष थे।''[80]

राजस्थान के पूर्व राज्यपाल तथा उत्तरप्रदेश के पूर्व मुख्यमंत्री डॉ. संपूर्णानंद ने लिखा : ''सुखाड़ियाजी तेली के बैल की तरह काम में दिन-रात जुटे रहते थे।''[81]

पूर्व प्रधानमंत्री स्वर्गीय श्री पी.वी. नरसिंह राव ने लिखा : ''मिलनसारी उनका सबसे बड़ा गुण था। जो उनसे मिला, उनका होकर रह गया। वे हमेशा स्नेह और प्यार ही बांटते थे। यहां तक कि उनकी सरकार की कटु आलोचना भी उन्हें उत्तेजित नहीं कर पाती थी और वह उसका उत्तर शांत भाव से मुस्करा कर देते थे।''[82]

पूर्व साथी, प्रदेश कांग्रेसाध्यक्ष, केन्द्रीय मंत्री स्वर्गीय नाथूराम मिर्धा ने लिखा : "कठिन-से-कठिन परिस्थितियों में भी अपना मानसिक संतुलन बनाये रखने की उनकी क्षमता न केवल अनुकरणीय ही थी बल्कि अद्‌भुत थी।"[83]

पूर्व केन्द्रीय मंत्री, राज्य विधानसभा के अध्यक्ष रामनिवास मिर्धा ने लिखा : "सफलता और विजय में न दम्भ और असफलता या पराजय में न निराशा। प्रायः सदा समभाव और व्यवहार में अजातशत्रु।"[84]

उपराष्ट्रपति भैरोंसिंह शेखावत ने लिखा है : "विश्वसनीयता के प्रश्न पर सुखाड़ियाजी का जीवन अनुकरणीय रहेगा। जब कभी किसी को आश्वासन दिया, उसका उन्होंने निष्ठापूर्वक पालन किया।"[85]

पूर्व मुख्यमंत्री टीकाराम पालीवाल ने, जो कांग्रेस में उनके प्रतिद्वन्द्वी गुट में थे और आलोचक थे, लिखा कि "श्री सुखाड़िया ने राजनीतिक मतभेदों को कभी पारस्परिक सद्‌भाव एवं व्यक्तिगत सद्‌व्यवहार में बाधक नहीं होने दिया। वे मित्रों के मित्र तो थे ही किन्तु राजनीतिक विरोधियों के प्रति भी उनका व्यवहार सदैव आदरपूर्ण, उदार एवं शालीनता का रहा।"[86]

एक पूर्व कांग्रेस मंत्री तथा झालावाड़ महाराजा हरिश्चन्द्रसिंह के निकटस्थ साथी तथा सुखाड़िया के विरोधी जुझारसिंह ने लिखा कि "मुझे उनके मन में वर्षों के राजनीतिक विरोध का लेशमात्र भी आभास नहीं हुआ, जो प्रजातंत्र में सफल नेतृत्व की बुनियाद होती है।"[87]

प्रदेश कांग्रेस की पूर्व अध्यक्ष, सांसद तथा मंत्री, वर्तमान में राष्ट्रीय महिला आयोग की अध्यक्ष डा. गिरिजा व्यास, जो दर्शनशास्त्र की प्राध्यापिका भी रही हैं, की संस्कृत के एक श्लोक के साथ टिप्पणीकारों की भावनाओं को विराम देता हूं : उन्हें उन्होंने स्थितप्रज्ञ कहा है :

दुखेष्वनुद्विग्मनाः सुखेषु विगत स्पृहः।
वीतराग भय क्रोधः स्थितधीर्मुनि स्चयते ॥[88]

31 जुलाई, 1916 को क्रिकेट खिलाड़ी पुरुषोत्तमदास सुखाड़िया के घर झालरापाटन में जन्मे और 2 फरवरी, 1982 को बीकानेर की मरुभूमि में समाये मोहनलाल सुखाड़िया का संपूर्ण जीवन असंख्य कठोर परीक्षाओं से भरा था। उन्होंने स्वतंत्रता से नौ वर्ष पूर्व 11 जून, 1938 को श्रीमती इन्दुबाला सुखाड़िया से अन्तर्जातीय विवाह करके देश व समाज को एक नई दिशा प्रदान की थी जो उस काल में अनहोनी तथा सामाजिक परम्पराओं विरोधी घटना थी। लेकिन उसकी उन्होंने कभी परवाह नहीं की। स्वतंत्रता सेनानी सुखाड़िया ने राजस्थान को आधुनिक प्रदेश का स्वरूप प्रदान करने में महती भूमिका निभाई। कांग्रेस की पुरानी पीढ़ी के कड़े विरोध तथा अपनी पार्टी को राजाओं और सामंतों के प्रभाव से बचाकर राजस्थान के नवनिर्माण की कसक उन्हें इतिहास पुरुष का दर्जा दे गई। राजस्थान का विकास और निर्माण आज भी हो रहा है, आगे भी होता रहेगा, लेकिन नींव का पत्थर बने सुखाड़िया भव्य भवन की आधारशिला होने की हमेशा

याद दिलाता रहेगा। मुगल बादशाह शाहजहां का अपनी प्यारी बेगम मुमताजमहल की स्मृति में निर्मित 'ताजमहल' उनके अमर प्रेम की कहानी को संसार के सामने स्वयं ही प्रस्तुत करता है, किसी को याद दिलाने की जरूरत नहीं पड़ती है। वैसे ही राजस्थान का हर दिशा में आधुनिकीकरण उसका इतिहास और उसके स्वप्नद्रष्टा एवं शिल्पी का नाम स्वयं ही बयान करता है। वह नाम था मोहनलाल सुखाड़िया।

संदर्भ

1. दौलतराम सारण से भेंटवार्ता : दि. 15 नवम्बर, 2004
2. श्री सुखाड़िया के बिना राजस्थान : कुंभाराम आर्य, पृ. 46– आधुनिक राजस्थान के स्वप्न द्रष्टा– श्री मोहनलाल सुखाड़िया
3. जो देश के लिए जिये : शंकरसहाय सक्सेना, पृ. 204

4,5. जो देश के लिए जिये : शंकरसहाय सक्सेना, पृ. 204

6. Rajasthan : A Decade of Reconstruction (1954-64) : P.C. Chabra, R.K. Mishra
7. जो देश के लिए जिये : शंकरसहाय सक्सेना, पृ. 205
8. अमर ज्योति, साप्ताहिक, जयपुर : 11.7.1955, 24.7.1955

9,10. श्री सुखाड़िया के बिना राजस्थान : कुंभाराम आर्य, पृ. 48, 49, 35, आधुनिक राजस्थान के स्वप्नद्रष्टा– श्री मोहनलाल सुखाड़िया, 1987

11. विकास पुरुष सुखाड़िया : बृजसुंदर शर्मा : आधुनिक राजस्थान के स्वप्नद्रष्टा : पृ. 35
12. उपराष्ट्रपति भैरोंसिंह शेखावत से जयपुर में भेंट : दि. 24 जून, 2004
13. वरिष्ठ पत्रकार प्रवीण चन्द्र छाबड़ा से भेंटवार्ता : 4 जनवरी, 2005

14,15,16. जो देश के लिए जिये : शंकरसहाय सक्सेना, पृ. 205

17. जो देश के लिए जिये : शंकरसहाय सक्सेना, पृ. 208
18. जो देश के लिए जिये : शंकरसहाय सक्सेना, पृ. 209

19, 20. जो देश के लिए जिये : शंकरसहाय सक्सेना, पृ. 209

21. जो देश के लिए जिये : शंकरसहाय सक्सेना, पृ. 209
22. पत्रकार प्रवीणचन्द्र छाबड़ा से भेंटवार्ता : 4 जनवरी, 2005
23. अमर पुरोधा, टीकाराम पालीवाल : घनश्यामदास पालीवाल, पृ. 34
24. राजस्थान पत्रिका : 11 सितम्बर, 1958
25. राजस्थान पत्रिका, जयपुर : 16 व 19 सितम्बर, 1958
26. हिन्दुस्तान टाइम्स, जयपुर : 24 अक्टूबर, 1958
27. अमर पुरोधा, कुंभाराम आर्य : डॉ. पेमाराम, पृ. 18
28. राजस्थान मंत्रिमंडल (1949-2003) राजस्थान विधानसभा, जयपुर

29. जो देश के लिए जिये : शंकरसहाय सक्सेना, पृ. 260
30. Sukhadia : A Great - Hero of Rajasthan : L.L. Joshi, Rtd. IAS, P. 54, आधुनिक राजस्थान के स्वप्नद्रष्टा, P. 88
31. Sukhadia Era of Administration Innovation : Prof. Dr. Ramesh K. Arora, P. 88
32. 'अमर ज्योति' साप्ताहिक, जयपुर : दि. 24.7.1955
33. राजस्थान में विकास की नींव के शिलान्यासकर्त्ता : मानिकचन्द कोठारी, विधायक, आधुनिक राजस्थान के स्वप्नद्रष्टा, पृ. 150
34. इंदिरा गांधी नहर परियोजना विभाग : निष्पादन आय-व्ययक अनुमान-2003-04
35. Party Politics in An Indian State : K.L. Kamal, P. 63
36. Spot Light on Rajasthan Politics : K.L. Kamal, P. 22
37. A Princess Remembers : Gayatri Devi, P. 255, 258
38. पूर्वमंत्री दिग्विजयसिंह का कांग्रेसाध्यक्ष सोनिया गांधी को ज्ञापन 2002
39. The Last Maharaja : Quentin Crewe, P. 220
40. Party Politics in An Indian State : K.L. Kamal, P. 63
41, 42. Party Politics in An Indian State : K.L. Kamal, P. 65 Based on the report of the Hindustan Times, Jan. 2, 1962
43. Party Politics in An Indian State : K.L. Kamal, P. 93 Based on the report of Indian Express, June 29, 1961
44. राजस्थान निर्वाचन विभाग
45. Party Politics in An Indian State : K.L. Kamal, P. 65, Based on the Hindustan Times report, Dated : Jan. 3, 1967 (This report was published at the time of forth general election. It was the report of third election. There may be deliberate attempt from election point of view.)
46. राजस्थान पत्रिका, जयपुरः 19 जनवरी, 1962
47. The Congress Party in Rajasthan : Richard Sisson, P. 247
48, 49. दौलतराम सारण : एक भेंट, 5 नवम्बर, 2004
50. Party Politics in An Indian State : Prof. K.L. Kamal, P. 108
51. राष्ट्रदूत : प्रदेश का दैनिक, जयपुर, 12.2.1966
52. Spot Light on Rajasthan Politics : Prof. K.L. Kamal, P. 26

53. अमर पुरोधा : मोहनलाल सुखाड़िया : कन्हैयालाल कोचर, पृ. 90
54. The Congress Party in Rajasthan : Richard Sisson, P. 249, Based on the report of the Hindustan Times, June 3rd, 1966
55. उपराष्ट्रपति भैरोंसिंह शेखावत से भेंट : 24 जून, 2004
56. Rajasthan Polity, Economy & Society : B.L. Pangariya, N.C. Pahariya, p. 81, 82
57. The Congress Party in Rajasthan : Richard Sisson, P. 250
58. The Hindustan Times, New Delhi : 24 January, 1968
59. राजस्थान निर्वाचन विभाग
60. गुजरात के राज्यपाल नवलकिशोर शर्मा से भेंटवार्ता : 30 दिसम्बर, 2004
61. पूर्व मुख्यमंत्री हीरालाल देवपुरा से भेंटवार्ता : 13 अक्टूबर, 2004
62, 63. जो देश के लिए जिये : शंकरसहाय सक्सेना, पृ. 260-261
64. पूर्व मुख्यमंत्री शिवचरण माथुर से भेंटवार्ता : 19 अक्टूबर, 2004
65. कांग्रेस समर्पित व्यक्तित्व : श्री सुखाड़िया : हीरालाल देवपुरा, आधुनिक राजस्थान के स्वप्नद्रष्टा, पृ. 32
66. अमरपुरोधा : मोहनलाल सुखाड़िया : कन्हैयालाल कोचर, पृ. 95
67. वरिष्ठ पत्रकार : राजमल संघी से भेंटवार्ता : दि. 3 जनवरी, 2005
68. वरिष्ठ पत्रकार : प्रवीणचन्द्र छाबड़ा से भेंट : दि. 4 जनवरी, 2005
69. आधुनिक राजस्थान के स्वप्नद्रष्टा : श्री मोहनलाल सुखाड़िया, 1987
70. आधुनिक राजस्थान के स्वप्नद्रष्टा : श्री मोहनलाल सुखाड़िया, 1987
71. आधुनिक राजस्थान के स्वप्नद्रष्टा : श्री मोहनलाल सुखाड़िया, 1987
72. आधुनिक राजस्थान के स्वप्नद्रष्टा : श्री मोहनलाल सुखाड़िया, 1987
73. जो देश के लिए जिये : शंकरसहाय सक्सेना, पृ.260
74. अमर पुरोधा : मोहनलाल सुखाड़िया : कन्हैयालाल कोचर, पृ. 9
75. आधुनिक राजस्थान के स्वप्नद्रष्टा : कांग्रेस समर्पित व्यक्तित्व : श्री सुखाड़िया : हीरालाल देवपुरा, पृ. 31-32
76. आधुनिक राजस्थान के स्वप्नद्रष्टा : विकास पुरुष : श्री सुखाड़िया : बृजसुन्दर शर्मा, पृ. 35
77. आधुनिक राजस्थान के स्वप्नद्रष्टा : एक कर्मठ पुरुष एवं सच्चे देशभक्त : गोकुलभाई भट्ट, पृ. 39
78. आधुनिक राजस्थान के स्वप्नद्रष्टा : श्री सुखाड़िया के बिना राजस्थान : कुंभाराम आर्य, पृ.46

79. आधुनिक राजस्थान के स्वप्नद्रष्टा : पं. नवलकिशोर शर्मा : एक भेंटवार्ता, दि. 30 दिसम्बर, 2004
80. आधुनिक राजस्थान के स्वप्नद्रष्टा : एक मुखरित व्यक्तित्व : भूपेन्द्र हूजा, सेवानिवृत्त आई.ए.एस., पृ.79
81. आधुनिक राजस्थान के स्वप्नदृष्टा : सफल राजनेता : सुखाड़ियाजी : डॉ. संपूर्णानन्द, पृ.152
82. आधुनिक राजस्थान के स्वप्नद्रष्टा : मोहनलाल सुखाड़िया : एक सरल व्यक्तित्व : पी.वी. नरसिंह राव, पृ.163
83. आधुनिक राजस्थान के स्वप्नदृष्टा : युग परिवर्तनकारी पुरुष : नाथूराम मिर्धा, पृ. 83
84. आधुनिक राजस्थान के स्वप्नद्रष्टा : आदर्श कर्मयोगी : रामनिवास मिर्धा, पृ.82
85. आधुनिक राजस्थान के स्वप्नद्रष्टा : सामाजिक सम्बन्धों के निष्णात राजपुरुष : भैरोंसिंह शेखावत पृ.88
86. आधुनिक राजस्थान के स्वप्नद्रष्टा : एक प्रतिभाशाली व्यक्तित्व : टीकाराम पालीवाल, पृ.52
87. आधुनिक राजस्थान के स्वप्नद्रष्टा : राजनीतिक सहिष्णुता के धनी : जुझारसिंह, पृ.50
88. आधुनिक राजस्थान के स्वप्नद्रष्टा : Banyan Tree of Politics : Sukhadiaji : Dr. Girija Vyas, P. 36

11

बरकतुल्ला खां के 27 माह

बरकतुल्ला खां

राजनीति में अनहोनी तथा अप्रत्याशित कुछ नहीं होता है। 9 जुलाई, 1971 को जब बरकतुल्ला खां अनायास ही राजस्थान के मुसलमान मुख्यमंत्री बने तब सभी ने आश्चर्य प्रकट किया था और इसे अप्रत्याशित माना था। दिल्ली में जब उनके नाम की घोषणा हुई तब तक राजनीति के किसी भी निष्णात ने उनके बारे में अनुमान नहीं लगाया था। राजस्थान की राजनीति की यह बड़ी घटना थी जो बाद में तो घटती रही। बरकतुल्ला खां की गणना कनिष्ठ मंत्रियों में की जाती थी। उनके समर्थक विधायकों की संख्या भी न्यूनतम थी। फिर राजस्थान में मुसलमान मुख्यमंत्री नियुक्त किया जाना अनहोनी घटना के समान था। वे पहली बार 10 फरवरी, 1960 को मुख्यमंत्री मोहनलाल सुखाड़िया द्वारा उपमंत्री नियुक्त किये गये थे। वे लोकनायक जयनारायण व्यास के अनुयायियों में से थे। जोधपुर रियासत में 1948 में बनी लोकप्रिय सरकार में मुसलमान प्रतिनिधि के रूप में जयनारायण व्यास मंत्रिमंडल में थे। वे मुसलमान जागीरदार होने के बावजूद स्वतंत्रता सेनानी थे। राजनीति में वे हमेशा कांग्रेस में रहे। पहली बार 1951 में जोधपुर नगरपरिषद के अध्यक्ष चुने गये। इसके बाद तो राज्यसभा के सदस्य से लगाकर मुख्यमंत्री चुने जाने तक मृत्युपर्यन्त जनप्रतिनिधि ही रहे। इसी पद से केवल 53वर्ष की आयु में हृदयाघात के कारण 11 अक्टूबर, 1973 को जयपुर में स्वर्ग सिधारे। ''वे अपने राजनीतिक गुरु जयनारायण व्यास की तरह ही जिन्दादिल और नेक इंसान थे जो अपने निकटवर्ती लोगों और मित्रमंडली में 'प्यारे मियां' के नाम से जाने जाते थे।''[1] उन्होंने राजनीति भी मस्त, हरफनमौला, फक्कड़ तथा पद की बिना किसी चिन्ता के की। उन्हें पद का कभी गुमान नहीं रहा। जीवन के अंतिम वर्षों में अपनी सहपाठिनी कानपुर निवासी हिन्दू बैरिस्टर श्रीमती उषी मेहता से विवाह किया था। चैन स्मोकर, फिल्म देखने तथा ताश खेलने के अलावा अन्य कोई शौक नहीं था। यह माना जाता है कि 1969 में राष्ट्रपति

के चुनाव में प्रधानमंत्री श्रीमती इंदिरा गांधी की 'अन्तरात्मा की आवाज' पर वी.वी. गिरि को वोट देने के लिए मुख्यमंत्री के पद से उन्हें अलंकृत किया गया था। वे इतने ईमानदार थे कि राजनीति में 'भला आदमी' के अलावा कुछ भी नहीं कमाया और लोगों की भलाई तथा मदद में जोधपुर की अपनी संपूर्ण हवेली फूंक दी। वे जीवन भर खाली जेब ही रहे। वे दोस्तों-के-दोस्त थे। वे इतने सीधे थे कि सड़क के किनारे स्थित ढाबों पर बैठकर भोजन कर लेते थे। तड़का लगी दाल खाना उन्हें पसन्द थी। कुछ जानकारों के अनुसार वे लखनऊ में छात्र-जीवन में श्रीमती गांधी के पति फिरोज़ गांधी के निकटवर्ती मित्रों में थे और श्रीमती गांधी को निजी व्यवहार में 'भाभी' कहकर सम्बोधित करते थे।

बरकतुल्ला खां मंत्रिमंडल (प्रथम पारी)

शपथग्रहण : 9 जुलाई, 1971

अग्रिम पंक्ति में बायें से दायें : रामकिशोर व्यास (मंत्री), बरकतुल्ला खां (मुख्यमंत्री), सरदार हुकुमसिंह (राज्यपाल), हरिदेव जोशी तथा भीखाभाई (दोनों मंत्री)।

पिछली पंक्ति में बायें से दायें : नारायणसिंह मसूदा, शिवचरण माथुर, शोभाराम, परसराम मदेरणा तथा पूनमचंद विश्नोई (सभी मंत्री)।

राजनीतिक हस्तक्षेप पर प्रतिबन्ध

राजनीतिक कारणों से सुखाड़िया के पदत्याग के बाद जब बरकतुल्ला खां ने राजस्थान का शासन संभाला तो सर्वप्रथम राज्य के प्रशासन को ऊपरी हस्तक्षेप और भ्रष्टाचार से मुक्त किया। लेकिन उनकी नियुक्ति के साथ ही कांग्रेस में आन्तरिक लोकतंत्र की समाप्ति हो गई। उनकी जब नियुक्ति की घोषणा हुई तब वे भारत सरकार के प्रतिनिधि के रूप में लंदन में थे। उन्हें तत्काल दिल्ली पहुँचने का संदेश मिला, तब तक उनको भी नये पद का पता नहीं था।

उनके पदारूढ़ होने तक अगले विधानसभा चुनाव में केवल नौ माह का समय शेष था। उन्होंने सुखाड़िया के अंतिम सैंतीस सदस्यीय मंत्रिमंडल के स्थान पर स्वयं सहित केवल दस मंत्री रखे। बरकतुल्ला खां मंत्रिमंडल में उनके अलावा हरिदेव जोशी, शोभाराम, शिवचरण माथुर, रामकिशोर व्यास, भीखाभाई, पूनमचन्द विश्नोई, परसराम मदेरणा, नारायणसिंह मसूदा तथा ओंकारलाल चौहान सभी मंत्री थे। चौहान की नियुक्ति दो माह बाद की गई। चौहान विधायक नहीं थे इसलिए छह माह पूर्ण होने के एक दिन पूर्व ही त्यागपत्र दे दिया। क्षेत्र की दृष्टि से जोधपुर, जयपुर तथा उदयपुर संभागों के तीन-तीन तथा एक कोटा का मंत्री था। बीकानेर संभाग का कोई मंत्री नहीं था। जातियों की दृष्टि से दो ब्राह्मणों के अलावा मुसलमान, अनुसूचित जाति तथा अनुसूचित जनजाति, अन्य पिछड़ी जाति, कायस्थ, विश्नोई, जाट और राजपूत जातियों के एक-एक मंत्री थे।

उनके मुख्यमंत्री काल का सबसे बड़ा लक्ष्य पिछले कुछ वर्षों से बिगड़े प्रशासन को स्वच्छ करना था। उन्होंने अपने मंत्री साथियों को यह संदेश दिया कि ''उन्हें अपने विभाग में काम करने की पूर्ण स्वतंत्रता होगी, लेकिन उनकी ईमानदारी में लेशमात्र भी कमी पाये जाने पर कांग्रेस उच्च नेतृत्व की रुष्टता भुगतनी पड़ेगी।'' ऐसा ही स्पष्ट संदेश अपने पार्टी विधायकों को दिया कि ''उनकी सरकार राज्य कर्मचारियों के बारे में उनके अभाव-अभियोगों का तुरंत समाधान करेगी। साथ ही दैनंदिन प्रशासन, मुख्य रूप से राजकीय अधिकारियों की नियुक्ति तथा पद-स्थापन में उनका हस्तक्षेप कदापि सहन नहीं करेगी।''[2]

प्रशासन में सुदृढ़ता तथा स्वच्छता लाने के लिए उन्होंने सख्त प्रशासक एस.एल. खुराना को जोरावरसिंह झाला के स्थान पर मुख्य सचिव नियुक्त किया जिन्हें आपातकाल की घोषणा होने पर 25 जून, 1975 को रातों-रात श्रीमती इंदिरा गांधी द्वारा केन्द्रीय गृह सचिव नियुक्त किया गया था। मुख्यमंत्री ने उन्हें प्रशासन को इस प्रकार पुनर्गठित करने का स्पष्ट आदेश दिया कि संवेदनशील पदों पर उन उच्चाधिकारियों की नियुक्ति करें जो अपनी योग्यता तथा ईमानदारी के लिए विख्यात हैं। जिन उच्चाधिकारियों की छवि धूमिल मानी जाती है उन्हें 'सूखे पदों' (Dry Posts) पर नियुक्त करें। इस आदेश के साथ ही मुख्यमंत्री ने मुख्य सचिव को काम करने की पूर्ण स्वतंत्रता दे दी। राजकीय सेवा से निवृत्त लेखक बी.एल. पानगड़िया ने अपनी पुस्तक में टिप्पणी

की है कि "पिछले कई वर्षों बाद राजनीतिक दृष्टि के बिना नियुक्तियां तथा पदस्थापनाएं की गईं। इससे प्रशासन की छवि में सुधार हुआ।"[3]

राजनीतिक कदम

नये मुख्यमंत्री ने अनुसूचित जाति और जनजाति के लिए सरकारी नौकरियों एवं शैक्षणिक संस्थाओं में प्रवेश के लिए निर्धारित आरक्षण के प्रावधान को प्रभावी रूप से लागू करने के लिए सामान्य लोगों से भर्ती पर रोक लगा दी। इससे योग्य व्यक्तियों के अभाव में चाहे वे पद रिक्त रहे हों लेकिन जातियों के योग्य प्रत्याशी मिलने पर भरे जाने लगे। शहरों में बढ़ती कच्ची बस्तियों तथा गृह निर्माण सहकारी समितियों को नियमित करने के लिए समय सीमा बढ़ा दी। इससे गरीबों में सरकार के प्रति अच्छा संदेश गया।

उपरोक्त कदमों से सरकार की छवि तो निखरने लगी मगर कांग्रेस विधायकों की नाराजगी बढ़ी। ऐसे भी बरकतुल्ला खां का कोई समर्थक कांग्रेसी विधायक नहीं था। वे श्रीमती गांधी द्वारा थोपे हुए थे। मुख्यमंत्री ने पार्टीजनों में अनधिकृत रूप से यह चर्चा चला दी कि यदि कांग्रेस विधायकों ने राजनीतिक गुटबंदी या विरोध किया तो वे विधानसभा भंग कर नये चुनाव घोषित करा देंगे। इसने रामबाण दवा का काम किया और कांग्रेसजनों ने चुप रहना ही उचित समझा। उन्हें डर लगा कि अगर राजनीति की तो अगले चुनाव में टिकट कट जायेगा। इससे राजनीतिक शांति हो गई।

पांचवीं राज्य विधानसभा के चुनाव समीप आ गये थे। कांग्रेस उच्च नेतृत्व ने प्रदेश कांग्रेसाध्यक्ष पद पर गिरि की दूसरी समर्थक श्रीमती लक्ष्मीकुमारी चूंडावत की 24 सितम्बर 1971 को नियुक्ति कर दी थी। यही नहीं उच्च नेतृत्व ने मुख्यमंत्री और प्रदेशाध्यक्ष को विधानसभा के उम्मीदवारों का चयन करने की स्वतंत्रता दे दी जिससे उन कई विधायकों के टिकट कट गये जिनकी छवि जनता में धूमिल समझी जाती थी। पूर्व गृहमंत्री मथुरादास माथुर, पूर्व चिकित्सा मंत्री बृजसुंदर शर्मा, पूर्व विधानसभा अध्यक्ष निरंजननाथ आचार्य, पूर्व सिंचाई मंत्री रामप्रसाद लढ्ढा जैसे कांग्रेस के दिग्गजों के टिकट कट गये।[4] कई ऐसे पूर्व विधायकों को उम्मीदवार बनाया गया जिनके नाम पहले गुटबन्दी के कारण काट दिये जाते थे। उधर बांग्लादेश के निर्माण के कारण देश में कांग्रेस के पक्ष में इंदिरा लहर चल रही थी। परिणामस्वरूप कांग्रेस को राजस्थान में अभूतपूर्व सफलता मिली। 184 सदस्यों की विधानसभा में कांग्रेस के 145 सदस्य जीते। भारतीय कम्युनिस्ट पार्टी के चार विधायक कांग्रेस के समर्थन से चुने गये। दोनों के बीच एक समझौते के अन्तर्गत कांग्रेस ने पांच क्षेत्रों में अपने उम्मीदवार खड़े नहीं किये थे। स्वतंत्र पार्टी तथा जनसंघ क्रमशः केवल 11 और 8 स्थानों पर ही विजयी रहा जबकि पिछले चुनाव में उन दलों ने सरकार बनाने का विकल्प दिया था और विपक्षी सदस्य कांग्रेस से 6 स्थानों पर अधिक

निर्वाचित हुए थे। सोशलिस्ट पार्टी-4, संगठन कांग्रेस-1 तथा निर्दलीय 11 चुने गये थे। ये कांग्रेस से अलग हुए जनता पार्टी (कुंभाराम आर्य द्वारा निर्मित पार्टी) के सदस्य थे। बरकतुल्ला खां की छवि कांग्रेस उच्च नेतृत्व की निगाह में और अधिक निखर गई। उन्हें अपना नया मंत्रिमंडल बनाने की भी पूरी छूट मिल गई।

नया मंत्रिमंडल

बरकतुल्लाखां ने नया मंत्रिमंडल भी पहले जैसा ही छोटा बनाया। उन सहित केवल दस सदस्य ही थे। किन्तु अपने मंत्रिमंडल के पूर्व मंत्री पूनमचंद विश्नोई, शिवचरण माथुर, भीखाभाई तथा शोभाराम को नये मंत्रिमंडल में नहीं लिया। पूर्व मंत्री रामकिशोर व्यास विधानसभा अध्यक्ष चुने गये। नये मंत्रिमंडल में अपने पूर्व मंत्री ओंकारलाल चौहान, नारायणसिंह मसूदा, परसराम मदेरणा

बरकतुल्ला खां मंत्रिमंडल (दूसरी पारी)

शपथग्रहण : 16 मार्च, 1972

अग्रिम पंक्ति में बायें से दायें : चन्दनमल बैद, परसराम मदेरणा (दोनों मंत्री), बरकतुल्ला खां (मुख्यमंत्री), सरदार हुकुमसिंह (राज्यपाल), हरिदेव जोशी तथा नारायणसिंह मसूदा (दोनों मंत्री)।

पिछली पंक्ति में बायें से दायें : जुझारसिंह (राज्यमंत्री), ओंकारलाल चौहान (मंत्री), श्रीमती कमला बेनीवाल (राज्यमंत्री), रामचन्द्र चौधरी (मंत्री) तथा मूलचंद मीणा जहाजपुर (राज्यमंत्री)।

तथा हरिदेव जोशी सम्मिलित किये गये। दो नये मंत्री चन्दनमल बैद और रामचंन्द चौधरी तथा तीन राज्यमंत्री श्रीमती कमला, जुझारसिंह और मूलचन्द मीणा (जहाजपुर) नियुक्त किये गये। अब जातियों की दृष्टि से जाट तीन, राजपूत दो तथा ब्राह्मण, वैश्य, अनुसूचित जाति एवं जनजाति और मुसलमान एक-एक हो गये। संभागवार जयपुर के 3, उदयपुर, कोटा, बीकानेर के दो-दो तथा जोधपुर का एक प्रतिनिधि हो गया। स्वयं बरकतुल्ला खां ने जयपुर संभाग के तिजारा क्षेत्र से चुनाव लड़ा था। मंत्रियों के चयन से लगता है कि मुख्यमंत्री ने उनकी छवि को ही निगाह में रखा ताकि कोई उन पर अंगुली नहीं उठा सके।

दो आंदोलन

बरकतुल्ला खां के सत्ताईस माह के अल्प शासनकाल में दो बड़े आंदोलन हुए जिन्होंने इतिहास बनाया। ये दोनों जन-आंदोलन नहीं थे बल्कि सरकारी और अर्द्ध सरकारी कर्मचारियों के थे। इन दोनों में मुख्यमंत्री अपने निर्णयों पर अटल रहे और एक सुदृढ़ प्रशासक की भूमिका निभाई। सबसे बड़ा आंदोलन राज्य कर्मचारियों का था जो अपना वेतन-भत्ता बढ़वाना चाहते थे। लेकिन मुख्यमंत्री का कहना था कि राज्य की आय इतनी नहीं है कि उनकी मांगें मंजूर की जा सकें। उनका दूसरा तर्क था कि राजस्थान के राज्य कर्मचारियों को अन्य अधिक आय वाले राज्यों से ज्यादा वेतन-भत्ते दिये जाते हैं, इसलिए मांगें उचित नहीं हैं। उन्हें अपना आंदोलन समाप्त करना चाहिए। अगर उन्होंने हड़ताल जारी रखी तो 'काम नहीं तो वेतन नहीं' का सिद्धान्त लागू किया जायेगा। कर्मचारी भी अड़े रहे और मुख्यमंत्री भी। आंदोलन हिंसक भी हो गया और कई नेता गिरफ्तार किये गये। हिंसा फैलाने वालों के विरुद्ध मुकदमे दर्ज किये गये। राजस्थान में राज्य कर्मचारियों की पहली चालीस दिनों की कीर्तिमान हड़ताल हुई। अन्ततः कर्मचारियों को आंदोलन स्थगित करना पड़ा।

दूसरा आंदोलन राजस्थान राज्य पथ परिवहन निगम के कर्मचारियों ने बसों का परिचालन बंद कर किया था। इसमें भी मुख्यमंत्री ने अपना निर्णय नहीं बदला और निगम के अध्यक्ष, कांग्रेस के नेता ज्वालाप्रसाद शर्मा को बर्खास्त करना पड़ा। इसके साथ ही आंदोलन विफल हो गया।

शराब के ठेकेदारों द्वारा विरोध

बरकतुल्ला खां को एक और शक्ति के विरोध का सामना करना पड़ा जो उस युग में रुपये के बल पर राजनीति करते थे। वह युग समाजवादी दृष्टि तथा मिश्रित अर्थव्यवस्था का था। उसमें निजी क्षेत्र पर कड़ा नियंत्रण रखा जाता था। वह परमिट-लाइसेंस का राज कहलाता था। राज्य का

औद्योगिकीकरण हुआ नहीं था। पूंजी समाज के गिने-चुने लोगों के पास होती थी। ठेका प्रणाली थी। ठेकेदारों की लॉबियां राजकीय निर्णयों को प्रभावित करती थीं। वैसे यह स्थिति आज भी विद्यमान है लेकिन उनसे बड़ी शक्तियां तथा माफिया सामने आ गये हैं। इसलिए अब उस युग जैसे छोटे ठेकेदारों की पूछ नहीं होती है।

सर्वोदय नेताओं के प्रभाव से राज्यों में नशाबंदी या शराबबंदी लागू की जाती थी। राजस्थान में सुखाड़िया के अंतिम कार्यकाल में गुजरात की सीमा से लगे आदिवासी ज़िलों में शराबबंदी लागू थी। इसके अंतर्गत डूंगरपुर, बांसवाड़ा, सिरोही, जालौर और भारत-पाक सीमा के जिलों बाड़मेर तथा जैसलमेर में शराबबंदी लागू थी।[5] राज्य की आर्थिक स्थिति ठीक नहीं थी। साथ ही भारत सरकार ने शराबबंदी के कारण होने वाली क्षतिपूर्ति का पचास प्रतिशत अनुदान बंद करने की सूचना भेज दी। इसलिए राज्य सरकार ने मद्यनिषेध अन्य जिलों में लागू करने का निर्णय रद्द कर दिया। मद्यनिषेध समर्थक आंदोलनकर्त्ताओं ने राज्य सरकार के इस निर्णय को जनता के साथ धोखा बताया और सर्वोदयी नेता गोकुलभाई भट्ट आमरण अनशन पर बैठ गये। लेकिन बरकत सरकार टस-से-मस नहीं हुई। भट्ट ने प्रधानमंत्री इंदिरा गांधी के आश्वासन पर अपनी भूख हड़ताल समाप्त कर दी। प्रधानमंत्री ने कहा कि केन्द्र सरकार अपने निर्णय पर पुनर्विचार करेगी।[6]

उपरोक्त पृष्ठभूमि में बरकत सरकार के नवनियुक्त वित्तमंत्री चन्दनमल बैद ने आबकारी नीति में परिवर्तन कर दिया। उन्होंने वर्षों से चली आ रही एकाधिकार की ठेकेदारी को समाप्त करने का निर्णय किया जिनका राज्य सरकार पर इतना प्रभाव था कि इंस्पेक्टर से लेकर आयुक्त तक की नियुक्तियां उनके प्रभाव से होती थीं। ये ठेकेदार भी मुख्यमंत्री की जाति के मुसलमान ही थे। उन ठेकेदारों का एक प्रकार का 'गिरोह' था जिसमें अन्य कोई सहज ही प्रवेश नहीं कर सकता था। इस कारण राज्य सरकार की आय वर्षों से एक समान-सी चली आ रही थी। वित्तमंत्री बैद ने शराब की दूकानों की समूह में चली आ रही ठेकेदारी प्रथा को समाप्त कर दिया। उसके स्थान पर प्रत्येक दूकान का ठेका नीलाम करने की व्यवस्था प्रारम्भ की जिसमें छोटे ठेकेदार भी भाग ले सकें। इससे पूर्व ठेकेदारों का एकाधिकार समाप्त हो गया और जहां नये ठेकेदारों को प्रवेश मिल सका वहीं राज्य सरकार की आय में 33 प्रतिशत तक की वृद्धि हो गई। 1971-72 में राज्य का पूरा ठेका जहां मात्र 9 करोड़ रुपये में उठा था वहीं 1972-73 में 12 करोड़ रुपया मिला। इससे पूर्व ठेकेदार नाराज हो गये। उन्होंने सरकार की नीति को विफल करने के लिए 1973-74 में बड़े कस्बों की दूकानों के ठेकों का बहिष्कार करने का निर्णय किया। मुख्यमंत्री पर नीति बदलने के लिये पूरा दवाब डाला गया पर बरकतुल्लाखां झुकने के लिए तैयार नहीं हुए। सरकार ने राज्य सरकार की श्रीगंगानगर शूगर मिल द्वारा उन नगरों में विभागीय दूकानें खुलवा दीं। अगले वर्ष ठेकेदारों को आत्म-सर्मपण करना पड़ा। इस सुदृढ़ नीति से राज्य की आय में शराब की खपत बढ़े बिना भी असाधारण वृद्धि हुई।[7] लेकिन नियति को भी सुदृढ़ एवं राजनीति

से ऊपर उठा शासक स्वीकार नहीं था। वह जाति, समाज तथा धर्म से ऊपर केवल पक्के राष्ट्रवादी थे। विभिन्न जातियों के लोग उनके पक्के मित्र थे। उन्होंने केवल 27 माह राज किया और अचानक हृदयाघात के कारण 11 अक्टूबर, 1973 को इस संसार से चल बसे। उनके जन्म स्थान जोधपुर में उनका अंतिम संस्कार सम्पन्न हुआ। उस दिन जो उन्हें नहीं जानता था वह भी रोया। एक विशिष्ट प्रशासक ने उनकी मृत्यु पर टिप्पणी की कि "उन्होंने न्यूनतम समय तक ही शासन किया, मगर सर्वोत्तम प्रशासन दिया।"[8]

संदर्भ

1. राजस्थान वार्षिकी, 1997 संपादक, सीताराम झालानी, खण्ड-8, पृ. 26

2,3. Rajasthan Polity, Economy & Society : B.L. Pangariya, N.C. Pahariya, P. 87

4. Rajasthan Polity, Economy & Society : B.L. Pangariya, N.C. Pahariya, P. 87

5,6,7,8. Rajasthan Polity, Economy & Society : B.L. Pangariya, N.C. Pahariya, P. 89

12

हरिदेव जोशी के साढ़े छह वर्ष

यह अभी तक रहस्य ही बना हुआ है कि सन् 1973 में मुख्यमंत्री बरकतुल्लाखां के असामयिक निधन के बाद कांग्रेस में आन्तरिक लोकतांत्रिक पद्धति से तत्कालीन केन्द्रीय गृह राज्यमंत्री रामनिवास मिर्धा को चुनाव में पराजित कर हरिदेव जोशी राजस्थान के मुख्यमंत्री कैसे निर्वाचित हुए ? क्योंकि प्रधानमंत्री स्वर्गीय इंदिरा गांधी तथा उनके कनिष्ठ पुत्र संजय गांधी के कांग्रेस में सर्वशक्तिमान बनने के बाद आन्तरिक लोकतंत्र की आहुति दी जा चुकी थी। उसी शक्ति के कारण 8 जुलाई, 1971 को स्वर्गीय मोहनलाल सुखाड़िया को पूर्ण बहुमत होने के बावजूद मुख्यमंत्री पद त्यागना पड़ा था और उनके स्थान पर स्वर्गीय बरकतुल्लाखां को राज्य विधानसभा कांग्रेस दल का नया नेता मनोनीत किया गया था। 11 अक्टूबर, 1973 को अचानक उनका देहावसान हो जाने के कारण उसी दिन बरकत मंत्रिमंडल के वरिष्ठतम सदस्य तथा उपनेता हरिदेव जोशी को मुख्यमंत्री पद की शपथ दिलाई गई थी।

हरिदेव जोशी कांग्रेस संगठन के आदमी थे। उनकी उन्नति उसी कारण हुई थी। सुखाड़िया भी संगठनवादी थे और जोशी उनके निकटस्थ, विश्वसनीय एवं अनुयायी नेताओं में थे। लेकिन उस समय राजनीतिक स्थिति बदल चुकी थी। दल के नेता के चयन के लिए संगठन में कद, सिद्धान्तवादिता एवं नेतृत्व क्षमता की योग्यता का स्थान सर्वशक्तिमान के प्रति अटूट श्रद्धा-भक्ति (वफादारी) ने ले लिया था। जोशी संगठन के अनुशासित सिपाही थे। युद्धस्थल पर सेनापति के आदेश का पालन करना अपना कर्त्तव्य मानते थे। लेकिन युद्ध के बाद आदेश का सिंहावलोकन करना अनुचित नहीं मानते थे। व्यक्ति से अधिक संगठन में विश्वास था। संगठन का निर्णय सामूहिक विचार-विमर्श से उत्पन्न होता है। वहां मतमतांतर प्रगट किये जाते हैं। इसलिए सुखाड़िया के बाद जोशी का चयन नहीं हुआ था। ऐसी स्थिति में बरकतुल्लाखां के निधन के बाद उनका चयन अपेक्षित नहीं था।

रामनिवास मिर्धा और जोशी में मुकाबला

उपरोक्त पृष्ठभूमि में इंदिरा गांधी मंत्रिमंडल के गृह राज्यमंत्री रामनिवास मिर्धा का दिल्ली से

राजस्थान विधानसभा कांग्रेस दल के नेता पद के लिए नाम आना उच्चस्थ नेतृत्व की भावना का स्पष्ट संकेत था। उनको हरिदेव जोशी द्वारा चुनाव की चुनौती देना उस काल की अनहोनी राजनीतिक घटना थी। मार्च, 1972 में तत्कालीन (पांचवीं) विधानसभा के चुनाव हुए थे। उसे केवल 19 माह हुए थे। विधानसभा में कांग्रेस का तीन-चौथाई से अधिक का बहुमत था। उम्मीदवारों का चयन बरकतुल्लाखां की सिफारिश पर ही हुआ था। फिर भी केन्द्र की भावना के विपरीत विधायकों की राय जानने की मांग सामने आना, प्रश्न तो अवश्य पैदा करता है। स्वर्गीय हरिदेव जोशी का परिवार तथा उनके निकटस्थ व्यक्ति आज भी इस स्थिति का कारण बताने में असमर्थ पाते हैं।

उस समय के हरिदेव जोशी का कद (स्टेंडिंग) जानना भी अनिवार्य है। जोशी बरकतुल्लाखां के विश्वसनीय साथी तथा कांग्रेस पार्टी में उनके राजनीतिक सलाहकार और विधायक दल के उपनेता थे। रामनिवास मिर्धा 1967 के चुनाव में पराजित होने के बाद राजस्थान की सक्रिय राजनीति से दूर हो चुके थे। वे राज्यसभा के सदस्य थे। तब राजस्थान का जाट नेतृत्व कांग्रेस में नाथूराम मिर्धा के हाथ में था। मुखरित जाट नेता कुंभाराम आर्य दिसम्बर 1966 में कांग्रेस से पृथक होकर चौधरी चरणसिंह की पार्टी में चले गये थे। जोशी का केन्द्रीय मंत्री तथा नेहरू परिवार के निकटस्थ एवं विश्वसनीय उमाशंकर दीक्षित से अच्छा सम्बन्ध था। वे जोशी के गृह जिले बांसवाड़ा में एक समारोह में आ चुके थे जहां उनके नेतृत्व में आदिवासियों द्वारा उनका भव्य स्वागत किया गया था। तत्कालीन कांग्रेसाध्यक्ष डॉ. शंकरदयाल शर्मा से भी स्वयं जोशी तथा उनके अनेक समर्थक नेताओं की घनिष्ठता थी जिससे संभव है कुछ परोक्ष समर्थन मिला हो। उदयपुर संभाग के विधायक (जिनकी संख्या काफी थी) सुखाड़िया के बाद अपने क्षेत्र का ही मुख्यमंत्री चाहते थे। उनकी इच्छा स्वर्गीय माणिक्यलाल वर्मा तथा सुखाड़िया के विश्वसनीय मंत्री हीरालाल देवपुरा या हरिदेव जोशी की थी। युवक कांग्रेस के नेता जनार्दनसिंह गहलोत, जो उस समय तक जोशी के पुत्रवत माने जाते थे, वे संजय गांधी के राजस्थान में पक्के अनुयायियों में से थे।

राजनीतिक स्थिति ऐसी बनी कि श्रीमती गांधी ने विधायकों की राय जानने की अनुमति प्रदान कर दी। स्वर्गीय देवपुरा ने अपने अस्सीवें वर्ष में प्रवेश के दूसरे दिन एक भेंट में बताया कि 'जोशी को मिर्धा से तेरह वोट अधिक मिले और उन्हें कांग्रेस दल का नेता घोषित कर दिया गया।'[1] चौधरी कुंभाराम आर्य के अनन्य साथी पूर्व केन्द्रीय मंत्री दौलतराम सारण ने कहा कि 'जोधपुर के जाट नेता परसराम मदेरणा गुट द्वारा रामनिवास मिर्धा का साथ नहीं देने से वे जोशी से पिछड़ गये।'[2] गुजरात के राज्यपाल तथा पूर्व केन्द्रीय मंत्री नवलकिशोर शर्मा की प्रतिक्रिया थी कि "राजस्थान कांग्रेस में आन्तरिक लोकतंत्र के अन्तर्गत 23 अक्टूबर, 1973 को वह अंतिम चुनाव था।"[3] जोशी ने 25 अक्टूबर, 1973 को मुख्यमंत्री पद की शपथ ग्रहण की और अपने सहित केवल सात सदस्यों का छोटा-सा मंत्रिमंडल बनाया। एक पखवाड़े के बाद 12 नवम्बर

को अपने मंत्रिमंडल का विस्तार आठ सदस्य और जोड़कर किया। अब मंत्रिपरिषद में कुल पन्द्रह सदस्य हो गये थे। यह बरकत मंत्रिपरिषद से ड्योढ़ा था।[4]

जोशी का संतुलित मंत्रिमंडल

जोशी मंत्रिमंडल आपातूकाल के बाद केन्द्र में जनता पार्टी की सरकार द्वारा राजस्थान में भी राष्ट्रपति शासन लागू किये जाने अर्थात 29 अप्रेल, 1977 तक सत्ता में रहा। इसी मंत्रिमंडल ने लोकतंत्र में 'आपातूकाल' का काला इतिहास लिखा। आपातूकाल के बाद जून, 1977 में सम्पन्न छठी विधानसभा के चुनाव में पन्द्रह में से ग्यारह मंत्री चुनाव हार गये या उन्हें पार्टी ने टिकट नहीं दिया। केवल चार मंत्री निर्वाचित हो सके थे। ये थे हरिदेव जोशी, खेतसिंह राठौड़,

हरिदेव जोशी मंत्रिमंडल (प्रथम पारी)

शपथग्रहण : 25 अक्टूबर, 1973, 12 नवम्बर, 1973

अग्रिम पंक्ति में बायें से दायें : खेतसिंह राठौड़, परसराम मदेरणा (दोनों मंत्री), हरिदेव जोशी (मुख्यमंत्री), सरदार जोगेन्द्रसिंह (राज्यपाल), चन्दनमल बैद, शिवचरण माथुर तथा हीरालाल देवपुरा (सभी मंत्री)।

पिछली पंक्ति में बायें से दायें : रामनारायण चौधरी (मंत्री), श्रीमती कमला बेनीवाल, फारुख हसन, जुझारसिंह, गुलाबसिंह शक्तावत तथा मुंशीलाल महावर (सभी राज्यमंत्री), मोहन छंगानी (मंत्री) तथा मूलचंद मीणा जहाजपुर (राज्यमंत्री), जुझारसिंह और गुलाबसिंह के मध्य बनवारीलाल बैरवा (राज्यमंत्री)।

परसराम मदेरणा तथा रामनारायण चौधरी। जोशी ने 1973 में अपने मंत्रिमंडल में नौ नई नियुक्तियां कीं और बरकत मंत्रिपरिषद के दो सदस्य ओंकारलाल चौहान तथा रामचन्द्र चौधरी को नहीं लिया। उनमें राजपूत-जाट की संख्या एक समान तीन-तीन थी। ऐसे ब्राह्मण और वैश्य भी बराबर दो-दो थे। अनुसूचित जाति के दो तथा जनजाति का एक और कायस्थ तथा मुसलमान भी एक-एक थे। संभाग की दृष्टि से उदयपुर-जयपुर के पांच-पांच, जोधपुर के तीन तथा बीकानेर-कोटा के एक-एक मंत्री थे। प्रदेश कांग्रेसाध्यक्ष के पद पर गिरधारीलाल व्यास थे जिनकी नियुक्ति रानी लक्ष्मीकुमारी चूंडावत के बाद 21 अप्रेल, 1972 से 6 अगस्त, 1977 तक रही। श्रीमती चूंडावत राज्यसभा की सदस्या चुन ली गई थीं। जोशी ने नये पुराने विधायकों का मिला-जुला मंत्रिमंडल बनाया था। पन्द्रह सदस्यीय मंत्रिमंडल में नौ पुराने तथा छह को पहली बार मंत्री पद से सुशोभित किया गया था। पुराने मंत्री स्वयं हरिदेव जोशी, शिवचरण माथुर, हीरालाल देवपुरा व मूलचन्द मीणा (जहाजपुर), खेतसिंह राठौड़ व परसराम मदेरणा (जोधपुर), चन्दनमल बैद (बीकानेर), जुझारसिंह (कोटा), तथा श्रीमती कमला (जयपुर) थे। नये मंत्रियों के नाम इस प्रकार थे : शेखावटी के जाट नेता रामनारायण चौधरी (जयपुर), पूर्व कम्युनिस्ट मोहन छंगाणी (जोधपुर), गुलाबसिंह शक्तावत (उदयपुर), मुंशीलाल महावर, बनवारीलाल बैरवा तथा सैयद फारुकहसन (जयपुर)। अंतिम चारों राज्यमंत्री थे : शक्तावत मेवाड़ सरकार द्वारा चलाई गई गोली से विद्यार्थी जीवन में घायल हो गये थे और पैर काटना पड़ा था। महावर और बैरवा अनुसूचित जाति के थे। फारुकहसन बाद में राजस्थान उच्च न्यायालय में न्यायाधीश नियुक्त किये गये थे। जोशी ने जातियों तथा संभाग की दृष्टि से बहुत ही संतुलित मंत्रिमंडल का गठन किया था। राजपूत मंत्री एक-एक जोधपुर, उदयपुर तथा कोटा संभाग के थे तो जाट उनकी जनसंख्या के बाहुल्य को ध्यान में रखकर एक जोधपुर तथा दो जयपुर संभाग के थे। वैश्य उदयपुर तथा बीकानेर और ब्राह्मण उदयपुर एवं जोधपुर, उदयपुर संभाग से एक-एक थे।

इक्यावन वर्षीय हरिदेव जोशी वागड़ पुत्र थे। पहली बार राजस्थान का मुख्यमंत्री डूंगरपुर-बांसवाड़ा के वागड़ क्षेत्र का चुना गया था जो पूर्णरूप से भील आदिवासी क्षेत्र है। आज भी वहां के नौ विधानसभा क्षेत्रों में से सात अनुसूचित जनजाति के लिए आरक्षित हैं। मुख्यमंत्री ने निर्वाचित होने के तत्काल बाद अपनी प्रथम प्राथमिकता आदिवासियों के जीवन को उन्नत करने की बताई थी और वह उन्होंने अपने कार्यकाल में सड़कों का जाल, माही नदी पर बांध तथा वर्षाकाल में अपने गृह जिले-बांसवाड़ा के टापू बन जाने से (अन्य भागों से सम्बन्ध विच्छेद हो जाना) रोकने के लिए विशाल पुलों का निर्माण कराया था। माही नदी बांसवाड़ा जिले के चारों ओर सांप की कुंडली की तरह बहती है जो उसकी जीवन रेखा है। उन्होंने आदिवासी जिलों में सिंचित क्षेत्र विकसित करने का भरसक प्रयत्न किया।

अत्यन्त गरीब ब्राह्मण परिवार में जन्मे हरिदेव जोशी राज्य के अन्य मुख्यमंत्रियों की तुलना में बहुत भाग्यशाली थे। तीन बार में साढ़े छह साल से अधिक के कार्यकालों में उन्हें बहुत कम

प्रादेशिक राजनीतिक विरोध का सामना करना पड़ा था। पहली बार जब अक्टूबर, 1973 में मुख्यमंत्री चुने गये थे तब पंचम विधानसभा के शेष कार्यकाल अप्रेल, 1977 तक अपने पद पर आसीन रहे। अस्सी के दशक में कांग्रेस में आन्तरिक लोकतंत्र समाप्त हो चुका था। लेकिन जोशी ऐसे सौभाग्यशाली थे कि उनका निर्वाचन लोकतांत्रिक पद्धति से हुआ था। कांग्रेस का उच्चस्थ नेतृत्व इतना शक्तिशाली हो गया था कि उसके संकेत के बिना कोई किसी नेता का विरोध नहीं कर सकता था। राजस्थान में उस समय कांग्रेस में ऐसा कोई नेता नहीं था जो अपनी अलग गुटबंदी कर अपनी राजनीतिक महत्वाकांक्षाओं की पूर्ति करने का प्रयत्न करे। जाट नेता कुंभाराम कांग्रेस छोड़ चुके थे। दूसरे जाट नेता रामनिवास मिर्धा तथा नाथूराम मिर्धा क्रमशः राज्यसभा तथा लोकसभा के सदस्य होने से राजस्थान की सक्रिय राजनीति से दूर हो गये थे। मारवाड़ के जाट नेता परसराम मदेरणा तथा शेखावटी के जाट नेता रामनारायण चौधरी और श्रीमती कमला उनके मंत्रिमंडल में थीं।

विरोध नदारद

बंगलादेश के निर्माण के कारण कांग्रेस की शक्ति प्रबल थी। देश में इंदिरा लहर चल रही थी। इंदिरा लहर के कारण लोकसभा तथा विधानसभाओं में गैरकांग्रेसी दलों की हालत काफी कमजोर हो गई थी। राजस्थान में तो विपक्ष का लगभग सफाया ही हो गया था। पांचवीं विधानसभा में स्वतंत्र पार्टी के केवल 11 तथा भारतीय जनसंघ के आठ विधायक ही चुने जा सके थे। जनसंघ के प्रभावशाली नेता भैरोंसिंह शेखावत चुनाव हार गये थे। वे एक सड़क दुर्घटना में घायल होने से अपने उपचार में ही व्यस्त थे। जनसंघ के दूसरे बड़े नेता सतीशचन्द्र अग्रवाल ने चुनाव लड़ने का साहस नहीं किया। स्वतंत्र पार्टी के नेता महारावल लक्ष्मणसिंह सदन में अकेले पड़ते थे। ऐसी ही स्थिति समाजवादी पार्टी की थी। उसके केवल चार विधायक चुने गये थे। उनमें से प्रो. केदार का ध्यान अधिकतर गंगानगर जिले पर रहता था। भाकपा के चार सदस्य कांग्रेस के सहयोग से चुनकर आये थे। परिणामस्वरूप सदन तथा उसके बाहर विरोधी दलों का विरोध नाममात्र का भी नहीं था।

जोशी के सौभाग्य-दुर्भाग्य से उसी काल में 25 जून, 1975 को देश में आपातकाल की घोषणा हो चुकी थी जो मार्च, 1977 के चुनाव से पूर्व 18 जनवरी, 1977 तक लागू रही। इस काल में समाचारपत्रों पर सेंसरशिप के कारण सरकार के विरुद्ध एक शब्द भी नहीं छप सकता था। विरोधी दलों, यहां तक कि जयप्रकाश नारायण के समर्थक सर्वोदयी नेताओं तक को जेलों में ठूंस दिया गया था। इसलिए विरोध की आवाज तो कल्पना से परे की बात थी। कमरे में भी चूं-चपड़ नहीं हो सकती थी। यह बात जरूर थी कि शक्ति के बल पर दबाई गई ज्वाला मिट्टी के नीचे अवश्य धधक रही थी। इस कारण जोशी साढ़े तीन वर्ष के अपने प्रथम कार्यकाल में निर्माण, विकास, अनुशासन, सफाई, कठोर प्रशासन, नियंत्रित कानून व्यवस्था, सरकारी कार्यालयों को

लालफीताशाही तथा खुले भ्रष्टाचार से मुक्त रखने में सफल रहे। यह जरूर था कि समाचारपत्रों पर सेंसरशिप के कारण आम जनता के मनों में जल रही चिनगारी की भनक तक उन्हें नहीं लग सकी। परिणामस्वरूप जब 1977 में लोकसभा के चुनाव हुए तो पच्चीस में से केवल एक तथा विधानसभा में दो सौ में से केवल 41 कांग्रेसी विधायक चुने जा सके। सरकार कांग्रेस के हाथ से निकल गई। नवनिर्मित जनता पार्टी की राजस्थान में सरकार बनी और उसके 150 सदस्य निर्वाचित हुए थे।

क्षेत्रीय असंतुलन

राजस्थान के निर्माण के बाद संख्या में तब तक बारह मुख्यमंत्री हो चुके थे (किंतु व्यक्तियों की दृष्टि से सात)। सुखाड़िया पहले मुख्यमंत्री थे जिन्होंने राज्य में निर्माण और देश के अन्य विकसित राज्यों के समकक्ष लाने की नींव रखी थी। काम अभी भी बहुत पड़ा था। विकसित राज्यों में राजस्थान अभी बहुत पीछे था। हरिदेव जोशी को पहला कार्यकाल ऐसा मिला जब उन्हें इस दिशा में बढ़ने का अवसर मिल सका था। राजस्थान की स्थिति विषम है। राज्य का साठ प्रतिशत क्षेत्र मरुभाग है तो दक्षिण अरावली पहाड़ियों के कारण अविकसित है। जोशी ने क्षेत्रीय असंतुलन दूर करने की दृष्टि से सोचा। आदिवासी क्षेत्र पहाड़ी होने से खेत बहुत छोटे होते थे। भूखे-नंगे भील साहूकारों के ऋण से दबे हुए थे। वर्षा के अभाव में खेती कम होती थी।

रेगिस्तानी क्षेत्र में प्रतिवर्ष सूखे के कारण जनता को हमेशा से प्रकृति से ही लोहा लेना पड़ता है। जोशी ने रेगिस्तानी क्षेत्र में सूखे से निपटने के लिए मरुस्थल-विकास मंडल का निर्माण किया। इसके अर्न्तगत छोटे और मध्यम श्रेणी के किसानों के लिए राहत कार्य प्रारंभ किये गये। मरुक्षेत्र के लोगों का जीवन पशुपालन आधारित होने से जोशी सरकार ने चरागाहों का निर्माण, विकास तथा उन्हें संरक्षित करने का कार्यक्रम अपने हाथ में लिया और डेयरी विकास संस्थान की स्थापना की। इंदिरा गांधी नहर तथा चम्बल परियोजनाओं को तेजी से आगे बढ़ाने के लिए विश्व बैंक से धन प्राप्त करने की दिशा में कदम उठाये। उक्त परियोजनाओं के अन्तर्गत सिंचित क्षेत्र के विकास के लिए बीकानेर तथा कोटा में क्षेत्र विकास आयुक्त के कार्यालय स्थापित किये गये।[5]

जोशी ने क्षेत्रीय असंतुलन दूर करने के अपने मुख्य कार्यक्रम के अतिरिक्त प्रधानमंत्री श्रीमती इंदिरा गांधी के बीस सूत्री तथा संजय गांधी के चार सूत्री कार्यक्रम को क्रियान्वित करने की दृष्टि से अपने प्रशासन को सुदृढ़ किया। बीस सूत्री कार्यक्रम के क्रियान्वयन के लिए उसी काल से राजनीतिक नियुक्तियां प्रारम्भ हो गई थीं जो आज तक चल रही हैं। मुख्यमंत्री जिस नेता को मंत्री पद नहीं दे सकता है उसकी नियुक्ति की जाती रही है। उन्हें मंत्री पद की समानता तथा सुविधायें प्रदान की जाती हैं। वे अनिर्वाचित तथा संवैधानिक मर्यादाओं का पालन करने की

शपथ ग्रहण किये बिना राज्य सकार के अधिकारियों को आज्ञाएं प्रदान करते हैं। ऐसी पहली नियुक्ति सुखाड़िया मंत्रिमंडल के पूर्व मंत्री रामप्रसाद लड्ढा की हुई थी। ये बीस सूत्र नये कुछ नहीं हैं। शिक्षा, चिकित्सा, महिला, युवा, आदिवासी, गरीबी रेखा से नीचे जीवन-यापन करने वालों के प्रति विशेष ध्यान और उन कार्यक्रमों का प्राथमिकता के आधार पर क्रियान्वयन करने पर बल देना होता है। कुल मिलाकर इन कार्यक्रमों के समन्वय का प्रयत्न किया जाता है। जोशी ने अपने कार्यकाल में इस पर विशेष जोर दिया।

संजय सूत्र

मुख्यमंत्री जोशी का विशेष ध्यान संजय गांधी के कार्यक्रम के लक्ष्यों को न केवल पूरा करना था बल्कि उनके लक्ष्यों से आगे बढ़ना था ताकि 'कांग्रेस के अधिनायक' नाराज न हो जायें। उनकी पूर्ति के लिए आपात्काल भी मिल गया था। संजय गांधी की प्राथमिकता परिवार नियोजन, वृक्षारोपण, शहरों से अतिक्रमण दूर करना, नगरों की स्वच्छता तथा नगरीय यातायात के अवरोधों को समाप्त करना था। जोशी ने बड़े उत्साह, निष्ठा तथा सक्रियता के साथ इन कार्यक्रमों को पूरा कराया। नगरों में प्रतिदिन अच्छी तरह सफाई होने लगी। कहीं भी कचरे के ढेर, गंदगी, बहता या रुका हुआ पानी, सूअरों के मजमे दिखाई नहीं देते थे। सड़कों के किनारे पर स्थित मकानों पर कोई कुछ नहीं लिख सकता था। न पोस्टर चिपकाये जाते थे। प्रत्येक शहर का रंग घोषित कर दिया गया था। मुख्य मार्गों पर स्थित भवनों को सामने से उसी रंग से पोता जाता था। जयपुर गुलाबीनगर था। सारे अतिक्रमण तथा मार्गों पर से अवरोध हटा दिये गये थे। यातायात सुगम था। बसों, रेलवे स्टेशनों, बस अड्डों तथा प्रमुख स्थानों पर अनुशासन का पालन करने के बोर्ड लगा दिये गए थे। लोग पालन करते थे। सब कतार में खड़े रहते थे। सरकारी कार्यालय नियमित रूप से समय पर खुलते थे और उनमें कर्मचारी अनुशासित रूप से काम करते थे। रेलें-बसें साफ - सुथरी तथा समय पर चलती थीं। यात्री पंक्तिबद्ध होकर बैठते थे। सारा जीवन अनुशासित रूप से चलता था। स्कूल, अस्पताल की व्यवस्था संतोषजनक थी। रोगियों का ठीक से इलाज होता था। कर्तव्य का पालन नहीं करने वालों को दण्डित किया जाता था। सैकड़ों अयोग्य राज्य कर्मचारियों को अनिवार्य रूप से सेवानिवृत्त कर दिया गया था। शहरों में सैकड़ों अतिक्रमणों को जोर-जबर्दस्ती से हटा दिया गया था। उन पर बुलडोजर चला दिये गये। अति की कोई शिकायत करने की हिम्मत नहीं कर सकता था और न सुनवाई होती थी।

अधिकारियों में इतना भय था कि लक्ष्यों की प्राप्ति के लिए किसी भी सीमा तक जा सकते थे। परिवार नियोजन का लक्ष्यों से अधिक आंकड़ा अर्जित करने के लिए बहुत अत्याचार किए गये। कुंआरा, कुमारी, विधवा, वृद्ध आदि किसी का कोई ध्यान नहीं रखा गया। एक व्यक्ति की एक से अधिक बार भी नसबन्दी कर दी गई। परिणामस्वरूप परिवार नियोजन का कार्यक्रम

अच्छा होते हुए भी बदनाम हो गया। नसबन्दी शिविरों के दिनों में लोग कई-कई दिनों तक खेतों में छिपे रहे। घर वाले छिप कर रात में उन्हें भोजन पहुंचाते थे। जहां परिवार नियोजन के लिए प्रोत्साहन राशि दी जाती थी वहीं प्रोत्साहित करने के लिए नियमों में आकर्षक संशोधन किये गये। लोगों में भयानक आतंक था। जोशी के कार्यकाल में परिवार नियोजन का कार्यक्रम लक्ष्य से अधिक सफल रहा। पौने दो लाख का लक्ष्य चार लाख को पार कर गया।

गरीबी हटाओ

प्रधानमंत्री ने पंचम आम चुनाव (1971-72) में गैरकांग्रेसी दलों के 'इंदिरा हटाओ' कार्यक्रम को परास्त करने के लिए 'गरीबी हटाओ' का नारा दिया था। इसके अन्तर्गत देशभर में गरीबों के हित की दृष्टि से कई कदम उठाये गये थे। राजस्थान की कांग्रेस सरकार ने 1973 में कृषि भूमि की अधिकतम सीमा निश्चित करने की दृष्टि से 'दी राजस्थान इम्पोजिशन ऑफ सीलिंग ऑन एग्रीकल्चरल होल्डिंग एक्ट, 1973' का निर्माण किया ताकि निर्धारित सीमा से अधिक भूमि सरकार अधिग्रहित कर भूमिहीनों को आवंटित कर सके । चौथे आम चुनाव में विपक्ष ने मंत्रियों द्वारा भ्रष्टाचार को बड़ा मुद्दा बनाया था। उनके विरुद्ध सीधी कार्यवाही करने का कोई अलग से कानूनी प्रावधान नहीं था। इसलिए राज्यों में राज्यसेवकों (मंत्रियों) के विरुद्ध भ्रष्टाचार के आरोपों की अलग से जांच करने के लिए 'राजस्थान लोकायुक्त और उप-लोकायुक्त अधिनियम, 1973, पारित किया गया। किसानों की समस्याओं को दूर करने के लिए राजस्थान एग्रीकल्चरल क्रेडिट ऑपरेशन (रिमूवल ऑफ डिफीकल्टीज) एक्ट, 1974 तथा राजस्थान भूमि-विकास निगम अधिनियम, 1975, राजस्थान शिड्यूल्ड डेटर्स (मॉरेटोरियम ऑफ डेट्स, 1976), राजस्थान शिड्यूल्ड डेटर्स (लिक्विडेशन ऑफ इनडेटनेस) एक्ट, 1976, राजस्थान भूमि (हस्तांतरण पर प्रतिबंध) अधिनियम 1976 जैसे कई कानून बनाये गये। इन कानूनों का मुख्य ध्येय गरीब किसानों की कठिनाइयां दूर करना, उनकी खातेदारी की भूमि का विकास करना तथा खेती के साधनों को क्रय करने के लिए आसान शर्तों एवं कम ब्याज दर पर कर्जा उपलब्ध कराना था। इससे भी अधिक महत्वपूर्ण कानून गरीब किसानों को वर्षों से दबे कर्जों से मुक्त कराने के लिए कानून बनाया गया। एक सीमा तक कर्जों की वसूली ही रद्द कर दी गई। सागड़ी प्रथा (बंधुवा मजदूर) पर प्रतिबंध लगा दिया गया। गरीब किसान अपनी समस्याओं, जैसे कर्जा प्राप्त करने तथा अन्य सामान खरीदने के लिए एक मात्र संपदा भूमि को न बेच दें या गिरवी न रख दें, उनसे बचाने के लिए भूमि के हस्तांतरण पर ही सरकार ने प्रतिबंध लगा दिया।[6]

उपरोक्त कानूनों का निर्माण हरिदेव जोशी सरकार द्वारा किया गया। एक और महत्वपूर्ण काम उसी समय हुआ। राज्य कर्मचारियों के वेतन-भत्तों सम्बन्धी कई मांगें वर्षों से अनिर्णीत पड़ी

थीं। जोशी सरकार ने उनकी बहुत-सी मांगें स्वीकार कर लीं। महंगाई भत्तों को वेतन में सम्मिलित कर नये वेतनमान और महंगाई भत्तों का एक नया फार्मूला लागू कर दिया गया। इन्हीं मांगों के लिए राज्य कर्मचारियों का 1972 में एक बड़ा आंदोलन विफल हुआ था। तब राज्य कर्मचारियों ने पहली बार चालीस दिनों की ऐतिहासिक हड़ताल की थी।

अंतरिम काल

आपातकाल के बाद जोशी सरकार को अपदस्थ कर राज्य में 30 अप्रेल, 1977 को राष्ट्रपति शासन लागू कर दिया गया जो 21 जून, 1977 तक, (तिरेपन दिन) रहा। 22 जून, 1977 को जनता पार्टी की सरकार बनी जो अपना कार्यकाल पूरा नहीं कर सकी और 17 फरवरी, 1980 को पुनः राष्ट्रपति शासन लागू कर दिया गया। यह राजस्थान के निर्माण के बाद पहली बार एक सौ दस दिन तक रहा। सातवीं विधानसभा (1980-85) के निर्वाचन के बाद पांच वर्ष तक फिर कांग्रेसी सरकार सत्ता में रही लेकिन इस बीच तीन मुख्यमंत्री हो गये। पहले मुख्यमंत्री जगन्नाथ पहाड़िया हुए जो तेरह माह तक ही शासन कर सके। उनके बाद शिवचरण माथुर ने सत्ता संभाली लेकिन उन्हें भी आठवीं विधानसभा के चुनाव से केवल पन्द्रह दिन पूर्व त्यागपत्र देना पड़ा था।[7] तब उनके मंत्रिमंडल के वरिष्ठ सदस्य हीरालाल देवपुरा ने अंतरिम काल के लिए शासन संभाला। देवपुरा राजस्थान में अकेले ऐसे मुख्यमंत्री हुए जिनका कार्यकाल न्यूनतम रहा। उनके मुख्यमंत्री मनोनीत किये जाने की संभावना थी लेकिन प्रधानमंत्री राजीव गांधी ने हरिदेव जोशी को पुनः मुख्यमंत्री मनोनीत कर दिया।

जोशी के पुनर्मनोनयन की पृष्ठभूमि

लगभग आठ वर्ष के अन्तराल के बाद 1985 में जोशी दुबारा मुख्यमंत्री बने। बीसवीं शताब्दी का नवां दशक कांग्रेस के लिए संकटापन्न काल था। श्रीमती इंदिरा गांधी के कनिष्ठ पुत्र एवं उनके राजनीतिक सलाहकार संजय गांधी का अचानक 23 जून, 1980 को विमान दुर्घटना में निधन हो गया। श्रीमती गांधी अपने ज्येष्ठ पुत्र राजीव गांधी, जिनकी राजनीति में कोई रुचि नहीं थी, विमान चालक का पद छुड़वाकर अपने उत्तराधिकारी के रूप में तैयार करने के लिए मैदान में लाईं। राजीव सांसद चुने गये। वे कांग्रेस के महामंत्री भी नियुक्त कर दिये गये। असम में जबरदस्त अशांति फैल रही थी। पंजाब में खालिस्तान समर्थक सिक्खों ने आतंक फैला रखा था। अमृतसर के स्वर्णमंदिर में सेना के 'ऑपरेशन ब्लू स्टार' का बदला लेने के लिए श्रीमती गांधी के अंगरक्षकों ने 31 अक्टूबर, 1984 की प्रातः उनके ही निवास में मशीनगन से उनके शरीर को छलनी कर

डाला था। राजीव उनके स्थान पर प्रधानमंत्री हुए। तब राजस्थान में शिवचरण माथुर की सरकार थी। गुजरात के वर्तमान राज्यपाल नवलकिशोर शर्मा प्रदेश कांग्रेसाध्यक्ष थे। इंदिरा गांधी की शहादत के कारण लोकसभा में (1984) कांग्रेस को ऐतिहासिक सफलता मिली थी। सभी पच्चीस सीटों पर कांग्रेस कब्जा करने में सफल हुई। राज्य विधानसभा (1985) के चुनाव में कांग्रेस को अच्छा बहुमत मिल गया। हालांकि 1980 के चुनाव से खराब था। फिर भी कांग्रेस के दो सौ के सदन में 113 सदस्य चुन लिये गये। तेरह का स्पष्ट बहुमत था। विरोधी दलों में भाजपा को 38, लोकदल को 27, जनता पार्टी को 10, माकपा एक तथा निर्दलियों को नौ स्थान मिले थे।

राजनीतिक प्रेक्षकों का अनुमान था कि अंतरिम मुख्यमंत्री देवपुरा को ही पुनः मनोनीत कर दिया जायेगा। लेकिन ऐसा नहीं हुआ। जब हरिदेव जोशी का मनोनयन हुआ तो सभी ओर आश्चर्य प्रकट किया गया। जोशी गत आठ वर्षों से शासन की राजनीति से दूर थे। संगठन में भी उनके पास कोई महत्वपूर्ण पद नहीं था। लेकिन अखिल भारतीय कांग्रेस कमेटी उनसे राज्यों की स्थिति का आकलन कराने का दायित्व सौंपती रहती थी। उत्तरप्रदेश तथा आन्ध्र के बारे में जोशी ने पहले रिपोर्ट्स दी थी। उनका आकलन सही पाया गया। ऐसा ही एक दायित्व पंजाब के बारे में उन्हें सौंपा गया था। जोशी ने पंजाब में सैकड़ों लोगों से भेंटकर एक रिपोर्ट कांग्रेस को दी थी। लेकिन उस पर किसी ने ध्यान नहीं दिया। इधर पंजाब सुलग रहा था। जोशी ने सिक्खों में जबरदस्त रोष होने की रिपोर्ट दी थी। वे लोग खालिस्तान की मांग पर अड़े हुए थे।[8]

दिल्ली सोवियत संघ (रूस) की के.जी.बी. की रिपोर्ट से चकित रह गया। उसमें कहा गया था कि पंजाब राज्य भारत से पृथक होना चाहता है। तब उन्हें जोशी रिपोर्ट की याद आई कि उसमें क्या लिखा है ? जब जोशी रिपोर्ट पढ़ी गई तो सब चकित रह गये कि उसमें पहले से ही यह चेतावनी (अलर्ट) दे रखी थी। इससे जोशी राजीव की नजर में बहुत चढ़े। एक समय उन्हें पंजाब का राज्यपाल नियुक्त करने का भी विचार हुआ मगर वह प्रस्ताव रद्द हो गया। फिर 1985 में जब राजस्थान का मुख्यमंत्री मनोनीत करने का समय आया, तब उनकी पुनः याद आई और उनकी घोषणा हुई।[9]

जातीय समीकरण की राजनीति

हरिदेव जोशी के दुबारा मुख्यमंत्री बनने पर लघु मंत्रिमंडल ने 10 मार्च, 1985 को शासन भार संभाला। प्रारंभ में उन सहित छह मंत्री तथा दो राज्यमंत्री थे। 1972 के आम चुनाव से जातीय गणित बदल चुका था। दलीय समीकरणों में भी बदलाव आता जा रहा था। चौथे आम चुनाव के बाद राजस्थान में कांग्रेस और गैरकांग्रेसी दलों में देश की राजनीतिक हवा के अनुसार मतों का विभाजन होने लगा। 1972 की इंदिरा लहर में आरक्षित क्षेत्रों के अतिरिक्त सवर्ण दलों का पूर्व

वर्चस्व डगमगाने लग गया था। तब अन्य पिछड़ी जातियों से भी विधायक चुने जाने लगे थे। 1977 की पहली गैरकांग्रेसी सरकार की अल्पकालिक आयु के कारण 1980 तथा 1985 में हुए चुनावों में जातीय दृष्टि से आम समर्थन कांग्रेस के साथ लौट कर आ गया था। किन्तु, जाट, राजपूत, वैश्य तथा मुसलमान जैसी सवर्ण जातियों का समर्थन कांग्रेस और गैरकांग्रेसी दलों में विभाजित हो गया। यही स्थिति अन्य पिछड़ी जातियों की रही। परन्तु अनुसूचित जाति तथा अनुसूचित जनजाति का समर्थन कांग्रेस के पक्ष में ही रहा जो 1977 में जनता पार्टी के साथ चला गया था। 1985 के चुनाव में 1980 के मुकाबले में उपरोक्त सवर्ण जातियों का समर्थन कांग्रेस के पक्ष में पुनः घट गया और गैरकांग्रेसी दलों के पक्ष में बढ़ गया। (देखें 1952 से 2003 तक निर्वाचित कांग्रेस विधायकों की जातीय सूची परिशिष्ट में)।

हरिदेव जोशी मंत्रिमंडल (द्वितीय पारी)

शपथग्रहण : 11 मार्च, 1985, 16 अक्टूबर, 1985

अग्रिम पंक्ति में बायें से दायें : छोगाराम बाकोलिया, श्रीमती कमला, रामपाल उपाध्याय (सभी मंत्री), हरिदेव जोशी (मुख्यमंत्री), श्रीमती सत्या मेहरा पत्नी राज्यपाल ओ.पी. मेहरा, स्वयं राज्यपाल, हीरालाल देवपुरा, शीशराम ओला (दोनों मंत्री)।

पिछली पंक्ति में बायें से दायें : गुलाबसिंह शक्तावत, रामदेवसिंह महरिया (दोनों मंत्री), रामसिंह विश्नोई, महेन्द्रकुमार परमार, सुजानसिंह यादव (सभी राज्यमंत्री)।

तृतीय पंक्ति में बायें से दायें : नरेन्द्रसिंह भाटी (मंत्री), मूलचंद मीणा, रामकिशन वर्मा, दामोदरदास आचार्य, हीरालाल इन्दौरा (राज्यमंत्री) तथा श्रीमती बीना काक (उपमंत्री)।

जोशी मंत्रिमंडल 1985

आठवीं विधानसभा के निर्वाचन के बाद जोशी ने 10 मार्च, 1985 को मुख्यमंत्री पद की शपथ ग्रहण की। दूसरे दिन रामपाल उपाध्याय, रामदेवसिंह, गुलाबसिंह शक्तावत, नरेन्द्रसिंह भाटी और श्रीमती कमला को मंत्रीपद की तथा शीशराम ओला तथा छोगाराम बाकोलिया को राज्यमंत्री पद की शपथ दिलाई गई। जोशी ने दूसरे चरण में 23 जून, 1985 को केवल चन्द्रशेखर शर्मा को संसदीय सचिव के रूप में मंत्रिमंडल में शामिल किया। 16 अक्टूबर, 1985 को अपने मंत्रिमंडल का पुनः विस्तार कर हीरालाल देवपुरा को मंत्री नियुक्त किया जो उस समय विधानसभा के अध्यक्ष थे। देवपुरा के स्थान पर विधानसभा के उपाध्यक्ष गिरिराजप्रसाद तिवाड़ी अध्यक्ष निर्वाचित हुए और उपाध्यक्ष पद पर श्रीकिशन मोटवानी चुने गये। देवपुरा के साथ शीशराम ओला तथा छोगाराम बाकोलिया को पदोन्नत कर मंत्री नियुक्त किया गया और रामसिंह विश्नोई, हीरालाल इंदौरा, दामोदरदास आचार्य, मूलचन्द मीणा (टोडाभीम), महेन्द्रकुमार भील, रामकिशन वर्मा, सुजानसिंह यादव तथा श्रीमती जकिया को राज्यमंत्री एवं श्रीमती बीना काक को उपमंत्री पद की शपथ ग्रहण कराई गई। 7 फरवरी, 1986 को नरेन्द्रसिंह भाटी और रामसिंह विश्नोई को तथा 3 सितम्बर, 1986 को रामपाल उपाध्याय से त्यागपत्र लेकर मंत्रिमंडल से पृथक किया गया।

जोशी मंत्रिमंडल का विश्लेषण करने पर पता चलता है कि मुख्यमंत्री ने खोया हुआ सवर्ण जातीय समर्थन पुनः प्राप्त करने की दृष्टि से उसका निर्माण किया। पहली खेप में निर्मित आठ सदस्यीय मंत्रिमंडल में राजपूत-ब्राह्मण प्रतिनिधि समान रूप से दो-दो रखे, मगर जाटों में एक वृद्धि कर दी और एक अनुसूचित जाति का लिया। उसमें एक भी वैश्य नहीं था और हीरालाल देवपुरा को मंत्री नहीं बनाने पर कांग्रेस क्षेत्रों में आश्चर्य प्रकट किया जा रहा था जबकि उदयपुर संभाग के देवपुरा विरोधी गुलाबसिंह शक्तावत को सम्मिलित कर लिया गया था। मगर जोशी ने सात माह में ही अपने मंत्रिमंडल का विस्तार कर दिया। अब उनके मंत्रिमंडल में अठारह सदस्य हो गये थे। उनमें नौ मंत्री और नौ ही राज्यमंत्री थे। चन्द्रशेखर शर्मा को संसदीय सचिव नियुक्त किया जो राजीव गांधी के नजदीक कहे जाते थे।

जोशी मंत्रिमंडल में अब जातियों की दृष्टि से ब्राह्मण 4, जाट 3, अन्य पिछड़ी जाति के भी तीन, राजपूत, अनुसूचित जाति तथा जनजाति के दो-दो, वैश्य और मुसलमान एक-एक थे। तीन महिलाएं मंत्रिपरिषद में थीं। संभागवार उदयपुर के छह, जयपुर-जोधपुर के पांच-पांच तथा कोटा-बीकानेर के एक-एक थे। संसदीय सचिव जयपुर संभाग से था।

राजीव से शिकायतें

लगभग पैंतीस माह का दूसरी बार का मुख्यमंत्री का कार्यकाल जोशी के लिए बहुत पीड़ाभरा रहा। कांग्रेस संगठन में तथा नेता के प्रति उनकी पूर्ण निष्ठा एवं योग्यता के कारण उन्हें यह

उत्तरदायित्व प्रधानमंत्री राजीव गांधी द्वारा पुनः सौंपा गया था। वहीं नौसिखिये तथा कान के कच्चे नेतृत्व के कारण बच्चों के खेल की तरह बीच में छीन भी लिया गया। 1980-85 के विधानसभा कार्यकाल में तीन मुख्यमंत्री हुए वैसे ही 1985 से 1990 के कार्यकाल में भी फिर तीन मुख्यमंत्री हुए। इसमें जोशी ने दो बार यह पदभार संभाला। बीच में साढ़े बाईस माह के लिए शिवचरण माथुर को पुनः लाया गया। ऐसा अपरिपक्व नेतृत्व कांग्रेस की प्रतिष्ठा पर प्रश्न चिन्ह लगाता है।

श्रीमती गांधी की सुखाड़िया समर्थकों के प्रति नाराजगी के बावजूद उनके निधन के बाद जब कांग्रेस की सत्ता 1985 में पूर्ण रूप से राजीव गांधी के हाथ में आ गई थी तब उन्होंने योग्यता तथा नेतृत्व की क्षमता के आधार पर हरिदेव जोशी का मनोनयन तो कर दिया लेकिन बचकानी बातों को लेकर राजस्थान की संपूर्ण राजनीतिक तथा कांग्रेस संगठन की स्थिति का आकलन किये बिना विधानसभा का कार्यकाल पूर्ण होने से पूर्व ही उन्हें अपदस्थ कर दिया। परिणामस्वरूप विधानसभा के अगले चुनाव से तीन माह पूर्व असम के राज्यपाल का पदत्याग करवाकर जोशी को वापस राजस्थान लाना पड़ा।

जिन कारणों से 20 जनवरी, 1988 को जोशी को मुख्यमंत्री पद त्यागना पड़ा था उनका विश्लेषण करने पर पता चलता है कि एक भी काम राजनीतिक, प्रशासनिक, दल-विरोधी या नेता की निष्ठा के विपरीत नहीं था। यहां तक कि राजस्थान के विधायकों को कोई शिकायत नहीं थी। स्वयं राजीव गांधी को उनसे कोई शिकायत नहीं थी। अगर किन्ही लोगों को शिकायत थी तो वे थे तत्कालीन केन्द्रीय गृहमंत्री बूटासिंह, जो जालौर से सांसद थे। वे दिल्ली में बैठकर राजस्थान का राज करना चाहते थे। जानकार सूत्रों के अनुसार बूटासिंह राजीव गांधी के जोशी के विरुद्ध कान भरते रहते। उन सूत्रों के अनुसार बूटासिंह किसी पुलिस उपाधीक्षक को पुनः नियुक्त करवाना चाहते थे। जोशी ने कहा कि ऐसा करना नियमों के विपरीत तथा पुलिस के अधिकारियों में गलत संदेश देने वाला होगा। इसके अलावा वे अपने कुछ निकटस्थ लोगों के ऐसे काम करवाना चाहते थे जो नियमानुसार जोशी करना नहीं चाहते थे।[10]

दिवराला सतीकांड

सरदार बूटासिंह की नाराजगी का एक अन्य कारण दिवराला सती कांड था। 4 सितम्बर, 1987 को सीकर जिले के दिवराला गांव में एक शिक्षित 18 वर्षीया युवती रूपकंवर अपने पति मालसिंह के साथ सती हो गई। इस पर दिल्ली तथा जयपुर में बड़ा हंगामा हुआ और प्रशासन पर आरोप लगा कि वह उस युवती को नहीं बचा पाया तथा सती समर्थकों द्वारा महिमामंडन किया जा रहा है जिसे नहीं रोका जा रहा है। मुख्यमंत्री जोशी प्रशासनिक दृष्टि से इसमें व्यवधान डालना उपयुक्त नहीं समझते थे। उनका सोचना था कि सती प्रथा बुरी है किन्तु यह भावनात्मक

मामला है। राजस्थान में यह प्रथा सदियों पूर्व की है। यदाकदा ऐसी घटना हो जाया करती है। इसके लिए कानून के अन्तर्गत सभी कार्यवाही की गई है। सती कांड से सम्बन्धित लोगों को गिरफ्तार किया जा चुका था तथा पुलिस पूरी कार्यवाही कर रही थी। लेकिन सती समर्थकों या उनके परिवारवालों द्वारा मृत्यु के उपरान्त जो सामाजिक संस्कार किये जाते हैं, उन्हें रोकने से समाज में सरकार तथा कांग्रेस के विरुद्ध राजपूतों में रोष बढ़ेगा। वह राजनीतिक तथा प्रशासनिक दृष्टि से उचित नहीं होगा। इसलिए प्रशासन कानूनी कार्यवाही करे और परिवार अपने संस्कारों को पूरा करे। मगर गृहमंत्री बूटासिंह यह चाहते थे कि प्रशासन सामाजिक संस्कारों को भी रोके। जोशी ने उनकी सलाह मानने से इनकार कर दिया। परिणामस्वरूप दिवराला में सती के बाद चूंदडी समारोह पुलिस नियंत्रण में सम्पन्न होने दिया गया और उसमें किसी प्रकार का व्यवधान नहीं डाला गया।[11] इसी प्रकार सती समर्थकों ने जयपुर में नंगी तलवारों से जुलूस निकाला। बूटासिंह चाहते थे कि सेना लगाकर भी इसे रोका जाये। जयपुर में सती प्रथा के महिमामंडन का विरोध करने वाले मुख्यतः वामपंथी भी रोजाना अपना विरोध तथा रोष प्रकट कर रहे थे। इसलिए नंगी तलवारों के प्रदर्शन में व्यवधान उपस्थित किये जाने पर कानून व व्यवस्था की गंभीर समस्या उत्पन्न हो जाने की भी आशंका थी। जोशी ने मुख्यमंत्री के रूप में पुलिस महानिदेशक को यह आदेश दिया कि "नंगी तलवारों के जुलूस में कोई व्यवधान नहीं डाला जाय।" उन्होंने कानून-व्यवस्था को नियंत्रण में रखने के लिए सादी वेशभूषा में पुलिस को तैनात रखा ताकि कोई दुर्घटना नहीं हो पाये। पूर्ण सतर्कता तथा समुचित प्रशासनिक प्रबंध के कारण जुलूस शांतिपूर्वक निकल गया। उन्होंने प्रदर्शनकारी राजपूत नेताओं से यह आश्वासन ले लिया था कि वे सीमा में रहेंगे और सरकार भी बाधा नहीं डालेगी।[12]

लेकिन इसका राजनीतिक विरोध बहुत हुआ। यहां तक प्रश्न पैदा हो गया कि झुंझुनूं स्थित राणी सती के मंदिर में नियमित रूप से पूजा हो या नहीं तथा वार्षिक समारोह आयोजित होने दिया जाय या नहीं। उच्चतम न्यायालय ने भी ऐसे समारोह आयोजित करने को प्रतिबंधित कर दिया था। राज्य विधानसभा ने भी उन्हीं दिनों राजस्थान सती (रोक) अधिनियम, 1987 पारित किया। इसमें बूटासिंह ने जोशी की भूमिका की राजीव गांधी से खुलकर बुराई की।

सती की राष्ट्रीय आलोचना

दिवराला में सतीकांड राष्ट्रीय प्रश्न बन गया था और राज्य विधानसभा की तुलना में लोकसभा में राजस्थान की कांग्रेस सरकार की अधिक कड़ी आलोचना की गई। चूंकि यह मामला एक शिक्षित युवती का था और राज्य सरकार नहीं रोक पाई, इसलिए यह अधिक गंभीर हो गया। युवा प्रधानमंत्री राजीव गांधी को लगा कि सती प्रथा का ब्रिटिश काल में राजा राममोहन राय ने विरोध किया था। फिर राजस्थान में यह कांड होना सरकार की विफलता तथा अप्रगतिशील होने का

प्रमाण है। इससे जोशी की छवि राजीव गांधी की निगाह में गिर गई और वे नाराज हो गये। जोशी मंत्रिमंडल के पूर्व सदस्य नरेन्द्रसिंह भाटी ने जब विधानसभा में सरकार की आलोचना की तो कांग्रेस विधायकों में यह संदेश गया कि इस कारण राजीव गांधी जोशी से नाराज हो गये हैं। भाटी गांधी परिवार के नजदीक समझे जाते थे।[13]

राजस्थान में सती कांड के विरोध में प्रगतिशील महिला संगठनों के अलावा किसी दल ने कोई आंदोलन नहीं किया। केवल विरोध प्रकट किया गया। कहीं पर भी अवरोध पैदा नहीं हुआ। 6 सितम्बर, 1987 को दिवराला में सती स्थल पर चूंदडी महोत्सव हुआ। जयपुर में महिला संगठनों ने प्रदर्शन किया और जोशी सरकार के त्यागपत्र की मांग की। कुछ महिलाओं ने राजस्थान उच्च न्यायालय में याचिका भी प्रस्तुत की। दिवराला सती स्थल पर आयोजित महोत्सव में लगभग दो लाख स्त्री-पुरुष जमा हुए और धार्मिक भावना के साथ समारोह मनाया गया तथा सती माता की जय के नारे लगे। सरकार के निर्देशानुसार पुलिस ने शांति बनाये रखने की दृष्टि से उसमें हस्तक्षेप नहीं किया।[14]

सती के दिन 4 सितम्बर, 1987 को जयपुर के बालसिंह राठौड़ की पुत्री रूपकंवर, अपने पति मालसिंह का शव अपनी गोद में लेकर जीवित ही जल गई। यह घटना इतनी तेजी के साथ घटी कि तब तक पुलिस मौके पर पँहुच ही नहीं सकी। कुछ दिनों की बीमारी के बाद शिक्षक मालसिंह की मृत्यु सीकर के अस्पताल में हुई थी। स्नातक उत्तीर्ण रूपकंवर से उसका विवाह कुछ महीनों पूर्व ही हुआ था। दुल्हन की तरह सज-धजकर रूपकंवर अपने पति की शवयात्रा में निकल पड़ी। दिन में 2 बजे से 4 बजे के बीच वह मालसिंह के साथ श्मशान में सती हुई थी।[15]

राज्य विधानसभा में लोकसभा जैसा तूफान नहीं मचा। लोकसभा में सरकार ने सती विरोधी विधेयक भी पारित कराया। इस कानून में सती परिवार को संपत्ति के अधिकार से वंचित और महिमामंडित करने वालों को चुनाव लड़ने के अधिकार से अयोग्य घोषित करने का प्रावधान कर दिया। राजस्थान विधानसभा ने भी उसी काल में सती विरोधी कानून बनाया। राज्य सरकार ने सती कांड में गिरफ्तार मामलों की सुनवाई के लिए पृथक न्यायालय की भी स्थापना की। मगर 2005 तक सती कांड तथा महिमामंडित करने के आरोप से सभी निर्दोष घोषित हो गये हैं।

रणथम्भौर यात्रा

राजीव गांधी के कान भरने वाले जोशी मंत्रिमंडल के एक मंत्री नरेन्द्रसिंह भाटी भी थे। जोशी के कार्यकाल में राजीव गांधी 1986 के नववर्ष पर प्रसिद्ध रणथम्भौर राष्ट्रीय उद्यान में आये थे। प्रधानमंत्री के नाते मुख्यमंत्री उनकी आव-भगत करना चाहते थे। चूंकि भाटी का गांधी परिवार से स्वर्गीय संजय गांधी के समय से सम्बन्ध था। जोशी ने भाटी से इस बारे में राय-मशविरा लिया तो उन्होंने उन्हें ऐसा करने से यह कहकर रोक दिया कि राजीव ऐसा नहीं चाहते हैं। लेकिन

वास्तविकता इससे भिन्न थी। फरवरी, 1986 में जब जोशी दिल्ली गये तो राजीव ने अपनी अप्रसन्नता व्यक्त की कि एक मुख्यमंत्री को प्रधानमंत्री का अपने राज्य में औपचारिक सम्मान तो करना ही चाहिए था जबकि जोशी ने राजीव के सम्मान में साथ ले जाने के लिए फल तथा सूखा मेवा भी मंगा रखा था। जोशी ने प्रधानमंत्री से भाटी की भूमिका की पूर्ण जानकारी दी। इस पर राजीव ने भाटी को तुरन्त पदमुक्त करने को कहा। जोशी ने जयपुर लौट कर सबसे पहले नरेन्द्रसिंह भाटी से इस्तीफा ले लिया और वे ग्यारह माह में ही 7 फरवरी, 1986 को पदमुक्त कर दिये गये। भाटी ने बाद में भी जोशी की शिकायतें जारी रखीं।[16]

सरिस्का कांड

अंतिम घटना सरिस्का बाघ अभयारण्य में केन्द्रीय मंत्रिमण्डल की 18-19 दिसम्बर, 1987 को सम्पन्न बैठक की थी। राजीव गांधी का निर्देश था कि इस बैठक के समय अन्य कोई कार्यक्रम नहीं रखा जाय और स्वागत-सम्मान में कोई खर्चा न हो। पूर्ण सादगी के साथ सारी सुरक्षा-व्यवस्था की जाय। जानकार सूत्रों के अनुसार सारी व्यवस्था उसी प्रकार आयोजित की गई थी। प्रधानमंत्री भी स्वयं अपनी गाड़ी चलाते हुए आये थे। उसके आगे पायलेट की गाड़ी भी नहीं थी।

दुर्भाग्य से राजीव गांधी सरिस्का से पूर्व एक मोड़ पर मुड़ गये जहां कई गाड़ियां खड़ी थीं। वह आरक्षित गैराज था। कई ड्राइवर खड़े थे। उन्होंने प्रधानमंत्री को देखकर हंसी-ठिठोली करना शुरू कर दिया जो राजीव ने सुन लिया। सड़क पर मार्क के लिए चूने की पट्टी बनाई गई थी जिसके लिए जोशी विरोधियों ने राजीव से शिकायत की कि आपके निर्देश के बावजूद सड़क को सफेद पेन्ट किया गया है और लाखों रुपया खर्च कर दिया। जब मुख्यमंत्री अपने मंत्रियों के साथ प्रधानमंत्री राजीव गांधी का स्वागत कर रहे थे तब उन्होंने गुस्से में जोशी को फटकारा कि सादगी रखने के उनके निर्देश के बावजूद सरिस्का प्रबंध पर अंधाधुंध खर्चा किया गया।[17] इस घटना का प्रेस में जोरदार कवरेज हुआ। 'टाइम्स ऑफ इंडिया' जैसे देश के प्रमुख समाचारपत्र ने राजीव गांधी की मुख्यमंत्री जोशी जैसे वरिष्ठ कांग्रेसी नेता का अपमान करने की कड़ी आलोचना की।[18]

उपरोक्त घटनाक्रम के कारण राजीव गांधी का मानस बदल गया और जोशी को दिल्ली से पदत्याग का संदेश भिजवा दिया गया। उन्होंने 18 जनवरी, 1988 को त्यागपत्र दे दिया जो 20 जनवरी, 1988 को स्वीकृत हो गया। जोशी के स्थान पर शिवचरण माथुर को पदभार ग्रहण करने का आदेश मिल गया जो पैंतीस माह से सत्ता के बाहर थे। राजीव के कार्यकाल में कांग्रेस पर संकट के काले बादल बहुत तेजी से गरज रहे थे। बोफोर्स कांड यमदूत की तरह देशभर में छा चुका था। इसकी छाया में 22 नवम्बर, 1989 को नवम् लोकसभा के चुनाव हुए। कांग्रेस के दुर्भाग्य से राजस्थान की सभी पच्चीस सीटें उसके हाथ से निकल गईं जो इंदिरा गांधी की शहादत में दिसम्बर 1984 में प्राप्त हुई थीं। कुछ ही माह बाद राज्य विधानसभा के चुनाव होने वाले थे।

राजीव ने फिर सत्ता में परिवर्तन किया और माथुर के स्थान पर जोशी को असम के राज्यपाल का पद छुड़वाकर राजस्थान का नेतृत्व पुनः संभालने के लिए बुलाया।

जोशी बड़े हर्षोल्लास के साथ मुख्यमंत्री का पद संभालने जयपुर पहुंच गये। 3 दिसम्बर, 1989 को राजभवन में शपथ ग्रहण समारोह आयोजित हो गया। किन्तु तब तक उनका राज्यपाल पद का त्यागपत्र राष्ट्रप्रति द्वारा स्वीकृत नहीं हुआ था। इसलिए एक दिन के लिए समारोह स्थगित करना पड़ा। 4 दिसम्बर,1989 को शपथ हुई। उन्होंने विधानसभा चुनाव की दृष्टि से 38 सदस्यीय मंत्रिपरिषद का निर्माण किया। सभी जातियों तथा क्षेत्रों को पूरा प्रतिनिधित्व दिया ताकि चुनाव में पुनः बहुमत प्राप्त किया जा सके। हरिदेव जोशी के इस अल्पकालिक मंत्रिमंडल में अपने अलावा छह मंत्री तथा पाँच राज्यमंत्री नियुक्त किये गये। जोशी के साथ रामदेवसिंह, गुलाबसिंह शक्तावत, रामसिंह विश्नोई, नरपतराम बरबड़, दामोदरदास आचार्य और श्रीमती कमला को मंत्री पद की तथा महेन्द्रकुमार परमार, मूलचन्द मीणा, कृष्णचन्द्र विश्नोई, सोहनसिंह और श्रीमती जकिया को राज्यमंत्री पद की शपथ दिलाई गई। जोशी ने पांच दिन बाद ही 9 दिसम्बर, 1989 को अपने मंत्रिमंडल का पहला विस्तार किया जिसमें पांच मंत्री : हीरालाल देवपुरा, छोगाराम बाकोलिया, माधवसिंह दीवान, बुलाकीदास कल्ला एवं रामकिशन तथा ग्यारह राज्यमंत्री रघुनाथ परिहार, डॉ. गिरिजा व्यास, हीरालाल इंदौरा, रतनलाल ताम्बी, मांगीलाल आर्य, भैरूंलाल मीणा, इकबाल अहमद, हरिमोहन शर्मा, राजेन्द्र चौधरी, दीनबन्धु वर्मा तथा श्रीमती नीलिमाकृष्ण शर्मा और एक उपमंत्री श्रीमती हमीदा बेगम को शामिल किया। इनके अलावा छह संसदीय सचिव इन्द्रसिंह पूनिया, राजेश शर्मा, प्रणवीर व्यास, सुंदरलाल, जगदीशप्रसाद तिवाड़ी तथा परसादीलाल मीणा को मुख्यमंत्री ने पद तथा गोपनीयता की शपथ दिलाई। दूसरे दिन 10 दिसम्बर को थानसिंह को मुख्यमंत्री ने संसदीय सचिव की शपथ दिलाई।

पांच दिन बाद 15 दिसम्बर को पुनः मंत्रिमंडल का विस्तार किया गया जिसमें शीशराम ओला को मंत्री तथा रघुनाथ परिहार, जिन्हें 9 दिसम्बर को राज्यमंत्री नियुक्त किया गया था, की पदोन्नति कर मंत्री पद सौंपा गया।

इस प्रकार जोशी मंत्रिमंडल में मुख्यमंत्री सहित चौदह मंत्री, पन्द्रह राज्यमंत्री, एक उपमंत्री तथा सात संसदीय सचिव हो गये। जोशी ने शिवचरण माथुर के पूर्व मंत्रिमंडल के अधिकांश सदस्यों को पुनः नियुक्त कर लिया था। किन्तु देश में भ्रष्टाचार विरोधी जबर्दस्त वातावरण बना हुआ था। इसलिए कांग्रेस के केवल पचास विधायक ही निर्वाचित हो पाये और अगली सरकार भाजपा-नीत बन गई।

हरिदेव जोशी को दूसरी बार मुख्यमंत्री के कार्यकाल में राजस्थान में भी राजनीतिक हिचकोले लगते रहे थे। यद्यपि कांग्रेस पार्टी में उनका विरोध नहीं था। लेकिन नरेन्द्रसिंह भाटी से ग्यारह माह में ही त्यागपत्र ले लेने से वे उनके आलोचक हो गये। उनके साथ और विधायक नहीं थे। लेकिन जोधपुर जिले के ही दूसरे राज्यमंत्री रामसिंह विश्नोई को जोशी ने पहली बार स्वतंत्र

हरिदेव जोशी मंत्रिमंडल (तृतीय पारी)

शपथग्रहण : 4 दिसम्बर,1989 तथा 9 दिसम्बर 1989

अग्रिम पंक्ति में बायें से दायें : दामोदरदास आचार्य, छोगाराम बाकोलिया, श्रीमती कमला (सभी मंत्री), हरिदेव जोशी (मुख्यमंत्री), सुखदेवप्रसाद (राज्यपाल), हीरालाल देवपुरा, माधवसिंह दीवान तथा बुलाकीदास कल्ला (सभी मंत्री)।

मध्य पंक्ति में बायें से दायें : रामदेवसिंह महरिया (मंत्री), महेन्द्रकुमार परमार, भैंरूलाल मीणा, इकबाल अहमद, डॉ. गिरिजा व्यास, हीरालाल इन्दौरा (सभी राज्यमंत्री), रामसिंह विश्नोई (मंत्री) तथा रतनलाल ताम्बी (राज्यमंत्री)।

पिछली पंक्ति में बायें से दायें : रघुनाथ परिहार (मंत्री), मांगीलाल आर्य, श्रीमती जकिया (दोनों राज्यमंत्री) तथा हमीदा बेगम (उपमंत्री)।

प्रभार के साथ राज्यमंत्री नियुक्त किया था पर चार माह में ही उन्हें पदत्याग कराना पड़ा था। रामसिंह ने अपनी नाबालिग छोटी पुत्री का विवाह कुछ वर्षों पूर्व ही किया था। बालिग होने पर वह अपने पति के साथ नहीं जाना चाहती थी। पुत्री की शिकायत पर समाज में हंगामा मचा। रामसिंह पर पुत्री के साथ अनुचित व्यवहार करने का आरोप लगा। जोशी सरकार की बदनामी होने लगी। तब मुख्यमंत्री को उनसे त्यागपत्र लेना पड़ा। जोशी मंत्रिमंडल के एक और सदस्य रामपाल उपाध्याय से डेढ़ वर्ष बाद ही त्यागपत्र लेना पड़ा। राजस्थान उच्च न्यायालय ने एक मामले में उनकी निन्दा की थी जो बाद में वापस ले ली गई थी।[19] इस प्रकार तीन मंत्रियों के त्यागपत्र से विरोधी दलों को खूब आलोचना का अवसर मिला।

तीन नये विश्वविद्यालयों की स्थापना

यद्यपि स्वयं जोशी ने औपचारिक रूप से उच्च शिक्षा ग्रहण नहीं की थी लेकिन उनके कार्यकाल में उच्चशिक्षा के क्षेत्र में सर्वाधिक काम हुआ। सुखाड़िया के बाद उन्होंने पहली बार विश्वविद्यालयों को पुनर्गठित करने का बड़ा काम हाथ में लिया था। उन्होंने तीन नये विश्वविद्यालयों की स्थापना की। बीकानेर में कृषि विश्वविद्यालय की स्थापना की गई। पहले उदयपुर में यह विश्वविद्यालय था। 1962 में जब यह विश्वविद्यालय वहां स्थापित किया जा रहा था तब सुखाड़िया की आलोचना की गई थी। उन पर अपने क्षेत्र के कारण वहां पर स्थापित करने का आरोप लगा था। उनकी मांग नहरी क्षेत्र के आधार पर गंगानगर या बीकानेर में स्थाापित करने की थी। जोशी ने उदयपुर विश्वविद्यालय को बनाये रखा। मगर कृषि की दृष्टि से बीकानेर में स्थापना की। कोटा में खुला विश्वविद्यालय स्थापित किया। जयपुर स्थित राजस्थान विश्वविद्यालय का पुनर्गठन कर अजमेर के सम्बद्ध कॉलेजों के लिए एक पृथक विश्वविद्यालय की स्थापना की।

संदर्भ

1. पूर्व मुख्यमंत्री, स्वर्गीय हीरालाल देवपुरा : एक भेंटवार्ता, 13 अक्टूबर, 2004
2. पूर्व केन्द्रीय मंत्री, दौलतराम सारण : एक भेंटवार्ता, 5 नवम्बर, 2004
3. गुजरात के राज्यपाल, नवलकिशोर शर्मा : एक भेंटवार्ता, 30 दिसम्बर, 2004
4. राजस्थान का मंत्रिमंडल (1949-2003) राजस्थान विधानसभा सचिवालय, जयपुर
5. अमर पुरोधा : हरिदेव जोशी : डॉ. सरस्वती माथुर, पृ. 48-49
6. विधानबोधनी, अक्टूबर 1997, राजस्थान विधानसभा सचिवालय, जयपुर, पृ. 249-250
7. राजस्थान का मंत्रिमंडल (1949-2003) : राजस्थान विधानसभा सचिवालय, जयपुर, पृ. XXIII

8, 9. हरिदेव जोशी के कनिष्ठ पुत्र सुरेश जोशी से भेंटवार्ता : 13 जनवरी, 2005

10. हरिदेव जोशी के निजी स्टाफ से प्राप्त सूचना के अनुसार : 18 मार्च, 2005

11,12. हरिदेव जोशी के निजी स्टाफ से प्राप्त सूचना के अनुसार :18 मार्च, 2005

13,14,15. Rajasthan Polity, Economy & Society : B.L. Pangariya, N.C. Pahariya, P. 110 to 112

16,17. हरिदेव जोशी के निजी स्टाफ से प्राप्त सूचना पर आधारित :18 मार्च, 2005

18. Rajasthan Polity, Economy & Society : B.L. Pangariya, N.C. Pahariya, P. 113

19. Rajasthan Polity, Economy & Society : B.L. Pangariya, N.C. Pahariya, P. 109

13

आपात्काल

दिनांक 25 जून, 1975 को मुख्यमंत्री हरिदेव जोशी बांसवाड़ा में अपने छोटे पुत्र सुरेश जोशी के विवाहोत्सव में अतिथियों की आव-भगत में व्यस्त थे कि अचानक मध्यप्रदेश के तत्कालीन मुख्यमंत्री पी.सी. सेठी विशेष विमान से तलवाड़ा हवाईपट्टी पर उतरे तो सभी हक्के-बक्के रह गये। वे विवाह में सम्मिलित होने नहीं आये थे। वे 'मैडम', प्रधानमंत्री श्रीमती इंदिरा गांधी से हरिदेव जोशी की फोन पर बात कराने के लिए उन्हें लेने आये थे। जोशी के लिए वह क्षण काटो तो खून नहीं जैसा था। बांसवाड़ा में होट लाइन (टेलीफोन पर दो के बीच सीधी बात) नहीं थी। इसके लिए जोशी को जयपुर ले जाने के लिए स्वयं सेठी बांसवाड़ा आये थे। यह संदेश अन्य किसी को भी नहीं दिया जा सकता था। एक तरफ पुत्र की बारात की चढ़ाई की तैयारी हो रही थी, दूसरी ओर मैडम से बात करने के लिए जयपुर जाने का आदेश था। जोशी बहुत पसोपेश में थे। यह बात किसी को बताई भी नहीं जा सकती थी और जयपुर जाने से मना भी नहीं किया जा सकता था। समय आगे बढ़वाना भी संभव नहीं था। पुत्र के विवाह का समारोह भी नहीं छोड़ा जा सकता था। इस स्थिति में क्या करें ? अन्ततः दोनों ने मिलकर यह रास्ता निकाला कि जोशी बारात लेकर दुल्हन के तोरण द्वार तक जायें और तब तक विमान लौट कर आये। तोरण का कार्यक्रम पूरा कर जोशी जयपुर पहुंचे और मैडम से बात की।[1] दोनों के बीच क्या बात हुई, वे ही जानें । परिणाम यह था कि उसी रात देश में आपात्काल लागू कर दिया गया। जोशी विरोधी दलों के नेताओं की गिरफ्तारियां तथा आपात् प्रबंध करने में लग गये। राज्य के मुख्य सचिव सुंदरलाल खुराना रातों रात केन्द्रीय गृह सचिव नियुक्त होकर दिल्ली जा चुके थे।

आपात्काल क्या– युद्ध की-सी तैयारियां, सब ओर सतर्क, प्रशासन पूर्ण नियंत्रण में, मूलाधिकार भंग, सत्ताईस संगठन, जिनमें राष्ट्रीय स्वयंसेवक संघ, आनन्द मार्ग, जमायते इस्लामी आदि सम्मिलित थे, की गतिविधियों पर प्रतिबंध लगा दिया गया था। समाचारपत्रों पर सेंसरशिप लागू कर दी गई थी। विश्वविद्यालयों तथा कॉलेजों में विद्यार्थी संघों के चुनाव रोक दिये गये। बच्चों के स्कूलों तक में छात्रसभाओं के चुनाव कराने पर प्रतिबंध लगा दिया गया ताकि कहीं कोई संगठित होकर उत्पात न कर बैठे। गुंडों के साथ कालाबाजारियों तथा जमाखारों को जेलों में भेज

दिया गया।[2] सभी सरकारी प्रतिष्ठानों, मुख्य स्थानों, प्रमुख मार्गों, बाजारों आदि पर पुलिस तैनात कर दी गई ताकि कोई विरोध तथा अनहोनी घटना न हो जाय। प्रतिबंधित संगठनों के कार्यालयों को पुलिस ने अपने नियंत्रण में ले लिया।

जनता भौचक्की रह गई। सुबह के समाचार पत्रों में कोई समाचार नहीं था। केवल आकाशवाणी से आपात्काल लागू होने तथा जनता को शान्त रहने, सहयोग और सरकार के कदमों का समर्थन करने का समाचार प्रसारित किया जा रहा था। आपात्काल लागू करने का कारण विरोधी दलों द्वारा देश में आंतरिक विद्रोह किये जाने का गुप्त षडयंत्र बताया जा रहा था।

राजस्थान पत्रिका कार्यालय पर कब्जा

जयपुर में 'राजस्थान पत्रिका' केवल एक मात्र दैनिक समाचार पत्र था जिसने जनता को आपात्काल लागू होने, सरकार द्वारा की गई गिरफ्तारियों तथा उपरोक्त अन्य सूचनाएं देने के लिए दो पृष्ठ का विशेष अंक सुबह 10 बजे तक तैयार कर लिया था। पत्रिका की कुछ प्रतियां छप चुकी थीं। स्टीरियो रोटरी मशीन धड़ा-धड़ तीव्र गति से चल रही थी कि अचानक जयपुर के अतिरिक्त जिला दंडनायक तथा पुलिस उपाधीक्षक ने अपने सिपाहियों के साथ एम.आई.रोड. स्थित पत्रिका कार्यालय और मशीन रूम को अपने कब्जे में ले लिया। मुख्य दरवाजा बंद कर दिया गया। न किसी को बाहर जाने दिया गया और न किसी को अंदर प्रवेश करने दिया गया। मुद्रित पत्रिकाएं, प्लेट्स, लिखे हुए समाचार तथा अन्य मुद्रण योग्य सारी सामग्री को अपने कब्जे में ले लिया और उन्हें वे अपने साथ ले गये। कार्यालय की बिजली और टेलीफोन के कनेक्शन काट दिये गये। साथ ही यह हिदायत दे दी कि किसी भी प्रकार से समाचार प्रकाशित करने का प्रयत्न नहीं करें अन्यथा उसके खमियाजे भुगतने होंगे। संपादकों तथा प्रबंधकों को यह पता नहीं था कि अगला समाचारपत्र प्रकाशित करने दिया जायेगा या नहीं और न इसकी कोई जानकारी देने वाला था। दिन भर की भागदौड़ के बाद रात को यह बताया गया कि राज्य सरकार की स्वीकृति (सेंसर) के बाद ही कोई प्रकाशन किया जा सकेगा। रात में ही बिजली और फोन चालू किये गये। रात को 2.00 बजे स्वीकृत (सेंसर्ड) समाचारपत्र प्रकाशित करने की अनुमति दी गई। विरोधस्वरूप सभी समाचारपत्रों में संपादकीयों (अग्रलेखों) के स्थान खाली छोड़ दिये गये। कई समाचारों में कटौती के कारण पृष्ठों के बीच अनेक सफेद डिब्बे से दिखाई देते थे। यह बंधन 19 माह यानी 18 जनवरी, 1977 तक चालू रहा। दिनभर में एक ही अंक प्रकाशित किया जाता था। समाचारपत्र के कार्यालयों में सेंसर हो सकने वाले भागों को निकालने के लिए एक अलग डेस्क काम करती थी और रात को जिलाधीश कार्यालय के अधिकारी के हस्ताक्षरित समाचारपत्र की नकल छापते थे।

सेंसशिप के कारण जनता की कोई कठिनाई, समस्या, रोष, मांग, आलोचना तथा सरकार विरोधी घटनाएं प्रकाशित नहीं करने दी गईं। विरोधी दलों के गिरफ्तार नेताओं के परिवारों की दुर्दशा, कष्ट, मृत्यु की जानकारी भी जनता तक नहीं पहुंचाई जा सकती थी, उनकी गुप्त गतिविधियां भी प्रकाश में नहीं आ सकीं। इस कारण जनता में कई प्रकार की अफवाहें और चर्चाएं चलती रहती थीं। राष्ट्रीय स्वयंसेवक संघ के भूमिगत स्वयंसेवक साइक्लोस्टाइल पेपर्स के जरिये सरकार के अत्याचारों तथा उनकी गतिविधियों की जानकारी गोपनीय ढंग से लोगों में पहुंचाया करते थे। इन पर न किसी संगठन और न व्यक्ति का नाम होता था। पुलिस ऐसे लोगों की तलाश में रहती थी और पीछा करके गिरफ्तार भी कर लेती थी।

पुलिस और सी.आई.डी. के जवानों की पूर्ण सतर्कता के बावजूद अनेक राजनीतिक कार्यकर्त्ता आपात्काल के कारण होने वाले जोर-जुल्म, मूलाधिकार की समाप्ति और उनकी अभिव्यक्ति की स्वतंत्रता पर प्रतिबंध की जानकारी मौखिक रूप से अपने विश्वसनीय लोगों तक पहुंचाते रहते थे। आपात्काल की समाप्ति के बाद मिली जानकारियों के अनुसार विभिन्न संगठनों के भूमिगत कार्यकर्त्ताओं की गुप्त बैठकें होती रहती थीं। कई बार पकड़े भी जाते थे। ये कार्यकर्त्ता वेश बदलकर एक से दूसरे स्थानों पर जाया-आया करते थे। राजस्थान में कहीं कोई संगठित विद्रोह नहीं हो पाया।

जोशी की सहृदयता

मुख्यमंत्री हरिदेव जोशी चूंकि स्वयं संघर्षों की उपज और धरती से जुड़े नेता थे इसलिए उन्होंने आपात्काल के दौरान विरोधी दलों के बड़े नेताओं के परिवारों की देखभाल की गुप्त व्यवस्था उनके विश्वसनीय लोगों के जरिये कराने का पूरा ध्यान रखा। ऐसे लोगों को मुख्यमंत्री अंधेरी रात में बुलाकर सहायता करने या उनके परिवारों की जानकारी लेने-देने का प्रयत्न करते थे। मुख्यमंत्री के तत्कालीन विश्वस्त लोगों ने बताया कि जोशी यह कहते थे कि "राजनीतिक विरोध उन नेताओं से हैं, उनके परिवार क्यों उसकी सजा पाये ? विरोध के कारण उन नेताओं को जेलों में भेज दिया गया है" गिरफ्तार नेताओं की संख्या इतनी अधिक थी कि उनके लिए कई मकानों को जेलों में परिवर्तित कर दिया गया। कई स्थानों पर नेताओं को एक ही स्थान पर रखा गया। उनके भोजन, रहने की सुख-सुविधाओं, चिकित्सा, पढ़ने-लिखने की सामग्री तथा सेवा-शुश्रूषा में कमी की कोई विशेष शिकायत जेलों से रिहा होने वालों से बाद में भी सामने नहीं आई। रुग्ण नेताओं को चिकित्सालयों में भी रखा गया। परिवारों में विवाह-मृत्यु आदि आवश्यक समय पर पेरोल पर भी रिहा किया जाता रहा था। पेरोल पर छोड़े गये नेताओं पर पूरी निगरानी रखी जाती थी। गिरफ्तार नेताओं में जनसंघ के नेता भैरोंसिंह शेखावत, सतीशचन्द्र अग्रवाल, सर्वोदयी नेता गोकुलभाई भट्ट, सिद्धराज ढढ्ढा, संगठन कांग्रेस के मास्टर आदित्येन्द्र, समाजवादी

नेता पं. रामकिशन शर्मा, स्वतंत्र पार्टी की नेता राजमाता गायत्रीदेवी, जयपुर के पूर्व महाराजा भवानीसिंह, भारतीय लोकदल के चौधरी कुंभाराम, दौलतराम सारण आदि सैकड़ों राज्य स्तर तथा जिलों के नेता शामिल थे। भारतीय कम्युनिस्ट पार्टी ने आपातूकाल लागू करने का समर्थन किया था। इसलिए उसके नेताओं को गिरफ्तार नहीं किया गया था।

राजमाता की आपबीती

जयपुर की राजमाता गायत्रीदेवी ने अपनी जीवनी में आपातूकाल तथा अपनी और पूर्व महाराजा भवानीसिंह की दिल्ली में गिरफ्तारी का विस्तृत विवरण किया है कि किस प्रकार लोकतंत्र की हत्या की गई और निराधार आरोपों के अन्तर्गत उन्हें तिहाड़ जेल में बंद कर दिया गया था। महलों में निवास करने वाले महाराजा और राजमाता को अस्वस्थकर एवं दुर्गन्धयुक्त स्थानों पर रखा गया। उन दोनों की गिरफ्तारी आपातूकाल लागू होने के एक माह बाद जुलाई 1975 के अंतिम दिनों में दिल्ली में की गई जब वह संसद भवन से अपने निवास पर लौटी थीं। उनके साथ ही भवानीसिंह को भी वहीं पर पकड़ा गया था। दोनों को कोफे-पोसा (विदेशी मुद्रा संरक्षण और तस्कर विरोधी कानून) के अन्तर्गत गिरफ्तार किया गया था। उन्हें अपने कानूनी सलाहकारों से सम्पर्क तथा टेलीफोन का उपयोग करने की अनुमति भी नहीं दी गई। थाने पर तीन घंटे रखने के बाद तिहाड़ जेल ले जाया गया। राजमाता को डाक्टरों द्वारा कैदियों को देखने के एक कमरे में रखा गया जहां बांसवाड़ा जिले के आदिवासियों में काम कर रही उग्र वामपंथी नेता श्रीलता स्वामीनाथन पहले से बंद थी। वह राजनीतिक बंदी थी। कमरे के बाहर सड़ांध भरी नालियों की बदबू चारों ओर फैल रही थी। कमरे में केवल एक पलंग था जो श्रीलता ने राजमाता को दे दिया और वह स्वयं फर्श पर सोई। तिहाड़ जेल में महिलाओं के लिए अलग व्यवस्था नहीं थी। वहां न्यायालय में विचाराधीन महिला कैदियों को रखा जाता था। राजमाता ने आरोप लगाया कि "श्रीमती इंदिरा गांधी ने बदला लेने के लिए बिना कानूनी कार्यवाही के अन्य कई लोगों की तरह मुझे जेल में रखा।"[3]

राजमाता ने लिखा कि "वह पहली रात को सो नहीं सकीं। यह सोचती रहीं कि मुझे क्यों पकड़ा गया और कब तक रहना पड़ेगा तथा कब अपने वकीलों से सलाह ले सकूंगी?" उन्होंने आगे लिखा कि दूसरे दिन सुबह चाय दी गई और पूछा गया कि कौनसा समाचारपत्र पढ़ेंगी? मैंने सभी पत्र मांगे तो देखा कि वे सभी सेंशर्ड थे। दो छोटे लड़के इस्माइल और इस्लाम गुलाब के फूल लेकर आये। उनकी माता लैला बेगम ने स्वतः ही कमरे की सफाई की और सभी तरह की मदद करने का कहा। जेल अधीक्षक ने सभी कैदियों को बंद कर देने के बाद 'मुझे बब्बल (भवानीसिंह) के साथ कुछ सिपाहियों की निगरानी में घूमने दिया।' हम दोनों को 'सी' श्रेणी के कैदियों की तरह रखा। ऊपर की अनुमति से 'बी' श्रेणी का भोजन दिया जाता था। कुछ दिनों

बाद उन्हें भवानीसिंह के छोटे भाई जयसिंह (जिन्हें वह 'जॉय' नाम से पुकारती थीं) तथा वकीलों से जेल अधीक्षक के कक्ष में मिलने की अनुमति मिली। वकीलों ने कहा कि आपातकाल के कारण उनको रिहा कराने में समय लगेगा। मैं नहीं जानती थी कि जेल से कब रिहा हो सकूंगी ?[4]

राजमाता और जयपुर महाराजा की गिरफ्तारी की देश-विदेश में कई प्रतिक्रियाएं हुईं। राजमाता ने लिखा कि "बब्बल्स की गिरफ्तारी की सेना में घोर प्रतिक्रिया हुई। कइयों ने जेल अधीक्षक से सम्पर्क किया। लेकिन उन्होंने अपनी विवशता प्रगट की कि वह कुछ नहीं कर सकता है।" जयपुर में कई लोगों ने राजमहल में पेट (पृथ्वीराज) से सम्पर्क कर प्रदर्शन करना चाहा, लेकिन उन्होंने उन्हें ऐसा कुछ नहीं करने को कहा, अन्यथा राजमाता को हानि होगी। विदेशों में कई प्रभावशाली लोगों, जिनमें मुख्यतः डिक्की माउण्टबैटन ने राजमाता की ओर से हस्तक्षेप करना चाहा। विदेशों में स्थित कई राजदूतालयों लंदन, मैड्रिड, पेरिस आदि स्थानों, जहां स्वर्गीय महाराजा तथा राजमाता के मित्र थे, उन्होंने पूछताछ की। **यहां तक कि कुछ अनजान विदेशी लोगों ने अपने पत्रों द्वारा राजमाता को "भारत में तानाशाही शासन से उन्हें मुक्त कराने के लिए विवाह तक करने के प्रस्ताव किये थे।"**[5] विवाह के बाद राजमाता जेल से रिहा होकर विदेश में कहीं पर भी जा सकती थीं तथा वहां रह सकती थीं क्योंकि कानून में ऐसा प्रावधान बताते हैं।

ग्वालियर की राजमाता तथा भाजपा की सांसद श्रीमती विजयाराजे सिंधिया (राजस्थान की वर्तमान मुख्यमंत्री वसुन्धरा राजे की माताश्री) को भी पास ही की एक कोठरी तैयार कराके उसमें लाया गया। अगस्त, 1975 का महीना था। बरसात शुरू हो चुकी थी। राजमाता विजयाराजे, गायत्रीदेवी के कमरे के बाहर स्थित बरामदे में सोना चाहती थीं क्योंकि कोठरी में उमस बहुत थी। गायत्रीदेवी ने एक पर्दा लगवाकर उनके सोने की व्यवस्था की।[6]

गायत्रीदेवी तथा भवानीसिंह के वकील उन्हें रिहा कराने के प्रयत्न में लगे हुए थे। ढाई माह बाद भवानीसिंह को पैरोल पर रिहा करने के आदेश हो गये। अब गायत्रीदेवी जेल में अकेली रह गईं। वह सोचने लगीं कि "क्या कभी वह भी रिहा हो सकेंगी या जेल में ही मर जाएंगी, तब जगत (उनका पुत्र) पर उसका क्या प्रभाव पड़ेगा ?"[7]

गायत्रीदेवी के मुंह में छाले हो गये तब उन्हें जेल के सहायक अधीक्षक, एक पुलिस अधिकारी और एक ट्रक सशस्त्र सिपाहियों के साथ प्राइवेट अस्पताल ले जाया गया। तब वह सोचने लगीं कि "अगर वह भागने की कोशिश करे तो क्या यह सशस्त्र पुलिस उसे गोली मारने के लिए है।"[8] बाद में फिजियोथेरेपी के लिए विलिंग्टन अस्पताल भी ले जाया जाने लगा। दोनों राजमाताओं ने जेल में ही साथी कैदियों के साथ त्योहार मनाये। दशहरे पर ग्वालियर राजमाता ने बच्चों को मिठाइयां तथा कपड़े वितरित किये। दिवाली पर तेल के दीये जलाये तथा आतिशबाजी की। ईद पर लैला बेगम ने, जो जयपुर राजमाता का कमरा साफ करती थी, मीठी दूध की सिवैयां खिलाईं।[9]

नववर्ष से पूर्व गायत्रीदेवी का वजन कम हो जाने तथा दाईं ओर दर्द रहने से गोविन्द बल्लभ पंत अस्पताल में भर्ती कराया गया। पहली रात कमरे में चूहों तथा रक्षकों के बूटों की आवाज के कारण नहीं सो सकीं। दूसरे दिन उन्हें साफ बाथरूम वाले कमरे में भिजवा दिया गया।

आखिर तिहाड़ जेल में 156 रातें बिताने के बाद गायत्रीदेवी को बीमारी के कारण 11 जनवरी, 1976 को पैरोल पर रिहा कर दिया गया। दो दिन दिल्ली में ठहरकर वह जयपुर लौटीं। फिर वहां से इलाज के लिए मुंबई (बंबई) गईं जहां उनके गाल ब्लेडर का ऑपरेशन किया गया। फिर बंगलोर में कुछ दिन आराम कर सितम्बर, 1976 तक जयपुर लौटीं।[10]

बाद में आपात्काल समाप्त कर दिये जाने तथा आम चुनाव हो जाने से कांग्रेस शासन का अंत हो गया। विपक्षी नेतागण पहले ही रिहा किये जा चुके थे। अब सभी दलों के विलय से निर्मित जनता पार्टी का शासन हो गया था। 'नो पैरोल, नो ट्रायल सभी का अंत हो चुका था'। देश में फिर से जनतांत्रिक संवैधानिक व्यवस्था प्रारम्भ हो चुकी थी। राजमाता का पासपोर्ट आपात्काल में जब्त किया जा चुका था। जनता शासन के केन्द्रीय गृहमंत्री चरणसिंह के पास वह अपना पासपोर्ट पुनः जारी करवाने गईं तो पता चला कि "राष्ट्र-विरोधी गतिविधियों के झूठे आरोप में वह रद्द कर दिया गया था।"[11] यह तो एक राजमाता की कहानी थी। देश में कांग्रेस विरोधी दलों के हजारों नेताओं की ऐसी अनेक अच्छी-बुरी (कष्टप्रद) कहानियां हैं। राजस्थान भी उनमें से एक था। यह था उन्नीस माह का पहला और संभवतः अंतिम आपात्काल।

कानसिंह आयोग

दिल्ली में आपात्काल के दौरान केन्द्रीय सरकार द्वारा की गई ज्यादतियों की न्यायिक जांच के लिए शाह आयोग की नियुक्ति की गई थी। वैसा ही एक सदस्यीय कानसिंह न्यायिक आयोग राजस्थान में जनता पार्टी की भैरोंसिंह शेखावत सरकार ने नियुक्त किया था। न्यायाधीश कानसिंह ने उन्नीस माह तक कड़ा परिश्रम कर अपने प्रतिवेदन उसी सरकार को 1979 में सुपुर्द कर दिये थे। कुछ माह बाद जनता पार्टी की सरकार बर्खास्त होने पर 17 फरवरी, 1980 को राष्ट्रपति शासन लागू कर दिया गया था। बाद में कांग्रेस की सरकार बन गई। कानसिंह आयोग के प्रतिवेदनों पर आगे की कार्यवाही का कोई पता नहीं चलता है। न्यायाधिपति कानसिंह ने लगभग सात हजार मामलों की जांच की थी। आयोग की सहायता के लिए पुलिस उप महानिरीक्षक के नेतृत्व में उसके पास एक अनुसंधान दल तथा अन्य अधिकारी एवं कर्मचारी थे। आयोग ने सबसे पहले शिकायतों से संदर्भित सारा सरकारी रिकार्ड अपने अधीन ले लिया था ताकि उनके साथ कोई छेड़छाड़ नहीं कर सकें। आयोग ने विभिन्न मामलों के लगभग पांच सौ प्रतिवेदन सरकार को सौंपे थे।

इक्काणवें वर्षीय वृद्ध न्यायाधीश कानसिंह ने जोधपुर से फोन पर बताया कि प्राप्त परिवादों को सात-आठ वर्गों में विभाजित कर लिया गया था। उनमें मुख्य वर्ग अनावश्यक बंदीकरण, अतिक्रमण हटाने के लिए तोड़फोड़, परिवार नियोजन के अन्तर्गत जबरन नसबंदी तथा अन्य प्रकार की ज्यादतियों आदि के थे। न्यायाधीश कानसिंह ने निर्दोष बंदियों को नकद भुगतान कराने की सिफारिश की। नकद भुगतान दो श्रेणियों में कराया गया। जो व्यक्ति आयकर देते थे उन्हें छह सौ रुपये मासिक तथा गैर आयकर दाताओं को तीन सौ रुपये मासिक बंदीकाल का मुआवजा देने का आदेश था। दोनों श्रेणियों में लगभग छह सौ बंदियों को मुआवजा देने की सरकार से सिफारिश की थी। यह भुगतान लाखों रुपयों में किया गया।[12]

जबरन नसबंदी के कई मामले प्रमाणित हुए थे। आयोग ने अपने सभी प्रतिवेदन सरकार को सुपुर्द कर दिये। उनके पास भी उनकी प्रतिलिपि नहीं है। आज वे प्रतिवेदन आसानी से उपलब्ध नहीं हो रहे हैं। न्यायाधिपति कानसिंह ने अपनी स्मृति के आधार पर फोन पर बताया कि एक मामला ऐसा था जिसमें पैंसठ वर्षीय तथा एक अन्य में उन्नीस वर्षीय अविवाहित युवक की जबरन नसबंदी कर दी गई थी।

दो मामले शाह आयोग को प्रेषित किये गये थे। उनमें एक मामला तत्कालीन प्रधानमंत्री श्रीमती इंदिरा गांधी के विशेष सहायक तथा वर्तमान में कांग्रेस के नेता तथा राज्यसभा सांसद आर.के. धवन का है। धवन ने कुछ स्कूलों को सरकार के नियंत्रण में लेने का राज्य सरकार को निर्देश दिया था। दूसरा मामला दिल्ली में आयोजित कांग्रेस रैली के लिए तत्कालीन राजस्थान राज्य विद्युत मंडल के कई ट्रक राज्य सरकार के आदेश से भेजे गये थे। ये आरोप उन ट्रकों की लॉग बुक्स से प्रमाणित हो गये थे।

सरकारी भूमि पर से अतिक्रमण हटाने के नाम पर कई लोगों के निजी मकान तथा अन्य निर्माण अवैध रूप से तोड़ दिये गये। आयोग ने ऐसा करने वालों को दोषी घोषित किया तथा कुछ मामलों में पुनर्निर्माण तक के आदेश दिये थे। कई मामलों में मुआवजे का भुगतान करने की सिफारिश की।[13]

जयपुर के राजघरानों पर छापे

राजस्थान में पूर्व राजघरानों के दो ही मामले सामने आये। इनमें एक जयपुर राजघराने का था जिसमें आयकर विभाग के अधिकारियों ने आपातकाल से पूर्व 11 फरवरी, 1975 को सिटी पैलेस, रामबाग पैलेस, जो पूर्व महाराजा भवानीसिंह का निवास था, मोतीडूंगरी स्थित राजमाता गायत्रीदेवी का निवास स्थान, राजमहल, जहां जयसिंह तथा पृथ्वीराज रहते थे तथा दिल्ली स्थित सांसद गायत्रीदेवी के मकान पर एक साथ छापे मारकर सभी स्थानों की पूरी तलाशी ली।

राजमाता ने लिखा कि दो दिन बाद जयगढ़ में भी छानबीन की गई। यह अनुसंधान कई सप्ताहों तक चलता रहा। प्रतिदिन रेडियो तथा समाचारपत्रों में उसकी अतिशयोक्तिपूर्ण जानकारी दी जाती थी। एक दिन मोतीडूंगरी महल में पत्थरों के फर्श के नीचे सोने के सिक्कों का भण्डार पाकर आयकर अधिकारी चमत्कृत रह गया। राजमाता के अनुसार यह खजाना 'जय' पूर्व महाराजा मानसिंह (द्वितीय) ने नाहरगढ़ किले से, जो जयपुर रियासत का कोषगृह था, विलय से पहले मोतीडूंगरी में स्थानांतरित किया था। उसका जयपुर रियासत के अंतिम बजट में पूरा लेखा-जोखा दिया हुआ है।[14] गायत्रीदेवी के अनुसार यह उत्पीड़न का अध्याय चलता रहा और वह मोतीडूंगरी छोड़कर लिलीपूल (महल का नाम) में रहने के लिए चली गईं।

अलवर युवराज द्वारा आत्महत्या

अलवर राजघराने का मामला बहुत संगीन तथा लोकतंत्र पर कलंक कहा जा सकता है। अलवर के युवराज प्रतापसिंह को आपात्काल में गिरफ्तारी से बचने के लिए अपने ही निवास स्थान फूलबाग महल में गोली मारकर आत्महत्या करनी पड़ी थी। अलवर के तत्कालीन युवराज प्रतापसिंह, जो बहुत सादगीपूर्ण जीवन बिताते थे, 1967 के चौथे आम चुनाव से कांग्रेस के विरुद्ध सक्रिय रूप से काम करते थे। वे नवयुवक थे। बनियान रहित सफेद खादी का कुर्ता-पजामा मात्र पहनते थे। पैरों में रबड़ के हवाई चप्पल होते थे। नंगे सिर रहते थे। बहुत सीधे-सादे, नाटे कद के दुबले पतले थे। विदेशी कार में यात्रा करते थे। सरल हिन्दी में कांग्रेस की धुआंधार तीखी आलोचना करते थे।

न्यायाधीश कानसिंह के अनुसार आपात्काल में गृह सचिव रामसिंह ने अलवर के जिलाधीश आदर्शकिशोर सक्सेना को युवराज प्रतापसिंह को गिरफ्तार कर जयपुर लाने तथा अजमेर जेल में रखने का फाइल पर लिखित आदेश प्रदान किया था। उन पर सरकार विरोधी काम करने का आरोप था। उनको गिरफ्तार करने के लिए राजकुमार के निवास स्थान फूलबाग पैलेस को पुलिस ने दोनों ओर से घेर लिया। न किसी को अंदर जाने दिया गया और न किसी को बाहर आने दिया गया। बाहर से बिजली, पानी, टेलीफोन के सम्बन्ध विच्छेद कर दिये गये। यह क्रम कई दिनों तक चला। मगर उन्होंने आत्मसमर्पण नहीं किया। वे बहुत दुखी हो गये और अंत में गोली मारकर आत्महत्या कर ली। उनके साथ एक पशु चिकित्सक भी मृत पाये गये। न्यायाधीश ने बताया कि फूलबाग पैलेस के एक हिस्से पर कांग्रेस के पूर्व मंत्री स्वर्गीय शोभाराम का भी अवैध कब्जा पाया गया। वह अलवर राजघराने को वापस दिलाया गया।[15]

वागडपुत्र • हरिदेव जोशी

हरिदेव जोशी

वागडपुत्र हरिदेव जोशी स्वतंत्रता संग्राम की दूसरी पीढ़ी के राजस्थान के अंतिम मुख्यमंत्री थे। उन्होंने तीन चरणों में साढ़े छह वर्ष तक राज्य का शासन संभाला। जोशी राजस्थान के ही नहीं अपितु समूचे देश के एक मात्र ऐसे विधायक थे जिन्होंने अपने जीवन केअंतिम दिन तक (केंवल कुछ माह को छोड़कर जब वे असम के राज्यपाल के पद पर 10 मई, 1989 से 3 दिसम्बर, 1989 तक रहे) पहली से दसवीं विधानसभा के निरन्तर सदस्य होने का गौरव प्राप्त किया। ऐसे निर्वाचित जननेता देश में कम ही पाये जाते हैं। इक्यावन वर्ष की आयु में उन्हें निर्वाचित मुख्यमंत्री का पद प्राप्त हो गया था। आदिवासियों का उत्थान उनका सपना था और राजस्थान के निर्माण के बाद वागड क्षेत्र में जितना काम हुआ उसका श्रेय जोशी के अलावा अन्य किसी को नहीं जाता है। आज यदि कोई उस क्षेत्र का भ्रमण करे तो आदिवासी संस्कृति को छोड़कर राज्य के अन्य भागों से अन्तर नहीं कर पायेगा। आदिवासियों में गरीबी, अशिक्षा, बेरोजगारी जन्म-जन्मांतर से अवश्य विद्यमान हैं। आधुनिक साधन-सुविधाओं तथा विकास का मार्ग अब अवश्य खुल गया है लेकिन भौगोलिक तथा परम्परागत धारणाओं, दुर्बलताओं और अवसरों के अभाव में भोला, सीधा-सादा आदिवासी आज भी शोषण से मुक्त नहीं हो पाया है। उन्हें अभी भी अन्य क्षेत्रों के लोगों के समकक्ष लाने के लिए बहुत कुछ किया जाना है।

बांसवाड़ा जिले में माही बांध के डूब में आये 'खांदू' गांव के एक गरीब किन्तु संस्कारित ब्राह्मण परिवार में जोशी का जन्म 17 दिसम्बर, 1921 को हुआ था। लगभग दस वर्ष की आयु में बांसवाड़ा नगर में तीसरी श्रेणी में प्रवेश लिया। पुस्तकें पढ़ने का ऐसा शौक लगा कि बांसवाड़ा की हेम्लिटन लायब्रेरी की प्रायः सभी पुस्तकें पढ़ डालीं और हरिजन बस्ती के बच्चों को पढ़ाने लगे। यहीं से उनका सत्ता से संघर्ष शुरू हो गया। बांसवाड़ा के महाराजा ने बच्चों को पढ़ाने पर आपत्ति की और अध्यापक पिता पन्नालालजी को रोकने का आदेश दिया। तब से ही आदिवासियों को साक्षर करना तथा सामंती शोषण के विरुद्ध आवाज उठाना उनके जीवन का लक्ष्य बन गया था। प्रजामंडल के झंडे तले डूंगरपुर-बांसवाड़ा क्षेत्र में स्वतंत्रता संग्राम में इस युवक ने अदम्य साहस, त्याग तथा बहादुरी से अपने अग्रजों के साथ कंधे-से-कंधा मिलाकर भाग लिया। अपने जीवन की परवाह न कर सामंती शोषण के सामने डटे रहे।

स्वतंत्रता संग्राम की पहली पीढ़ी मुश्किल से पौने छह वर्ष सत्ता में रह पाई। स्वर्गीय मोहनलाल सुखाड़िया से दूसरी एवं नव पीढ़ी ने उत्तरदायित्व संभालना शुरू किया। जोशी उस क्रम में तीसरे मुख्यमंत्री थे। सुखाड़िया के उत्तराधिकारी स्वर्गीय बरकतुल्लाखां थे। जोशी ने यह पदभार 1973-1977, 1985-1988 एवं 1989-1990 में साढ़े छह वर्ष संभाला था। इस बीच भैरोंसिंह शेखावत, जगन्नाथ पहाड़िया, शिवचरण माथुर, हीरालाल देवपुरा को भी यह सौभाग्य प्राप्त हुआ था। इसके बाद शेखावत के काल को छोड़कर तीसरी पीढ़ी को ही राजस्थान के नेतृत्व का अवसर मिला है।

राजनीति के खिलाड़ी

स्वतंत्रता संग्राम की उपज जोशी राजनीति के पक्के खिलाड़ी थे और कांग्रेस संगठन उनके लिए सर्वाधिक महत्वपूर्ण था। उसका परचम ही उनका दिशाबोध था। इस कारण उन्हें कई संघर्षशील पीड़ाओं से गुजरना पड़ा। उनके नेता सुखाड़िया के साथ उनका संघर्ष श्रीमती इंदिरा गांधी से शुरू हुआ और संजय गांधी के बाद राजीव गांधी तक चला। यह लोकतांत्रिक पद्धति में 'संगठन के सिद्धान्त' के विरुद्ध 'नेतृत्व ही सर्वोपरि' की लड़ाई थी। समय के साथ सामूहिक शक्ति का स्थान व्यक्ति ने ले लिया और यही दलीय धर्म एवं अनुशासन हो गया। आज यही कांग्रेस संगठन का सिद्धान्त और सत्ता प्राप्ति के लिए जातीय शक्ति का आधार ही लोकतंत्र है। जोशी भी इस धर्म को निभाते चले गये।

जोशी को अपने पहले मुख्यमंत्रित्व के कार्यकाल में आपात्काल जैसी अलोकतांत्रिक परीक्षा से गुजरना पड़ा। उसमें उन्होंने केन्द्रीय सरकार के सभी निर्देशों का पूर्ण पालन किया। लेकिन विपक्षी राजनेताओं तथा उनके परिवारजनों की देखभाल और चिन्ता की अनदेखी नहीं की। आपात्काल में अचानक मार्क्सवादी कम्युनिस्ट पार्टी के नेता तथा पश्चिमी बंगाल के पूर्व मुख्यमंत्री ज्योति बसु को जयपुर लाया गया। तब उनका सामान भी साथ नहीं था। जोशी ने मानवीय दृष्टि से उनके लिए कपड़ों तथा शेविंग के सामान की व्यवस्था की। आपात्काल में राजस्थान में भी वह सब कुछ हुआ, जो केन्द्रीय नेतृत्व के निर्देशानुसार अन्य राज्यों में किया गया। फिर भी जोशी को आपात्काल के बाद सम्पन्न विधानसभा के चुनाव में निर्वाचित होने का सौभाग्य प्राप्त हुआ।

संगठन के आदमी होने से जोशी को युवा अवस्था में सन् 1949 में अखिल भारतीय कांग्रेस महासमिति का सदस्य चुने जाने का अवसर प्राप्त हो गया और एक वर्ष पश्चात 1950 में प्रदेश कांग्रेस के महामंत्री नियुक्त किये गये। इस पद पर वे 1959 तक बने रहे। उनतीस वर्ष की आयु में ही वागडपुत्र का कार्यक्षेत्र राजस्थान और निवास स्थान जयपुर हो गया था।[16] 'कुछ कर गुजरने' का सपना संजोने वाला यह युवक एक हाथ से फर्राटे के साथ जयपुर की सड़कों पर

ज़ीप दौड़ाते हुए कांग्रेस की जड़ें सींचता रहा। (बायां हाथ फुटबाल खेलते हुए टूट जाने पर सड़ने के कारण काटना पड़ा था।[17]) परिणामस्वरूप इकतालीस वर्ष की आयु में प्रदेश कांग्रेस के अध्यक्ष चुन लिये गये। चार वर्ष के अपने कार्यकाल में कांग्रेस के दो बड़े समारोह आयोजित कर लिये। 1963 में एस.एम.एस. मेडिकल कॉलेज के ग्राउण्ड पर सम्पन्न अखिल भारतीय कांग्रेस महासमिति के अधिवेशन में तत्कालीन प्रधानमंत्री स्वर्गीय जवाहरलाल नेहरू ने भाग लिया था। यह अधिवेशन 1962 के भारत-चीन युद्ध के बाद हुआ था। 1966 में उन्होंने सवाई मानसिंह स्टेडियम में कांग्रेस का महाअधिवेशन 1965 के भारत-पाक युद्ध के बाद आयोजित किया था। उसी वर्ष प्रधानमंत्री लालबहादुर शास्त्री के आकस्मिक एवं असामयिक निधन के बाद श्रीमती इंदिरा गांधी प्रधानमंत्री निर्वाचित हुई थीं और उसमें उन्होंने भाग लिया था। इससे कुछ माह पूर्व ही जून 1965 में पहली बार जोशी को सुखाड़िया मंत्रिमंडल में सम्मिलित किया गया और राजस्थान में औद्योगिकरण का दायित्व सौंपा गया था।

पत्रकार

जोशी राजनेता ही नहीं पत्रकार भी थे। सुखाड़िया के 1954 में मुख्यमंत्री निर्वाचित होने के बाद उनका पक्ष रखने वाला कोई दैनिक समाचार पत्र नहीं होने के कारण दैनिक 'नवयुग' प्रारम्भ किया गया जिसके प्रधान संपादक हरिदेव जोशी थे। प्रदेश कांग्रेस के मुखपत्र 'कांग्रेस संदेश' साप्ताहिक के संपादक का भार भी उन्होंने वहन किया था। वर्षों पूर्व डूंगरपुर में 'लोकवाणी' के संवाददाता थे। पत्रकार होने के कारण वे पत्रकारों से सामीप्य अनुभव करते थे। दो घटनाएं उनके इस सम्बन्ध को दर्शाती हैं। एस.एम.एस. मेडिकल कॉलेज के कुछ छात्रों ने अस्पताल के विरुद्ध प्रकाशित समाचारों के विरोध में 1965 में 'राजस्थान पत्रिका' पर रात को हमला किया था और आधुनिकतम एवं आयातित मशीन तोड़ डाली थी। जयपुर में घी-वालों के रास्ते में स्थित कार्यालय में स्थित कम्पोज रूम में टाइप के केस उलट दिये जाने से वह पुनः शीशा हो गया। पुलिस को बार-बार सूचना देने पर भी कोई कार्रवाही नहीं हुई। तब मैंने जनसम्पर्क मंत्री के नाते रात के तीन बजे फोन से जब उन्हें घटना की सारी जानकारी दी तो उन्होंने तत्काल पुलिस के अधिकारियों को भिजवाया।

पत्रिका के संदर्भ में ही दूसरा मामला था। 1968 में राजनीतिक कारणों से एक उद्योगपति ने 'राजस्थान पत्रिका' पर अपना फर्जी स्वामित्व घोषित कर उसके असली संस्थापक-संपादक कर्पूरचन्द कुलिश एवं उसके महाप्रबंधक लक्ष्मीनारायण शर्मा को निलंबित कर उस पर अपना कब्जा कर लिया। दो दिन तक 'राजस्थान पत्रिका' के अलग-अलग स्वामी एवं संपादक के नाम से दो प्रकार के अखबार प्रकाशित हुए। न्यायालय से दो दिन में ही कुलिश का वैध अधिकार मान्य हुआ और उद्योगपति को 'राजस्थान पत्रिका' के नाम से समाचारपत्र प्रकाशित नहीं करने के

लिए प्रतिबंधित किया गया। पत्रिका के इस संकटपूर्ण समय में हरिदेव जोशी ने पत्रकार धर्म का निर्वाह किया। दोनों पक्षों के बीच समझौता कराया और उस विवाद को हमेशा के लिए दफन करवा दिया। बाद में जोशी नवनिर्मित राजस्थान पत्रिका ट्रस्ट के अध्यक्ष भी कुछ माह के लिए रहे।

अप्रिय प्रसंग

जोशी के जीवन का अप्रिय प्रसंग आपात्काल में कांग्रेस के 'अधिनायक' संजय गांधी को बीकानेर में रेलवे स्टेशन के बाहर से निकाले गये जुलूस में सुंदरतम सजे हुए ऊंट पर बिठाने के लिए मुख्यमंत्री ने अपने कंधे से चढ़ाया। इंदिरा गांधी के कनिष्ठ पुत्र संजय गांधी युवक कांग्रेस के नेता मात्र थे। संजय गांधी का भव्य स्वागत करने के लिए राज्य सरकार का प्रशासन लगा दिया गया था। यहां तक कि उनके स्वागत में रेलवे स्टेशन के प्लेटफार्म पर मुख्यमंत्री जोशी के नेतृत्व में मंत्रिमंडल के सदस्यों ने 'संजय गांधी जिन्दाबाद' तक के नारे लगाये। जनतांत्रिक कांग्रेस संगठन का इतना लज्जाजनक प्रदर्शन इससे पूर्व राजस्थान में देखने को नहीं मिला। उसकी चरम सीमा आपात्काल में देखने को मिली जब उसी नेता ने आयु में अपने से कई वर्ष बड़े और स्वतंत्रता सेनानी मुख्यमंत्री को सार्वजनिक रूप से अपशब्द कह कर अपमानित किया था। बाद में उनके ज्येष्ठ भ्राता तथा प्रधानमंत्री स्वर्गीय राजीव गांधी ने कठपुतली की तरह मुख्यमंत्री पद से हटाया और कांग्रेस की स्थिति पतली होने पर पुनर्नियुक्त किया। लोकतांत्रिक समाज में ऐसा घटिया राजनीतिक व्यवहार कल्पना से परे है। जोशी अपनी इस पीड़ा को अधिक दिनों तक सहन नहीं कर पाये। अन्ततः 28 मार्च, 1995 को बॉम्बे हॉस्पिटल, मुबंई में इस संसार से अलविदा हो गये। कांग्रेस संगठन के लिए अति महत्वपूर्ण व्यक्ति रहे जोशी अपने जीवन में 1957 से 63 तक विधानसभा कांग्रेस दल के मुख्य सचेतक, 1957 से 65 तक विधानसभा की जन लेखा समिति के सभापति तथा 1990-92 तक विधानसभा में प्रतिपक्ष के नेता के पद पर रहे। 20 जनवरी, 1988 को मुख्यमंत्री पद से विलग होकर 10 मई, 1989 को असम के राज्यपाल की शपथ ग्रहण की। असम के साथ मेघालय के कार्यवाहक राज्यपाल तथा एक माह के लिए पश्चिम बंगाल के राज्यपाल का अतिरिक्त कार्यभार भी संभाला।[18] इस काल में एक दिन शासकीय शिष्टाचार की एक विशिष्ट स्थिति उत्पन्न हो गई थी। जोशी राज्यपाल थे, उनकी कार विमानतल पर हवाईजहाज तक जा सकती थी। लेकिन मुख्यमंत्री की नहीं। कोलकाता के हवाईअड्डे पर राज्यपाल जोशी कार से विमान तक जा रहे थे, उन्होंने पश्चिम बंगाल के मुख्यमंत्री ज्योति बसु को पैदल आते देखा तो वे भी उतर गये और उनके साथ चलने लगे। बसु ने जोशी से कार द्वारा ही जाने का बहुत आग्रह किया मगर वे नहीं माने। वहां उपस्थित लोगों ने जोशी द्वारा दिये गये मान की खूब प्रशंसा की।[19]

संदर्भ

1. हरिदेव जोशी के कनिष्ठ पुत्र सुरेश जोशी से भेंटवार्ता : 1 मार्च, 2005
2. Rajasthan Polity, Economy & Society : B.L. Pangariya, N.C. Pahariya P. 92

3-5. A Princess Remembers : Gayatri Devi, P. 370-371, 372-373

6-10. A Princess Remembers : Gayatri Devi, P. 370-371, 372-373, 376, 383-384

12,13. कानसिंह आयोग : न्यायाधिपति कानसिंह से फोन पर जोधपुर में वार्ता, दि. 20 मार्च, 2005

14. A Princess Remembers : Gayatri Devi, P. 368

15. कानसिंह आयोग : जोधपुर में न्यायाधीश कानसिंह से फोन पर वार्ता : दि. 20 मार्च, 2005

16,17. अमर पुरोधा : हरिदेव जोशी : डॉ. सरस्वती माथुर, पृ. 5-27

18. राजस्थान वार्षिकी, 1997 : संपादक, सीताराम झालानी, खण्ड 8, पृ. 51

19. जोशी के निजी स्टाफ के अनुसार : 18 मार्च, 2005

14

भैरोंसिंह शेखावत के साढ़े दस वर्ष

आपातूकाल के बाद 1977 में सम्पन्न विधानसभाओं के चुनाव में उत्तरी भारत के कई अन्य राज्यों की तरह राजस्थान में भी पहली गैरकांग्रेसी सरकार बनी और उसके मुख्यमंत्री वर्तमान उपराष्ट्रपति भैरोंसिंह शेखावत चुने गये। स्वतंत्रता के ठीक तीस वर्ष बाद केन्द्र के समान राजस्थान में भी पांच दलों के विलय से निर्मित जनता पार्टी का शासन स्थापित हुआ था। पूर्व रियासती राज्य राजस्थान में 1952 तथा 1967 में ऐसे अवसर आये थे जब गैरकांग्रेसी सरकारें स्थापित हो सकती थीं। किन्तु प्रथम आम चुनाव के तत्काल बाद जोधपुर के पूर्व महाराजा स्वर्गीय हनुवन्तसिंह की विमान दुर्घटना में अकस्मात मृत्यु हो जाने से राजाओं और जागीरदारों का सपना तिरोहित हो गया। चौथे आम चुनाव में कांग्रेस की व्यूहरचना ने गैरकांग्रेसी दलों के प्रयत्न विफल कर दिये किन्तु आपातूकाल के कारण प्राप्त जनादेश ने उनका सपना साकार कर दिया।

न जनता और न राजनीतिक पंडितों को कभी यह अनुमान था कि पहला गैरकांग्रेसी मुख्यमंत्री किसी राजा या जागीरदार के बजाय एक साधारण किसान पुत्र होगा। लेकिर्न यह स्वीकारोक्ति पूर्व राजाओं तथा जागीरदारों के लिए आसान नहीं थी, यदि जनता पार्टी के केन्द्रीय नेतृत्व का निर्णय नहीं होता या उनके पास विधायकों का बहुमत न होता। तत्कालीन स्वतंत्र पार्टी की उपाध्यक्षा तथा जयपुर की पूर्व राजमाता गायत्रीदेवी ने अपनी आत्मकथा 'ए प्रिन्सेस रिमेम्बर्स' में लिखा है कि "नये निर्वाचित विधायकों को मुख्यमंत्री को चुनना था। यह कठिन काम था क्योंकि नये निर्वाचित विधायक विभिन्न दलों से आये थे। प्रत्यक्ष पसंद डूंगरपुर के पूर्व महारावल लक्ष्मणसिंह की थी जो परिपक्व, स्पष्ट वक्ता, उच्चकोटि के बुद्धिमान व्यक्ति थे और 1952 के प्रथम आम चुनाव से विपक्ष में थे। लेकिन दिल्ली से आदेश आया था कि जनसंघ के नेता भैरोंसिंह शेखावत मुख्यमंत्री होंगे।"[1]

स्वतंत्र पार्टी का प्रयत्न विफल

वस्तुतः स्वतंत्र पार्टी के नेताओं ने दिल्ली के उपरोक्त निर्णय को इतनी आसानी से स्वीकार नहीं

किया। स्वतंत्र पार्टी के ही अन्य प्रभावशाली तथा राजमाता के समर्थक, अभिन्न एवं आज्ञाकारी पूर्व उणियारा ठिकाने के रावराजा के छोटे भ्राता दिग्विजयसिंह ने एक भेंट में बताया कि 'दिल्ली में जनता पार्टी के केन्द्रीय नेतृत्व ने राजस्थान को भारतीय जनसंघ को बंटवारे में दे दिया था।'[2] इस तथ्य को तत्कालीन भारतीय लोकदल के नेता दौलतराम सारण ने और स्पष्ट करते हुए बताया कि '1977 में चुनाव के बाद जनता पार्टी में विलीन विभिन्न घटक दलों ने मुख्यमंत्री के चुनाव में आपसी टकराहट टालने के लिए राज्यों का विभाजन कर दिया था। उस समझौते के अन्तर्गत उत्तरप्रदेश तथा हरियाणा चौधरी चरणसिंह के लोकदल को और बिहार उसी के एक घटक समाजवादी पार्टी को, गुजरात संगठन कांग्रेस को तथा राजस्थान और मध्यप्रदेश भारतीय जनसंघ के हिस्से में दे दिया था। इस कारण जनसंघ के नेता भैरोंसिंह शेखावत राजस्थान के मुख्यमंत्री चुने गये।' उन्होंने आगे बताया कि कई विधायक महारावल के पक्ष में थे। लेकिन स्वतंत्र पार्टी के लोग गायत्रीदेवी को बनाना चाहते थे। संगठन कांग्रेस के नेता मास्टर आदित्येन्द्र विधायक दल के नेता के चुनाव में प्रधानमंत्री मोरारजी देसाई के प्रभाव में शेखावत के मुकाबले में खड़े हो गये। लेकिन विभिन्न अन्य राजनेता उन्हें 'ढुलमुल व्यक्ति' मानते थे। इसलिए उन्हें वोट नहीं मिले।[3] एक सेवानिवृत्त मुख्य सचिव के अनुसार सारण भी मुख्यमंत्री पद के दावेदार थे, लेकिन उन्हें सहयोग नहीं मिला और चुनाव में चुनौती भी नहीं दी। लेकिन वे नाराज ही रहे और जब शेखावत ने अपना मंत्रिमंडल घोषित किया तब उसमें उनका नाम था। मगर वे सम्मिलित नहीं हुए। तब वे चूरू से लोकसभा सदस्य थे। वे कांग्रेस के पुराने नेताओं में से थे।[4]

दिग्विजयसिंह ने बताया कि दिल्ली के निर्णय से राजमाता तथा महारावल नाराज थे। उन्होंने यह भी दावा किया कि स्वतंत्र पार्टी के जनसंघ से अधिक विधायक चुनकर आये थे। लेकिन भाजपा के पूर्व अखिल भारतीय कोषाध्यक्ष एवं प्रदेशाध्यक्ष रामदास अग्रवाल ने खंडन किया और कहा कि 1977 के चुनाव में जनसंघ के 67-68 विधायक चुनकर आये थे। स्वतंत्र पार्टी तो 1972 के चुनाव के बाद ही निष्क्रिय हो गई थी।[5] दिग्विजयसिंह ने बताया कि "राजमाता तथा महारावल ने फैसला बदलवाने का भी प्रयत्न किया था किन्तु दिल्ली के नेता तैयार नहीं हुए। स्वतंत्र पार्टी के तत्कालीन नेता पीलू मोदी ने निर्णय बदलने से मना कर दिया था। आगरा से राजनारायण ने (जिन्होंने 1977 में इंदिरा गांधी को रायबरेली लोकसभा निर्वाचन क्षेत्र में हराया था, चरणसिंह के साथ समाजवादी नेता थे) महारावल को फोन किया कि आप अपना नाम वापस ले लें। (औपचारिक तौर पर उनका नाम प्रस्तावित नहीं हुआ था लेकिन लाबिंग हो रहा था)। राजमाता गायत्रीदेवी ने भी राजनारायण को फोन किया मगर उन्होंने निर्णय बदलने से मना कर दिया।"[6] दिग्विजयसिंह ने आगे बताया कि हमारा एक समूह था जिसमें उनके अलावा मेजर फतेहसिंह, जयनारायण सालोदिया, नाथूलाल करोल, मूलचन्द आदि विधायक थे। "हम लोग महारावल साहब से मिले और कहा कि आप दिल्ली का आदेश मान लें। अंत में महारावल साहब खड़े नहीं हुए और हमने भैरोंसिंहजी का समर्थन किया।" मास्टर आदित्येन्द्र ने भैरोंसिंह

के खिलाफ चुनाव लड़ा और हार गये। फिर भी उन्होंने चुनावोपरात मास्टरजी के सार्वजनिक रूप से पैर छुये तथा उन्हें अपने मंत्रिमंडल में वित्तमंत्री नियुक्त किया। बाद में महारावल लक्ष्मणसिंह को सर्वसम्मति से विधानसभा का अध्यक्ष चुना गया। किन्तु महारावल साहब अन्त तक नाराज ही रहे। भैरोंसिंह से उनकी बनी नहीं। अन्त में महारावल साहब ने अध्यक्ष पद से त्यागपत्र दे दिया। इसके बाद गोपालसिंह आहोर को विधानसभा का अध्यक्ष चुना गया। स्वतंत्र पार्टी के कुछ विधायक मंत्री नियुक्त किये गये थे जिनमें मैं और कल्याणसिंह कालवी थे।[7]

नेता का चुनाव

जनता पार्टी के केन्द्रीय नेतृत्व के निर्देशानुसार जनसंघ को अपना नेता चुनना था। चुनाव परिणाम की घोषणा के बाद जनसंघ घटक के विधायकों की एक बैठक भाजपा के पूर्व प्रदेश अध्यक्ष रामदास अग्रवाल के किशनपोल बाजार स्थित सौंकियों के रास्ते में उनकी हवेली के चौक में हुई। बैठक में जनसंघ के 67-68 विधायक उपस्थित थे। रामदास का दावा है कि ''जनता पार्टी के निर्वाचित 150 विधायकों में जनसंघ घटक के सर्वाधिक सदस्य थे। उनमें से कई सतीशचन्द्र अग्रवाल को नेता चुनना चाहते थे। संगठन कांग्रेस के तत्कालीन अध्यक्ष मास्टर आदित्येन्द्र केन्द्रीय निर्णय के विपरीत नेता का चुनाव लड़ना चाहते थे, जो बाद में उन्होंने लड़ा और प्रधानमंत्री मोरारजी देसाई उनके समर्थन में थे।'' रामदास अग्रवाल ने बताया कि सतीशचन्द्र अग्रवाल ने नेता पद का चुनाव लड़ने से मना कर दिया। सतीशचन्द्र ने कहा कि ''चूंकि मैं केन्द्र में वित्त राज्यमंत्री बन चुका हूँ। इसलिए भैरोंसिंहजी को नेता चुना जाय। मैं केन्द्र की राजनीति करूंगा और शेखावत राजस्थान संभालें।''[8]

रामदास ने कहा कि ''हमने सतीशजी से पूछा कि यह त्याग आप अपने सहोदर ज्येष्ठ भ्राता आदित्येन्द्रजी के लिए तो नहीं कर रहे हैं। तब सतीशजी ने तमतमाते हुए उग्र शब्दों में पलटवार किया कि 'यह सही है कि मेरे पुत्र की शादी में 'बिन्द कोथली' अवश्य बड़े भ्राता आदित्येन्द्रजी के हाथ में दूंगा। किन्तु 'राजनीति की कोथली' उनको कभी नहीं दूंगा।'' रामदास ने बताया कि ''हमने पहले ही यह तय कर लिया था कि चाहे प्रधानमंत्री कुछ भी कहें विधायक दल के नेता का चुनाव जनसंघ लड़ेगा।'' बैठक में भैरोंसिंह शेखावत सर्वसम्मति से जनसंघ घटक के नेता चुने गये। भैरोंसिंह शेखावत 1952 से 1972 तक विधानसभा में जनसंघ के नेता रहे थे। सतीशचन्द्र अग्रवाल मुख्य सचेतक थे।[9]

जनता पार्टी का नेता चुनने के लिए एम.आई. रोड स्थित तत्कालीन गवर्नमेण्ट होस्टल में विधायकों की बैठक में जनतांत्रिक तरीके से भैरोंसिंह नेता चुने गये। रामदास ने बताया कि ''भैरोंसिंहजी को लगभग एक सौ मत और आदित्येन्द्रजी को चालीस के आस-पास मत मिले थे। ऐसे संख्या अब ठीक से याद नहीं है लेकिन दोनों के बीच बहुत अन्तर था। समाजवादी नेता

स्वर्गीय मधुलिमये केन्द्रीय पर्यवेक्षक थे। उनके विरोध के बावजूद भैरोंसिंहजी ने आदित्येन्द्रजी को वित्त मंत्री नियुक्त किया था।''[10]

अलबेला चुनाव

उन्नीस माह के आपातकाल के बाद 1977 में जैसा चुनाव देश में हुआ वैसा न तो पहले कभी हुआ था और न बाद में 2005 तक कभी देखा और पढ़ा। तत्कालीन प्रधानमंत्री श्रीमती इंदिरा गांधी ने आपातकाल समाप्त कर लोकसभा के चुनाव कराये। जेलों में बंद सभी राजनीतिक दलों के नेताओं को रिहा किया और उन्हें इंदिरा गांधी ने चुनाव की चुनौती दी। (चूंकि भाकपा ने आपातकाल का समर्थन किया था। इसलिए उनके नेताओं को आपातकाल में गिरफ्तार नहीं किया गया था।) उत्तरी भारत के प्रमुख गैरकांग्रेसी दलों के विलय से जन्मी जनता पार्टी का इससे पूर्व न उसका कोई नाम था और न कोई संगठन। फिर भी कुछ सप्ताहों में सम्पन्न लोकसभा के चुनाव में राजस्थान के गांव-गांव में जनता पार्टी का नाम, झंडा और चुनाव चिन्ह पता नहीं कैसे पहुंच गया? सभी ओर एक ही आवाज थी कि 'जनता-जनता'। परिणामस्वरूप जब चुनाव के नतीजे आये तो राजस्थान में लोकसभा के पच्चीस स्थानों में से कांग्रेस केवल एक, नागौर निर्वाचन क्षेत्र से उसके स्वतंत्रता प्राप्ति से पूर्व के किसान नेता नाथूराम मिर्धा जनता पार्टी के उम्मीदवार से जीत पाये। शेष सभी स्थानों पर भारतीय लोकदल के नाम से खड़े हुए चौबीसों प्रत्याशी निर्वाचित हुए थे। यह विपक्ष की अभूतपूर्व तथा ऐतिहासिक जीत थी। 'हलधर' के चुनाव चिह्न पर निर्वाचित अधिकांश सांसद पहली बार लोकसभा में पहुँचे थे। उनके नाम इस प्रकार हैं : पूर्व कांग्रेसी सांसद अमृत नाहटा (पाली), बेगाराम (गंगानगर सु.अ.जा.), भानुकुमार शास्त्री (उदयपुर), दौलतराम सारण (चूरू), जगदीशप्रसाद माथुर (सीकर), कन्हैयालाल (झुंझुनूं), कृष्णकुमार गोयल (कोटा), लालियाभाई (सलूम्बर सु.अ. जनजाति), मीठालाल मीणा (सवाईमाधोपुर सु.अ.जनजाति), रामकुंवार बैरवा (टोंक सु.अ.जा.), रामजीलाल यादव (अलवर), पं. रामकिशन शर्मा (भरतपुर), रणछोड़दास गट्टानी (जोधपुर), रूपलाल सोमानी (भीलवाड़ा), सतीशचन्द्र अग्रवाल (जयपुर), श्यामसुन्दरलाल जाटव (बयाना सु.अ.जा.), तनसिंह (बाड़मेर), श्रीकृष्ण शारदा (अजमेर), नाथूसिंह गुर्जर (दौसा), श्यामसुंदर सोमानी (चित्तौड़गढ़), चौधरी हरिराम (बीकानेर), हुकमाराम डांगी (जालौर सु.अ.जा.), हीराभाई (बांसवाड़ा सु.अ.ज.जा.) तथा चतुर्भुज वर्मा (झालावाड़)।[11] निर्वाचित सांसदों में कुछ पूर्व कांग्रेसी थे जो जनता पार्टी में शामिल हो गये थे। जनता में ऐसा जोश और जागरूकता पूर्व चुनावों में कभी देखने को नहीं मिली थी। मतदान भी 56.91 प्रतिशत हुआ था। इससे पूर्व 1967 के चुनाव में इससे कुछ अधिक 58.27 प्रतिशत हुआ था जब कांग्रेस और विपक्ष के बीच सीधा मुकाबला था। अन्यथा शेष चारों चुनावों में मतदान उससे कम रहा था। इससे भी अधिक

विशेषता यह रही कि प्रथम से तब तक सम्पन्न सभी चुनावों में ऐसा एकतरफा मतदान नहीं हुआ था। जनता पार्टी, जिसने भारतीय लोकदल के चुनाव चिह्न पर चुनाव लड़ा था, को 65.21 प्रतिशत मत प्राप्त हुए थे और कांग्रेस को उसके आधे से भी कम 30.56 प्रतिशत मत मिले। कांग्रेस की ऐसी बदतर स्थिति पहले और बाद में भी कभी नहीं हुई। कांग्रेस को इंदिरा गांधी की हत्या के बाद हुए 1984 के चुनाव में, जब उसने सभी पच्चीसों सीटें जीती थीं, तब भी 52.72 प्रतिशत मत ही मिले थे। यद्यपि 1957 के चुनाव में कांग्रेस को तब तक के सर्वाधिक 53.65 प्रतिशत मत प्राप्त हुए थे। हालांकि तब कांग्रेस को राज्य की कुल 22 सीटों में से 19 पर विजयश्री प्राप्त हुई थी।[12]

आपातकाल के बाद 10 जून से 13 जून 1977 तक राज्य विधानसभा के लिए मतदान हुआ था। तब जनता पार्टी ने दो सौ स्थानों में से उसके तीन-चौथाई 150 पर अपना कब्जा किया था। कांग्रेस को केवल 41 स्थान ही मिले थे। माकपा और भाकपा को एक-एक तथा छह निर्दलीय चुने गये थे। फलौदी क्षेत्र में एक निर्दलीय प्रत्याशी दीपचन्द छंगाणी की चुनाव के दौरान मृत्यु हो जाने से वहां पर मतदान बाद में हुआ और उस पर भी जनता पार्टी ही विजयी हुई। इससे सदन में उसकी शक्ति 151 सदस्यों की हो गई थी। इस चुनाव में लोकसभा से कम 54.30 प्रतिशत मतदाताओं ने मतदान किया था। जनता पार्टी को 199 स्थानों पर 50.41 प्रतिशत तथा कांग्रेस के 185 प्रत्याशियों ने 31.41 प्रतिशत मत प्राप्त किये थे।[13] निर्वाचित मुख्यमंत्री भैरोंसिंह शेखावत तब मध्यप्रदेश से राज्यसभा के सदस्य थे। उन्होंने 18 अक्टूबर, 1977 को छबड़ा विधानसभा निर्वाचन क्षेत्र से उपचुनाव लड़ा और विजयी रहे। उनके लिए जनता पार्टी के ही विधायक प्रेमसिंह सिंघवी ने त्यागपत्र देकर स्थान रिक्त किया था। 1978 में जनता पार्टी के ही दो विधायकों के निधन से उपचुनाव हुए थे और दोनों पर जनता पार्टी ही जीती थी। कहने का अर्थ यह है कि आपातकाल के बाद जनता पार्टी के पक्ष में ही राजनीतिक वातावरण था।

रक्तविहीन क्रांति

राजस्थान में पहले गैरकांग्रेसी मुख्यमंत्री भैरोंसिंह शेखावत ने चौवन वर्ष की आयु में 22 जून, 1977 को राज्य के शासन की बागडोर संभाली। स्वतंत्रता के तीस वर्ष बाद लोकतंत्र का यह चमत्कार था जहां बंदूकों और रक्तपात के बिना कांग्रेस द्वारा किये गये सत्ता के दुरुपयोग के जवाब में जनता ने शासन ही पलट दिया। लोकतंत्र में इससे बड़ी कोई सजा नहीं होती है जो जनता के न्यायालय में दी जाती है। इस चुनाव ने जहां राजनीतिक दलों को चेतावनी दी, वहीं जनता को अपने वोट की शक्ति का पता चला। देश में जनशक्ति का संदेश गया। लेकिन विगत इतिहास से ऐसा पता नहीं चलता है कि राजनीतिक दलों ने इस चेतावनी से अपने में कोई सुधार किया हो।

शेखावत ने लघु मंत्रिमंडल से अपनी सरकार स्थापित की। प्रथम चरण में मुख्यमंत्री की

शपथ के पांच दिन बाद पांच मंत्रियों : मास्टर आदित्येन्द्र , प्रो. केदारनाथ, ललितकिशोर चतुर्वेदी, संपतराम और त्रिलोकचन्द्र जैन तथा चार राज्यमंत्रियों : कैलाश मेघवाल, विज्ञान मोदी, महबूबअली और श्रीमती विद्या पाठक को शपथ दिलाई गई। द्वितीय चरण में 7 फरवरी, 1978 को सूर्यनारायण चौधरी, भंवरलाल शर्मा, जयनारायण पूनिया, दिग्विजयसिंह तथा पुरुषोत्तम मंत्री और कैलाश मेघवाल को पदोन्नत कर मंत्री तथा लालचन्द डूडी और नंदलाल मीणा को राज्यमंत्री नियुक्त किया गया।[14] इस प्रकार शेखावत सहित सत्रह सदस्यीय मंत्रिमंडल साढ़े सात माह में बन सका। इसमें सभी घटक दलों के प्रतिनिधि समाहित किये गये थे। मंत्रिमंडल के निर्माण में मुख्यमंत्री ने समय अवश्य अधिक लगाया लेकिन मंत्रियों के चयन में घटक दलों में उनके प्रभाव तथा योग्यता को पूरा ध्यान में रखा था। स्वतंत्र पार्टी की नेता राजमाता गायत्रीदेवी को राज्य होटल निगम का अध्यक्ष नियुक्त किया गया। राजस्थान में राजनीतिक गतिविधियां शांतिपूर्वक चल रही थीं किन्तु केन्द्र में शांति नहीं थी।

जनता पार्टी के केन्द्रीय नेतृत्व में हुए मतभेदों के कारण चौधरी चरणसिंह और राजनारायण के समर्थक लालचन्द डूडी और विज्ञान मोदी ने 8 जुलाई, 1978 को मंत्रिमंडल से त्यागपत्र दे

भैरोंसिंह शेखावत मंत्रिमंडल (प्रथम पारी)

शपथग्रहण : 22 व 27 जून, 1977

अग्रिम पंक्ति में बायें से दायें : श्रीमती विद्यापाठक (राज्यमंत्री), मास्टर आदित्येन्द्र (मंत्री), रघुकुल तिलक (राज्यपाल), भैरोंसिंह शेखावत (मुख्यमंत्री), सम्पतराम, प्रो. केदारनाथ तथा त्रिलोकचंद जैन (सभी मंत्री)।

पिछली पंक्ति में बायें से दायें : महबूब अली, प्रो. ललितकिशोर चतुर्वेदी (मंत्री), विज्ञान मोदी तथा कैलाश मेघवाल (दोनों राज्यमंत्री)।

दिया।[15] चार माह तक मुख्यमंत्री ने अपने मंत्रिमंडल में कोई फेरबदल नहीं किया। लेकिन आकांक्षी तथा घटक दलों के बढ़ते दबाव के कारण उन्हें 5 नवम्बर, 1978 को तीसरा विस्तार करना पड़ा था। तब चार मंत्री और दो राज्यमंत्री सम्मिलित किये गये। मंत्री पद की शपथ माणिकचन्द सुराणा, कल्याणसिंह कालवी, डॉ. हरिसिंह और बिरदमल सिंघवी को दिलाई गई।[16]

दिल्ली में झगड़ा

जनता पार्टी में केन्द्रीय स्तर पर मतभेद दिल्ली में शासनारूढ़ होने के साथ ही शुरू हो गये थे। विवाद की शुरुआत दोहरी सदस्यता के प्रश्न को लेकर हुई थी। समाजवादी घटक के नेताओं को जनसंघ के सदस्यों की राष्ट्रीय स्वयंसेवक संघ से सम्बद्धता को लेकर आपत्ति थी। उन्होंने संघ से सम्बन्ध विच्छेद करने की मांग की जो जनसंघ के नेताओं को स्वीकार नहीं थी। उनका तर्क था कि संघ राजनीतिक संगठन नहीं है, विशुद्ध रूप से सांस्कृतिक है। इसलिए सदस्यता दोहरी है ही नहीं। बाद में समाजवादी नेता राजनारायण ने मंत्री पद से त्यागपत्र दे दिया। उनकी राजनीतिक गतिविधियों पर अन्य दलों ने आपत्ति की थी। उसका प्रभाव राजस्थान में भी पड़ा और लालचन्द डूडी तथा विज्ञान मोदी ने 8 जुलाई, 1978 को मंत्रिमंडल से त्यागपत्र दे दिये।

जनता पार्टी का केन्द्रीय नेतृत्व कांग्रेस की व्यूहरचना का शिकार हो गया। इंदिरा गांधी के कनिष्ठ पुत्र संजय गांधी ने राजनारायण को मोहरा बनाकर ऐसा तीर चलाया कि मोरारजी देसाई की सरकार पच्चीस माह में ही धराशायी हो गई। चौधरी चरणसिंह कांग्रेस के समर्थन से प्रधानमंत्री हो गये। इससे जनता पार्टी बिखर गई। बाद में कांग्रेस ने अपना समर्थन वापस ले लिया। चरणसिंह सरकार अल्पमत में आ गई। उन्होंने लोकसभा भंग कर दी और मध्यावधि चुनाव की घोषणा हो गई।

राजस्थान में इन विवादों और मुख्यमंत्री से हुए मतभेदों के कारण 18 मई, 1979 को मास्टर आदित्येन्द्र, 21 जुलाई को प्रो. केदारनाथ और 2 अगस्त को डा. हरिसिंह ने मंत्री पदों से त्यागपत्र दे दिये।[17] लेकिन राजस्थान में जनता पार्टी में प्रभावशाली विभाजन नहीं हुआ और सरकार अल्पमत में नहीं आई। फिर भी 20 दिसम्बर, 1979 को शिवचरणसिंह गुर्जर को मंत्री नियुक्त कर मंत्रिमंडल में सम्मिलित किया गया।

जनवरी 1980 में सम्पन्न लोकसभा के मध्यावधि चुनाव में कांग्रेस लौटकर पुनः सत्ता में आई। श्रीमती इंदिरा गांधी की सरकार ने जनता पार्टी द्वारा शुरू की गई परिपाटी पर 17 फरवरी, 1980 को राजस्थान में शेखावत सरकार को बर्खास्त कर राष्ट्रपति शासन लागू कर दिया।[18]

जनता पार्टी का शासन

अढ़ाई दशक तक राज्य विधानसभा के प्रांगण तथा सार्वजनिक मंचों पर कांग्रेस से राजनीतिक संघर्ष और आपातकाल के कारण उत्पन्न एकता ने तत्कालीन विपक्षी दलों को सत्ता प्रदान करा दी थी। किन्तु यह भानुमति का कुनबा था जिनके अलग-अलग उद्देश्य तथा सपने थे। एक वर्ग ऐसा था, जो कांग्रेस में सत्ता की लड़ाई में पराजित या मतभेदों के कारण उससे विलग हुआ था। दूसरा वर्ग विभिन्न घटकों में था जिनके राजनीतिक लक्ष्य ही भिन्न-भिन्न थे और आपस में मेल नहीं खाते थे। एकता केवल कांग्रेस को सत्ताच्युत करने के प्रश्न पर थी, वह 1977 के लोकसभा और विधानसभा के चुनावों में फलीभूत हो गई। सौभाग्य से नेतृत्व भैरोंसिंह शेखावत को प्राप्त हुआ था जो जनसंघ के नेता होने के बावजूद राष्ट्रीय स्वयंसेवक संघ के अन्यों की तरह नियमित स्वयंसेवक नहीं रहे थे। परन्तु रामदास अग्रवाल के अनुसार शेखावत ने एक बार गुरुजी के सामने राष्ट्रीय स्वयंसेवक संघ के प्रतिज्ञापत्र पर हस्ताक्षर किये थे। अढ़ाई दशक के अपने राजनीतिक जीवन में कांग्रेस सहित विभिन्न दलों के नेताओं से उनकी मित्रता थी और संकीर्ण दृष्टिकोण से ऊपर थे। राजस्थान में उनकी छवि लोकतंत्र के सजग प्रहरी की थी। भ्रष्टाचार विरोधी सुराज्य स्थापित करने तथा गरीब की हाय को मिटाने की थी। उन्होंने अपनी प्रखर भाषण शैली से राजनेताओं और नौकरशाही को न केवल आतंकित कर रखा था बल्कि बड़ों-बड़ों को नंगा तक कर दिया था। उनमें जोश तथा कुछ कर गुजरने का जज्बा था। जनता को उनसे बहुत अपेक्षाएं थीं और अपने कथनों को क्रियान्वित करने का जनादेश तथा समर्थन प्राप्त था। नौकरशाही के पास आदेश की पालना के लिए कानून की आड़ के अलावा कोई बहाना नहीं था। अपने राजनीतिक जीवन के प्रारंभिक वर्षों में ही तीस वर्ष की आयु में उन्होंने अपने दल जनसंघ के छह विधायकों के मत के विरुद्ध राज्य में जागीरदारी प्रथा समाप्त करने का समर्थन किया था। बाद में उन जागीरदार विधायकों को पार्टी से निष्कासित कर दिया गया था।

आपातकाल की पीड़ा से मुक्ति

भैरोंसिंह सरकार ने केन्द्र के निर्णयानुसार आपातकाल के पीड़ितों को कष्टमुक्त करने के लिए जेलों से रिहा किया। जनता पार्टी के घोषणा पत्र के अनुसार समाज को सरकार के भयों से मुक्त करने के लिए सभी कदम उठाये। देश के अन्य भागों की तरह कानून के राज की स्थापना की। सैकड़ों उन राज्य कर्मचारियों की पूर्ण लाभ के साथ पुनर्नियुक्ति कर दी गई जो आपातकाल में विभिन्न कारणों से अपक्व स्थिति में सेवानिवृत्त कर दिये गये थे। इससे आपातकाल की समाप्ति के बाद कुछ समूहों में उच्छृंखलता भी आ गई थी। कई अवांछित लोगों को स्वतंत्रता और जेलों से मुक्ति का लाभ मिल गया था। इससे राज्य में कानून-व्यवस्था की समस्या भी उत्पन्न हो

गई थी। राजस्थान की राजधानी जयपुर में सड़कों पर महिलाओं के गले से सोने की चेनें खींच लेने जैसी अनहोनी घटनाएं भी होने लगीं। राज्य कर्मचारियों के काम करने की शैली आपातकाल पूर्व जैसी हो गई– समय पर कार्यालयों पर नहीं पहुंचना, कार्यालयों में अपनी कुर्सी पर नहीं मिलना आदि-आदि। विश्वविद्यालय तथा शिक्षण संस्थानों में हड़तालों और आन्दोलनों की पुनरावृत्ति होने लगी। उद्योगों में शांति नहीं रही, उत्पादन प्रभावित होने लगे।

उपरोक्त स्थिति के बावजूद शेखावत सरकार जनतंत्र के प्रति प्रतिबद्ध थी। उसने शासन संभालते ही आपातपीड़ितों को न्याय दिलाने के लिए राजस्थान उच्च न्यायालय के न्यायाधीश कानसिंह की अध्यक्षता में एक सदस्यीय जांच आयोग की नियुक्ति की। समय-समय पर प्राप्त उसके प्रतिवेदनों के अनुसार जिनके निर्माणों को अतिक्रमण के नाम पर अवैध रूप से ध्वस्त कर दिया गया था, ऐसे सैकड़ों लोगों को नकद मुआवजा दिया गया, ऐसे अन्य सैकड़ों लोगों को भी लाखों रुपयों का मुआवजा दिलाया गया, जिन्हें अकारण जेलों में ठूंस दिया गया था। परिवार नियोजन के लिए जबरन नसबंदियां की गई थीं। उन्हें भी मुआवजा दिलाया गया था। न्यायाधीश कानसिंह ने एक भेंट में बताया कि उनके प्रतिवेदनों का क्रियान्वयन कितना हुआ यह तो कहा नहीं जा सकता क्योंकि भैरोंसिंह शेखावत सरकार बत्तीस माह में ही भंग कर राष्ट्रपति शासन लागू कर दिया गया था।[19]

भैरोंसिंह ने अपने लम्बे विधायक काल में भ्रष्टाचार के कई मामलों का पर्दाफाश किया था। इसलिए अपनी सरकार बनने पर उन्होंने एक समिति का गठन किया जो विधानसभा में उठाये गये आरोपों को संग्रहित करे। इसी तरह जमीनों के आवंटनों में हुई गड़बड़ियों की सेवानिवृत्त मुख्य न्यायाधीश बी.पी.बेरी की अध्यक्षता में न्यायिक जांच नियुक्त की।

केन्द्र राज्य का सम्बन्ध

मुख्यमंत्री शेखावत ने एक बड़ा सैद्धान्तिक प्रश्न भारत सरकार के सामने प्रस्तुत किया। भारत एक संघीय राज्य है किन्तु घटक राज्यों के साथ समान व्यवहार नहीं किया जाता है। इससे राजस्थान जैसे पिछड़े राज्य और अधिक पीछे रह जाते हैं। इसी तरह केन्द्रीय सरकार द्वारा स्वविवेक के आधार पर की जाने वाली नियुक्तियों में राजस्थान के योग्य व्यक्तियों को बहुत कम अवसर दिया जाता है। चाहे वे राजदूत, राज्यपाल जैसी नियुक्तियां हों या अन्य समितियों और आयोगों में हों। ऐसा ही मामला उन्होंने रेलवे लाइनों के बारे में उठाया। उनका तर्क था कि रेलवे लाइनें राज्यों की भूमि पर चलती हैं मगर उन्हें उनके अनुपात में लाभ में हिस्सा नहीं दिया जाता। इस तरह संघ और राज्यों के सम्बन्धों को लेकर उन्होंने एक विचारणीय प्रश्न पैदा किया था।

अन्त्योदय

एक सामान्य ग्रामीण किसान परिवार में जन्मे शेखावत की सबसे बड़ी चिन्ता समाज के निर्धनतम व्यक्ति की थी। यह पूंजीवाद तथा साम्यवाद से भिन्न थी। उनकी कल्पना थी कि प्रतिवर्ष प्रत्येक गांव के निर्धनतम पांच परिवारों को अपने पैरों पर खड़े होने के लिए सहायता दी जाय तो कुछ वर्षों बाद कोई गरीब नहीं रहेगा। इसको 'अन्त्योदय योजना' का नाम दिया गया। उन्होंने उसे अपने अल्पकाल में लागू कर दिया। इस सहायता में नकद भुगतान के बजाय वस्तु दिलाने का प्रावधान किया गया था जिससे वे परिवार उत्पादन करें। जैसे गाय, भैंस, बकरी आदि का दूध बेचकर वे अपने पैरों पर खड़े हो सकें। ग्रामीण उद्योग तथा हस्तकला के विकास और कुटीर उद्योग स्थापित करने के लिए धन दिलाया जाय। विकलांगों तथा वृद्धावस्था पेंशन का भी प्रावधान किया गया था। शेखावत की इस योजना को न केवल भारत बल्कि अन्तर्राष्ट्रीय स्तर पर मान्यता प्रदान की गई और उनकी सराहना हुई। यह सहायता बैंक ऋण द्वारा प्रदान की गई। भारत सरकार ने बाद में इस योजना को 'काम के बदले अनाज' योजना में परिवर्तित कर दिया क्योंकि बैंकों से ऋण लेने में बड़ा भ्रष्टाचार होने लगा। गरीब कर्जदार हो गया और धनराशि सहायता प्राप्त करने में या अन्य रूप में खर्च हो गई। इससे एक अच्छी योजना भी भ्रष्टाचार द्वारा विफल कर दी गई। जनता पार्टी शासन के अल्प कार्यकाल में लगभग तीन लाख परिवारों को सहायता प्रदान की गई थी।[20]

शेखावत सरकार ने 'काम के बदले अनाज' योजना को गांवों के विकास का सशक्त माध्यम बनाकर पूरे उत्साह के साथ क्रियान्वित करना शुरू किया। इससे गांव-गांव में जनता के सहयोग से सड़क, पुल, खुर्रे, कुएं, पंचायतघर, स्कूल, औषधालय आदि के लिए भवन बनने लगे। जनता सरकार ने योजना को विकेन्द्रित तथा पंचायतों के जरिये क्रियान्वित करने का प्रावधान किया। पहले पंचायतें केवल पांच सौ रुपये तक की योजना ही हाथ में ले सकती थीं। उसे पचास हजार तक कर दी और प्रत्येक पंचायत समिति के लिए दस लाख रुपये तक के काम करा सकने की सीमा निश्चित कर दी गई। पूर्व मुख्य सचिव मिट्ठालाल मेहता के अनुसार राजस्थान ने एक लाख अस्सी हजार टन तक अनाज उठा लिया जबकि अन्य राज्य बहुत पीछे थे। तब भारत सरकार ने योजना को जनसंख्या के अनुपात से सम्बद्ध कर दिया। इससे राजस्थान में निर्माण कार्य आधे-अधूरे अटकने का खतरा हो गया। तब शेखावत ने प्रधानमंत्री मोरारजी देसाई को राजस्थान के काम की प्रगति से सन्तुष्ट कर उन्हें पूर्ण करने तक चालू रखवाया।[21] इससे गांव-गांव में अनेक नये निर्माण हो गये। कई पूर्व कांग्रेसी मंत्रियों तथा विधायकों ने आपसी बातचीत में जनता सरकार की प्रशंसा करते हुए कहा था कि "पिछले तीस वर्षों में कांग्रेस सरकार के समय में जितने काम हुए, उससे अधिक इस अल्पकाल में हो गये थे।"

विकास की नई दिशा प्रदान की

भैरोंसिंह सरकार ने पहली बार विकास की नई दिशा प्रदान की। गरीबी मिटाने और गांव के विकास के बाद कस्बों में रोजगार पैदा करने की दृष्टि से जनता पार्टी की सरकार ने एक लाख तक की आबादी वाले नगरों में नये उद्योग स्थापित करने वालों को राजकीय सहायता देने का प्रावधान किया। इससे औद्योगिकरण का राजस्थान में वातावरण बनने लगा।

शेखावत सरकार ने लोकतंत्र को सुदृढ़ करने की दृष्टि से पंचायतों के चुनाव कराने का निर्णय किया जो पिछले तेरह वर्षो से नहीं हुए थे। फरवरी 1978 में राज्य की सभी लगभग सात हजार ग्राम पंचायतों के चुनाव करा दिये गये। लेकिन पंचायत समितियों तथा जिला परिषदों के चुनाव नहीं कराने की आलोचना हुई । बाद में 1982 में कांग्रेस सरकार ने सभी पंचायतीराज संस्थाओं के चुनाव सम्पन्न कराये। यह आरोप था कि कांग्रेस के बढ़ते प्रभाव के कारण जनता सरकार ने चुनाव नहीं कराये थे।

राज्य सरकार की निर्बल तथा घाटे की वित्तीय स्थिति के बावजूद सर्वोदयी नेता स्वर्गीय गोकुलभाई भट्ट के आमरण अनशन के दबाव में राजस्थान में मद्यनिषेध लागू करना पड़ा जबकि सरकार की मानसिकता वैसी नहीं थी। मद्यनिषेध के कारण राजस्थान में अवैध शराब बनाई जाने लगी और राज्य के बाहर तस्करी हुई। वैसे आदिवासी और गुजरात से लगे क्षेत्रों में मोहनलाल सुखाड़िया सरकार के समय से मद्यनिषेध लागू था जिसका विस्तार जनता सरकार के समय किया गया। किन्तु व्यवहार में नीति बिफल होने और राज्य सरकार की आय पर कुप्रभाव पड़ने के कारण कांग्रेस की शिवचरण माथुर सरकार ने मद्यनिषेध समाप्त कर दिया। पहले केन्द्रीय सरकार मद्यनिषेध लागू करने पर अनुदान देती थी वह भी कालांतर में बन्द कर दिया गया था। इसलिए भी मद्यनिषेध समाप्त करना जरूरी हो गया था।

सन् 2002 में जब भैरोंसिंह देश के उपराष्ट्रपति निर्वाचित हुए तब उन्हें बधाई देते हुए कांग्रेस के कई वरिष्ठ और उनके समकालीन नेताओं ने उनकी तहेदिल से प्रशंसा की थी। पूर्व मुख्यमंत्री स्वर्गीय हीरालाल देवपुरा ने कहा, ''मुख्यमंत्री की भूमिका में 1977 से 1980 तक का शेखावत का कार्यकाल पिछले आठ वर्षों (1990 से 1998) की तुलना में अधिक कामयाब रहा।'' गुजरात के वर्तमान राज्यपाल पं. नवलकिशोर शर्मा ने कहा था कि ''शेखावत की रग-रग में राजस्थान के विकास के प्रति तड़प दिखाई देती है।'' पूर्व मुख्यमंत्री शिवचरण माथुर ने कहा कि ''शेखावत का उपराष्ट्रपति बनना देश व राज्य के हित में होगा।''[22]

राजस्थान में सरकार बची रही

जनता पार्टी के केन्द्रीय नेतृत्व में आपसी विवाद चरमसीमा पर पहुंचने से लोकसभा के जनवरी, 1980 में सम्पन्न मध्यावधि चुनाव में उसके कुछ घटक अलग हो गये। परन्तु इस कारण

राजस्थान में भैरोंसिंह सरकार नहीं गिरी और सत्ता लायक एकता बनी रही। लेकिन लोकसभा के चुनाव जनता पार्टी, जनता (एस) (लोकदल), कांग्रेस (अर्स) के चिन्हों पर लड़े गये। जनता में इसका संदेश बहुत खराब गया कि ये गैरकांग्रेसी दल एक होकर नहीं रह सकते हैं। मतदाताओं ने इंदिरा गांधी के नेतृत्व वाली कांग्रेस को भरपूर समर्थन दिया। उसके पच्चीस में से 18 उम्मीदवार विजयी रहे। उसे 42.64 प्रतिशत वोट मिले जो 1977 के चुनाव से 12.8 प्रतिशत अधिक थे। जनता पार्टी (जनसंघ) केवल चार स्थानों पर जीत सकी और उसे 31.65 प्रतिशत वोट मिले जो पूर्व से 33.56 प्रतिशत कम थे। जनता (एस) केवल दो स्थानों पर विजयी हुई और उसे 12.04 प्रतिशत तथा कांग्रेस (अर्स) एक सीट प्राप्त कर सकी और उसे 5.98 प्रतिशत वोट मिले।[23] जनसंघ ने जनता पार्टी के चिह्न पर चुनाव लड़ा था। जनता (एस) चौधरी चरणसिंह का लोकदल था। कांग्रेस (अर्स) में मोरारजी वाली कांग्रेस रह गई थी।

दिल्ली में इंदिरा गांधी की सरकार पुनः बन गई । उसने भी जनता पार्टी की परिपाटी के अनुसार उसके राज्यों की सरकारों को भंग कर दिया । इस कारण 21 फरवरी, 1980 को राजस्थान में जनता पार्टी की भैरोंसिंह सरकार को बर्खास्त कर राष्ट्रपति शासन लागू कर दिया गया। राष्ट्रपति शासन के दौरान 28 मई से 31 मई, 1980 तक राज्य विधानसभा के चुनाव हुए और देश के अन्य राज्यों की तरह राजस्थान में भी कांग्रेस पुनः सत्ता में लौट गई जो दस साल अर्थात् दो कार्यकालों तक कायम रही। 27 फरवरी, 1990 को सम्पन्न नवीं विधानसभा के चुनाव में भारतीय जनता पार्टी तथा जनता दल की संयुक्त सरकार ने सत्ता संभाली । उसके नेता भी भैरोंसिंह शेखावत ही चुनें गये और दस वर्ष के अन्तराल के बाद पुनः शासनारूढ़ हुए । इन दस वर्षों का काल दोनों पक्षों के लम्बे संघर्ष का था जिसने राजस्थान के राजनीतिक परिदृश्य को ही बदलकर रख दिया। इक्कीसवीं शताब्दी के प्रारंभ में राजस्थान में मुख्यरूप से दो ही दल– कांग्रेस और भाजपा रह गये।

भारतीय जनता पार्टी का जन्म

विधानसभा 1980 के चुनाव में भारतीय जनसंघ का नाम भारतीय जनता पार्टी हो गया। जनता पार्टी की फूट तथा पूरे पांच साल तक शासन नहीं चला सकने से उसकी जबर्दस्त बदनामी हुई। उसका लाभ इंदिरा कांग्रेस को मिला और वह न केवल केन्द्र में बल्कि राजस्थान में भी पौने तीन वर्ष के अन्तराल के बाद पुनः सत्ता में लौट आई। लेकिन राजस्थान में जनता पार्टी के सुशासन तथा गांव-गांव में विकास के काम होने से भैरोंसिंह के कुशल नेतृत्व को मान्यता प्राप्त हो गई। जनता पार्टी में स्वतंत्र पार्टी के विलय के बाद राजस्थान में उसका नाम ही समाप्त हो गया। उसके नेता और कार्यकर्त्ता अन्य दलों में सम्मिलित हो गये। सप्तम विधानसभा (1980-1985) के मध्यावधि चुनाव में जनता पार्टी का भारतीय जनसंघ घटक भारतीय जनता पार्टी के रूप में,

समाजवादी, जनता पार्टी (जे.पी.), लोकदल के लोग जनता पार्टी (चरणसिंह) तथा राजनारायण समर्थक जनता पार्टी (एस.राजनारायण) में विघटित होकर मैदान में उतरे।

इंदिरा कांग्रेस विरोधी दलों में स्पष्ट रूप से कोई चुनावी समझौता नहीं हुआ था। लेकिन उनमें से कोई भी दल सभी दो सौ सीटों पर चुनाव लड़ने की स्थिति में भी नहीं था। उनके सभी चुनाव क्षेत्रों में संगठन भी नहीं थे। फिर भी सीटों पर जहां जितना संभव था, उतना तालमेल बिठाने के प्रयत्न हुए। कई स्थानों पर सभी दलों में संघर्ष भी हुए। 1977 की विधानसभा के चुनाव के बराबर 1980 में भी 52.29 प्रतिशत मतदान हो गया। कांग्रेस (इं) के 199 प्रत्याशियों ने 42.96 प्रतिशत मत प्राप्त कर 133 स्थानों पर कब्जा कर लिया जो 1977 से 92 सीटें अधिक थीं। भाजपा के 123 प्रत्याशियों ने 18.60 प्रतिशत मत प्राप्त कर पहली बार 32 स्थानों पर विजय प्राप्त की जबकि 1967 के चुनावी समझौते के बावजूद जनसंघ केवल 22 स्थान ही प्राप्त कर सका था। वह उसका सर्वाधिक आंकड़ा था। 1972 में उसके केवल आठ विधायक चुने गये थे तथा 1977 में जनता पार्टी में सम्मिलित होकर चुनाव लड़ा था। 1980 में भाजपा का चुनाव चिह्न दीपक से कमल और झंडा भगवा से लाल-हरा हो गया था। अन्य दलों के विधायकों की संख्या इकाई से आगे नहीं बढ़ पायी। जनता पार्टी (जे.पी.) के 76 प्रत्याशियों ने 7.34 प्रतिशत मत प्राप्त कर आठ सीटें जीतीं। जनता पार्टी (एस. चरणसिंह) के 104 उम्मीदवारों ने 9.83 प्रतिशत मत प्राप्त कर सात स्थान प्राप्त किये। कांग्रेस (अर्स) ने 69 स्थानों पर चुनाव लड़ा और 5.59 प्रतिशत मत प्राप्त कर छह सीटें हासिल कीं। माकपा और भाकपा केवल एक-एक स्थान प्राप्त कर सकीं। 755 निर्दलियों ने अपना भाग्य आजमाया था लेकिन उन्हें 13.10 प्रतिशत मत प्राप्त कर 12 स्थान मिले। इनमें से एक लाडनूं क्षेत्र में रामधन (नि.) कांग्रेस समर्थक था। चूंकि कांग्रेस के अधिकृत प्रत्याशी की सूचना निर्वाचन अधिकारी के पास निर्धारित समय तक नहीं पहुँच सकी थी। इसलिए उसने निर्दलीय रूप से चुनाव लड़ा था।[24]

इस विधानसभा की एक विशेषता यह रही कि उपाध्यक्ष का स्थान तीन वर्षों तक रिक्त रहा और अध्यक्ष पूनमचंद विश्नोई चुने गये जिन्होंने राष्ट्रपति पद पर अन्तरात्मा की आवाज पर इंदिरा गांधी के प्रत्याशी वी.वी. गिरि को वोट दिया था। श्रीमती गांधी ने उन चारों मतदाताओं को उच्च पद देकर पुरस्कृत कर दिया था। 1980 में अहमदबक्श सिंधी उपाध्यक्ष चुने गये थे किन्तु 17 अक्टूबर, 1982 को शिवचरण माथुर मंत्रिमंडल में सम्मिलित किये जाने के बाद शेष अवधि के लिए चुनाव ही नहीं कराया गया।

भाजपा मान्यता प्राप्त प्रतिपक्ष

सप्तम विधानसभा में भारतीय जनता पार्टी को पहली बार प्रतिपक्षी दल की मान्यता लायक स्थान प्राप्त करने के कारण यह गौरव प्राप्त हो गया। उसके नेता भैरोंसिंह शेखावत प्रतिपक्ष के नेता घोषित कर दिये गये। इससे पूर्व वे मुख्यमंत्री थे ही। इससे राजस्थान में भाजपा राज्य की दूसरी बड़ी पार्टी हो गई। उसके नेता को सभी राजकीय सम्मान, बंगला, स्टाफ आदि मिल गया। नेतृत्व की क्षमता उनमें थी ही। सरकारी साधन मिल जाने से भाजपा को अपना कार्य विस्तृत करने में बहुत सहायता मिली। विधानसभा में प्रतिपक्ष के नेता के खड़े होने पर आसन का ध्यान आकर्षित होना एक संवैधानिक परम्परा है। यह विशेषाधिकार सदन के नेता के बाद केवल प्रतिपक्ष के नेता को ही प्राप्त होता है। प्रतिपक्ष के नेता का कोई भी वक्तव्य या प्रतिक्रिया लोकतंत्र में किसी भी पटल पर अनाकर्षित नहीं रह सकती है। शेखावत इस पद पर पुनः 1990 में मुख्यमंत्री चुने जाने तक बने रहे और भाजपा का विस्तार होता ही गया। भाजपा ने 1980 में अपने जन्म के साथ ही राष्ट्रीय स्वयंसेवक संघ के बाहर के लोगों को भी वही सम्मान देने की नीति स्वीकार कर ली थी। इससे अन्य राजनेताओं के प्रवेश का दरवाजा खुल गया और गैरसंघी विचारधारा के लोग भाजपा में आने लगे।

कांग्रेस का बंटाधार

इधर कांग्रेस सत्ता में तो लौट आई लेकिन श्रीमती इंदिरा गांधी के एकछत्र नेता होने के कारण राज्यों में प्रदेश कांग्रेस के नेतागण, मुख्यमंत्री तथा मंत्री बौने हो गये। मुख्यमंत्री तथा प्रदेशाध्यक्ष मनोनीत करने की कांग्रेस की नीति बन गई। दलीय स्तर पर उनकी 1970 से पूर्व की स्वतंत्रता नहीं रही। दल के हर निर्णय के लिए दिल्ली की ओर झांकना पड़ता था। दो विधानसभाओं के दस वर्षों के कार्यकाल में छह बार मुख्यमंत्री उलट-पलट किये गये। ऐसा अस्थिर राजनीतिक वातावरण और आन्तरिक लोकतंत्र की समाप्ति कांग्रेस में पहले कभी नहीं देखी गई थी। इससे संगठन कमजोर हो गया। कांग्रेस में राज्य का नेतृत्व पनप नहीं पाया, जो मुख्यमंत्री होता, उसका ही सिक्का चलता था। जनता में अन्य नेताओं की आवाज पर उतना ध्यान नहीं दिया जाता। राजस्थान में विधानसभा के दोनों चुनाव 1985 और 1990 कांग्रेस के केन्द्रीय नेतृत्व की स्थिति के अनुसार रहे। 1985 में श्रीमती गांधी की शहादत के परिप्रेक्ष्य में सम्पन्न विधानसभा के चुनाव में कांग्रेस को स्पष्ट बहुमत मिला। किन्तु 1990 में बोफोर्स तोपों की खरीद में भ्रष्टाचार तथा राममंदिर की लहर में जबर्दस्त शिकस्त हासिल हुई। कांग्रेस विधानसभा के एक-चौथाई स्थानों पर सिमट कर रह गई। उत्तरी भारत के प्रायः सभी राज्यों में कांग्रेस संगठन कमजोर हो गया। सिद्धान्त का स्थान सत्ता ने ले लिया। राजनीति का व्यावसायीकरण हो गया।

राजनीतिक दलों में प्रवेश की भीड़

कांग्रेस की अस्थिर राजनीतिक स्थिति तथा केन्द्रीय नेतृत्व का वर्चस्व स्थापित होने के कारण प्रशासन शिथिल हो गया । प्रशासन में व्यक्ति तथा जनता के दैनंदिन काम ऊपरी दबाव या आदेश या सिफारिश अन्यथा प्रलोभन से होने लगे। इससे राजनीति में वे लोग प्रवेश करने लगे जिनकी उसमें अन्यथा कोई रुचि नहीं थी या बेरोजगार थे या व्यापार का सुगम साधन था। यहां तक कि राजकर्मी को अपने काम के लिए उपरोक्त साधनों का उपयोग करना पड़ता है। जैसे तबादला करवाना अपने आप में एक उद्योग का रूप ले रहा है। राज्य कर्मचारी को सेवानिवृत्ति के बाद आसानी से पेंशन नहीं मिल सकती है जब तक कि वह स्वयं व्यवस्था न करे। इन हालातों से राजनीतिक दलों में प्रवेश के लिए आज की ट्रैफिक व्यवस्था जैसी भीड़ पड़ रही है। राजस्थान में दो ही दल कांग्रेस और भाजपा हैं और उनमें प्रवेश के लिए वैसी ही भीड़ है। चाहे वार्ड पंच का चुनाव हो या लोकसभा का, पार्टी का उम्मीदवार बनने के लिए नीचे से ऊपर तक जन, बल और धन का विपुल मात्रा में उपयोग किया जाता है। इस व्यवसाय में निकृष्टतम विकृतियां पनप गई हैं। भाजपा की बढ़ती शक्ति के साथ उसमें प्रवेशार्थियों की भीड़ पड़ने लगी है।

दलों में सिद्धान्तों की राजनीति कमजोर पड़ जाने से जातिवाद हावी हो गया। क्योंकि वोट प्राप्त करने का अन्य कोई आधार ही नहीं रहा। परिणामस्वरूप सत्ता का संरक्षण प्राप्त करने के लिए अपराधी राजनीतिक दलों में घुस गये। वे जहां चुनाव जिताने के साधन बने वहां स्वयं भी नेता हो गये। उत्तरप्रदेश-बिहार जैसी बुरी स्थिति तो अभी तक राजस्थान में नहीं है, लेकिन उन्हें प्रवेश तथा संरक्षण मिलना अवश्य शुरू हो गया है।

राजनीतिक दलों के संगठन कमजोर हो गये। उनमें गुटबंदी गलाकाट सीमा तक पहुंच गई। प्रशासन पंगु तथा भ्रष्ट हो गया। लोगों की न्यूनतम आवश्यकताएं बढ़ गईं। आज गांव से लेकर शहर तक वे सभी साधन और सुविधाएं आवश्यक हो गई हैं, जो पहले इने-गिनों को ही उपलब्ध थीं। चाहे राजकीय क्षेत्र हो या निजी। उनमें गुणावगुण के आधार पर सुविधाएं नहीं मिलतीं। मांग और आपूर्ति के बीच बहुत दूरी है। उसे प्राप्त करने के लिए राजनीति सहारा हो गई है। भ्रष्ट तरीकों के अतिरिक्त आंदोलन तथा मीडिया एक बड़ा साधन बन गया है। गैरराजनीतिक संगठनों की भरमार हो गई है। पंजीकरण और बिना पंजीकरण के गांव-शहर-मोहल्लों में संगठन बन गये हैं जो किन्हीं व्यक्तियों के होते हैं। उनका उपयोग राजनेता या धर्म-सम्प्रदाय के लोग अपने मतलब के लिए करते हैं। यह एक प्रकार से नया प्रदूषण समाज में पैदा हो गया है।

भाजपा का विस्तार

सन् 1990 में नवम् राज्य विधानसभा के चुनाव से पूर्व विगत दस वर्षों में भाजपा ने भैरोंसिंह शेखावत के नेतृत्व में राजस्थान की विकृत राजनीतिक, प्रशासनिक एवं सामाजिक स्थिति का खुलकर अपने पक्ष में उपयोग किया। उसने अपने संगठन का खूब विस्तार किया। जनता की विभिन्न समस्याओं को विधानसभा के प्रांगण तथा सार्वजनिक मंचों पर उठाया और उसके लिए संघर्ष किया। विभिन्न गैरकांग्रेसी दलों को साथ लेकर जनता की समस्याओं का समाधान किया। उनकी मांगों की पूर्ति कराई। भाजपा अब अकेली पार्टी नहीं थी। उसके कई मोर्चे विद्यार्थियों, युवकों, महिलाओं, किसानों, मजदूरों में विभिन्न नामों से स्थानीय, जिला, राज्य और अखिल भारतीय स्तर पर काम करने लगे हैं। उन पर अपना वर्चस्व स्थापित कर लिया। राष्ट्रीय स्वयंसेवक संघ, जो उसकी जननी है, उसकी शाखाएं न केवल शहर और कस्बों बल्कि गांव स्तर पर फैल गईं। विभिन्न व्यवसायों के प्रकोष्ठों की स्थापना की जाती रही।

ऐसा नहीं है कि जनता पार्टी के बिखराव के बाद केवल भाजपा ने ही अपना विस्तार किया हो बल्कि इन दस वर्षों में कई राजनीतिक दल बने और बिगड़े। उनके भी विभिन्न मोर्चे और मंच खड़े हुए। लेकिन भाजपा कांग्रेस की तरह सुदृढ़ दल बनी रही। 99% लोग उसमें बने रहे या अन्य दलों से उसमें आये। इससे भाजपा निरन्तर मजबूत होती गई। पूर्व उप मुख्यमंत्री हरिशंकर भाभड़ा ने बताया कि "भाजपा जनता की पानी, बिजली, अकाल आदि विभिन्न समस्याओं को लेकर बराबर जनआंदोलन करती रही है। समय-समय पर धरने, प्रदर्शन, सभाएं कीं तथा सैकड़ों की संख्या में लोगों को लेकर भाजपा के कार्यकर्त्ताओं ने गिरफ्तारियां दीं। जो भी चुनाव हुए उनमें बराबर भाग लिया। उनमें कांग्रेस की नीतियों का पर्दाफाश किया और निकम्मे प्रशासन को नंगा किया।"[25]

भाजपा संगठन की गतिविधियां निरन्तर चलती रहीं। नियमित रूप से प्रदेश कार्यालय काम करता था। प्रदेश कार्यकारिणी, प्रतिनिधि सभा की बैठकें तथा अधिवेशन आयोजित किये जाते थे। उनमें राज्य के राजनीतिक, आर्थिक और अन्य विषयों पर प्रस्ताव स्वीकृत किये जाते थे। नियमित रूप से संगठन के चुनाव होते थे। प्रदेश स्तर के नेता दौरे करते थे और जहां पर भी जनसमस्या उत्पन्न होती वहां पहुँचते थे। भैरोंसिंह शेखावत की जननेता होने की छवि दिनोंदिन उज्ज्वल होती गई। कार्यकर्त्ताओं से उनके सीधे सम्बन्ध स्थापित थे। उनसे वे अपने रिश्ते निभाते थे। वे उनके सामाजिक, पारिवारिक समारोहों-खुशी और गम के अवसरों पर सम्मिलित होते थे। कार्यकर्त्ता उनसे खुलकर अपनी बात कह सकते थे। इससे सूचनाओं का आदान-प्रदान होने लगा। लोग अपनी समस्याएं और कठिनाइयां लेकर उनके पास सीधे पहुँचने लगे। उनको वे हल करवाते तथा विधानसभा में उठाते थे। इससे भाजपा की जनता में पैठ बढ़ती गई।

भैरोंसिंह का प्रभाव

जनता पार्टी के शासन काल में उनके मुख्यमंत्री निर्वाचित हो जाने से उनका देश के एक-एक करके सात प्रधानमंत्रियों से सीधा सम्पर्क स्थापित हो गया था। इससे जहां राजस्थान को लाभ हुआ, भाजपा का नाम हुआ, वहीं भैरोंसिंह की अखिल भारतीय नेता होने की छवि बनी। उनकी योग्यता की छाप पड़ने लगी। पूर्व मुख्य सचिव मिट्ठालाल मेहता के अनुसार ''भैरोंसिंह अपने शासनकाल में प्रधानमंत्रियों के साथ राजनीतिक चातुर्यपूर्ण रिश्ते रखते थे। उसमें अपनत्व होता था और उनको वे निभाते थे।''

प्रधानमंत्रियों से भैरोंसिंह शेखावत के रिश्तों तथा उनकी योग्यता की छाप के कुछ संस्मरण सुनाते हुए मेहता ने बताया कि ''मोरारजी देसाई के काल में बिजली पर मुख्यमंत्रियों की बैठक में प्रधानमंत्री ने कहा कि राज्यों में बिजली पर अधिक व्यय होता है। उस पर अंकुश नहीं है। भैरोंसिंह बैठक में खड़े हो गये और कहा कि यह सही नहीं है। उन्होंने पलटकर कहा, केन्द्र में खर्च पर अंकुश नहीं है। मोरारजी भाई ने उनका खंडन किया। भोजनावकाश में प्रधानमंत्री ने जानकारी की तो पता चला कि भैरोंसिंह की बात सही है। लौटकर प्रधानमंत्री ने भैरोंसिंह की बात से सहमति प्रकट की। इससे उनकी योग्यता तथा विषय की गहराई में जाने की छवि बनी।''

मोरारजी भाई के साथ का एक अन्य संस्मरण उन्होंने और सुनाया, तब मेहता मुख्यमंत्री (शेखावत) के सचिव पद पर थे। जनता पार्टी के शासन काल में 'काम के बदले अनाज' योजना द्वारा राजस्थान में बहुत निर्माण हुआ था। राजस्थान ने एक लाख अस्सी हजार टन के काम पंचायतों के जरिये करा लिये थे। खाद्य मंत्रालय ने अनाज का आवंटन आबादी के आधार पर करने का निर्णय कर लिया। इससे विकास के काम आधे अधूरे पड़े रहने की समस्या हो गई थी। शेखावत ने प्रधानमंत्री से भेंटकर राजस्थान को उसकी प्रगति के अनुसार अनाज का आवंटन जारी रखने का निर्णय करवाया। मेहता ने कहा कि ''यह शेखावत की योग्यता, राजस्थान के लिए संघर्ष तथा रिश्तों में सामंजस्य स्थापित करने का परिणाम था अन्यथा गांव-गांव में आधे-अधूरे खँडहर दिखाई देते।''

इसी तरह शेखावत ने प्रधानमंत्री पी.वी. नरसिंहराव से बिजली की योजनाएं स्वीकृत कराईं। योजना आयोग के उपाध्यक्षों ने शेखावत की योग्यता की खूब प्रशंसा की। चाहे वे रामकृष्ण हेगड़े थे या प्रणव मुकर्जी। भैरोंसिंह शेखावत के रिश्तों के परिणामस्वरूप राजस्थान की पंचवर्षीय योजनाओं के लिए खूब धन आवंटित हुआ था। इसी सम्पर्क के कारण प्रधानमंत्री चन्द्रशेखर ने बावरी मस्जिद का विवाद सुलझाने के लिए तीन सदस्यों की एक समिति गठित की थी, उसमें शेखावत एक सदस्य थे।[26]

शेखावत के मुख्यमंत्री काल में प्रधानमंत्री मोरारजी देसाई, वी.पी.सिंह, चन्द्रशेखर, पी.वी. नरसिंहराव, एच.डी.देवेगोड़ा, इन्द्रकुमार गुजराल तथा अटलबिहारी वाजपेयी से सीधे सम्बन्ध थे।

दस वर्षों में पैर जमाये

भारतीय जनता पार्टी ने अपने संगठन को सुदृढ़, विस्तृत तथा जन समस्याओं में कूदने लायक के साथ राज्य के उन क्षेत्रों को चिन्हित करना शुरू किया जहां उसके पैर जमाये जा सकें। उदयपुर संभाग उसे राज्य के अन्य भागों से विभिन्न लगा जहां जातिवाद तुलनात्मक दृष्टि से उतना हावी नहीं था। अधिकांश जनता भोली, कम आकांक्षी, न्यूनतम आवश्यकताओं में प्रसन्न रहने वाली तथा विश्वसनीय थी और गुजरात एवं मध्यप्रदेश की सीमा से लगने वाला क्षेत्र आदिवासी है। संपूर्ण क्षेत्र में एकता का भी इतिहास रहा था। स्वर्गीय मोहनलाल सुखाड़िया के सत्रह वर्षों तक मुख्यमंत्री बने रहने का एक बड़ा 'राज' उदयपुर संभाग का उन्हें पूर्ण समर्थन मिलना था। उनके शासन काल में सम्पन्न तीन आम चुनावों में उस संभाग की अड़तीस विधानसभा क्षेत्रों में से लगभग तीन-चौथाई का समर्थन कांग्रेस को मिलता था। अन्य संभागों में इतना बड़ा समर्थन कांग्रेस के अन्य किसी नेता के साथ नहीं होता था। भाजपा के दूरदर्शी नेता भैरोंसिंह ने सोचा कि यदि संभाग में सेंध लगाकर कब्जा किया जाए तो भाजपा सत्ता प्राप्त करने में शीघ्र सफल हो सकती है।

फरवरी 1982 में वज्र हृदयाघात के कारण सुखाड़िया का असामयिक तथा अचानक देहावसान हो जाने से उदयपुर संभाग में वैसा एकछत्र नेता नहीं रहा। कांग्रेस के अन्य नेता अपने जिलों के ही थे और उनमें भी आपसी विवाद थे। भाजपा ने आदिवासियों में अपने पैर जमाने के लिए ऋषभदेव में विशाल सम्मेलन आयोजित किया। उस सम्मेलन में आदिवासी क्षेत्र के नेता हरिदेव जोशी को शेखावत ने चेतावनी दी कि 'यदि उनकी गरीबी तथा शोषण की समस्याएं हल नहीं हुईं तो ऐसा समय आ सकता है जब उनके अलग राज्य की मांग उठ सकती है।' कांग्रेस को यह बड़ी चुनौती थी। ऐसा ही एक सम्मेलन मेवाड़ के मध्य स्थित मावली में किया गया। 1985 में निम्बाहेड़ा विधानसभा क्षेत्र से शेखावत ने स्वयं चुनाव लड़ा और विजयी हुए। सन् 1989 के लोकसभा चुनाव के समय मेवाड़ के पूर्व महाराणा महेन्द्रसिंह का गांव-गांव का दौरा आयोजित कराया जिसमें हजारों लोग उनके 'दर्शन' के लिए आधी रात तक प्रतीक्षा करते रहे। महेन्द्रसिंह को चित्तौड़गढ़ लोकसभा क्षेत्र से खड़ा किया और वे विजयी हुए। इसके बाद 1991तथा 1996 में केन्द्र की राजग सरकार में वित्तमंत्री रहे जसवंतसिंह को उसी क्षेत्र से चुनवाया जबकि वे बाड़मेर जिले के हैं। शेखावत के दामाद वर्तमान भाजपा सरकार में उद्योग मंत्री नरपतसिंह राजवी का चुनाव क्षेत्र चित्तौड़गढ़ बनवा दिया जबकि वे बीकानेर जिले के निवासी हैं।

कोटा संभाग में भाजपा का प्रभाव जनसंघ के काल से ही था। भाजपा ने उसे और मजबूत किया। जाटों में अपना प्रभाव जमाने के लिए उनके 'बाबा' और प्रभावी नेता स्वर्गीय नाथूराम मिर्धा से शेखावत ने सम्बन्ध बढ़ाये। उनके निकटस्थ साथी चन्द्रराज सिंघवी, जो बाद में भाजपा मुख्यमंत्री वसुन्धराराजे के घनिष्ठतम हो गये थे, को भैरोंसिंह अपनी पार्टी में ही ले आये जबकि वे हमेशा कांग्रेस में रहे थे। ऐसे ही अन्य कई जिलों सवाईमाधोपुर, पाली, सिरोही, अजमेर आदि

में अपने पैर जमा लिये। जाट नेता सांवरलाल, डॉ. रतनलाल जाट, डॉ. रामप्रताप, गूजरनेता शिवचरणसिंह, नाथूसिंह, कालूलाल आदि भाजपा से जुड़ते चले गये। ये सभी भैरोंसिंह सरकार में मंत्री रह चुके हैं। सांवरलाल जाट तथा कालूलाल गुर्जर तो वर्तमान वसुन्धराराजे की सरकार में भी मंत्री हैं।

राममंदिर

उपरोक्त राजनीतिक गतिविधियों के साथ अयोध्या में राममंदिर निर्माण की मांग को भाजपा ने हिन्दू जनता की भावना को उद्वेलित करने का एक ऐसा अहम मुद्दा बना दिया जिसमें रोजी-रोटी, कपड़ा, मकान आदि सभी दैनंदिन प्रश्न गौण हो गये। भाजपा ने राममंदिर को कभी अपने कार्यक्रम में सम्मिलित नहीं किया और न अपने घोषणापत्र का विषय बनाया। लेकिन लालकृष्ण आडवाणी ने पश्चिम (सोमनाथ) से पूर्व की रथ-यात्रा की। यात्रा जिस मार्ग से निकली, हजारों स्त्री-पुरुषों ने राम की जय-जयकार कर सारे उत्तरी भारत का वातावरण 'राममय' बना दिया था। भाजपा के अन्य नेताओं ने भी ऐसी यात्राएं आयोजित कीं। स्वयं शेखावत ने एक ऐसी यात्रा का नेतृत्व किया था। राममंदिर आंदोलन में शिला पूजन, ईंटें एकत्रित करना, धन जमा करना आदि कई कार्यक्रम थे। इनको आयोजित करने वाले वे ही भाजपा के कार्यकर्त्ता थे जो आवश्यकतानुसार विश्व हिन्दू परिषद, बजरंग दल, विद्यार्थी परिषद आदि के बिल्ले लगाते रहते थे।

भाजपा के निर्माण के बाद उसके चुनाव चिह्न पर पहला लोकसभा चुनाव 1984 में लड़ा गया था लेकिन श्रीमती इंदिरा गांधी की शहादत के कारण राजस्थान में कांग्रेस के विरुद्ध एक भी सीट अन्य दल नहीं जीत पाया। भाजपा ने 25 में से 24 पर अपने प्रत्याशी खड़े किये थे जो 23.69 प्रतिशत मत प्राप्त करने में सफल हुए। कांग्रेस के बाद भाजपा के पक्ष में ही इतना मतदान हुआ। इससे कम लोकदल को 11.23 प्रतिशत मत मिले थे। लेकिन इसके तीन माह बाद मार्च 1985 में सम्पन्न विधानसभा के चुनाव में भाजपा ने अपनी स्थिति को और मजबूत किया और वह 38 स्थानों पर विजयी हुई जो पिछले चुनाव से छह अधिक थे। इस चुनाव में भाजपा को 21.61 प्रतिशत मत मिले और लोकदल ने 11.98 प्रतिशत वोट प्राप्त कर 27 स्थान जीते थे।

रामलहर, कांग्रेस पर बोफोर्स तोपों की खरीद में भ्रष्टाचार, राजस्थान में पांच वर्षों में तीन बार मुख्यमंत्रियों की अदला-बदली और भाजपा तथा जनता दल के बीच चुनावी गठबंधन की पृष्ठभूमि में सम्पन्न 1990 के विधानसभा चुनाव में कांग्रेस का सफाया हो गया। एक बार फिर 1977 दोहराया गया। कांग्रेस को दो सौ में से केवल 50 स्थान और 33.64 प्रतिशत वोट मिले। भाजपा ने सर्वाधिक 85 स्थान प्राप्त कर 25.25 प्रतिशत वोट प्राप्त किये। उसके भागीदार जनता

दल ने 21.63 प्रतिशत मत लेकर 55 सीटें लीं। एक सीट पर माकपा जीती और नौ निर्दलीय विजयी हुए। विधानसभा से दो माह पूर्व नवम्बर 1989 में सम्पन्न लोकसभा के चुनाव में कांग्रेस को एक भी सीट नहीं मिली जबकि वह 36.98 प्रतिशत वोट खींच लाई थी। भाजपा-जनता दल गठबंधन क्रमशः 13-11 स्थान और क्रमशः 29.69 और 25.68 प्रतिशत मत प्राप्त करने में सफल रहा। गठबंधन के समर्थन से एक सीट माकपा को मिल गई।[27]

चौधरी देवीलाल की पूर्व घोषणा

दस वर्षों के अन्तराल के बाद भाजपा को सरकार बनाने का अवसर मिल गया। दिल्ली में भाजपा के बाहरी समर्थन से जनता दल की सरकार विश्वनाथ प्रतापसिंह (वी.पी. सिंह) बना चुके थे। राजस्थान में दोनों ने लोकसभा तथा विधानसभा के मिलकर अधिकांश सीटों पर चुनाव लड़ा था। वरिष्ठ जाट नेता नाथूराम मिर्धा 1989 में राजस्थान जनता दल के अध्यक्ष तथा वी.पी. सिंह मंत्रिमंडल के सदस्य थे। हरियाणा के वयोवृद्ध जाट नेता चौधरी देवीलाल उस सरकार में उपप्रधानमंत्री थे। वे सीकर क्षेत्र से लोकसभा के सदस्य थे। देवीलाल और भैरोंसिंह के बीच गहरी राजनीतिक मित्रता थी। देवीलाल के एक पोते अजयसिंह और उनके कुछ समर्थकों ने विधानसभा का चुनाव लड़ा था। वे चुने भी गये थे। जनता दल के टिकट पर पांच जाट लोकसभा में पहुँचे थे और पांच ही राजपूत भाजपा-जद से थे। इस तरह दोनों चुनावों में जाट-राजपूत मतदाताओं का एक सुदृढ़ मोर्चा कांग्रेस के विरुद्ध बन गया था। चौधरी देवीलाल ने विधानसभा के चुनाव अभियान के दौरान शाहपुरा (जयपुर) की महती आमसभा में घोषणा कर दी कि भैरोंसिंह शेखावत राजस्थान के अगले मुख्यमंत्री होंगे।[28] इसलिए जनता दल की ओर से मुख्यमंत्री पद के लिए कोई दावेदार होने की बात स्वतः ही समाप्त हो गई। जनता दल के निर्वाचित विधायकों में एक भी भैरोंसिंह के समान कद का नहीं था। इसलिए यह तो निश्चित था कि भाजपा का नेता ही अगला मुख्यमंत्री होगा। भाजपा विधानसभा में सबसे बड़ी पार्टी थी। उसके 85 सदस्य चुनकर आये थे और भागीदार जनता दल के केवल 55 ही विधायक थे। जनता दल ने नत्थीसिंह को अपना नेता चुन लिया था।

संघ के नेताओं से नहीं बनी

भाजपा में वैसे खुले रूप में नेता पद पर कोई विवाद नहीं था। भैरोंसिंह के कद का अन्य कोई नेता भाजपा में था भी नहीं। लेकिन राष्ट्रीय स्वयंसेवक संघ के राजस्थान के नेता भैरोंसिंह से बहुत प्रसन्न नहीं थे क्योंकि वे स्वयंसेवक पृष्ठभूमि वाले विधायकों के समान उनके प्रभाव में नहीं रहते

थे। उनके निर्देशों या सलाह का अक्षरशः पालन नहीं करते थे। वे कट्टर हिन्दूवादी भी नहीं माने जाते थे। भाजपा में संघ का एक गुट था। वह भैरोंसिंह से नाराज ही रहता था। हालांकि भैरोंसिंह का गुरु गोलवलकर के बाद बने सरसंघ संचालक देवरस तथा प्रो. राजेन्द्रसिंह (रज्जू भैया) से अच्छा सम्पर्क था। लेकिन राज्यस्तर के संघ नेताओं की भैरोंसिंह से नहीं बनी। वे उनकी हाजरी देने भारती भवन जयपुर अथवा झण्डेवालान दिल्ली में भी नहीं जाते थे। इसलिए संघ विधायकों का गुट ललितकिशोर चतुर्वेदी को भाजपा विधायक दल का नेता चुनना चाहता था जिनकी संख्या लगभग चालीस मानी जाती थी। मगर विधायक दल में उनका बहुमत नहीं था।[29]

एक तथ्य यह भी है कि शेखावत ने अपने मुख्यमंत्री काल में अजमेर में आयोजित संघ के प्रांतीय समारोह में पहली बार नेकर पहनकर उसमें भाग लिया था। उनका वह फोटो देशव्यापी समाचार पत्रों में छपा था। संभवतः राजनीति में आने के बाद उन्होंने पहली बार नेकर पहनी थी। इसकी राजनीतिक क्षेत्रों में जोर की चर्चा भी रही थी। ललितकिशोर चतुर्वेदी स्वयं भी भैरोंसिंह से नाराज थे। जब चतुर्वेदी अस्सी के दशक में प्रदेश अध्यक्ष रहे तब शेखावत उनकी एक भी बैठक में सम्मिलित नहीं हुए। उनकी इस उपेक्षा की सभी क्षेत्रों में चर्चा भी थी और दल के अनुशासन की दृष्टि से उपयुक्त भी नहीं समझा गया। पार्टी क्षेत्रों में यह चर्चा थी कि प्रदेशाध्यक्ष के पद पर चुनाव में खड़े हुए भंवरलाल शर्मा और हरिशंकर भाभड़ा ने नामवापसी का पत्र भैरोंसिंह को लिखकर दे दिया था लेकिन चतुर्वेदी ने ऐसा पत्र नहीं दिया। इससे शेखावत उनसे नाराज हो गये कि उनका मेरे में विश्वास नहीं है।

चार मार्च, 1990 को शपथ ग्रहण समारोह से एक दिन पूर्व भाजपा विधायक दल की बैठक केन्द्रीय पर्यवेक्षक अटलबिहारी वाजपेयी, राजमाता विजयाराजे सिंधिया तथा केदारनाथ साहनी की उपस्थिति में हुई। भैरोंसिंह शेखावत निर्विरोध दल के नेता चुने गये। इससे पूर्व जैसी चर्चा थी कि ललितकिशोर चतुर्वेदी शेखावत के निर्वाचन को चुनौती देंगे। यहां तक कि वाजपेयी के यह पूछने पर कि "कोई और नाम तो नही हैं" फिर भी कोई खड़ा नहीं हुआ।[30]

पूर्व प्रदेशाध्यक्ष रामदास अग्रवाल ने एक प्रश्न के उत्तर में कहा कि "अटलजी के मना लेने पर ललितजी ने चुनाव नहीं लड़ा था बल्कि शेखावत को नेता चुनने के प्रस्ताव का समर्थन भी उन्होंने (चतुर्वेदी) ही किया था।"[31]

नवम् विधानसभा के उपरोक्त चुनाव में 1967 की तरह किसी एक दल को स्पष्ट बहुमत नहीं मिला था। हालांकि भाजपा और जद के गठबंधन ने ही कांग्रेस का मुकाबला किया था। फिर भी कांग्रेस के नेता तथा पूर्व मुख्यमंत्री हरिदेव जोशी ने चुनाव परिणाम के बाद जनता दल (जद) से सहयोग कर सरकार बनाने का पैंतरा फेंका था। दोनों मिलाकर 105 हो जाते थे। मगर

जद के अध्यक्ष नाथूराम मिर्धा ने जोशी के प्रस्ताव को ठुकराते हुए कहा कि "जिसके खिलाफ विपक्ष ने लड़ाई लड़ी है उसके साथ साझेदारी का प्रश्न ही नहीं उठता है।"[32]

केन्द्रीय जनता दल की राजनीतिक मामलात की सलाहकार समिति की बैठक 3 मार्च, 1990 को दिल्ली में हुई जिसमें भाजपा की केन्द्रीय चुनाव समिति के प्रस्ताव से सरकार में सम्मिलित होने पर सहमति प्रकट की गई थी।[33]

शेखावत की दूसरी पारी

राज्यपाल देवीप्रसाद चट्टोपाध्याय ने शेखावत के भाजपा विधायक दल का नेता निर्वाचित होने की सूचना के साथ उसी दिन 3 मार्च, 1990 को ही उन्हें सरकार बनाने के लिए आमंत्रित कर लिया था। चार मार्च, 1990 को सड़सठ वर्षीय शेखावत को राज्यपाल ने मुख्यमंत्री पद की शपथ दिलाई। दस वर्ष, सोलह दिनों के अन्तराल के बाद राज्य के दूसरे गैरकांग्रेसी मुख्यमंत्री के रूप में शेखावत ने राजस्थान की पुनः बागडोर संभाली। इससे पूर्व प्रथम बार 22 जून, 1977 से 16 फरवरी, 1980 तक जनता पार्टी की सरकार के मुख्यमंत्री के रूप में उन्होंने राजस्थान का नेतृत्व किया था। शेखावत के साथ तीन मंत्रियों ने भंवरलाल शर्मा, ललितकिशोर चतुर्वेदी (दोनों भाजपा) तथा नत्थीसिंह (जद) ने शपथ ग्रहण की थी। शर्मा और चतुर्वेदी 1977 की सरकार में भी शेखावत के साथ थे। नत्थीसिंह पहली बार मंत्री बने थे और इस सरकार में भी 26 अक्टूबर, 1990 तक ही पद पर रहे।

शेखावत ने अपने मंत्रिमंडल का पहला विस्तार 14 मार्च, 1990 को किया जिसमें कृष्णकुमार गोयल, चतुर्भुज वर्मा, विजयसिंह झाला, रामकिशोर मीणा, पुष्पा जैन (सभी भाजपा), दिग्विजयसिंह, डॉ. चन्द्रभान, एवं सुमित्रासिंह (सभी जनता दल) मंत्री तथा हरलालसिंह खर्रा, रमजान खां, कालूलाल गुर्जर, मोहन मेघवाल, जीवराज कटारा, कुन्दनलाल मिगलानी, चुन्नीलाल गरासिया (सभी भाजपा) एवं फतहसिंह (जद) राज्यमंत्री के पद पर नियुक्त किये गये। इस प्रकार मुख्यमंत्री सहित बारह मंत्री तथा आठ राज्यमंत्री हो गये। 16 मार्च, 1990 को भाजपा के हरिशंकर भाभड़ा को सर्वसम्मति से विधानसभा का अध्यक्ष चुना गया जो 28 दिसम्बर, 1993 तक पद पर रहे । 5 जुलाई, 1990 को जनता दल के यदुनाथसिंह निर्विरोध उपाध्यक्ष चुने गये। किन्तु 19 मार्च, 1991 को उन्होंने पदत्याग कर दिया और 25 मार्च, 1991 को भाजपा के हीरासिंह चौहान सर्वसम्मति से उपाध्यक्ष निर्वाचित हुए जो विधानसभा के विघटन तक इस पद पर रहे।[34]

शेखावत ने अपने मंत्रिमंडल का दूसरा विस्तार 30 मई, 1990 को किया जिसमें प्रो. केदारनाथ, सम्पतराम, श्रीमती मदनकौर (सभी जद), हरिकुमार औदिच्य तथा श्रीमती विद्या

भैरोंसिंह शेखावत मंत्रिमंडल (द्वितीय पारी)

शपथग्रहण : 4 मार्च, 1990 तथा 14 मार्च, 1990

अग्रिम पंक्ति में बायें से दायें : कुन्दनलाल मिगलानी, फतहसिंह, हरलालसिंह खर्रा, जीवराज कटारा (सभी राज्यमंत्री), चतुर्भुज वर्मा (मंत्री), मोहन मेघवाल, रमजान खां (दोनों राज्यमंत्री) डॉ. चन्द्रभान (मंत्री)।

पिछली पंक्ति में बायें से दायें : कालूलाल गुर्जर, चुन्नीलाल गरासिया (दोनों राज्यमंत्री), रामकिशोर मीणा, कृष्णकुमार गोयल (दोनों मंत्री), प्रो. देवीप्रसाद चट्टोपाध्याय (राज्यपाल), भैरोंसिंह शेखावत (मुख्यमंत्री), दिग्विजयसिंह, सुमित्रासिंह तथा पुष्पा जैन (सभी मंत्री)।

पाठक (दोनों भाजपा) मंत्री, रामेश्वरदयाल यादव, देवीसिंह भाटी, नफीस अहमदखां तथा गोपालसिंह खंडेला (सभी जद), जोगेश्वर गर्ग तथा शांतिलाल चपलोत (दोनों भाजपा) राज्यमंत्री नियुक्त किये गये।[35] इस प्रकार अब मंत्रिपरिषद में 17 मंत्री तथा 14 राज्यमंत्री हो गये थे।

केन्द्र में भूचाल

पिछली गैरकांग्रेसी सरकार की तरह राजस्थान में कोई राजनीतिक संकट उपस्थित नहीं हुआ और सात माह तक सरकार चलती रही। किन्तु केन्द्र में पुनः भूचाल आगया। 1977 में दिल्ली में जनसंघ को लेकर समाजवादी नेताओं ने विवाद पैदा किया था लेकिन उस कारण तब भी राजस्थान में टूटन नहीं हुई थी। इस बार भी भाजपा के कारण ही विवाद पैदा हुआ था। भाजपा ने अयोध्या में बावरी मस्जिद के स्थान पर राममंदिर निर्माण के लिए देश में जबर्दस्त भावनात्मक

युद्ध छेड़ रखा था। भाजपा के अध्यक्ष लालकृष्ण आडवाणी ने सोमनाथ (गुजरात) से अयोध्या तक की रथयात्रा चला रखी थी। 23 अक्टूबर, 1990 को प्रातः जनता दल के मुख्यमंत्री लालूप्रसाद यादव ने अपने राज्य बिहार की यात्रा में विघ्न उपस्थित करने के लिए आडवाणी को समस्तीपुर के सर्किट हाउस में प्रातः 5 बजे गिरफ्तार कर लिया। उसके विरोध में भाजपा ने केन्द्र में राष्ट्रीय मोर्चे की वी.पी.सिंह सरकार को बाहर से दिया जा रहा अपना समर्थन वापस ले लिया। इससे केन्द्रीय सरकार अल्पमत में आ गई। इसके प्रतिरोध में जनता दल के अध्यक्ष तथा प्रधानमंत्री सिंह के निर्देश पर राजस्थान में जनता दल ने शेखावत की संयुक्त सरकार से अपना समर्थन वापस ले लिया। राजस्थान में जनता दल दो फाड़ हो गया। राज्यमंत्री देवीसिंह भाटी को छोड़कर दल के सात मंत्रियों नत्थीसिंह, सम्पतराम, प्रो. केदारनाथ,दिग्विजयसिंह, डॉ. चन्द्रभान, श्रीमती सुमित्रासिंह तथा श्रीमती मदनकौर और चार राज्यमंत्रियों फतहसिंह, गोपालसिंह खंडेला तथा रामेश्वरदयाल यादव ने 26 अक्टूबर और नफीस अहमदखां ने 27 अक्टूबर,1990 को मंत्रिमंडल से त्यागपत्र दे दिये। राज्यपाल ने मुख्यमंत्री की सिफारिश पर उन्हें उसी दिन स्वीकार कर लिये थे।[36]

मंत्रिपरिषद से जनता दल के ग्यारह सदस्यों के त्यागपत्र तथा समर्थन वापस लेने से शेखावत सरकार अल्पमत में आ गई। प्रतिपक्षी दलों ने शेखावत से त्यागपत्र की मांग की। किन्तु मुख्यमंत्री ने राज्यपाल देवीप्रसाद चट्टोपाध्याय से भेंट कर यह विश्वास दिलाया कि वह विधानसभा में अपनी सरकार का बहुमत सिद्ध कर देंगे। राज्यपाल की नियुक्ति वी.पी. सिंह सरकार द्वारा की गई थी। राज्यपाल ने शेखावत के अनुरोध को स्वीकार कर उन्हें अपना बहुमत सिद्ध करने के लिए 8 नवम्बर, 1990 को विधानसभा का विशेष सत्र आहूत करने का समय दिया।[37]

जनता दल का विभाजन

यद्यपि जनता दल के मंत्रियों ने त्यागपत्र दे दिये थे। किन्तु जनता दल के एक वर्ग में समर्थन वापस लेने के प्रश्न पर पुनर्विचार का वातावरण बन रहा था। केन्द्र में भी यही स्थिति थी। 1977 की तरह चन्द्रशेखर तथा चौधरी देवीलाल गुट पुनः जनाधिकार प्राप्त करने से सहमत नहीं थे। जनता उन्हें किस आधार पर वोट देगी कि आपस में लड़कर सरकार गिरा दी? इसलिए कांग्रेस के समर्थन से सरकार बनाना उचित समझा। राजस्थान में 2 नवम्बर, 1990 को इस प्रश्न पर विचार करने के लिए जनता दल के विधायकों की बैठक में बहुमत से यह निर्णय किया गया कि 8 नवम्बर को विधानसभा में भाजपा सरकार के विरुद्ध मतदान किया जाय। लेकिन पदत्यागे मंत्री दिग्विजयसिंह के नेतृत्व में 18 विधायकों ने निर्णय का विरोध करते हुए बैठक का बहिष्कार किया।[38]

तीन दिन बाद 5 नवम्बर को जनता दल के लगभग बीस बागी विधायकों की एक बैठक हुई जिसमें नत्थीसिंह के नेतृत्व को ही चुनौती दे डाली और अपना अलग दल स्थापित कर

संभावित आम चुनाव को टालने की दृष्टि से भाजपा सरकार को विधानसभा में समर्थन देने की घोषणा की गई। इन विधायकों ने अपनी भावी राजनीति तय करने के लिए 6 नवम्बर को दिग्विजयसिंह के निवास पर बैठक की जिसमें प्रदेश जनता दल का विधिवत विभाजन हो गया। बैठक में विभाजित जनता दल का नेता दिग्विजयसिंह तथा सचेतक भंवरलाल शर्मा (सरदारशहर) को चुना गया। इसकी विधिवत सूचना विधानसभा अध्यक्ष को दे दी गई। इस बैठक में दिग्विजयसिंह, लालचन्द डूडी, गंगाराम चौधरी, अब्दुल हादी, जगमालसिंह यादव, जगतसिंह दायमा, सम्पतसिंह, डॉ. जितेन्द्रसिंह, उम्मेदसिंह, मान्धातासिंह, प्रो. सांवरलाल जाट, डॉ. रतनलाल जाट, गणपतराम, भंवरलाल शर्मा, चुन्नीलाल इंदलिया, बाबूलाल खांडा, गुलाम मुस्तफा, मिश्रीलाल चौधरी, डूंगरराम पंवार तथा शंभूदयाल बड़गूजर उपस्थित थे। इन सबने सामूहिक रूप से विधानसभा अध्यक्ष हरिशंकर भाभड़ा से भेंट कर अपनी गिनती, हस्ताक्षर मिलान, उपस्थिति दर्ज करने और अपने परिचयपत्र दिखाये। पृथक हुए विधायकों ने अपने दल का नाम जनता दल (दिग्विजय) रखने का निर्णय किया।[39] उपरोक्त सारी कार्रवाही विधिवत रूप से दलबदल कानून की तलवार से बचने के लिए की गई थी। 7 नवम्बर को जनता दल (दि .) में दो विधायक और जुड़ जाने से उनकी संख्या बाईस हो गई।

इधर शेखावत सरकार को 8 नवम्बर को विधानसभा में विश्वास प्रस्ताव पर पराजित करने के लिए कांग्रेस तथा जनता दल के विधायकों की अलग-अलग बैठकों में अपने निर्णयों की पुष्टि की गई। साथ ही जनता दल के नेता नत्थीसिंह तथा प्रदेश जनता दल के अध्यक्ष हरजीराम बुरडक ने दो अलग-अलग पत्रों में नौ विधायकों दिग्विजयसिंह, मान्धातासिंह, जगतसिंह दायमा, भंवरलाल शर्मा, उम्मेदसिंह, देवीसिंह भाटी, गुलाम मुस्तफा, प्रो. सांवरलाल और डॉ. रतनलाल जाट को दल से निष्कासित करने की विधानसभा अध्यक्ष को लिखित सूचना भिजवाकर उन्हें असम्बद्ध घोषित करने का अनुरोध किया।[40]

जनता दल में नेता चुनने के प्रश्न पर प्रारम्भ से ही मतभेद था। चौधरी देवीलाल प्रो. केदारनाथ या दिग्विजयसिंह को नेता चुनवाना चाहते थे। लेकिन देवीलाल के पौत्र अजयसिंह के बैठक में पहुँचने से पूर्व ही केन्द्रीय पर्यवेक्षक अजीतसिंह तथा यशवन्त सिन्हा ने अपने प्रभाव का उपयोग कर अपनी इच्छानुसार नत्थीसिंह को निर्वाचित घोषित कर दिया था।[41]

दिग्विजयसिंह का समर्थन

शेखावत सरकार को समर्थन देने के प्रश्न पर दिग्विजयसिंह ने अपनी भेंटवार्ता में स्पष्ट किया कि तत्कालीन प्रधानमंत्री वी.पी.सिंह केन्द्र में भाजपा द्वारा समर्थन वापस लेने के कारण राजस्थान में 'जैसे के साथ तैसा' का व्यवहार करना चाहते थे। इसके विपरीत वी.पी.सिंह सरकार में मंत्री

नाथूराम मिर्धा कांग्रेस के समर्थन से जनता दल की राजस्थान में सरकार बनाना चाहते थे। इस बारे में हमारे विधायक साथियों का विचार था कि "यदि कांग्रेस ने समर्थन वापस ले लिया तो सरकार गिर जायेगी और चुनाव होंगे जो जनता कभी पसन्द नहीं करेगी। इसके अलावा नाथूराम मिर्धा पर भरोसा नहीं था। वे हमारे साथियों की उपेक्षा कर सकते हैं। इसलिए हमने अपना पृथक दल बनाकर भाजपा-जनता दल की संयुक्त सरकार आगे भी जारी रखने का निर्णय किया।" सिंह ने बताया कि हमारे निर्णय से राजस्थान में संयुक्त सरकार कायम रही और नये चुनाव का बोझ जनता पर नहीं पड़ा। यह अलग बात है कि 6 दिसम्बर, 1992 को बावरी मस्जिद ढहा देने के कारण केन्द्र की कांग्रेस सरकार ने राज्य में राष्ट्रपति शासन लागू कर दिया था और सरकार अपना पांच वर्ष का कार्यकाल पूरा नहीं कर पाई।[42]

पूर्व मंत्री दिग्विजयसिंह ने यही बात 8 नवम्बर, 1990 को विधानसभा में शेखावत द्वारा प्रस्तावित 'विश्वास प्रस्ताव' का समर्थन करते हुए कही थी कि "हमें जनादेश कांग्रेस के खिलाफ मिला था। कांग्रेस के साथ कैसे बैठ जाते?" ग्यारह घंटों की लम्बी बहस के बाद आठ माह पुरानी भैरोंसिंह शेखावत सरकार पर छाये संकट के बादल छंट गये और अस्सी के मुकाबले एक सौ सोलह मतों से विश्वास प्रस्ताव विधानसभा ने स्वीकार कर लिया। अध्यक्ष ने मतदान नहीं किया। दो सौ सदस्यों की विधानसभा में भाजपा के 84, जनता दल (दि.) के 26 तथा 6 निर्दलियों ने प्रस्ताव के पक्ष में मतदान किया था। कांग्रेस के रामदेवसिंह मेहरिया तथा लक्ष्मीलाल और जनता दल के सोमाभाई सदन में अनुपस्थित रहे थे।[43] विगत दो सप्ताहों के राजनीतिक संकट से शेखावत सरकार का बच निकलना समय की कसौटी कहा जाय या मुख्यमंत्री का राजनीतिक कौशल ? सभी सत्ताधारियों ने स्वयं को ही जीवनदान दिया। एक परिणाम अवश्य आया कि धीरे-धीरे जनता दल ही समाप्त हो गया।

विश्वास प्रस्ताव पारित होने के चार दिन बाद मुख्यमंत्री की पिचानवें वर्षीय माताश्री का निधन हो जाने से मंत्रिमंडल के विस्तार में विलम्ब हो गया। 24 नवम्बर, 1990 को शेखावत ने अपने मंत्रिमंडल का पुनर्गठन किया जिसमें सात मंत्री, सात ही राज्यमंत्री और तीन उपमंत्री शामिल किये। इन्हें मिलाकर मुख्यमंत्री सहित मंत्रिपरिषद में 37 सदस्य हो गये थे। नये मंत्री दिग्विजयसिंह, गंगाराम चौधरी, लालचन्द डूडी, भंवरलाल शर्मा (सरदारशहर), सम्पतसिंह, जगमालसिंह यादव तथा रामनारायण विश्नोई थे। ये सभी जनता दल (दि.) के सदस्य थे। राज्यमंत्रियों में नफीस अहमदखां, उम्मेदसिंह, जगतसिंह दायमा, मान्धातासिंह, बाबूलाल खांडा तथा डॉ. रतनलाल जाट (जद दि.) और मदनमोहन सिंघल (निर्दलीय) थे। उपमंत्री-मिश्रीलाल चौधरी, डूंगरराम पंवार (जद दि.) और रामप्रताप कासनिया निर्दलीय थे। राजस्थान में पहली बार दो निर्दलीय मंत्रिमंडल में लिये गये थे। इससे पहले निर्दलियों को दल के सह सदस्य के रूप में सम्मिलित किया जाता था।[44] जनता दल (दि.) के 26 सदस्यों में से 15 मंत्रिमंडल में लिये जा चुके थे और छह निर्दलियों में से दो को।

राजस्थान में दंगे

अक्टूबर 1990 का माह देश के राजनीतिक घटनाक्रम में ऐतिहासिक हो गया था। दिल्ली में वी.पी.सिंह की सरकार के स्थान पर कांग्रेस के समर्थन से चन्द्रशेखर ने सत्ता संभाल ली। भाजपा अध्यक्ष लालकृष्ण आडवाणी की गिरफ्तारी के विरोध में 24 अक्टूबर को भारत बंद हुआ और कई स्थानों पर साम्प्रदायिक दंगों की आग लग गई जिसमें दर्जनों लोग स्वाह हो गये। यह आग राजस्थान में भी लगी। जयपुर तथा टोंक जिले के मालपुरा कस्बे में हिन्दू-मुस्लिम दंगे हुए जिनमें भारी जान-माल की क्षति पहुँची।[45] दंगों के पीछे अयोध्या में राममंदिर-बावरी मस्जिद का भावनात्मक विवाद भी था जो दो दशकों के बाद भी अभी तक नहीं सुलझ पाया है। वोटों की राजनीति का मुद्दा बना हुआ है।

यद्यपि भाजपा नेता भैरोंसिंह ने अपने राजनीतिक कौशल से सरकार बचा ली। किन्तु पार्टी में असंतोष फूट रहा था। 84 सदस्यीय भाजपा विधायक दल के बावजूद केवल बीस ही मंत्रिपरिषद में थे। कार्यकर्त्ताओं की इच्छाओं के अनुसार तबादले नहीं हो रहे थे तथा जनता में बिजली की शिकायतें और अन्य ज्वलंत समस्याएं थीं। इसका प्रगटीकरण 3 दिसम्बर, 1990 को विधायकों और प्रदेश कार्यसमिति के सदस्यों की संयुक्त बैठक में हुआ। उस बैठक में राष्ट्रीय उपाध्यक्ष सुंदरसिंह भंडारी भी उपस्थित थे। लेकिन जब क्षेत्रीय नेताओं ने सरकार की आलोचना में मुख्यमंत्री को खरी-खोटी सुनाई तो शेखावत बैठक के बीच से उठकर चले गये और भंडारी मौन रहे। शेखावत ने कहा कि ''उनसे ज्यादा कोई सक्षम हो तो उसे नेता चुन लिया जाए। वे मुख्यमंत्री पद से इस्तीफा देने को तैयार हैं।'' घंटे भर बाद कुछ वरिष्ठ नेता अनुनय-विनय कर उन्हें वापस लाये और रुष्ट नेताओं को राज्य की खराब वित्तीय स्थिति के कारण काम नहीं होने से संतुष्ट करने का प्रयत्न किया।[46]

दिल्ली में पुनः राजनीतिक घटनाक्रम गर्म हो गया। 1977 की तरह कांग्रेस ने अपने नेता पूर्व प्रधानमंत्री राजीव गांधी की पुलिस निगरानी कराने के आरोप में चन्द्रशेखर सरकार से समर्थन वापस ले लिया। इससे सरकार अल्पमत में आ गई। प्रधानमंत्री की सलाह पर 13 मार्च, 1991 को लोकसभा भंग कर दी गई और 20 और 23 मई को मध्यावधि चुनाव की घोषणा हो गई।[47] सभी राजनीतिक दल लोकसभा चुनाव की तैयारियों में लग गये।

राजस्थान में ध्रुवीकरण

राजस्थान में सभी राजनीतिक दलों ने अपनी शक्ति आजमाइश का प्रयत्न किया। कांग्रेस और भाजपा ने सभी पच्चीस सीटों पर अपने उम्मीदवार खड़े किये। जनता दल, जनता पार्टी तथा लोकदल ने क्रमशः 22, 21 और 6 स्थानों पर अपने प्रत्याशी खड़े किये। लेकिन कांग्रेस 13

तथा भाजपा ही 12 स्थानों पर जीती। डेढ़ वर्ष में फिर बाजी पलट गई। गैर-कांग्रेसी दलों के आपस में लड़ने का ही संदेश जनता में गया। अन्य सभी दल हार गये। एक तरह से 1991 के लोकसभा के चुनाव से राजस्थान में राजनीतिक ध्रुवीकरण हो गया। यही स्थिति 1996 के लोकसभा चुनाव में रही, जब 12-12 सीटें कांग्रेस-भाजपा ने जीतीं और एक सीट तिवाड़ी कांग्रेस को मिली। तत्कालीन प्रधानमंत्री पी.वी.नरसिंहराव से मतभेदों के कारण कांग्रेस का एक छोटा-सा टुकड़ा अलग हो गया जो तिवाड़ी कांग्रेस कहलाया और बाद में वापस सम्मिलित हो गया। 1998 के लोकसभा चुनाव में कांग्रेस की स्थिति सुधरी और वह 12 से 18 हो गई और एक कांग्रेस (एस) के पक्ष में गई। इस चुनाव में भाजपा को बड़ा घाटा हुआ और वह पांच सीट पर ही अटक गई। एक निर्दलीय चुना गया। 1999 में स्थिति फिर बदल गई। भाजपा ने 16 तथा कांग्रेस ने नौ सीटें जीतीं। 1991 से 1999 तक के चारों लोकसभा चुनावों में कांग्रेस - भाजपा ने 40-40 प्रतिशत से अधिक मत बटोर लिये और शेष में अन्य दल रह गये। 2004 के चुनाव में भाजपा ने 21 स्थानों पर कब्जा कर लिया और कांग्रेस केवल चार पर सिमट गई। विधानसभा के 1993, 1998 और 2003 के चुनावों में भी मुख्य रूप से यही ध्रुवीकरण रहा। 93 में भाजपा, 98 में कांग्रेस तथा 2003 में वापस भाजपा ने राज्य में सरकार बनाई।[48]

राजीव गांधी की नृशंस हत्या

दसवीं लोकसभा के चुनाव (1991) में गैरकांग्रेसी दलों में खींचतान की पृष्ठभूमि के बावजूद रामलहर के कारण उत्तर भारत में हिन्दू एकता का जबर्दस्त माहौल भाजपा के पक्ष में बह रहा था। किन्तु चुनाव प्रक्रिया के दौरान तमिलनाडु के श्रीपेरूम्बुदूर कस्बे में 21 मई, 1991 की रात्रि में 10.20 बजे तमिल आतंककारी महिला आत्मघाती बम द्वारा सार्वजनिक सभा में पूर्व प्रधानमंत्री राजीव गांधी की नृशंस हत्या के कारण न केवल कांग्रेस के पक्ष में सहानुभूति लहर जाग्रत हुई बल्कि ऐसी निन्दनीय घटना भारत के इतिहास में कभी नहीं हुई थी। इससे जनता में जबर्दस्त रोष फैला। वह विश्व का प्रथम आत्मघाती मानव बम था। हालांकि इस बीभत्स घटना ने रामलहर को अधिक प्रभावित नहीं किया। लेकिन कांग्रेस विरोधी वातावरण अवश्य कुछ कमजोर पड़ गया। निर्वाचन आयोग ने मतदान की तारीखों में बदलाव किया। उस समय टी. एन. शेषन मुख्य चुनाव आयुक्त थे जिन्होंने चुनाव प्रक्रिया में आचार संहिता को प्रभावशाली बनाया। इससे चुनाव में सुधार हुआ, मतदान बढ़ा तथा आयोग की सक्रियता की छाप दिखाई देने लगी। सत्तारूढ़ दलों के घालमेल पर प्रतिबंध लगने लगा।

राजस्थान में 20 और 23 मई 1991 को मतदान की तारीखें निश्चित थीं। 20 मई को 25 में से 15 निर्वाचन क्षेत्रों में मतदान हो चुका था। शेष 10 में 23 मई को होना था। किन्तु राजीव गांधी की हत्या के कारण पुनर्निर्धारित कार्यक्रम के अन्तर्गत 12 जून को मतदान हुआ

तथा 16 जून को मतगणना की गई। चुनाव के दौरान राजीव गांधी की हत्या का एक मोटा आकलन यह देखा जा सकता है कि 20 मई के मतदान में 15 में से 10 सीटें भाजपा को और पांच कांग्रेस को मिलीं जबकि 12 जून के मतदान में 10 में से 8 सीटें कांग्रेस को और केवल दो भाजपा के खाते में न्यूनतम मतों के अन्तर से गईं। इससे चुनावी माहौल में बदलाव स्पष्ट झलकता है। लोकसभा में कांग्रेस को पूर्ण बहुमत तो नहीं मिल सका लेकिन वह सबसे बड़े दल के रूप में उभरकर सामने आई। कांग्रेस के नेता पी.वी. नरसिंहराव ने अन्ना डी.एम.के. के समर्थन से सरकार बनाई।

मंडल आयोग बनाम जातिवाद

केन्द्र में विश्वनाथ प्रतापसिंह की सरकार के समय ठंडे बस्ते में पड़ी मंडल आयोग की सिफारिशें लागू होने से देश की राजनीति में आया जातिवाद का ऐसा उबाल स्वतंत्रता के बाद कभी देखने को नहीं मिला था। यह ऐसा फैसला था जिसका कोई भी राजनीतिक दल खुले में विरोध नहीं कर सकता था बल्कि सभी ने समर्थन किया। लेकिन अन्य पिछड़ी जातियों के लिए सरकारी नौकरियों तथा शिक्षण संस्थाओं में प्रवेश के लिए आरक्षण का प्रावधान किये जाने से जातियों में आपसी संघर्ष पैदा हो गया। उत्तरी भारत के राज्यों में इस प्रावधान के पक्ष-विपक्ष में जबर्दस्त आंदोलन होने लगे। करोड़ों रुपये की संपति रोष की आग में राख हो गई। सवर्ण जातियों के बेरोजगारों द्वारा आरक्षण के विरुद्ध उत्तर भारत में आत्मदाह की घटनाएं हुईं जबकि स्वतंत्रता संग्राम के नब्बे वर्षों में तथा आजादी के पैंतालीस वर्षों में भी उत्तरी भारत में कभी किसी संघर्ष में आत्मदाह की घटना नहीं हुई थी । महीनों तक जनजीवन उच्छृंखलित रहा। बंद, प्रदर्शन, रोष, तोड़फोड़, आगजनी, मार्ग अवरुद्ध करना सामान्य बात हो गई थी। राजस्थान भी इससे अछूता नहीं रहा। जनता और पुलिस के बीच तलवारें खिंची रहती थीं। जयपुर, अजमेर तथा कोटा में आत्मदाह के प्रयत्न हुए थे। सैकड़ों आतंकित नागरिकों ने उच्चतम न्यायालय तक के दरवाजे खटखटाये। लेकिन आरक्षण के प्रावधान के नीतिगत निर्णय में परिवर्तन नहीं हुआ। इससे समाज जातियों में बंट गया। राजनीतिक दलों में विभिन्न जातियों को अन्य पिछड़ी जातियों का आरक्षण दिलवाने की होड़-सी लग गई। एक जाति को आरक्षण, दूसरी जाति में विरोध, राजनीतिक संघर्ष का आधार बन गया है। इससे चुनाव प्रभावित होने लगे हैं। दलों के विभिन्न पदों पर इसके अनुसार कब्जे होने लगे हैं। राजनीतिक दलों में सैद्धान्तिक एवं नीतिगत कार्यक्रमों के समर्थन एवं विरोध के बजाय जातिवाद का जहर उनके जीवन-मरण का पैमाना हो गया है। 1998 से 2003 तक अशोक गहलोत की कांग्रेस सरकार के समय विभिन्न जातियों के आरक्षण की मांग ही एकमात्र संघर्ष था। इस संघर्ष में दलीय अनुशासन और सीमा को लांघ दिया गया था।

आरक्षण विरोधी आंदोलन तथा दसवीं लोकसभा में कांग्रेस को एक स्थान अधिक मिलने तथा विधानसभा के उपचुनाव हारने के बावजूद शेखावत सरकार हिम्मतपस्त नहीं हुई और राजनीतिक गतिविधियां चालू रखीं । अलवर जिले के भिवाड़ी कस्बे में जद (दि.) के मंत्री जगतसिंह दायमा से गुर्जर तथा मेवों के दो सम्मेलन आयोजित कराये जिनमें किसी दल का झंडा नहीं था और मुख्यमंत्री शेखावत ने भाग लिया था।

जनता दल (दि.) के सहयोग से चल रही सरकार के बावजूद शेखावत ने दो मंत्री संपतसिंह और जगमालसिंह में अपना विश्वास समाप्त हो जाने पर उनसे 9 जनवरी, 1992 को त्यागपत्र ले लिये । शेखावत ने सरकार और राजनीतिक गतिविधियों के बीच सीमा रेखा बनाये रखी। भाजपा के राष्ट्रीय अध्यक्ष मुरलीमनोहर जोशी की एकता यात्रा में भाग लेने के लिए जाने वाले अपने दल के राज्यमंत्री जोगेश्वर गर्ग तथा चुन्नीलाल गरासिया से त्यागपत्र लिये। 24 जनवरी, 1992 को उनके त्यागपत्र स्वीकृत किये जाने के बाद उन्हें यात्रा में भाग लेने की अनुमति दी गई। ऐसे ही वरिष्ठ मंत्री ललितकिशोर चतुर्वेदी ने अयोध्या में राममंदिर की कार सेवा में भाग लेने जाने से पूर्व एक दिसम्बर, 1992 को पदत्याग किया था।

शेखावत ने नवम्बर, 1990 के बाद अपने ही दल के दो राज्यमंत्रियों के पदत्याग के बाद भी कैलाश मेघवाल की नियुक्ति के अतिरिक्त मंत्रिमंडल में कोई हेरफेर नहीं किया। मेघवाल को 17 फरवरी, 1992 को मंत्री नियुक्त किया गया था। मेघवाल 16 नवम्बर, 1991 को निवाई से उपचुनाव में विजयी हुए थे। इस अल्पकाल में विधानसभा के छह उपचुनाव हुए थे। उनमें छबड़ा तथा निवाई से भाजपा जीती थी। मांडलगढ़ तथा बामनवास में कांग्रेस, तिजारा में जनता दल और डीग में निर्दलीय निर्वाचित हुआ था।[49]

राष्ट्रपति शासन

भाजपा-नीत भैरोंसिंह सरकार का दूसरा तैंतीस माह का कार्यकाल पहले की तरह दिल्ली की केन्द्रीय राजनीति का शिकार होने के बाद भी दो सप्ताहों की असमंजसता के अलावा विशेष संकटपूर्ण नहीं रहा। राजनीति के चतुर खिलाड़ी भैरोंसिंह ने सत्ता की भागीदारी के बल पर अपनी पार्टी की जड़ें हमेशा के लिए गहरी कर लीं। मुख्यमंत्री की पार्टी में जरूर असंतोष था । समाचार पत्रों के माध्यम से उन घोषणाओं के बारे में अवश्य पूछा जाता था जो शेखावत ने 1990 के चुनाव से पूर्व की थीं। उनमें सबसे बड़ा अहम मसला भ्रष्टाचार का था। भारतीय प्रशासनिक सेवा के एक अधिकारी बी.के.मीणा को निलंबित भी कर दिया गया था लेकिन मामला आगे नहीं बढ़ सका। भ्रष्टाचार उन्मूलन में गतिशीलता नहीं आ सकने के संदर्भ में शेखावत ने तत्कालीन 'नवभारत टाइम्स,' जयपुर के स्थानीय संपादक श्यामसुंदर आचार्य को एक भेंट में कहा कि "भारतीय प्रशासनिक सेवा अधिकारियों के सेवा नियम इतने जटिल हैं कि

हम चाह करके भी तेजी से आगे नहीं बढ़ सकते हैं। इस प्रक्रिया को सरल करने के लिए वे केन्द्र पर दबाव बना रहे हैं।''[50]

शेखावत के मुख्यमंत्रित्व का दूसरा कार्यकाल 'रामलहर' के वातावरण में चला और उसमें ही केन्द्रीय सरकार ने उसे समाप्त कर राज्य में राष्ट्रपति शासन लागू कर दिया था। अयोध्या में बावरी मस्जिद के स्थान पर राममंदिर के निर्माण के लिए भाजपा के नेतृत्व में रथयात्रा से प्रारम्भ हुआ कार्यक्रम खडाऊं पूजन, शिला पूजन, ईंट पूजन आदि के बाद 6 दिसम्बर, 1992 को कारसेवा से सम्पन्न हुआ। देशभर के हजारों कारसेवक अयोध्या में जमा हुए थे। राजस्थान का जत्था भी बहुत बड़ा था। उसमें जिलों के नेता तथा पूर्व मंत्री भी थे। धार्मिक मिश्रित राजनीतिक भावना से सारा वातावरण 'राममय' हो रहा था। विवादग्रस्त ढांचे की सुरक्षा के लिए अयोध्या में भारी संख्या में सशस्त्र पुलिस जमा थी। फिर भी भाजपा के राष्ट्रीय तथा शिवसेना के नेताओं की उपस्थिति में बावरी मस्जिद का विवादग्रस्त ढांचा ढहा दिया गया। इस समाचार के संकलन के लिए विश्व प्रेस एकत्रित हुआ था। विश्वभर में इसकी घोर प्रतिक्रिया हुई थी। भारत में जगह-जगह साम्प्रदायिक दंगे हुए थे। इससे राजस्थान भी अछूता नहीं रहा। राजस्थान में जयपुर तथा टोंक जिलों में दंगे हुए थे। पुलिस तथा दंगाइयों ने करीब पचपन लोगों को हमेशा के लिए नींद में सुला दिया। कितने ही घायल हुए तथा आगजनी में अकूत नुकसान पहुँचा।[51]

भारत सरकार ने 15 दिसम्बर, 1992 को भाजपा सरकारों वाले राज्य उत्तरप्रदेश, राजस्थान, मध्यप्रदेश तथा हिमाचल प्रदेश में राष्ट्रपति शासन लागू कर दिया। विधानसभाएं भंग कर दी गईं।[52] इस प्रकार भाजपा-नीत जनता दल (दि.) की संयुक्त सरकार दूसरी बार भी अपना कार्यकाल पूरा किये बिना अपदस्थ कर दीगई। राष्ट्रपति शासन लगभग एक वर्ष तक रहा। दसवीं विधानसभा के चुनाव के बाद नई सरकार बन सकी।

राष्ट्रपति शासन का भाजपा को लाभ

राजस्थान में राष्ट्रपति शासन का काल भारतीय जनता पार्टी के लिए संगठन को सशक्त तथा उसके पक्ष में राजनीतिक वातावरण बनाने का सुगम अवसर प्रमाणित हो गया। अयोध्या की घटना से जनता में पहले से काफी रोष व्याप्त था कि हिन्दुओं के आराध्यदेव राम का मंदिर बनाने में अवरोध उत्पन्न किये जा रहे हैं । पिछले तीन वर्षों में भाजपा तथा उसके विभिन्न सहयोगी संगठनों द्वारा कारसेवा (1990) से कारसेवा (1992) तक जितने भी कार्यक्रम आयोजित किये गये थे उनसे हिन्दुओं में धार्मिक भावना उद्वेलित हो चुकी थी। राजस्थान में कांग्रेस सत्ता में नहीं थी। सत्ता के बाहर भी वह मंदिर स्थापना का विरोध करने की स्थिति में नहीं थी। इससे हिन्दू वोट के विरुद्ध हो जाने का खतरा था। विवादग्रस्त भूमि पर मंदिर की स्थापना का समर्थन करने पर मुस्लिम वोटों के विरुद्ध हो जाने का खतरा था। कांग्रेस की स्थिति ऐसी हो गई थी कि इधर गिरे

तो कुआं और उधर गिरे तो बावड़ी। असमंजस की उस स्थिति में केन्द्र में कांग्रेस सरकार ने भाजपा-नीत सरकार तथा विधानसभा को भंग कर राष्ट्रपति शासन स्थापित कर दिया था। इससे हिन्दू जनता में कांग्रेस के प्रति नाराजगी बढ़ी। इस उत्तेजित वातावरण में सरकार की जिम्मेदारी से मुक्त होकर भाजपा के प्रति हमदर्दी बटोरने का उनके नेताओं को पूरा समय मिल गया। अपदस्थ मुख्यमंत्री भैरोंसिंह शेखावत ने एक दिन के लिए भी चैन की सांस नहीं ली। गांव-गांव, कस्बे-कस्बे में भाजपा के पक्ष में अलख जगाने के लिये जयपुर से निकल पड़े थे। इससे जनता तथा कार्यकर्त्ताओं में उनके काम तथा आकांक्षाओं की पूर्ति नहीं हो सकने के कारण मन में जो मलाल था वह शांत हो गया। वे सभी स्थानों पर संगठन को मजबूत तथा जनता में भाजपा के प्रति भावना प्रबल करने में लग गये। प्रत्येक जगह उनकी शानदार सभाएं सम्पन्न हुईं। शेखावत ने करीब सालभर के इस समय को लोगों तथा कार्यकर्त्ताओं से सीधा संवाद और निकटता स्थापित करने में लगाया। वे उनके पारिवारिक तथा सामाजिक कार्यक्रमों में सम्मिलित हुए। वे उनके दुख-दर्द में शामिल होने से नहीं चूके और जो संभव था वह किया। इससे भाजपा के पक्ष में अच्छा वातावरण तैयार हो गया। परिणामस्वरूप भाजपा ने पहली बार विधानसभा की दो सौ सीटों में से 197 पर अपने उम्मीदवार खड़े किये तथा तीन क्षेत्रों– बाड़मेर, चौहटन और डीग में उसने निर्दलीय प्रत्याशियों क्रमशः गंगाराम चौधरी, भगवानदास डोसी तथा कुंवर अरुणसिंह को समर्थन दिया। संयोग से वे तीनों विजयी रहे।[53]

सन् 1990 में पहली बार निर्वाचित भाजपा प्रदेशाध्यक्ष तथा राज्यसभा सांसद रामदास अग्रवाल ने एक भेंट में बताया कि "1991 के लोकसभा चुनाव से पूर्व तक उनका दल कभी भी लोकसभा तथा विधानसभा की सभी सीटों पर अपने उम्मीदवार खड़े नहीं कर पाया था क्योंकि उसके लायक संगठन मजबूत नहीं था। लेकिन रामलहर के कारण 1991 में लोकसभा की सभी पच्चीस तथा 1993 में विधानसभा की दो सौ ही सीटों पर अपने प्रत्याशी खड़े किये और बिना किसी दल से चुनावी समझौता किये दोनों चुनाव लड़े।"[54] लोकसभा में भाजपा को 12 स्थान और 40.88 प्रतिशत मत प्राप्त हुए थे। रामदास ने कहा कि "यदि चुनाव के बीच राजीव गांधी की हत्या नहीं होती तो हमें और अधिक सीटें मिलतीं और मतों का प्रतिशत भी बढ़ता।" 1993 में विधानसभा की दो सौ में से 96 सीटें जीतीं तथा 38.60 प्रतिशत वोट प्राप्त हुए जो भाजपा के इतिहास में सर्वाधिक थी। उनका यह भी आरोप था कि "प्रशासन ने असहयोग कर हमें छह-सात स्थानों पर हरा दिया। हमारी मांग के बावजूद वहां पर पुनर्मतगणना नहीं की जबकि भाजपा और कांग्रेस के बीच केवल पचास के आसपास वोटों का अंतर था।"[55]

द्विदलीय व्यवस्था स्थापित

सन् 1993 का विधानसभा का चुनाव राजस्थान के इतिहास में राजनीतिक मोड़ है। चुनाव में मुख्य मुकाबला कांग्रेस और भारतीय जनता पार्टी के बीच ही हुआ। जनता दल, जिसने 1990

का चुनाव भाजपा के साथ मिलकर लड़ा था, के अस्तित्व का ही खतरा हो गया। 1990 में जहां उसने 55 स्थानों पर जीत प्राप्त की थी, 1993 में वह घट कर केवल छह रह गई और वोट प्रतिशत 21.63 से टूट कर 6.87 रह गया। 1998 में वह केवल तीन स्थानों पर जीत पाया। यही स्थिति 2003 में रही। उसका प्रभाव आदिवासी क्षेत्र केवल बांसवाड़ा जिले में सीमित हो गया। दोनों कम्युनिस्ट पार्टियां पहले से बराये नाम चल रही थीं। अन्य छोटे दल अभी तक अपना राजनीतिक प्रभाव स्थापित नहीं कर पाये हैं। उनकी जीत की संख्या इकाई से आगे नहीं बढ़ पा रही है। राजस्थान में सही माने में द्विदलीय व्यवस्था स्थापित हो चुकी है।

पौने चार वर्षों के अन्तराल में सम्पन्न विधानसभा के दो चुनावों में पिछले के मुकाबले कांग्रेस ने अपनी स्थिति में अवश्य सुधार किया। फिर भी 1993 के चुनाव में वह भाजपा से बीस स्थान पीछे रह गई। हालांकि उसका मत प्रतिशत भाजपा से केवल .33 प्रतिशत ही कम हुआ। लेकिन कांग्रेस को विधानसभा में स्पष्ट बहुमत प्राप्त करने के लिए जो हानि 1990 के चुनाव से शुरू हो गई थी, उस कमी की पूर्ति वह 1993 में भी नहीं कर पाई थी। कांग्रेस को यह झटका न केवल सवर्ण जातियों बल्कि अनुसूचित जाति और जनजाति के आरक्षित निर्वाचन क्षेत्रों में भी लगा था। रामलहर ने भाजपा के लिए वे द्वार खोल दिये थे। इसके अलावा कांग्रेस को 'वंश प्रेम' और बागियों ने बहुत नुकसान पहुँचाया। (जातियों में हानि के लिए कृपया परिशिष्ट में कांग्रेस का चार्ट देखें)

कांग्रेस में वंशप्रेम

कांग्रेस ने प्रदेश के प्रभावशाली नेताओं के 17 रिश्तेदारों को 1993 के चुनाव में टिकट दिये थे। उनके विरुद्ध करीब 50 कांग्रेस सदस्यों ने, जिनमें 17 पूर्व विधायक और पूर्व मंत्री थे, पार्टी के अधिकृत प्रत्याशियों के खिलाफ चुनाव लड़ा था। उनमें कई जीत भी गये थे। यह भी चौंकाने वाली बात थी कि कांग्रेस नेताओं के अधिकतर रिश्तेदार चुनाव हार गये। तत्कालीन केन्द्रीय राज्यमंत्री अबरार अहमद की पत्नी यास्मीन अबरार, केन्द्रीय मंत्री राजेश पायलेट की पत्नी रमा पायलेट, पूर्व केन्द्रीय मंत्री बूटासिंह और पूर्व मुख्यमंत्री हरिदेव जोशी के बेटे, लोकसभा के पूर्व अध्यक्ष बलराम जाखड़ के दो भतीजे, जाट नेता नाथूराम मिर्धा के भतीजे चुनाव हारने वालों में से थे। दो पूर्व मुख्यमंत्री हीरालाल देवपुरा तथा जगन्नाथ पहाड़िया भी पराजित हो गये थे।[56]

भाजपा को भी 1993 के चुनाव में बागी उम्मीदवारों का सामना करना पड़ा। उसके 24 बागियों में 6 पूर्व विधायक थे। उनमें से तीन चुने भी गए। पूर्व मुख्यमंत्री शेखावत ने दो चुनाव क्षेत्रों बाली तथा गंगानगर से चुनाव लड़ा था। किन्तु गंगानगर में वे हार गये। झालावाड़ की तत्कालीन सांसद तथा वर्तमान मुख्यमंत्री वसुन्धरा राजे ने अपने ससुराल धौलपुर (वहां की महारानी) से विधानसभा का चुनाव लड़ा था, वह भी हार गईं। शेखावत मंत्रिमंडल (1990) के कई सदस्य

हार गये। गैर-कांग्रेसी दल छोड़कर कांग्रेस में सम्मिलित होने वालों में से पूर्व मंत्री दिग्विजयसिंह भी हारने वालों में से थे।[57]

दसवीं विधानसभा (1993-98) की एक और विशेषता थी कि कांग्रेस के गढ़ समझे जाने वाले मेवाड़ (उदयपुर), मारवाड़ (जोधपुर) तथा बीकानेर संभागों में उसके पुराने कई किलों को भाजपा ने पहली बार काफी अधिक संख्या में ढहा दिया था तथा हाड़ोती (कोटा) क्षेत्र में अपना प्रभाव बनाये रखा। शेखावाटी (जयपुर) में भाजपा कांग्रेस के बराबर ही रही। मेवाड़ की 38 सीटों में से भाजपा ने दो की वृद्धि करके 22 प्राप्त कर लीं। कांग्रेस के पास 12 ही रह गईं जबकि इसी क्षेत्र के कारण मोहनलाल सुखाड़िया 17 वर्ष तक निरन्तर मुख्यमंत्री रहे थे। मारवाड़ की 42 में से भाजपा ने कांग्रेस से दो अधिक 19 सीटें प्राप्त कर लीं जबकि 1990 में उसके पास एक भी सीट नहीं थी। कांग्रेस 17 सीटों पर सिमट गई। इस संभाग में जनता दल का नाम मिट गया। शेखावाटी में कांग्रेस को 12 सीटें अधिक मिलीं और भाजपा को पाँच। वहां कांग्रेस 34 तथा भाजपा 33 हो गई। जनता दल के पास पहले 24 सीटें थीं, वह घटकर केवल दो रह गईं। हाड़ोती में भाजपा को 3 सीटों का नुकसान हुआ और कांग्रेस को तीन का लाभ, फिर भी भाजपा 12 थी और कांग्रेस के पास केवल 5। जनता दल इस संभाग में भी साफ हो गया।[58] जनता दल की अधिकतर सीटें भाजपा ने हथिया लीं। उसके नेता भाजपा और कांग्रेस में चले गये।

पांच दिन की असमंजसता

दसवीं विधानसभा (1993-98) में भी 1967 के चुनाव परिणाम की तरह किसी दल को स्पष्ट बहुमत नहीं मिला था। कांग्रेस के पास स्पष्ट बहुमत के लिए पच्चीस विधायकों की कमी थी फिर भी उसने प्रयत्न नहीं छोड़ा था। क्योंकि केन्द्र में कांग्रेस की सरकार थी, राज्यपाल बलिराम भगत कांग्रेस के पूर्व नेता थे तथा इक्कीस निर्वाचित निर्दलियों में से कई उसी पार्टी के बागी थे। कांग्रेस के नेताओं को आशा थी कि राज्यपाल उनकी सरकार बनाने में पूरी सहायता करेंगे। चुनाव परिणाम 28 नवम्बर, 1993 को घोषित हुए थे। भाजपा ने 29 नवम्बर को राष्ट्रीय नेता अटलबिहारी वाजपेयी की उपस्थिति में पूर्व मुख्यमंत्री भैरोंसिंह शेखावत को सर्वसम्मति से विधायक दल का नेता चुन लिया था और उसकी लिखित सूचना उसी दिन एक पत्र द्वारा प्रदेशाध्यक्ष रामदास अग्रवाल ने राज्यपाल को प्रेषित कर दी थी। उन्होंने विधानसभा में सबसे बड़े दल के नेता शेखावत को सरकार गठित करने के लिए आमंत्रित करने का अनुरोध किया था। अग्रवाल ने राज्यपाल से निवेदन किया था कि शेखावत को भाजपा के निर्वाचित घोषित 95 विधायकों तथा तीन निर्दलियों का समर्थन प्राप्त है। उन्होंने स्पष्ट किया कि उक्त निर्दलीय भाजपा के समर्थन से निर्वाचित हुए हैं और चुनाव से पूर्व ही वे हमारी पार्टी के साथ रहने की घोषणा कर

चुके थे। उन निर्वाचित निर्दलियों के नाम बाड़मेर से गंगाराम चौधरी, चौहटन (जिला बाड़मेर) भगवानदास डोसी तथा डीग (जिला भरतपुर) के कुंवर अरुणसिंह थे। दुर्भाग्यवश धौलपुर जिले के राजाखेड़ा निर्वाचन क्षेत्र में चुनाव की प्रक्रिया प्रारम्भ होने के बाद भाजपा प्रत्याशी महेन्द्रसिंह की मृत्यु हो जाने से चुनाव स्थगित कर दिया गया था। इसलिए मतदान 199 स्थानों पर ही हुआ था। अतएव स्पष्ट बहुमत के लिए केवल एक सौ विधायकों का समर्थन ही चाहिए था। भाजपा ने 98 के समर्थन का दावा राज्यपाल को 29 नवम्बर को ही कर दिया था। दूसरे दिन 30 नवम्बर को भेजे पत्र में अग्रवाल ने राज्यपाल को सूचित किया कि पांच और निर्दलीय विधायकों ने भैरोंसिंह को समर्थन दिया है। अग्रवाल ने उन पांचों– सुजानसिंह यादव, रोहिताश्वकुमार, ज्ञानसिंह चौधरी, मंगलराम कोली तथा श्रीमती नरेन्द्रकंवर के राज्यपाल को लिखे पत्रों को भी उसके साथ संलग्न कर दिया था जिनमें उन्होंने शेखावत को समर्थन दिया था।[59] इस तरह भाजपा के समर्थकों की संख्या 103 हो गई थी।

तब तक कांग्रेस पार्टी अपने विधायक दल के नेता का चुनाव भी नहीं कर पाई थी। कांग्रेस में नेता को लेकर बिखराव था तथा पार्टी नेतृत्वविहीन-सी लग रही थी। चुनाव परिणाम घोषित होने के तीन दिन बाद पूर्व मुख्यमंत्री हरिदेव जोशी को नेता घोषित किया जा सका। कांग्रेस उच्च नेतृत्व ने देश में दलबदल के प्रथम जनक भजनलाल को, जिन्होंने 1980 में केन्द्र में इंदिरा गांधी की पुनः सरकार बन जाने पर हरियाणा में संपूर्ण दल सहित कांग्रेस में विलय किया था, पूर्ण धनबल के साथ राजस्थान भेजा। 'लेकिन तब तक कई निर्दलीय विधायक अपनी कांग्रेस पृष्ठभूमि के बावजूद भाजपा के पाले में जा चुके थे।'[60]

राज्यपाल बलिराम भगत ने भाजपा नेता भैरोंसिंह को एक सौ तीन विधायकों का समर्थन प्राप्त होने के दावे के बाद भी सरकार बनाने के लिए 3 दिसम्बर, 1993 की शाम तक पत्र नहीं भेजा था। भाजपा राज्यपाल की ईमानदारी पर संदेह का संदेश समाचार पत्रों के माध्यम से जनता में पहुँचा रही थी। प्रदेश की राजधानी जयपुर में भारी राजनीतिक सरगर्मी और पांच दिन तक जबर्दस्त अनिश्चितता की स्थिति बनी रही। केन्द्र में कांग्रेस के प्रधानमंत्री पी.वी. नरसिंहराव की सरकार तथा पूर्व कांग्रेसी नेता बलिराम भगत के राज्यपाल होने से ऊहापोह की स्थिति बनी हुई थी। भजनलाल जैसे नेता जयपुर में डेरा डाले हुए थे।

भाजपा विधायकों की बाड़ाबंदी

भाजपा के तत्कालीन प्रदेशाध्यक्ष तथा राज्यसभा सदस्य रामदास अग्रवाल ने एक भेंट में बताया कि "भजनलाल के थैली सहित जयपुर में होने के कारण हमने सभी खतरों का अनुमान कर अपने दल के सभी विधायकों को पार्टी के मुख्यालय 51, सरदार पटेल मार्ग, सी स्कीम, जयपुर में रखा। स्थानाभाव की समस्या हल करने के लिए वहां पर एक तम्बू लगा दिया गया था। वहां पर

केवल दो संडास ही थे, उसीसे सबने पांच दिन तक काम चलाया। चूंकि सबके मन में सरकार बनाने की प्रबल इच्छा थी, इसलिए सभी प्रकार के कष्टों को वहन कर लिया। हमारा निश्चय था कि इस बार 1967 का इतिहास नहीं दोहराने देंगे। तब कांग्रेस विरोधी विधायकों का स्पष्ट बहुमत होने के बावजूद राज्यपाल डा. संपूर्णानंद ने सबसे बड़ी पार्टी कांग्रेस होने के नाम पर उसे सरकार बनाने का निमंत्रण दिया था और संयुक्त विधायक दल को अवसर नहीं दिया था ।''[61]

तब तक कांग्रेस ने भी हरिदेव जोशी के नेता चुने जाने और विधानसभा में उन्हें स्पष्ट बहुमत का समर्थन होने का दावा राज्यपाल को प्रेषित कर दिया था। राज्यपाल ने दोनों पक्षों के नेताओं को एक साथ 3 दिसम्बर, 93 को राजभवन में आमंत्रित किया। कांग्रेस की ओर से जोशी तथा भाजपा के शेखावत और अग्रवाल ने राज्यपाल से भेंट की। अग्रवाल ने बताया कि वे अपने साथ दस-बारह विधायकों को भी ले गये थे। उनमें कुछ निर्दलीय विधायक भी थे। उन्होंने बताया कि भाजपा के विधायक बहुत आक्रामक थे और वे राज्यपाल के सामने व्यंगपूर्ण भाषा में बोले। अग्रवाल ने बताया कि श्रीमती नरेन्द्रकंवर ने, जो बाद में शेखावत सरकार में राज्यमंत्री बनी, व्यंग भरे शब्दों में कहा कि ''95+14 कितने होते हैं? क्या इनसे दो सौ में बहुमत नहीं बनता है ?''[62]

अग्रवाल ने बताया कि '' राज्यपाल ने दोनों पक्षों को सुनने के बाद कहा कि वे एक दिन के बाद स्थिति की जानकारी देंगे। 3 दिसम्बर, 1993 राजनीतिक घटनाक्रम का चरमोत्कर्ष का दिन था। भाजपा ने जबर्दस्त किलाबंदी की। राजभवन के बाहर सैकड़ों लोग जमा हो गये जो उनके नेता को सरकार बनाने के लिए आमंत्रित करने की नारेबाजी कर रहे थे। शेखावत और मैं राजभवन से बाहर जाने के बजाय उसके लॉन पर एक ओर जाकर बैठ गये। इस तनावपूर्ण माहौल में राज्यपाल अपने कक्ष से बाहर आये। उनके अनुरोध पर हम पहले राजभवन के अतिथिगृह और बाद में अपनी पार्टी के मुख्यालय में जाकर निमंत्रण पत्र की प्रतीक्षा करते रहे। दिन निकल गया, रात हो गई। दोनों ओर से फोन पर वार्ताएं हो रही थीं। मगर निमंत्रण पत्र नहीं पहुँचा।''[63]

रामदास ने राजभवन में हुई एक घटना भी बताई जिससे पता चलता है कि दोनों पक्षों में कितना तनाव था। ''पाली जिले के एक कांग्रेसी विधायक ने संगीन आरोप जड़ते हुए कहा कि 'भाजपा ने विधायकों को गुलामों की तरह कैद कर रखा है ' और वह मेरी ओर लपका। मैं भी उसकी ओर लपका और उसका गिरहबान पकड़ लिया ताकि वह मुझ पर हमला न कर सके। दोनों जोर से बोलने लगे। हरिदेव जोशी ने उसे समझाया। दोनों गुत्थमगुत्था होने से बचे और शांति हुई।''[64]

रामदास ने बताया कि शाम को सात बजे तक भी पत्र नहीं आने पर राजभवन फोन किया। बाद में बीस मिनट में निमंत्रण पत्र मिल गया और भाजपा खेमे में हर्ष की नदियां बहने लगीं।[65]

पूर्व राज्यपाल से भेंटवार्ता

इस सारे घटनाक्रम के बारे में पूर्ण जानकारी प्राप्त करने के लिए पूर्व राज्यपाल बलिराम भगत से दिल्ली में फोन पर सम्पर्क किया। भगत ने बताया कि "उन्होंने संविधान की मर्यादा का पूर्ण पालन किया तथा बहुमत का आकलन करने के लिए पूरी पारदर्शिता बरती थी।" भगत ने सारी स्थिति स्पष्ट करते हुए बताया कि "दोनों पक्ष बहुमत होने का दावा कर रहे थे। चुनाव परिणाम में इक्कीस विधायक निर्दलीय रूप से चुने गये थे। मैंने स्पष्ट रूप से कह दिया था कि जिनके पास बहुमत होगा, वह उसीको सरकार बनाने का निमंत्रण देंगे।"[66]

पूर्व राज्यपाल ने कहा, " मैंने पारदर्शिता के लिए दोनों पक्षों को एक साथ बुलवाया और सारी स्थिति स्पष्ट कर दी थी। चूंकि दोनों पक्ष निर्दलियों के समर्थन का दावा कर रहे थे। इसलिए मैंने सभी से लिखवाकर लेने का बता दिया। मैंने यह भी कह दिया था कि मैं गांधी-नेहरू युग का आदमी हूँ। संविधान के निर्माताओं में से हूँ। इसलिए कोई गलत काम नही करूंगा तथा संविधान की मर्यादा का पूर्ण पालन करूँगा। इसलिए मैंने सभी से लिखवाकर ले लिया जिन पर उन विधायकों के चित्र भी लगे हुए हैं। वे पत्र आज भी राजभवन की पुरा-पत्रावलियों में रखे हैं। उनमें से ग्यारह निर्दलीय विधायकों ने भाजपा नेता भैरोंसिंह को समर्थन देने का लिखा था। उन्हें केवल दस की ही और जरूरत थी। मैंने सारा काम पारदर्शी ढंग से किया और भैरोंसिंह शेखावत को सरकार बनाने का निमंत्रण दिया था।"[67]

निमंत्रण देने में अधिक समय लगने के बारे में पूर्व राज्यपाल ने कहा कि "कांग्रेस को नेता चुनने में समय लगा। इस कारण देरी हुई थी। उसके बाद दोनों पक्षों को साथ बुलाकर सारी संवैधानिक आवश्यकताएं पूरी कीं।"[68]

उन्होंने बताया कि " भाजपा के राष्ट्रीय नेता अटलबिहारी वाजपेयी तथा लालकृष्ण आडवाणी मुझसे मिलने आये थे। मैंने बहुमत का आकलन करने की संपूर्ण कार्यवाही की जानकारी उन्हें दे दी थी और वे दोनों संतुष्ट थे। भैरोंसिंहजी भी संतुष्ट थे।"[69]

देश के वरिष्ठ नेता बलिराम भगत ने यह भी टिप्पणी की कि " मैं आजकल के राज्यपालों की तरह नहीं हूँ। मैं किसी विवाद में नहीं पड़ा। राजस्थान में राज्यपाल का मेरा साढ़े पांच वर्ष का कार्यकाल अच्छी तरह से निभा। सब लोग मुझ से प्रसन्न थे। शेखावत मंत्रिमंडल के सदस्यों ने मेरी भावपूर्ण विदाई की थी।"[70]

मंत्रिमंडल

अन्ततः पांच दिनों की भारी राजनीतिक सरगर्मी तथा ऊहापोह की स्थिति के बाद राज्यपाल बलिराम भगत ने तीन दिसम्बर 1993 की रात को भाजपा नेता भैरोंसिंह शेखावत को सरकार

बनाने के लिए आमंत्रित किया। उन्होंने चार दिसम्बर को एक समारोह में मुख्यमंत्री पद की शपथ ली। ठीक 353 दिनों के राष्ट्रपति शासन के बाद भैरोंसिंह ने पुनः सत्ता संभाली। मुख्यमंत्री पद पर यह उनका तीसरा निर्वाचन था। इससे पूर्व चार दिसम्बर को ही निर्वाचन आयोग ने दसवीं विधानसभा के गठन की अधिसूचना जारी की और उसी दिन केन्द्रीय सरकार ने राज्य में राष्ट्रपति शासन समाप्त करने का आदेश प्रसारित कर दिया।

एक सप्ताह बाद 11 दिसम्बर, 1993 को मुख्यमंत्री ने अपने मंत्रिमंडल का निर्माण किया जिसमें छह मंत्री, 14 राज्यमंत्री तथा दो उपमंत्री शामिल किये गये। मंत्रियों के नाम इस प्रकार हैं : भंवरलाल शर्मा, ललितकिशोर चतुर्वेदी, देवीसिंह भाटी, गुलाबचन्द कटारिया (सभी भाजपा), सुजानसिंह यादव तथा गंगाराम चौधरी (दोनों निर्दलीय)। राज्यमंत्री : नाथूसिंह गुर्जर, राजेन्द्रसिंह राठौड़, जसवंतसिंह विश्नोई, श्रीकिशन सोनगरा, नंदलाल मीणा, डा. रामप्रताप, अनंगकुमार जैन, मदन दिलावर, अचलाराम मेघवाल, प्रो. सांवरमल जाट (सभी भाजपा) तथा रोहिताश्वकुमार, ज्ञानसिंह चौधरी, श्रीमती नरेन्द्रकंवर, तथा श्रीमती शशिदत्ता (चारों निर्दलीय)। उपमंत्री : गुरजंटसिंह तथा मंगलराम कोली (दोनों निर्दलीय)। उनके विभागों का वितरण दो दिन बाद किया गया।

ग्यारह दिनों बाद 22 दिसम्बर को भाजपा के ही अर्जुनसिंह देवड़ा को राज्यमंत्री नियुक्त किया तथा उन्हें तीन विभागों का स्वतंत्र प्रभार भी दिया गया। दो माह बाद मंत्रिमंडल का तीसरी बार विस्तार किया गया और 20 फरवरी, 1994 को कैलाश मेघवाल तथा रघुवीरसिंह कौशल (दोनों भाजपा) को मंत्री पद की शपथ दिलवाई गई।[71]

चुनाव के कुछ दिनों बाद छह विधायकों का जनता दल भी एक नहीं रह सका। उसमें दो फाड़ हो गई। बृजराजसिंह, नसरूखां तथा पूंजालाल गरासिया ने अलग होकर भारतीय जनता दल बना लिया। बाद में ये तीनों भाजपा में शामिल हो गये। 6 अक्टूबर, 1994 को विधानसभा के अध्यक्ष हरिशंकर भाभड़ा अपनी इच्छा से मंत्रिमंडल में शामिल हो गये। उन्हें उपमुख्यमंत्री का सम्मान दिया गया । उनके साथ जनता दल से आये उक्त तीनों विधायकों को भी राज्यमंत्री की शपथ दिला दी गई। इस प्रकार चार किश्तों में गठित मंत्रिमंडल में मुख्यमंत्री सहित तीस सदस्य हो गये। इनमें नौ मंत्री, 18 राज्यमंत्री तथा दो उपमंत्री थे। किन्तु 27 फरवरी,1995 को राज्यमंत्री बृजराजसिंह का निधन हो जाने से यह संख्या घटकर उनतीस रह गई थी।

भाभड़ा के रिक्त स्थान की पूर्ति के लिए 7 अप्रेल, 1995 को उपाध्यक्ष शांतिलाल चपलोत सर्वसम्मति से विधानसभा अध्यक्ष निर्वाचित किये गये। चपलोत शेखावत के पूर्व मंत्रिमंडल में राज्यमंत्री थे। 4 मई, 1995 को समर्थलाल मीणा को उपाध्यक्ष चुना गया। शेखावत की इस सरकार ने पूर्व की अपेक्षा पांच वर्ष का कार्यकाल पूर्ण किया था।[72]

भैरोंसिंह शेखावत मंत्रिमंडल (तृतीय पारी)

शपथग्रहण : 4 दिसम्बर, 1993 तथा 11 दिसम्बर, 1993

अग्रिम पंक्ति में बायें से दायें : गुरजंटसिंह (उपमंत्री), सुजानसिंह यादव, देवीसिंह भाटी, भंवरलाल शर्मा (सभी मंत्री), भैरोंसिंह शेखावत (मुख्यमंत्री), बलिराम भगत (राज्यपाल), ललितकिशोर चतुर्वेदी, गंगाराम चौधरी (दोनों मंत्री) तथा मंगलराम कोली (उपमंत्री)।

मध्य पंक्ति में बायें से दायें : नाथूसिंह गुर्जर, राजेन्द्रसिंह राठौड़, मदन दिलावर, ज्ञानसिंह चौधरी, अनंगकुमार जैन, श्रीमती शशिदत्ता, नंदलाल मीणा तथा जसवंतसिंह विश्नोई (सभी राज्यमंत्री)।

पिछली पंक्ति में बायें से दायें : प्रो. सांवरलाल जाट, अचलाराम मेघवाल, श्रीकिशन सोनगरा, श्रीमती नरेन्द्रकंवर, डॉ. रोहिताश्व कुमार शर्मा (सभी राज्यमंत्री) तथा गुलाबचंद कटारिया (मंत्री), सबके पीछे खड़े हैं – डॉ. रामप्रताप (राज्यमंत्री)।

चुनाव से पूर्व विस्तार

भाजपा सरकार की गिरती साख को बचाने तथा पार्टी के विधायकों में बढ़ते असंतोष को दूर करने के लिए आम चुनाव (1998) से पांच माह पूर्व मुख्यमंत्री शेखावत ने मंत्रिमंडल में भारी विस्तार किया। उन्होंने 16 नये विधायकों को मंत्रिमंडल में सम्मिलित किया और दो उपमंत्रियों को पदोन्नत किया। विस्तृत मंत्रिपरिषद में दो नये मंत्री वरिष्ठ विधायक घनश्याम तिवाड़ी तथा विजयेन्द्रपालसिंह को नियुक्त किया गया था। तिवाड़ी को बिजली जैसा झटका देने वाला विभाग और सिंह को सिंचाई विभाग का उत्तरदायित्व दिया गया। दोनों विभागों का सीधा संबंध किसानों की समस्याओं से था। चुनाव से पांच माह पूर्व क्या तीन से तेरह करना संभव था?

बिजली-पानी की समस्या से किसान पहले से नाराज थे। बिजली की अनियमित सप्लाई थी और निजीकरण किया जाना था। पांच नई कंपनियां बनाने का प्रस्ताव था ताकि नया निवेश आकर्षित किया जा सके। बिजली सप्लाई में छीजत, जिसमें चोरी भी सम्मिलित थी, कम की जाय और उत्पादन में वृद्धि की जा सके। नई कंपनियां बनाने का प्रारूप तो तैयार कर लिया गया था मगर जनता के रुष्ट हो जाने के डर से क्रियान्वित नहीं किया, जो बाद में कांग्रेस सरकार ने संशोधन करके किया था। सिंचाई विभाग में भ्रष्टाचार की जबरदस्त शिकायतें थीं। यह विभाग पहले देवीसिंह भाटी के पास था। लेकिन उन्हें 7 दिसम्बर, 1997 को त्यागपत्र देना पड़ा था। उन पर सचिवालय में एक सचिव के साथ अभद्र व्यवहार करने का आरोप था। वैसे सिंचाई विभाग के इंजीनियरों ने उन्हें काफी बदनाम कर रखा था। इंजीनियर खुले आम कहते थे कि मंत्री ने माहवारी बांध रखी है। चुनाव के समय पद के अनुसार राशि वसूल की। ऊर्जामंत्री रघुवीरसिंह कौशल को भी कार्यकाल पूर्ण करने से पूर्व 21 मार्च, 1998 को त्यागपत्र देना पड़ा था। पार्टी ने उन्हें कोटा से लोकसभा का चुनाव लड़ने के लिए मैदान में उतारा था। उनके पास भाजपा के प्रदेश अध्यक्ष का भार भी था। इसके बाद से ऊर्जा तथा सिंचाई विभाग मुख्यमंत्री के पास ही थे।

चुनाव से पूर्व जनसमस्याएं हल करने तथा विधायकों का असंतोष दूर करने के लिए चौदह नये राज्यमंत्री 2 जुलाई, 1998 को नियुक्त किये गये। उनके नाम इस प्रकार हैं : अमराराम चौधरी, उजला अरोड़ा, कन्हैयालाल मीणा, कालीचरण सराफ, दलीचन्द, बाबूलाल वर्मा, भंवरसिंह डांगावास, महावीर भगौरा, राजपालसिंह शेखावत, राजेन्द्र गहलोत, रामप्रताप कासनिया, शिवदानसिंह चौहान, सुंदरलाल तथा चुन्नीलाल धाकड़। दोनों उपमंत्री मंगलराम तथा गुरजंटसिंह को पदोन्नत करके राज्यमंत्री नियुक्त कर दिया गया।[73] इस विस्तार का विश्लेषण करने पर समझ में आता है कि मुख्यमंत्री ने अगले विधानसभा के चुनाव में जाटों तथा अन्य पिछड़ी जातियों को प्रसन्न करने का ध्यान रखा था।

जयपुर और जोधपुर जैसे बड़े शहरों के रोष दूर करने के लिए वहां के विधायकों को राज्यमंत्री नियुक्त किया गया। जयपुर के तीन विधायक कालीचरण सराफ, राजपालसिंह शेखावत तथा उजला अरोड़ा को पहली बार मंत्रिपरिषद में सम्मिलित किया गया। किन्तु वे जनाक्रोश दूर नहीं कर पाये और 1998 के विधानसभा चुनाव में कांग्रेस से पराजित हो गये। ऐसे ही जोधपुर के राजेन्द्र गहलोत की नियुक्ति की। उनकी भी अगले चुनाव में यही दशा हुई।

बीच मार्ग में साथ छोड़ा

अगले चुनाव से पूर्व गंगाराम चौधरी तथा ज्ञानसिंह चौधरी ने पदत्याग कर दिया। ज्ञानसिंह ने 31 मई, 1998 को तथा गंगाराम ने 28 अगस्त को इस्तीफे दिये। इन्होंने भाजपा में रहकर अपने भविष्य को अंधकार में मानकर इस्तीफा दिया था। ये भाजपा का साथ भी छोड़ गये। राज्यमंत्री

शशिदत्ता ने, जो निर्दलीय रूप से चुनी गई थीं, 17 जनवरी, 1997 को पदत्याग कर दिया था। उनसे राजनीतिक विवाद था। एक राज्यमंत्री पूंजालाल ने भी राजनीतिक कारणों से 20 जनवरी, 1997 को इस्तीफा दे दिया था। एक राज्यमंत्री बृजराजसिंह का असामयिक निधन हो ही चुका था। ग्यारहवीं विधानसभा के गठन तक मुख्यमंत्री सहित मंत्रिपरिषद में 39 सदस्य रहे जो तब तक का रिकार्ड था।[74]

सरकार उलटने का षड्यंत्र

शेखावत का बहुत बड़ा व्यक्तित्व होने के बावजूद पार्टी में सब कुछ सहज नहीं था। वे ही भाजपा के जननेता थे। वे ही सारे राज्य में घूमते थे और सभी स्थानों पर बच्चे से बुड्ढे लोग उन्हें पहचानते थे। वे भी सैकड़ों लोगों को नाम से पुकार लेते थे। उनसे सीधा और सहज संवाद था। फिर भी व्यक्तिगत महत्वाकांक्षा और राजनीतिक मतभेद क्या-से-क्या नहीं करा सकता है? सब जानते थे कि वे हृदय रोगी हैं। वर्षों पूर्व अमरीका के ह्यूस्टन शहर के नामी अस्पताल में अपना बाईपास (ऑपरेशन) करा चुके थे। फिर भी अक्टूबर 1994 में जब वे अपने हृदय का उपचार कराने के लिए अमरीका के क्लीवलैण्ड में गये हुए थे तब पीछे से कुछेक महत्वाकांक्षियों ने षड्यंत्र कर सरकार उलटने का प्रयत्न किया था। मगर विफल रहे।

शेखावत सरकार को अपदस्थ करने के लिए दो प्रकार के प्रयत्न हुए थे। एक षड्यंत्र भाजपा विधायक दल का नेता बदलने का था। शेखावत सरकार में सेवानिवृत्त तत्कालीन उच्चस्थ पदाधिकारी ने एक भेंट में बताया कि "भाजपा विधायक दल में मुख्यमंत्री के विरुद्ध ब्राह्मणगुट बन गया था। उसमें तत्कालीन मंत्रिमंडल में उपमुख्यमंत्री हरिशंकर भाभड़ा, वरिष्ठ मंत्री ललितकिशोर चतुर्वेदी, वरिष्ठ विधायक घनश्याम तिवाड़ी, पूर्व मंत्री भंवरलाल शर्मा (सरदारशहर) आदि थे। तत्कालीन प्रदेशाध्यक्ष रामदास अग्रवाल की भी भूमिका थी। ये नेतागण उस गुट का नेतृत्व करते थे। भाजपा विधायक दल दो गुटों में विभाजित हो गया था। मंत्रिमंडल की तत्कालीन निर्दलीय राज्यमंत्री शशिदत्ता तथा भाजपा के कपासन विधानसभा क्षेत्र के जाट विधायक डा. शंकर भाणोदा को आगे करके पांच-सात और विधायकों को साथ लेकर शेखावत के नेतृत्व के विरुद्ध विद्रोह करने का षड्यंत्र रचा गया था। मुख्यमंत्री क्लीवलैण्ड में अपने हृदय का इलाज करा रहे थे। पीछे यह षड्यंत्र चल रहा था।"[75]

मुख्यमंत्री 6 अक्टूबर, 1994 को अपने हृदय का उपचार कराने के लिए जयपुर से गये थे। उसी दिन उन्होंने भाभड़ा तथा अन्य तीन विधायकों को अपने मंत्रिमंडल में सम्मिलित किया था। शेखावत लगभग एक माह की अमरीका तथा ब्रिटेन की यात्रा का कार्यक्रम बनाकर गये थे। अपने उपचार के बाद राजस्थान में औद्योगिकरण के लिए प्रवासी राजस्थानियों को आकर्षित करना तथा विकास के विकल्पों का अध्ययन करना था। किन्तु राजस्थान में पीछे अपने ही दल में चल रहे षड्यंत्र की जानकारी मिलने पर अगले कार्यक्रम रद्द कर सत्रह दिनों में ही लौटना पड़ा। 23

अक्टूबर, 1994 को प्रातः वे अमरीका की यात्रा से दिल्ली पहुँचे। दिन भर वहां रुकने के बाद तीसरे पहर 4.45 बजे राजकीय विमान से सांगानेर हवाई अड्डे पर उतरे। 'राजस्थान पत्रिका', जयपुर के 24 अक्टूबर, 1994 के अनुसार उनका 'भावभीना स्वागत' किया गया तथा हवाई अड्डे पर उपस्थित सैकड़ों लोगों ने 'राजस्थान का एक ही सिंह भैरोंसिंह-भैरोंसिंह', के नारे लगाये। उसी दिन की 'दैनिक नवज्योति' ने प्रथम पृष्ठ पर फूलमालाओं से लदे भैरोंसिंह के चित्र सहित प्रकाशित समाचार के अनुसार उनका 'भव्य स्वागत' किया गया। दोनों समाचार पत्रों के अनुसार भाभड़ा सहित मंत्रिपरिषद के सदस्य, सांसद, विधायक, मुख्य सचिव मिट्ठालाल मेहता, पुलिस महानिदेशक के. एन. ठाकुर तथा विभिन्न राजनीतिक दलों, संगठनों के प्रतिनिधि और कार्यकर्त्ता विमानतल पर उपस्थित थे।[76] संयोग से उसी दिन उनका बहत्तरवां जन्मदिवस था।

उपरोक्त राजनीतिक संकट के संदर्भ में इसके सात वर्षों बाद 'दैनिक भास्कर', जयपुर के 10 सितम्बर, 2001 को शेखावत पर प्रकाशित आनन्द शर्मा के एक आलेख में कहा गया कि दिल्ली स्थित जोधपुर हाउस में उनके स्वास्थ्य के कुशल समाचार जानने आये भाजपा के राष्ट्रीय नेता अटलबिहारी वाजपेयी और लालकृष्ण आडवाणी ने उन्हें दिल्ली में रहकर स्वास्थ्य लाभ करने का परामर्श दिया। उन्हें यह तक बता दिया गया कि जयपुर पहुँचने तक संभवतः वे मुख्यमंत्री न रहें, किन्तु शेखावत ने किसी की नहीं मानी। लेखक ने आगे टिप्पणी की कि 'जीर्ण स्वास्थ्य और अपार आत्मविश्वास से भरे वे जयपुर हवाई अड्डे पर उतरे और हतोत्साहित भाजपा नेताओं की चाबी घुमाकर सीधे सिविल लाइन्स (अपने निवास स्थान) पर आ गये। वहां एक सप्ताह तक न किसी विधायक को बुलाया और न ही उन्हें टटोलने का प्रयास किया। हवाई अड्डे पर शेखावत की किसी चाबी से ऊर्जित नेताओं ने तीन दिन में ही बाजी पलट दी। विधानसभा में बहुमत सिद्ध हो जाने से पराजित विद्रोही नेता एक दिन क्षमायाचना करने उनके बंगले पहुँचे। शेखावत ने यह कहकर क्षमा कर दिया कि "राजनीति में सत्ता की उखाड़-पछाड़ सामान्य बात है।"[77]

तत्कालीन उच्चस्थ पदाधिकारी ने कहा कि "मुख्यमंत्री के अमरीका से लौटने के बाद सब कुछ बदल गया। जो विधायकगण शेखावत के विरुद्ध जाने वाले थे वे भी वापस आ गये। विधानसभा में किसी प्रस्ताव पर उनका बहुमत स्थापित हो गया।" उन्होंने यह भी टिप्पणी की कि "जब वे विद्रोही क्षमायाचना करने पहुँचे तो हंसते हुए उन्होंने सारी बात ही टाल दी।"[78]

षड्यंत्र का खुलासा

उपरोक्त कांड का खुलासा करते हुए तत्कालीन भाजपा प्रदेशाध्यक्ष रामदास अग्रवाल ने एक भेंट में बताया कि "कांग्रेस ने सरकार गिराने का षड्यंत्र किया था। बहुमत बनाने के लिए दलबदल कानून के अन्तर्गत विधायक दल के एक-तिहाई सदस्यों का पार्टी से संबंध विच्छेद करना आवश्यक था। किन्तु कांग्रेस इतनी संख्या नहीं जुटा पाई थी।"[79] उन्होंने बताया कि "उस

समय भाजपा विधायक दल की संख्या 99 थी। उसके एक-तिहाई सदस्यों अर्थात 33 विधायकों का भाजपा से संबंध विच्छेद कराना आवश्यक था जिसमें कांग्रेस सफल नहीं हो पाई।''[80] अग्रवाल ने विस्तार से जानकारी देते हुए बताया कि ''कांग्रेस के पूर्व केन्द्रीय मंत्री स्वर्गीय राजेश पायलेट ने भाजपा के भंवरलाल शर्मा (सरदारशहर), जिन्हें मंत्री नहीं बनाया गया था, इसलिए वे मुख्यमंत्री से नाराज थे तथा अन्य कुछ रुष्ट विधायकों की मदद से अक्टूबर, 1994 में जब शेखावत अपने इलाज के लिए अमरीका गये हुए थे, पीछे से सरकार गिराना चाहा था।''[81] उन्होंने कहा कि उनमें वे विधायक थे, जो भाजपा संस्कृति के नहीं थे, भंवरलाल शर्मा को आगे किया था। उनके साथ पांच-सात और विधायक थे। उनको नकद रुपया दिया गया था। इसका हमें पता चल गया था। उन विधायकों ने बाद में वह रुपया पार्टी में जमा करा दिया था।''[82]

रामदास ने इतिहास के पुराने पन्ने खोलते हुए जानकारी दी कि ''23 अक्टूबर 1994 को भैरोंसिंहजी के अमरीका से दिल्ली लौटने पर स्वागत करने वालों में मैं भी था। दिल्ली में अटलजी, आडवाणीजी, जसवंतसिंहजी, मेरी और भैरोंसिंहजी की मीटिंग हुई। मेरे अलावा सभी का यह मत था कि चूंकि सरकार अल्पमत में आ गई है, इसलिए भैरोंसिंहजी को इस्तीफा दे देना चाहिए। मगर मैंने इसका विरोध किया था। मेरा मत था कि जब विधानसभा में सरकार गिर जाये तब ही इस्तीफा देना चाहिए, पहले नहीं।''[83] उन्होंने कहा कि ''बड़ी मुश्किल से सबको इस मत के लिए राजी किया गया था। यह भी तय किया गया कि प्रदेशाध्यक्ष के नाते मेरे अलावा कोई वक्तव्य नहीं देगा।''[84] उन्होंने यह भी माना ''यह प्रचार हुआ था और मेरे पर आरोप लगा था कि रामदास मुख्यमंत्री बनना चाहता है जबकि वास्तविकता बिल्कुल भिन्न थी।''[85]

शेखावत सरकार को अपदस्थ करने के षड्यंत्र को कैसे विफल किया गया संबंधी विस्तृत जानकारी देते हुए अग्रवाल ने बताया कि ''भाजपा के सभी विधायकों को आठ दिन तक जयपुर के पास स्थित चौखी ढाणी होटल में रखा गया था। भैरोंसिंहजी से अपने बंगले पर ही आराम करने को कहा गया।''[86] उन्होंने आगे बताया कि भाजपा के वरिष्ठ नेता जसवंतसिंहजी का सुझाव था कि विधानसभा में विश्वास प्रस्ताव पर मतदान कराके अपना बहुमत सिद्ध कर देना चाहिए। मेरा इस सुझाव से विरोध था। मैंने कहा कि हम आगे चलकर क्यों विश्वास मत लेने जायें? किसी प्रस्ताव पर अपना बहुमत सिद्ध कर देंगे। इससे आडवाणीजी भी नाराज होने लगे। मैंने कहा कि हमें थोड़ा समय दिया जाए। उन्होंने बताया कि चौखी ढाणी में भाजपा विधायकों के एकत्रित हो जाने पर शशिदत्ता ने त्यागपत्र दे दिया। मैंने मुख्यमंत्री से तत्काल स्वीकार करने का आग्रह किया जिसे शेखावत ने मान लिया और इस्तीफा मंजूर कर लिया। इसका संदेश भाजपा विधायकों में बहुत अच्छा गया और टूटने वाले विधायक पस्तहिम्मत हो गये। इस प्रकार वह षड्यंत्र विफल हो गया।[87]

रामदास ने अपने प्रयत्न पर प्रसन्नता प्रकट करते हुए कहा कि ''जब विधानसभा में किसी प्रस्ताव पर हमारा बहुमत स्थापित हो गया तो भैरोंसिंहजी ने उन्हें गले लगाया और हर्ष में उनकी

आंखें भर आईं। जाने वाले पांच-सात विधायक भी वापस आ गये और भाजपा के समर्थकों की संख्या 112 हो गई।"[88]

शेखावत के विरुद्ध कांग्रेस प्रेरित उपरोक्त षड्यंत्र के विफल होने का भाजपा को बड़ा लाभ मिला। भाजपा विरोधी नेता पस्तहिम्मत हो गये और शेखावत का राजनीतिक दबदबा इतना बढ़ गया कि वे उनकी शरण या छत्रछाया में रहने की याचना करने लगे। जाट जाति हमेशा से कांग्रेस के साथ रहती आई थी। वह भी भाजपा के खोल में आने लगी। जाट नेता नाथूराम मिर्धा के निकटस्थ समर्थक चन्द्रराज सिंघवी कांग्रेस छोड़कर भाजपा में आ गये। 30 अगस्त, 1996 को नाथूराम मिर्धा का निधन हो जाने पर 8 फरवरी, 1997 को नागौर क्षेत्र का उपचुनाव हुआ जिसमें स्वर्गीय मिर्धा के पुत्र भानुप्रकाश मिर्धा भाजपा प्रत्याशी होकर कांग्रेस के पूर्व केन्द्रीय मंत्री रामनिवास मिर्धा को केवल 131 वोटों से परास्त कर निर्वाचित हुए। दोनों के बीच कांटे का मुकाबला था।[89] जबकि ग्यारहवीं लोकसभा (1996) के मुख्य चुनाव में कांग्रेस प्रत्याशी नाथूराम मिर्धा ने मतदाताओं से एक बार भी रूबरू हुए बिना 2 लाख, 87 हजार, 594 मत प्राप्त कर प्रदेश में सर्वाधिक वोटों के अंतर से विजयी होकर एक नया कीर्तिमान स्थापित किया था। मिर्धा चुनाव प्रक्रिया प्रारम्भ होने से पूर्व ही अस्वस्थ हो गये थे और चुनाव अभियान के दौरान नई दिल्ली स्थित अ.भा. आयुर्विज्ञान संस्थान में भर्ती रहे थे। मतदाताओं से अपनी लिखित अपील पर ही विजयी रहे थे।[90]

दसवीं विधानसभा (1993-1998) के दौरान सात उपचुनाव हुए थे। उनमें से पांच भाजपा ने, एक कांग्रेस तथा एक जनता दल ने जीता था। यह परिणाम भी भाजपा की शेखावत सरकार की लोकप्रियता तथा प्रभाव के कारण आये थे ।[91]

नई दिशा प्रदान की

शेखावत सरकार ने अपने शासनकाल में पंचायतीराज संस्थाओं तथा नगरपालिकाओं में अन्य पिछड़ी जाति, महिलाओं, अनुसूचित जाति तथा जनजाति के लिए आरक्षण का प्रावधान कर भारत के लोकतांत्रिक इतिहास को नई दिशा प्रदान की है। भारत में राजस्थान पहला राज्य था जिसने यह कदम उठाया था। यह आरक्षण भी रोटेशन प्रणाली के आधार पर स्थापित किया गया था। जब संविधान के 73 वें तथा 74 वें संशोधनों के जरिये पंचायतीराज संस्थाओं तथा नगर-पालिकाओं में राजीव गांधी फार्मूले के अन्तर्गत उनमें व्याप्त विभिन्न बुराइयां तथा कमजोरियां दूर करने के लिए राज्य में कानूनी प्रावधान किये जा रहे थे तब शेखावत ने एक नया तथा जनसंख्या नियंत्रण (परिवार-नियोजन) की दृष्टि से जन प्रतिनिधियों के लिए दो संतान से अधिक वाले नागरिक को चुनाव लड़ने के अधिकार से वंचित करने का प्रावधान किया था। निर्वाचित होने के बाद तीसरी संतान पैदा होने पर वह जनप्रतिनिधि अयोग्य घोषित किया जाएगा। तत्कालीन

प्रधानमंत्री स्वर्गीय पी.वी. नरसिंहराव ने इस कदम की भूरि-भूरि प्रशंसा की थी और देश के अन्य राज्यों को अपनाने की अपील की थी।

भैरोंसिंह शेखावत के पहली बार 1977 में मुख्यमंत्री बनने पर अन्त्योदय जैसी अभूतपूर्व योजना प्रारंभ करने के लिए अन्तर्राष्ट्रीय समाज ने उनकी पीठ ठोंकी थी। वैसी ही दिशा उन्होंने 1993-98 के कार्यकाल में स्वायत्त संस्थाओं में समाज के निर्बल वर्गों के लिए आरक्षण तथा जनसंख्या वृद्धि रोकने का प्रावधान करके भारत को प्रदान की। जब भी उनका आम जनता से सामना होता है तो वे उसे परिवार नियोजन के प्रति जागरूक करने का आह्वान अवश्य करते हैं। ऐसी ही जागरूकता वे वृक्षारोपण तथा उनकी रक्षा के लिए पैदा करने से नहीं चूकते हैं। भैरोंसिंह शेखावत ने तीन बार में साढ़े दस वर्षों के अपने मुख्यमंत्रित्व के कार्यकाल में समाज-सुधार तथा शासन के न्यूनतम उत्तरदायित्व का ऐसा श्रीगणेश किया कि चाहे किसी दल की सरकार बने उन कदमों की उपेक्षा करने पर उसके घोर राजनीतिक परिणाम भुगतने पड़ेंगे। जैसे अन्त्योदय गरीबी मिटाने का न्यूनतम कार्यक्रम है वहीं जनसंख्या नियंत्रण, वृक्षारोपण, वृक्षों की रक्षा, साक्षरता अभियान, सती प्रथा का विरोध, सूचना का अधिकार, गांव की न्यूनतम आवश्यकताओं की पूर्ति करना, स्त्री-शिक्षा, गरीब की लड़की की शादी में योगदान, जनसहभागिता आदि ऐसी योजनाएं हैं जिनकी अनदेखी कर कोई सरकार जीवित नहीं रह सकती है।

अंतिम मुख्यमंत्रित्व के कार्यकाल में साक्षरता अभियान से बीसवीं शताब्दी के आखिरी दशक में साक्षरता में लगभग 22 प्रतिशत की वृद्धि हुई जो एक कीर्तिमान है। 1991 की जनगणना में राजस्थान में साक्षरता 38 प्रतिशत थी जो बढ़कर 2001 में 61 प्रतिशत हो गई।

भ्रष्टाचार पर नियंत्रण के लिए जनता को सूचना का अधिकार प्रदान कर भारत में पहल की गई। इस दिशा में भारतीय प्रशासनिक सेवा की एक पूर्व महिला अधिकारी अरुणाराय ने राजसमन्द जिले के एक गांव में रहकर आंदोलन प्रारंभ किया और शेखावत ने उस मांग को स्वीकार कर जनता को यह अधिकार प्रदान किया। अब जनता राज्य सरकार से योजना व्ययों की सूचना ले सकती है।[92]

पंचवर्षीय योजनाओं के प्रावधानों में शेखावत के प्रयत्नों से अभूतपूर्व वृद्धि हुई थी। आठवीं योजना (1992-1997) 11,500 करोड़ की थी जिसमें ढाई गुना वृद्धि कराके नवीं पंचवर्षीय योजना (1997-2002) 27,650 करोड़ की योजना आयोग से स्वीकृत कराई। योजना का लक्ष्य गांव की न्यूनतम आवश्यकता पूरी करने की दिशा में आगे बढ़ना था।[93]

लज्जाजनक पराजय

भैरोंसिंह की पूरे पांच वर्ष की सरकार का चुनाव परिणाम न केवल निराशाजनक रहा बल्कि जनता ने उसे नकार दिया। भैरोंसिंह के नेतृत्व में 1993 में भाजपा ने अपने जीवन में सर्वाधिक 38.60 प्रतिशत वोट प्राप्त कर 96 स्थानों पर कब्जा किया था और बाद में उनकी संख्या

बढ़ाकर 112 विधायकों तक पहुँचा दी थी। 1998 के विधानसभा चुनाव में मत प्रतिशत घटकर 33.31 प्रतिशत रह गया और सदस्यों की संख्या दो-तिहाई कम होकर 33 रह गई। भैरोंसिंह के नेतृत्व में भाजपा की यह अकल्पनीय हार थी। चुनाव पंडितों का यह तो अनुमान था कि उपरोक्त चुनाव में भाजपा को स्पष्ट बहुमत मिलना मुश्किल है। लेकिन ऐसी बदतर स्थिति का अनुमान 1998 के चुनाव में विजयी कांग्रेस पार्टी को भी नहीं था जिसके 150 सदस्य विजयी हुए और मतदाताओं की संख्या बढ़कर 44.87 प्रतिशत हो गई।[94]

इस लज्जाजनक हार को शेखावत ने एक वाक्य में यह कहकर पूरा कर दिया था कि ''प्याज हमारे पीछे पड़ गया था।'' विधानसभा के 1998 के चुनाव के समय प्याज के भाव बेतहाशा बढ़ गये थे। शेखावत ने कहा था कि ''हमारे विकास के कामों को प्याज खा गया। जनता ने पार्टी को अस्वीकार किया है, मुझे नहीं।''[95]

तत्कालीन उपमुख्यमंत्री हरिशंकर भाभड़ा ने एक भेंट में कहा कि ''लोग भैरोंसिंहजी से नाराज थे। यदि उन्हें अगले मुख्यमंत्री के रूप में पेश नहीं किया जाता तो भाजपा की स्थिति इतनी खराब नहीं होती। कम-से-कम 50-60 सीटें तो मिल जातीं। जाटों को भाजपा में लाने से जातिवाद बढ़ गया।''[96]

भाजपा के पूर्व प्रदेश अध्यक्ष रामदास अग्रवाल ने एक भेंट में बताया कि 1998 में भाजपा की हार का कारण ''कार्यकर्त्ताओं का उपेक्षित अनुभव करना था। उन्हें वह सम्मान नहीं मिला जिसकी वे अपेक्षा करते थे।'' उन्होंने बताया कि चुनाव से आठ-नौ माह पूर्व उदयपुर में भाजपा की प्रदेश कार्यसमिति की बैठक में हमने कहा था कि ''भैरोंसिंह की सरकार ने विकास के अच्छे काम किये हैं। इसलिए हम चाहते हैं कि भैरोंसिंह के नेतृत्व में पुनः सरकार बने। इसलिए हमने मुख्यमंत्री से निवेदन किया था कि अब तक आपने जनता के लिए काम किया है। अब आप केवल कार्यकर्त्ता को ध्यान में रखकर काम करें ताकि वह अनुभव करे कि यह सरकार मेरी है।'' एक प्रश्न के उत्तर में उन्होंने स्पष्ट किया कि ''हरेक मुख्यमंत्री अपनी तरह से काम करता है। पार्टी और कार्यकर्त्ता को गौण समझने लगता है। कार्यकर्त्ता की उपेक्षा होती है। उसे सत्ता में भागीदारी नहीं मिलती है। कार्यकर्त्ताओं की राजकीय पदों पर नियुक्ति नहीं की जाती है। इस कारण कार्यकर्त्ताओं को सम्मान नहीं मिलता है। इससे वे नाराज हो जाते हैं। चुनाव के समय वे अपेक्षित उत्साह से काम नहीं करते हैं और पार्टी के प्रत्याशी हार जाते हैं।''[97]

शेखावत सरकार के तत्कालीन एक उच्चपदस्थ अधिकारी को न केवल प्रशासनिक बल्कि राज्य के राजनीतिक दलों की स्थिति की पूरी जानकारी थी, उनका मत है कि 1998 के विधानसभा चुनाव में ''भाजपा की हार का मुख्य कारण उसकी छवि बहुत खराब होना था।'' उनके अनुसार ''मुख्यमंत्री की पारदर्शिता पर किसी को संदेह नहीं था किन्तु अनेक मंत्रीगण भ्रष्टाचार में लिप्त थे और मुख्यमंत्री उनके खिलाफ कार्रवाई करने की स्थिति में नहीं थे। पार्टी में

विभाजन था। दो गुट थे। राष्ट्रीय स्वयंसेवक संघ का गुट शेखावत से नाराज था। उस गुट ने पार्टी को चुनाव में जितवाने के लिए आवश्यक परिश्रम नहीं किया बल्कि कई स्थानों पर तो अधिकृत प्रत्याशियों के विरुद्ध काम किया। इसलिए सरकार के विकास के काम चुनाव जीतने में सहायक नहीं हो सके।''[98]

ग्यारहवीं विधानसभा (1998) के चुनाव में मतदाताओं में पूरा उत्साह था। मतदान के दिन विधानसभा की दो सौ सीटों में से केवल 197 पर चुनाव हुआ था। चुनाव प्रक्रिया प्रारम्भ हो जाने के बाद तीन निर्वाचन क्षेत्रों में प्रत्याशियों के निधन के कारण मतदान स्थगित कर दिया गया था जो बाद में हुआ। 1998 में 63.49 प्रतिशत मतदान हुआ जो प्रथम आम चुनाव (1952) से तब तक का सर्वाधिक था जबकि 1993 की विधानसभा के लिए मतदान 60.59 प्रतिशत हुआ था। इन चुनावों की एक विशेषता यह थी कि महिलाओं का मतदान लोकसभा तथा विधानसभा दोनों में वृद्धि की ओर रहा था। 1993 के विधानसभा चुनाव में महिलाओं का मतदान 55.2 प्रतिशत था जो बढ़कर 1998 में 58.96 प्रतिशत हो गया।

25 नवम्बर, 1998 को सम्पन्न मतदान में कांग्रेस ने सर्वाधिक स्थान जीते थे। उसके 197 में से 150 विधायक चुने गये। बाद में हुए मतदान में भी तीनों कांग्रेस के पक्ष में गये। भाजपा केवल 33 स्थान ही जीत पाई। जनता दल के तीन, बहुजन समाजवादी पार्टी के दो, माकपा एक, राष्ट्रीय जनता दल का एक तथा निर्दलीय सात चुने गये थे।[99]

राजस्थान का प्रथम पुरुष – भैरोंसिंह

भैरोंसिंह शेखावत

शौर्य, बलिदान, जौहर और संतों की तपोभूमि राजस्थान को पृथ्वीराज चौहान तथा महाराणा प्रताप जैसे वीर सपूत पैदा करने का गौरव प्राप्त रहा है तो स्वतंत्रता संग्राम में प्रसिद्ध क्रांतिकारी अर्जुनलाल सेठी, विजयसिंह पथिक एवं गोपालसिंह खरवा ने धरती माता का ऋण चुकाया है। लोकतांत्रिक व्यवस्था में पहला नाम उपराष्ट्रपति भैरोंसिंह शेखावत ने कमाया है। किसी को कल्पना नहीं थी कि सीकर जिले के खाचरियावास गांव में एक सामान्य राजपूत परिवार में धनतेरस, 23 अक्टूबर, 1923 को जन्मा यह बालक 'राजस्थान का मुकुट' बनने का सौभाग्य प्राप्त करेगा। किसे पता था हाईस्कूल की न्यूनतम शैक्षणिक योग्यता और स्वतंत्रता से पूर्व के सीकर ठिकाने में पुलिस थानेदार के पद से जीवन प्रारंभ करने वाला यह युवक मात्र उनतीस वर्ष की आयु में ही राज्य की पहली विधानसभा

का सदस्य होने का गौरव प्राप्त करेगा। विपक्षी दल-जनसंघ से राजनीतिक जीवन प्रारम्भ करने वाला पच्चीस वर्ष में यह नेता कभी सीधा मुख्यमंत्री की कुर्सी पर जा बैठेगा और पचास वर्ष तक राजनीतिक गलियारों में कूदता, फांदता, चढ़ता, गिरता देश का उपराष्ट्रपति चुना जायेगा, यह केवल लोकतंत्र में ही संभव है।

आखिर इस व्यक्ति में ऐसे क्या गुण हैं जो राजस्थान का नाम ऊंचा किया। पचास वर्ष तक राजस्थान की राजनीति से सीधे जुड़े रहे थे। लगभग चालीस वर्ष तक विपक्ष की राजनीति की और तीन बार में साढ़े दस वर्ष तक मुख्यमंत्री का दायित्व निभाया। राजस्थान में दो लोकनायक कहलाये। कई मुख्यमंत्री चुने गये। लेकिन जननेता केवल दो ही माने गये। एक स्वर्गीय मोहनलाल सुखाड़िया और दूसरे भैरोंसिंह शेखावत। सुखाड़िया सत्रह वर्ष तक और शेखावत साढ़े दस वर्ष तक मुख्यमंत्री रहे। अन्य कोई उस सीमा तक नहीं पहुंच पाये। दोनों में कई समानताएं हैं। दोनों का मधुर स्वभाव, व्यवहार कुशल, जनता से सीधा संवाद, राजनीति में किसी को स्थायी रूप से शत्रु नहीं समझना तथा रिश्ते निभाना, उन्हें तोड़ना नहीं, मानवीय गुणों का खजाना है। बीस वर्षों तक दोनों एक ही विधानसभा भवन में आमने-सामने रहे। एक-दूसरे पर कड़े-से-कड़ा प्रहार, प्रतिकार करते थे। मगर राजनीति से दूर हटकर निजी जीवन में सहोदर थे। सत्ता की कुर्सी पर दोनों एक समान लगते थे। लोकतंत्र की राजनीति में सफलता का यही राज है।

दोनों राजस्थान और उसकी समस्याओं तथा जनता के दुखदर्द को समझते थे। उनकी प्राथमिकताएं भी जानते थे। यह भी जानते थे कि उनका समाधान और निराकरण नौकरशाही के जरिये ही होगा। इसलिए राज्य सरकार के अधिकारियों के प्रति आदर भाव रखते थे। विपक्षी दलों के नेताओं के प्रति सम्मान की भावना रखते थे क्योंकि राजनीति में ही कुर्सी बदलती है। आज सत्ता में हैं, कल विरोध में बैठना पड़ सकता है। अधिकारियों से काम लेना आता था। इसलिए अधिकारियों को चुभती या कड़वी बात कहने से बचते थे। लेकिन इतना भय उनमें अवश्य बनाये रखते थे कि इनसे कोई बात छिपी नहीं है। कभी भी सख्त कार्रवाई कर सकते हैं। अपने तरीके से अपना रोष प्रगट कर देते थे। इससे अधिकारी सतर्क रहता था और प्रशासन चलता रहता था। अधिकारियों और विपक्ष के नेताओं से वार्त्ता करते रहते थे। उन्हें विश्वास में रखते थे।

मिट्ठालाल मेहता का आकलन

राज्य के सेवानिवृत्त मुख्य सचिव मिट्ठालाल मेहता का 1977 से भैरोंसिंह शेखावत से सीधा सम्बन्ध रहा था। जब शेखावत पहली बार 1977 में मुख्यमंत्री बने तब उन्होंने मेहता को ही मुख्यमंत्री का सचिव नियुक्त किया था। मेहता कुशल प्रशासक के अतिरिक्त ग्रामीण-विकास के विशेषज्ञ माने जाते हैं। शेखावत ने 1993 में मुख्यमंत्री का दायित्व संभालने पर मेहता को मुख्य सचिव नियुक्त किया था। इस कारण शेखावत का मेहता से प्रशासन के मामलों में सीधा सम्बन्ध रहा था।

इसलिए मेहता से उनके संस्मरण सुनना चाहा। मेहता से मुख्यमंत्री शेखावत के संदर्भ में जब यह जानना चाहा कि उनके बारे में यह आम धारणा थी कि वे निर्णय नहीं करते हैं या निर्णय करने में विलम्ब करते हैं तो पलटकर उन्होंने कहा कि 'वे अपने निर्णयों के प्रति प्रतिबद्ध थे।' उन्होंने कुछ उदाहरण देकर बताया कि कुछ लोग तत्काल निर्णय लेने वाले माने जाते हैं तो कुछ को 'अनिर्णय के कैदी' कहा जाता है। मगर शेखावत इन दोनों से अलग अपने ही 'निर्णयों के कैदी' थे। पहले किये गये निर्णयों पर अडिग रहते थे।[100]

मेहता ने स्पष्ट किया कि मुख्यमंत्री शेखावत निर्णय लेने से पूर्व कई सावधानियां बरतते थे। निर्णय लेने से पूर्व उसके परिणामों के दोनों पक्षों पर गंभीरता से विचार करते थे। वे सोचते थे कि आज मैं मुख्यमंत्री हूँ, कल विपक्ष में बैठना पड़ सकता है। तब किसी के प्रश्न करने पर उनके निर्णय का क्या प्रभाव पड़ेगा ? उन्हें अपनी व्यक्तिगत छवि का बहुत ख्याल था। इसलिए शकी दिमाग से उसके विभिन्न पहलुओं पर सोचते थे यानी उसका 'प्रि-ऑडिट' करते थे। इसलिए निर्णय करने में झिझकते थे, कहीं गलती नहीं हो जाए। अतः उन्हें जो करना होता उस पर तत्काल निर्णय ले लेते थे। मगर जो नहीं करना होता, उसे वे टालते रहते थे।[101]

मेहता ने बताया कि मुख्यमंत्री शेखावत का स्वयं का सूचनातंत्र बहुत मजबूत होता था। वे विभिन्न ढंगों से कई प्रकार की सूचनाएं एकत्रित कर लेते थे। निर्णय करने में उन विभिन्न सूचनाओं का उपयोग करते थे। वे जिज्ञासु थे। लोगों से जिरह करते थे और अपनी सूचनाओं की प्रतिपरीक्षा (Cross Examine) करते थे। मगर वे कान के कच्चे नहीं थे। उनका जनसम्पर्क बहुत व्यापक था। जहां कार्यकर्त्ता से सीधा संवाद था, वहीं उनके कार्यकाल में हुए प्रधानमंत्रियों से अच्छा सम्बन्ध था। उन्होंने उदाहरण देकर बताया कि पूर्व प्रधानमंत्रियों– मोरारजी देसाई, वी.पी.सिंह, चन्द्रशेखर, पी.वी. नरसिंहराव, एच.वी.देवेगोड़ा, इंद्रकुमार गुजराल तथा अटलबिहारी वाजपेयी से सीधा सम्बन्ध था और राज्य के हितों में निर्णय करवाने में सफल होते थे। शेखावत उनके साथ राजनीतिक चातुर्यपूर्ण रिश्ते रखते थे। वे अपनत्व की सीमा तक होते थे।[102]

पूर्व मुख्य सचिव मेहता ने जानकारी दी कि शेखावत ने योजना आयोग के उपाध्यक्षों से भी अच्छा सम्बन्ध निभाया और राज्य की महत्वपूर्ण योजनाओं को स्वीकार कराने में उनकी महती भूमिका रहती थी। वे अपने पक्ष को मजबूती के साथ प्रस्तुत करते थे।[103]

राजधर्म

मेहता ने बताया कि सत्ता का गुरुतर उत्तरदायित्व निभाने में शेखावत ने राजनीति और राजधर्म में अन्तर किया। प्रशासन की छवि बनाये रखने के लिए राजधर्म को महत्व दिया। उन्होंने उदाहरण देकर बताया कि 1992 में उनके मंत्रिमंडल के वरिष्ठ सदस्य ललितकिशोर चतुर्वेदी कारसेवा के लिए अयोध्या जाना चाहते थे। तब मुख्यमंत्री ने चतुर्वेदी से कहा कि मंत्री पद पर रहकर राजनीतिक

कदम, जैसे धरना, प्रदर्शन में शामिल होना राजधर्म के विपरीत है। इसलिए वे त्यागपत्र देकर कारसेवा करने जाएं। तब चतुर्वेदी ने उनकी सलाह से इस्तीफा देकर उसमें भाग लिया। ऐसे ही मंत्रिमंडल के दो अन्य सदस्य जोगेश्वर गर्ग और चुन्नीलाल धाकड़ भी कारसेवा के लिए त्यागपत्र देकर अयोध्या गये थे।[104]

शेखावत के बारे में एक बहुत महत्वपूर्ण जानकारी मेहता ने दी जो आम तौर पर प्रचलित परम्परा के विपरीत थी। उन्होंने बताया कि प्रायः नेतागण या मंत्री पदमुक्त होने के समय ऐसे कई मामले, जो किसी को अनुग्रहीत करने सम्बन्धी हों या किसी प्रकार की आलोचना के संदेह में विचाराधीन पड़े हों, पर निर्णय लेते हैं, लेकिन शेखावत का व्यवहार इससे विपरीत होता था। वे पदमुक्ति से दस दिन पूर्व ही ऐसी सभी फाइलों को रोक लेते थे। उन पर निर्णय नहीं करते थे। उन्हें शंका रहती थी कि कोई निर्णय गलत न हो जाए या आगे आलोचना हो या दृष्टांत न बन जाए। वे सतर्क रहते तथा निर्णय करने में झिझकते थे। उन्होंने अपने कई साथियों के ऐसे मामलों पर निर्णय नहीं किये।[105]

उपराष्ट्रपति चुने जाने से पूर्व भाजपा ने शेखावत को राष्ट्रीय स्तर के नेता का उत्तरदायित्व कभी नहीं सौंपा था, केवल एक बार किसान प्रकोष्ठ का अध्यक्ष अवश्य नियुक्त किया था। लेकिन वे अपने राजनीतिक सामर्थ्य के कारण राष्ट्रीय स्तर के नेताओं में गिने जाते थे। सन् 1977 में आपात्काल के बाद जनता पार्टी की सरकार के मुख्यमंत्री चुने जाने के बाद अन्त्योदय की योजना प्रारम्भ करना, काम के बदले अनाज, मद्य-निषेध तथा देश के महत्वपूर्ण प्रश्नों पर उनके दृष्टिकोणों से शेखावत की राष्ट्रीयस्तर के नेता की छवि बनने लगी थी। शेखावत ने सत्ता में या उससे बाहर रहते हुए भी विभिन्न राजनीतिक दलों के राष्ट्रीय स्तर के नेताओं से रिश्ते निभा कर अपने व्यक्तित्व को अन्य के समकक्ष बना लिया था जो निरन्तर बढ़ता ही गया। उपराष्ट्रपति तो सन् 2002 में चुने गये थे लेकिन उनकी गणना इससे कई वर्षों पूर्व ही राष्ट्रीय स्तर के नेताओं में होने लगी थी। इसी कारण उपराष्ट्रपति के चुनाव में उन्हें समर्थक पार्टियों से बाहर के सांसदों ने भी वोट दिये थे। ऐसे लगभग 15-16 वोट माने जाते थे। इसका मूल कारण यह था कि राष्ट्रीय तथा ज्वलंत महत्वपूर्ण प्रश्नों पर उनकी सोच अपनी पार्टी से भी आगे थी। जैसे गरीबी मिटाने का मामला, जनसंख्या नियंत्रण, साक्षरता, राज्यों के अधिकार, भ्रष्टाचार, स्त्री शिक्षा, सामाजिक कुरीतियां तथा निर्वाचित संस्थाओं का सम्मान आदि के प्रति उनके निजी विचार हैं जिनके क्रियान्वयन के लिए वे सदैव सचेष्ट रहते हैं।

संवेदनशीलता

शेखावत चाहे सत्ता में रहे या विपक्ष में। कानून-व्यवस्था, सामाजिक तथा सीमा की सुरक्षा के प्रति वे अत्यधिक संवेदनशील थे। जब भी कोई बड़ा अपराध सामने आता तो वे बैचेन हो उठते थे। चाहे वह बच्चे का अपहरण हो या बड़े का। बैंक डकैती हो या बलात्कार। वे तब तक शांत

नहीं बैठते जब तक कि अपराधी पकड़ नहीं लिया जाता था। उनके मुख्यमंत्री काल में जयपुर में एक बच्चे का अपहरण हो गया था। उन्होंने चैन नहीं लिया जब तक कि उसे छुड़ा नहीं लिया गया और बच्चे से मिलने और उसके माता-पिता को ढाढस बंधाने स्वयं उसके घर पर गये थे। ऐसे ही कांग्रेस के वरिष्ठ नेता रामनिवास मिर्धा के पुत्र राजेन्द्र के जयपुर में अपहरण को उन्होंने बहुत ही गंभीरता से लिया था और मामले को केवल पुलिस अधिकारियों पर न छोड़कर स्वयं ने उसे छुड़वाने की सारी कार्रवाई का संचालन किया था। शहर की एक बस्ती के बीच अपहर्त्ताओं और पुलिस के बीच संगीन मुठभेड़ हुई। उनकी तलाश में हजारों मकानों की तलाशी ली गई और राजेन्द्र मिर्धा को छुड़वा लिया गया। अपहर्त्ता आतंककारी हरनेकसिंह पकड़ा गया। उसकी कानूनी कार्रवाई के कागजात तक स्वयं ने तैयार करवाये। परिणामस्वरूप उसे सजा हुई।[106]

चाहे विधानसभा हो या संसद, उसमें शेखावत की उत्कृष्ट भूमिका होती है। उनकी गणना देश के सर्वोत्तम विधायक या सांसद में की जाती है। संसदीय कार्रवाही को उन्होंने कभी हल्के से नहीं लिया। इसके लिए वे हमेशा रात भर तैयारी करके विधानसभा में जाते थे, चाहे वे सत्ता में रहे या विपक्ष में। वे किसी पक्ष से बोलें, उनकी वक्तृता प्रभावशाली तथा तर्क महत्वपूर्ण होते हैं। इसी भाषण कला के कारण पहली विधानसभा में ही उनकी राज्यव्यापी पहचान बन गई और जनसंघ दल के नेता हो गये। सामान्य किसान के हित में प्रदेश में जागीरदारी प्रथा समाप्त करने के कांग्रेस के प्रस्ताव का समर्थन किया था।[107]

जब से शेखावत की राजस्थान में जनसमस्याओं तथा भ्रष्टाचार के विरुद्ध आवाज उठाने वाले की छवि बनी तब से सैकड़ों व्यक्ति उनसे मिलने उनके पास पहुँचने लगे थे। आज वे देश के उपराष्ट्रपति हैं। जब भी जयपुर आते हैं, सैकड़ों लोग उनके चरण-स्पर्श करने जाते हैं और वे जनता के बीच बैठकर उनसे मिलते हैं। कोई आशीर्वाद लेने जाता है तो कोई अपनी फरियाद। शेखावत उसे पूरा करने का प्रयत्न करते हैं।

राजनेता शेखावत का जन्म भारतीय जनसंघ में ही हुआ था और उपराष्ट्रपति चुने जाने तक भाजपा से ही सम्बद्ध रहे थे, जिस पर साम्प्रदायिक होने का आरोप है। लेकिन राजस्थान की राजनीति में आधी शताब्दी तक सक्रिय रहने के बाद भी वे इस आक्षेप से ऊपर रहे। यह कहा जा सकता है कि उन्होंने कभी धर्म की राजनीति नहीं की और सभी सम्प्रदायों के प्रिय रहे। आज भी उनसे भेंट करने वालों में मुसलमानों की संख्या भी पर्याप्त होती है।

उपराष्ट्रपति निर्वाचित होने के बाद दिल्ली के 'टाइम्स ऑफ इंडिया' में किन्हीं महेश डागा का एक साक्षात्कार प्रकाशित हुआ था। उसमें डागा के एक प्रश्न के उत्तर में शेखावत ने कहा था, "1977 में जब वे मुख्यमंत्री बने थे तब उन्होंने राजस्थान विधानसभा में भाषण देते हुए कहा था कि सरकार के संचालन में 'राजधर्म' का ही पालन करूंगा। जो व्यक्ति मेरे राजनीतिक जीवन को जानता है मेरे पर किसी धर्म, मुख्य रूप से अल्पसंख्यकों के प्रति पूर्वाग्रही होने का आरोप नहीं लगा सकता है।" उन्होंने गर्व के साथ कहा कि "राजस्थान में मेरी ही पहली सरकार थी जिसने अजमेर में ख्वाजा साहब की दरगाह के लिए विपुल मात्रा में अनुदान दिया था। नागौर

की मस्जिद में दीवानखाने के निर्माण में सहायता दी थी। टोंक में अरबी और फारसी संस्थान में विशेष रुचि ली थी, जो आज विश्व में प्रमुख शोध केन्द्र माना जाता है।''[108]

उपराष्ट्रपति के प्रकाशन सचिव के.एल.कोचर के एक टिप्पण के अनुसार मुख्यमंत्री शेखावत ने 1990 में वक्फ अधिनियम के अन्तर्गत राज्य वक्फ प्राधिकरण का गठन किया था। जयपुर के जौहरी बाजार में स्थित जामा मस्जिद को इबादत के लिए खुलवाया जो जयपुर रियासत के समय से बंद थी। उर्दू भाषा के विकास के लिए राजस्थान उर्दू अकादमी की स्थापना की। मदरसों के आधुनिकीकरण के लिए अनुदान प्रदान किया। 1978 में मुख्यमंत्री आवास पर 'रोज़ा इफ़्तार पार्टी' की परम्परा शुरू की। परम्परागत व्यवसाय करने वाले तीस समुदायों को अन्य पिछड़ा वर्ग का आरक्षण प्रदान कराया।

सतीप्रथा

शेखावत धर्म-सम्प्रदाय के साथ जात-पांत से भी ऊपर हैं। ऐसे अपने निजी जीवन में वे पूर्ण धार्मिक मान्यता के व्यक्ति हैं। वे नियमित रूप से पूजा-पाठ करते हैं। समय मिलने एवं धार्मिक अवसरों पर मंदिरों में भगवान के दर्शन एवं नमन करने जाने से भी नहीं चूकते हैं। साथ ही सभी धर्मों के संतों और महन्तों का नमन करते हैं। इसमें धर्म, सम्प्रदाय तथा जात-पांत उनके आड़े नहीं आती है। ऐसे ही वे सामाजिक कुरीतियों के कट्टर विरोधी एवं आलोचक भी हैं। इस प्रकार की मान्यताओं में उन्हें समाज सुधारक राममोहन राय की श्रेणी में रखा जा सकता है। इसका एक ज्वलंत उदाहरण उनके राजनीतिक जीवन में भी आया। 4 सितम्बर, 1987 को सीकर जिले के दिवराला गांव में एक युवती सती हो गई थी। राजस्थान में सती प्रथा युगों से मानी जाती है और राजपूत उससे सर्वाधिक सम्बद्ध थे। दिवराला सती कांड पर राजस्थान और दिल्ली में जबर्दस्त बबेला मचा था। इसका विस्तृत विवरण हरिदेव जोशी के मुख्यमंत्रित्व काल के अध्याय में दिया गया है। उन दिनों शेखावत अमरीका गये हुए थे। शेखावत स्वयं के राजपूत होने के बावजूद वोटों की चिन्ता किये बिना सती होने का पता चलने पर लंदन से एक वक्तव्य द्वारा अपराधियों को दंड देने की मांग की। सती प्रथा समर्थकों के विरोध के बावजूद घटनास्थल दिवराला में गये। राज्य विधानसभा में सती विरोधी कानून बनने पर इस प्रथा की कड़ी आलोचना की और विधेयक का समर्थन किया।

सतीप्रथा सदियों से देश में भावनात्मक तथा संवेदनशील व्यथा रही है। तत्कालीन मुख्यमंत्री हरिदेव जोशी ने राज्य की शांति की दृष्टि से सती समारोहों के रीति-रिवाजों में जहां हस्तक्षेप से सरकार को दूर रखा वहां प्रतिपक्ष के नेता भैरोंसिंह शेखावत ने विदेश से लौटकर बड़ी चतुराई से घटनास्थल दिवराला में आयोजित नंगी तलवारों के 'मार्च' को रोका। 'हमवतन और हम भाई' (शेखावत भी शेखावाटी के हैं तथा राजपूत भी) होते हुए भी राजपूतों को भावनात्मक

और तथ्यात्मक तर्कों से समझाकर मार्च के आयोजन को रद्द करवाया जबकि पिछले कई दिनों से सारा विवाद उग्र एवं मर्मस्पर्शी बना हुआ था। इस कुरीति को लेकर दिल्ली-जयपुर में सामाजिक संघर्ष चल रहा था।

2 नवम्बर, 1987 को राज्य विधानसभा में सती प्रथा को प्रतिबंधित करने के लिए कानूंन बनाने पर बहस हो रही थी तब शेखावत ने तथ्यों को प्रगट कर सभी को स्तंभित कर दिया कि सन् 1815 से 1818 के तीन वर्षों में भारत में 2365 महिलाएं सती हुई थीं। राजस्थान में 1947 के बाद 1987 तक 47 सतियां हुईं जिनमें से केवल 18 राजपूत तथा शेष अन्य जातियों की थीं। इसलिए यह कहना कि केवल राजपूत विधवाएं ही सती होती हैं, गलत है। यह सामाजिक कुरीति है और जिन परिवारों में विधवाओं का पुनर्विवाह नहीं होता है उनमें पतियों के मरने पर उनकी पत्नियों को जबरन जला दिया जाता था या वे स्वयं जल जाती थीं। यह सामाजिक-आर्थिक बुराई है। इसलिए उनकी चिन्ता करनी चाहिए कि वे समाज में सम्मान के साथ जी सकें।

लंदन से जारी सतीप्रथा विरोधी शेखावत के वक्तव्य के कारण सती समर्थकों ने उन्हें 'गद्दार' कहा तथा उनके विरुद्ध पर्चे बांटे थे। जोधपुर रेलवे स्टेशन पर 'शेखावत वापस जाओ' के नारों के साथ उनके विरुद्ध प्रदर्शन किया गया और आमसभा में बोलते ही विरोध शुरू कर दिया। इन सबकी परवाह न कर समाज-सुधारक शेखावत ने सतीप्रथा को विधवा महिला की समस्या बताकर सभा में उपस्थित हजारों व्यक्तियों को शांत एवं संतुष्ट कर दिया। सभा में भाजपा के नेता अटलबिहारी वाजपेयी तथा लालकृष्ण आडवाणी भी उपस्थित थे।[109]

संदर्भ

1. A Princess Remembers : Gayatri Devi, P. 385
2. दिग्विजयसिंह से भेंटवार्ता : 2 दिसम्बर, 2004
3. दौलतराम सारण से भेंटवार्ता : 5 नवम्बर, 2004
4. एक पूर्व मुख्य सचिव से भेंटवार्ता : 22 अप्रेल, 2005
5. रामदास अग्रवाल से भेंटवार्ता : 5 मई, 2005

6, 7. दिग्विजयसिंह से भेंटवार्ता : 2 दिसम्बर, 2004

8, 9. रामदास अग्रवाल से भेंटवार्ता : 5 मई, 2005

10. रामदास अग्रवाल से भेंटवार्ता : 5 मई, 2005
11. राजस्थान वार्षिकी : 1997 : संपादक, सीताराम झालानी , खण्ड 5, पृ. 57
12. सभी आंकड़े राजस्थान निर्वाचन विभाग के अनुसार

13 से 16. राजस्थान वार्षिकी : 1997 : संपादक, सीताराम झालानी, खण्ड 5, पृ. 21

17,18. राजस्थान वार्षिकी : 1997 : संपादक, सीताराम झालानी, खण्ड 5, पृ. 21

19. न्यायाधीश कानसिंह से फोन पर वार्ता : 20 मार्च, 2005

20. Rajasthan Polity, Economy & Society : B.L. Pangariya, N.C. Pahariya, P. 98

21. पूर्व मुख्य सचिव मिट्ठालाल मेहता से भेंटवार्ता : 22 अप्रेल, 2005

22. दैनिक नवज्योति, जयपुर : दि. 17 जुलाई, 2002

23. बारहवीं लोकसभा, 1998 प्रतिवेदन : निर्वाचन विभाग, राजस्थान, जयपुर, पृ. 27, 28

24. सभी आंकड़े राजस्थान वार्षिकी : 1997 : संपादक, सीताराम झालानी, खण्ड 5, पृ. 23 के अनुसार तथा राजस्थान निर्वाचन विभाग से।

25. हरिशंकर भाभड़ा से भेंटवार्ता : दि. 19 नवम्बर, 2004

26. मिट्ठालाल मेहता से भेंटवार्ता : दि. 22 अप्रेल, 2005

27. चुनाव के सभी आंकड़े : राजस्थान निर्वाचन विभाग

28. डॉ. चन्द्रभान पूर्वमंत्री से भेंटवार्ता : दि. 11 दिसम्बर, 2004

29, 30. 'माया', पाक्षिक : ओमसैनी : 31 मार्च, 1990, पृ. 14

31. रामदास अग्रवाल से भेंटवार्ता : दि. 5 मई, 2005

32. नवभारत टाइम्स, जयपुर, दि. 5 मार्च, 1990

33. राजस्थान वार्षिकी : 1997 : संपादक, सीताराम झालानी, खंड 5, पृ. 32

34, 35. राजस्थान वार्षिकी : 1997 : संपादक, सीताराम, झालानी, खंड 5, पृ. 32, 33

36 से 39. राजस्थान वार्षिकी : 1997 : संपादक-सीताराम झालानी, खण्ड 5, पृ. 34

40. राजस्थान वार्षिकी :1997 : संपादक, सीताराम झालानी, खण्ड 5, पृ. 34

41. माया : पाक्षिक : विशेष संवाददाता, ओम सैनी, 31 मार्च, 1990

42. दिग्विजयसिंह से भेंटवार्ता : दिनांक 2 दिसम्बर, 2004

43. नवभारत टाइम्स, जयपुर : 9 नवम्बर, 1990, पृ. 1 तथा 5

44. राजस्थान वार्षिकी : 1997 : संपादक, सीताराम झालानी, खण्ड 5, पृ. 35

45. Rajasthan Polity, Economy & Society : B.L. Pangariya, N.C. Pahariya, P. 119

46. जनसत्ता, दिल्ली : 4 दिसम्बर, 1990

47. राजस्थान वार्षिकी : 1997 : संपादक, सीताराम झालानी, खण्ड 5, पृ. 61

48. सभी आंकड़े राजस्थान निर्वाचन विभाग के अनुसार

49. राजस्थान वार्षिकी : 1997 : संपादक, सीताराम झालानी, खण्ड 5, पृ. 35

50. भैरोंसिंह शेखावत से भेंटवार्ता : श्यामसुंदर आचार्य, नवभारत टाइम्स, जयपुर, दि. 23.9.1991

51. माया : पाक्षिक : ओम सैनी, 15 जनवरी, 1993

52. Rajasthan Polity, Economy & Society : B.L. Pangariya, N.C. Pahariya, P. 120

53. राजस्थान वार्षिकी : 1997 : संपादक, सीताराम झालानी, खण्ड 5, पृ. 37

54, 55. रामदास अग्रवाल से भेटवार्ता : 5 मई, 2005

56 से 58. इंडिया टुडे : नरेंद्रकुमार सिंह, 15 दिसंबर, 1993, पृ. 46-47

59, 60. राजस्थान वार्षिकी : 1995 : संपादक, सीताराम झालानी, खण्ड 5, पृ. 45

61. रामदास अग्रवाल से भेंटवार्ता : दि. 5 मई, 2005

62 से 65. रामदास अग्रवाल से भेंटवार्ता : दि. 5 मई, 2005

66, 67. राज्यपाल बलिराम भगत से फोन पर भेंटवार्ता : दि. 4 जून, 2005

68 से 70. पूर्व राज्यपाल बलिराम भगत से फोन पर भेंटवार्ता : दि. 4 जून, 2005

71. राजस्थान वार्षिकी : 1995: संपादक, सीताराम झालानी, खण्ड-5, पृ. 45

72, 73. राजस्थान वार्षिकी : 1995 : संपादक, सीताराम झालानी, खण्ड 5, पृ.46

74. राजस्थान का मंत्रिमंडल (1949-2003) राजस्थान विधानसभा सचिवालय, जयपुर

75. शेखावत सरकार (1993-98) में एक उच्चस्थ सेवानिवृत पदाधिकारी से भेंटवार्ता : दि. 22 अप्रेल, 2005

76. 'राजस्थान पत्रिका' तथा 'दैनिक नवज्योति', जयपुर : दि. 24 अक्टूबर, 1994

77. 'दैनिक भास्कर', जयपुर : आनन्द शर्मा, दि. 10 सितम्बर, 2001

78. राजकीय सेवा के सेवानिवृत्त एक उच्चस्थ पदाधिकारी से भेंटवार्ता : दि. 22 अप्रेल, 2005

79 से 82. भाजपा के पूर्व अध्यक्ष रामदास अग्रवाल से भेंटवार्ता : दि. 5 मई, 2005

83 से 88. भाजपा के पूर्व अध्यक्ष रामदास अग्रवाल से भेंटवार्ता : दि. 5 मई, 2005

89, 90. राजस्थान वार्षिकी : संपादक, सीताराम झालानी, खण्ड 5, पृष्ठ 64, 67

91. ग्यारहवीं विधानसभा 1998 : राजस्थान निर्वाचन विभाग, पृ. 286

92. The Lion of Rajasthan : Bhaironsingh Shekhawat : Rahul Singhal, P. 73

93. Some Facts About Rajasthan : Directorate of Economics & Statistics, Rajasthan, Jaipur, P.58

94. ग्यारहवीं विधानसभा, 1998 : राजस्थान निर्वाचन विभाग, पृ.31

95. The Lion of Rajasthan : Bhaironsingh Shekhawat, Rahul Singhal, P. 103

96. हरिशंकर भाभड़ा से भेंटवार्ता : 19 नवम्बर, 2004

97. रामदास अग्रवाल से भेंटवार्ता : 05 मई, 2005

98. उच्चस्थ अधिकारी से भेंटवार्ता : 22 अप्रेल, 2005

99. ग्यारहवीं विधानसभा, 1998 राजस्थान निर्वाचन विभाग, पृ. 7

100 से 106. पूर्व मुख्य सचिव मिट्ठालाल मेहता से भेंट : 22 अप्रेल, 2005

107. राजस्थान में जनसंघ के संस्थापकों में से, पूर्व सांसद जगदीशप्रसाद माथुर से भेंट : 15 नवम्बर, 2004

108. टाइम्स ऑफ इंडिया, नई दिल्ली, महेश डागा : 2002

109. राजस्थान विधानसभा की 2 नवम्बर, 1987 की कार्यवाही पर आधारित।

15

संजय गांधी द्वारा मनोनीत मुख्यमंत्री

राजस्थान में पहली गैरकांग्रेसी जनता पार्टी की सरकार को केवल बत्तीस माह में भंग कर राष्ट्रपति शासन के दौरान सम्पन्न राज्य विधानसभा के चुनाव में कांग्रेस को भारी बहुमत प्राप्त हुआ। कांग्रेस के उच्चस्थ नेता संजय गांधी (श्रीमती इंदिरा गांधी के कनिष्ठ पुत्र) द्वारा मनोनीत अनुसूचित जाति के जगन्नाथ पहाड़िया को दिल्ली के राजस्थान हाउस में 5 जून, 1980 को उन्हीं की उपस्थिति में विधानसभा कांग्रेस दल का विधिवत नेता चुना गया। उन्होंने दूसरे दिन जयपुर में मुख्यमंत्री पद की शपथ ग्रहण की। राजस्थान में मनोनीत व्यक्ति को कांग्रेस दल का नेता चुनने का यह दूसरा अवसर था। इससे पूर्व मोहनलाल सुखाड़िया के मुख्यमंत्री का पद त्यागने पर 9 जुलाई, 1971 को बरकतुल्लाखां को नेता चुना गया था जिन्हें तत्कालीन प्रधानमंत्री श्रीमती इंदिरा गांधी ने मनोनीत किया था। राजस्थान कांग्रेस में आन्तरिक लोकतंत्र की समाप्ति का वह श्रीगणेश था, बीच में केवल 25 अक्टूबर, 1973 को हरिदेव जोशी के चुनाव को छोड़कर।

जगन्नाथ पहाड़िया उस समय लोकसभा के सदस्य थे तथा केन्द्रीय सरकार में वित्त राज्यमंत्री थे। संविधान के प्रावधान के अन्तर्गत पहाड़िया 23 नवम्बर, 1980 को भरतपुर जिले के वैर निर्वाचन क्षेत्र से उपचुनाव में विधायक चुने गये। पहाड़िया की विशेष योग्यता केवल अनुसूचित जाति तथा गांधी परिवार का भक्त होना था। दिल्ली में ढाई वर्ष में ही पहली गैरकांग्रेसी जनता पार्टी की सरकार के विखंडन के बाद सम्पन्न लोकसभा के चुनाव में श्रीमती इंदिरा गांधी के नेतृत्व में कांग्रेस को भारी बहुमत मिल जाने से आपात्काल (जून 1975 - जनवरी 1977) जैसी ही स्थितियां बन गई थीं। गांधी परिवार पुनः सर्वेसर्वा हो गया था। जनता पार्टी की खिचड़ी सरकार की विफलता ने कांग्रेस के अहम् को बढ़ा दिया था। उसी स्थिति का परिणाम था कि राजस्थान कांग्रेस के किसी स्थापित नेता के स्थान पर दिल्ली का विमान जयपुर में उतारा गया। पहाड़िया 1957 से 1980 तक दिल्ली में ही थे और राजस्थान की सक्रिय राजनीति से दूर थे।

संजय गांधी की अकस्मात मृत्यु के कारण पहाड़िया सरकार बहुत मुश्किल से तेरह माह निकाल पाई। इस अवधि में वह उत्तरोत्तर अलोकप्रिय ही होती गई। उन्हें अपना मंत्रिमंडल

बनाने में ही काफी जोर आया। सुखाड़िया के सत्रह वर्षों (1954-71) के शासन काल के कारण सभी को उन्हीं का समर्थक माना जाता था। 1969 में राष्ट्रपति के चुनाव में श्रीमती गांधी के उम्मीदवार वी.वी. गिरि का विरोध करने वाले सुखाड़िया समर्थकों से वह नाराज थी। इसलिए पहाड़िया उनके निकटवर्ती लोगों को मंत्रिमंडल से दूर रखना चाहते थे या ऐसों को लेना चाहते थे जो तटस्थ हों या हानिविहीन हों। जहां पहाड़िया अधिकतर प्रभावशाली विधायकों को दूर रखना चाहते थे तो कइयों को जानते भी नहीं थे। अपनी शपथ के बारह दिन बाद 18 जून, 1980 को उन्होंने अपना मंत्रिमंडल बनाया जिसमें केवल तीन मंत्री और पांच उपमंत्री थे। उनमें बद्रीप्रसाद गुप्ता बहुत पुराने मंत्री थे। जो हमेशा से ही प्रभावहीन माने जाते थे। हनुमानप्रसाद प्रभाकर उदयपुर जिले से पहली बार विधायक चुनकर आये थे। वे अपने निजी कारणों से सुखाड़िया के कट्टर विरोधियों में से थे। श्रीमती कमला जाट थीं और सुखाड़िया विरोधी होने से जाट नेता कुंभाराम आर्य के साथ 1966 में सुखाड़िया मंत्रिपरिषद छोड़कर जनता पार्टी की संस्थापकों में से थीं। परिणामस्वरूप सरकार के 29 विभाग मुख्यमंत्री के पास थे। 14 विभाग प्रभाकर के पास तथा 11-11 गुप्ता और कमला के पास थे।[1] कहने का अर्थ यह है कि सरकार के राजकाज के लगभग आधे विभागों का भार केवल मुख्यमंत्री पर था। परिणामस्वरूप जब उन्होंने पदत्याग किया तब फाइलों से कमरे भरे थे। नये मुख्यमंत्री शिवचरण माथुर को "उन फाइलों को निपटाने में आठ दिन लग गये। मुख्यमंत्री पहाड़िया के सचिव चरणसिंह खैरवाल पहाड़िया के स्वजातीय थे जो यू.टी. काडर के भा.प्र. सेवा अधिकारी थे। रिश्वतखोरी बहुत बढ़ गई थी। खैरवाल ही सारे निर्णय करते थे।"[2] पहली खेप में पांच उपमंत्री अब्दुलरहमान चौधरी, नरेन्द्रसिंह भाटी, रामपाल उपाध्याय, मांगीलाल आर्य और श्रीमती भगवतीदेवी लिये गये थे। इनमें क्रमशः एक मुसलमान, एक राजपूत, एक ब्राह्मण तथा दो अनुसूचित जाति के थे। पांचों पहली बार विधायक चुने गये थे और पहली बार मंत्रिपरिषद में स्थान मिला था। राजस्थान कांग्रेस में एक परम्परा शुरू से चली आ रही है कि मंत्री पद की शपथ लेने हेतु राजभवन के लिए प्रस्थान करने से पूर्व प्रदेश कांग्रेस कार्यालय में मनोनीत मंत्रियों का तिलक लगाकर तथा मीठा मुँह कराने के साथ ही स्वागत किया जाता है। स्वागत कार्यक्रम का आयोजन तो बिचून बाग स्थित प्रदेश कांग्रेस के किराये के तत्कालीन कार्यालय में किया गया था लेकिन पहाड़िया द्वारा मनोनीत मंत्रियों के नाम अत्यन्त गुप्त रखने के कारण स्वागत किसी का नहीं किया जा सका।

जनता पार्टी की सरकार के पतन के बाद फिर से कांग्रेस की सरकार बनने के कारण कांग्रेस कार्यकर्ताओं में जबर्दस्त उत्साह था लेकिन वे अपने साथ लाई हुई फूलमालायें किसी को नहीं पहना सके। प्रदेश कांग्रेसाध्यक्ष रामकिशोर व्यास ने तब अपने भाषण में कहा कि मैं अपने उन अज्ञात मित्रों को बधाई देना चाहता हूँ जो कुछ देर बाद राजभवन में शपथ लेंगे। नये उपमंत्रियों में नरेन्द्रसिंह भाटी संजय गांधी के करीब माने जाते थे। इसके आठ माह बाद मंत्रिमंडल का विस्तार किया गया। उसमें रामकिशन वर्मा तथा घासीराम यादव को राज्यमंत्री तथा ईश्वरलाल

जगन्नाथ पहाड़िया मंत्रिमंडल

कार्यकाल : 6 जून, 1980 से 14 जुलाई, 1981

अग्रिम पंक्ति में बायें से दायें : हरसहाय मीणा (मंत्री), बनवारीलाल शर्मा (राज्यमंत्री), श्रीमती भगवतीदेवी (उपमंत्री), श्रीमती कमला बेनीवाल, चन्दनमल बैद (दोनों मंत्री), जगन्नाथ पहाड़िया (मुख्यमंत्री), रघुकुल तिलक (राज्यपाल), हीरालाल देवपुरा, बद्रीप्रसाद गुप्ता (दोनों मंत्री), नानालाल खटीक (राज्यमंत्री) तथा अब्दुल रहमान चौधरी (उपमंत्री) ।

पिछली पंक्ति में बायें से दायें : शीशराम ओला (राज्यमंत्री), ईश्वरलाल सैनी (उपमंत्री), प्रद्युम्नसिंह (राज्यमंत्री), दूलाराम (मंत्री), घासीराम यादव तथा रामकिशन वर्मा (राज्यमंत्री)।

सैनी को उपमंत्री नियुक्त किया गया। इनकी भी पहली नियुक्ति थी। केवल यादव पहले उपमंत्री रह चुके थे। इसके नौ दिन बाद पहाड़िया ने चार मंत्री तथा पांच राज्यमंत्री और सम्मिलित किये। नवनियुक्त मंत्री चन्दनमल बैद तथा हीरालाल देवपुरा पुराने मंत्री और स्थापित नेता थे। अनुसूचित जनजाति के हरसहाय मीणा तथा अनुसूचित जाति के दूलाराम को पहली बार मंत्री नियुक्त किया गया था। शपथग्रहण के लिए राज्यपाल को दी गयी सूची में दूलाराम को राज्यमंत्री बताया गया था जबकि मुख्यमंत्री ने शपथ के लिए उनका नाम पुकारा तो उन्हें कैबिनेट मंत्री बताया गया। इससे राज्यपाल असमंजस में पड़ गये। बनवारीलाल शर्मा, प्रद्युम्नसिंह, शीशराम ओला, दिनेशराय डांगी और नानालाल खटीक राज्यमंत्री बनाये गये।[3] अंतिम दोनों अनुसूचित जाति के थे। शर्मा ब्राह्मण, सिंह वैश्य तथा ओला जाट थे। इस तरह पहाड़िया सहित 21 सदस्य हो गये। इनमें सर्वाधिक छह अनुसूचित जाति के जिनमें पहाड़िया सहित तीन खटीक, चार वैश्य, तीन-तीन ब्राह्मण एवं अन्य पिछड़ी जातियों के, दो जाट तथा एक-एक राजपूत, मुसलमान और अनुसूचित जनजाति के थे। इक्कीस में से तेरह को सरकार के काम-काज का अनुभव नहीं था

जबकि स्वयं मुख्यमंत्री पहाड़िया भी पहली बार राजस्थान में राज्य शासन से सम्बद्ध हुए थे। देवपुरा और बैद जैसे अनुभवी मंत्री भी सरकार समाप्ति के पांच माह पूर्व जोड़े गये। बड़े जाट नेता परसराम मदेरणा तथा शिवचरण माथुर, जो बाद में मुख्यमंत्री मनोनीत किये गये, को मंत्री नियुक्त नहीं किया गया था।

ऐसे राजस्थान में भैरोंसिंह शेखावत के नेतृत्व में जनता पार्टी की सरकार बिना किसी आंतरिक विरोध के शांतिपूर्वक चलती रही थी। यदि 1980 में सम्पन्न लोकसभा के मध्यावधि चुनाव में कांग्रेस लौटकर नहीं आती तथा 1977 के जनता पार्टी के उदाहरण का अनुसरण कर राष्ट्रपति का शासन स्थापित नहीं करती तो राजस्थान में जनता पार्टी की सरकार अपनी अवधि पूरी कर सकती थी। किन्तु दिल्ली में जनता पार्टी के घटक दलों की आपसी लड़ाई का देशभर में जैसा विपरीत प्रभाव पड़ा, उससे राजस्थान भी अछूता नहीं रहा। 28 मई से 31 मई 1980 को हुए राज्य विधानसभा के मध्यावधि चुनाव में दो सौ सदस्यों के सदन में कांग्रेस को 133 स्थान मिले जबकि 1977 में सिर्फ 41 विधायक चुने गये थे। हालांकि कुल मतदान 1977 और 1980 में एक समान 52.29 प्रतिशत ही हुआ। भारतीय जनसंघ के परिवर्तित नाम भारतीय जनता पार्टी को अपने जीवन के सर्वाधिक 32 स्थान मिले। जनता पार्टी के अन्य घटक दल जनता पार्टी (जे.पी.) 8, जनता पार्टी (एस. चरणसिंह) 7, कांग्रेस (अर्स) 6, भाकपा और माकपा एक-एक तथा निर्दलीय 12 चुने गये।[4] सत्ता से पराजित जनता पार्टी के सभी घटक दलों एवं निर्दलियों को मिलाकर भी एक-तिहाई ही होते थे। यह उनकी करारी हार थी। किन्तु राजस्थान में भाजपा के लिए सूर्योदय था। इंदिरा कांग्रेस के प्रदेशाध्यक्ष तथा संभावित मुख्यमंत्री रामकिशोर व्यास की हार ने राज्य की राजनीतिक गणित ही बदल दी और पहाड़िया नेता बना दिये गये।

पहाड़िया को हटाने की मांग

अकुशल प्रशासन के कारण राज्य सरकार की आर्थिक स्थिति बद से बदतर हो गई। राज्यों पर ओवर ड्राफ्ट में राजस्थान का नाम सबसे ऊपर हो गया। पंचवर्षीय योजना के लिए धन की कमी हो गई।[5] कांग्रेस कार्यकर्त्ताओं तथा विधायकों के कई शिष्टमंडल श्रीमती गांधी से मिले और पहाड़िया को हटाने की मांग की। शिवचरण माथुर ने भी श्रीमती गांधी को हालात से अवगत कराया। श्रीमती गांधी ने जब पहाड़िया को इस्तीफा देने का संकेत दिया तो मुख्यमंत्री ने लगभग चालीस विधायकों को लालच देने के लिए सार्वजनिक क्षेत्रों तथा सहकारी संस्थाओं के अध्यक्षों के पदों पर नियुक्तियां कर दीं। पहाड़िया का विरोध करने वाले कांग्रेस के विधायक अब उन्हें बनाये रखने या उनके द्वारा नामित को मुख्यमंत्री नियुक्त करने की मांग करने लगे। किन्तु कांग्रेस उच्च नेतृत्व ने पहाड़िया से स्पष्ट कह दिया कि उन्हें पद त्यागना है और वही उनके उत्तराधिकारी

की नियुक्ति करेगा।[6] अन्ततः 12 जुलाई 1981 को पहाड़िया ने त्यागपत्र दे दिया जो दूसरे दिन राज्यपाल द्वारा स्वीकार कर लिया गया। श्रीमती गांधी ने राष्ट्रपति के लिए वी.वी. गिरि को वोट देने वाले चौथे मतदाता शिवचरण माथुर को कांग्रेस विधायक दल का नेता मनोनीत कर उन्हें उपकृत कर दिया। इससे पूर्व 1971 में बरकतुल्लाखां को मुख्यमंत्री, श्रीमती लक्ष्मीकुमारी चूंडावत को प्रदेश कांग्रेसाध्यक्ष तथा 1980 में पूनमचंद विश्नोई को विधानसभा के अध्यक्ष पद पर निर्वाचित करा चुकी थीं। शिवचरण माथुर ने 14 जुलाई, 1981 को मुख्यमंत्री पद की शपथ ली। वे राजस्थान में आठवें कांग्रेसी मुख्यमंत्री थे।

अनुसूचित जाति का मुख्यमंत्री

जगन्नाथ पहाड़िया

राजस्थान जैसे रियासती राज्य के लिए 6 जून, 1980 का दिन गौरवपूर्ण दिवस था जब स्वतंत्रता के तैतीसवें वर्ष में ही मुख्यमंत्री के पद पर अनुसूचित जाति के जगन्नाथ पहाड़िया ने शपथ ग्रहण की थी। राजाओं के शासन काल में इस जाति का व्यक्ति ऐसा सपना भी नहीं देख सकता था। यह लोकतंत्र की विजय थी। राज्य में चारों ओर इसका स्वागत किया गया। इस अवसर पर राज्य के प्रमुख दैनिक समाचारपत्र 'राजस्थान पत्रिका' ने एक पूरे पृष्ठ में पहाड़िया के परिवार सहित उनका जीवन वृत्तान्त प्रकाशित किया था।

पहाड़िया ने जाट रियासत भरतपुर के भुसावर गांव में 15 जनवरी, 1932 को खटीक जाति के परिवार में जन्म लिया था। उन्होंने कड़ी मेहनत कर एम.ए., एलएल.बी. तक की उच्चशिक्षा ग्रहण की। दूसरी और चौथी लोकसभा तथा वर्ष 1965-67 में राज्यसभा के सदस्य रहे। 1980 में जब वे राज्य विधानसभा कांग्रेस दल के नेता निर्वाचित किये गये तब लोकसभा के सदस्य थे तथा प्रधानमंत्री श्रीमती इंदिरा गांधी की मंत्रिपरिषद में वित्त राज्यमंत्री थे। इससे पूर्व वे केन्द्र में उपमंत्री भी रह चुके थे। सातवीं, आठवीं, नौवीं और बारहवीं विधानसभाओं के सदस्य निर्वाचित हुए हैं। विधानसभा की कुछ समितियों के सभापति भी रह चुके थे। नौ माह (मार्च से नवम्बर1989) के लिए बिहार के राज्यपाल का पद भी सुशोभित कर चुके हैं।[7]

छात्र जीवन में ही पहाड़िया की राजनीति और स्वतंत्रता संग्राम में रुचि हो गई थी। 1957 के चुनाव के समय मास्टर आदित्येन्द्र के माध्यम से दिल्ली में प्रधानमंत्री स्वर्गीय जवाहरलाल नेहरू से भेंट हो गई और उन्होंने पहाड़िया को अनुसूचित जाति का शिक्षित युवक होने के कारण सवाईमाधोपुर लोकसभा क्षेत्र से कांग्रेस उम्मीदवार के रूप में चुनाव लड़ने का आदेश दे दिया। यह

उनके भाग्योदय का दिन था। 1957 की दूसरी लोकसभा में पहाड़िया सबसे कम, पच्चीस वर्ष तीन माह की आयु के सदस्य थे।[8] बाद में वे कांग्रेस संसदीय दल के महासचिव, कांग्रेस की कार्यसमिति, संसदीय बोर्ड के सदस्य तथा महामंत्री तक रह चुके हैं।

जगन्नाथ पहाड़िया कांग्रेस के दूसरे मनोनीत मुख्यमंत्री थे। इससे पूर्व 1971 में बरकतुल्लाखां का मनोनयन हुआ था। इस बीच मुख्यमंत्री (1973-77) रहे हरिदेव जोशी कांग्रेस दल के निर्वाचित नेता थे। पहाड़िया को जब राजस्थान की राजनीति में कांग्रेस उच्च नेतृत्व द्वारा भेजा गया था तब श्रीमती गांधी के कनिष्ठ पुत्र संजय गांधी का युग था। आपात्काल के बाद जनता पार्टी का विखंडन कराने के श्रेय के कारण संजय गांधी सर्वाधिक शक्तिशाली हो गये थे। तब उनकी श्रीमती गांधी से भी अधिक तूती बजती थी। पहाड़िया दंपति (श्रीमती शांति पहाड़िया, जो स्वयं भी विधायक रह चुकी हैं) का गांधी परिवार में आना-जाना था। अनुसूचित जाति का शिक्षित युवक होने से नेहरू ने उन्हें कांग्रेस का टिकट दिया था वैसे ही उनके दोहिते संजय गांधी ने उन्हें राजस्थान के मुख्यमंत्री का पद दे दिया। इस बारे में पहाड़िया कुछ भी कहने से मना करते हैं और ईश्वर की ओर हाथ करके कहते हैं "यह सब उसकी कृपा है। यह राज की बात है जिसे राज ही रहने दें। मैं नहीं बता सकता।"[9] साथ ही यह भी कहते हैं कि "चूंकि आप राजस्थान का राजनीतिक इतिहास लिख रहे हैं इसलिए जो आपने सुना है वह लिख सकते हैं।"[10]

यह पूछने पर कि केवल तेरह माह में आपने पदत्याग क्यों कर दिया ? राजस्थान में ऐसी क्या परिस्थितियां बन गई थीं, जिस कारण आपने इतना शीघ्र त्यागपत्र दे दिया? चूंकि आपको कांग्रेस उच्च कमान ने भेजा था, क्या इसलिए राजस्थान के कांग्रेसजनों ने आपसे सहयोग नहीं किया था? किन्तु उन्होंने एक भी प्रश्न का उत्तर नहीं दिया और एक बार यह कहा कि "कांग्रेस हाई कमांड ने भेजा था इसलिए राजस्थान आ गया और जब हाई कमांड ने छोड़ने को कहा तो पद छोड़ दिया।" लेकिन बार-बार इसी बात पर जोर देते रहे कि " यह राज की बात है इसे राज ही रहने दें।"[11] राजस्थान के कांग्रेसजनों का सहयोग प्राप्त नहीं होने को नकारते रहे और कहा कि " विधानसभा के दो सौ सदस्यों में से 147 का (कांग्रेस तथा अन्य) समर्थन मुझे प्राप्त था। उनमें से 110 विधायक तो मेरे घर पर बैठे रहते थे। उनमें से कई मंत्री बनाने का आग्रह कर रहे थे। सवाईमाधोपुर क्षेत्र के 26 विधायक तो मेरे (गुट) ही थे।"[12] पहाड़िया परिस्थितियों की व्याख्या नहीं करते हैं लेकिन बड़े उदास और सूखी आँखों से छत की ओर निहारते हुए बिना किसी का नाम लिये कहते हैं "5 जून 1980 को दिल्ली में कांग्रेस दल का नेता चुना गया था और 23 जून 1980 को सब कुछ मिट गया (उसी दिन संजय गांधी की विमान हादसे में अकस्मात् मृत्यु हो गई थी।) इसके 15 दिन बाद ही सारी परिस्थितियां बदल गईं। उससे पूर्व सब ठीक-ठाक था। दो माह बाद स्थितियां और भी भिन्न हो गईं।"[13]

यह पूछने पर कि 1978 में कांग्रेस का विभाजन होने और इंदिरा कांग्रेस के निर्माण के समय राजस्थान में कांग्रेस नेता रामकिशोर व्यास ने श्रीमती इंदिरा गांधी का सबसे पहले सहयोग किया था। वे प्रदेश कांग्रेसाध्यक्ष थे। यही अनुमान था कि व्यास ही अगले मुख्यमंत्री होंगे, फिर आपका नाम कैसे आ गया ? आपको तो लोकसभा के लिए खड़ा किया गया था। पहाड़िया ने तत्काल कहा, " व्यासजी तो जयपुर ग्रामीण से हार गये थे। राजस्थान ने मेरा ही नाम कांग्रेस उच्च कमांड के पास भेजा था। इसलिए मुझे मनोनीत किया गया था। ... फिर मैंने ही हाई कमांड से त्यागपत्र देने की अनुमति चाही थी और उन्होंने दी। इसलिए मैंने पदत्याग कर दिया था।"[14]

यह जानना चाहने पर कि आपको मंत्रिमंडल बनाने में काफी समय क्यों लगा ? पहला मंत्रिमंडल आपने भी अपनी शपथ के बारह दिन बाद 18 जून, 1980 को बनाया, उसमें भी केवल तीन मंत्री और पांच उपमंत्री थे । फिर दूसरा विस्तार 9 फरवरी , 1981 को किया जिसमें दो राज्यमंत्री और एक उपमंत्री थे। तीसरा विस्तार नौ दिन बाद किया, उसमें चार मंत्री और पांच राज्यमंत्री थे। पूर्व मुख्यमंत्री ने कहा कि " केन्द्रीय नेतृत्व ने जैसे-जैसे अनुमति प्रदान की वैसे ही नियुक्त करता गया।"[15]

यह बताने पर कि प्रशासन का काम-काज ठीक से नहीं चलने के कारण राजस्थान की कांग्रेस तथा जनता में आपके प्रति असंतोष बढ़ता जा रहा था। शिवचरण माथुर ने स्वयं बताया कि उन्होंने श्रीमती गांधी को असंतोष की स्थिति से अवगत कराया और कहा था कि मुख्यमंत्री के सचिव खैरवाल (जो राजस्थान से बाहर के केडर के आई. ए.एस.) से जिन्हें पहाड़िया अपने साथ लेकर आए थे, लोगों को शिकायतें बहुत हैं। पहाड़िया ने खैरवाल के बारे में तो कुछ नहीं कहा लेकिन बताया कि " शिवचरण माथुर को मैं मंत्री नियुक्त करना चाहता था, लेकिन कांग्रेस हाई कमांड ने अनुमति नहीं दी।"[16]

यह पूछने पर कि चूंकि आप अनुसूचित जाति के पहले मुख्यमंत्री थे और राजस्थान एक पूर्व रियासती राज्य था। क्या इस कारण आपका विरोध किया जा रहा था या आपके कामकाज की आलोचना हो रही थी। इसलिए आपने 12 जुलाई, 1981 को इस्तीफा दे दिया जो दूसरे दिन मंजूर हो गया। पहाड़िया इसे नकारते हुए गर्व के साथ कहते हैं कि " मेरे अनुसूचित जाति का होने के कारण राजस्थान में मेरा कहीं न तो कोई विरोध हुआ और न किसी ने आलोचना की बल्कि नियुक्ति के समय की सारी परिस्थितियां बदल गईं इसलिए मैंने त्यागपत्र दे दिया।"[17]

पहाड़िया बड़ी प्रसन्नता के साथ बताते हैं कि " अनुसूचित जाति का होने के बावजूद मैंने गऊ हत्या रोकने का प्रयास किया। मैंने अधिकारियों को आदेश दिया कि कोई दूध देती गाय राजस्थान से बाहर न जाए। उन्हें रोका जाए और रोकी गईं ।"[18] उन्होंने अपनी एक और उपलब्धि बताई कि " केन्द्र सरकार ने वित्त आयोग की सिफारिश के अनुसार मद्यनिषेध के कारण होने वाले घाटे की पूर्ति से मना कर दिया था। लेकिन मैंने जनता पार्टी की सरकार (1977-80) के समय लागू शराब बंदी को समाप्त नहीं किया। क्योंकि मैं जानता था कि

शराबखोरी से गरीब आदमी ही मरता है। दिन भर मजदूरी करके शराब पीता है और रात को औरत को पीटता है।''[19] बाद में शिवचरण माथुर की कांग्रेस सरकार के समय मद्यनिषेध के कारण अवैध शराब निर्माण तथा तस्करी के कारण उसे समाप्त किया गया था।

एक अन्य प्रश्न के उत्तर में पहाड़िया ने इस आक्षेप को भी निराधार बताया कि ''शिवचरण माथुर की सरकार के समय पार्टी में उनके प्रति असंतोष उत्पन्न करने के कारण उन्हें (मार्च 89 से नवम्बर 89 तक) बिहार तथा पूर्व मुख्यमंत्री हरिदेव जोशी को असम का राज्यपाल नियुक्त करके राजस्थान से बाहर भेज दिया गया था।''[20]

संदर्भ

1. राजस्थान का मंत्रिमंडल (1949-2003) : राजस्थान विधानसभा सचिवालय, जयपुर, पृ. 55
2. पूर्व मुख्यमंत्री शिवचरण माथुर से भेंटवार्ता : 19 अक्टूबर, 2004
3. राजस्थान वार्षिकी : 1997 : संपादक, सीताराम झालानी, खंड 5, पृ. 21
4. राजस्थान निर्वाचन विभाग, जयपुर

5, 6. Rajasthan Polity, Economy & Society : B.L. Pangariya, N.C. Pahariya, P. 104

7. राजस्थान का मंत्रिमंडल (1949-2003): राजस्थान विधानसभा सचिवालय, जयपुर, पृ. XXVIII
8. राजस्थान वार्षिकी : 1997: संपादक - सीताराम झालानी, खण्ड 8, पृ. 107

9 से 20. जगन्नाथ पहाड़िया से भेंटवार्ता : दिनांक 6 अप्रेल, 2005

16

शिवचरण माथुर के साढ़े पांच वर्ष

तेरह माह के बदनाम कांग्रेस शासन के उपरान्त योग्यता तथा वफादारी के आधार पर प्रधानमंत्री श्रीमती इंदिरा गांधी ने राज्य के वरिष्ठ नेता शिवचरण माथुर को 14 जुलाई, 1981 को राजस्थान का भार सौंपा। माथुर ने स्वयं एक भेंट में स्वीकार किया कि "उनका चयन केवल योग्यता और निष्ठा के आधार पर श्रीमती गांधी ने किया था अन्यथा उनका न कोई गुट था, न जाति का आधार । वे जाति से कायस्थ हैं और राजस्थान में कायस्थ प्रशासन के काम में मुंशी (योग्य) माने जाते हैं। राष्ट्रपति के चुनाव में वी.वी. गिरि को वोट देने से निष्ठा प्रमाणित थी।" (श्रीमती गांधी ने अन्तरात्मा की आवाज पर गिरि को वोट देने का आह्वान किया था।)[1] माथुर पूर्व मुख्यमंत्री जगन्नाथ पहाड़िया के शासन काल में कुप्रबंध, लालफीताशाही, रिश्वतखोरी तथा जनता की नजरों में कांग्रेस की गिरती साख की शिकायत लेकर श्रीमती गांधी के पास गये थे। उनसे पूर्व कांग्रेस के कई शिष्टमंडल भी उपरोक्त शिकायत कर चुके थे। चूंकि पहाड़िया का चयन संजय गांधी ने किया था, इसलिए मुख्यमंत्री के बारे में कुछ नहीं कहकर उनके सचिव खैरवाल की शिकायतें की थीं। इसके कुछ दिनों बाद श्रीमती गांधी के निजी सहायक फोतेदार का माथुर को अचानक फोन मिला कि " आपको जिम्मेदारी सौंपी जा रही है।"[2] तब कांग्रेस में राजनीतिक स्थितियां विषम थीं। इसलिए अकेले माथुर ने 14 जुलाई, 1981 को मुख्यमंत्री की शपथ ली और मंत्रिमंडल का निर्माण करने के लिए दिल्ली गये। पीछे जयपुर में भीषण वर्षा के कारण सारा शहर और आसपास का क्षेत्र जलप्लावित हो गया था। माथुर सात दिन तक सचिवालय में रहे।

जयपुर में 19 जुलाई, 1981 को बिना सांस लिये मेघों के फटने से उन्नीस घंटों में तैंतीस इंच वर्षा हुई थी। करोड़ों का नुकसान हुआ और अनेक लोग मारे गये। जयपुर का सभी ओर से सम्बन्ध विच्छेद हो गया था। संचार व्यवस्था तक छिन्न-भिन्न हो गई थी। उपलब्ध सभी प्रकार के प्रबंधों के बाद भी स्थिति अनियंत्रित थी। मुख्यमंत्री माथुर दिल्ली में थे। मंत्री बनने के प्रयत्न में कांग्रेस के कई नेता भी दिल्ली में जमे हुए थे। माथुर जयपुर पहुँचने के लिए तत्कालीन प्रतिरक्षा मंत्री के. सी. पंत की सहायता से प्राप्त वायुसेना के हेलीकॉप्टर से रवाना हुए किन्तु राज्य की राजधानी में इतना पानी भरा हुआ था कि नीचे उतरना असंभव हो रहा था। घनघोर बादलों के

कारण पायलेट को कुछ भी दिखाई नहीं दे रहा था। स्वयं माथुर कॉकपिट में बैठकर पायलेट को रास्ता दिखाने लगे। एक बार कानोता में हेलीकॉप्टर उतारा। लेकिन वहां से जयपुर जाना संभव नहीं था। फिर हेलीकॉप्टर को एस. एम.एस. स्टेडियम में उतारा। विषम प्राकृतिक स्थिति में राजभवन पहुँच कर 19 जुलाई,1981 को सत्रह विधायकों को मंत्रिमंडल में शामिल किया। माथुर ने बताया कि अति वृष्टि तथा बाढ़ के कारण जयपुर के आसपास बहुत नुकसान हुआ था। मैंने मुख्य सचिव तथा डी. जी. पुलिस को स्टेडियम से ही आदेश दिया कि लोगों को बचाने तथा पीड़ितों को सहायता पहुँचाने में कोई कसर नहीं रखी जाय। मैं स्वयं सात दिन तक सचिवालय में ही रहा और राहत कार्यों को निर्देशित (मॉनीटियरिंग) करता रहा। बाद में प्रधानमंत्री श्रीमती गांधी ने स्वयं जलप्लावित क्षेत्र का दौरा किया। बीस करोड़ रुपये तत्काल दिये और आश्वस्त किया कि रुपये की चिंता न करें। लोगों को बचाएं।[3]

मंत्रिमंडल में परसराम मदेरणा, चन्दनमल बैद, बृजसुंदर शर्मा, छोगालाल कंवरिया और श्रीमती कमला मंत्री, जयकृष्ण शर्मा, प्रद्युम्नसिंह, दिनेशराय डांगी, घासीराम यादव, रामपाल उपाध्याय, चेतराम मीणा, गोविन्दसिंह गुर्जर और श्रीराम गोटेवाला राज्यमंत्री तथा बुलाकीदास कल्ला, गोविन्द आमलिया और श्रीमती कमला भील उपमंत्री के पद पर नियुक्त किये गये थे। दूसरे दिन दो और नरेन्द्रसिंह भाटी तथा शीशराम ओला को भी राज्यमंत्री की शपथ दिलवाई गई। उन्नीस सदस्यीय मंत्रिमंडल में मुख्यमंत्री के अतिरिक्त पांच मंत्री, दस राज्यमंत्री और तीन उपमंत्री थे। पन्द्रह माह बाद माथुर ने अपने मंत्रिमंडल का विस्तार कर हीरालाल देवपुरा, खेतसिंह राठौड़, अहमदबख्श सिंधी, हनुमान प्रभाकर और दूलाराम को मंत्री, रामकिशन वर्मा, देवेन्द्रसिंह, सुरेन्द्र व्यास और कल्ला को पदोन्नत कर राज्यमंत्री तथा छोगाराम बाकोलिया और जगतारसिंह कंग को उपमंत्री नियुक्त किया। अब मंत्रिपरिषद के सदस्यों की संख्या 29 हो गई थी। उनमें मंत्री दस, राज्यमंत्री चौदह और उपमंत्री चार थे।[4]

माथुर मंत्रिमंडल का विश्लेषण करने पर पता चलता है कि मुख्यमंत्री ने कांग्रेस उच्च कमान की अनुमति से जातियों तथा क्षेत्रों के आधार पर संतुलित निर्माण किया था। चूंकि माथुर तत्कालीन संस्थापित किसी गुट विशेष में नहीं थे तथा श्रीमती गांधी द्वारा नामित मुख्यमंत्री थे। इसलिए उन्होंने सभी जातियों तथा क्षेत्रों का पूरा समावेश किया। श्रीमती गांधी के प्रभाव से कांग्रेस को दो-तिहाई बहुमत विधानसभा में प्राप्त हुआ था। कांग्रेस में आन्तरिक लोकतंत्र समाप्त हो ही चुका था। इसलिए मंत्रियों की योग्यता और निष्ठा को ही प्रमुखता दी गई। इस दृष्टि से नियुक्त किये गये मंत्रियों में सर्वाधिक 6 ब्राह्मण, वैश्य और अनुसूचित जाति के 4-4, जाट, राजपूत, अन्य पिछड़ी जातियों तथा अनुसूचित जनजाति के 3-3 और कायस्थ मुसलमान तथा पंजाबी सिख 1-1 थे। तत्कालीन पांचों संभागों का प्रतिनिधित्व था। सर्वाधिक 10 जयपुर, 7 उदयपुर, 6 जोधपुर, 4 बीकानेर तथा कोटा संभाग के दो प्रतिनिधि मंत्रिपरिषद में लिये गये थे।

सर्वोच्च प्राथमिकता

शिवचरण माथुर ने जब कार्यभार संभाला तब उनकी सरकार की सबसे बड़ी प्राथमिकता जयपुर जैसे अर्द्ध मरुस्थलीय क्षेत्र में बाढ़ग्रस्त लोगों के लिए राहत की समुचित व्यवस्था करना हो गई। साथ ही विगत तेरह माह से सुषुप्त शासन प्रबंध को पुनः संचारित करना दूसरा प्रमुख काम हो गया। बिना शासन की सक्रियता के बाढ़पीड़ितों को सहायता पहुँचाना संभव नहीं था। माथुर ने कुशल प्रशासक की तरह सरकारी मशीनरी में प्राण संचारित किये। अति वर्षा से जयपुर शहर और उसके आसपास का समूचा क्षेत्र प्रभावित हुआ था। इस अवसर पर जयपुर की आम जनता तथा स्वयंसेवी संस्थाओं ने जो सेवा की वह उल्लेखनीय और श्लाघनीय थी। अगर वह सेवा उपलब्ध नहीं होती तो केवल सरकार के भरोसे सैकड़ों लोग बिना रोटी-पानी के मर जाते।

राज्य के प्रमुख दैनिक समाचार पत्र 'राजस्थान पत्रिका' के संवाददाताओं तथा फोटोग्राफरों ने छाती तक भरे पानी को पार कर दूसरी ओर के बाढ़पीड़ितों की स्थिति का चित्रण अपने समाचारों और चित्रों के द्वारा सरकार तथा जनता के सामने प्रस्तुत किया। इससे जनता में जनसेवा की जबर्दस्त

शिवचरण माथुर मंत्रिमंडल (प्रथम पारी)

शपथग्रहण : 19 और 20 जुलाई, 1981

अग्रिम पंक्ति में बायें से दायें : श्रीमती कमला बेनीवाल, बृजसुन्दर शर्मा, चन्दनमल बैद (सभी मंत्री), शिवचरण माथुर (मुख्यमंत्री), रघुकुल तिलक (राज्यपाल), परसराम मदेरणा (मंत्री), शीशराम ओला (राज्यमंत्री), छोगालाल कंवरिया (मंत्री) तथा श्रीमती कमला भील (उपमंत्री)।

पिछली पंक्ति में बायें से दायें : श्रीराम गोटेवाला (राज्यमंत्री), बुलाकीदास कल्ला (उपमंत्री), जयकृष्ण शर्मा, चेतराम मीणा, दिनेशराय डांगी, घासीराम यादव, रामपाल उपाध्याय, गोविन्दसिंह गुर्जर, प्रद्युम्नसिंह, नरेन्द्रसिंह भाटी (सभी राज्यमंत्री) तथा गोविन्द आमलिया (उपमंत्री)।

लहर पैदा हुई। स्वयंसेवी संस्थाओं तथा राष्ट्रीय स्वयंसेवक संघ के स्वयंसेवकों ने सिर पर भोजन-पानी, कपड़ा तथा अन्य सामान ले जाकर पीड़ितों को पहुँचाया। इससे जनता की बहुत सेवा हुई। सैकड़ों लोग तथा बच्चे काल-कवलित होने से बचा लिये गये।

राज्य सरकार के सूचना एवं जन सम्पर्क निदेशालय के पास केन्द्रीय सरकार को बाढ़पीड़ितों की स्थिति का चित्रण प्रस्तुत करने के लिए चित्र उपलब्ध नहीं थे, वे उसने 'राजस्थान पत्रिका' से प्राप्त किये।

नगर विकास की पोल खुली

उपरोक्त अतिवृष्टि ने जयपुर जैसे मध्यकालीन नगर नियोजन के आधार पर बसाये गये शहर की स्वतंत्रता के बाद अंधाधुंध बसावट के कारण जलप्लावित हुए क्षेत्र में विकास की पोल खोलकर रख दी। अरावली पहाड़ियों के मध्य स्थित जयपुर नगर की चारदीवारी के बाहर बसी बस्तियों में बरसात का पानी बह निकलने में विभिन्न प्रकार के अवरोधों के कारण बाढ़ की स्थिति उत्पन्न हो गई थी। कई रास्ते बंद हो गये और कच्ची बस्तियां डूब गईं। सड़कें बह गईं। कई बड़े-बड़े पक्के मकान धराशायी हो गये। पानी-बिजली की सप्लाई कई दिनों तक बंद रही। संचार व्यवस्था ठप्प हो गई। पानी भरने से शहर में यत्र-तत्र तालाब बन गये। आसपास के गांव डूब में आगये। नवनिर्माण और पुनर्वास पर केन्द्रीय सरकार से प्राप्त पैंतालीस करोड़ रुपये खर्च करने पड़े। इसमें भ्रष्टाचार भी बहुत हुआ जिसकी गूंज समाचारपत्रों तथा विधानसभा में सुनाई दी। इस आरोप के कारण कांग्रेस ने जयपुर के अपने एक पूर्व मंत्री श्रीराम गोटेवाला को अगले विधानसभा चुनाव में खड़ा भी नहीं किया।

माथुर ने एक भेंट में बताया कि "पिछले तेरह महीनों के शिथिल प्रशासन के कारण पूर्व मुख्यमंत्री जगन्नाथ पहाड़िया के कार्यालय में सैकड़ों फाइलें अनिर्णीत पड़ी हुई थीं। उन्हें निपटाने में आठ दिन लगे।"[5] माथुर की यही दूसरी सर्वोच्च प्राथमिकता रही थी। विकसित नगर में उत्पन्न बाढ़ समस्या ने माथुर को यह प्रेरणा दी की तकनीकी विभागों के सचिव विशेषज्ञ नियुक्त किये जाएं। माथुर पहले मुख्यमंत्री थे जिन्होंने प्राविधिज्ञों को अभियांत्रिक विभागों के सचिवों के पदों पर पदोन्नत किया। माथुर सरकार ने जनता शासन की विफलता का राजनीतिक लाभ उठाने के लिए पंचायतीराज संस्थाओं के चुनाव पूर्ण कराये जो पिछले सत्रह वर्षों से नहीं हुए थे। जनता पार्टी के शासनकाल में केवल ग्राम पंचायतों के चुनाव तो तेरह वर्षों बाद हो गए थे लेकिन पंचायत समितियों तथा जिला परिषदों के चुनाव कराने शेष थे। माथुर ने यह श्रेय अपने शासन काल के छह माह में ही चुनाव सम्पन्न कराके ले लिया। इसका कांग्रेस को यथेष्ट लाभ मिला। उन्होंने नगरपालिकाओं के चुनाव भी सम्पन्न करा लिये जो वर्षों से नहीं हुए थे। वहां पर प्रशासक काम कर रहे थे।[6]

उपचुनाव भी कांग्रेस के पक्ष में रहे

माथुर के शासनकाल में विधानसभा के तीन उपचुनाव जून, दिसम्बर 1983 तथा मई 1984 में क्रमशः पिण्डवाडा, मंडावा तथा थानागाजी में सम्पन्न हुए। तीनों स्थानों पर कांग्रेस विजयी हुई जबकि प्रथम और तृतीय तो 1980 में भी कांग्रेस ने ही जीते थे। लेकिन मंडावा जनता पार्टी (चरणसिंह) के पास था। वह भी कांग्रेस ने प्राप्त कर लिया। ऐसे 23 नवम्बर, 1980 को भी वैर विधानसभा का उपचुनाव हुआ था जहां से पूर्व मुख्यमंत्री जगन्नाथ पहाड़िया चुने गये। यह निर्वाचन श्रीमती शांति पहाड़िया के त्यागपत्र के कारण हुआ था। यह स्थान उन्होंने अपने पति जगन्नाथ पहाड़िया के मुख्यमंत्री निर्वाचित होने के कारण रिक्त किया था।

राजस्थान में कांग्रेस के पक्ष में लहर बह रही थी। जगन्नाथ पहाड़िया के मुख्यमंत्री बनने के कारण उन्होंने बयाना लोकसभा क्षेत्र से त्यागपत्र दे दिया था। इसलिए 1980 में ही सम्पन्न उपचुनाव में बयाना से कांग्रेस के लालाराम केन चुने गये। माथुर के मुख्यमंत्री काल में लोकसभा का दूसरा उपचुनाव उदयपुर में सम्पन्न हुआ। पूर्व मुख्यमंत्री मोहनलाल सुखाड़िया के आकस्मिक निधन से यह स्थान रिक्त हो गया था। कांग्रेस ने लोकनायक स्वर्गीय माणिक्यलाल वर्मा के पुत्र तथा माथुर के साले दीनबंधु वर्मा को खड़ा किया था। भारतीय जनता पार्टी ने स्वर्गीय सुंदरसिंह भंडारी जैसे दिग्गज को खड़ा किया जो बाद में राष्ट्रीय जनतांत्रिक गठबंधन (राजग) के शासनकाल में गुजरात के राज्यपाल रहे थे। वर्मा ने भंडारी को हराया। कहते हैं कि यह हार भाजपा में आन्तरिक कलह का परिणाम था।

माथुर के कार्यकाल में राजनीतिक स्थिति अवश्य कांग्रेस के पक्ष में थी। भाजपा के अलावा सभी दल कमजोर पड़ गये थे। भाजपा का प्रभाव काफी बढ़ रहा था। विधानसभा में भाजपा मुख्य प्रतिपक्ष हो गया था। जनता पार्टी के पूर्व मुख्यमंत्री (1977-80) भैरोंसिंह शेखावत प्रतिपक्ष के नेता बन गये थे। राज्य सरकार की आर्थिक स्थिति कमजोर होती जा रही थी। घाटे के बजट के कारण आर्थिक असंतुलन बढ़ रहा था। वर्ष 1981-82 के अंत तक राज्य सरकार का घाटा 340 करोड़ रुपये तक पहुँच गया जो तब तक का सर्वाधिक था।[7] तत्कालीन वित्तमंत्री चन्दनमल बैद ने घाटापूर्ति के लिए करों में वृद्धि की। माथुर सरकार ने सर्वोदयी नेता गोकुलभाई भट्ट के आमरण अनशन की धमकी के बावजूद राज्य सरकार की वित्तीय स्थिति को दृष्टि में रखकर मद्यनिषेध समाप्त करने जैसा सख्त कदम उठाया। मद्यनिषेध के कारण शराब के अवैध निर्माण तथा तस्करी की शिकायतें बढ़ गई थीं। इसका विरोध कागजी सीमा तक ही सीमित रह गया और राज्य में अब तक शराब की बिक्री चालू है। सन् 2005-06 के बजट में भाजपा की वसुन्धरा राजे सरकार ने शराब की दूकानों में बेतहाशा वृद्धि कर दी जिसका विरोध जनता की ओर से अवश्य उनके क्षेत्रों में दूकान खोलने का हुआ।

मंत्रिमंडल में फेरबदल

मुख्यमंत्री की अपने मंत्रिमंडल में कुछ महत्वपूर्ण नेताओं की उपेक्षा करने की अंदर-ही-अंदर आलोचना होती रही। इनमें हीरालाल देवपुरा जैसे वरिष्ठ नेता भी थे जिन्होंने 1978 में कांग्रेस विभाजन के समय श्रीमती गांधी का खुला साथ दिया था और राजस्थान में इंदिरा कांग्रेस के विस्तार में महत्वपूर्ण भूमिका निभाई थी। देवपुरा उदयपुर संभाग के प्रभावशाली नेताओं में तथा माणिक्यलाल वर्मा एवं मोहनलाल सुखाड़िया के अनुयायियों में से माने जाते थे। माथुर ने अपने पन्द्रह माह पुराने मंत्रिमंडल में परिवर्तन एवं परिवर्द्धन किया। उन्होंने 15 व 16 अक्टूबर, 1982 को पांच नये मंत्री हीरालाल देवपुरा, खेतसिंह राठौड़, अहमदबख्श सिन्धी, हनुमान प्रभाकर और दूलाराम की नियुक्ति की। चार राज्यमंत्री रामकिशन वर्मा, देवेन्द्रसिंह, सुरेन्द्र व्यास और बुलाकीदास कल्ला नियुक्त किये। इनमें देवेन्द्र सिंह और सुरेन्द्र व्यास नये थे । रामकिशन वर्मा, पहाड़िया सरकार में राज्य मंत्री रह चुके थे और कल्ला पहले से उपमंत्री थे। दो उपमंत्री छोगाराम बाकोलिया और जगतारसिंह कंग लिये गये। साथ ही पूर्व मंत्री छोगालाल कंवरिया तथा राज्यमंत्री रामपाल उपाध्याय को पदमुक्त कर दिया । उपाध्याय मुख्यमंत्री के गृह जिले भीलवाड़ा की राजनीति के शिकार हो गये। उनके स्थान पर देवेन्द्रसिंह को लिया गया। माथुर को अगले नौ माह में मंत्रिमंडल में पुनः फेरबदल करना पड़ा। लेकिन इस बार उन्होंने हनुमान प्रभाकर, सुरेन्द्र व्यास तथा नरेन्द्रसिंह भाटी को पदमुक्त ही किया और नई नियुक्ति किसी की नहीं की। विभागों में अवश्य फेरबदल किया। मुख्यमंत्री ने यह पदमुक्तियां उनसे मतभेदों के कारण की थीं। इस बारे में माथुर ने बताया कि भाटी के पास इंदिरा नहर परियोजना तथा उपनिवेशन जैसे महत्वपूर्ण विभागों का स्वतंत्र प्रभार था। वे उसकी मूल योजना में संशोधन करना चाहते थे जिसकी परिकल्पना कंवरसेन जैसे विख्यात अभियन्ता ने की थी।[8] राजस्थान में हिमालय से पानी लाने वालों में उनका नाम हमेशा ऊपर रहेगा। माथुर ने इंदिरा नहर जैसी महती परियोजना का उत्तरदायित्व फिर चन्दनमल बैद जैसे योग्य, गंभीर, निष्ठावान मंत्री को वित्त विभाग लेकर सौंपा। विभागों के इस परिवर्तन की प्रशासनिक तथा राजनीतिक क्षेत्र में बड़ी चर्चा रही। बैद ने अपने कार्यकाल में इस परियोजना को पूरा करने में महत्वपूर्ण भूमिका निभाई थी।

राजनीतिक क्षेत्र में इस उथल-पुथल से माथुर के लिए सब कुछ सहज नहीं रहा। प्रदेश कांग्रेसाध्यक्ष पद पर रामनारायण चौधरी के स्थान पर नवलकिशोर शर्मा की नियुक्ति 17 जुलाई, 1982 को हो चुकी थी जो 17 सितम्बर, 1985 तक रही । इस बीच लोकसभा तथा राज्य विधानसभा के चुनाव भी हुए। 31 अक्टूबर, 1984 को श्रीमती गांधी की शहादत से राजीव गांधी प्रधानमंत्री हो गये थे। केवल नवलकिशोर शर्मा को केन्द्रीय अंतरिम मंत्रिमंडल में राज्य मंत्री के बतौर लिया गया था। वे भी राजीव गांधी के नजदीकी लोगो में से हो गये थे। पूर्व मुख्यमंत्री हरिदेव जोशी, जो 1977 से किसी महत्वपूर्ण पद पर नहीं थे, को दोनों चुनावों की बागडोर सौंपी गई थी।[9] दिसम्बर, 1984 में सम्पन्न लोकसभा के चुनाव में इंदिरा गांधी की शहादत के

कारण कांग्रेस को राजस्थान में सभी पच्चीस सीटों पर विजय प्राप्त हुई जो ऐतिहासिक थी। इससे पूर्व किसी दल ने लोकसभा के सम्पूर्ण स्थानों पर कब्जा नहीं किया था। 1977 के चुनाव में जनता पार्टी ने 24 स्थान प्राप्त किये थे। फिर भी कांग्रेस एक स्थान पर कब्जा करने में सफल हुई थी। लोकसभा चुनाव के तीन माह बाद 5 मार्च, 1985 को सम्पन्न राज्य विधानसभा के आम चुनाव में वह स्थिति नहीं रह सकी। कांग्रेस 1980 के चुनाव से 20 कम अर्थात 113 स्थान ही प्राप्त कर सकी। भाजपा की शक्ति 32 से 38 सीटों की हो गई। लोकदल 27, जनता पार्टी 10, माकपा 1 तथा निर्दलीय 9 स्थानों पर जीते। माथुर मन्त्रिमंडल के ग्यारह सदस्यों तथा कुछ अन्य विधायकों को भी कांग्रेस ने टिकट नहीं दिये।[10]

सुपर चीफ़ मिनिस्टर

इस बारे में स्वयं माथुर ने स्वीकार किया है कि उन मंत्रियों की कांग्रेस उच्च कमान के पास शिकायतें थीं लेकिन उन्हें शिकायतों के बारे में पहले पता नहीं चला। उन्होंने नरेन्द्रसिंह भाटी से, जो राजीव गांधी के नजदीक माने जाते थे, फिर भी उनसे त्यागपत्र ले लिया था । ''मैंने भाटी से स्पष्ट कहा कि मुख्यमंत्री मैं हूँ। आप सुपर 'चीफ मिनिस्टर' हैं, जैसा व्यवहार न करें ।'' उन्होंने बताया कि जब राजीव गांधी बीकानेर के दौरे पर आये तब मैंने उनसे भाटी के व्यवहार तथा इंदिरा नहर की परियोजना में बिना किसी निर्णय के परिवर्तन करने की स्थिति से अवगत कराया तब राजीव ने मुझे भाटी को चेतावनी देने के लिए अधिकृत कर दिया था। इस पर मैंने उनसे स्पष्ट कह दिया था कि उचित रूप से व्यवहार करें। यह जताने का प्रयत्न न करें कि आप सुपर चीफ मिनिस्टर हैं। अन्ततः मैंने उनसे त्यागपत्र ले लिया था ।[11]

कांग्रेस क्षेत्रों में यह धारणा थी कि जोधपुर के नरेन्द्रसिंह भाटी का गांधी परिवार से सम्बन्ध है। उनका संजय गांधी से सीधा सम्बन्ध माना जाता था। इसीलिए उन्हें पहली बार 1980 के विधानसभा चुनाव में संजय गांधी ने ओसियां से खड़ा किया था और पहाड़िया ने उपमंत्री बनाया था। माथुर ने उन्हें राज्यमंत्री नियुक्त किया किन्तु उनसे मतभेदों के कारण दो वर्षों में ही छुटकारा प्राप्त करना पड़ा।

ऐसा ही हादसा मुख्यमंत्री हरिदेव जोशी के साथ हुआ। जोशी ने अपने साथ ही उन्हें मंत्री नियुक्त किया और इंदिरा नहर परियोजना का भार भी सौंपा। मगर जोशी को भी उन्हें ग्यारह माह में हटाना पड़ा था। प्रधानमंत्री राजीव गांधी 1986 का नववर्ष मनाने रणथम्भोर राष्ट्रीय उद्यान में आये थे। जोशी वहां उनकी आवभगत करने जाना चाहते थे। मगर भाटी ने उन्हें यह कहकर जाने से मना कर दिया कि राजीव नहीं चाहते हैं । लेकिन राजीव ने उसे बुरा माना। तब जोशी ने उन्हें यथास्थिति से अवगत कराया। इस पर राजीव ने उन्हें पदमुक्त करने को कहा। जोशी ने दूसरे ही दिन उनसे त्यागपत्र ले लिया। उसी दिन उनका राजनीतिक अस्तित्व समाप्त हो गया।

ब्राह्मण कॉकस

सातवीं विधानसभा के अंतिम दिनों में माथुर के दिनमान ठीक नहीं चल रहे थे। न केवल कांग्रेस उच्चकमान ने उनके मंत्रिमण्डल के एक-तिहाई से अधिक सदस्यों के टिकट काट दिये बल्कि चुनाव का भार 'ब्राह्मण कॉकस' शर्मा-जोशी को सौंप दिया था। इस कारण माथुर के कई समर्थकों को कांग्रेस ने उम्मीदवार भी नहीं बनाया। राजस्थान विधानसभा के इतिहास में 1985 के चुनाव परिणाम जातीय दृष्टि से ऐतिहासिक थे जब 1952 से 2003 तक सम्पन्न बारह चुनावों में सर्वाधिक 34 ब्राह्मण विधायक चुने गये। अंतिम चुनाव तक भी राज्य की चार बड़ी जातियों (जाट, राजपूत, ब्राह्मण एवं वैश्य) में भी जाटों और राजपूतों को छोड़कर अन्य किसी जाति के इतने विधायक नहीं चुने गये थे। राजपूत भी केवल पहली बार 1952 के चुनाव में सर्वाधिक 54 जीते थे। उनमें इक्यावन विधायक केवल गैरकांग्रेसी थे। कांग्रेस के केवल तीन चुने जा सके। निर्वाचित 34 ब्राह्मण विधायकों में से 21 कांग्रेस के थे। अनुसूचित जाति तथा जनजाति के निर्वाचित विधायकों के आंकड़े इसमें सम्मिलित नहीं हैं क्योंकि उनके निर्वाचन क्षेत्र आरक्षित हैं। जातीय आधार पर राजनीतिक चेतना 1972 से जाटों में जरूर देखी जा रही है। उस चुनाव से सवर्णों में सर्वाधिक 30 जाट ही चुने गये थे। 1998 तक हर चुनाव में तीस से अधिक जाट ही चुने जाते रहे हैं। 1993 के चुनाव में सर्वाधिक 38 जाट विधायक दोनों पक्षों में जीते थे। 2003 में कांग्रेस और भाजपा में 27 जाट चुने गये हैं।[12]

डीग की दुर्घटना

माथुर के मुख्यमंत्री काल की समाप्ति के पन्द्रह दिनों पूर्व चुनाव प्रचार के दौरान ऐसा हादसा हो गया कि प्रधानमंत्री राजीव गांधी ने उनसे पदत्याग करवा दिया। चुनाव प्रचार के दौरान 21 फरवरी, 1985 को डीग में निर्दलीय प्रत्याशी तथा पूर्व विधायक राजा मानसिंह की मृत्यु पुलिस गोलीकांड में हो गई। 22 फरवरी 85 की आधी रात को माथुर को इस कारण अपने पद से इस्तीफा देना पड़ा। चुनाव अभियान के दौरान माथुर हेलीकॉप्टर से 20 फरवरी, 85 को भरतपुर जिले के डीग कस्बे में पहुँचे थे। राजा मानसिंह के समर्थकों का आरोप था कि दिन में कांग्रेस के प्रचारकों ने उनके झंडों तथा पोस्टरों को फाड़ दिया। कांग्रेस का आरोप था कि गुस्से में मानसिंह ने अपनी जोंगा गाड़ी से माथुर के मंच को तोड़ दिया। फिर उन्होंने हेलीपेड पर जाकर हेलीकॉप्टर को क्षत-विक्षत कर दिया। पायलेट ने अपने आप को कूद कर बचा लिया। पुलिस ने राजा मानसिंह के विरुद्ध 'हत्या करने का प्रयत्न' का मामला दर्ज कर लिया। पुलिस उन्हें गिरफ्तार करने में विफल रही। दूसरे दिन डीग के बाजार में पुलिस और राजा मानसिंह का आमना-सामना हुआ। डी.एस.पी. कानसिंह के नेतृत्व में पुलिस ने गोलियां चलाईं जिससे मानसिंह तथा उनके दो साथी

मारे गये। इस घटना से कांग्रेस बहुत चिन्तित हो गई। भरतपुर तथा उत्तरप्रदेश के जाट प्रभावित मथुरा जिलों में कांग्रेस विरोधी प्रभाव पड़ने की आशंका हो गई। कांग्रेस उच्च नेतृत्व ने सोचा कि यदि माथुर मुख्यमंत्री के पद पर बने रहेंगे तो उनके उम्मीदवार हार जायेंगे। इसलिए माथुर को कहा गया कि वे पदत्याग कर दें। माथुर ने कांग्रेस उच्च नेतृत्व के निर्देशानुसार उसी रात संवाददाता सम्मेलन आमंत्रित कर मुख्यमंत्री पद से इस्तीफा देने की घोषणा कर दी।[13]

उपरोक्त हादसे के बारे में जब माथुर से पूछा गया तो उन्होंने बीस वर्ष पुरानी बातों को याद करते हुए बताया कि "राज्य विधानसभा के 1985 के चुनाव के दौरान मैं सभी विधानसभा निर्वाचन क्षेत्रों का दौरा कर रहा था। इस दृष्टि से डीग में मेरा कार्यक्रम था। मुझे बताया गया कि राजा मानसिंह ने मेरी सार्वजनिक सभा के मंच और हेलीकॉप्टर को तोड़ दिया है। मैंने जिलाधीश तथा पुलिस अधीक्षक से कहा कि मेरी उनसे बात करा दें। राजा मानसिंह मेरे अच्छे मित्र हैं। उनकी पुत्री दीपा के विवाह में मैं सम्मिलित हुआ था। वे अपना प्रचार जोंगा जीप में बैठकर करते थे। लेकिन राजा मानसिंह मुझसे नहीं मिले और न बात हो सकी। दूसरे दिन पुलिस गोलीकांड में उनकी मृत्यु हो गई। इस पर मैंने जांच के आदेश दे दिये और चुनाव अभियान में लग गया। 22 फरवरी 1985 की रात को साढ़े दस बजे जयपुर के समीप सांगानेर से लौट रहा था तभी राजीव गांधी के निजी सहायक फोतेदार का फोन मिला कि 'डीग की दुर्घटना से भरतपुर तथा मथुरा जिले के जाट क्षेत्रों में इसका गलत प्रचार होगा। इसलिए आप पद छोड़ दें। मैंने उसी समय पत्रकारों को बुलाकर अपना इस्तीफा देने की घोषणा कर दी। हालांकि चुनाव परिणाम में कांग्रेस के विरुद्ध प्रभाव नहीं पड़ा। उन क्षेत्रों से कांग्रेस अच्छे मतों से जीती। लेकिन मुझे उस दुर्घटना का अफसोस है।"[14]

हीरालाल देवपुरा नये मुख्यमंत्री

हीरालाल देवपुरा

चुनाव अभियान के मध्य माथुर का त्यागपत्र स्वीकार कर लिया गया और उसी दिन 23 फरवरी,1985 को उनके मंत्रिमण्डल के वरिष्ठ सदस्य हीरालाल देवपुरा को नये मुख्यमंत्री पद की शपथ दिलाई गई। इस प्रकार माथुर का मुख्यमंत्री पद का पहला कार्यकाल साढ़े तीन वर्ष में पूरा हो गया। इसी प्रकार के राजनीतिक घटनाक्रम में उनका दूसरा कार्यकाल अचानक 20 जनवरी, 1988 को प्रारम्भ हुआ और फिर 1990 के विधानसभा चुनाव से तीन माह पूर्व पुनः समाप्त हुआ।

देवपुरा केवल पन्द्रह दिनों के लिए मुख्यमंत्री रहे। स्वतंत्रता सेनानी हीरालाल देवपुरा का जन्म राजसमन्द जिले में मेवाड़ के प्रसिद्ध अविजित कुंभलगढ़ दुर्ग की तलहटी, केलवाड़ा ग्राम में 12 अक्टूबर, 1925 को हुआ था। ऐतिहासिक दुर्ग कुंभलगढ़ का निर्माण मेवाड़ के महाराणा कुंभा ने कराया था। इतिहासकारों के अनुसार कुंभलगढ़ का निर्माण इस दृष्टि से किया गया था कि शत्रु उसे आसानी से फतह नहीं कर सकें। ऊंचे अरावली पहाड़ों के बीच स्थित यह दुर्ग चारों ओर से आने वाले शत्रुओं पर निगाह रख सकता था। इसी दुर्ग में स्वतन्त्रता संग्राम के सेनानियों को महाराणा ने कैद किया था। जिनमें लोकनायक माणिक्यलाल वर्मा भी थे। संभवतः देवपुरा ने इसी 'जर-जमीन' से प्रेरणा प्राप्त कर विद्यार्थी जीवन में ही आजादी की लड़ाई में भाग लिया था। पारिवारिक आर्थिक स्थिति कमजोर होने के कारण पहले अध्यापन तथा बाद में वकालत का व्यवसाय भी किया था। लोकनायक स्वर्गीय माणिक्यलाल वर्मा की प्रेरणा से सक्रिय राजनीति में

हीरालाल देवपुरा मंत्रिमंडल

शपथग्रहण : 23 व 24 फरवरी, 1985

अग्रिम पंक्ति में बायें से दायें : रामकिशन वर्मा (राज्यमंत्री), परसराम मदेरणा (मंत्री), ओ.पी. मेहरा (राज्यपाल), हीरालाल देवपुरा (मुख्यमंत्री) तथा चन्दनमल बैद (मंत्री)।

पिछली पंक्ति में बायें से दायें : जगतारसिंह कंग, छोगाराम बाकोलिया (दोनों उपमंत्री), गोविन्दसिंह गुर्जर, बुलाकीदास कल्ला (दोनों राज्यमंत्री) तथा श्रीमती कमला भील (उपमंत्री)।

भाग लिया। स्वर्गीय देवपुरा 1967 में पहली बार विधायक चुने गये। उसी वर्ष राज्य मंत्री के रूप में सुखाड़िया मंत्रिमंडल में सम्मिलित किये गए। मार्च 1990 तक आप कई वर्षों तक राज्य के विभिन्न मंत्रिमण्डलों के सदस्य रहे। वे पांचवीं, सातवीं, आठवीं, नौवीं और ग्यारहवीं विधानसभाओं में उसी क्षेत्र से चुने जाते रहे। मुख्यमंत्री के अतिरिक्त सात माह के लिए 20 मार्च, 1985 से 16 अक्टूबर तक विधानसभा के अध्यक्ष तथा दो बार 1988-90 और 1990-92 तक जनलेखा समितियों के सभापति भी रहे। अशोक गहलोत सरकार के समय पंचायतीराज संस्थाओं के लिए गठित वित्त आयोग के अध्यक्ष भी रहे। कांग्रेस संगठन में जिलामंत्री से लेकर प्रदेश महामंत्री तथा 8 जून 1989 से छह माह तक प्रदेशाध्यक्ष भी रहे। सीधे, सरल स्वभाव वाले देवपुरा ईमानदारी के लिए विख्यात तथा निष्ठावान कांग्रेस नेता के रूप में जाने जाते थे। अस्सीवें वर्ष में हृदयाघात के कारण इस संसार से चल बसे।

देवपुरा ने माथुर के आकस्मिक त्यागपत्र के कारण आठवीं विधानसभा का चुनाव परिणाम आने तक अंतरिम काल के लिए केवल ग्यारह सदस्यों के मंत्रिमण्डल का निर्माण किया था। प्रथम दिन उन्होंने श्रीमती कमला, परसराम मदेरणा, गोविन्दसिंह गुर्जर, रामकिशन वर्मा तथा शीशराम ओला सहित छहों ने शपथ ली और दूसरे दिन चन्दनमल बैद, बुलाकीदास कल्ला, श्रीमती कमला भील, छोगाराम बाकोलिया और जगतारसिंह कंग को अपने मंत्रिमंडल में सम्मिलित किया। देवपुरा मंत्रिमंडल में उन सहित चार मंत्री, चार ही राज्यमंत्री और तीन उपमंत्री थे। ये सभी माथुर मंत्रिमंडल में थे। 1985 के चुनाव परिणाम के बाद देवपुरा को पुनः मनोनीत किये जाने की चर्चा राजनीतिक क्षेत्रों में थी। लेकिन नवनियुक्त प्रधानमंत्री राजीव गांधी ने हरिदेव जोशी को आठ वर्ष के विश्राम के बाद सत्ता का उत्तरदायित्व सौंपा। इसकी पृष्ठभूमि राजीव के आगमन से ही बन गई थी। इतिहासकार बी. एल. पानगड़िया ने टिप्पणी की कि "चूंकि विधानसभा के अध्यक्ष पूनमचन्द विश्नोई तथा पूर्व मंत्री परसराम मदेरणा व चन्दनमल बैद के विधानसभा का चुनाव हार जाने के कारण कांग्रेस उच्च नेतृत्व ने हरिदेव जोशी को कांग्रेस विधायक दल का नेता घोषित किया। इसके विपरीत विपक्ष में पूर्व मुख्यमंत्री भैरोंसिंह शेखावत, ललितकिशोर चतुर्वेदी (दोनों भाजपा), नाथूराम मिर्धा (लोकदल), कल्याणसिंह कालवी (ज.पा.) आदि कई प्रमुख नेता निर्वाचित हो गये थे।"[15]

माथुर की पुनर्नियुक्ति

विगत शताब्दी का नौवां दशक कांग्रेस के नेतृत्व के लिए स्वतंत्रता संग्राम की दूसरी पीढ़ी का रहा। 1980 में जगन्नाथ पहाड़िया, 1981-85 तथा 1988-89 शिवचरण माथुर और 1985-88 एवं 89-90 में हरिदेव जोशी मुख्यमंत्री रहे। इसके बाद कांग्रेस नेतृत्व तीसरी पीढ़ी के हाथों में चला गया। बीच में भाजपा नीत सरकार शासन में रही। जब डीग की दुर्घटना के

शिवचरण माथुर मंत्रिमंडल (द्वितीय पारी)

शपथग्रहण : 20 जनवरी तथा 6 फरवरी, 1988

अग्रिम पंक्ति में बायें से दायें : नारायणसिंह, हनुमान प्रभाकर, रामकिशन वर्मा, रघुनाथ विश्नोई (सभी मंत्री), जगदीशशरण वर्मा (मुख्य न्यायाधीश एवं कार्यवाहक राज्यपाल), शिवचरण माथुर (मुख्यमंत्री), शीशराम ओला, बुलाकीदास कल्ला तथा नरपतराम बरबड़ (सभी मंत्री)।

पिछली पंक्ति में बायें से दायें : मांगीलाल आर्य, सुश्री गिरिजा व्यास, चन्द्रशेखर शर्मा, अश्कअली टाक, श्रीमती बीना काक, श्रीमती कमला भील (सभी राज्यमंत्री), जयनारायण बैरवा (संसदीय सचिव) तथा वैद्य भैंरूलाल भारद्वाज (राज्यमंत्री)।

तीसरी पंक्ति में बायें से दायें : श्रीमती हमीदा बेगम (संसदीय सचिव), खेमराज कटारा (उपमंत्री), सूरजपालसिंह, राजेन्द्र चौधरी, लक्ष्मणसिंह रावत (सभी राज्यमंत्री) तथा लक्ष्मीनारायण भांभू (संसदीय सचिव)।

कारण माथुर से त्यागपत्र ले लिया गया तो 1985 में चुनाव के बाद जोशी को दायित्व सौंपा गया था। किन्तु जोशी से रुष्ट होने पर कांग्रेस नेतृत्व को पुनः शिवचरण माथुर की याद आई जिनके बारे में कांग्रेस उच्च नेतृत्व को अन्य कोई शिकायत नहीं थी। कांग्रेस का उच्च नेतृत्व प्रधानमंत्री राजीव गांधी के हाथों में था। केन्द्र के संकेत पर 20 जनवरी, 1988 को विधानसभा कांग्रेस दल ने शिवचरण माथुर को पुनः नेता चुना और उन्होंने उसी दिन मुख्यमंत्री पद की शपथ ग्रहण की। 26 जनवरी को उन्होंने हनुमान प्रभाकर, गोविन्दसिंह गुर्जर, बुलाकीदास कल्ला और माधवसिंह दीवान को मंत्री, वैद्य भैरूंलाल भारद्वाज, अश्कअली टाक और श्रीमती कमला भील को राज्यमंत्री नियुक्त किया। छोटे से मंत्रिमंडल से उन्होंने काम शुरू किया। पहला विस्तार दस दिन बाद 6 फरवरी, 1988 को किया गया। उसमें नरपतराम बरबड़, नारायणसिंह, रघुनाथ

विश्नोई, रामकिशन वर्मा और शीशराम ओला को मंत्री, श्रीमती बीना काक, सुश्री डा. गिरिजा व्यास, चन्द्रशेखर शर्मा, लक्ष्मणसिंह, मांगीलाल आर्य, राजेन्द्र चौधरी और सूरजपालसिंह को राज्यमंत्री तथा खेमराज कटारा और भरतलाल मीणा को उपमंत्री की शपथ दिलवाई गई। साथ ही लक्ष्मीनारायण भांभू, जयनारायण बैरवा और श्रीमती हमीदा बेगम को संसदीय सचिव नियुक्त किया गया।[16] मंत्रिपरिषद में अधिकांश सदस्य नये थे। राजनीति में नया खून आ चुका था और सभी को पद की लालसा थी। इंदिरा गांधी की शहादत के कारण कई नये पत्थर तिर गये थे। अब राजनीति देश सेवा के स्थान पर व्यवसाय बन चुकी थी। जिलों में नेताओं के अनुयायियों की संख्या कम होती जा रही थी। प्रत्येक विधायक ही नेता था। इसलिए अधिक मंत्री बनाने पड़ रहे थे।

कांग्रेस विधायकों में असंतोष

माथुर ने हरिदेव जोशी मंत्रिमंडल (1985-88) के कई बड़े नेताओं को सत्ता से बाहर रख दिया था। उनमें महत्वपूर्ण हीरालाल देवपुरा थे। इनके अलावा गुलाबसिंह शक्तावत, श्रीमती कमला, रामसिंह विश्नोई, नरेन्द्रसिंह भाटी, रामदेवसिंह, रामपाल उपाध्याय, छोगाराम बाकोलिया, हीरालाल इंदौरा, दामोदरदास आचार्य, सुजानसिंह यादव, श्रीमती जकिया आदि को अपने मंत्रिमंडल में शामिल नहीं किया। इससे कांग्रेस दल में राजनीतिक असंतोष बढ़ता गया। माथुर ने पन्द्रह माह बाद तीसरा महत्वपूर्ण विस्तार किया और अशोक गहलोत को गृहमंत्री नियुक्त किया। गृह जैसा महत्वपूर्ण विभाग तब तक स्वयं मुख्यमंत्री के पास ही था। गहलोत विधायक भी नहीं थे। वे लोकसभा के सदस्य थे। इसलिए छह माह पूर्ण होने से एक सप्ताह पूर्व उन्होंने त्यागपत्र दे दिया और विधानसभा का चुनाव नहीं लड़ा।

तीसरे विस्तार में माथुर ने गहलोत के अतिरिक्त श्रीमती कमला, गुलाबसिंह शक्तावत, रामसिंह विश्नोई को मंत्री तथा दामोदरदास आचार्य, दीपचन्द राठौड़, भैरूंलाल मीणा, महेन्द्रकुमार परमार, सुजानसिंह यादव, हीरालाल इंदौरा को राज्यमंत्री और उपमंत्री भरतलाल मीणा को पदोन्नत कर राज्यमंत्री नियुक्त किया। दो और उपमंत्री ललित भाटी तथा धनराज मीणा की भी नियुक्ति की। इस तरह चार मंत्री, सात राज्यमंत्री तथा दो उपमंत्री और जोड़े। साथ ही मंत्री पद से हनुमानप्रसाद प्रभाकर तथा राज्यमंत्री लक्ष्मणसिंह की छुट्टी कर दी। ये दोनों सार्वजनिक रूप से बहुत विवादास्पद हो गये थे। लक्ष्मणसिंह पर खदानों के आवंटन को लेकर कई आरोप लग चुके थे। इनसे त्यागपत्र ले लिये गये थे। माथुर मंत्रिमंडल में कुल सदस्यों की संख्या 35 हो गई थी। फिर भी उनके दल में शांति नहीं हो पाई।

इस संदर्भ में 'राजस्थान वार्षिकी' के संपादक सीताराम झालानी ने टिप्पणी की कि ''माथुर सरकार के गठन के साथ ही कांग्रेस (इ) विधायक दल में असंतोष उत्पन्न हो गया जो

समय पाकर धीरे-धीरे बढ़ता चला गया। पूर्व मुख्यमंत्री हरिदेव जोशी, हीरालाल देवपुरा तथा सांसद नवलकिशोर शर्मा के नेतृत्व में असंतुष्ट विधायकों और कतिपय सांसदों ने माथुर और प्रदेश कांग्रेस अध्यक्ष अशोक गहलोत को अपने-अपने पदों से हटाने के लिए एक लम्बा अभियान चलाया। इसी दौरान विधानसभा का बजट सत्र (1989) आरम्भ हो गया जिससे असंतुष्टों को अपनी शक्ति प्रदर्शित करने का अवसर मिल गया। इस स्थिति में कांग्रेस उच्चसत्ता ने मुख्यमंत्री को यह निर्देश दिया कि वे फिलहाल अप्रेल से जुलाई तक चार माह का लेखानुदान पारित करवाकर विधानसभा का सत्रावसान करा दें। विधानसभा सत्र के दौरान एक अभूतपूर्व घटना यह हुई कि सत्तारूढ़ दल के असंतुष्ट विधायकों ने नेतृत्व परिवर्तन हेतु अपना दबाव बढ़ाने के लिए 17 मार्च, 1989 को विधानसभा का बहिष्कार किया।''

उन्होंने आगे लिखा कि लम्बे संघर्ष और काफी कशमकश के बाद कांग्रेस उच्चसत्ता द्वारा समस्या के हल के रूप में पूर्व मुख्यमंत्री द्वय जगन्नाथ पहाड़िया और हरिदेव जोशी को क्रमशः 19 फरवरी, 1989 तथा 28 अप्रेल, 1989 को क्रमशः बिहार और असम व मेघालय का राज्यपाल मनोनीत कर दिया गया। 7 जून, 1989 को अशोक गहलोत के स्थान पर हीरालाल देवपुरा को प्रदेश कांग्रेस अध्यक्ष नियुक्त किया गया।''[17] साथ ही माथुर को अपने मंत्रिमण्डल में परिवर्तन और परिवर्द्धन करने का कांग्रेस उच्च नेतृत्व ने निर्देश दिया। उसके अन्तर्गत उपरोक्त तीसरा विस्तार 6 जून, 1989 को किया गया। अब मुख्यमंत्री सहित 13 मंत्री, 16 राज्यमंत्री, 3 उपमंत्री और 3 संसदीय सचिव सहित 35 सदस्यों की मंत्रिपरिषद हो गई थी।

राज्य कर्मचारियों की हड़ताल

माथुर के दूसरे मुख्यमंत्री का दो वर्ष से भी कम समय का कार्यकाल पीड़ादायक ही रहा। पार्टीजनों में असंतोष के अलावा राज्य कर्मचारियों ने भी उन्हें शांति से काम नहीं करने दिया। केन्द्रीय कर्मचारियों के समान वेतन-भत्ते देने की मांग को लेकर जनवरी 1989 में हड़ताल कर दी जो 46 दिनों तक चली। राज्य कर्मचारियों की यह दूसरी लम्बी हड़ताल थी। सरकार द्वारा उनकी मांगें स्वीकार करने पर ही हड़ताल समाप्त हुई ।

इस संदर्भ में माथुर ने बताया कि राज्य कर्मचारियों के बारे में उनका दृष्टिकोण हमेशा यही रहा था कि 'सरकार से उनका सम्बन्ध बिगड़े नहीं। हमने राज्य सरकार की वित्तीय स्थिति से उन्हें अवगत कराया। लेकिन उनके अड़े रहने पर उनकी मांगें मंजूर कीं।' उन्होंने यह भी टिपण्णी की कि ''अशोक गहलोत के शासन काल में राज्य कर्मचारियों की मांगें स्वीकार नहीं करने से सरकार से उनके सम्बन्ध बिगड़ गये। उन्होंने दिसम्बर 2003 के चुनाव में कांग्रेस से बदला लिया। कतिपय राज्य कर्मचारी नेताओं ने कांग्रेस के विरुद्ध प्रचार किया। ई.वी.एम. मशीनों से छेड़छाड़ करने तथा फर्जी मतदान कराने के आरोप भी हैं। कांग्रेस के हारने के अन्य कारणों में से एक यह भी था।''[18]

मुख्यमंत्री शिवचरण माथुर के शासनकाल के तख्त पर अंतिम कील ठोंकने का काम नवम्बर, 1989 के लोकसभा के आम चुनाव ने किया। उसमें कांग्रेस राजस्थान की सभी पच्चीस सीटें हार गई। कांग्रेस की यह शर्मनाक पराजय थी। इससे बुरा परिणाम पहले कभी नहीं रहा जबकि इससे पांच वर्ष पूर्व कांग्रेस ने सभी सीटें जीती थीं। 1989 के चुनाव में भाजपा को 13, जनता दल को 11 तथा एक माकपा को मिली । तीनों के बीच चुनावी तालमेल था। इस हार का कारण पूछने पर माथुर ने कहा कि "देश में 'रामलहर' चल रही थी। इससे सारा वातारण कांग्रेस के विरुद्ध हो गया था। राजस्थान के साथ मध्यप्रदेश में भी चुनाव परिणाम कांग्रेस के विरुद्ध रहे। इसलिए मैंने तथा मध्यप्रदेश के तत्कालीन मुख्यमंत्री मोतीलाल वोरा ने साथ ही त्यागपत्र दिया। यद्यपि राजीव गांधी ने इस्तीफा देने से मना किया था। लेकिन हमने त्यागपत्र देने पर जोर दिया। हमने उनसे कहा कि जीतने का दावा भी हमारा ही था तो हारने की जिम्मेदारी भी हमें ही लेनी चाहिए। हालांकि राजस्थान में हमने बहुतसी सीटें बहुत कम वोटों से हारी थीं।"[19] अंत में माथुर सरकार का त्यागपत्र तेईस माह से पूर्व ही 4 दिसम्बर, 1989 को स्वीकार कर लिया गया। असम से हरिदेव जोशी को कांग्रेस उच्चनेतृत्व ने वापस बुलाया और राजस्थान की सत्ता संभालने का आदेश दिया। विधानसभा के अगले चुनाव में केवल तीन माह का समय शेष रह गया था। जोशी ने 38 सदस्यों की मंत्रिपरिषद बनाई और कांग्रेस को अगला चुनाव जितवाने के हरसंभव प्रयत्न किये। लेकिन देश में कांग्रेस विरोधी लहर तीव्रगति से बह रही थी। रामलहर के अतिरिक्त बोफोर्स कांड के कारण जनता में कांग्रेस के विरुद्ध जबर्दस्त नाराजगी थी।

शिवचरण माथुर

शिवचरण माथुर

मध्यप्रदेश में जन्मे और राजस्थान में बड़े हुए शिवचरण माथुर राजस्थानी होकर यहां ही रह गये। नवें दशक में राजस्थान के दो बार मुख्यमंत्री रहे शिवचरण माथुर का जन्म 14 फरवरी, 1926 को मध्यप्रदेश के गुना जिले के मढ़ीकानूगो ग्राम में हुआ था। अठारह वर्ष की आयु में 1944 में अपने नाना स्वतंत्रता सेनानी त्रिलोकचन्द माथुर के यहां करौली आ गये। वहां से उदयपुर। आपकी शिक्षा-दीक्षा अपने ननिहाल करौली और उदयपुर में हुई थी। 1942 के 'अंग्रेजो भारत छोड़ो' आन्दोलन में भाग लिया था। अमर शहीद भगतसिंह से प्राप्त प्रेरणा से माथुर और उनके साथियों ने मध्यप्रदेश में मुख्य सड़क मार्ग के पास स्थित एक पुल को उड़ाया। सौभाग्यवश विस्फोटक स्थान से एक फुट दूर रह जाने से

माथुर बच गये। स्वतंत्रता संग्राम में भाग लेने की ललक से लोकनायक माणिक्यलाल वर्मा के नेतृत्व में काम करने की इच्छा से उनके पास उदयपुर पहुँच गये। माथुर ने बताया कि "जब वर्मा साहब से मैंने अपनी इच्छा बताई तो उन्होंने भील विद्यापीठ में लगा दिया और कहा कि "गांवों से भीलों के बच्चों को लाओ और उनको पढ़ाओ"। माथुर ने बताया कि "गांवों में भीलों के बच्चे नंगे बदन रहते थे। उन्हें लाये, नहलाया, कपड़े धोना, साफ रहना और पढ़ना-लिखना सिखाया।"[20] माथुर ने हर्ष प्रकट किया कि 'जिन बच्चों को भील विद्यापीठ में पढ़ाया-लिखाया उनमें से कई विधायक और सांसद तक निर्वाचित हुए थे।'[21] माथुर ने स्वतंत्रता आंदोलन के दौरान विद्यार्थी जीवन में छात्र आंदोलन में बढ़-चढ़कर भाग लिया था और राजस्थान विद्यार्थी कांग्रेस के महामंत्री के पद पर पहुंचे थे।

शिवचरण माथुर उन सौभाग्यशाली व्यक्तियों में से हैं, जिनका विवाह स्वर्गीय वर्मा की सुपुत्री श्रीमती सुशीला वर्मा से, जो स्वयं स्वतंत्रता सेनानी रही हैं, 1946 में देशी राज्य लोक परिषद के उदयपुर में सम्पन्न अधिवेशन के अवसर पर पंडित जवाहरलाल नेहरू के सान्निध्य में हुआ था। माथुर ने बताया कि लोकनायक जयनारायण व्यास तथा उनकी पत्नी श्रीमती गोरजादेवी व्यास ने कन्यादान की रस्म अदा की थी और "वर्मा साहब से राजनीतिक मतभेदों के बावजूद व्यासजी ने जीवन भर मुझे दामाद का सम्मान प्रदान किया।"[22]

स्वतंत्रता संग्राम की दूसरी पीढ़ी के नेता माथुर प्रगतिशील विचारधारा के नेताओं में से हैं। उन पर क्रांतिकारी वर्मा की मान्यताओं का प्रभाव दिखाई देता है। उनका राजनीतिक जीवन भीलवाड़ा नगरपरिषद के अध्यक्ष पद (1958-1959) से शुरू हो गया था। बाद में पंचायतीराज से जुड़कर 1963 में भीलवाड़ा के जिला प्रमुख और 1964 में लोकसभा के उपचुनाव में विजयी होकर दिल्ली पहुँच गये। फिर राज्य की राजनीति में सक्रिय हो गये। कई बार विधायक, सांसद, मंत्री, दो बार मुख्यमंत्री के पद तक पहुँचे। अपनी योग्यता के बल पर नवम्बर 1991 में लोकसभा की विशेषाधिकार समिति के सभापति तथा 'सब कमेटी ऑन पावर ऑफ स्टेंडिंग कमेटी ऑन एनर्जी' के संयोजक तथा पार्लियामेंट्री एसोसिएशन की कार्यकारिणी में भी चुने गये। अशोक गहलोत सरकार के समय प्रशासनिक सुधार आयोग के अध्यक्ष के रूप में माथुर द्वारा राज्य-प्रशासन के विभिन्न विभागों में प्रशासनिक सुधार के लिए प्रस्तुत ग्यारह प्रतिवेदन उनका बड़ा योगदान माना जाएगा।

माथुर ने सामाजिक नीतियों के अध्ययन के लिए 'राजस्थान सामाजिक नीति शोध संस्थान' नामक जयपुर में एक महत्वपूर्ण संस्था की स्थापना की है। यह संस्था उनके निर्देशन में विभिन्न सामाजिक नीतियों पर अपने कई प्रतिवेदन भारत सरकार को प्रस्तुत कर चुकी है।

अस्सी वर्षीय माथुर हृदय रोगी होने तथा बाईपास सर्जरी हो जाने के बाद भी प्रदेश कांग्रेस के सक्रिय नेताओं में से हैं। कांग्रेस के नीति मूलक प्रश्नों पर उनका विशेष योगदान रहता है। बारहवीं विधानसभा में सभी गंभीर प्रश्नों पर उनका मूल चिन्तन स्पष्ट दृष्टिगोचर होता है।

राष्ट्रीय तथा राज्य के प्रश्नों पर उनका अपना समाजवादी दृष्टिकोण रहा है। वे बहुत कुशल प्रशासक माने जाते हैं। राजनीति में समझौतावादी तथा व्यावहारिक नहीं होने से कई बार नुकसान भी उठा चुके हैं।

प्रधानमंत्री स्वर्गीय पी.वी. नरसिंहराव के कार्यकाल में (1991-96) कांग्रेस छोड़कर तिवाड़ी कांग्रेस में शामिल हो गये थे। जब तिवाड़ी कांग्रेस के सदस्य वापस कांग्रेस में लौटे तब वे भी पुनः अपने पुराने घर में आ गये। प्रदेश कांग्रेस की गतिविधियों में वे आज भी उतने ही सक्रिय दिखाई देते हैं जितना किसी युवा नेता को होना चाहिए। इस आयु में भी राज्य के निरन्तर दौरे करते हैं तथा विभिन्न समारोहों और कार्यक्रमों में भाग लेते हैं। वे मन तथा शरीर से पूर्ण स्वस्थ हैं। कांग्रेस में भी उनकी सोच तथा दृष्टिकोण स्थापित नेताओं से पृथक स्पष्ट परिलक्षित होती है। कांग्रेस में अब इस पीढ़ी की विचारधारा एवं सिद्धान्तों के लोग दिखाई नहीं देते हैं।

संदर्भ

1 से 3. पूर्व मुख्यमंत्री शिवचरण माथुर से भेंटवार्ता : दि. 4 अप्रेल, 2005

4. राजस्थान वार्षिकी : 1997 : संपादक, सीताराम झालानी, खण्ड 5, पृ. 21

5. शिवचरण माथुर से भेंटवार्ता : 4 अप्रेल, 2005

6, 7. Rajasthan Polity, Economy & Society : B.L. Pangariya, N.C. Pahariya, P.105

8. शिवचरण माथुर से भेंटवार्ता : 4 अप्रेल, 2005

9, 10. Rajasthan Polity, Economy & Society : B.L. Pangariya, N.C. Pahariya, P. 105, 107

11. शिवचरण माथुर से भेंटवार्ता : दि. 4 अप्रैल, 2005

12. प्रदेश कांग्रेस से प्राप्त आंकड़ों के अनुसार : जातिवार चार्ट परिशिष्ट में संलग्न हैं।

13. Rajasthan Polity, Economy & Society : B.L. Pangariya, N.C. Pahariya, P. 107

14. शिवचरण माथुर से भेंटवार्ता : दि. 4 अप्रेल, 2005

15. Rajasthan Polity, Economy & Society : B.L. Pangariya, N.C. Pahariya P.108

16. राजस्थान वार्षिकी : 1997 : संपादक, सीताराम झालानी, खण्ड 5, पृ. 24

17. राजस्थान वार्षिकी : 1997: संपादक, सीताराम झालानी, खण्ड 5, पृ. 24

18, 19. शिवचरण माथुर से भेंटवार्ता : दि. 4 अप्रेल, 2005

20 से 22. शिवचरण माथुर से भेंटवार्ता : दि. 19 अक्टूबर, 2004

17

अशोक गहलोत के पांच वर्ष

राजस्थान निर्माण के पचासवें वर्ष में कांग्रेस में तीसरी पीढ़ी के नेता अशोक गहलोत ने एक दिसम्बर, 1998 को राज्य की बागडोर संभाली। गहलोत युवा मुख्यमंत्री थे। तब उनकी आयु 47 वर्ष की थी। हालांकि इनसे पूर्व 1954 में स्वतंत्रता संग्राम की दूसरी पीढ़ी के युवा नेता वर्गीय मोहनलाल सुखाड़िया केवल 38 वर्ष की आयु में शासनारूढ़ हुए थे। उनसे भी पूर्व 1952 संयोग से प्रथम पीढ़ी के टीकाराम पालीवाल ने 45 वर्ष की आयु में ही मुख्यमंत्री का पदभार हण किया था। अब तक के मुख्यमंत्रियों में पहले अनुसूचित जाति के जगन्नाथ पहाड़िया के पदभार ग्रहण करने के समय वे 48 वर्ष के ही थे। ये सभी कांग्रेसी थे। वर्तमान मुख्यमंत्री श्रीमती वसुन्धरा राजे तक राज्य में बारह निर्वाचित मुख्यमंत्री हो चुके हैं। उपरोक्त चार के अलावा सभी पचास वर्ष से ऊपर की आयु के थे। इस बीच प्रथम आम चुनाव से पूर्व पौने चार माह तक भारत सरकार के प्रतिनिधि आई.सी.एस., सी.एस.वेंकटाचारी मुख्यमंत्री रहे थे। वे जन प्रतिनिधियों के अतिरिक्त थे। राजस्थान निर्माण से अब तक सत्तावन वर्षों में चार बार राष्ट्रपति शासन भी रह चुका है। बारह मुख्यमंत्रियों में दस कांग्रेस के तथा दो गैरकांग्रेसी दलों के थे। गहलोत ने भारतीय जनता पार्टी (भाजपा) के मुख्यमंत्री एवं वर्तमान उपराष्ट्रपति भैरोंसिंह शेखावत से शासन संभाला था। एक मात्र महिला मुख्यमंत्री भाजपा की श्रीमती वसुन्धरा राजे हुई हैं। राजस्थान जैसे रियासती एवं पिछड़े राज्य के लिए यह गौरव की बात है। वह भी भाजपा में तीसरी पीढ़ी की हैं। तीसरी पीढ़ी के मुख्यमंत्री वे हैं जिन्होंने स्वतंत्र भारत में आंख खोली और उसी धरती पर पहली सांस ली।

जब गहलोत मुख्यमंत्री बने तब वे ही प्रदेश कांग्रेस के अध्यक्ष थे और उनके नेतृत्व में ही ग्यारहवीं विधानसभा का चुनाव लड़ा गया था। दो सौ सदस्यों की विधानसभा में कांग्रेस ने पहली बार 153 विधायकों के निर्वाचन का कीर्तिमान बनाया था जबकि इससे पूर्व की विधानसभा में भाजपा को 112 सदस्यों का समर्थन प्राप्त था मगर 25 नवम्बर, 1998 को सम्पन्न चुनाव में केवल 33 ही चुने जा सके। जनता दल के तीन, मार्क्सवादी कम्युनिस्ट पार्टी का एक, बहुजन समाजवादी पार्टी (मायावती) के पहली बार दो, राष्ट्रीय जनता दल (लालूप्रसाद यादव) का एक तथा सात निर्दलीय चुने गये थे। 1952 के बाद 1998 में सर्वाधिक मतदान 63.49 प्रतिशत हुआ था।[1]

मंत्रिमंडल

इस चुनाव में निर्वाचित कांग्रेस विधायकों में दूसरी पीढ़ी के नेता, पूर्व मुख्यमंत्री तथा केन्द्रीय मंत्री भी थे। लेकिन केन्द्रीय पर्यवेक्षकों द्वारा विधायकों की राय जानने और कांग्रेसाध्यक्ष को अधिकृत किये जाने पर सोनिया गांधी ने अशोक गहलोत को नेता मनोनीत किया था। औपचारिक रूप से गहलोत ने कांग्रेस विधायक दल का नेता निर्वाचित होने के बाद 1 दिसम्बर, 1998 को मुख्यमंत्री पद की शपथ ग्रहण की। अपने पांच वर्ष के कार्यकाल में गहलोत ने केवल दो बार में ही अपना मंत्रिमंडल बनाया था। पहली किश्त में मंत्रिमंडल में मुख्यमंत्री सहित बीस मंत्री तथा तेरह राज्यमंत्री थे। दूसरा विस्तार लगभग साढ़े तीन वर्ष बाद 13 मई, 2002 को हुआ था। तब उन्होंने तीन नये मंत्री और दो पूर्व राज्यमंत्रियों को पदोन्नत कर मंत्री नियुक्त किया था। ग्यारह नये राज्यमंत्री और दो संसदीय सचिवों को मंत्रिपरिषद में सम्मिलित किया था। तीसरा औपचारिक विस्तार 25 जनवरी, 2003 को रामसिंह विश्नोई की पुनर्नियुक्ति कर किया था जिन्होंने अपने पुत्र के एक आपराधिक विवाद में फंस जाने के कारण 25 अप्रेल, 2002 को पदत्याग किया था। दूसरे विस्तार से पूर्व कांग्रेस के वरिष्ठ नेता और तत्कालीन वित्तमंत्री चन्दनमल बैद ने कांग्रेस उच्चकमान से रुष्ट होकर 18 फरवरी, 2000 को त्यागपत्र दे दिया था। एक मंत्री किशन मोटवानी का 1 नवम्बर, 2001 को निधन हो जाने से मंत्रियों की संख्या कम हो गई थी। इसी तरह दूसरे विस्तार के कुछ दिनों बाद ही वागड़ के वयोवृद्ध भील नेता भीखाभाई का 5 जून, 2002 को निधन हो गया था। दूसरे विस्तार में एक मंत्री श्रीमती जकिया तथा तीन राज्यमंत्री अब्दुल अजीज, श्रीमती इंदिरा मायाराम तथा भगराज चौधरी मंत्रिमंडल से पृथक कर दिए गये थे। दूसरे विस्तार के बाद गहलोत मंत्रिपरिषद के सदस्यों की संख्या चालीस से भी अधिक हो गई थी। इससे पूर्व कभी भी किसी मुख्यमंत्री के मंत्रिमंडल में इतने सदस्य नहीं थे।[2]

गहलोत मंत्रिमंडल की दो मुख्य विशेषताएं थीं। एक, मुख्यमंत्री ने प्रारम्भ के तीन महीनों तथा बीच में मंत्रियों के त्यागपत्र तथा अन्य कारणों से विभागों के पुनर्वितरण में देरी होने पर कुछ मंत्रालय अपने अधीन अवश्य रखे अन्यथा उन्होंने नीतिगत आधार पर अपने पास एक भी विभाग नहीं रखा और केवल मॉनीटरिंग की। दो, मंत्रिपरिषद में प्रथम बार निर्वाचित किसी भी विधायक को नहीं नियुक्त किया। हालांकि इससे कुछ विधायक उनसे नाराज अवश्य रहे। मंत्रिमंडल के निर्माण में समाज के सभी वर्गों तथा क्षेत्रों को प्रतिनिधित्व देने का ध्यान अवश्य रखा।

दूसरा एवं बृहत् विस्तार गुजरात के दंगों के बाद किया गया था। राजस्थान गुजरात का सीमावर्ती राज्य है। गोधरा रेल अग्निदाह की राजस्थान में बहुत तीखी प्रतिक्रिया हुई थी। वागड़ क्षेत्र गुजरात से लगा हुआ है। रेल के एक डिब्बे में अयोध्या से लौट रहे हिन्दू कारसेवकों को मुसलमानों द्वारा जला देने से राजस्थान के लोगों में जबर्दस्त गुस्सा और रोष फैला था। गहलोत सरकार ने छुटपुट घटनाओं के अलावा कोई बड़ी वारदात नहीं होने दी और स्थिति को नियंत्रण

अशोक गहलोत मंत्रिमंडल
शपथग्रहण : 1 दिसम्बर, 1998
किशन मोटवानी
खेतसिंह राठौड़
गुलाबसिंह शक्तावत
गोविन्दसिंह गुर्जर
अब्दुल अजीज
अशोक गहलोत (मुख्यमंत्री)
इन्दिरा मायाराम
के.सी. विश्नोई
चन्दनमल बैद
डॉ. चन्द्रभान
छोगाराम बाकोलिया
श्रीमती जकिया
चन्द्रशेखर
डॉ. जितेन्द्रसिंह
तकीउद्दीन अहमद
जनार्दनसिंह गहलोत
तैयब हुसैन चौधरी

परसादीलाल मीणा

डॉ. कमला
(उप मुख्यमंत्री)

दयाराम परमार

दीपेन्द्रसिंह शेखावत

परसराम मोरदिया

प्रद्युम्नसिंह

डॉ. बुलाकीदास कल्ला

भीखाभाई

बीना काक

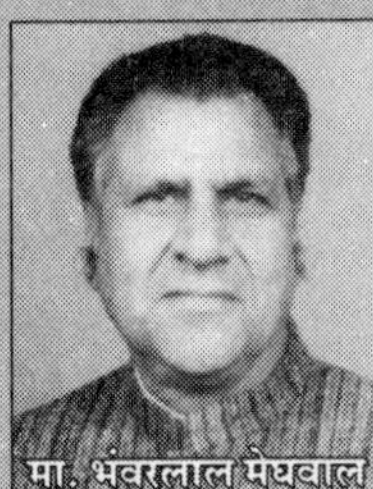
मा. भंवरलाल मेघवाल

भगराज चौधरी

माधवसिंह दीवान

रामकिशन वर्मा

रामनारायण चौधरी

बनवारीलाल बैरवा
(उप मुख्यमंत्री)

रघुवीरसिंह (सराडा)

रतनलाल ताम्बी

राजेन्द्र चौधरी

रामसिंह विश्नोई

शांतिकुमार धारीवाल

डॉ. सी.पी. जोशी | राधेश्याम | रामगोपाल बैरवा | रामस्वरूप मीणा

शैलेन्द्र जोशी | हरेन्द्र मिर्धा | हीरालाल इन्दौरा | हबीबुर्रहमान

हरीसिंह (कुम्हेर) | हेमाराम चौधरी | ममता शर्मा | विजयलक्ष्मी विश्नोई

में कर लिया था। मगर गहलोत ने हिन्दू जनता को तुष्ट करने के लिए मंत्रिमंडल में बड़ा विस्तार किया था। विस्तार का दूसरा कारण कांग्रेस विधायकों में बढ़ते असंतोष को कम करना भी था। लेकिन गहलोत इन दोनों कारणों से सहमत नहीं हैं। उनका कहना है कि मंत्रिमंडल में फेरबदल निरन्तर चलने वाली प्रक्रिया है।[3]

मंत्रिमंडल निर्माण की पहली किश्त में सम्मिलित मंत्रियों के नाम इस प्रकार हैं : अशोक गहलोत; मुख्यमंत्री, मंत्रीगण– श्रीमती कमला, किशन मोटवानी, खेतसिंह राठौड़, गुलाबसिंह शक्तावत, गोविन्दसिंह गुर्जर, चन्दनमल बैद, डॉ. चन्द्रभान, छोगाराम बाकोलिया, श्रीमती जकिया, तैयबहुसैन चौधरी, प्रद्युम्नसिंह, बनवारीलाल बैरवा, डॉ. बुलाकीदास कल्ला, भीखाभाई, रामकिशन वर्मा, रामसिंह विश्नोई, शांति धारीवाल, डॉ. सी.पी.जोशी तथा हरेन्द्र मिर्धा। राज्यमंत्री– अब्दुल अजीज, श्रीमती इंदिरा मायाराम, चन्द्रशेखर, डॉ. जितेन्द्रसिंह, दयाराम परमार, दीपेन्द्रसिंह शेखावत, परसादीलाल मीणा, श्रीमती बीना काक, भंवरलाल मेघवाल, भगराज चौधरी, राजेन्द्र चौधरी, हरिसिंह (कुम्हेर) तथा हीरालाल इंदौरा।

दूसरा विस्तार 13 मई, 2002 को किया गया था। तब सम्मिलित किये गये मंत्रियों के नाम इस प्रकार हैं : मंत्री– जनार्दनसिंह गहलोत, माधवसिंह दीवान, रामनारायण चौधरी, पदोन्नत-राज्यमंत्री से मंत्री– परसादीलाल मीणा तथा हीरालाल इंदौरा। राज्यमंत्री– के.सी. विश्नोई, तकीउद्दीन अहमद, परसराम मोरदिया, रघुवीरसिंह (सराड़ा), रतनलाल ताम्बी, राधेश्याम गंगानगर, रामगोपाल बैरवा, रामस्वरूप मीणा, शैलेन्द्र जोशी, हबीबुर्रहमान तथा हेमाराम चौधरी। संसदीय सचिव– श्रीमती ममता शर्मा तथा श्रीमती विजयलक्ष्मी विश्नोई।[4]

जाट नेताओं में असंतोष

गहलोत ने अपने पांच वर्षों के कार्यकाल में कुछ मंत्रियों के विभागों में अवश्य फेरबदल किया। लेकिन अधिकांश के पास प्रारम्भ से अन्त तक वही विभाग रखे। जिनके विभागों में परिवर्तन किया गया उसके राजनीतिक कारण भी थे। जैसे विपक्ष द्वारा भ्रष्टाचार के आरोप, मंत्रियों का पदमुक्त होना तथा मंत्रिमंडल का विस्तार किया जाना था। एक कारण कांग्रेस पार्टी में मुख्यमंत्री के विरुद्ध उभरता असंतोष था। कांग्रेस के कुछ वरिष्ठ नेता सत्ता से बाहर थे। उनमें स्वाभाविक रूप से अपनी उपेक्षा का रोष था। यद्यपि गहलोत ने उनके अनुभवों का लाभ उठाने तथा सम्मान के लिए उपयोगी काम भी पैदा किया। मगर सत्ता उनके पास नहीं थी। वर्तमान राजनीति में सत्ता के बिना जनता में पूछ नहीं होती है। दूसरा बड़ा कारण जाट नेताओं की महत्वाकांक्षा थी। लोकसभा के 1999 में सम्पन्न चुनाव के समय झुंझुनूं की एक जनसभा में तत्कालीन प्रधानमंत्री अटलबिहारी वाजपेयी ने जाटों को भी राज्य की अन्य पिछड़ी जातियों में सम्मिलित करने की घोषणा कर दी थी। इसका भाजपा को बहुत राजनीतिक लाभ मिला। भाजपा को राजस्थान से लोकसभा की पच्चीस में से सोलह सीटें मिलीं जबकि इससे एक वर्ष पूर्व 1998 में सम्पन्न चुनाव में कांग्रेस के अठारह सदस्य चुने गये थे, भाजपा केवल पांच और दो अन्य। जाटों को अन्य पिछड़ी जाति का आरक्षण प्राप्त होने से राजस्थान में राजपूतों में बड़ा रोष फैला। राजपूत नेताओं ने सामाजिक न्याय मंच का गठन कर जाटों के आरक्षण का विरोध किया और राजपूतों को भी आरक्षण देने की मांग के लिए राज्यभर में जबर्दस्त आंदोलन चलाया था। जाटों को आरक्षण का बड़ा लाभ पंचायतीराज संस्थाओं के चुनावों में मिला। पंच-सरपंच, प्रधान तथा जिला प्रमुख के पदों पर पूर्व की अपेक्षा अन्य पिछड़ी जातियों में सर्वाधिक स्थान जाटों के कब्जे में आ गये। विधायकों तथा सांसदों में उनकी संख्या पहले भी काफी रहती थी। कांग्रेस में जाट नेताओं का एक गुट जाति के आधार पर जाट मुख्यमंत्री नियुक्त करने का दबाव कांग्रेस उच्चकमान पर बनाने लगा। इस प्रश्न पर कांग्रेस के जाट नेताओं को राजस्थान जाट महासभा का भी समर्थन प्राप्त था। यहां तक कि कांग्रेस और भाजपा के जाट नेता अंदर से एक थे।

गहलोत से यह जानना चाहने पर कि जाटों के कतिपय नेता जातीय आधार पर उनका मुख्यमंत्री बनाने की मांग क्यों कर रहे थे ? गहलोत ने आत्मविश्वास के साथ कहा कि "अधिकांश जाट नेता मुझसे सहयोग कर रहे थे, जो मंत्री थे और जो नहीं थे, वे भी।" जाट को मुख्यमंत्री बनाने की मांग के बारे में उन्होंने बड़ी उदारता के साथ कहा कि "इस मांग में मुझे कोई बुराई नजर नहीं आती। लोकतंत्र में विभिन्न मौकों पर ऐसी मांगें आती हैं। सवाल यह है कि जब पार्टी में इस बारे में एक फैसला हो जाता है तब उन मांगों को भूलकर पार्टी हित में कार्य करना चाहिए। यदि जिक्र ही करना हो तो पार्टी मंचों पर करना चाहिए अन्यथा उसका नुकसान पूरी पार्टी को होता है।" गहलोत ने बहुत जोर देकर कहा कि 1980 से वे पांच बार जोधपुर क्षेत्र से "आम जाट मतदाताओं के सहयोग एवं समर्थन से सांसद चुने गये थे। इसलिए यह कहना बिल्कुल गलत है कि कांग्रेस में सभी जाट नेताओं को मुझसे शिकायत थी।"[5]

समन्वय समिति

केन्द्रीय नेतृत्व ने कांग्रेस में बढ़ती खींचतान और भावी विधानसभा के चुनाव को ध्यान में रखकर एक समन्वय समिति गठित की। लेकिन इससे भी जब असंतोष दूर नहीं हुआ तब 25 जनवरी, 2003 को जाट नेता श्रीमती कमला और अनुसूचित जाति के बनवारीलाल बैरवा को उपमुख्यमंत्री नियुक्त किया गया। मंत्रिमंडल में उनका स्तर ऊँचा कर दिया गया। वैसे भी गहलोत मंत्रिमंडल में जाट मंत्रियों की संख्या अन्य जातियों में सर्वाधिक थी। संसदीय सचिव सहित बयालीस में से नौ जाट थे।

कांग्रेस में सत्ता और संगठन के बीच गुटबंदी, असंतोष और आपसी खींचतान निरन्तर बनी रही। यहां तक कि मंत्रिपरिषद में भी कुछ सदस्य ऐसे थे, जो मुख्यमंत्री से मन-ही-मन में नाराज थे और विभागों में परिवर्तन के कारण उनमें रोष था। वे आपसी बातचीत में कहते थे कि मुख्यमंत्री कांग्रेस उच्चकमान से दबते हैं और उन्हें सही स्थिति नहीं बताते हैं। ऐसे मंत्रियों के असंतोष की जानकारी मुख्यमंत्री को भी थी। जब भी कांग्रेस विधायक दल की बैठक होती तब एक रटा-रटाया आरोप असंतुष्ट विधायक मंत्रियों का नाम लिये बिना लगाते थे कि उनकी उपेक्षा की जाती है। उनकी बात सुनी नहीं जाती है या उनकी मांग के अनुसार काम नहीं होते हैं जबकि मुख्यमंत्री ने यह सामान्य निर्देश मंत्रिमंडल के सभी सदस्यों को दे रखा था कि केवल विधायक ही नहीं कार्यकर्त्ता की भी उपेक्षा नहीं कीजाए। परिणामस्वरूप 'डिजायर' के आधार पर राज्य कर्मचारियों के बहुत तबादले हुए थे। फिर भी उनकी शिकायत दूर नहीं हुई। आम जनता में यह धारणा थी कि 'डिजायर' के नाम पर कई विधायकगण धन्धा करते हैं। इस धारणा से आम चुनाव में कांग्रेस को बहुत हानि हुई। पुलिस के गुप्तचर विभाग के अनुसार कांग्रेस के 70-80 विधायक और कुछ मंत्री इस कारण जनता में बहुत बदनाम थे। गुप्तचर विभाग ने उनको

चुनाव में दुबारा खड़ा नहीं करने की सिफारिश भी की थी।[6] फिर भी कांग्रेस के 153 विधायकों में से केवल इक्कीस के ही टिकट कटे। 132 विधायकों को चुनाव में पुनः खड़ा किया गया था। लेकिन उनमें से केवल 18 ही जीत पाये और 114 चुनाव हार गये। कांग्रेस ने 25 नये चेहरों को मैदान में उतारा था। उनमें से केवल चार ही विजयी हुए। जिन इक्कीस विधायकों के टिकट काटे गये थे, उनके स्थान पर नये प्रत्याशियों में से केवल छह जीत पाये।[7]

तीस मंत्री हारे

मंत्रिपरिषद की भारी फौज में दोनों उपमुख्यमंत्रियों सहित 30 मंत्री चुनाव हार गये। हारने वाले मंत्रियों में से प्रमुख नाम इस प्रकार हैं : दोनों उपमुख्यमंत्री श्रीमती कमला एवं बनवारीलाल बैरवा, गृहमंत्री गुलाबसिंह शक्तावत, पर्यटन मंत्री शांति धारीवाल, सार्वजनिक निर्माण मंत्री हरेन्द्र मिर्धा, संसदीय मंत्री खेतसिंह राठौड़, अन्य मंत्री तैयबहुसैन, छोगाराम बाकोलिया, हीरालाल इंदौरा, रतनलाल ताम्बी, राजेन्द्र चौधरी, माधवसिंह दीवान, श्रीमती बीना काक, डा. चन्द्रभान, जनार्दनसिंह गहलोत, दयाराम परमार, मास्टर भंवरलाल, दीपेन्द्रसिंह शेखावत, परसादीलाल मीणा, शैलेन्द्र जोशी, रामस्वरूप मीणा, रामगोपाल बैरवा, रामकिशन वर्मा, के.सी.विश्नोई आदि। विधानसभा के उपाध्यक्ष देवेन्द्रसिंह तथा दोनों सचेतक भी चुनाव हार गये। कांग्रेस के वयोवृद्ध नेता, पूर्व मुख्यमंत्री स्वर्गीय हीरालाल देवपुरा भी चुनाव हारने वालों में थे।

मुख्यमंत्री सहित केवल आठ मंत्री पुनः विजयी हुए। उनके नाम इस प्रकार हैं : मुख्यमंत्री अशोक गहलोत, वित्तमंत्री प्रद्युम्नसिंह, ऊर्जामंत्री रामनारायण चौधरी, पंचायतीराज मंत्री गोविन्दसिंह गुर्जर, जन-स्वास्थ्य अभियांत्रिकी मंत्री डॉ. सी.पी.जोशी, कृषि मंत्री स्वर्गीय रामसिंह विश्नोई, शिक्षामंत्री डा. बुलाकीदास कल्ला तथा राज्यमंत्री रघुवीरसिंह मीणा।[8]

कांग्रेस का टिकट नहीं मिलने के कारण सत्तर बागी अपनी ही पार्टी के उम्मीदवारों को पराजित करने के लिए मैदान में कूदे। उनमें से केवल पांच जीत पाये। कांग्रेस के वोटों में 9.31 प्रतिशत की गिरावट आई। 1998 की विधानसभा के चुनाव में कांग्रेस को 44.95 प्रतिशत वोट मिले थे। 2003 में वह गिरकर 35.64 प्रतिशत ही रह गया। अनुसूचित जाति तथा जनजाति निर्वाचन क्षेत्रों में कांग्रेस का प्रायः वर्चस्व रहता आया था । जब-जब भी इन क्षेत्रों में कांग्रेस की भारी हार हुई है तभी गैरकांग्रेसी दलों की सरकारें राजस्थान में बनी हैं। ऐसे अवसर अब तक केवल चार बार आये थे – 1977, 1990, 1993 तथा 2003। बारहवीं विधानसभा (2003) में कांग्रेस अनुसूचित जाति के 33 क्षेत्रों में से केवल 5 तथा जनजाति के 24 में से भी पांच में ही जीत पाई[9] जबकि भाजपा में अनुसूचित जाति के 26 तथा जनजाति के 18 विधायक चुने गये और शेष अन्य निर्वाचित हुए थे।

भाजपा

प्रसंगवश भाजपा की भी अपने पूर्व विधायकों के क्षेत्रों में स्थिति ठीक नहीं रही। उसके तीस पूर्व विधायकों में से सत्रह चुनाव हार गये। उनमें से तेरह सीटें कांग्रेस ने हथियाई थीं। हालांकि तत्कालीन सत्तारूढ़ कांग्रेस दल की स्थिति बहुत खराब थी। उसके पराजित 114 विधायकों में से 99 सीटों पर भाजपा ने कब्जा कर लिया था। भाजपा ने 75 नये चेहरों को मैदान में उतारा था। उनमें से 61 विजयी रहे। भाजपा के पक्ष में एक और उल्लेखनीय बात यह है कि दो सौ में से 57 निर्वाचन क्षेत्रों में वह कभी चुनाव नहीं जीत पाई थी। लेकिन भाजपा के पक्ष में बही हवा के कारण उनमें से 26 पर पहली बार उसके प्रत्याशियों ने खाता खोला। ऐसे ही जाट बाहुल्य जिलों – नागौर, झुंझुनूं तथा सीकर में उसे उल्लेखनीय सफलता मिली।

युवाओं के पक्ष में चली हवा का खमियाजा भाजपा को भी उठाना पड़ा। उसके वरिष्ठ नेता चुनाव हार गये। भाजपा के प्रदेश अध्यक्ष ललितकिशोर चतुर्वेदी, पूर्व उपमुख्यमंत्री हरिशंकर भाभड़ा, पूर्व मंत्री माणिकचन्द सुराणा, डा. रतनलाल जाट, हीरासिंह चौहान तथा डा. रामप्रताप चुनाव हार गये।[10]

भाजपा में भी बागियों की संख्या कम नहीं थी। 36 बागियों ने उसके अधिकृत प्रत्याशियों को चुनौती दी थी। लेकिन केवल चार ही जीत पाये थे। भाजपा की ऐतिहासिक जीत के बावजूद उसके वोटों में मात्र 6.11 प्रतिशत की ही बढ़ोतरी हुई। भाजपा को 1998 के चुनाव में 33.23 प्रतिशत वोट मिले थे। 2003 में 'अंदर-ही-अंदर' जबर्दस्त हवा के बावजूद भाजपा को 39.34 प्रतिशत वोट प्राप्त हुए थे जो कांग्रेस के वोटों से मात्र 3.70 प्रतिशत ही अधिक थे। किन्तु इस चुनाव में महिला मतदाताओं की भारी वृद्धि हुई। 1998 में 57 प्रतिशत महिलाओं ने मतदान किया था लेकिन इस बार 61 प्रतिशत ने मतदान में भाग लिया। यह चार प्रतिशत की वृद्धि पुरुषों के मुकाबले अधिक थी।[11]

शर्मनाक पराजय

बारहवीं विधानसभा के लिए 2003 में सम्पन्न चुनाव में सत्तारूढ़ दल कांग्रेस की शर्मनाक हार के कारणों का कोई अधिकृत लेखाजोखा तो प्रकाश में नहीं आया है। लेकिन इस विषय पर समाज के विभिन्न वर्गों के अनेक लोगों से बात हुई जिनमें राज्य के उच्चाधिकारी, सेवानिवृत्त एवं सेवारत कर्मचारी , राजनेता, पत्रकार, व्यापारी तथा बेरोजगार आदि शामिल हैं। उनमें अधिकांश प्रत्यक्षदर्शी मतदाता थे। उनसे संकलित कारणों को यहां प्रस्तुत किया जा रहा है। एक : फर्जी मतदान को समाप्त करने के लिए इलेक्ट्रोनिक वोटिंग मशीनों (ई.वी.एम.) का उपयोग हितकारी

समझा गया जिसमें गड़बड़ करने की संभावना न के बराबर निर्वाचन आयोग ने मानी है। लेकिन उपरोक्त चुनाव ने इस मान्यता को धत्ता बता दिया। इसमें मतदान केन्द्र की पार्टी सर्वाधिक गड़बड़ कर सकती है। चूंकि मशीन मतदान केन्द्र की पार्टी के अधिकार में होती है। वह भोले मतदाताओं को चाहे जैसा कहकर फर्जी मतदान करा सकते हैं। इस चुनाव के दौरान विभिन्न मतदान केन्द्रों पर ऐसी शिकायतें प्रत्यक्षदर्शियों ने देखी थीं। प्रत्याशियों के एजेण्टों को इन शिकायतों का पता ही नहीं चला। नासमझ पुरुष तथा महिला मतदाताओं को यह कहा गया कि इस बटन (फर्जी) को दबा दो। किसी को यह कहा गया कि इसके हाथ नहीं लगाये वरना करण्ट आ जाएगा। मतदाता ने किसी बटन को नहीं दबाया, उससे पूर्व ही मतदान केन्द्र का अधिकारी किसी स्टेज पर मतदाता को यह समझा देता है कि तुम्हारा वोट लग गया। एक वरिष्ठ आई.ए.एस. अधिकारी ने देखा कि फर्जी मतदान करा दिया गया जबकि वह मतदाता वहां उपस्थित ही नहीं था। ऐसी शिकायतें व्यापारियों ने भी देखीं। मशीनों से गड़बड़ की जाने की शिकायतें कई लोगों ने पत्रकारों को भी बताई थीं।

राजस्थान में ऐसी गड़बड़ें होने की पृष्ठभूमि है। कांग्रेस की गहलोत सरकार के समय राज्य कर्मचारियों ने अपनी मांगों के लिए कीर्तिमान दिनों की हड़ताल की थी। लेकिन सरकार ने मांगें नहीं मानीं। इससे कर्मचारी सरकार से बहुत रुष्ट थे। वे उसका बदला लेना चाहते थे। इसकी घोषणा कर्मचारी नेताओं ने मतदान से पूर्व प्रेस कान्फ्रेंस करके की थी। निर्वाचन आयोग तथा राज्य सरकार ने ऐसे नेताओं के विरुद्ध कोई कार्रवाई नहीं की।

राज्य कर्मचारियों की न केवल वेतन-भत्ते बढ़ाने की ही मांग थी बल्कि गहलोत सरकार ने वर्षों से मिल रहा बोनस, एल.टी., प्रिवीलेज्ड लीव का नकद भुगतान बंद कर दिया था। इनसे भी अधिक उन पर प्रहारजनक सेवानिवृत्ति की आयु साठ से घटाकर अट्ठावन वर्ष कर देने के कारण हजारों कर्मचारी दो वर्ष पूर्व ही घर बैठ गये। वे बहुत नाराज़ थे। इससे सेवानिवृत्त तथा सेवारत दोनों वर्ग रुष्ट हो गये। बेरोजगार संतान को नौकरी नहीं मिलने से सेवानिवृत्त कर्मचारी और भी अधिक रोषपूर्ण मुद्रा में था। एक पूर्व मुख्य सचिव ने बताया कि उस चुनाव में राज्य कर्मचारियों का कुल मतदाताओं में उनके परिवार सहित सात प्रतिशत का हिस्सा था, उनके नाराज होने पर कितना नुकसान संभव है ?

दूसरा बड़ा कारण शिक्षित बेरोजगारों का था। उद्योगपतियों का आरोप था कि गहलोत सरकार के समय साठ हजार छोटे कारखाने बंद हो गये थे। इससे हजारों लोग बेरोजगार हो गये तथा उन्हें नया रोजगार नहीं मिला। गहलोत सरकार ने नई नियुक्तियां देने के लिए सेवानिवृत्ति की आयु कम की थी। उसका दावा था कि एक लाख दस हजार नई नियुक्तियां की गईं। उनमें 36 हजार पेराटीचर्स तथा 22 हजार आंगनबाड़ी कार्यकर्त्ता थे। ये दोनों पद पार्टटाइम के थे। युवा बेरोजगारों की संख्या की तुलना में यह ऊँट के मुंह में जीरा था। सरकार ने खराब वित्तीय स्थिति, भीषण अकाल तथा सरकार में राज्य कर्मचारियों की बढ़ती संख्या (ओवर स्टाफिंग) को कम

करने की दृष्टि से स्वीकृत पदों पर भी नई नियुक्तियां नहीं की थीं। इससे शिक्षित बेरोजगारों में सरकार के विरुद्ध जबर्दस्त रोष था।

तीसरा बड़ा कारण वर्तमान मुख्यमंत्री श्रीमती वसुन्धरा राजे स्वयं थीं। श्रीमती वसुन्धरा राजे पूर्व महारानी हैं। उन्होंने चुनाव से पूर्व एक सौ दिनों की संपूर्ण राजस्थान की 'परिवर्तन यात्रा' की थी। इस दौरान उन्होंने सैकड़ों जनसभाएं कीं। गांव-गांव गईं। लाखों महिलाओं से उन्हीं की वेशभूषा में साक्षात हुईं । अनेक से गले मिलीं। उनके बीच बैठीं। स्वागत-सत्कार के दौरान स्वयं नाचीं, घुलीं मिलीं। इससे महिलाओं पर जादू-सा प्रभाव पड़ा। परिणामस्वरूप महिला मतदान में कीर्तिमान चार प्रतिशत की वृद्धि हुई।

चौथा कारण कांग्रेस में फूट का था। कांग्रेस कार्यकर्त्ताओं को मुख्यमंत्री गहलोत से व्यक्तिशः कोई शिकायत नहीं थी। उनके काम करने की क्षमता, सादगी, सदव्यवहार, सुशासन, अकाल का भ्रष्टाचार रहित शानदार प्रबंधन, शहरों का पहली बार आकर्षक विकास तथा प्रमुख साप्ताहिक 'इंडिया टुडे' द्वारा देश का नंबर वन मुख्यमंत्री घोषित किये जाने की राज्य की जनता पर छाप थी। आमजन तथा कांग्रेस कार्यकर्त्ता विश्वस्त थे कि चुनाव वे निश्चित जीतेंगे। ऐसा ही आकलन समाचार पत्रों तथा अन्य विशेषज्ञों का था। लेकिन राज्य के अधिकांश चुनाव क्षेत्रों में मतदाताओं की ही नहीं कांग्रेस के कार्यकर्त्ताओं तक की निवर्तमान विधायक से नाराजगी थी। इसलिए मतदाता ने यह सोचा कि इसके हार जाने पर भी सरकार तो कांग्रेस की ही बनेगी। इस आत्मविश्वास में लोग अपने प्रत्याशी को विजयी बनाने के प्रति सचेष्ट नहीं रहे। परिणामस्वरूप वह हार गया। कहीं बागी सामने आ गया तो कहीं भितरघात हुआ। ऐसे एक-एक करके कांग्रेस के दो सौ में से 144 प्रत्याशी हार गये।

पांचवां और अंतिम कारण आरक्षण आंदोलन तथा जाटों को आरक्षण दिये जाने से उनके नेताओं की महत्वाकांक्षा मुख्यमंत्री बनने की हो गई। यह मांग स्वीकार नहीं होने का उनके नेताओं को मलाल था। उसका प्रभाव आम जाट मतदाता पर पड़ा और उसके संगठन जाट महासभा के नेताओं के आह्वान पर उनमें से अधिकांश ने भाजपा को वोट दिया। राजपूतों, ब्राह्मणों, गुर्जरों , कायस्थों, जैनों, कूमावतों तथा अन्य जातियों के आरक्षण आंदोलनों ने उनके जातीय संगठनों को मजबूत कर दिया। कांग्रेस सरकार ने सवर्ण जातियों के 15 प्रतिशत को आर्थिक आधार पर आरक्षण देने की केन्द्रीय सरकार के सामने मांग रखकर अपने आपको इस आंदोलन से अलग कर लिया। मगर कार्यकर्त्ता जातीय आधार पर बिना राजनीतिक भेदभाव के उसके साथ संगठित हो गया। परिणामस्वरूप इसका नुकसान कांग्रेस को हुआ, क्योंकि आंदोलन भाजपा नेताओं के हाथ में था। हालांकि भाजपा ने अधिकृत रूप से इस आंदोलन का न समर्थन किया और न विरोध। सामाजिक न्यायमंच के अध्यक्ष भाजपा सरकार के पूर्व मंत्री देवीसिंह भाटी थे जिनके नेतृत्व में आरक्षण आंदोलन पांच साल तक चला था। धीरे-धीरे अन्य नेता जुड़ते गये।

गहलोत का कथन

उपरोक्त चुनाव में कांग्रेस की शर्मनाक पराजय के कारणों के बारे में जानने पर गहलोत ने बताया कि ''भाजपा ने केवल झूठ बोलकर और सपने दिखाकर चुनाव जीता। जो वायदे किये उनमें से एक भी पूरा नहीं हुआ। बिजली सस्ती करने की घोषणा करके महंगी कर दी। गृहकर समाप्त करने का वायदा किया था जो पूरा करने के स्थान पर अब यह कह दिया कि उसका विकल्प मिलने पर लागू करेंगे।'' उन्होंने पूछा ''राज्य कर्मचारियों को न जाने क्या-क्या देने के सब्जबाग दिखाये गये, उन्हें क्या मिला? सवर्णों के आरक्षण आंदोलन का क्या हुआ? महिला, नौजवान सब परेशान हैं। दलितों पर तो अत्याचारों की बाढ़ आ गई।''

उनके कार्यकाल में कर्मचारियों की नाराजगी के बारे में पूछे जाने पर गहलोत ने कहा कि ''लगातार चार वर्षों के सूखे के कारण हम कर्मचारियों की मांगों को पूरा नहीं कर पा रहे थे। उन्होंने यह माना कि उन्हें यह भ्रम था कि कर्मचारी चुनाव के समय व्यक्तिगत नाराजगी को छोड़कर जनहित में सुशासन का चुनाव करेंगे। क्योंकि पूरे पांच साल तक कर्मचारियों ने अपनी नाराजगी के बावजूद मेरी सरकार द्वारा चलाये गये प्रशासन गांवों/शहरों के संग, शिक्षा आपके द्वार, सूखे का प्रबंधन हो अथवा अन्य जो निर्णय किये गये, तमाम अहम फैसलों एवं सुशासन संबंधी सभी निर्णयों को लागू करवाने में पूरा-पूरा साथ दिया।''

एक अन्य प्रश्न के उत्तर में गहलोत ने केन्द्र में तत्कालीन भाजपानीत राजग सरकार पर आरोप लगाया कि ''राज्य की जनता जानती है कि उस समय उसने किस तरह 'असहयोग' किया था। केन्द्र में सत्तारूढ़ राजग के नेताओं ने, जिनमें राजस्थान के भाजपा नेता भी शामिल थे, राज्य की सूखाग्रस्त जनता के लिए मदद मांगने पर मुझे 'भिखमंगा' तक कहा था। मेरी सरकार को बदनाम करने के लिए केन्द्र में बैठे राज्य के भाजपा नेताओं ने पूरे षडयंत्र किये अथवा नकारात्मक भूमिका निभाई। यहां तक कि सत्ता बदलते ही बकाया केन्द्रीय मदद का भुगतान किया गया।''

गहलोत के कार्यकाल में हुए जातीय आरक्षण आंदोलन के बारे में पूछे गये एक प्रश्न के उत्तर में उन्होंने भाजपा पर आरोप लगाया कि वे उसने (भाजपा) खड़े किये थे। जनता की भावना को भड़काया। गहलोत ने भाजपा से प्रश्न किया कि ''क्या हुआ आर्थिक आधार पर आरक्षण के आंदोलन का? लेकिन भाजपा नेताओं को यह ध्यान रखना चाहिए कि जनता बहुत समझदार है। वह एक-एक बात नोट कर रही है। समय आने पर सारा हिसाब साफ कर लेगी।''[12]

मुख्य सचिव को घोषणा पत्र सौंपा

लगभग नौ वर्षों तक सत्ता से बाहर रहने तथा भैरोंसिंह शेखावत के मुख्यमंत्रित्व वाली भाजपा सरकार को बुरी तरह पछाड़कर अशोक गहलोत के नेतृत्व में कांग्रेस शासनारूढ़ हुई थी। इसलिए

उसमें कुछ कर गुजरने की दिली तमन्ना थी। गहलोत ने अपने विधायकों को पहले उद्‌बोधन में यही संदेश दिया था कि 'विधानसभा में तीन-चौथाई से अधिक बहुमत प्राप्त करके भी राज्य की जनता के हित में काम नहीं कर सके तो फिर कब अवसर प्राप्त होगा?' इस वाक्य में मुख्यमंत्री की जनता के प्रति निष्ठा का पूर्ण संकेत प्राप्त होता है। हुआ भी ऐसा ही। मंत्रिमंडल की पहली बैठक में ही गहलोत ने मुख्य सचिव को कांग्रेस का चुनाव घोषणापत्र सौंप कर स्पष्ट निर्देश दे दिया था कि "यही उनका पांच वर्ष का कार्यक्रम है जिसे प्रशासन को सक्रिय होकर पूर्ण करना है।" ऐसा निर्देश राजस्थान ही नहीं देश के अन्य किसी भी राज्य में मुख्यमंत्री ने नहीं दिया था और न अब तक दिया है। यही नहीं उसका पालन कराने का गहलोत ने प्रयत्न किया और इसके लिए समय-समय पर मंत्रिमंडल की बैठकों में पुनरावलोकन किया जाता रहा कि अब क्या और कितना शेष है?

मुख्यमंत्री ने अपने दूसरे निर्णय की सार्वजनिक घोषणा की कि वह अपने पास कोई विभाग नहीं रखेंगे और केवल मॉनीटरिंग करेंगे । बाद में उन्होंने ऐसा ही किया भी । अपवादस्वरूप किन्हीं परिस्थितियों में कुछ विभाग थोड़े समय के लिए उनके पास रहे अन्यथा पांच वर्षों के कार्यकाल में अपने पास स्थायी रूप से कोई विभाग नहीं रखा। चाहे औपचारिक तौर पर ही सही लेकिन सामान्य प्रशासन, मंत्रिमंडल सचिवालय, कार्मिक तथा नीति निर्धारण जैसे विभाग मुख्यमंत्री के पास ही रहते हैं। मगर उन्होंने अधिकांश समय तक अपने पास कोई विभाग नहीं रखा। ऐसे मॉनीटरिंग की दृष्टि से गहलोत ने प्रशासनिक प्रक्रिया ऐसी बना दी थी कि राज्य के सभी महत्वपूर्ण निर्णय मुख्यमंत्री की स्वीकृति से ही होते थे।

पांचवां वेतन आयोग

दसवीं (1993) और ग्यारहवीं (1998) विधानसभाओं के बीच लोकसभा के दो चुनाव हो चुके थे। उनमें से पहला (1996) निश्चित अवधि का था लेकिन दूसरा (1998) का मध्यावधि चुनाव था। प्रधानमंत्री इन्द्रकुमार गुजराल के समय में केन्द्रीय कर्मचारियों का पांचवां वेतन आयोग लागू किया जा चुका था। राजस्थान में भाजपा की भैरोंसिंह सरकार ने भी उसे लागू कर दिया था। इससे राज्य कर्मचारियों के वेतन बिल में असाधारण वृद्धि हो गई थी। आयोग ने वेतन वृद्धि में असाधारण वृद्धि के साथ कर्मचारियों की संख्या में तीस प्रतिशत कमी करने की सिफारिश की थी। भाजपा सरकार ने व्ययभार को संतुलित करने की दृष्टि से वेतनमान बढ़ाने के साथ ही सेवानिवृत्ति की आयु 58 से 60 वर्ष कर दी थी। इससे राज्य सरकार पर सेवानिवृत्ति के कारण तत्काल भुगतान का भार टल गया। भाजपा सरकार ने विधानसभा के चुनाव की दृष्टि से यह निर्णय किया था। किन्तु नये रोजगार के अवसर पैदा करने की दृष्टि से कांग्रेस ने अपने घोषणापत्र में आयोग की सिफारिश के अनुकूल 58 वर्ष का ही सेवाकाल रखा था। इसलिए कांग्रेस की गहलोत सरकार ने बैठते ही भाजपा के निर्णय को उलटा। इससे 58 वर्ष पूर्ण करने वाले राज्य

कर्मचारी सेवानिवृत्त हुए जिन्हें सरकार को सैकड़ों करोड़ का तत्काल भुगतान करना पड़ा। इसके लिए राज्य सरकार ने केन्द्र से 1200 करोड़ रुपया प्राप्त करने के लिए एक समझौते पर हस्ताक्षर किये थे। तब केन्द्र में भाजपानीत गठबन्धन की सरकार थी। समझौते में भारत सरकार ने एक शर्त आयोग की सिफारिश के अनुसार राज्य कर्मचारियों की संख्या में तीस प्रतिशत कमी करने की जुड़वा दी थी। वह राज्य सरकार क्रियान्वित नहीं कर सकी। लेकिन बजट में स्वीकृत नये पदों पर नियुक्ति नहीं की। इससे बेरोजगार युवक रोजगार प्राप्त करने से वंचित रह गये। अन्ततः इसका नुकसान कांग्रेस को अगले चुनाव में भुगतना पड़ा। गहलोत सरकार कांग्रेस घोषणापत्र लागू करने के प्रति इतनी गंभीर थी कि उसने उसके परिणामों का विचार नहीं किया जबकि व्यावहारिक दृष्टि से उसे पूर्व निर्णय को बदलना ही नहीं चाहिए था। 2003 में अवतरित भाजपा सरकार ने राज्य कर्मचारियों सम्बन्धी कांग्रेस के सभी पूर्व निर्णयों को एक-एक करके पलट दिया। बारहवीं विधानसभा के चुनाव में राज्य कर्मचारियों की भूमिका ने देशभर में यह संदेश दिया कि अगर उनका किसी सरकार के प्रति नकारात्मक दृष्टिकोण हो जाय तो वे उसे नुकसान अवश्य पहुँचा सकते हैं। इसी दृष्टि से राजस्थान में बारहवीं विधानसभा के चुनाव परिणाम को समझकर केन्द्र की राजग सरकार के पूर्व वित्तमंत्री जसवंतसिंह ने बजट पूर्व की घोषणाओं में केन्द्रीय कर्मचारियों की संतुष्टि का पूरा ध्यान रखा था।

मितव्ययता

अशोक गहलोत ने (1998-99) जब शासन संभाला था तब राज्य पर भाजपा सरकार के समय का 24 हजार करोड़ रुपयों से अधिक का कर्ज एवं अन्य देनदारियां थीं। तत्कालीन वित्तमंत्री प्रद्युम्नसिंह ने कांग्रेस सरकार के अंतिम वर्ष 2003-04 का विधानसभा में बजट प्रस्तुत करते हुए कहा कि "कठिन वित्तीय स्थिति के बावजूद मुख्यमंत्री अशोक गहलोत के नेतृत्व में हमने राज्य के विकास को सर्वाधिक महत्व दिया। हमने हमारी प्राथमिकताएं इस दृष्टि से निर्धारित कीं कि जहां एक ओर आधारभूत ढांचे को मजबूत किया जा सके वहीं समाज के कमजोर वर्गों का कल्याण भी हो।" उन्होंने आगे कहा कि "राज्य के आधारभूत ढांचे को मजबूत करने के उद्देश्य से हमने मानव संसाधन, ऊर्जा एवं सड़क विकास को सर्वाधिक महत्व दिया।"[13]

कांग्रेस के शासनारूढ़ होते ही कठिन वित्तीय स्थिति को नियंत्रित करने के लिए गहलोत सरकार के प्रथम वित्तमंत्री चन्दनमल बैद ने प्रशासनिक व्यय कम करने की दृष्टि से कई कदम उठाये थे। प्रशासनिक सुधार आयोग को सामान्य प्रशासन विभाग द्वारा प्रस्तुत किये गये प्रतिवेदन के अनुसार मार्च, 1999 के अंत तक राज्य सरकार के पंजीकृत वाहनों की संख्या 15 हजार 269 थी। इनमें 3300 कारें तथा 11 हजार 969 जीपें थीं। आयोग की योजना के अनुसार 80 प्रतिशत वाहन कम किये जा सकते थे।[14]

बैद के कदमों में अधिकारियों के वाहनों के व्यय भार को कम करना था। इसके लिए उन्होंने कई निर्णय लागू किये। उनमें कहीं व्ययभार कम कर दिया तो वाहनों की संख्या सीमित अर्थात एक कर दी। उच्च अधिकारियों के पास विभागों के हिसाब से कई वाहन होते हैं। उनके खर्चे उन विभागों के खातों में मंडते रहते हैं। परिणामस्वरूप उच्चाधिकारी के पास कम-से-कम दो-तीन वाहन हो जाते हैं। एक घर-परिवार के काम में आता है तो एक बच्चों के लिए तो एक साहब के लिए। बैद ने उन पर रोक लगा दी थी। प्रारंभ में अधिकारी इससे रुष्ट हो गये और उन्होंने नये रास्ते भी निकाल लिये। ऐसे ही बैद ने प्रशासनिक खर्च में मितव्ययता तथा बचत करने की दृष्टि से एक समिति गठित कर दी जिसकी सिफारिशें कितनी लागू हो पाईं, यह अपने आप में अनुसंधान का विषय है।

आधारभूत ढांचा : ऊर्जा

गहलोत सरकार ने राज्य के विकास के लिए 'आधारभूत ढांचा' मजबूत करने की दृष्टि से ऊर्जा वृद्धि के लिए राजस्थान राज्य विद्युत मंडल को भंग कर पांच कंपनियां बनाने का कानून पारित करवाकर लागू कर दिया। इसका एक प्रारूप शेखावत सरकार ने भी तैयार कर रखा था किन्तु आसन्न विधानसभा चुनाव की दृष्टि से उसे क्रियान्वित नहीं किया जा सका था। किन्तु गहलोत सरकार ने साहस करके नया कानून बनाया। इससे जहां विद्युत उत्पादन में वृद्धि के लिए नया निवेश मिल गया वहीं कंपनियों का प्रशासनिक व्यय असाधारण रूप से बढ़ गया। ऊर्जा क्षेत्र में मौलिक सुधार विश्व बैंक की परियोजना के अनुकूल किया गया था जिसका उद्देश्य विद्युत को सार्वजनिक क्षेत्र से बाहर निकालकर निजी क्षेत्र को सौंपना था ताकि उत्पादन में वृद्धि और सभी क्षेत्रों को अबाध रूप से बिजली आपूर्ति हो सके। औद्योगिकरण के लिए विपुल मात्रा में ऊर्जा उपलब्ध हो तथा उसकी चोरी एवं अवैध विद्युत कनेक्शन रोके जा सकें। प्रशासनिक सुधार आयोग को दी गई अधिकृत सूचना के अनुसार राजस्थान राज्य विद्युत मंडल को प्रारम्भ में केवल एक सौ करोड़ रुपये का घाटा होता था वह बढ़कर तब तक 1750 करोड़ रुपया वार्षिक का हो गया था।[15]

उक्त आयोग ने यद्यपि मंडल भंग न करने तथा विद्युत उत्पादन बढ़ाने का काम ही निजी क्षेत्र को सौंपने की सिफारिश अपने प्रतिवेदन में की थी।[16] मगर राज्य सरकार ने आयोग का प्रतिवेदन आने से पूर्व ही मंडल भंग कर कंपनियां बनाना उचित समझा।

राजस्थान में जब से गांवों एवं कुओं के लिए विद्युतीकरण का विस्तार किया जाता रहा है तब से बिजली की कमी, उसके प्रशासनिक खर्चों में वृद्धि, मंडल को घाटा, चोरी तथा छीजत में बढ़ोतरी सरकार के लिए 'स्थायी रोग' हो गया था। इसकी परीक्षा में हर पार्टी विफल होती रही

है। जब भी चुनाव होता है विरोधी दल निर्बाध तथा निश्चित घंटों की विद्युत आपूर्ति करने को घोषणापत्र का बिन्दु बनाता है। मगर यह वायदा कोई भी दल पूर्ण रूप से निभा नहीं पाता है। कांग्रेस ने कृषि के लिए आठ घंटे की बिजली सप्लाई का वादा किया था। लेकिन नहीं निभा पाई। आंदोलन हुए। चुनाव का फिर मुद्दा बना। लेकिन गहलोत सरकार की उपलब्धि के खाते में एक बड़ा बिन्दु विद्युत उत्पादन में बढ़ोतरी का अवश्य रहा। जब गहलोत ने शासन संभाला था तब राजस्थान को सभी स्रोतों से 3356 मेगावाट बिजली उपलब्ध होती थी। अपने पांच वर्षों के कार्यकाल में 1200 मेगावाट का नया उत्पादन करके उन्होंने एक कीर्तिमान स्थापित किया था।[17]

इसी तरह की वृद्धि गांवों के विद्युतीकरण में हुई। दिसम्बर, 1998 में राज्य के 39,810 गांवों में से 35,422 को बिजली आपूर्ति की जाती थी जिसको बढ़ाकर 95 प्रतिशत गांवों का विद्युतीकरण कर दिया गया। कृषि के लिए प्रतिदिन आठ घंटे बिजली देने के लक्ष्य के स्थान पर अकाल के बावजूद 6-7 घंटे सप्लाई करने का सरकार ने दावा किया था।[18] लेकिन ग्रामीण जनता बिजली की अनियमित सप्लाई तथा प्रशासन में भ्रष्टाचार से बहुत नाराज रही।

बिजली सुधार कार्यक्रम के अन्तर्गत राजस्थान ने विश्व बैंक के साथ फरवरी, 2001 में 18 करोड़ अमरीकी डॉलर ऋण लेने का अनुबन्ध किया था। भारत सरकार के माध्यम से पांचों विद्युत कंपनियों के खातों में एक माह बाद 15 करोड़ अमरीकी डालर जमा हो गया था। यह विद्युत निवेश के लिए पहली किश्त थी जिसके लिए मंडल भंग करके कंपनियों की स्थापना की गई थी।[19]

गहलोत सरकार के कार्यकाल में सबसे कम आंदोलन हुए थे। राज्य कर्मचारियों के आंदोलन के अतिरिक्त बिजली की सप्लाई को लेकर दूसरा बड़ा विरोध प्रदर्शन हुआ था। मुख्य प्रतिपक्ष भाजपा विधानसभा के चुनाव (1998) में बुरी तरह परास्त होने के कारण इतनी अधिक हतोत्साहित हो गई थी कि वह विधानसभा के बाहर कोई बड़ा मुदूदा उठा ही नहीं पाई। जब तक विपक्ष के नेता भैरोंसिंह शेखावत रहे तब तक वे अपनी वाणी के बल ही पर सरकार की नीतियों का प्रभावी विरोध करते रहे थे। लेकिन राज्य में भाजपा कार्यकर्त्ता निराशा से नहीं उभर पाये। हालांकि लोकसभा, विधानसभा के उपचुनावों, नगरपालिकाओं तथा पंचायतीराज संस्थाओं के चुनावों में उत्साह के साथ भाग लिया और सत्तारूढ़ कांग्रेस से कड़ा मुकाबला किया। तेरहवीं लोकसभा (1999) को छोड़कर कांग्रेस से आगे नहीं बढ़ पाई लेकिन बराबर की टक्कर दी। जनता ने भी पूरा समर्थन दिया था। भाजपा ने सभी चुनावों में बराबर से कुछ कम का अपना वर्चस्व बनाये रखा था।

समाचार पत्रों के अनुसार बिजली समस्याओं के आंदोलन वामपंथी दलों के नेतृत्व में किसानों ने किये थे। नागौर जिले के मौलासर गांव में तो किसानों ने मुख्यमंत्री का घेराव करना

चाहा था लेकिन पुलिस उन्हें निकालकर सुरक्षित ले गई। जयपुर में उनके नेतृत्व में बड़े प्रदर्शन हुए जिनमें हजारों किसानों ने भाग लिया था। मौलासर में माकपा के नेतृत्व में गहलोत की सभा के दौरान हुए प्रदर्शन के बारे में दिल्ली के 'जनसत्ता' दैनिक में सुखमणिसिंह की मुख्यमंत्री से एक भेंटवार्ता छपी है। उसमें गहलोत ने कहा था कि मौलासर में ''माकपा के कुछ कार्यकर्त्ताओं ने हंगामा किया था और खुद अपने ही वाहनों पर हमला कर दिया था। तभी ग्रामीणों और माकपाइयों के बीच संघर्ष शुरू हो गया। पुलिस ने हवा में गोलियां चलाईं और अफवाह यह फैली कि लोगों ने बिजली की दरों के खिलाफ हिंसक प्रदर्शन किया।''[20]

चुनाव पंडितों का विश्लेषण है कि बिजली की समस्या के कारण कांग्रेस टोंक उपचुनाव हार गई थी। सन् 2001 में टोंक में लोकसभा का उपचुनाव हुआ था। तब भाजपा के कैलाश मेघवाल ने गहलोत सरकार के मंत्री बनवारीलाल बैरवा को बिजली की समस्या के कारण ही हराने में सफलता प्राप्त की थी।

88 प्रतिशत वायदे पूरे किये

विधानसभा चुनाव से पूर्व कांग्रेस ने जनता से अपने घोषणापत्र में राज्य के उन्नीस विषयों के कुल 138 वायदे किये थे। स्वतंत्र लेखक, राजस्थान हिन्दी ग्रन्थ अकादमी के निदेशक एवं पूर्व प्राध्यापक डॉ. आर.डी. सैनी ने बारहवीं विधानसभा (2003) चुनाव से पूर्व 15 अगस्त, 2003 को अपना एक अध्ययन प्रकाशित किया था। 'घोषणापत्र की कसौटी पर सरकार' नामक पुस्तक में लेखक ने यह दावा किया है कि ''घोषणापत्र के प्रति गहलोत सरकार की प्रतिबद्धता और वचनबद्धता का ही फल है कि मार्च 2003 तक सरकार 138 में से 121 वायदे पूरे कर चुकी थी। शेष 13 वायदे ऐसे हैं जिन पर काम जारी है। इन वायदों की प्रकृति सतत विकास से जुड़ी है।'' उन्होंने आगे टिप्पणी की कि ''कुल 138 में से चार वायदे ऐसे हैं जिनको पूरा करने में नीतिगत रुकावटें हैं। इनका सम्बन्ध केन्द्र और राज्य की नीतियों से है।''[21] लेखक ने टिप्पणी की कि ''गहलोत सरकार अपनी पार्टी के घोषणापत्र 1998 के लगभग 88 फीसदी वायदों को न सिर्फ पूरा कर चुकी है बल्कि इस प्रक्रिया में विकास का आधारभूत ढांचा तैयार करके उसने राजस्थान को विकसित राज्यों के बहुत करीब खड़ा कर दिया है।''[22]

कांग्रेस सरकार की कुछ महत्वपूर्ण उपलब्धियों का आकलन आगे के पृष्ठों में करेंगे। गहलोत शासन के पांच वर्ष राजनीतिक उखाड़-पछाड़ के कम एवं उपलाब्धियों के अधिक हैं। वे पांच वर्ष आमतौर पर राजनीतिक शांति के ही रहे हैं। उस काल में राजस्थान के नगरों में नवनिर्माण तथा उन्हें संवारा गया था। निरन्तर अकाल के बावजूद विकास का सुप्रबन्ध जारी रहा। नगरों का स्वरूप ही बदल गया। वे अब आधुनिक शहर जैसे दिखाई देने लगे हैं।

शहरों की समस्याएं सुलझाईं

बढ़ती जनसंख्या, नगरों के विस्तार, शहरीकरण, आधुनिकता का बढ़ता प्रभाव तथा औद्योगिक विकास के कारण शहर न केवल कुरूप होते जा रहे थे बल्कि नागरिकों का जीवन नारकीय होता जा रहा था। इस कारण जनता में वर्षों से बहुत रोष था। शहरों की सुंदर, आकर्षक एवं महंगी कॉलोनियों के बीच शरीर पर फोड़ों की तरह गंदी एवं कच्ची बस्तियां बसती जा रही थीं। आवासीय बस्तियों के मुख्य व उपमार्गों में मकानों के अगले भागों को उनके मालिक ही नये बाजारों में परिवर्तित कर रहे थे। आवासों की कमी और नई बस्तियाँ नहीं बसाने तथा विलम्ब के कारण पिछले तीन दशकों से भूमाफियों का व्यापार तीव्र गति से राज्य के सभी शहरों में फैलता जा रहा था। भूमाफियों ने नगरों के समीप की कृषि भूमियों को सस्ते दामों में खरीदकर उन्हें बस्तियों में परिवर्तित कर दिया और उनके भूखण्डों को महंगे दामों में बेचकर उन्होंने वारे-न्यारे कर लिये थे। इस अवैध व्यापार में भूमाफिया, राजनेता तथा नौकरशाह भागीदार थे। कई सरकारें आईं और चली गईं, मगर सब कुछ जानकर अनजान बनी रहीं। इस शोषण से जनता को बचाने के लिए कोई सख्त कदम नहीं उठाया गया था। परिणामस्वरूप अकेले जयपुर में सन् 1998 तक लगभग 1800 गृह निर्माण सहकारी समितियां बन चुकी थीं। राज्य सरकार के सर्वेक्षण के अनुसार 1700 से अधिक कच्ची बस्तियां थीं जिनमें एक लाख अस्सी हजार परिवार बसे हुए थे।[23] गृह निर्माण सहकारी समितियों तथा कच्ची बस्तियों की समस्या न केवल जटिल, कानूनी अड़चनों में उलझी हुई तथा कांटों से भरी थी। बल्कि इनमें हाथ डालने वाले के कांटे चुभे बिना नहीं रहने वाले थे। लेकिन तत्कालीन नगरीय विकास मंत्री शांति धारीवाल ने उसमें हाथ डाला और उनके इतने कांटे चुभे कि कांग्रेस उच्चकमान ने बदनामी से बचने के लिए मई 2002 में किये गये मंत्रिमंडलीय फेरबदल में उनसे यह विभाग ही छीन लिया। उसके बाद यह विभाग शेष काल में एक-एक करके तीन मंत्रियों के पास फुटबॉल की तरह ठोकरें खाता रहा। गहलोत सरकार के शेष उन्नीस माह में रहे तीन मंत्रियों में से दो, छोगाराम बाकोलिया और राज्यमंत्री तकीउद्दीन अहमद इस लेखन तक भी न्यायालय में भ्रष्टाचार के आरोप में फंसे हुए हैं। तत्कालीन गृहमंत्री गुलाबसिंह शक्तावत पर भी वही आरोप है जो मंत्रिमंडल की एक उपसमिति के सभापति थे।

शांति धारीवाल का योगदान

शांति धारीवाल ने अपने साढ़े तीन वर्ष के कार्यकाल में नगरीय विकास की पचास वर्ष से चली आ रही समस्याओं के समाधान के रास्ते खोजे और परिणाम दिखाये। उस काल के निर्णयों से नगरपालिका क्षेत्रों के लाखों नागरिकों के वर्षों से उलझे पड़े मामलों के निर्णयों के रास्ते खुले। नगरपालिकाओं की आय में वृद्धि हुई, क्योंकि अधिकतर मामले अतिक्रमण तथा भूउपयोग के परिवर्तन के थे। नियमों में व्यावहारिक परिवर्तन करने से वे नियमित हो गये।

नगरीय विकास विभाग के एक टिप्पण के अनुसार "प्रदेश में लाखों लोगों ने कृषि भूमि का अकृषि प्रयोजन के लिए उपयोग तो कर लिया था किन्तु गत तीन दशकों से छोटे-बड़े हजारों परिवार कानूनी कठिनाई के चलते मानसिक पीड़ा से ग्रस्त थे। परिवार का हरेक मुखिया चाहता था कि सिर छुपाने के लिए बनाये गये मकान के विवाद का किसी तरह से अन्त हो।"[24] टिप्पण में आगे बताया गया है कि "नगरपालिकाओं और नगर विकास न्यासों को कृषि भूमि उपयोग परिवर्तन के जो अधिकार अब प्रदत्त किये गये हैं वे देश के अन्य प्रदेशों के लिए विशिष्ट उदाहरण हैं। पहले शहरी निकायों से मात्र अनापति प्रमाण-पत्र (एन.ओ.सी.) लिया जाता था। अब उसमें परिवर्तन कर समस्त अधिकार ही निकायों में निहित कर दिये गये हैं। पूर्व नियमों में यह कार्य पहले राजस्व विभाग के पास था। अब इस मामले का निष्पादन निकायों के मार्फत होने लगा है।"[25] इसके लिए राजस्थान भूराजस्व अधिनियम, राजस्थान टिनेन्सी एक्ट, जयपुर विकास प्राधिकरण अधिनियम, राजस्थान नगरपालिका अधिनियम तथा नगर सुधार न्यास अधिनियम में संशोधन किये गये और गृह निर्माण सहकारी समितियों द्वारा विकसित अवैध बस्तियों को नियमित करने के लिए शिविर लगाये गये थे।[26] इससे यह उग्र समस्या नहीं के बराबर रह गई। ये संशोधन पूर्व सरकारें भी करके तीस वर्षों से नागरिकों पर लटक रही तलवार को तोड़ सकती थीं।

इसी तरह से कच्ची बस्तियों के सम्बन्ध में यह निर्णय किया गया कि जहां तक संभव हो उन्हें वहीं बसाकर पट्टा दे दिया जाय। जहां, वहीं बसाने में अन्य अड़चनें थीं, उन्हें वैकल्पिक स्थान उपलब्ध कराये गये थे। कुछ कच्ची बस्तियां वन भूमि पर थीं। उनके लिए प्रयत्न जारी रखे।[27]

शहरों का कायाकल्प

शहरों में बढ़ती आबादी तथा विस्तार के कारण सुगम यातायात की समस्या वर्षों से गंभीर से गंभीरतम होती जा रही थी। राजस्थान के शहरों में प्रतिवर्ष हजारों दुर्घटनाएं होती थीं तथा सैकड़ों की संख्या में लोग मारे जाते थे। इसलिए सड़कों को चौड़ा करना तथा सरकारी भूमि पर से अतिक्रमणों को हटाना आवश्यक हो रहा था। गहलोत सरकार ने इस कार्य को हाथ में लिया और कतिपय लोगों की नाराजगी की चिन्ता नहीं की। इसके लिए सभी शहरों में अभियान चलाया गया। जयपुर में उसका नाम 'ऑपरेशन पिंक' रखा गया था। जयपुर की तो काया ही पलट दी गई। शहर के भीतर तथा बाहर के मुख्य मार्गों पर बुलडोजर चलाकर उन्हें चौड़ा किया गया। इसमें हजारों दूकानों तथा मकानों के सामने के भागों को सरकार ने अपने कब्जे में ले लिया। जयपुर की परम्परागत सड़कों के समान उन्हें सुगम यातायात की दृष्टि से और अधिक चौड़ा किया गया। कई मोड़ों पर होने वाली दुर्घटनाओं से बचाने के लिए सैकड़ों पक्के निर्माण तोड़े गये। मार्गों की लम्बाई कम करने के लिए जयपुर में फ्लाईओवर (पुल) निर्मित किये गये जो क्रम

आज भी जारी है। उस समय अल्पकाल में ही तीन-चार को पूरा किया गया। इससे जहां दुर्घटनाएं कम हुईं, वहीं यातायात में समय तथा पेट्रोल की बचत हुई और सवारी का जीवन बढ़ा।

ऐतिहासिक काम

सबसे बड़ा ऐतिहासिक कार्य जयपुर शहर के भीतरी भाग में स्थित जौहरीबाजार, रामगंज, त्रिपोलिया, चांदपोल बाजार, किशनपोल तथा चौड़ारास्ता के फुटपाथ छोटे किये और उन्हें खाली कराया गया। उन पर वर्षों से खुदरा व्यापारियों का कब्जा था। वे अपना सामान लेकर आते थे, बाजार लगाकर गरीब लोगों को सामान बेचते थे। जहां पैदल चलने वालों के लिए मार्ग सुगम हुआ वहीं हजारों फुटपाथी व्यापारियों के जीवनयापन की समस्या भी पैदा हो गई। उन्होंने धरने-प्रदर्शन भी किये। लेकिन सरकार उनके व्यापार को नहीं बचा सकी। उनकी समस्या बहुत गंभीर थी और मार्ग दुर्गम। उनका व्यापार पैदल चलने वालों तथा गरीबों पर ही चलता था। अन्यत्र कियोस्क बनाकर मुफ्त दिये गये पर वहां खरीददार नहीं पहुँचता है। जहां वे बाजार लगाते थे, उनके आस-पास ही स्थान मिलने पर समस्या हल हो सकती है, जो अभी तक नहीं हो पायी है। विरोध प्रदर्शन में कुछ लोग मारे भी गये। एक लाश को तो प्रदर्शनकारियों ने जयपुर नगर निगम के एक कक्ष में ले जाकर टेबल पर लिटा दिया था। अतिक्रमण हटाने तथा फुटपाथी व्यापार से प्रभावित लोगों ने विधानसभा चुनाव में कांग्रेस को हराकर बदला लिया था। भाजपा प्रशासन में वे फिर बैठने लग गये हैं।

जयपुर के पुराने शहर में मुख्य बाजारों में दूकानों के आगे खरीददारों के लिए सुंदर एक सरीखे बरामदे बने हुए हैं। पिछले वर्षों में वहीं के दूकानदारों ने शटर लगाकर उन्हें या तो अपनी दूकान में शामिल कर लिया था या सामान रखकर उस पर कब्जा कर लिया था। खरीददार को हर मौसम में फुटपाथ पर खड़ा रहकर सामान खरीदना पड़ता था। कई वर्षों पूर्व राजस्थान उच्च न्यायालय ने जौहरी बाजार के बरामदे खाली कराने का सरकार को आदेश दे रखा था। मगर पूर्व सरकारें व्यापारियों के नाराज होने के भय से कोई-न-कोई कारण बताकर उन्हें खाली नहीं करा रही थीं। गहलोत सरकार ने व्यापारियों के साथ बिना किसी प्रकार की सख्ती किये समझा-बुझा कर उन्हें खाली करवा लिया। बरामदों की मरम्मत कर दी गई। यह ऐतिहासिक कार्य था। जयपुर शहर में अतिक्रमण हटाने, बरामदे खाली कराने, सड़कें चौड़ी करने, बापूबाजार का नवीनीकरण करने और सौंदर्यकरण में नगर निगम के तत्कालीन मुख्य कार्यकारी अधिकारी डॉ. मंजीतसिंह का धारीवाल को योगदान प्रशंसनीय है। इसकी राजस्थान भर की आम जनता ने खूब सराहना की। मगर उन व्यापारियों ने चुनाव में सरकार से बदला ले लिया। आज व्यापारी उसे फिर काम में लेने लगे हैं। बरामदों में सामान सजाने लगे हैं; हालांकि अभी तक कब्जा तो नहीं किया है लेकिन गहलोत सरकार के समय की तरह निर्विघ्न खाली नहीं रहते हैं।

अन्य शहरों का भी सौन्दर्यकरण

राज्य के अन्य सभी बड़े शहरों को सुंदर तथा आकर्षक बनाने के लिए सड़कों को चौड़ा किया गया। अतिक्रमण हटाये गये। मोड़ों पर अवरोधों को दूर किया गया। चौराहों को आकर्षक बनाने के लिए पत्थरों की रेलिंग लगाई गई। अधिकतर मार्गों में होने वाली दुर्घटनाओं को समाप्त करने के लिए एकतरफा यातायात छोटे-बड़े शहरों में भी लागू किया गया। इसके लिए मार्गों के बीच डिवाइडर निर्मित किये गये। उन्हें भी चौराहों की तरह जहां पर संभव था, पेड़-पौधों, हरियाली या अन्य प्रकार से संवारा गया। मार्गों के सौन्दर्यकरण के लिए बिजली के नये-ऊंचे खम्भे लगाकर उन पर आकर्षक लाइटें लगाई गईं। जयपुर में जवाहरलाल नेहरू मार्ग को रामनिवास बाग से जवाहर सर्किल तक दुल्हन की तरह सजाया गया। इसी तरह रामबाग चौराहे से बाईस गोदाम तक की सड़क पर सुंदर लाइटें लगाई गईं और स्टेच्यू सर्किल से नये विधानसभा भवन तक की सड़क को दिल्ली की तर्ज पर 'जनपथ' का स्वरूप दिया गया। जयपुर में सर्वाधिक काम हुआ, जो आज भी जारी है। ऐसे ही राज्य के छोटे-बड़े सभी शहरों का सौन्दर्यकरण किया गया था।

स्वतंत्रता के पश्चात् राजस्थान के सभी छोटे-बड़े शहरों का विस्तार तेजी के साथ हुआ है। लेकिन इसके साथ ही कई समस्याएं भी उत्पन्न होती रही हैं। उनका आधुनिकीकरण तथा समय की आवश्यकता के अनुरूप सजाने-संवारने के लिए धन की कमी बड़ी समस्या थी। भैरोंसिंह शेखावत सरकार के समय छह शहरों के लिए 625 करोड़ रुपये की एक योजना तैयार की गई थी। एशियन विकास बैंक से रुपया उधार लेना था। काफी कार्रवाई हो गई थी लेकिन योजना स्वीकृत होकर धन प्राप्त नहीं हुआ था। गहलोत सरकार के समय उस योजना का नवीनीकरण किया गया और 1530 करोड़ रुपये की वित्तीय सहायता राज्य के छह बड़े शहरों जयपुर, कोटा, अजमेर, जोधपुर, उदयपुर तथा बीकानेर के लिए एशियन विकास बैंक से प्राप्त की गई। इस महती परियोजना के अन्तर्गत पेयजल, जल-मल निकास, सड़कों एवं पार्किंग का प्रबंध, कच्ची बस्ती, पर्यावरण-सुधार, कचरा, यातायात तथा अग्निशमन की व्यवस्था करना प्रमुख था। परियोजना के दूसरे चरण में राज्य के दस अन्य शहरों को सम्मिलित किया गया है।[28]

रियासती नगरों की विरासत को अक्षुण्ण रखने की दृष्टि से प्रारम्भ में जयपुर को लिया गया है। इसके ऐतिहासिक स्थलों का जीर्णोद्धार करके उनके महत्व को जीवित रखने के साथ पर्यटकों के लिए दर्शनीय बनाया जाना है। इसके लिए भी पर्याप्त धनराशि तथा रखरखाव के महत्व को स्वीकारा गया है। भविष्य में ये जहां नगर की प्राचीनता का परिचय देंगे वहीं उसके प्रति नई पीढ़ी में सम्मान की भावना उत्पन्न होगी। विश्व विरासत (हेरीटेज) नगर योजना के अन्तर्गत जयपुर के लिए एक ज्ञापन यूनेस्को को प्रस्तुत किया गया था।

किरायेदारी कानून

राजस्थान में वर्षों से मकान-मालिकों और किरायेदारों के बीच अपने-अपने हितों को लेकर जबर्दस्त संघर्ष चल रहा था। राजस्थान की विभिन्न अदालतों में वर्षों से मकान-मालिकों और किरायेदारों के बीच सैकड़ों मुकदमे राजस्थान किरायादार कानून, 1960 के अन्तर्गत चल रहे हैं। मालिक मकान खाली कराना चाहते हैं तो किरायेदार उनकी मांग के अनुसार न किराया बढ़ाना चाहते हैं और न उन्हें खाली करना चाहते हैं। इनमें अधिकतर विवाद दूकानों तथा वाणिज्यिक स्थानों को लेकर हैं। दूकानदारों का कहना है कि अगर उन्हें खाली कर दें तो वे जीविकोपार्जन के लिए अन्य स्थान पर कहां जायें ? दूसरा कारण यह बताते हैं कि व्यापार व्यक्ति के साथ स्थान से चलता है। इस समस्या का हल ढूंढ़ने के लिए भैरोंसिंह सरकार ने तत्कालीन विधि आयोग के अध्यक्ष न्यायाधीश विनोदशंकर दवे से नये कानून का प्रारूप तैयार करने का निवेदन किया था। आयोग ने प्रारूप तैयार करके सरकार को प्रस्तुत कर दिया था। मगर वह सरकार उस पर निर्णय नहीं कर सकी। गहलोत सरकार ने सन् 2001 में उसे विधानसभा से स्वीकृत करा लिया था लेकिन दूकानों के किरायदारों के विरोध के कारण क्रियान्वित नहीं हो सका। भाजपा की वसुन्धरा सरकार ने उसमें थोड़ा संशोधन करके लागू कर दिया है। लेकिन अभी तक उसकी सिफारिशों के अनुसार पूरे न्यायाधिकरण नहीं स्थापित हो पाये हैं। इन न्यायाधिकरणों में ऐसे विवादों का निपटारा किया जा सकेगा।

आम जनता को मुकदमेबाजी से छुटकारा दिलाने के लिए धारीवाल के मंत्रित्वकाल में ही एक अन्य कानून के एक प्रावधान को लागू करके दूरदर्शिता प्रगट की गई। राजस्थान नगरपालिका अधिनियम, 1959 में अदालतों के बाहर विवाद निर्णीत किये जाने का प्रावधान है। पहली बार इसके लिए समझौता समितियां गठित की गई ताकि न्यायालयों के बाहर नगरपालिकाओं/स्थानीय निकायों और नागरिकों के बीच चल रहे विवादों का निपटारा किया जा सके। समझौता समितियों के लिए 30 मई, 2001 को राजपत्र में अधिसूचना जारी की गई।[29]

सड़कों का विस्तार

सड़क द्वारा ही सभ्यता और विकास की गंगा एक स्थान से दूसरे स्थान पर बहती है। प्राचीनकाल से अब तक सभ्यता का प्रसार सड़कों के द्वारा ही होता आया है, चाहे वह समुद्री मार्ग हो, हवाई या जमीनी, इसीसे व्यापार बढ़ता है। राजस्थान देश का विशालतम राज्य है और साठ प्रतिशत भाग मरु है जिसमें सड़कें बने बिना आवागमन नहीं हो सकता है। यही स्थिति राज्य के पहाड़ी क्षेत्र की है। विकास के लिए पहली आवश्यकता पक्का मार्ग है। शहरों के विस्तार तथा बढ़ती

आबादी के कारण समय और तेल की बचत के लिए बाईपास आवश्यक हो गये हैं। सड़कों पर वाहनों के बढ़ते भार के कारण उनको चौड़ा करना, नवीनीकरण तथा रखरखाव पर पर्याप्त धनराशि खर्च करना अनिवार्य हो गया है। गहलोत सरकार के समय इस पर पूरा ध्यान दिया गया। इसके लिए दसवीं पंचवर्षीय योजना में नवीं से लगभग दुगुनी धनराशि का प्रावधान किया गया था। नवीं में यह राशि 4.8 प्रतिशत ही थी जिसे दसवीं में 8 प्रतिशत कर दी गई। दसवीं योजना 2002 से 07 के लिए है। कांग्रेस शासन में दिसम्बर, 1998 से जनवरी, 2003 तक 2 हजार 93 करोड़ रुपया खर्च किया गया था। जून 2002 तक 6 हजार 805 किलोमीटर लम्बी डामर सड़कों का निर्माण किया गया था। इससे 4 हजार 887 गांवों को जोड़ा जा सका था। इनमें 1201 पंचायत मुख्यालय थे। इसी काल में 19 हजार 337 किलोमीटर सड़कों का नवीनीकरण एवं सुदृढ़ीकरण किया गया था। इसके साथ अकाल राहत कार्यों के अन्तर्गत 32 हजार किलोमीटर ग्रेवल सड़कों का निर्माण किया गया था। प्रधानमंत्री ग्राम सड़क योजना के अन्तर्गत एक हजार से अधिक की जनसंख्या वाले 417 गांवों को जोड़ा गया। इस योजना के अन्तर्गत वर्ष 2001-2002 में देश में निर्मित सड़कों में से 69 प्रतिशत का निर्माण राजस्थान में हुआ था।[30]

गहलोत सरकार ने राज्य में सड़क-पुल निर्माण के लिए निजी क्षेत्र को आकर्षित करने की दृष्टि से राजस्थान सड़क अधिनियम 2002 बनाकर लागू किया था। इससे निजी निवेशकों की विभिन्न आशंकाओं का निराकरण हुआ। बी.ओ.टी. पद्धति के अन्तर्गत निजी निवेशकों ने 143 करोड़ का निवेश करके 18 परियोजनाओं को संपूर्ण किया था।[31] राज्य के विकास के लिए आधारभूत ढांचा सुदृढ़ करने की दृष्टि से ऊर्जा के बाद सड़क को द्वितीय प्राथमिकता गहलोत सरकार के समय में दी गई थी।

सौ वर्षों का त्रिकाल

राजस्थान में अकाल, दुष्काल, त्रिकाल की भीषण समस्या नई बात नहीं है। स्वतंत्रता के पश्चात् इससे निपटने तथा स्थायी समाधान के लिए सभी दलों की सरकारों ने पूरी निष्ठा के साथ प्रयत्न किये थे। हालांकि ये आरोप भी सारहीन नहीं हैं कि उनमें पर्याप्त भ्रष्टाचार हुआ था। धन का दुरुपयोग भी हुआ था और राजनीतिक लाभ के लिए अकाल को शासनारूढ़ दलों ने हथियार बनाया था। सन् 2002-03 का अकाल पिछले सौ वर्षों में भीषणतम था जिसमें सबसे कम 64 प्रतिशत बरसात हुई थी। अनावृष्टि के कारण राज्य के सभी 32 जिलों की तीन-चौथाई से अधिक 4.48 करोड़ जनसंख्या तथा 4.52 करोड़ पशुधन प्रभावित हुआ था। खरीफ की आधी से कम भूमि पर बुआई की जा सकी और वह भी वर्षा के अभाव में नष्ट हो गई। भू-जल 3.2 मीटर से 5.5 मीटर तक सूख गया था। जल स्रोतों में संग्रहित पानी अपनी क्षमता से नीचे 32 प्रतिशत

रह गया था।[32] वह पिछले निरन्तर अकाल का पांचवां वर्ष था। संयोग से अशोक गहलोत सरकार का भी वह अंतिम वर्ष था। इस अकाल से कृषि और पशुपालन पर ही निर्भर रहने वाले लगभग एक करोड़ परिवार प्रभावित हुए थे। उन्हें रोजगार की आवश्यकता थी। उनमें से 54 लाख भूमिहीन खेतीहर श्रमिक थे जो छोटे और सीमान्त श्रेणी के किसान थे और गरीबी रेखा से नीचे जीवनयापन करने वालों में से थे। उन्हें 31 जुलाई, 2003 तक माह में दस दिन का रोजगार उपलब्ध कराने के लिए 5600 करोड़ रुपयों की आवश्यकता थी।[33]

रोजगार के अतिरिक्त 14 हजार आबाद गांवों तथा 20 नगरपालिका क्षेत्रों में रेल तथा टैंकरों से पेयजल पहुंचाने की आवश्यकता थी। इसके लिए 508 करोड़ रुपयों की आवश्यकता थी।[34] पशुधन की रक्षा के लिए 66 लाख टन चारे की आवश्यकता थी। 31 जुलाई, 2003 तक 4.52 करोड़ पशुओं के लिए चारा पहुंचाने, गौशालाओं, शिविरों तथा केटल फीड हेतु राजकीय सहायता के 14 सौ करोड़ रुपयों की आवश्कयता थी।[35] गर्भवती महिलाओं, बच्चों, वृद्धजनों, अपंगों, बीमारों, असहायों और अकिंचनों को राजकीय सहायता की आवश्यकता थी।[36] उपरोक्त जानकारी राज्य सरकार ने केन्द्र को दिये ज्ञापन में दी थी। इससे अकाल की विभीषिका और राजकीय सहायता की उच्चतम सीमा का अनुमान किया जा सकता है।

केन्द्र में भाजपानीत राष्ट्रीय जनतांत्रिक गठबन्धन की सरकार थी और राजस्थान में कांग्रेस की। राजस्थान में बीसवीं शताब्दी के अंतिम दशक में द्विदलीय व्यवस्था स्थापित हो जाने के कारण भाजपा और कांग्रेस एक-दूसरे के स्थायी दुश्मन बन गये हैं। एक-दूसरे के मार्ग में रोड़े अटकाना दोनों की राजनीतिक बन्दूकें हैं। ऐसी ऐतिहासिक एवं प्राकृतिक विपदा का सामना बिना केन्द्रीय सहायता के नहीं किया जा सकता था। इसी स्थिति को समझकर नवें वित्त आयोग ने 'आपदा राहत कोष' स्थापित कर उसमें से 75 प्रतिशत धनराशि केन्द्रीय मद से तथा शेष 25 प्रतिशत राज्य मद से देने की सिफारिश की थी। हालांकि आठवें वित्त आयोग तक संपूर्ण सहायता केन्द्र द्वारा ही दी जाती थी। दसवें वित्त आयोग ने उसमें संशोधन कर उसका नामकरण 'राष्ट्रीय आपदा कोष' कर दिया था। ग्यारहवें वित्त आयोग ने राष्ट्रीय आपदा कोष को समाप्त कर उसके स्थान पर 'राष्ट्रीय आकस्मिक राहत निधि' की स्थापना की थी। इसमें राज्यों को विशेष परिस्थितियों के अनुसार धनराशि उपलब्ध कराने का प्रावधान किया गया था।[37]

राज्य सरकार ने अकाल की विभीषिका को दृष्टिगत रखकर 16 अगस्त, 2002 से ही राहत कार्य प्रारंभ कर दिये थे और केन्द्र से वित्त आयोग के प्रावधानों के अनुसार सहायता राशि उपलब्ध कराने के लिए ज्ञापन दिये। अंतिम ज्ञापन में राज्य सरकार ने अकाल-पीड़ितों को रोजगार, पशुधन की रक्षा, असहायों को आर्थिक सहायता, अन्य प्रकार की राजकीय सहायता, पेयजल तथा दवाओं के लिए कुल 7515.76 करोड़ रुपये की आवश्यकता बताई थी।[38]

राजस्थान सरकार का आक्षेप

मुख्यमंत्री अशोक गहलोत ने जुलाई, 2002 के अंतिम सप्ताह से ही केन्द्रीय सहायता प्राप्त करने का प्रयत्न प्रारम्भ कर दिया था। उन्होंने अनाज तथा नकद सहायता के लिए प्रधानमंत्री, उपप्रधानमंत्री तथा अन्य केन्द्रीय मंत्रियों को दो माह में 23 पत्र लिखे तथा 14 बार भेंट की। इसके बावजूद खाद्यान्न की पहली सहायता 27 सितम्बर, 2002 को प्राप्त हुई थी जबकि राज्य सरकार ने अपना ज्ञापन 2 अगस्त, 2002 को दे दिया था।[39] राज्य सरकार ने केन्द्र पर आरोप लगाया था कि केन्द्र द्वारा टुकड़ों-टुकड़ों में निर्णय करने के परिणामस्वरूप राजस्थान में अनिश्चितता का वातावरण व्याप्त हो रहा है। अकाल राहत कार्यों को योजनाबद्ध ढंग से चलाने में भारी कठिनाई आ रही है। यह भी आरोप लगाया गया था कि केन्द्र ने राहत के मामले में राजस्थान और आन्ध्रप्रदेश राज्यों के बीच भेदभाव किया था। चूंकि आन्ध्र में राष्ट्रीय जनतांत्रिक गठबन्धन (राजग) के घटक तेलगूदेशम पार्टी की सरकार थी और राजस्थान में उसके प्रतिपक्षी कांग्रेस की सरकार थी। इसलिए यह भेदभाव किया गया था । राजस्थान का यह भी आक्षेप था कि ग्यारहवें वित्त आयोग की सिफारिश के अनुसार विशेषज्ञों का एक निकाय 'राष्ट्रीय आपदा प्रबंधन केन्द्र' (एन.सी.सी.एम.) की स्थापना करनी थी किन्तु उसका गठन नहीं किया गया जबकि उसका निर्णय 2000-01 में ही किया जा चुका था। चौथा आरोप था कि राष्ट्रीय आकस्मिक राहत निधि के अन्तर्गत करों पर अधिभार लगाने का प्रावधान था मगर वह भी नहीं लगाया गया।[40]

उक्त प्रतिवेदन में राज्य सरकार ने 1987-88 के अकाल के दौरान केन्द्र की राज्य के प्रति निष्ठा, सद्भावना तथा सहायता का पूर्ण तुलनात्मक विवरण उपलब्ध किया है जब केन्द्र में कांग्रेस की राजीव गांधी की सरकार थी और राजस्थान में भी कांग्रेस की सरकार थी। उन आंकड़ों के अनुसार तब केन्द्र ने राजस्थान को 699 करोड़ रुपया नकद तथा 7 लाख टन खाद्यान्न उपलब्ध कराया था। राजस्थान के ज्ञापनों पर एक माह में निर्णय हो गया था। केन्द्रीय सहायता का निर्णय सितम्बर, 1987 यानी वर्षाकाल की समाप्ति के साथ ही कर दिया गया था। अकालग्रस्त प्रत्येक राज्य के लिए एक केन्द्रीय मंत्री को स्वतंत्र जिम्मेदारी सौंपी गई थी। प्रधानमंत्री ने सूखाग्रस्त क्षेत्रों का स्वयं भी दौरा किया था।[41]

भाजपा का प्रत्यारोप

केन्द्रीय सहायता को लेकर उस वर्ष राजस्थान और केन्द्र के बीच बड़ा विवाद पैदा हो गया था। प्रमुख विपक्ष भाजपा ने राज्य की कांग्रेस सरकार पर आरोप लगाये थे कि वह अकाल-पीड़ितों के प्रति सदाशयी नहीं है। अकाल प्रबंध निकम्मा है। केन्द्रीय सहायता के अन्तर्गत उपलब्ध कराया

गया अनाज नहीं उठा पाई। राज्य सरकार ने अपने कोष से एक भी पैसा खर्च नहीं किया और केन्द्रीय सहायता नहीं देने या विलम्ब को राजनीतिक मुद्दा बना रही है जबकि बारां जिले के आदिवासी क्षेत्र में सहारिया जाति के ग्यारह बच्चे राजकीय सहायता के अभाव में 'भूख' से मर गये। कांग्रेस सरकार ने इन सभी आरोपों को अस्वीकार किया और प्रत्यारोप लगाया कि चुनाव का वर्ष होने से कांग्रेस को बदनाम करने के लिए मनगढ़ंत आरोप लगाये गये हैं। कांग्रेस सरकार ने जांच के आधार पर यह प्रमाणित किया कि "वे बच्चे भूख से नहीं बीमारी से मरे थे।"

तत्कालीन केन्द्रीय संचार मंत्री तथा भाजपा के तेज-तर्रार नेता स्वर्गीय प्रमोद महाजन ने केन्द्रीय सहायता के विवाद को न केवल राजनीतिक बल्कि सार्वजनिक तक कर दिया था। चुनाव अभियान के अन्तर्गत जयपुर के विशालतम स्थल अमरूदों के बाग में 23 नवम्बर, 2002 को आयोजित एक महती किसान रैली में दातार की भाषा में महाजन ने कहा कि "पहले जारी सहायता के खर्चे का प्रमाणपत्र दो और अगली किश्त ले लो।" उन्होंने केन्द्रीय सहायता का 'समुचित उपयोग' न करने का आरोप लगाया और अपनी सफाई दी कि " केन्द्रीय सरकार अकाल-पीड़ित जनता को राज्य सरकार के 'पाप' की सजा नहीं देना चाहती है।"[42]

यद्यपि भाजपानीत केन्द्रीय सरकार ने सहायता नहीं दी जाएगी, ऐसा कभी नहीं कहा। केन्द्र से कुल कितनी सहायता उपलब्ध कराई जायेगी, इसकी 'पूर्ण घोषणा' फरवरी 2003 तक नहीं की थी। फरवरी 2003 तक राष्ट्रीय आपदा आकस्मिक निधि, गौशाला अनुदान तथा किसानों के लिए इम्पुट सब्सिडी के लिए केवल 168.34 करोड़ रुपया और 8.10 लाख मेट्रिक टन गेहूँ प्राप्त हुआ था। साथ ही जुलाई 2003 तक के लिए 21 लाख मेट्रिक टन गेहूँ के आवंटन का निर्णय 13 फरवरी, 2003 को घोषित किया गया था[43] जबकि राज्य सरकार ने 56 लाख टन तो केवल अनाज ही मांगा था। भाजपा नेताओं को आपत्ति थी कि राज्य सरकार को 'ऋण' लेकर अकाल-पीड़ितों की सहायता करना चाहिए जबकि राज्य सरकार केन्द्रीय सहायता प्राप्त करना अपना संवैधानिक अधिकार मानती थी। यह बात उसने अपने पत्रों, बयानों तथा ज्ञापनों में कही थी। अगली बरसात होने तक अनाज जारी होने, न होने, उठाने, नहीं उठाने की सांप सीढ़ी का खेल भाजपा-कांग्रेस सरकारें खेलती रहीं।

नम्बर वन मुख्यमंत्री

इस राजनीतिक खेल के बावजूद अशोक गहलोत सरकार ने शताब्दी के भीषण अकाल की कुशल व्यवस्था की थी। देश की प्रमुख समाचार पत्रिका 'इंडिया टुडे' ने अपने सर्वेक्षण में गहलोत को देश का 'नंबर वन' मुख्यमंत्री घोषित किया था। तत्कालीन राज्यपाल न्यायमूर्ति अंशुमानसिंह ने 24 फरवरी, 2003 को विधानसभा के बजट सत्र के उद्घाटन भाषण में कहा था कि "राज्य में कोई भी व्यक्ति भूखा न सोये ; इसके लिए सरकार ने अपनी ओर से पुख्ता इंतजाम

किया है। ग्रामीण क्षेत्रों में तहसीलदार, पटवारी, ग्रामसेवक, पंच तथा सरपंच को यह जिम्मेदारी सौंपी गई है कि वे यह सुनिश्चित करें कि प्रत्येक जरूरतमंद व्यक्ति को यथासमय अनाज उपलब्ध हो। प्रत्येक ग्राम स्तर पर एक कर्मचारी को इन व्यवस्थाओं को सुचारू रूप से चलाने की जिम्मेदारी दी गई है।''[44]

राज्यपाल ने बताया कि ''संसाधनों की कमी व नियोजन की अत्यधिक मांग को ध्यान में रखते हुए बेहतर अकाल प्रबंधन के लिए राहत कार्यों पर दस दिन की पारी पर श्रमिकों को नियोजित किया जा रहा है। श्रमिकों को मजदूरी का भुगतान पारी समाप्ति के दस दिन के भीतर करना सुनिश्चित किया गया है। मजदूरी का 75 प्रतिशत भुगतान गेहूँ तथा 25 प्रतिशत नकद के रूप में किया जा रहा है।'' न्यायमूर्ति अंशुमानसिंह ने बेहतर अकाल प्रबंधन पर प्रशंसा प्रकट करते हुए कहा कि ''समय पर भुगतान, 50 से 60 रुपये तक की मजदूरी का औसत तथा भ्रष्टाचार की कोई बड़ी शिकायत नहीं, इन तीन बातों की सराहना पूरे देश में हुई है।''[45]

राहत कार्यों के सुप्रबन्धन और पर्याप्त काम के फलस्वरूप पीड़ितों को इतनी आय हुई कि गांववाले बताते थे कि उनके न केवल रोजमर्रा के खर्चे निकल गये बल्कि पुराने कर्जे तक चुका दिये गये। शादियों और गमियों पर भावना के अनुकूल खर्चे किये। देवी-देवताओं की पूजन पर पूरा खर्चा किया। जुलाई 2003 तक लगभग बत्तीस लाख मेट्रिक टन अनाज पीड़ितों के पास पहुँचा। उन्होंने उसमें से काफी मात्रा में बाजारों में बेचा और अपनी दरिद्रता दूर की। खरीददार व्यापारी भी प्रसन्न थे। सभी तरह की चीजों की पर्याप्त बिक्री हुई। व्यापारी, सरकारी कर्मचारी और अकाल-पीड़ित व्यवस्था से प्रसन्न थे।

गहलोत सरकार ने राज्य के विकास के लिए 'आधारभूत ढांचे' को मजबूत करने की दृष्टि से योजनाबद्ध ढंग से सारे काम हाथ में लिये थे। आधारभूत ढांचे के लिए सात क्षेत्र निश्चित किये गये थे। पहली प्राथमिकता बिजली को दी गई। दूसरी सड़क, तीसरा नगरीय विकास, चौथी जल, पांचवीं आई.टी. एवं टेलीकाम, छठी शिक्षा तथा सातवीं स्वास्थ्य।[46] सातों प्राथमिकताओं पर एकसाथ युद्धस्तर पर काम शुरू किया गया। मुख्यमंत्री का कहना था कि 'पांच वर्ष का समय निश्चित है और उसमें इनको पूरा करना है।'

मध्यप्रदेश में से छत्तीसगढ़ पृथक राज्य बन जाने के बाद राजस्थान देश का सबसे बड़ा 'भूभाग' वाला राज्य हो गया जो देश के कुल क्षेत्र का दसवां भाग है। राज्य में देश के लगभग पांच प्रतिशत लोग बसते हैं। राज्य का दो-तिहाई भाग मरु एवं अर्द्ध मरु है। वार्षिक औसत वर्षा केवल 58 सेन्टीमीटर होती है जो देश में सबसे कम है। राज्य में निरन्तर बहने वाली केवल दो नदियां हैं। राज्य में मात्र एक प्रतिशत भूजल उपलब्ध है। औसतन पांच में से तीन वर्षों का अकाल पड़ने से भूजल का स्तर निरन्तर गिरता जा रहा है। राजस्थान के निर्माण के पचासवें वर्ष तक उपलब्ध भूजल से 90 प्रतिशत पेयजल की तथा साठ प्रतिशत सिंचाई की पूर्ति होती है। राज्य के 203 खंडों में से सन् 2001 तक सिर्फ 54 में पानी रह गया था। विकास तथा आधारभूत ढांचा विकसित करने का प्रतिव्यक्ति व्यय देश में सर्वाधिक राजस्थान का है।[47]

प्रशासनिक सुधार

गहलोत ने आधारभूत ढांचा सुदृढ़ करने के साथ प्रशासन में कुशलता बढ़ाने के लिए पूर्व मुख्यमंत्री तथा ख्यातिप्राप्त प्रशासक शिवचरण माथुर की अध्यक्षता में प्रशासनिक सुधार आयोग का गठन किया था जिसने तीन वर्षों के अल्पकाल में ग्यारह प्रतिवेदन सरकार को सुपुर्द किये थे। उनमें प्रथम राजस्व-प्रशासन, द्वितीय रजिस्ट्रेशन एवं स्टाम्पूस, तृतीय नगरीय संपत्ति पर कर, गृहकर, भू एवं भवन कर तथा शहरी जमाबंदी का निर्धारण, चतुर्थ राजकर्मियों का स्थानान्तरण, पंचम जन अभाव-अभियोगों का निराकरण, षष्ठम विद्युतक्षेत्र में सुधार, सप्तम पंचायतीराज, अष्टम पुलिस, नवम राजकीय वाहनों के खर्च में मितव्ययता, दशम आदर्श स्थानान्तरण नीति तथा एकादशम पेट्रोल, गैस तथा लिग्नाइट के संबंध में था। इन प्रतिवेदनों को उसी रूप में स्वीकार करने तथा क्रियान्वित करने को लेकर आयोग तथा सरकार के बीच मतभेद भी पैदा हुए थे। मंत्रिमंडल ने उन पर विचार करके एक मंत्रिमंडलीय उपसमिति गठित कर दी थी। प्रशासनिक सुधार एवं समन्वय विभाग के वार्षिक प्रतिवेदन के अनुसार मंत्रिमंडलीय उपसमिति के सुझाव के अनुसार उन्हें संबंधित विभागों के माध्यम से क्रियान्वित करने के लिए भेज दिया गया था। लेकिन आयोग की सिफारिशों के अनुसार सुधार या परिवर्तन तब तक प्रकाश में नहीं आया।[48]

आम जनता के सरकारी कार्यालयों में वर्षों से अटके मामलों को निपटाने तथा दैनंदिन कार्य जैसे राशनकार्ड, नागरिकता प्रमाणपत्र जारी करना, अन्य प्रमाणपत्र लेना या दस्तावेजों की प्रतियां लेना आदि के लिए 'प्रशासन गांवों की ओर तथा प्रशासन शहरों की ओर', के शिविर लगाये गये थे। पहले केवल राजस्व शिविर ही लगते थे। गहलोत सरकार ने हर तहसील तथा नगरों में ऐसे शिविर कई बार लगाये जिनमें आम जनता के मामले निपटाये गये। इन शिविरों में सत्तर लाख मामले निर्णीत किये गये थे।

स्वतंत्रता सेनानियों का इतिहास

राजस्थान निर्माण की पचासवीं वर्षगांठ के उपलक्ष में मुख्यमंत्री अशोक गहलोत ने एक अभूतपूर्व निर्णय लिया जिसकी सभी क्षेत्रों में प्रशंसा हुई। मुख्यमंत्री की अध्यक्षता में राजस्थान स्वर्ण जयन्ती समारोह समिति का गठन किया गया जिसके संयोजक पूर्व केन्द्रीय मंत्री, कांग्रेस के महासचिव, तत्कालीन विधायक एवं वर्तमान में गुजरात के राज्यपाल पं. नवलकिशोर शर्मा नियुक्त किये गये थे। समिति की एक अन्य उपसमिति राजस्थान स्वर्ण जयन्ती प्रकाशन समिति को स्वतंत्रता संग्राम का इतिहास तथा स्वतंत्रता सेनानियों के जीवन वृत्त प्रकाशित करने का दायित्व सौंपा गया था। समिति 'राजस्थान में स्वतंत्रता संग्राम के अमरपुरोधा' ग्रन्थमाला के अन्तर्गत तब तक 65 दिवंगत सेनानियों की जीवनियां प्रकाशित कर चुकी थी। एक बृहद् पुस्तक 'भारत के स्वतंत्रता

संग्राम में – राजस्थान' नाम से आजादी से पूर्व का इतिहास प्रकाशित किया है। 'राजस्थान में प्रजामंडल आंदोलन' शृंखला के अन्तर्गत रियासतों में स्वतंत्रता संघर्ष के पांच खण्ड प्रकाशित हो चुके हैं। 'राजस्थान के प्रकाश स्तंभ' ग्रंथमाला के अन्तर्गत आठ खण्ड प्रकाशित किये जा चुके हैं जिनमें स्वतंत्रता सेनानियों के साथ ही शासन-प्रशासन, न्याय, शिक्षा, चिकित्सा, उद्योग-व्यापार, कला-संगीत, साहित्य, पत्रकारिता, विज्ञान, अर्थशास्त्र, इंजीनियरिंग आदि सभी क्षेत्रों की 432 दिवंगत प्रतिभाओं के संक्षिप्त में जीवनचरित्र प्रकाश में लाये जा चुके हैं। 'स्वतंत्रता संग्राम की गीतांजली' नामक ग्रंथ में हिन्दी, राजस्थानी तथा उर्दू खण्डों में दिवंगत स्वतंत्रता सेनानियों द्वारा स्वतंत्रता आन्दोलन के दौरान जन-जागरण हेतु रचित जागरण गीतों पर संकलन प्रकाशित किया गया है। ये गीत आन्दोलनों के समय जनसभाओं में गाये जाते थे। एक पुस्तक 'रियासती राजपूताना से जनतांत्रिक राजस्थान' प्रकाशित की गई है। इसमें राजस्थान के एकीकरण से संबद्ध कतिपय ऐतिहासिक दस्तावेज मूलरूप में प्रकाशित किये गये हैं। एक पुस्तक 'स्वतंत्रता संग्राम और राजस्थान' (1857-1956) प्रकाशित की है। इसमें राजस्थान में 1857 की क्रांति से लेकर राज्य के कई आंदोलनों और राज्य के एकीकरण तक का इतिहास है। एक अन्य बृहद् ग्रंथ 'राजस्थान : नूतन-पुरातन' प्रकाशित किया गया है जिसे राजस्थान विषयक सम्पूर्ण संदर्भ ग्रंथ कहा जा सकता है।

पुस्तकों के संपादन के लिए तीन सदस्यीय संपादकमंडल का गठन किया गया था जिनमें भारतीय प्रशासनिक सेवा के दो पूर्व अधिकारी लक्ष्मीचन्द गुप्त और कन्हैयालाल कोचर तथा तीसरे सदस्य वरिष्ठ पत्रकार एवं राजस्थान पर प्रकाशित विभिन्न सामग्रियों के संकलनकर्त्ता सीताराम झालानी शामिल हैं।

एक अन्य निर्णय द्वारा गहलोत ने स्वर्ण जयन्ती के उपलक्ष में राज्यभर के सरकारी भवनों, शिक्षा तथा चिकित्सा संस्थानों का नामकरण उसी स्थान के दिवंगत सेनानियों के नामों पर कर उनकी स्मृतियों को अमर कर दिया है। इससे स्थानीय लोगों और नई पीढ़ी को यह पता लगा कि हमारे देश की स्वतंत्रता के लिए किन-किन लोगों ने अपने प्राण न्यौछावर किये या किन्हीं प्रकार से योगदान किया था अन्यथा लोग उन्हें भुला चुके थे। इन पुस्तकों को राजकीय पुस्तकालयों में रखने का आदेश भी उसी समय गहलोत ने जारी कर दिया था। स्वतंत्रता सेनानियों में कई ऐसे लोग थे जो जेल नहीं गये थे और भूमिगत रहकर आंदोलन की मदद की थी या उसे पीछे से जारी रखा था। गहलोत सरकार ने स्वतंत्रता सेनानियों को मिलने वाली मासिक पेंशन तथा चिकित्सा सहायता देने के नियमों में संशोधन किया। इससे अनेक वृद्ध स्वतंत्रता सेनानी, जो उस सहायता से वंचित रह गये थे, उन्हें अब वही पेंशन मिलने लगी है और उनका नाम भी स्वतंत्रता सेनानियों की सूची में जुड़ गया है।

पानी बचाओ, बिजली बचाओ, सबको पढ़ाओ

कोई भी देश केवल सरकार, पुलिस, सेना तथा कानून से मजबूत नहीं होता है। इसी प्रकार सामाजिक बुराइयाँ मात्र कानूनों से समाप्त नहीं होती हैं। उन्हें रोकने के लिए नियम-कायदे बनाने से भ्रष्टाचार व तस्करी बढ़ती है तथा उससे बचने के लिए व्यक्ति में अपराधवृत्ति बढ़ती है। इसके स्थान पर नागरिकों में देशभावना तथा राष्ट्रीयप्रेम की जागृति उत्पन्न करने की आवश्यकता होती है। महात्मा गांधी, विनोबा भावे तथा जयप्रकाश नारायण के बाद जनता ने ऐसे किसी राजनेता को स्वीकार नहीं किया है जिसे आदर्श मानकर अपना जीवन उनके अनुसार ढालने का प्रयत्न करे या उनका अनुसरण करे। स्वतंत्रता के बाद देश में हर क्षेत्र में उच्छृंखलता बढ़ती जा रही है। व्यक्तियों में असंतोष बढ़ता जा रहा है। जितनी सुविधाएं बढ़ाई जा रही हैं उतना ही लोगों का दुख तथा आकांक्षाएं बढ़ती जा रही हैं। त्याग समाप्त होता जा रहा है। नाम के लिए दान-पुण्य हो रहा है। पूजा स्थलों की संख्या बढ़ती जा रही है। गली-गली, गांव-गांव में मंदिर-मस्जिद निर्मित हो रहे हैं। लोगों में ईश्वर और धर्म के प्रति आस्था बढ़ रही है। धार्मिक नेताओं की बाढ़ आ रही है। उनमें लाखों की भीड़ उमड़ती है। वे आस्था के स्थान पर मनोरंजन एवं मिलन के स्थान होते जा रहे हैं। ऐसी सामाजिक स्थिति में गहलोत ने एक नया नारा दिया 'पानी बचाओ, बिजली बचाओ, सबको पढ़ाओ'। अति उत्साह में राजस्थान माध्यमिक शिक्षा मंडल की पाठ्यपुस्तकों, राजकीय प्रकाशनों और विज्ञापनों पर नारे के नीचे मुख्यमंत्री का नाम अशोक गहलोत भी मुद्रित कर दिया गया था। मुख्यमंत्री का नाम मुद्रित करने का भाजपा तथा विधानसभा में तत्कालीन विपक्ष के नेता भैरोंसिंह शेखावत ने विरोध किया। उन्होंने नाम पर काली स्याही पोतने का अभियान भी चलाया। इससे एक अच्छा नारा राजनीति का शिकार हो गया। दिसम्बर 2003 में भाजपा की सरकार आने के बाद वह नारा लिखना ही बंद कर दिया गया।

सूचना का अधिकार

भ्रष्टाचार मिटाने के लिए भाजपा की भैरोंसिंह सरकार के समय देश की प्रमुख संघर्षशील सामाजिक नेत्री अरुणाराय के नेतृत्व में सूचना का अधिकार प्राप्त करने के लिए अभियान शुरू किया गया था। श्रीमती अरुणाराय भारत में गरीबों की दशा से चिन्तित वह महिला है जो भारतीय प्रशासनिक सेवा के उच्चपद को लात मारकर राजस्थान में जन-जागरण के लिए जोगण बनकर लगी हुई है। जयपुर और ब्यावर में दो सम्मेलन हुए थे जिनमें कई प्रमुख लोग और पत्रकार शामिल हुए थे। जयपुर में धरना तथा प्रदर्शन का भी कार्यक्रम हुआ था। राजसमन्द जिले के देवगढ़ कस्बे में आयोजित एक समारोह में पूर्व प्रधानमंत्री वी.पी. सिंह ने भी भाग लिया था। मैगसैसे अवार्ड से विभूषित अरुणाराय राजस्थान में कई वर्षों से जनजागरण के अभियान में लगी हुई हैं। राजसमन्द

जिले के एक गांव में मजदूर-किसान शक्ति संगठन का मुख्य कार्यालय है जिसके झंडे तले ही उन्होंने सूचना का अधिकार प्राप्त करने का अभियान चलाया था। गहलोत सरकार ने इस अधिकार को मान्यता प्रदान कर सन् 2000 में 'राजस्थान सूचना अधिकार अधिनियम' विधानसभा से पारित कराया था। अब संसद ने भी देशभर के लिए यह अधिनियम बना दिया है जो दशहरा 2005 को लागू हो गया है।

भ्रष्टाचार समाप्ति के लिए 1997 में मुख्यमंत्रियों के सम्मेलन में "राज्यों में स्वच्छ, संवेदनशील, पारदर्शी एवं उत्तरदायी शासन उपलब्ध कराने की दृष्टि से विभिन्न विभागों की कार्यप्रणाली पर नागरिक अधिकार पत्र जारी करने पर बल दिया गया था।" गहलोत सरकार ने इस निर्णय को सन् 2002 में ही लागू कर दिया था। उसी वर्ष में राज्य के 44 विभागों के नागरिक अधिकार पत्र भी जारी हो चुके थे।[49] इसका उल्लंघन करने पर राजकर्मी को दंडित करने का प्रावधान है।

तकनीकी एवं उच्चशिक्षा का विस्तार

गहलोत शासन के समय साक्षरता बढ़ाने के साथ उच्चशिक्षा की सुविधाओं का विस्तार किया गया था जो अपने आप में एक इतिहास बन गया क्योंकि इससे पूर्व किसी मुख्यमंत्री के काल में इतना काम नहीं हुआ था। राजस्थान की भौगोलिक स्थिति में चाहे सार्वजनिक क्षेत्र हो या निजी, रोजगार बढ़ाने के साधन सीमित हैं। इसके विपरीत राजस्थान देश के उन छह राज्यों में से है जहां प्रतिदशक जनसंख्या वृद्धि की दर औसत से अधिक है। इसलिए तकनीकी तथा अन्य उच्चशिक्षा की सुविधाओं में विस्तार से योग्य व्यक्ति तैयार किये जा सकते हैं जो देश-विदेश में कहीं भी अपना जीवन-यापन कर राज्य की श्रीवृद्धि कर सकते हैं।

राजस्थान में 1998-99 तक इंजीनियरिंग की आठ शिक्षण संस्थाएं थीं जिनमें 1606 विद्यार्थी शिक्षा ग्रहण कर सकते थे। गहलोत सरकार ने उनमें वृद्धि करके 2002-03 तक 30 कर दी तथा 7684 स्थानों की सुविधा प्रदान कर दी। ऐसे ही एम.सी.ए. की 5 के स्थान पर 15 तथा 270 सीटों में वृद्धि करके 890 कर दी गई। एम.बी.ए. की दस संस्थाओं में वृद्धि कर के उन्हें दुगुना कर दिया। उनमें 481 की जगह 1078 की सुविधा हो गई। फार्मेसी की दस से 13 और सीटें 700 से 960 कर दी गईं। 24 पॉलीटेकनिक की संस्थाएं न बढ़ाकर उनकी सीटें 2150 से 2540 कर दीं। आई.टी.आई. की 138 संस्थाओं को बढ़ाकर 153 कर दिया और उनकी सीटें 12,156 से 13,184 कर दी गईं।

इसी तरह निजी क्षेत्र में 13 मेडिकल कॉलेज, 20 डेन्टल कॉलेज, 6 नर्सिंग कॉलेज तथा 27 नर्सिंग स्कूल और खोलने के लिए 'अनापत्ति प्रमाणपत्र' उसी काल में जारी कर दिये गये थे। इससे उच्च तकनीकी शिक्षा में योग्य युवक-युवतियों की संख्या में भारी वृद्धि संभव हो जाएगी।[50]

उच्चशिक्षा के क्षेत्र में भी गहलोत काल में ऐतिहासिक काम हुआ। राज्य में पांच नये विश्वविद्यालयों की स्थापना की गई। अब इनकी संख्या बढ़कर 13 हो गई है। वित्तीय वर्ष 2001-2002 में जोधपुर में विधि विश्वविद्यालय, 2002-03 में कोटा एवं बीकानेर में बहुसंकाय विश्वविद्यालय, जोधपुर में ही आयुर्वेद विश्वविद्यालय तथा उदयपुर में कृषि विश्वविद्यालय स्थापित किये गये। विधि एवं आयुर्वेद के पृथक-पृथक विश्वविद्यालयों की स्थापना उन विषयों की शिक्षा को मान देने के समान है।विधि विश्वविद्यालय में निदेशक के पद पर जिन शिक्षाशास्त्री को नियुक्त किया गया है वे पहले बंगलौर में थे और इस विषय के बहुत ही विख्यात विद्वान हैं। इस विश्वविद्यालय में विधि की शिक्षा परम्परागत शिक्षण से बिल्कुल भिन्न है। आयुर्वेद विश्वविद्यालय की स्थापना से इस विषय में नया शोधकार्य हो सकेगा तथा भारत की प्राचीन विद्या पुनर्जीवित हो सकेगी।

पेराटीचर्स का आंदोलन

प्राथमिक शिक्षा की सुविधाओं में विस्तार करने से 2003 तक 23 लाख नये बच्चे स्कूल जाने लगे। उनके लिए 21,453 नये स्कूल खोले गये। लगभग 35 हजार पेराटीचर्स की नियुक्ति की गई। विकेन्द्रित योजना के अन्तर्गत अपर प्राइमरी स्कूलों में 8806 महिला पेराटीचर्स को नियुक्त किया गया। यह सारा अभियान राजीव गांधी स्वर्णजयन्ती पाठशाला योजना के अन्तर्गत चलाया गया जिनमें दस लाख बच्चों को कम खर्चे में अधिक प्रभावशाली तथा तीव्र गति से प्राथमिक शिक्षा प्रदान की गई।[51] प्रारम्भ में आठवीं पास तक के व्यक्तियों को चार सौ रुपये मासिक पर पेराटीचर्स नियुक्त किया गया था। उन्हें पार्ट टाइमर्स रखा गया था। नियुक्ति पाने वालों में स्नातक तथा स्नातकोत्तर शिक्षा प्राप्त लोग भी थे। राजीव गांधी पाठशाला में काम करने के बाद गांवों में अन्य रोजगार पैदा करने का और कोई साधन भी नहीं था। इससे पेराटीचर्स में जबर्दस्त असंतोष बढ़ा। समय-समय पर उनके मानदेय में वृद्धि करके दो वर्ष तक की सेवा अवधि पूरा करने वालों को सोलह सौ रुपये तक बढ़ा दिया गया था। लेकिन जीवनयापन लायक तथा अन्य राजकीय अध्यापकों के वेतन से काफी कम होने के कारण उनका आंदोलन गहलोत शासन तक चलता ही रहा। भाजपा की वसुन्धरा राजे सरकार ने लोकसेवा आयोग के जरिये उनमें से तृतीय श्रेणी के शिक्षक चयन करने का निर्णय किया है। इससे उनकी एकता भंग हो गई है। चयन प्रक्रिया पूर्ण होने पर क्या स्थिति बनती है, उस पर निर्भर करेगा ?

निर्बल को सबल

राज्य में मानवाधिकार आयोग स्थापित करने की मांग वर्षों से चल रही थी। गहलोत सरकार ने 22 मार्च, 2002 को इस आयोग की स्थापना की और उसका अध्यक्ष न्यायमूर्ति ही नियुक्त

करने का प्रावधान रखा गया। इसी प्रकार पहला महिला आयोग भी उसी काल में गठित किया गया। इसके लिए सन् 1999 में नया कानून बनाया गया। सन् 2001 में राजस्थान राज्य अल्पसंख्यक आयोग अधिनियम बनाया गया। आयोग के अध्यक्ष को राज्यमंत्री का दर्जा दिया गया जो पहले नहीं था और न वैधानिक स्तर था। ऐसे ही अनुसूचित तथा जनजाति और अन्य पिछड़ी जाति आयोगों को वैधानिक स्वरूप प्रदान किया गया।

सन् 1998 से 2003 तक कांग्रेस सरकार की सबसे अच्छी बात यह रही कि विकास का लक्ष्य स्पष्ट था। कांग्रेस घोषणापत्र में आधारभूत ढांचा सुदृढ़ करने के लिए प्राकृतिक के साथ समाज के निर्बल वर्ग की स्थिति में सुधार करना प्रमुख ध्येय था। निर्बल वर्ग हर दृष्टि से कमजोर था। उसके पास पेट भरने की न कोई पुख्ता व्यवस्था, न तन ढकने के लिए पूरा कपड़ा, न सिर छिपाने के लिए पक्का मकान, स्वास्थ्य और शिक्षा की सुविधा का उपयोग करना तो उसके लिए दिवास्वप्न के समान था। इसलिए उस काल में बीमारी के इलाज के लिए गरीबी रेखा से नीचे जीवनयापन करने वाले 23 लाख परिवारों को मेडिकल रिलीफ कार्ड दिये गये। गंभीर बीमारियों के इलाज के लिए मुख्यमंत्री जीवनरक्षा कोष की स्थापना की गई जिससे गरीबी रेखा से नीचे जीवनयापन करने वाले 1571 तथा इससे ऊपर के 2659 रोगियों को सोलह करोड़ रुपये की सहायता दी गई। पांच हजार के राष्ट्रीय औसत से भी नीचे 4344 की जनसंख्या पर एक स्वास्थ्य उपकेन्द्र स्थापित किया गया।[52]

समाज के निर्बल छात्रों को मेडिकल तथा तकनीकी कॉलेजों में प्रवेश की व्यवस्था उन्नत करने के लिए उनके आरक्षण का कोटा दुगुना कर दिया गया। अब अनुसूचित जाति के प्रवेश का कोटा 8 से 16 प्रतिशत एवं अनुसूचित जनजाति के छात्रों के लिए 6 से 12 प्रतिशत कर दिया गया। पहले अन्य पिछड़ी जातियों के लिए इन कॉलेजों में कोई आरक्षण नहीं था जो अब 20 प्रतिशत कर दिया गया था।[53]

राजकीय नौकरियों में महिलाओं का आरक्षण 20 से तीस प्रतिशत तथा विकलांगों के लिए तीन प्रतिशत तक रोजगार देने का आदेश जारी किया गया। भोपाल घोषणा के अनुसार अनुसूचित जाति तथा अनुसूचित जनजाति के लिए राजकीय सेवाओं में पिछली रिक्तियां भरने की अधिसूचना भी जारी की गई।[54]

महिलाओं को यौनशोषण से बचाने के लिए सेवा नियमों में संशोधन किया गया। नारी शिक्षा में वृद्धि के लिए स्नातकोत्तर तक निःशुल्क शिक्षा की गई। इसी तरह से अनुसूचित जाति तथा जनजाति के छात्रों को स्नातक तक निःशुल्क शिक्षा देने का निर्णय किया गया। उपरोक्त छात्रों को मैट्रिक से पूर्व तथा बाद में छात्रवृत्तियां दी जाने लगीं। उच्चतम न्यायालय के आदेश के अनुसरण में 60 हजार स्कूलों के 70 लाख छात्रों को 'मिड-डे-मील' (घूघरी) दिया जाने लगा। आई.सी.डी.एस. कार्यक्रम के अन्तर्गत 30 लाख बच्चों को पौष्टिक पदार्थ देने के आदेश हुए।[55]

राजस्थान फाउंडेशन

राजस्थान में आर्थिक साधनों के अभाव तथा निरन्तर अकाल के बावजूद गहलोत सरकार ने विदेशों में बसे राजस्थानियों को अपने पैतृक स्थान से जोड़ने की दृष्टि से पहली बार उनका जयपुर में सम्मेलन आयोजित किया। इस सम्मेलन में अस्सी देशों में बसे 440 राजस्थानियों ने भाग लिया था। 23-24 सितम्बर, 2000 को जयपुर में सम्पन्न अन्तर्राष्ट्रीय राजस्थानी सम्मेलन ने भावनात्मक रिश्ता कायम करने के साथ राज्य के औद्योगिक विकास एवं सामुदायिक सेवाओं के क्षेत्र में निवेश की संभावनाओं को जन्म दिया। उसका परिणाम अब दिखाई भी देने लगा है। चूरू में जन्मे विश्व के 'स्टील किंग' एल. एन. मित्तल ने पहल की है। सम्मेलन के बाद सरकार ने 'राजस्थानी फाउंडेशन' के नाम से एक विभाग ही स्थापित कर दिया। कोयम्बटूर तथा चेन्नई में उसके चैप्टर्स स्थापित किये जा चुके हैं। अन्य स्थानों पर कार्यालय खोलने के प्रयत्न जारी हैं।[56]

गहलोत शासन के पांच वर्ष के कार्यकाल की कतिपय विशिष्ट उपलब्धियों के उल्लेख करने का अर्थ यह कदापि नहीं है कि राजस्थान के निर्माण के पचास वर्षों में अंकित करने जैसा कुछ नहीं हुआ। स्वर्गीय मोहनलाल सुखाड़िया ने ब्रिटिश काल के राज्यों के समान लाने की दिशा में प्रयत्न प्रारंभ किया था अन्यथा राजस्थान पिछड़े राज्यों में से था। बाद के मुख्यमंत्रियों ने इस नींव को सुदृढ़ करने के लिए अपना योगदान किया। नींव तो भर चुकी थी लेकिन 'टेक ऑफ' – ऊपर उठने की स्थिति नहीं आई थी। गहलोत ने नींव को मजबूत करने के साथ, जिस क्षेत्र में संभव था, उसमें ऊपर उठने तथा आधुनिक राजस्थान के निर्माण का प्रयत्न प्रारंभ किया। अभी तो शुरुआत है।

'हर गलती कीमत मांगती है' : अशोक गहलोत

अशोक गहलोत

देश में ऐसे किंचित मात्र ही राजनेता होंगे जो जीवन का यह सिद्धान्त मानें कि 'हर गलती कीमत मांगती है।' वर्तमान राजनीतिक युग में राजस्थान में एक ऐसी विभूति है जो इस मान्यता को स्वीकारती है। वह और कोई नहीं हम सब का परिचित राजस्थान का ग्यारहवां मुख्यमंत्री अशोक गहलोत है। उन्होंने यह लोकोक्ति भी उस समय कही जब वे राज्य के मुख्यमंत्री थे और युवा भी। यह जहां उनके आत्मचिन्तन का प्रमाण है, वहीं राज्य के अधिकारियों को चेतावनी भी, क्योंकि यह बात उन्होंने जिला कलेक्टरों तथा पुलिस अधीक्षकों के सम्मेलन में कही थी। इस वाक्य से राज्य

कर्मचारियों को सचेत रखने के लिए सरकारी विभागों के कार्यालयों में इसे स्टीकर के रूप में प्रदर्शित भी किया गया था।[57] पता नहीं राजकर्मियों को इस संदेश का बोध हुआ या नहीं, लेकिन स्वयं गहलोत को अवश्य अपनी किसी गलती की कीमत दिसम्बर 2003 के विधानसभा चुनाव में चुकानी पड़ी।

अशोक गहलोत स्वतंत्रता के पश्चात 3 मई, 1951 को जोधपुर में एक सामान्य परिवार में जन्मे होनहार बालक थे। वे विद्यार्थी जीवन से ही राष्ट्रप्रेम की भावना से अभिभूत थे। छात्र जीवन में विद्यार्थी राजनीति में सक्रिय रहे, किन्तु अन्य छात्र नेताओं से हटकर थे। वे सादगी तथा सात्विक जीवन के प्रति आकृष्ट थे। 1968 से 1972 तक के छात्र जीवन में गांधी शांति प्रतिष्ठान द्वारा आयोजित सर्वोदयी शिविरों में सेवाग्राम, औरंगाबाद, इंदौर आदि में भाग लिया था। समाजसेवा और श्रमदान शिविरों में गांधीदर्शन के प्रकाश में नारायणभाई देसाई और सुब्बाराव जैसे गांधीवादी चिन्तकों से उनका सम्पर्क हुआ। वहीं उनमें गांधीवादी संस्कारों का बीजारोपण हुआ।[58] 1971 में बंगलादेश के मुक्ति संग्राम के दौरान पश्चिम बंगाल स्थित बनगांव के शरणार्थी शिविर में काम किया था। जोधपुर में साक्षरता एवं झुग्गी-झोंपड़ी वालों की सेवा की थी।

विद्यार्थी जीवन में ही कांग्रेस में आ गये थे। गहलोत को एन.एस.यू.आई. (राष्ट्रीय छात्र संगठन) की राजस्थान शाखा का अध्यक्ष नियुक्त किया गया। पहली बार उन्होंने 1977 में विधानसभा का चुनाव लड़ा लेकिन जनता पार्टी की प्रचण्ड हवा के सामने नहीं टिक सके। बाद में 1980 में उन्हें लोकसभा के जोधपुर चुनाव क्षेत्र से इंदिरा कांग्रेस का प्रत्याशी बनाया गया जब कोई भी वरिष्ठ नेता चुनाव लड़ने को तैयार नहीं था। वे न केवल विजयी हुए बल्कि बीच में 1989 को छोड़कर 1998 तक सम्पन्न पांचों बार लोकसभा के लिए निर्वाचित हुए। श्रीमती इंदिरा गांधी, राजीव गांधी तथा पी.वी. नरसिंहराव के मंत्रिमंडलों में क्रमशः उपमंत्री तथा राज्यमंत्री रहे। बीच में शिवचरण माथुर के राज्य मंत्रिमंडल में पांच माह के लिए मंत्री पद पर भी रहे। किसी भी प्रधानमंत्री के मंत्रिमंडल में पांच वर्ष का कार्यकाल पूरा नहीं होने के कारण राजनीतिक क्षेत्रों में वे अपनी कोई छाप नहीं छोड़ पाये। लेकिन 1998 से 2003 तक के कार्यकाल में उनकी गणना देश के नंबर वन मुख्यमंत्री के रूप में हुई। फरवरी 1999 में जोधपुर से ही भारी मतों से उपचुनाव जीतकर विधानसभा में पहुँचे थे। अभी भी वहां से विधायक हैं। संसदीय जीवन में चीन, बुलगारिया, साइप्रस, हांगकांग, बैंकाक, ब्रिटेन, आयरलैण्ड, इटली, फ्रेंकफर्ट, दुबई, अमरीका, फ्रांस तथा कनाडा की विदेश यात्राओं का अवसर मिला था।

कांग्रेस संगठन में 1979 में जोधपुर जिला अध्यक्ष से प्रारंभ हुई यात्रा, प्रदेश महामंत्री, 1985 तथा 1995 में दो बार चार-चार वर्षों के लिए प्रदेशाध्यक्ष रहे और वर्तमान में राष्ट्रीय महामंत्री तक पहुँच चुकी है।

स्वभाव से सरल, मितभाषी, तड़क-भड़क एवं पद के अहम से दूर, सादगी पसन्द एवं सदव्यवहारी अशोक गहलोत का जनता से हमेशा सीधा सम्बन्ध रहा है। गांधीवादी विचारधारा

से ओत-प्रोत गहलोत ने पारिवारिक समारोहों को प्रदर्शनों से हमेशा दूर रखा। इसीलिए 26 वर्ष की आयु में अपने स्वयं के तथा दोनों पुत्र-पुत्री के विवाहों को परिवार एवं अभिन्न मित्रों तक ही सीमित रखा जबकि पुत्री का विवाह तो उनके मुख्यमंत्री काल में हुआ था। इसके लिए सभी ओर उनकी प्रशंसा हुई। त्याग भावना रखने वाले गहलोत ने केन्द्रीय कपड़ा राज्यमंत्री के काल में अपने वेतन में से दस प्रतिशत की स्वेच्छा से कटौती की थी।[59] महात्मा गांधी के प्रति सम्मान उनका आत्मभाव है। इसलिए मुख्यमंत्री निर्वाचित होते ही जयपुर रेलवे स्टेशन स्थित महात्मा गांधी की मूर्ति को नमन करने गये। स्वतंत्रता के इक्यावन वर्ष बाद अशोक गहलोत पहले मुख्यमंत्री हुए जिन्होंने जयपुर स्थित राजस्थान सचिवालय में महात्मा गांधी की प्रतिमा स्थापित करने का आदेश प्रदान किया।[60] गहलोत की भावना है कि महात्मा गांधी के बारे में बच्चों को जानकारी हो। इसके लिए वे चाहते हैं कि निजी संस्थाएं आगे आयें। गांधी पर बच्चों की परीक्षा करायें और योग्य छात्रों को पुरस्कृत किया जाय।

बड़े-बड़े राजनेताओं के बंगले अमूल्य उपहारों से अटे पड़े हैं। क्यों न हों ? आज के युग में व्यक्ति की शोभा उसके पद और बेशकीमती साज-सजावट से ही जानी जाती है। मुख्यमंत्री गहलोत को भी मुख्यमंत्रित्व काल में अनेक उपहार भेंट किये गये। गहलोत पहले राजनेता हैं जिन्होंने अपने मुख्यमंत्रित्व काल में प्राप्त सभी उपहारों अथवा स्मृति चिह्नों को निजी सम्पत्ति नहीं माना और उन्हें राजकोष में जमा कराया। उन स्मृति चिह्नों की प्रदर्शनी लगाकर नीलाम कर दिया। पहली बार जोधपुर में सम्पन्न ऐसी प्रदर्शनी में एकत्रित धनराशि को कारगिल कोष में जमा कराया। हाल ही में जयपुर में एकत्रित धनराशि को सुनामी पीड़ितों के लिए भिजवाया था।

आदिवासियों में दीवाली मनाई

गहलोत संवेदनशील तो हैं ही । पांच वर्ष का उनका मुख्यमंत्री का कार्यकाल विभिन्न घटनाओं से प्रमाणित होता है। एक ही घटना इतिहास के लिए पर्याप्त होगी। सन् 2002-03 में राजस्थान में शताब्दी का भयंकर अकाल पड़ा था। बारां जिले के आदिवासी-सहरिया जाति के ग्यारह लोगों की भूख, कुपोषण या बीमारी से मरने का राजनीतिक विवाद था। पक्ष-विपक्ष अपनी-अपनी बात कहते रहे। भीगी आंखों को गहलोत ने पोंछा। सहरिया क्षेत्र के करीब बारह गांवों में मुख्यमंत्री ने दिवाली के दिन उनके बीच जाकर उन्हें शुभकामना दी और रात्रि विश्राम उसी क्षेत्र में किया। राजस्थान के पुराने दैनिक 'राष्ट्रदूत' के अनुसार ''मध्यप्रदेश की सीमा से सटे बारां जिले के कस्बा थाना पहुँचे तो बेताबी से इंतजार कर रहे बुजुर्ग, महिलाओं, नन्हे-मुन्ने बच्चों ने मुख्यमंत्री को 'दीपावली की राम-राम सा' कहकर शुभकामना दी। मुख्यमंत्री ने भी सभी को बधाई देते हुए कहा कि आने वाला समय आपके लिए सुख-समृद्धिदायक हो, आपके परिवार में जो तकलीफें हैं, वे दूर हों।''[61]

गहलोत की सोच

जब गहलोत ने भाजपा सरकार से शासन भार संभाला था तब राज्य की 'लगभग ध्वस्त अर्थव्यवस्था, भ्रष्ट एवं अकर्मण्य नौकरशाही विजयोपहार के रूप में मिली थी।' ...'राज्य कर्मचारियों की सेवानिवृत्ति की आयु को पुनः 60 से 58 वर्ष करने के अनन्तर कर्मचारियों की हड़ताल को पूरी दृढ़ता और दूरदर्शिता से परास्त करते हुए इसी दौरान पंचायतीराज संस्थाओं और विधानसभा उपचुनावों में अपनी 'परफोरमेन्स' का सिक्का उन्होंने एक बार फिर जमा दिया। किन्तु इन सबसे परे उन्होंने सुविधाभोगी आलाअफसरों को उनके द्वारा 'माले मुफ्त दिल बेरहम' की स्प्रिट में की जा रही सरकारी कारों की सैरों से जिस प्रकार जनहित में वंचित कर अपनी प्रगतिशील सोच का संकेत दिया, वह उनका एक बड़ा साहसिक निर्णय था।'[62] जन-सामान्य में अधिकारियों की सरकारी गाड़ियों को पेट्रोल के बजाय पानी से चलने वाली और निजी गाड़ियों को खून से चलने वाली बताई जाती है। ऐसा ही एक अन्य उदाहरण अपने जन्मदिन पर जयपुर के एक अनाथालय में अनाथ बच्चों के साथ जमीन पर बैठकर पत्तल में भोजन करने का है। भीषण सर्दी में सड़कों पर रात बिताने वाले भिखारियों को स्वयं कम्बल देने की परम्परा भी उन्होंने शुरू की।

उक्त टिप्पणी 'राजस्थान पत्रिका' के तत्कालीन परिशिष्ट संपादक तथा सूचना एवं जनसंपर्क निदेशालय के पूर्व निदेशक, डॉ. मनोहर प्रभाकर ने राजस्थान निर्माण के पचास वर्ष पूर्ण होने के अवसर पर पत्रिका के रविवारीय अंक के मुख्य आलेख 'इक आग का दरिया है और डूब के जाना है' में मुख्यमंत्री अशोक गहलोत के संदर्भ में की थी। लेखक ने उसमें राज्य की स्थिति तथा गहलोत का दृष्टिकोण प्रस्तुत किया था।

डा. प्रभाकर ने मुख्यमंत्री से उक्त भेंटवार्ता में एक नीतिगत सवाल जनता और शासक के बीच के सम्बन्ध को लेकर किया था। उसके उत्तर से जनता के प्रति उनके भाव का पता चलता है। लेखक ने मुख्यमंत्री से राज्य की 'खस्ता माली हालत' का सार्वजनिक रूप से उल्लेख करने एवं उस पर प्रतिकूल टिप्पणियों पर प्रश्न किया था कि "आपको कैसा लगा ?" मुख्यमंत्री ने कहा, "मैं इन टिप्पणियों से तनिक भी विचलित नहीं हुआ। यह क्या बात हुई कि एक ओर हम शासन और प्रशासन में पारदर्शिता के पक्षधर हों और दूसरी ओर हकीकत को छिपाने की कोशिश करें। मैं समझता हूँ कि सार्वजनिक रूप से मैंने वित्तीय मोर्चे पर जिन चिन्ताजनक स्थितियों का जिक्र किया, उससे शासन और जनसामान्य के बीच एक बेहतर अंडरस्टेंडिंग विकसित हो सकी। मेरे लिए यह अकल्पनीय है कि जो जनता सत्ता की वास्तविक स्वामिनी है, उससे हम छलावे का व्यवहार करें। कर्मचारी हड़ताल के दौरान जनता की सहानुभूति हमारे साथ इसीलिए थी कि हमने हालात का कच्चा चिट्ठा उसके सामने रख दिया था। भीरुता आत्मसाक्षात्कार के मार्ग में बाधक होती है।"[63]

समाज और राज्य कर्मचारी

इस आलेख में समाज तथा राज्य कर्मचारियों के बारे में गहलोत की सोच भी प्रगट होती है। एक प्रश्न के उत्तर में उन्होंने कहा, ''मैं किसी बड़बोलेपन में विश्वास नहीं करता। पूरी संवेदनशीलता के साथ निरन्तर काम में लगा रहता हूँ। किसी जाति, सम्प्रदाय, वर्ग या छोटे-बड़े के भेदभाव के बिना अपने दायित्व का निर्वाह करना ही मैं अपना धर्म और फर्ज समझता हूँ। ''आगे कहा, 'भय और आशंकाओं को मैं अपने पास फटकने नहीं देता। हालात जो भी हों, मुझे निरन्तर निर्भीक होकर चलते रहना ही प्रिय है।'' अपने राजनीतिक दर्शन को उजागर करते हुए कहा, ''मैं बुनियादी रूप से 'प्रो-पूअर, प्रो-डाउन ट्रोडन' और श्रमिक तथा कर्मचारीवर्ग का निष्ठावान समर्थक मानता हूँ।''[64]

राज्य कर्मचारी वर्ग, जो उनका सबसे बड़ा शत्रु प्रमाणित हुआ, विधानसभा चुनाव में कांग्रेस को येनकेन प्रकारेण हराया के बारे में भी उनकी मुख्यमंत्री के तौर पर एक टिप्पणी उपरोक्त आलेख में है। एक अन्य प्रश्न के उत्तर में उन्होंने स्पष्ट कहा, ''जो कर्मचारी अक्षम, निठल्ले और भ्रष्ट हैं, उनका रिकार्ड स्क्रीन करके हम योजनाबद्ध तरीके से उन्हें नियमानुसार अनिवार्य सेवानिवृत्ति देंगे।''[65]

उनकी इस टिप्पणी से स्पष्ट है कि जो राज्य कर्मचारी ईमानदार नहीं है तथा पूर्ण निष्ठा के साथ काम नहीं करता, उसके प्रति उनके मन में कोई सहानुभूति नहीं है। जनता की गाढ़ी कमाई से प्राप्त 'कर' को अकर्मण्यों को लुटाने के लिए नहीं है। वही हुआ। दो माह से अधिक की कीर्तिमान हड़ताल के बावजूद गहलोत नहीं पिघले। स्पष्ट है कि राजकर्मचारियों की छवि उनके दिमाग में ठीक नहीं थी। इसलिए बोनस तथा छुट्टी के बदले नकद भुगतान जैसे वर्षों से प्रदान की जा रही सुविधाओं को बंद कर दिया। वे इस बात के पक्के विचार के थे कि ''काम भी नहीं करो और सुविधा भोगो, यह संभव नहीं है।''

अंत में डा. प्रभाकर ने अपने आलेख में गहलोत का आकलन इन शब्दों में किया : ''शासन के हर मोर्चे पर समस्याओं से घिरे मुख्यमंत्री में एक अविचल आत्मविश्वास और कुछ ऐसा कर गुजरने की ख्वाहिश है, जो समकालीन इतिहास में याद रखा जाय। ''आगे लिखा : ''उनके संवाद में खाली खजाने, अकाल की विभीषिका, बढ़ते हुए अपराध, चोट खाई चाकरशाही, सिर उठाते विघटनकारी तत्व और कृत्रिम मुस्कानों के भीतर पल रही राजनीतिक दुरभिसंधियों के बीच जन-आकांक्षाओं की तरंगित तमन्नाओं को तृप्ति के कगार तक पहुँचाने की प्रबल भावना मुखरित हो रही थी।''[66]

संवेदनशीलता

गहलोत राज्य में व्याप्त भुखमरी, कुपोषण, बीमारी तथा बेरोजगारी की समस्या से मानसिक रूप से व्यथित थे। उन्होंने कई सार्वजनिक समारोहों में इस भावना को व्यक्त किया था। वे महाराष्ट्र की तरह राजस्थान में भी वर्ष में एक सौ दिन की रोजगार गारंटी योजना शुरू करना चाहते थे। चूंकि राज्य सरकार की वित्तीय स्थिति खराब थी, इसलिए उनका सुझाव था कि यह धनराशि केन्द्रीय सरकार राज्यों को अनुदान के रूप में दे। अब केन्द्र में संयुक्त प्रगतिशील गठबन्धन सरकार ऐसा विधेयक पारित कर चुकी है तथा देशभर के 200 चयनित जिलों में फरवरी 2006 से चालू हो गई है।

मुख्यमंत्री के रूप में गहलोत ने जनता से सीधा संवाद भी जारी रखा। जब वे जयपुर में होते तो प्रातः नौ बजे से एक घंटे तक अपने निवास स्थान पर जनता से स्वयं भेंट करते थे। लोगों की बातों को ध्यान से सुनने तथा साथ चल रहे अधिकारियों को उन पर आवश्यक कार्रवाई करने के निर्देश देते थे। कुछ सप्ताहों बाद प्रार्थियों को एक पत्र द्वारा उसकी जानकारी मिलती थी कि उनके ज्ञापन पर क्या कार्रवाई की गई है? सुबह से प्रारंभ हुआ उनका दिन देर रात एक-दो बजे तक चलता था। रात को फाइलों को निपटाना तथा भावी कार्ययोजनाओं को अंतिम रूप प्रदान करना। उनके मुख्यमंत्री के पांच वर्ष व्यस्ततम देखे गये। त्योहार तथा जन्मदिन वे समाज एवं शारीरिक रूप से पीड़ितों के बीच बिताते थे। उनका रहन-सहन ही नहीं खान-पान भी सात्विक है। दाल-रोटी-सब्जी, दही, थोड़ा-सा मीठा। दौरों में ठेलों और ढाबों पर चाय-पान करना, गांवों में लोगों के बीच जाकर उनसे बातचीत करना जनता से सीधे संवाद का भाग था। समारोहों में भी समय होने पर मंच से श्रोताओं के बीच चले जाते थे। व्यक्तिगत भेंटों में बिना समय लिये (विदआउट एपाइंटमेंट) मिलना उनकी आज भी पद्धति में नहीं है। कुर्ता, पाजामा, चप्पल उनका सामान्य पहनावा है। सर्दी में जाकिट, स्वेटर, मफलर लगाना उन्हें पसन्द है। अधिक ठंड होने पर शेरवानी पहने भी उन्हें देखा जाता है।

बेदाग गहलोत

तीस वर्षों के राजनीतिक जीवन और पांच वर्ष के मुख्यमंत्री काल में उनके चरित्र एवं आचरण में कभी कोई दाग नहीं लगा। भ्रष्टाचार का आरोप और उनकी ईमानदारी तथा निष्ठा पर संदेह तो उनके राजनीतिक विरोधियों ने भी कभी नहीं किया। राज्य कर्मचारियों के प्रति उनकी सहानुभूति में कोई कमी नहीं थी। लेकिन राज्य के सवा करोड़ लोगों, जिनकी दैनिक आय बारह रुपये रोज से भी कम सरकारी आंकड़ों में है, उनकी प्राथमिकता की उपेक्षा कर 'धाये' को देना संभवतः

गहलोत को कभी मंजूर नहीं होगा। इस गलती की कीमत उन्हें हमेशा अवश्य चुकानी पड़ेगी क्योंकि 'धाया' ही राजनीति को प्रभावित करता है।

गहलोत का सपना है : राजस्थान खुशहाल बने
हर हाथ को रोजगार मिले
शोषित और पीड़ित की आंख में आंसू न हों
गरीब को गौरव मिले
किसान को उपज का लाभ मिले
विद्युत उत्पादन में आत्मनिर्भर बने
ग्राम-विकास की योजनाएं गांव के लोग तय करें
सड़कों का जाल बिछे
सब साक्षर हों
... और इस प्रकार हम देश में अग्रिम पंक्ति में खड़े हों।[67]

संदर्भ

1. राजस्थान निर्वाचन विभाग : ग्यारहवीं विधानसभा, 1998, पृ.15
2, 3. राजस्थान का मंत्रिमंडल : राजस्थान विधानसभा, सचिवालय, जयपुर , पृ. XX
4. पूर्व मुख्यमंत्री अशोक गहलोत द्वारा प्रश्नोत्तर : जुलाई, 2005
5. पूर्व मुख्यमंत्री अशोक गहलोत द्वारा प्रश्नोत्तर : जुलाई, 2005
6. एक महानिदेशक से भेंटवार्ता : अक्टूबर, 2003
7 से 9. राजस्थान पत्रिका, जयपुर : 5 दिसम्बर, 2003
10, 11. राजस्थान पत्रिका, जयपुर : 5 दिसम्बर, 2003
12. पूर्व मुख्यमंत्री अशोक गहलोत द्वारा प्रश्नोत्तर : जुलाई, 2005
13. राज्य विधानसभा में वित्तमंत्री प्रद्युम्नसिंह का वर्ष 2003-04 का 5 मार्च, 2003 का भाषण, पृ. 4, 8
14. शिवचरण माथुर प्रशासनिक सुधार आयोग का प्रतिवेदन, भाग दो, पृ. 382
15, 16. शिवचरण माथुर प्रशासनिक सुधार आयोग का प्रथम प्रतिवेदन, मार्च-जून, 2000, विद्युत क्षेत्र, पृ. 333 व 337
17 से 19. कांग्रेस घोषणापत्र, क्रियान्वित प्रतिवेदन, सितम्बर, 2002
20. जनसत्ता, दिल्ली : 28 दिसम्बर, 2001
21, 22. घोषणा की कसौटी पर सरकार : डॉ.आर.डी. सैनी, पृ. 48, कवर पृष्ठ 2
23 से 27. राज्य सरकार के नगरीय विकास मंत्रालय के तीन वर्ष के कार्यकाल का प्रतिवेदन (1999, 2000, 2001)
28. घोषणापत्र की कसौटी पर सरकार : डॉ.आर.डी. सैनी, पृ. 157

29. कांग्रेस घोषणापत्र : क्रियान्वित प्रतिवेदन, सितम्बर, 2002

30, 31. वित्तमंत्री प्रद्युम्नसिंह का बजट भाषण : वर्ष 2003-04, दिनांक 5 मार्च, 2003

32 से 36. राजस्थान सरकार का सूखा प्रबंधन प्रतिवेदन 2002-2003, पृ. 2, 3, 7, 9, 10

37-38. संवत् 2059 के सूखे की स्थिति एवं प्रबन्धन : सहायता विभाग, राजस्थान सरकार, जयपुर

39. राजस्थान सरकार का सूखा प्रबंधन प्रतिवेदन 2002-2003, पृ. 34, 35,36

40-41. राजस्थान सरकार का सूखा प्रबंधन प्रतिवेदन 2002-2003, पृ. 34, 35,36

42. राजस्थान पत्रिका, जयपुर तथा अन्य समाचारपत्र : दि. 24 नवम्बर, 2002

43 से 45. पूर्व राज्यपाल अंशुमानसिंह का ग्यारहवीं विधानसभा के दशम-सत्र में अभिभाषण : दि. 24 फरवरी, 2003, पृ. 4, 5, 6, 23

46. राजस्थान में आधारभूत विकास : कांग्रेस घोषणापत्र का क्रियान्वित प्रतिवेदन (1998-2002)

47. राजस्थान में आधारभूत विकास : कांग्रेस घोषणापत्र का क्रियान्वित प्रतिवेदन (1998-2002)

48. प्रशासनिक सुधार एवं समन्वय विभाग का वार्षिक प्रगति विवरण 2002-2003

49, 50. राजस्थान में आधारभूत ढांचे का विकास : कांग्रेस घोषणापत्र क्रियान्विती प्रतिवेदन पृ. 64, 65, 66, 67, 68

51. राजस्थान में आधारभूत ढांचे का विकास : कांग्रेस घोषणापत्र क्रियान्वित प्रतिवेदन, पृ. 64,65,66,67,68

52 से 55. राजस्थान में आधाररभूत ढांचे का विकास : कांग्रेस घोषणापत्र क्रियान्वित प्रतिवेदन, पृ. 64,65,66,67,68

56. चार वर्ष जनकल्याण के : निदेशालय सूचना एवं जनसम्पर्क, राजस्थान, जयपुर , पृ. 64

57. आर.ए.बुनकर, संयुक्त निदेशक, सूचना एवं जनसम्पर्क निदेशालय, राजस्थान, जयपुर

58. नवभारत टाइम्स, जयपुर : दि. 3 मई, 1995

59. राजस्थान पत्रिका, जोधपुर : दि. 8 जनवरी, 1992

60. इंडिया टुडे, नई दिल्ली : 3 मार्च, 1999

61. राष्ट्रदूत, दैनिक, जयपुर : दि. 7 नवम्बर, 2002

62. राजस्थान पत्रिका, जयपुर : दैनिक, रविवारीय, दि. 26 मार्च, 2000

63 से 65. राजस्थान पत्रिका, जयपुर : दैनिक, रविवारीय, दि. 26 मार्च, 2000

66. राजस्थान पत्रिका, जयपुर : दैनिक, रविवारीय, दि. 26 मार्च, 2000

67. विकास की कहानी : चित्रों की जुबानी : संपादन, महावीर गोयल, निर्मल कुमार गोयल

18

वसुन्धरा राजे के तीन वर्ष

रियासती राज्य राजस्थान गर्व कर सकता है कि उसके निर्माण के चौवनवें वर्ष में उसने लोकतांत्रिक पद्धति से एक महिला को मुख्यमंत्री चुना। देश में ऐसे राज्य गिनती के हैं। वर्तमान मुख्यमंत्री श्रीमती वसुन्धरा राजे नहीं होतीं तो दिसम्बर, 2003 में भारतीय जनता पार्टी की राजस्थान में सरकार बन पाती या नहीं, यह भी संदेहास्पद था। चुनाव से पूर्व श्रीमती राजे की एक सौ दिनों की परिवर्तन यात्रा ने यह चमत्कार करके दिखाया था और सारी भविष्यवाणियां निर्मूल साबित कर दी थीं। मीडिया को तो बड़ी चपत लगी थी। चुनाव के पंडितों को दांतों तले अंगुली दबानी पड़ी और अपने आकलनों के सारे मापदंड ही बदलने पड़े।

वैसे श्रीमती वसुन्धरा राजे के दिल्ली से जयपुर आने का बहुत ही दिलचस्प किस्सा है। वे वहां राष्ट्रीय जनतांत्रिक गठबन्धन (राजग) की भाजपानीत अटलबिहारी वाजपेयी की सरकार में राज्यमंत्री थीं। बहुत सहज अनुभव कर रही थीं। वहां उनका पूरा मान-सम्मान था। (यह अलग बात है कि लोकसभा चुनाव के बाद वाजपेयी सरकार ही नहीं रही और वह पहले ही राजस्थान आ गईं) भाजपा नेता भैरोंसिंह शेखावत के उपराष्ट्रपति चुने जाने के बाद राजस्थान में उनका स्थान कौन संभाले? यह प्रश्न था । शेखावत ने ही भाजपा के केन्द्रीय नेतृत्व के सामने वसुन्धरा का सुझाव दिया था जो तत्काल स्वीकार हो गया, क्योंकि राजस्थान भाजपा में गुटबंदी के कारण प्रदेश नेतृत्व पर विवाद था।[1] लेकिन स्वयं श्रीमती राजे अनिश्चय की स्थिति में थीं बल्कि यह कहा जाय तो गलत नहीं होगा कि वह आने को तैयार ही नहीं थीं। उनके अनुरोध के बाद भी केन्द्र ने निर्णय नहीं बदला। यहां तक कि उनके नाम की अधिकृत घोषणा हो जाने के दो माह बाद तक उन्होंने प्रदेश भाजपा अध्यक्ष का पदभार नहीं संभाला था। इस दौरान वे जयपुर तो एक-दो बार अन्य कार्यों से आईं लेकिन भाजपा कार्यालय की ओर कभी उन्मुख नहीं हुईं। राज्यमंत्री पद से भी बहुत महीनों बाद त्यागपत्र दिया था। दिल्ली जैसी देश की राजधानी छोड़कर यहां आना उनके लिए शहर से गांव में बसने के बराबर था। प्रदेश भाजपा का कार्यालय तैयार करने में ही कई सप्ताह लगे और स्वयं उनके पुत्र और वर्तमान सांसद राजकुमार दुष्यंतसिंह ने यह दायित्व संभाला था।

नेता नाराज : कार्यकर्त्ता हर्षित

भैरोंसिंह शेखावत 19 अगस्त, 2002 को उपराष्ट्रपति पद पर चुन लिए गये थे। 12 सितम्बर, 2002 को जयपुर में भाजपा के तत्कालीन राष्ट्रीय अध्यक्ष एम. वेंकय्या नायडू ने प्रदेश के जिला अध्यक्षों तथा महामंत्रियों के सम्मेलन में जब श्रीमती वसुन्धरा राजे को प्रदेशाध्यक्ष मनोनीत करने की घोषणा की तो तालियों की गड़गड़ाहट से हर्ष ध्वनि की गई और 'राजस्थान की चमकती बिंदिया, वसुन्धरा राजे सिंधिया' नारे से सभागार को गुंजायमान कर दिया गया था[2] लेकिन प्रदेश के कतिपय नेता ऐसे भी थे जो इस मनोनयन से प्रसन्न नहीं थे। तत्कालीन राष्ट्रीय कोषाध्यक्ष एवं पूर्व प्रदेशाध्यक्ष रामदास अग्रवाल, पूर्व उपमुख्यमंत्री हरिशंकर भाभड़ा, पूर्वमंत्री एवं निवर्तमान प्रदेशाध्यक्ष ललितकिशोर चतुर्वेदी एवं वर्तमान शिक्षामंत्री घनश्याम तिवाड़ी अपने मनोनयन के इच्छुक थे। लेकिन वे सभी मन मसोस कर रह गये क्योंकि प्रदेश नेतृत्व में गुटबंदी थी। इस सम्मेलन में तत्कालीन उपप्रधानमंत्री लालकृष्ण आडवाणी भी उपस्थित थे। उपरोक्त नेताओं में यह नाराजगी कई महीनों तक चलती रही। दो माह बाद धौलपुर की महारानी वसुन्धरा राजे ने 14 नवम्बर, 2002 को खासतौर पर तैयार कराये गये कक्ष में गणपति पूजा, अर्चना के बाद पदभार संभाला। जयपुर के विख्यात ज्योतिषी पं. केदारनाथ शर्मा ने वैदिक रीति से मंत्रोच्चार के साथ वसुन्धरा को अक्षत-रोली का तिलक लगाया और मौली बांधकर गणेश की छोटी प्रतिमा भेंट की। पंडितजी ने अध्यक्ष की मेज पर 'स्वस्तिक' मांडकर उसकी भी विधिवत पूजा की। तब ग्वालियर की राजमाता विजया राजे सिंधिया की पुत्री वसुन्धरा ने शुभ मुहूर्त्त सवा आठ बजे का ठीक समय अपनी घड़ी में देखकर प्रदेशाध्यक्ष की कुर्सी ग्रहण की। इस अवसर पर प्रदेश के प्रायः सभी गण्यमान्य नेता तो उपस्थित थे लेकिन भाभड़ा दिखाई नहीं दिये। पहली महिला प्रदेशाध्यक्ष श्रीमती वसुन्धरा का सड़क मार्ग से शाहजहांपुर से प्रातः 10.30 बजे राजस्थान में प्रवेश करने के बाद जयपुर में रात्रि 8 बजे प्रदेश कार्यालय पहुंचने तक जगह-जगह अभूतपूर्व स्वागत किया गया था। भाजपाध्यक्ष के काफिले में सैकड़ों वाहन चल रहे थे। पार्टी के अनेक नेता दिल्ली से उनके साथ आये थे। बहरोड़ से जयपुर तक वह रथनुमा वाहन में बैठकर आईं। ललितकिशोर चतुर्वेदी, जो वसुन्धरा के मुख्यमंत्री बनने के बाद प्रदेशाध्यक्ष नियुक्त हो गये थे, रथ में साथ चल रहे थे।[3] वसुन्धरा का स्वागत प्रदेश नेताओं की गुटबंदी से त्रस्त कार्यकर्त्ताओं में हर्ष का प्रमाण था जिनकी एकता ने राज्य विधानसभा में भाजपा को कीर्तिमान चुनाव परिणाम दिया। प्रदेश नेताओं की गुटबंदी के कारण वह अपनी नियुक्ति के सात माह बाद कार्यकारिणी बना सकीं। कार्यकारिणी की घोषणा के बाद रामदास अग्रवाल ने उससे यह कहकर इस्तीफा दे दिया कि उनके लघु भ्राता भी उसके सदस्य हैं। राजपूत नेता देवीसिंह भाटी के पुत्र पूर्व सांसद स्वर्गीय महेन्द्रसिंह भाटी ने कार्यकारिणी का सदस्य मात्र बनाने के विरोध में इस्तीफा दे दिया था। भाभड़ा, घनश्याम तिवाड़ी तथा पूर्व प्रदेशाध्यक्ष एवं सांसद रघुवीरसिंह कौशल के नाम कार्यकारिणी में नहीं होने से वे मर्माहत थे। चतुर्वेदी को उपाध्यक्ष तथा कांग्रेस से भाजपा में आये एवं बीस सूत्री कार्यक्रम के पूर्व उपाध्यक्ष

चन्द्रराज सिंघवी को अपना राजनीतिक सचिव नियुक्त किया था।[4] इस उपेक्षा से रुष्ट होकर भाभड़ा, अग्रवाल तथा तिवाड़ी ने भाजपा की इंदौर बैठक में भाग नहीं लिया था।[5] भाजपा के निष्क्रिय एवं मर्माहत प्रदेश नेताओं तथा राज्य के हर्षित कार्यकर्त्ताओं की विरोधाभासी स्थिति में श्रीमती राजे पार्टी की नैया खेवनहार बनीं।

मैडम की तीन शर्तें

कई महीनों की ना-नुकुर के बाद उन्होंने राजसी अंदाज में प्रदेशाध्यक्ष का पदभार तो संभाल लिया था लेकिन उनकी शर्तों ने पार्टी आलाकमान को सांसत में डाल रखा था। पदभार संभालने के दूसरे ही दिन पार्टी मुख्यालय में वह पर्ची द्वारा कार्यकर्त्ताओं से मिलीं और मीडिया के साथ जिस प्रकार से पेश आईं उससे केन्द्रीय नेतृत्व चिन्ता में पड़ गया। इस पृष्ठभूमि में मैडम ने अपनी तीन शर्तें रखी थी। पहली, राष्ट्रीय कोषाध्यक्ष रामदास अग्रवाल को राजस्थान के प्रभारी पद से हटाया जाय। उन्होंने कहा बताते हैं कि उनके साथ काम करना नामुमकिन है। यह भी कह दिया कि अगर उन्हें नहीं हटाया गया तो विधानसभा चुनाव जीतने की उम्मीद नहीं की जानी चाहिए। दूसरी शर्त यह थी कि उन्हें केन्द्रीय राज्यमंत्री बनाये रखा जाय जबकि पार्टी संविधान के अनुसार एक व्यक्ति एक पद पर ही रह सकता है। श्रीमती राजे को यह बताने पर उन्होंने यह सुझाव दिया कि वह इस्तीफा तो दे देंगी लेकिन छत्तीसगढ़ के मुख्यमंत्री डा. रमणसिंह की तरह उसे स्वीकार नहीं किया जाय। केन्द्रीय नेतृत्व के सामने यह उलझन थी कि ऐसा करने पर यदि उन्हें कभी आंदोलनात्मक कदम उठाना पड़ा तो मंत्री रहते हुए यह कैसे संभव होगा? तीसरी शर्त यह थी कि वह अपनी टीम स्वयं बनाएंगी और ऊपर से किसी को नहीं थोपा जाय। लेकिन केन्द्र जो सुझाव देगा, उस पर वह विचार करेंगी।[6]

श्रीमती वसुन्धरा के साथ ही प्रकाशचन्द ने प्रदेश संगठन मंत्री का पदभार 14 नवम्बर, 2002 को ही संभाल लिया था। प्रकाशचन्द उनके संसदीय क्षेत्र झालावाड़ के हैं और वही वहां पर उनका राजनीतिक काम देखते थे। उन्होंने पहले दिन से ही अध्यक्ष के काम संभालने शुरू कर दिये थे। नई कार्यकारिणी में भी उनके पास यह पद रहा।

वसुन्धरा राजे अपनी माता की तरह बहुत धार्मिक प्रवृत्ति की हैं। उनके दैनंदिन कार्यक्रम में पूजा-अर्चना नियमितं कार्यक्रम है। वह कोई भी नया एवं शुभ कार्य बिना विधिवत पूजा के नहीं करती हैं। 14 नवम्बर, 2002 को प्रदेशाध्यक्ष का पदभार ग्रहण करने के बाद उसी रात जयपुर की नई आधुनिक बस्ती वैशालीनगर में भाजपा पार्षद सरदार अजयपालसिंह के किराये के मकान में गृह प्रवेश किया था। गृह प्रवेश का कार्यक्रम अपने मामा-मामी एवं पुत्र दुष्यन्त की उपस्थिति में हवन एवं पूजा-पाठ के साथ सम्पन्न किया गया। दूसरे दिन जयपुर के विभिन्न मंदिरों में देवी-देवताओं के सामने नतमस्तक होकर दर्शन किये तथा भाजपा एवं अपने नेतृत्व की सफलता की प्रार्थना की।

वसुंधरा राजे मंत्रिमंडल

शपथग्रहण : 8 दिसम्बर, 2003

प्रतापसिंह सिंघवी

सुरेन्द्रसिंह राठौड़

वासुदेव देवनानी

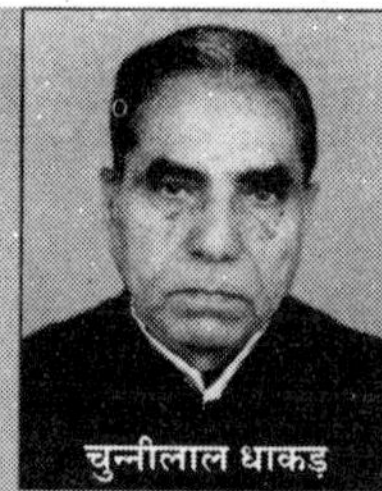
चुन्नीलाल धाकड़

उषा पूनिया

भवानी जोशी

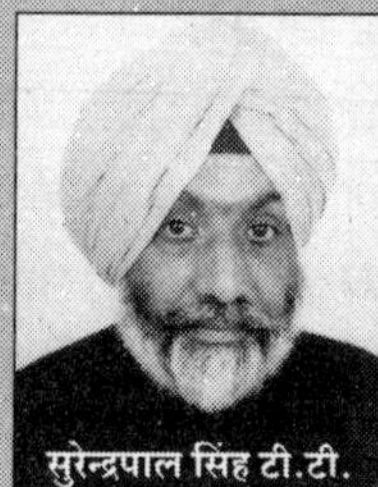
सुरेन्द्रपाल सिंह टी.टी.

गजेन्द्रसिंह

अमराराम चौधरी

वीरेन्द्रकुमार मीणा

बाबूलाल वर्मा

खेमाराम मेघवाल

भवानीसिंह राजावत

ओम बिरला

साहिबसिंह की घोषणा

श्रीमती वसुन्धरा की प्रदेशाध्यक्ष के पद पर नियुक्ति से भाजपा के वरिष्ठ नेता पहले से मुंह चढ़ाये हुए थे। इसके ऊपर 'कोढ़ में खाज' का काम केन्द्रीय तत्कालीन श्रममंत्री तथा दिल्ली के जाट नेता साहिबसिंह वर्मा ने वसुन्धरा को भावी मुख्यमंत्री प्रोजेक्ट कर किया। उनके तन-मन में आग लग गई। साहिबसिंह ने जयपुर में 23 नवम्बर, 2002 को सम्पन्न किसान रैली में घोषित कर

दिया कि वसुन्धरा ही राज्य की अगली मुख्यमंत्री होंगी। घोषणा के समय प्रदेश के सभी वरिष्ठ नेता उपस्थित थे। सब यह सुनकर भौचक्के रह गये और प्रश्नवाचक स्थिति में एक-दूसरे का मुंह ताकने लगे ? क्या साहिबसिंह को ऐसी घोषणा करने का अधिकार है? क्या इस अवसर पर ऐसा करना चाहिए था? हरिशंकर भाभड़ा, भैरोंसिंह मंत्रिमंडल में उपमुख्यमंत्री होने से अपना दावा प्रबल मानते थे। रामदास अग्रवाल राष्ट्रीय कोषाध्यक्ष होने के कारण तो ललितकिशोर चतुर्वेदी शेखावत के काल में भी अपनी दावेदारी जता चुके थे। गुलाबचन्द कटारिया शेखावत के बाद विधानसभा में प्रतिपक्ष के नेता थे।

कई नेता तो चुप रहे, लेकिन भाभड़ा ने मीडिया के सामने रोषभरी प्रतिक्रिया व्यक्त की। कुछ वरिष्ठ नेताओं ने कहा कि इस घोषणा से पार्टी में भ्रम के हालात पैदा हो गये हैं और एकता के सूत्र पिरोने के प्रयासों को झटका लगेगा। भाभड़ा ने कहा कि ''साहिबसिंह को ऐसी अपरिपक्व बात नहीं कहनी चाहिए थी।'' पार्टी में बहस छिड़ गई थी। कुछ नेताओं ने केन्द्र को चिट्ठियां लिखने का भी कहा और बताया कि पार्टी आलाकमान ने इस मामले को गंभीर माना है और सिंह से कैफियत पूछी जायगी। भाभड़ा ने विवाद के बीच कहा, ''लोकतंत्र में मुख्यमंत्री चुनने का अधिकार विधायकों को होता है।'' उन्होंने आगे कहा ''किसी नेता के नेतृत्व में चुनाव तो लड़ा जा सकता है, लेकिन यह जरूरी नहीं है कि उसे मुख्यमंत्री बनाया जाय।'' भाभड़ा ने वसुन्धरा को 'महारानी' सम्बोधित करने को भी भूल बताया और कहा कि ''राजस्थान की जनता राजा-महाराजा और महारानियों को नहीं चाहती है।''[7]

एक अन्य समाचारपत्र को अपनी प्रतिक्रिया देते हुए भाभड़ा ने राजस्थानी में व्यंग करते हुए कहा, ''भैंस तो ब्याई ही कौने, छाछ मांगबाळा पहल्यां ही आग्या।'' उन्होंने कहा कि वर्मा ने खामख्वाह बवेला खड़ा कर दिया। उनकी इस घोषणा से आम कार्यकर्त्ता खुश नहीं हैं। पूर्व उपमुख्यमंत्री ने चुनौती भरे शब्दों में कहा कि ''वर्मा इस तरह की घोषणा के लिए पार्टी की तरफ से अधिकृत भी नहीं हैं। वे पार्टी में इस समय किसी पद पर भी नहीं हैं। इसलिए उनके द्वारा की गई इस घोषणा का कोई मायने नहीं है।''[8]

लगभग डेढ़ माह बाद वर्मा जब वापस जयपुर आये तो पत्रकारों द्वारा पूछे जाने पर न केवल अपनी बात पर कायम रहे बल्कि जोर देकर कहा कि ''इसका अच्छा असर हुआ है।'' उन्होंने कहा, ''पार्टी हाईकमान ने श्रीमती वसुन्धरा राजे को राजस्थान में नेतृत्व के लिए भेजा है और इसमें सभी कुछ शामिल है।'' वर्मा ने कहा कि इस घोषणा से दिसम्बर 2002 में सम्पन्न विधानसभा के तीनों उपचुनाव भाजपा ने जीते।[9]

इस घोषणा की पुष्टि करते हुए भाजपा के राष्ट्रीय महामंत्री राजनाथसिंह ने कहा, ''भाजपा राजस्थान में आगामी विधानसभा के चुनाव वसुन्धरा राजे को 'मुख्यमंत्री प्रोजेक्ट' करके लड़ेगी।'' उन्होंने आगे कहा कि ''एक व्यक्ति एक पद पार्टी का कोई ठोस सिद्धान्त नहीं है। यह कोई बहस का मुद्दा भी नहीं है।''[10]

भाभड़ा तो केवल बातूनी रोष प्रगट कर रह गये। मगर रामदास अग्रवाल तो सक्रिय राजनीति से अलग हो गये। दो वर्ष तक पार्टी की गतिविधियों से दूर रहकर जुलाई 2005 में पुनः सक्रिय हुए हैं। पार्टी की बैठकों में भाग ले रहे हैं और मुख्यमंत्री श्रीमती वसुन्धरा राजे तथा प्रदेशाध्यक्ष ललितकिशोर चतुर्वेदी से भी अलग-अलग मिलकर बातचीत की है। उन्होंने एक वक्तव्य में दो वर्ष तक सक्रिय राजनीति से दूर रहने के बाद वापस लौट आने की घोषणा कर दी है।

मजेदार बात यह रही कि इस विवाद में राष्ट्रीय मुख्यालय की ओर से घोषणा का खंडन-मंडन कुछ नहीं किया गया और वर्मा की भविष्यवाणी सही साबित हुई। भाभड़ा तो विधानसभा (2003) का चुनाव भी हार गये। उनका राजस्थान के नेतृत्व से हमेशा मन खट्टा ही रहा। 1990 में जब उन्हें विधानसभा का अध्यक्ष चुना गया तब भी उनकी इच्छा मंत्री बनने की थी। 1993 में दुबारा अध्यक्ष चुने जाने पर दस माह तक ही पदासीन रहे और आखिरकार 6 अक्टूबर, 1994 को उपमुख्यमंत्री बने। वसुन्धरा ही अगली मुख्यमंत्री होंगी, इस विवाद का अंत 25 मई, 2003 को जयपुर में आयोजित प्रांतीय प्रतिनिधिसभा की बैठक में हुआ जब उपप्रधानमंत्री आडवाणी ने इसकी विधिवत घोषणा की और कहा कि ''उन्हें इसीलिए राजस्थान भेजा गया था।''[11]

वसुन्धरा का शुभागमन और जीत

श्रीमती वसुन्धरा राजे के राजस्थान का उत्तरदायित्व संभालने के बाद प्रदेश के कतिपय वरिष्ठ नेता यद्यपि अवश्य रुष्ट थे लेकिन भाजपा के आम कार्यकर्त्ताओं में जान आ गई। उनके शरीर में उत्साह का खून दौड़ने लगा। 14 नवम्बर, 2002 को पदग्रहण के अवसर पर प्रदेश के कार्यकर्त्ता भी आये थे, उन्होंने वसुन्धरा राजे को 'रानी लक्ष्मीबाई' की संज्ञा देते हुए ऐतिहासिक स्वागत किया था। सौभाग्य से दिसम्बर 2002 में सम्पन्न विधानसभा के तीनों उपचुनाव भी भाजपा ने जीत लिये जबकि उनके प्रति स्वयं वसुन्धरा भी आश्वस्त नहीं थीं। अध्यक्ष की कुर्सी संभालने के बाद पत्रकारों से कहा था कि उनके सामने कई चुनौतियां हैं। 15 दिसम्बर, 2002 को होने वाले उपचुनाव बहुत चुनौतीपूर्ण हैं। ''इनमें एक सीट तो भाजपा जीत जाएगी मगर दो आसान नहीं हैं। इसके लिए भाजपा कार्यकर्त्ताओं को काफी मेहनत करनी पड़ेगी।''[12] संयोग से तीनों– बानसूर, बाली और सागवाड़ा भाजपा जीत गई। सागवाड़ा वागड़ के भील नेता एवं मंत्री भीखाभाई के निधन से, बाली भैरोंसिंह शेखावत के उपराष्ट्रपति चुने जाने से खाली हुई थी। बानसूर का उपचुनाव पूर्व मंत्री जगतसिंह दायमा के निधन के कारण सम्पन्न हुआ था।

भाजपा का केन्द्रीय नेतृत्व राजस्थान में गुटबंदी तथा वसुन्धरा की नियुक्ति से रुष्ट होने से पूर्ण परिचित था। विधानसभा के चुनाव में एक वर्ष ही शेष रह गया था। इसलिए उसने भाजपा के तेज-तर्रार और हाईटेक चुनाव के विशेषज्ञ स्वर्गीय प्रमोद महाजन को राजस्थान का उत्तरदायित्व

सौंपा था। उन्होंने राज्य में धुआंधार प्रचार का ऐसा समां बांधा कि पिछले चार वर्षों से निष्क्रिय मुख्य विपक्षी पार्टी तेज घोड़े की रफ्तार से दौड़ने लगी। चारों ओर बड़े-बड़े होर्डिंग्स, झंडे, दरवाजे-वन्दनवारें, पोस्टर्स, जुलूस, विज्ञापन प्रदर्शन, बैठकें, सम्मेलन, सभाएं, रैलियां और राष्ट्रीय नेताओं के दौरों से राज्य में शताब्दी के भीषण अकाल के बावजूद सारा वातावरण चुनावमय बना दिया। मतदान के पूर्व तो फोन का चोंगा उठाने पर भी भाजपा को वोट देने की पुकार होने लगी थी।

परिवर्तन ही मुद्दा बना

महाजन और उनके चुनाव विशेषज्ञों की टोली ने राज्य में मुद्दाविहीन वातावरण को पलटकर 'परिवर्तन किया जाय' ही मतदाताओं के विचार का विषय बना दिया। मतदाताओं के मन में घोट-घोट कर यह जमा दिया गया कि उनके जीवन की दैनंदिन समस्याओं एवं दुख-दर्दों का कारण कांग्रेस की सरकार है। पिछले पांच वर्षों में राजस्थान को ऊपर उठाने के लिए तैयार किये जा रहे आधारभूत ढांचे को भुलाकर परिवर्तन किया जाय, यही मुख्य मुद्दा बना दिया गया। उन्होंने योजनाबद्ध ढंग से चुनाव प्रचार किया। चुनाव प्रचार पर करोड़ों रुपया फूंककर मतदाता के मन के अंदर जो भूमिका तैयार की वह बाहर दिखाई नहीं देती थी ताकि विरोधी सतर्क न हो जाय। यह सोये पर वार करने जैसा था। परिवर्तन तथा वसुन्धरा ही उनकी आशा की किरण है, यह उनके मन-मस्तिष्क में भली प्रकार से जमा दिया। इसके लिए वसुन्धरा की एक सौ दिनों की राजस्थान की यात्रा का कार्यक्रम तैयार किया गया। कार्यक्रम का शुभारंभ 27 अप्रेल, 2003 को मेवाड़ के चार प्रसिद्ध धामों में से एक राजसमन्द जिले में स्थित चारभुजाजी के मंदिर से किया गया। कार्यक्रम का औपचारिक उद्घाटन करने के लिए पूर्व उपप्रधानमंत्री लालकृष्ण आडवाणी स्वयं आये थे। मंच पर वसुन्धरा, महाजन के अतिरिक्त विपक्ष तथा उदयपुर क्षेत्र के नेता, पूर्व प्रदेशाध्यक्ष एवं वर्तमान गृहमंत्री गुलाबचंद कटारिया विराजमान थे।

गुजरात के रक्तरंजित दंगों से धूमिल भाजपा की छवि को मुद्दा बनने से रोकने के लिए 'हिन्दुत्व' को चुनाव प्रचार से दूर रखा गया। हर वर्ष पड़ने वाले अकाल तथा स्थानीय समस्याओं से मतदाताओं की दुखती रग को रगड़ा गया। चार-भुजाजी में करीब साढ़े चार घंटे चली सभा में विश्व हिन्दू परिषद् के महामंत्री, गुजरात के नेता तथा त्रिशूल के प्रेरक प्रवीण तोगड़िया की अजमेर में गिरफ्तारी पर सभी नेता चुप्पी साधे रहे। आडवाणी ने 'स्वराज्य के बाद सुराज' लाना ही पार्टी का एक मात्र मकसद बताया। महाजन ने मुख्यमंत्री अशोक गहलोत पर प्रहार करते हुए अकाल के लिए केन्द्र से सहायता मांगने को 'प्रदेश को भिखारी' बनाने का आक्षेप किया। वसुन्धरा ने हुंकार भरी कि वह इस 'अपमान का बदला' लेकर रहेंगी। अरावली पहाड़ियों के बीच स्थित जमा मेवाड़ी नर-नारियों को उनके आराध्यदेव 'चारभुजा की जै' के जयकारे भाजपा के कार्यकर्त्ता

बीच-बीच में लगवाते रहे। आडवाणी ने परिवर्तन यात्रा को 'भगवा पताका' दिखाकर रवाना किया, जो राज्य के सभी लगभग दो सौ विधानसभा निर्वाचन क्षेत्रों में गई।[13]

आधुनिक रथ

वसुन्धरा राजे की परिवर्तन यात्रा के लिए चार पहियों वाला शानदार बंगलानुमा रथ तैयार किया गया था। इसे जयपुर के कारीगरों ने आठ लाख रुपये की लागत से बनाया था। रथ के भीतर सोफा-कम-बैड, एयरकंडीशनर, टेलीफोन, कलर टेलीविजन, वी.सी.डी., वीडियो कैसेट प्लेयर, अलमारियां, एग्जास्टफेन आदि सभी कुछ थे। रथ को बाहर से भाजपा के झंडे 'केसरिया और हरे' रंग से रंगा गया था। रथ के एक ओर तत्कालीन प्रधानमंत्री अटलबिहारी वाजपेयी के साथ राजस्थान की आन-बान-शान के प्रतीक महाराणा प्रताप और जाट राजा सूरजमल के चित्र थे। दूसरी ओर तत्कालीन उपप्रधानमंत्री लालकृष्ण आडवाणी के चित्र के साथ जनसंघ के संस्थापक डा. श्यामाप्रसाद मुखर्जी और पार्टी के दार्शनिक विचारक दीनदयाल उपाध्याय के चित्र थे। रथ के पार्श्व भाग में पिछड़ी जातियों के मसीहा बाबासाहब भीमराव अम्बेडकर का हाथ उठाये हुए आदमकद चित्र था। रथ में प्रवेश करते ही दायीं ओर टायलेट था, जिसमें बड़ा शीशा, एग्जास्ट फेन लगा हुआ था। बायीं ओर अलमारी थी। इसके आगे सोफा-कम-बैड लगा हुआ था। इसी के पास टी.वी., वी.सी.डी. आदि म्यूजिकल सिस्टम के लिए केबिन बना हुआ था। पीछे एक दरवाजा था जिससे रथ के ऊपर बनाये गये मंच पर जाने के लिए चार सीढ़ियां थीं। रथ में फर्श पर सलेटी रंग का कारपेट बिछा हुआ था। मंच के ऊपर फ्लड लाइट्स लगाई गई थी। जनता तक आवाज पहुँचाने के लिए तेज गति के स्पीकर लगाये गये थे।

जयपुर के आजाद बॉडी बिल्डर ने इसका निर्माण किया था। जगदीश कंडेल ने इसकी डिजाइन बनाई थी। रथ के लिए आयशर कंपनी के ट्रक का चेसिस खरीदा गया था। कंपनी के प्रबन्ध निदेशक अमरजीतसिंह चड्ढा ने पहले भी भाजपा अध्यक्ष मुरलीमनोहर जोशी की कन्याकुमारी से कश्मीर तक की एकतायात्रा के लिए रथ तैयार किया था। इसकी रूपरेखा प्रमोद महाजन तथा जयपुर के पूर्व महापौर मोहनलाल गुप्ता ने तैयार की थी और पार्षद एवं ईंटों के निर्माता सरदार अजयपालसिंह की देखरेख में निर्माण चला था। उनके ही मकान में वसुन्धरा निवास करती थी।[14] अब वह राजस्थान आवासन मंडल के अध्यक्ष नियुक्त कर दिये गये हैं।

श्रीमती वसुन्धरा राजे ने अपनी परिवर्तन यात्रा न केवल तीर्थस्थल से प्रारंभ की बल्कि हर नया काम पूजा-अर्चना से प्रारंभ करने के अपने विधान के अनुसार 'बंगलानुमा जयपुर ब्राण्ड रथ' की वैदिक मंत्रोच्चारण द्वारा विधिवत पूजा कराई। पूजा ध्वनि के दौरान उपस्थित कार्यकर्त्ताओं ने 'शंख' द्वारा विजय उद्घोष प्रसारित किया। इस अवसर पर प्रसादस्वरूप उपस्थित लोगों में लड्डू वितरण किये गये। पूजा सम्पन्न होने के बाद वसुन्धरा ने रथ में प्रवेश कर उसके निर्माण तथा

सुख-सुविधाओं का जायजा लिया था। सब कुछ योजना-बद्ध पाये जाने पर भाजपा के खेलकूद प्रकोष्ठ के प्रदेशाध्यक्ष विनोद चौधरी तथा जिलाध्यक्ष अनिल पारीख के प्रभार में चारभुजाजी के लिए रवाना किया गया था। पत्रकारों के एक प्रश्न के उत्तर में वसुन्धरा ने कहा कि "यह रथ ऐश्वर्य का प्रतीक नहीं बल्कि साधन-सुविधायुक्त मात्र है और हमारी निजी धनराशि से तैयार कराया गया है। इसकी साज-सज्जा और सुख-सुविधाओं पर मात्र पचहत्तर हजार रुपये ख़र्च हुए हैं।"[15]

पहले मुंबई से भाजपा नेता गोपीनाथ मुंडे एक रथ जयपुर भेज रहे थे लेकिन उसे पंजाब अकाली दल के नेता एवं पूर्व मुख्यमंत्री प्रकाशसिंह बादल ले गये। इसलिए जयपुर में नया निर्मित कराया गया था।[16]

जैसा देश वैसा भेस

वसुन्धरा राजे की सौ दिनों की परिवर्तन यात्रा राजस्थान के राजनीतिक इतिहास का एक अध्याय बन गई है। ऐसा चुनाव प्रचार राजस्थानवासियों ने न कभी देखा और न सुना। उन्होंने जनता के मन-मस्तिष्क को न केवल झंकृत कर दिया बल्कि परिवर्तन का चुनाव बुखार चढ़ा दिया। परिवर्तन यात्रा का दूसरा दिन उन्होंने उदयपुर से पैंतीस किलोमीटर दूर ठीक आदिवासी बहुल क्षेत्र के बीच महाराणा प्रताप की राजस्थली गोगुन्दा से 'रजपूती वेशभूषा' में प्रारंभ किया। उन्होंने सारी यात्रा 'जैसा देश वैसा भेस' के नाटकीय प्रभाव में की। जनता, मुख्यरूप से राजस्थानी महिलाएं उन्हें अपनी ही पोशाक में पाकर अभिभूत हो जाती थीं।

परिवर्तन यात्रा का दूसरा दिन, सोमवार, 28 अप्रेल, 2003। राजपूत बेटी, बड़ा मुंह, तीखे कजरारे नयन, मस्तक पर लम्बा लाल तिलक, नाक में हीरे का लोंग, सिर पर कीमती जवाहरात का बोरला (रखड़ी), लम्बी मुंहफाड़ में श्वेत चमकती मुस्कान, सौभाग्य (सुहाग) की साक्षी सिर पर ढकी हुई लाल चुनरी, बदन पर राजपूती कुर्ती-कांचली तथा घाघरा पहने वसुन्धरा, महाकवि जायसी की चुनावी जौहर की चित्तौड़गढ़ की पद्मिनी लग रही थी। मेवाड़ की महारानी पद्मिनी का जौहर अपने स्त्रीत्व को बचाने का था तो यह भाजपा की लाज रखने तथा नर-नारियों के मन को जीतने का था। करीब चार सौ वर्ष पूर्व महाराणा प्रताप की गोगुन्दा में तिलकस्थली पर वसुन्धरा ने माथा टेका, तलवार की पूजा की। आभूषणों से सजी, कलाइयों में लाल चूड़ियां, पंचरंगी गोटा-किनारी लगी चुनरी, केसरिया फूल-पत्ती वाली कुर्ती-कांचली पहनी धौलपुर की महाराणी ने अपने उन्नत मस्तक पर लम्बा लाल विजय का तिलक लगवाया। महाराणा प्रताप के आदमकद चित्र पर क्षत्राणी ने पुष्पहार चढ़ाया। जोशीले शब्दों में हजारों आदिवासियों को सम्बोधित करते हुए ऐसा दिलासा दिलाया कि "भाजपा का राज आने पर हमेशा के लिए अकाल समाप्त हो जायेगा" और कांग्रेस की सरकार का बखिया उधेड़ते हुए आरोप लगाया कि 'गहलोत कटोरा लेकर भीख' मांग रहे हैं।[17]

गोगुन्दा से ऊंची-नीची अरावली पहाड़ियों के बीच जसवन्तगढ़, झाड़ोल पारकर जैसे ही डूंगरपुर जिले की ओर ठेठ आदिवासी क्षेत्र के बीच स्थित देवला चौराहे पर परिवर्तन रथ पहुँचा तो वसुन्धरा एक गरासिया परिधान में प्रकट हुईं। गोगुन्दा और देवला के बीच वह क्षत्राणी से आदिवासी भीलण हो गई थीं। उन्हें मिनटों में अलग-अलग वेशभूषा में देखकर साथ चलने वाले भी दंग रह गये। अब वह कढ़ाई-बुनाई वाली काले रंग की कुर्ती-कांचली, लाल चुनरी ओढ़े तथा छींट का काला घाघरा (लहंगा) पहने हुए थीं। आदिवासी महिलाएं वसुन्धरा को अपने से ही वस्त्र धारण किये देखकर न केवल हर्षित हुईं बल्कि निहारती ही रह गईं। आदिवासी राजे ने सिर पर बोरला, गले में हांसली, हाथों में हथफूल, पैरों में झांझर तथा पांवों में मोजड़ी पहन रखी थी।

देवला चौराहे पर आदिवासी भीलणियों ने सिर पर कलश लिये उनकी मंगल कामना करते हुए अगवानी की। उन्होंने वसुन्धरा को घेर लिया और सभी ने साथ फोटो खिंचवाये। वसुन्धरा टूटी-फूटी उन्हीं की भाषा में बोलने का प्रयास करने लगीं तो दुभाषिये ने आदिवासी बोली में उनसे बात कराई।[18]

परिवर्तन यात्रा का दूसरा चरण

वसुन्धरा की परिवर्तन यात्रा का दूसरा चरण मारवाड़ के प्रसिद्ध तीर्थस्थल जालौर जिले में स्थित सुधामाता के मंदिर से प्रारंभ हुआ था। 13 मई, 2003, मंगलवार, प्रचण्ड गर्मी की तपती लू एवं उमस से भीगे हजारों मारवाड़वासी नवनेत्री को देखने को उत्सुक , कई घंटों से प्रतीक्षा कर रहे थे। उनमें महिलाओं की संख्या अधिक थी। मैडम वसु की परम्परा के अनुसार यात्रा का दूसरा चरण भी सुधामाता की विधिवत पूजा-प्रार्थना से प्रारंभ हुआ।

हेलीकॉप्टर से दो घंटे के विलम्ब से पहुंची वसुन्धरा ने मुण्डारा के भोपाजी ओटाराम से आशीर्वाद प्राप्त किया। दूसरे चरण का उदघाटन राष्ट्रीय महामंत्री तथा उत्तरप्रदेश के पूर्व मुख्यमंत्री राजनाथसिंह ने किया था। यात्रा रानीवाड़ा, सांचौर होते हुए भीनमाल के लिए रवाना हुई थी। मार्ग में माया मेघ ऋषि मेघवाल समाज के मंदिर में वसुन्धरा को लाल रंग की चुनरी ओढ़ाई गई थी। सूरता-की-ढाणी में महिलाओं में वसुन्धरा से हाथ मिलाने की होड़ मच गई।[19]

आन्दोलनकारियों से सामना

परिवर्तन यात्रा के दूसरे चरण में मारवाड़ क्षेत्र में वसुन्धरा का सामाजिक न्याय मंच द्वारा संचालित आंदोलनकारियों से आमना-सामना हुआ। दूसरे चरण के दूसरे ही दिन पाली और जालौर जिलों में आंदोलनकारियों ने वसुन्धरा से मांग की कि वह उनको समर्थन दें। उनका नारा था कि

'आरक्षण नहीं तो वोट नहीं।' भाजपा ने तब तक अपनी ही पार्टी के पूर्वमंत्री देवीसिंह भाटी द्वारा संचालित आरक्षण आंदोलन के बारे में अपनी कोई नीति घोषित नहीं की थी। भाटी ने तत्कालीन प्रधानमंत्री अटलबिहारी वाजपेयी द्वारा जाटों को अन्य पिछड़ी जाति में सम्मिलित किये जाने के विरोध में राजपूतों को भी वही लाभ दिये जाने की मांग को लेकर 'सामाजिक न्याय मंच' का निर्माण किया था। यह आंदोलन राज्य में चलता रहा। ज्यों-ज्यों विधानसभा चुनाव समीप आया त्यों-त्यों उसका विस्तार होता गया। राजपूतों के बाद ब्राह्मण समाज के नेताओं ने भी आरक्षण देने की मांगकर अलग से अपनी जाति का संगठन खड़ा कर लिया। फिर तो एक-एक करके कई जातियां आरक्षण देने की मांग करने लगीं। कांग्रेस और भाजपा के विधायक तथा अन्य प्रभावशाली नेता अपनी-अपनी जाति के साथ आरक्षण की मांग का समर्थन करने लगे। राजस्थान में चुनाव से डेढ़-दो वर्ष पूर्व राज्यभर में विभिन्न स्थानों पर अलग-अलग जातियों की विशाल रैलियां आयोजित होने लगीं। मामला आरक्षण के पक्ष-विपक्ष के आधार पर राजस्थान उच्च न्यायालय में भी पहुंचा दिया गया। ऐसा लगने लगा कि आरक्षण ही चुनाव का मुद्दा न बन जाय। दोनों प्रमुख दलों ने आरक्षण के प्रश्न पर पार्टी आधार पर कोई निर्णय नहीं लिया। किन्तु वोट प्राप्त करने के लिए जाति के आधार पर आरक्षण का समर्थन करने लगे। उन रैलियों में कांग्रेस-भाजपा दोनों के प्रमुख नेता एक ही मंच पर भाग ले रहे थे। इस प्रश्न पर वे दलगत विरोध भूलकर मांग का समर्थन एवं नेतृत्व करने लगे थे। ऐसी स्थिति में कांग्रेस की अशोक गहलोत सरकार ने भाजपानीत केन्द्रीय सरकार पर दबाव बढ़ाने के लिए आर्थिक आधार पर सवर्ण जातियों को संविधान की सीमा से बाहर चौदह प्रतिशत आरक्षण दिये जाने का प्रस्ताव मंत्रिमंडल से पारित करा दिया। इसके लिए संविधान में संशोधन की आवश्यकता है। संविधान में 49 प्रतिशत तक ही आरक्षण का प्रावधान है। राजस्थान सरकार ने इससे ऊपर सवर्णों को आरक्षण देने का प्रस्ताव किया था।

विभिन्न जातियों द्वारा आरक्षण की मांग इतनी प्रबल हो गई कि सामाजिक न्याय मंच ने दोनों 'प्रमुख दलों' कांग्रेस और भाजपा के विरोध में अलग से राज्यव्यापी चुनाव लड़ने की घोषणा कर दी और चुनाव लड़ा। किन्तु भाटी के अलावा अन्य कोई उम्मीदवार चुनाव तो नहीं जीत पाया लेकिन चुनाव क्षेत्रों में प्रमुख दलों के वोट कटवाने या जुड़वाने में मदद अवश्य की। इससे विभिन्न क्षेत्रों में चुनाव-परिणाम हार-जीत में बदल गये।

मारवाड़ क्षेत्र में यात्रा के तीसरे दिन पाली जिले के जैतारण कस्बे में राजस्थान ब्राह्मण महासभा के सैकड़ों लोगों ने परिवर्तन रथ को रोककर आरक्षण की मांग का समर्थन करने का वसुन्धरा को ज्ञापन दिया और चेतावनी दी कि प्रभावशाली ब्राह्मण नेताओं की उपेक्षा बर्दाश्त नहीं की जायगी। सामाजिक न्याय मंच के नेताओं ने 'आरक्षण नहीं तो वोट नहीं' के नारों के बीच उनकी मांग का समर्थन करने का ज्ञापन दिया। सभा में तत्कालीन भाजपा विधायक सुरेन्द्र गोयल ने नारेबाजों को चेतावनी दी कि सभा में व्यवधान बर्दाश्त नहीं किया जायगा। इससे उत्तेजना बढ़ गई और नारेबाजी तेज हो गई। लाठी-भाटा जंग छिड़ गई। पुलिस ने लाठी चार्ज

किया तो भीड़ ने पथराव शुरू कर दिया। इससे भगदड़ मच गई। इसमें कई लोग घायल हो गये। वसुन्धरा ने स्थिति को अपने पक्ष में करने के लिए स्वयं को राजपूत बताकर मांग का समर्थन कर दिया।[20] वसुन्धरा ने दोनों जिलों में व्यवधान के लिए कांग्रेस पर दोषारोपण किया। लेकिन प्रदेश कांग्रेस ने इसे भाजपा में अन्तःकलह का सार्वजनीकरण कहा।[21]

द्वितीय चरण के चौथे दिन भी पाली जिले के गांवों में परिवर्तन यात्रा में सामाजिक न्याय मंच के कार्यकर्त्ताओं का व्यवधान जारी रहा। भाजपा कार्यकर्त्ताओं और पुलिस ने नारेबाजों को खदेड़ दिया। भाजपा ने यात्रा में विघ्न उपस्थित करने के आरोप में युवा मोर्चे के पाली शहर अध्यक्ष गिरधारीसिंह मंडली, रानी भाजपा मंडल के रूपेश दाधीच व हरीश गौड़ को पार्टी से निष्कासित कर दिया। न्याय मंच ने अपने उन कार्यकर्त्ताओं का सार्वजनिक अभिनंदन किया था।[22] इस व्यवधान के कारण भाजपा और सामाजिक न्याय मंच आमने-सामने हो गये थे। मेवाड़ की तरह मारवाड़ यात्रा में भी सभी स्थानों पर महिलाओं की उपस्थिति उल्लेखनीय रही।

परिवर्तन यात्रा का तीसरा चरण बीकानेर संभाग में था जहां आरक्षण का मुद्‌दा ही प्रमुख रूप से छाया रहा। मंच के अध्यक्ष देवीसिंह भाटी का कार्यक्षेत्र बीकानेर ही है। सामाजिक न्याय मंच आरक्षण की मांग को लेकर भाजपा विरोधी वातावरण न बना ले, इसलिए वसुन्धरा ने बीकानेर में सफाई दी कि "सवर्णों को आर्थिक आधार पर आरक्षण देने का फैसला उनकी पार्टी ने 20 मई, 2003 को ही प्रदेशस्तरीय बैठक में कर लिया है।"[23] जबकि भाजपा के राष्ट्रीय महामंत्री प्रमोद महाजन ने राष्ट्रीय पदाधिकारियों की बैठक के बाद घोषणा की कि सवर्णों को आर्थिक आधार पर आरक्षण देने का निर्णय करने के लिए केन्द्र से 'आर्थिक पिछड़ा आयोग' गठित करने का आग्रह किया जायगा। इस बैठक में आडवाणी भी उपस्थित थे। महाजन ने स्पष्ट किया कि इसका निर्णय कोई एक दल या एक सरकार नहीं कर सकती है। इसलिए आयोग सभी राज्यों के मुख्यमंत्रियों, सामाजिक संगठनों तथा विशेषज्ञों से राय करके आर्थिक पिछड़ेपन का आधार तथा प्रतिशत निश्चित करेगा। आयोग संविधान में संशोधन का भी निर्णय करेगा। आयोग का गठन केन्द्रीय सरकार दो-तीन सप्ताह में कर देगी।[24]

भाटी का निलंबन

मारवाड़ क्षेत्र से सामाजिक न्याय मंच ने आरक्षण की मांग का राज्य में प्रभाव बढ़ाने के लिए भाजपा की परिवर्तन यात्रा में जगह-जगह नारेबाजी, व्यवधान डालने तथा हंगामा करने का कार्यक्रम बना लिया था। बीकानेर में उसने तत्कालीन मुख्यमंत्री अशोक गहलोत की सभा में भी हंगामा किया था। परिवर्तन यात्रा में ब्राह्मण तथा गुर्जर भी व्यवधान उपस्थित करने वालों में से थे। परिवर्तन यात्रा के 10 अगस्त, 2003 को जयपुर में होने वाले समापन समारोह में तत्कालीन

प्रधानमंत्री वाजपेयी की सभा में हंगामा करने की सामाजिक न्याय मंच की घोषणा से भाजपा और मंच फिर आमने-सामने हो गये। जयपुर में तो मंच के कार्यकर्त्ताओं ने वाजपेयी की सभा से दो दिन पूर्व स्टेच्यू सर्किल से गुजर रहे भाजपा कार्यकर्त्ताओं को पकड़कर उनकी धुनाई कर दी। भाजपा के झंडों को पेट्रोल छिड़ककर जला दिया। उन पर पथराव भी किया। ऐसी ही घटना जवाहर नगर में भी हुई। मंच के कार्यकर्त्ताओं ने यह रोष भाटी के निलंबन के विरुद्ध प्रकट किया था। भाजपा ने भाटी को पार्टी के कार्यक्रमों, निर्णयों, निर्देश की अवहेलना के आरोप में निलंबित किया था। वाजपेयी ने सवर्णों को आर्थिक आधार पर संविधान के वर्तमान प्रावधान के बाहर आरक्षण देने के प्रश्न पर अपनी गेंद कांग्रेस के पाले में फेंकने के लिए जयपुर की महती आमसभा में घोषणा की कि ''यदि प्रतिपक्ष भरोसा दिलाये तो वे 'परसों-तरसों' ही संविधान संशोधन विधेयक लाने को तैयार हैं।'' मंच के कार्यकर्त्ताओं ने सभा में हंगामा करने की कोशिश की जिसे भाजपा और पुलिस ने विफल कर दिया था।[25]

वसुन्धरा परिवर्तन यात्रा में विभिन्न जातियों का समर्थन प्राप्त करने के लिए उनकी सहोदर बन गईं। जाटों के क्षेत्रों में धौलपुर की महारानी होने से जाट बहू, राजपूतों के क्षेत्रों में ग्वालियर की बेटी ने अपने को राजपूत घोषित किया तो गूजर बहुल क्षेत्रों में अपनी पुत्रवधू के कारण गूजरों की समधन बताई। 105 दिनों में राज्य के दो सौ विधानसभा क्षेत्रों में से 184 में मतदाताओं से उन्हीं के रूप में रूबरू हुईं। अंतिम चरण में जयपुर क्षेत्र की यात्रा स्वास्थ्य नासाज रहने से रद्द कर दी गई।[26] परिवर्तन यात्रा में जनता की भागीदारी तथा कार्यकर्त्ताओं के सहयोग से असंतुष्ट नेता स्वतः ही किनारे हो गये।

संघ परिवार का समर्थन

परिवर्तन यात्रा के दौरान ही राजस्थान के प्रभारी प्रमोद महाजन ने राष्ट्रीय स्वयंसेवक संघ तथा उसके आनुषंगिक संगठनों का अगले विधानसभा के चुनाव में भाजपा को सक्रिय सहयोग प्राप्त करने के लिए जयपुर में जुलाई के द्वितीय सप्ताह में बैठक आयोजित कराई। यह बैठक संघ के सह सरकार्यवाह मदनदास देवी की अध्यक्षता में संघ के कार्यालय भारती भवन में हुई थी। पांच घंटे चली बैठक में वसुन्धरा ने कुछ समय के लिए भाग लिया था। बैठक में यह बताया गया था कि परिवर्तन यात्रा में भाजपा को भरपूर जनसमर्थन मिला है। राज्य में भाजपा की विजय के लिए अनुकूल माहौल है। महाजन ने बैठक के बाद बताया था कि संघ परिवार आगामी चुनाव में भाजपा की जीत के लिए पूरा दम लगायेगा।[27]

राज्य के इकतीस जिलों की यात्रा द्वारा वसुन्धरा ने भाजपा के लिए जमीन तैयार कर दी थी। अब बीज, खाद-पानी से सींचने की ही बारी थी। बीज के लिए उम्मीदवारों का चयन करना था। वसुन्धरा को वरिष्ठ नेताओं के मनमुटाव तथा मंच के विरोध के बावजूद सभी विधानसभा

क्षेत्रों में भाजपा कार्यकर्त्ताओं का पूरा समर्थन मिला था। कार्यकर्त्ताओं ने पूरी लगन से मेहनत करके उर्वरा भूमि में खाद का काम किया था। सिंचाई के लिए पानी हाईटेक चुनाव प्रचार द्वारा मिला। इसमें महिलाओं तथा राज्य कर्मचारियों की महती भूमिका रही थी। परिवर्तन यात्रा में महारानी ने सभी क्षेत्रों में महिलाओं को खूब आकर्षित किया था। मुस्लिम महिलाओं को भाजपा से जोड़ने के लिए 19 अक्टूबर, 2003 को जयपुर में शास्त्रीनगर स्थित राष्ट्रपति मैदान में महिला सम्मेलन का आयोजन किया गया था। सम्मेलन का आयोजन भाजपा की मुस्लिम महिला संगठन ने किया था। वसुन्धरा ने मुस्लिम महिलाओं की दुखती रग पर मरहम लगाते हुए कहा था कि "उनके पिछड़ेपन का कारण कांग्रेस ही है जिसने उन्हें केवल वोटबैंक की तरह इस्तेमाल किया था।"[28]

वसुन्धरा ने जातीय आधार पर भी समर्थन प्राप्त करने का पूरा प्रयास किया था। जयपुर के निकट जालसू गांव में यादव महासभा की ओर से एक कार्यक्रम रखा गया जिसमें यादवों ने वसुन्धरा को अपनी बहिन घोषित किया था। वसुन्धरा को जालसू तक जुलूस में ले जाया गया। रास्ते में जगह-जगह उनका जोरदार स्वागत किया गया था। सभा में भाजपा को पूरा समर्थन देने की घोषणा की गई थी।[29]

राज्य कर्मचारियों की घोषणा

वसुन्धरा ने राजस्थान दर्शन के दौरान राज्य की मूल समस्याओं तथा किन-किन वर्गों के समर्थन से भाजपा की चुनाव में जीत हो सकती है, का पूरा अध्ययन कर लिया था। उनका यह निष्कर्ष था कि राज्य कर्मचारी गहलोत सरकार से पूर्ण रूप से खफा हैं, यदि उनका सहयोग मिल जाय तो यह बाजी जीती जा सकती है। चुनावी चालों के तहत मतदान से डेढ़ माह पूर्व 18 अक्टूबर, 2003 को जयपुर में तत्कालीन विपक्ष भाजपा की प्रदेशाध्यक्ष वसुन्धरा का अखिल राजस्थान राज्य कर्मचारी संयुक्त महासंघ (एकीकृत) द्वारा राजकीय जलभवन में सम्मान समारोह का आयोजन किया गया। राज्य कर्मचारी संघ के निर्माण के बाद ऐसा समारोह पहली बार हुआ था। सरकार ने भी कोई रोक नहीं लगाई। सरकारी कर्मचारियों की ऐसी राजनीतिक भागीदारी भी पहली बार देखी गई थी।

राज्य कर्मचारियों का समर्थन प्राप्त करने के लिए समारोह से पूर्व उसी दिन दोपहर में भाजपा की ओर से घोषणा की गई कि सत्ता में आने पर बोनस आदि उनकी सभी सुविधाएं बहाल की जायेंगी। इस घोषणा के लिए तत्कालीन प्रदेश उपाध्यक्ष ललितकिशोर चतुर्वेदी ने संवाददाता सम्मेलन आयोजित किया था। चतुर्वेदी ने कहा कि "सत्ता में आने पर कर्मचारियों को दीपावली से पूर्व 'तीस दिनों का बोनस' दिया जायेगा।" राज्य कर्मचारियों की अन्य मांगों, जिनको लेकर गहलोत सरकार से उनका संघर्ष था, के बारे में चतुर्वेदी की घोषणा थी कि "समर्पित अवकाश

का हर दो वर्ष में नकद भुगतान किया जायेगा। अल्पवेतनभोगी कर्मचारियों को प्रतिवर्ष अनाज खरीदने के लिए अग्रिम राशि दी जायेगी। ऐसे ही त्योहारों पर पहले की तरह अग्रिम भुगतान किया जाएगा।'' यह भी वादा किया कि ''पूर्व में कर्मचारी संगठनों के साथ हुए समझौतों को क्रमबद्ध तरीके से निश्चित अवधि में पूरा किया जायेगा और गैरसरकारी संस्थाओं के कर्मचारियों के साथ हो रहे शोषण को समाप्त किया जायेगा।'' यही नहीं उन्होंने राज्य कर्मचारियों की रिकार्ड तोड़ चौसठ दिनों की हड़ताल को उपार्जित अवकाश में बदलने के प्रयास करने का भी आश्वासन दिया।[30]

शाम को सम्मान समारोह में संभावित मुख्यमंत्री वसुन्धरा ने चुनाव संहिता का ध्यान रखते हुए कर्मचारियों को कहा ''हम एक दूसरे के हितों का संरक्षण तथा मिलकर राजस्थान का विकास करेंगे।'' साथ ही यह भी कहा कि ''पहले जो मिलता था, उसकी चिन्ता न करें। राज्य कर्मचारी और हम एक परिवार के सदस्य हैं।''[31]

समारोह में जो कहा गया वैसा पहले किसी ने नहीं कहा था और राज्य कर्मचारी संगठनों की चुनाव अभियान में राजनीतिक भूमिका आचार संहिता तथा राजकीय अनुशासन के विरुद्ध थी। कर्मचारी नेताओं ने कहा कि राज्य विधानसभा का ''यह चुनाव भाजपा और कांग्रेस के बीच नहीं हैं। कांग्रेस और कर्मचारियों के बीच है।'' आगे कहा कि ''गहलोत सरकार ने पूरे पांच वर्ष कर्मचारियों का दमन किया है। कर्मचारी अब चुनाव में इस प्रताड़ना का बदला लेंगे।''[32]

महासंघ के अध्यक्ष हनुमानसिंह ने कर्मचारियों को चेतावनी देते हुए कहा कि ''विगत चालीस सालों में विभिन्न मुख्यमंत्रियों के नेतृत्व में राज्य सरकारों ने जो सुविधाएं कर्मचारियों को प्रदान की थीं, गहलोत सरकार ने वे छीन ली हैं। यदि यह सरकार फिर बन गई तो पेंशन जैसी सुविधा भी बंद कर दी जायेगी।''[33]

हनुमानसिंह ने कहा कि ''कर्मचारी वसुन्धरा को बहिन की तरह मानते हैं और उन्हें अपनी बड़ी बहिन का सम्मान दिया।'' वसुन्धरा ने प्रत्युत्तर में ''स्वयं को कर्मचारियों की छोटी बहिन बताया और कहा कि कर्मचारी उनके परिवार के सदस्य हैं।''[34]

भाजपा द्वारा प्रकाशित कांग्रेस का काला चिट्ठा

भाजपा ने कांग्रेस सरकार के खिलाफ 'काला चिट्ठा' नाम से 29 सितम्बर, 2003 को एक आरोप पत्र जारी किया था। उसमें गहलोत सरकार पर चुनावी वायदे पूरे नहीं करने, विकास ठप करने, राज्य पर कर्ज का बोझ बढ़ाने और हर क्षेत्र में विफल रहने का आरोप लगाया गया था। वसुन्धरा की उपस्थिति में प्रदेश उपाध्यक्ष घनश्याम तिवाड़ी ने संवाददाता सम्मेलन में गहलोत सरकार पर आरोप लगाया कि ''कांग्रेस शासन में सरकारी स्तर पर लूट-खसोट, अव्यवस्था,

महिला एवं दलितों के साथ दुर्व्यवहार तथा विकास खर्च में बड़े पैमाने पर धांधली हुई है।"[35] पैंतीस पृष्ठों की इस पुस्तिका में अशोक गहलोत के 'अ' अक्षर से इस सरकार को अशुभ, अकाल, अंधकार, अव्यवस्था, अकर्मण्यता, अदूरदर्शिता, अराजकता, आतंक, अपराध, अनैतिकता, अमानवीयता और अलोकतांत्रिक आदि बारह शब्दों में आरोपित किया गया था।[36]

घोषणापत्र

भारतीय जनता पार्टी ने बारहवीं राज्य विधानसभा के लिए दो-तिहाई बहुमत की अवधारणा के साथ पूर्व उपमुख्यमंत्री हरिशंकर भाभड़ा की अध्यक्षता में लोकलुभावन घोषणापत्र तैयार किया था जिसमें राज्य के हर वर्ग के लिए सब कुछ था। लेकिन भाजपा के दो वर्षों के शासनकाल में उसमें से कितना पूरा हुआ, यह कहना न्याय-संगत नहीं है क्योंकि पांच वर्ष पूर्ण होने में अभी काफी समय शेष है। लेकिन एक वायदा, जो विधानसभा चुनाव के समय दिया गया था, उसे बिना विलोपित किये मौन धारण कर लिया। वह है, गृहकर की समाप्ति। अगस्त, 2005 के तीसरे सप्ताह में सम्पन्न 126 नगरपालिकाओं के चुनाव में गृहकर समाप्त करने के पूर्व वायदे पर, बिना कुछ कहे मौनव्रत धारण कर लिया कि इसका विकल्प निश्चित होने तक यह जारी रहेगा। प्रमुख विपक्ष कांग्रेस ने इसे जनता के साथ धोखे का आरोप लगाया।[37]

विधानसभा चुनाव घोषणापत्र में राष्ट्रीय स्वयंसेवक संघ और विश्व हिन्दू परिषद् की संतुष्टि के लिए धर्मांतरण पर रोक का कानून और किसानों के लिए 825 करोड़ के पांच वायदे किये गये थे। चुनाव के समय जुड़े जाटों को खुश करने के लिए यह सबसे ज्यादा आकर्षक था। उनके लिए पांच अरब का किसान कल्याण कोष, 250 करोड़ का आपदा सहायता कोष, फसल बीमा के लिए 75 करोड़ तथा अधिकृत भंडार गृहों में फसल जमा कराने पर उसकी कीमत का 75 प्रतिशत भुगतान का वायदा किया गया था।[38]

राज्य कर्मचारियों के लिए वह सब घोषणापत्र में सम्मिलित कर लिया गया था जिसका वायदा वसुन्धरा के सम्मान समारोह में किया गया था। महिलाओं तथा शिक्षा में कई प्रकार की सुविधाओं की घोषणा की गई थी। ऐसे ही वृद्धजनों तथा सड़कों के बारे में कई प्रावधान किये गये थे। यहां तक कि ग्रामीण सड़कें सीमेण्ट की बनाने का वायदा किया गया है। अकाल का सामना करने के लिए 250 करोड़ का कोष, ट्रेड फेयर ऑथोरिटी का निर्माण, विकास के लिए 250 करोड़ रुपये का आधारभूत ढांचा विकास कोष आदि के कई आश्वासन जनता को दिये गये हैं।[39]

प्रमोद महाजन के नेतृत्व में चले हाइटक चुनाव प्रचार में तत्कालीन प्रधानमंत्री अटलबिहारी वाजपेयी तथा उपप्रधानमंत्री आडवाणी ने राजस्थान को पूरा समय दिया। वाजपेयी ने तीन दिनों में राज्य के छह शहरों में सम्बोधित किया था। जनता की मुख्य समस्या बिजली, पानी और सड़क

को मुख्य विषय बनाकर भाजपा की जीत की पक्की पृष्ठभूमि बना दी थी। उन्होंने आश्वासन दिया कि भाजपा के शासन में इनकी कोई समस्या नहीं रहेगी। चुनाव में कांग्रेस की तरह भाजपा में भी बागियों की संख्या पर्याप्त थी। ऐसे तिरपेन भाजपाई नेताओं को छह वर्ष के लिए पार्टी से निष्कासित कर दिया गया।

वसुन्धरा का जादू

चार दिसम्बर, 2003 को वसुन्धरा राजे का जादू सिर पर चढ़कर बोला। उनके एक वर्ष के कठोर प्रयत्नों ने चुनाव पूर्व के सभी सर्वेक्षणों को झुठला दिया। कांग्रेस के सभी गढ़ों को ढहाते हुए राजस्थान के लोकतांत्रिक इतिहास में भारतीय जनता पार्टी ने विधानसभा की दो सौ में से 120 सीटों पर विजय पताका फहरा कर नया कीर्तिमान स्थापित कर दिया था। देश में 120 वर्षों की कांग्रेस पर उससे आधी आयु से भी छोटी पार्टी की यह ऐतिहासिक विजय स्वयं जनता को भी चकित कर देने वाली थी। क्योंकि किसी को भी यह अनुमान नहीं था कि भाजपा की ऐसी जीत हो जायेगी और कांग्रेस 153 से घटकर केवल 56 सीटों पर आकर ठहर जायेगी। एक दिसम्बर, 2003 को मतदान के दिन भी कहीं ऐसा स्पष्ट माहौल दिखाई नहीं देता था। भाजपा महिलाओं, राज्यकर्मचारियों तथा जातियों के रथ पर सवार होकर जयपुर के जनपथ पर स्थित विधानसभा तथा राजस्थान सचिवालय में पहुँच गई थी।

राजस्थान में जब-जब भी आदिवासी तथा अनुसूचित जाति के क्षेत्रों में कांग्रेस हारी है तब-तब ही गैरकांग्रेसी दलों को विधानसभा में कांग्रेस से अधिक स्थान मिले हैं। ऐसा इतिहास 1967, 1977, 1990, 1993 के चुनावों में बन चुका है। इसीलिए 1977, 90 तथा 93 में गैरकांग्रेसी सरकारें राजस्थान में निर्मित हो सकी थीं। 1993 के चुनाव से राजस्थान में मतदाताओं का ध्रुवीकरण होकर द्विदलीय व्यवस्था स्थापित हो चुकी है। दिसम्बर, 2003 के चुनाव परिणाम उपरोक्त तर्कों के प्रमाण हैं। अनुसूचित जाति के 33 स्थानों में से कांग्रेस केवल पांच पर जीत पाई जबकि भाजपा ने 26 पर कब्जा किया। ऐसे ही अनुसूचित जनजाति की 24 सीटों में से कांग्रेस को केवल 6 मिलीं जबकि भाजपा ने 18 प्राप्त की हैं। इन क्षेत्रों में प्राप्त सफलता वसुन्धरा राजे के 'जैसा देश वैसा भेस' का स्पष्ट प्रमाण है जहां वह महिलाओं से अन्तरंग होकर घुली-मिली थीं।

विधायकों का जातिवार विवरण

अन्य पिछड़ी जातियों के लिए विधानसभाओं और लोकसभा में स्थान आरक्षित नहीं हैं। लेकिन 1990 में मंडल आयोग लागू होने के बाद उनका प्रतिनिधित्व सभी स्थानों पर बढ़ गया है।

राजस्थान में 1998 में जाटों को अन्य पिछड़ी जातियों में सम्मिलित किये जाने के बाद उनका प्रभाव तथा प्रतिनिधित्व प्रत्येक लोकतांत्रिक संस्थानों में बढ़ गया है। विधानसभा के इस चुनाव में दोनों दलों के अन्य पिछड़ी जातियों के कुल 53 विधायक चुने गये। उनमें भाजपा के 31 तथा कांग्रेस के 22 हैं। इनमें सर्वाधिक 27 विधायक जाट हैं जो कुल के आधे से एक अधिक हैं । 27 में से 13 भाजपा के तथा 14 कांग्रेसी हैं। दूसरा स्थान गुर्जरों का है जो कुल 8 चुने गये थे। उनमें से 6 भाजपा में तथा दो कांग्रेसी हैं। जाटों के बाद सर्वाधिक 22 राजपूत विधायक चुने गये हैं। उनमें से 18 भाजपा तथा चार कांग्रेस के हैं। जाटों को आरक्षण दिये जाने के बाद सामाजिक न्याय मंच के झंडे तले उसके अध्यक्ष, भाजपा विधायक देवीसिंह भाटी ने राजपूतों को अन्य पिछड़ी जाति में सम्मिलित किये जाने का आंदोलन चलाया था। इस आंदोलन का लाभ भाजपा को ही मिला या आंदोलन का मतदाताओं पर कोई प्रभाव नहीं पड़ा। यह चुनाव परिणाम से स्पष्ट है।

उपरोक्त जातियों के अतिरिक्त सवर्ण जातियों में भी कांग्रेस के मुकाबले भाजपा के अधिक विधायक चुने गये। जाटों की तरह कांग्रेस में ब्राह्मण विधायक भी भाजपा से एक अधिक चुना गया। कुल 15 ब्राह्मण विधायक चुने गये हैं। उनमें से भाजपा के 7 और कांग्रेस के आठ हैं। कुल 18 महाजनों के विधायक चुने गये हैं। उनमें से कांग्रेस के पांच तथा भाजपा के 13 हैं। पांच मुसलमान चुने गये जिनमें कांग्रेस के चार तथा एक भाजपा का है। तीन सिक्खों में से भाजपा के दो और एक कांग्रेस का है। कायस्थ और सिंधी एक-एक निर्वाचित हुए हैं। कायस्थ कांग्रेसी है तो सिंधी भाजपा का।[40]

शेष 24 विधायक निर्दलीय तथा अन्य दलों से चुने गये हैं। 24 विधायकों में से 4 इंडियन नेशनल लोकदल (हरियाणा के पूर्व मुख्यमंत्री ओमप्रकाश चौटाला की पार्टी), दो बहुजन समाजवादी पार्टी (मायावती), दो ही जनता दल (एकीकृत) (शरद यादव की पूर्व पार्टी), एक कम्युनिस्ट पार्टी (मार्क्सवादी), दो अन्य दलों और 13 निर्दलीय हैं। 'राजस्थान पत्रिका' जयपुर के संवाददाता की जानकारी के अनुसार उनमें से ब्राह्मण 2, जाट 8, राजपूत 2, वैश्य 2, माली 1, अनुसूचित जाति 2 तथा अजजा के 7 हैं। लेकिन अजजा की संख्या ठीक नहीं लगती है। क्योंकि अजजा के आरक्षित क्षेत्र तो 24 ही हैं। पत्रिका के अनुसार दो सौ विधायकों का जातिवार विवरण इस प्रकार है : ब्राह्मण 17, जाट 35, राजपूत 26, मुसलमान 5, यादव 2, वैश्य 20, गुर्जर 8, कूमावत 3, धाकड़ 3, विश्नोई 2, सिख 3, माली, चारण, पंजाबी, पाटीदार, रावत, सिंधी तथा कायस्थ एक-एक हैं, राजपुरोहित 2, अजा 33 तथा अजजा के 34 हैं।[41]

विधानसभा 2003 के चुनाव में मतदान में भी पूर्व की अपेक्षा वृद्धि हुई है। कुल मतदान 67.2 प्रतिशत हुआ है जबकि 1998 में विधानसभा के लिए 63.49 प्रतिशत मतदान हुआ था। भाजपा को कांग्रेस से दुगुनी से भी अधिक सीटें मिली हैं। लेकिन भाजपा के मतों में वृद्धि

1998 के मुकाबले 6 प्रतिशत की ही है। 1998 में कांग्रेस को 44.9 प्रतिशत मत तथा 153 स्थान मिले थे और भाजपा को 33.2 प्रतिशत मत और 33 स्थान प्राप्त हुए थे। 2003 में कांग्रेस को 35.6 प्रतिशत मत और 56 सीटें प्राप्त हुईं तथा भाजपा को 39.2 प्रतिशत मत और 120 सीटें मिलीं। अन्य दलों में बसपा के वोटों में 1998 और 2003 में 1.7 प्रतिशत की बढ़ोतरी हुई है। 1998 में भी बसपा के दो ही विधायक जीते थे, 2003 में भी उतने ही विजयी रहे। लेकिन 1998 में 2.2 प्रतिशत वोट मिले थे, जो बढ़कर 2003 में 3.9 प्रतिशत हो गये।[42]

भाजपा के पक्ष में निर्णायक बढ़त

राजस्थान में भाजपा की ऐतिहासिक जीत देशभर में चौंकाने वाली मानी गई थी। चुनाव परिणाम पूर्व के सभी सर्वेक्षणों तथा चुनाव पंडितों के आकलनों के विपरीत थे। मतदान के बाद देश के प्रमुख अंग्रेजी दैनिक 'दी हिन्दू' ने बानगी सर्वेक्षण कराया। यह सर्वेक्षण सी.एस.डी. एस. सेण्टर फोर डवलपिंग सोसायटीज ने 3102 मतदाताओं से उनके घर-घर जाकर साक्षात्कार के आधार पर किया था। उसे 'राजस्थान पत्रिका' जयपुर ने अपने 10 दिसम्बर, 2003 के अंक में प्रकाशित किया था। उपरोक्त बानगी सर्वेक्षण के अनुसार 51 प्रतिशत कांग्रेस सरकार के कामकाज से कमोबेश संतुष्ट थे और 39 प्रतिशत ने असंतोष या घोर असंतोष व्यक्त किया था। मुख्यमंत्री अशोक गहलोत की छवि साफ मानते थे लेकिन सरकार को भ्रष्टाचार मुक्त नहीं बताया था। मतदाता बेरोजगारी से बहुत चिन्तित था। बिजली, सड़कें तथा सिंचाई की हालत को भी बिगड़ा हुआ बताया था। सर्वेक्षण में इस बात के भी सबूत नहीं मिले कि वसुन्धरा राजे भाजपा के पक्ष में महिला मतदाताओं को मतदान केन्द्रों पर खींच ले आई थीं। महिलाओं और पुरुषों ने भाजपा के पक्ष में समान रूप से मतदान किया था। भाजपा की सफलता का कारण चुनाव की रणनीति 'सूक्ष्म प्रबंधन' (माइक्रो मैनेजमेण्ट) पाया गया।[43] यह बात भाजपा के राष्ट्रीय महामंत्री एवं राजस्थान के चुनाव प्रभारी प्रमोद महाजन ने भी एक साक्षात्कार में बताई थी। महाजन ने कहा कि "जब हमने प्रचार अभियान शुरू किया था तब अशोक गहलोत की वसुन्धरा राजे पर साफ बढ़त थी। लेकिन मीडिया और दूसरे साधनों के जरिये 'कारपेट बॉम्बिंग' की अमरीकी सिद्धान्त का अनुसरण कर हमने चुनावी तस्वीर बदल दी।" उन्होंने यह भी स्वीकारा कि "महिला मतदाताओं का वसुन्धरा के लिए ध्रुवीकरण हुआ। उनकी राजसी पृष्ठभूमि भी जातियों में बंटे राजस्थान में काम आई।"[44]

'दी हिन्दू' के सर्वेक्षण के अनुसार मतदान के दिन ही भाजपा ने निर्णायक बढ़त ली। करीब 14 फीसदी मतदाताओं ने उसी दिन निर्णय किया था कि उसे किसे वोट देना है। उनमें से 41 प्रतिशत भाजपा तथा 33 प्रतिशत ने कांग्रेस को वोट दिया। सर्वेक्षण के अनुसार भाजपा ने कांग्रेस के पूर्व समर्थकों की सामाजिक संरचना, दलित, आदिवासी, जाट तथा मुसलमान मतदाताओं को अपने पक्ष में करने के लिए दक्षतापूर्ण रणनीति तय की। इसका भाजपा को लाभ

मिला था। भाजपा को कांग्रेस से ज्यादा वोट मिले। लेकिन एक-तिहाई जाट मतदाताओं ने निर्दलीय और बागी प्रत्याशियों को वोट देना ज्यादा पसन्द किया। राजस्थान की 52 सीटें जाट प्रभावित मानी जाती हैं। भाजपा को केवल 26 ही मिलीं। सर्वेक्षणकर्त्ताओं ने भाजपा की इसे सफल रणनीति नहीं माना। भाजपा ने आदिवासियों में ज्यादा प्रभावी ढंग से पैठ बनाई। पहले कांग्रेस को 60 फीसदी से अधिक आदिवासी वोट मिले थे। इस बार उसे 40 फीसदी से कम वोट मिले। इस कारण भाजपा ने अजजा की आरक्षित 24 में से 15 सीटें जीतीं। सबसे बढ़कर बहुजन समाज पार्टी ने 14 फीसदी दलित वोट लेकर भाजपा की मदद की। कांग्रेस केवल मुस्लिम वोट के भरोसे रह गई जो उसके लिए पर्याप्त नहीं थे।

सर्वेक्षण के अनुसार भाजपा की सफल सूक्ष्म रणनीति (माइक्रोस्ट्रेटेजी) इस चुनाव में उसे भारी बढ़त दिलाने में कारगर रही। इस कारण कांग्रेस के चुनाव लड़ने वाले 129 निवर्तमान विधायकों में से केवल 33 ही जीत पाये। भाजपा के भी 30 निवर्तमान विधायकों में से 12 चुनाव हार गये। पारम्परिक मतदाताओं ने अपनी निष्ठाएं बदलीं।

सर्वेक्षण में 41 प्रतिशत को कांग्रेस का तथा 33 प्रतिशत को भाजपा का परम्परागत मतदाता बताया गया था। 15 फीसदी ने कहा कि वे किसी पार्टी के लिए प्रतिबद्ध नहीं हैं। भाजपा के 85 प्रतिशत तथा कांग्रेस के 72 प्रतिशत परम्परागत मतदाताओं ने उसी अनुसार मतदान किया था। किन्तु भाजपा को बड़ी संख्या में ऐसे मतदाताओं के वोट मिले जो किसी पार्टी विशेष के प्रति प्रतिबद्ध नहीं थे। भाजपा की जीत में उनकी भूमिका अहम रही।[45]

कर्मचारी संगठनों में हर्ष

पहली बार राज्य कर्मचारी संगठनों ने राजनीतिक दलों की तरह कांग्रेस सरकार के पतन पर हर्ष प्रकट किया था और चेतावनी दी कि जो सरकार कर्मचारियों को नाराज करेगी, उसका यही हश्र होगा। अखिल राजस्थान राज्य कर्मचारी संयुक्त महासंघ (एकीकृत), जिसने वसुन्धरा राजे का चुनाव से पूर्व 18 अक्टूबर, 2003 को सम्मान किया तथा सिक्कों से तोला था, कांग्रेस का सफाया होने पर 'स्वाभिमान दिवस' मनाया। महासंघ के अध्यक्ष हनुमानसिंह ने कहा कि "कोई भी सरकार कर्मचारियों की अनदेखी करके सत्ता में नहीं रह सकती है।" राज्य कर्मचारी महासंघ (भामस) ने कहा कि 'संवेदनहीन सरकार से निजात मिली ।' राजस्थान अधीनस्थ कर्मचारी संघ के केन्द्रीय अध्यक्ष महमूदखां ने कहा कि "कर्मचारियों ने कांग्रेस से ब्याज सहित बदला ले लिया।" राजस्थान बिजली वर्कर्स फैडरेशन के प्रदेश महासचिव वेदप्रकाश शर्मा ने कहा कि "कर्मचारियों के साथ विद्युत उपभोक्ताओं व किसानों की नाराजगी के कारण ही कांग्रेस सरकार का अंत हुआ है।" अन्य अनेक कर्मचारी संगठनों के नेताओं ने उपरोक्त भाषा में ही बयान दिये थे।[46]

राज्य विधानसभा के चुनाव परिणाम घोषित होने के तीसरे दिन – 6 दिसम्बर, 2003 को तत्कालीन राजग सरकार के वित्तमंत्री तथा राजस्थान से राज्यसभा सांसद एवं केन्द्रीय पर्यवेक्षक जसवंतसिंह की उपस्थिति में भाजपा की प्रदेशाध्यक्ष श्रीमती वसुन्धरा राजे औपचारिक रूप से विधायक दल की निर्विरोध नेता चुन ली गई थीं। नेता चुनने का प्रस्ताव तत्कालीन विपक्ष के नेता गुलाबचन्द कटारिया ने प्रस्तुत किया था और समर्थकों की लाइन लग गई थी।

इस अवसर पर भाजपा के सभी प्रमुख नेता उपस्थित थे। निर्वाचन के लिए धन्यवाद देते हुए वसुन्धरा का गला भर आया कि इस अवसर पर उनकी स्वर्गीय माता विजया राजे तथा भ्राता स्वर्गीय माधवराव सिंधिया इस संसार में नहीं हैं।[47] बैठक के बाद ही राजभवन जाकर, राज्यपाल कैलाशपति मिश्र को श्रीमती राजे ने नेता चुने जाने की विधिवत सूचना दी। उनके साथ पर्यवेक्षक जसवंतसिंह के अलावा तत्कालीन केन्द्रीय सूचना एवं प्रसारण मंत्री रविशंकरप्रसाद तथा प्रमोद महाजन भी थे। राज्यपाल ने 8 दिसम्बर, 2003 को सरकार बनाने का औपचारिक निमंत्रण दिया था।[48] श्रीमती वसुन्धरा राजे मध्यप्रदेश में जन्मी राजस्थान की दूसरी मुख्यमंत्री हैं। पहले मुख्यमंत्री शिवचरण माथुर थे जिनका जन्म मध्यप्रदेश के गुना जिले में हुआ था। इसके विपरीत राजस्थान ने मध्यप्रदेश को तीन मुख्यमंत्री दिए हैं – प्रकाशचन्द्र सेठी, वीरेन्द्रकुमार सकलेचा तथा मोतीलाल वोरा जिनका जन्म क्रमशः झालरापाटन, नागौर तथा फलौदी में हुआ था। वैसे चौथे मुख्यमंत्री सुन्दरलाल पटवा के पितृपुरुष भी जैसलमेर से ही मध्यप्रदेश गये थे।

ऐतिहासिक शपथ ग्रहण समारोह

धौलपुर की महारानी, पहली महिला मुख्यमंत्री, पचास वर्षीया, एक पुत्र की मां श्रीमती वसुन्धरा राजे की पार्टी की विधानसभा में जैसी ऐतिहासिक जीत थी, वैसा ही ऐतिहासिक शपथ ग्रहण समारोह था। राजस्थान में पहली बार राजभवन से बाहर नवनिर्मित विधानसभा भवन के सामने जनपथ पर शपथ दिलाई गई और वैदिक मंत्रोच्चारण, पूजा-अर्चना तथा शुभ मुहूर्त्त में समारोह सम्पन्न हुआ। समारोह में हजारों दर्शक उपस्थित थे। सभास्थल के चारों ओर स्थित विभिन्न भवनों, मार्गों, पेड़ों तथा ट्रांसफॉर्मर तक पर लोग बैठे हुए थे। राज्यभर से जनसैलाब उमड़ा था। चुनाव नहीं जैसे कोई क्रांति हुई हो। अपार जनसमुदाय, हेलीकॉप्टर से गुलाल व पुष्प वर्षा और भगवा माहौल में राज्यपाल कैलाशपति मिश्र से राज्य की दूसरी गैरकांग्रेसी मुख्यमंत्री श्रीमती वसुन्धरा राजे ने पद और गोपनीयता की शपथ ग्रहण की। इससे पूर्व भैरोंसिंह शेखावत पहले गैरकांग्रेसी मुख्यमंत्री हुए थे। राजे के साथ आठ मंत्रियों तथा एक राज्यमंत्री ने भी शपथ ली। शपथ से पूर्व पंडित ने वैदिक मंत्रोच्चारण एवं पूजा-अर्चना की और राज्यपाल सहित मनोनीत मंत्री सभी शुभ मुहूर्त्त सवा बारह बजे की घड़ी आने तक अपलक मंच पर खड़े रहे। धर्मनिरपेक्ष देश में ऐसा पहली बार देखा गया। शपथ ग्रहण की समाप्ति के बाद समारोह सार्वजनिक सभा में परिवर्तित हो

गया था। मुख्यमंत्री तथा भाजपा के राष्ट्रीय अध्यक्ष एम. वेंकय्या नायडू ने जनता को सम्बोधित किया था। केसरियाबाना पहनी वसुन्धरा ने जनता को आश्वासन दिया कि ''भाजपा की नई सरकार गरीब को 'गणेश' मानकर समाज में भय, भूख व भ्रष्टाचार मिटाने का काम करेगी। सभी समुदायों को साथ लेकर चलने वाली जनता व कार्यकर्त्ताओं की सरकार होगी।''[49]

मुख्यमंत्री के बाद राज्यपाल ने मंत्रिमंडल के अन्य सदस्यों को पद व गोपनीयता की शपथ ग्रहण कराई। मंत्री पद की शपथ गुलाबचन्द कटारिया, घनश्याम तिवाड़ी, सांवरलाल जाट, मदन दिलावर, डा. किरोड़ीलाल मीणा, नरपतसिंह राजवी, कनकमल कटारा तथा यूनुस खान ने ली। उनके बाद राज्यमंत्री प्रभुलाल सैनी ने शपथ ग्रहण की।[50]

पूजा-अर्चना का नया इतिहास

यह भी पहला अवसर था जब शपथ ग्रहण के तत्काल बाद सचिवालय में मंत्रिमंडल की बैठक नहीं हुई। मंत्रिमंडल की औपचारिक बैठक संभवतः शुभ मुहूर्त्त के अनुसार तीसरे पहर की गई। यहां भी बैठक से पूर्व वसुन्धरा ने मुख्यमंत्री की कुर्सी की पूजा की और मुहूर्त्त के अनुसार उस पर विराजमान हुई थीं। मंत्रियों ने भी अंक ज्योतिष के अनुसार कमरे लिये। जिनके कक्षों की संख्या प्रतिकूल थी उन्होंने अपने कमरे बदलवाये। श्रीमती राजे ने पूजा-अर्चना का तो नया इतिहास रच डाला। मुख्यमंत्री बनने के बाद राजस्थान के उन सभी मंदिरों में जाकर विधिवत पूजा की जहां की उन्होंने मन्नत मांग रखी थी। यही नहीं सुखद वर्षा के लिए सभी मंत्रियों को राज्य के विभिन्न मंदिरों में पूजा-अर्चना के लिए भेजा। हिन्दू मंदिरों में पूजा-पाठ का यह कार्यक्रम किसी भी बड़े काम की सफलता के लिए मुख्यमंत्री करती रहती हैं।

यह आस्था, भावना और ईश्वर में विश्वास का मामला है। धर्मनिरपेक्ष राज्य में सरकारी आयोजन अवश्य प्रश्न पैदा करता है।

भाजपा की प्रदेशाध्यक्ष का पद ग्रहण करने के ठीक तेरह माह बाद 14 दिसम्बर, 2003 को वसुन्धरा ने 'एक व्यक्ति एक पद' के पार्टी के सिद्धान्तों के आधार पर, मुख्यमंत्री नियुक्त हो जाने से उससे त्यागपत्र दे दिया। बाद में प्रदेशाध्यक्ष पद पर ललितकिशोर चतुर्वेदी की नियुक्ति की गई।

वसुन्धरा का सपना

मुख्यमंत्री का पद ग्रहण करने के ठीक एक सप्ताह बाद राजे ने पूर्व मुख्यमंत्री अशोक गहलोत से थोड़ा-सा हटकर राज्य सरकार के शीर्ष सचिवों को भाजपा का घोषणापत्र सौंपकर अपनी

प्राथमिकताएं निश्चित कीं। गहलोत ने कांग्रेस का घोषणापत्र मुख्य सचिव को सौंपकर पांच वर्ष के लिए कार्यक्रम निश्चित कर दिया था। वसुन्धरा ने मंत्रिपरिषद के सदस्यों, मुख्य सचिव तथा अठारह विभागों के शासन सचिवों को निर्देश दिये कि इन प्राथमिकताओं के आधार पर आगामी सौ दिन, दो सौ दिन तथा एक साल की कार्ययोजनाएं बनायें और लक्ष्य प्राप्त करें। वसुन्धरा की प्राथमिकताएं थीं – बिजली, पानी, रोजगार, शिक्षा, बुनियादी ढांचा, स्वास्थ्य तथा वित्तीय सुधार। इन प्राथमिकताओं में उनकी अपेक्षाएं जो उन्होंने विभिन्न विषयों के विशेषज्ञों से राय करके तैयार करवाई थीं, पार्टी घोषणापत्र के परिप्रेक्ष्य में क्रियान्वित करने का निर्देश दिया।

मुख्यमंत्री ने स्लाइड शो के माध्यम से राष्ट्रीय औसत तथा राज्य की स्थिति की तुलना कर अपनी प्राथमिकताओं और अपेक्षाओं का प्रस्तुततीकरण किया था। उन्होंने कहा, 'हमने राज्य के लिए सपना देखा है', वह इस प्रकार है : एक, भूख, कुपोषण, भुखमरी, घोरगरीबी और निम्नजीवनस्तर का उन्मूलन। दो, लाभदायक रोजगार उपलब्ध कराना, रोजगार सृजन, आर्थिक स्थिति में चहुंमुखी सुधार। तीन, आर्थिक आधारभूत ढांचे का निर्माण। चार, मानव संसाधन का विकास, क्षमता, सृजन और सामाजिक ढांचागत अन्तराल को पाटने पर जोर। पांच, राजकोषीय सुधार समेत शासन की गुणवत्ता में संवर्द्धन। छह, वंचित वर्ग, विशेष रूप से महिलाओं पर विशेष ध्यान।[51]

भाजपा की सरकार को अगला एक वर्ष चुनावों में ही गुजारना था। इसलिए सरकार की नीतियां उसी हिसाब में एक सौ दिनों की तैयार कराई गईं। लोकसभा का चुनाव मई, 2004 में था। इसके बाद विधानसभा के उपचुनाव, पंचायतीराज संस्थाओं तथा नगरपालिकाओं के चुनाव निश्चित थे। इसलिए योजनाबद्ध ढंग से जनमानस भाजपा के पक्ष में बनाने की दृष्टि से सारा कार्यक्रम क्रियान्वित करना था। चारों चुनावों में सबसे महत्वपूर्ण लोकसभा के चुनाव थे। इसलिए पहली कार्ययोजना सौ दिनों की बनायी गयी और उसके क्रियान्वयन पर पूरा ध्यान दिया गया। इसके लिए मुख्यमंत्री ने परिवर्तन यात्रा की तरह धन्यवाद यात्रा का डेढ़ माह का कार्यक्रम तैयार किया। जनता की समस्याओं की सुनवाई तथा निराकरण के लिए भाजपा के प्रदेश मुख्यालय पर मंत्रियों का प्रतिदिन का दरबार आरंभ किया गया। धन्यवाद यात्रा में मुख्यमंत्री ने घोषणाओं का पिटारा खोल दिया था, ताकि मतदाता भाजपा के प्रति आकर्षित हो सके। जहां भी दर्शनीय मंदिर थे वहां जाना वह नहीं भूलीं। इस यात्रा में भी मुख्यमंत्री का जनता ने पहले की ही तरह स्वागत किया था। राजग की केन्द्रीय सरकार ने लोकसभा चुनाव की दृष्टि से 'भारत उदय', 'फील गुड' और हाईटेक प्रचार कर ही रखा था। विधानसभा का परिणाम इतना प्रभावशाली रहा कि सामाजिक न्याय मंच, जिसने परिवर्तन यात्रा में व्यवधान पैदा किया था, लोकसभा चुनाव में भाजपा प्रत्याशियों के समर्थन की घोषणा कर दी।[52] ऐसे ही गुर्जर समाज के चार विभिन्न संगठनों ने भाजपा उम्मीदवारों के समर्थन की घोषणा कर दी। 17 अप्रेल, 2004 को मुख्यमंत्री के सामने पूर्व विधायक हंसराम गुर्जर ने भाजपा की सदस्यता ग्रहण की।[53]

राज्य कर्मचारियों के संगठनों ने भाजपा की जीत पर न केवल हर्ष प्रगट किया था बल्कि घोषणा की कि वसुन्धरा सरकार ने अपने शासन के अस्सी दिनों में उनकी दस मांगें स्वीकार कर दी हैं। अखिल राजस्थान संयुक्त कर्मचारी महासंघ (एकीकृत) के अध्यक्ष हनुमानसिंह ने कहा कि स्वीकृत मांगों में हड़ताल के दौरान दायर 43 मुकदमे वापस ले लिये गये हैं। बोनस, महंगाई भत्ता, अनाज के लिए अग्रिम, आवास के लिए सस्ती दर पर ऋण दिया जायगा।[54]

विधानसभा के चुनाव में भाजपा की ऐतिहासिक जीत का समाज के सभी वर्गों पर जबर्दस्त प्रभाव था। सरकारी मशीनरी, किसान, व्यापारी तथा अन्य सभी पूर्ण रूप से आश्वस्त थे कि अगले पांच वर्षों तक भाजपा की सरकार रहे। यहां तक कि दस निर्दलीय विधायकों ने भी भाजपा सरकार को समर्थन देने की घोषणा कर दी थी। इसलिए लोकसभा चुनाव के अवसर पर सरकारी मशीनरी ने वसुन्धरा सरकार की सौ दिनों की कार्ययोजना, जो मूल रूप से बिजली, पानी और सड़क की थी, के लक्ष्यों को पूरा करने में कोई कसर नहीं छोड़ी। इसका लाभ भाजपा के लोकसभा चुनाव में खूब मिला।

भाजपा में जोश : कांग्रेस में निराशा

राजस्थान, मध्यप्रदेश तथा छत्तीसगढ़ की विधानसभाओं के दिसम्बर, 2003 के चुनावों में भारी विजय से भाजपा के नेतृत्व तथा कार्यकर्त्ताओं में हर्षोत्साह था। उन्होंने पूरी लगन, मेहनत और जोश से धुआंधार प्रचार किया था। सारा माहौल भाजपा के पक्ष में था। तत्कालीन प्रधानमंत्री अटलबिहारी वाजपेयी की छवि का जनता में अच्छा प्रभाव था। भाजपा ने अपने उम्मीदवारों के चयन में पूरा ध्यान रखा, अच्छी छवि वालों को ही मैदान में उतारा। यहां तक कि बीकानेर के लिए लोकप्रिय फिल्मी सितारे तथा जाट धर्मेन्द्र को खड़ा किया, जो जीता। निर्वाचन क्षेत्र में प्रभावशाली जातिवाले को ही भाजपा ने अपना प्रत्याशी बनाया। चुनाव संचालक वही थे, जिन्होंने विधानसभा चुनाव लड़वाया था। उन्हें राजस्थान के मतदाताओं की पूर्ण जानकारी थी। विधानसभा चुनाव की जीत के सभी कारक लोकसभा के लिए भी भाजपा के पक्ष में ही थे। राष्ट्रीय स्वयंसेवक संघ, विश्व हिन्दू परिषद, बजरंग दल, विद्यार्थी परिषद तथा भारतीय मजदूर संघ के कार्यकर्त्ताओं ने चुनाव में सक्रिय योगदान किया था।

इसके विपरीत कांग्रेस की स्थिति बिल्कुल निराशाजनक थी। पराजित पार्टी मैदान में थी। नेताओं तथा कार्यकर्त्ताओं में निराशा के अतिरिक्त जबर्दस्त फूट थी। गुटबंदी के आधार पर उम्मीदवारों का चयन किया गया था। लगभग सात उम्मीदवार तो ऐसे थे जिनको मतदाता नहीं जानते थे या उनकी छवि खराब थी या क्षेत्र से बाहर के थे या भाजपा से कांग्रेस में आये ही थे। कांग्रेस के पास भाजपा के मुकाबले नगण्य साधन थे। कांग्रेस मतदाताओं की सामाजिक संरचना में विधानसभा चुनाव के बाद धक्का पहुंचा था। विधानसभा चुनाव में बाड़मेर तथा नागौर जिलों

में जाट मतदाताओं ने कांग्रेस के मुसलमान उम्मीदवारों को वोट नहीं दिया था। इसलिए लोकसभा के चुनाव में मुसलमान मतदाताओं ने कई क्षेत्रों में कांग्रेस के जाट प्रत्याशियों से बदला ले लिया था। इसके विपरीत राष्ट्रीय स्वयंसेवक संघ ने मतदान से पूर्व जयपुर के समीप केशव विद्यापीठ में उसके मुसलमान प्रकोष्ठ का सम्मेलन किया था जिसमें उन्हें गले लगाया गया था।

विधानसभा और लोकसभा के चुनाव में पांच माह का ही अन्तराल होने के बावजूद मतदाताओं में पूर्ववत जोश नहीं था। विधानसभा के चुनाव में 67.2 प्रतिशत मतदान हुआ था जबकि लोकसभा के लिए केवल 49.91 प्रतिशत ही हुआ। लोकसभा के चुनाव में स्थानीय प्रश्न नहीं होने से आमतौर पर मतदाताओं में विधानसभा जैसा उत्साह नहीं रहता है। दिसम्बर 2003 में सम्पन्न विधानसभा चुनाव परिणाम चूंकि ऐतिहासिक थे, इसलिए अच्छे मतदान की संभावना थी। किन्तु कांग्रेस की शर्मनाक हार के कारण मतदान कम हुआ। यह विधानसभा चुनाव से 17.29 प्रतिशत तथा 1999 के लोकसभा चुनाव से 3.95 प्रतिशत कम थे। कम मतदान का लाभ भाजपा को मिला। परिणामस्वरूप लोकसभा के 25 स्थानों में से भाजपा ने पहली बार 21 पर विजय प्राप्त की और कांग्रेस को केवल चार सांसदों से ही संतोष करना पड़ा। चुनाव पंडितों ने इसे विधानसभा में भाजपा की जीत की ही पुनरावृत्ति माना।[55]

दिल्ली के अंग्रेजी दैनिक 'दी हिन्दू' ने विधानसभा की तरह लोकसभा चुनाव का परिणाम घोषित होने के बाद 'सेण्टर फॉर दी स्टडी ऑफ डवलपिंग सोसायटी, (सी.एस.डी.एस.) और उसकी लोकनीति द्वारा किये गये राष्ट्रव्यापी सर्वेक्षण को 20 मई, 2004 को प्रकाशित किया था। उसके अनुसार राजस्थान, मध्यप्रदेश तथा छत्तीसगढ़ में कांग्रेस की कमजोरियां भी भाजपा की सफलता में सहायक हुईं। दिल्ली सहित उपरोक्त चारों राज्यों के सर्वेक्षण का विश्लेषण संजय लोढा, रामशंकर, बाबा मायाराम तथा पुष्करराज ने किया था।

विश्लेषण में कहा गया कि भाजपा विजयी तीनों राज्यों – राजस्थान, मध्यप्रदेश तथा छत्तीसगढ़ में नये मुख्यमंत्री नियुक्त हुए थे इसलिए जनता को उनसे शिकायत होने का कोई कारण नहीं था। इसका लाभ भाजपा को मिला। नये मुख्यमंत्रियों की कारगुजारियों से संतुष्ट होने के कारण विधानसभा 2003 से लोकसभा 2004 के चुनाव में उसकी सफलता के बिन्दु 3.5 प्रतिशत से बढ़कर 7.6 प्रतिशत हो गये। सर्वेक्षण में आगे बताया गया कि सवर्ण जातियों तथा आदिवासियों ने भाजपा को भरपूर समर्थन दिया और जाट भाजपा तथा कांग्रेस में विभाजित थे। भाजपा सामाजिक समर्थन बढ़ाने में सफल रही जबकि कांग्रेस दलितों, आदिवासियों तथा मुसलमानों मात्र की पार्टी रह गई।[56] लोकसभा में राजस्थान से भाजपा की विजय 84 प्रतिशत की हो गई। इसका सेहरा वसुन्धरा राजे के सिर पर बंधा। वसुन्धरा भाजपा की विजय पताका को आसमान छुआने लगीं।

अक्टूबर 2004 में विधानसभा के दो उपचुनाव हुए थे। उन क्षेत्रों के विधायकों को भाजपा और कांग्रेस ने लोकसभा के चुनाव लड़ाये थे। दोनों विधायक सांसद निर्वाचित हो गये।

इस कारण विधानसभा के उपचुनाव कराने पड़े। लेकिन इन दोनों के नतीजे उलट गये। दिसम्बर 2003 के चुनाव में भाजपा के भंवरसिंह डांगावास मेड़ता विधानसभा क्षेत्र से निर्वाचित हुए थे। भाजपा ने उन्हें नागौर लोकसभा क्षेत्र से खड़ा किया, जहां पर वे विजयी रहे। इससे मेड़ता में विधानसभा का उपचुनाव अनिवार्य हो गया था। किन्तु उपचुनाव में कांग्रेस के रामचन्द्र ने भाजपा के रामप्रताप बगगड को पांच हजार से अधिक वोटों से हराकर यह सीट भाजपा से छीन ली। इसके विपरीत कांग्रेस ने बहरोड़ से निर्वाचित विधायक डा. करणसिंह यादव को अलवर लोकसभा क्षेत्र के लिए खड़ा किया था। डॉ. यादव भाजपा को हराकर सांसद बन गये। इससे बहरोड़ में उपचुनाव हुआ। इसमें भाजपा कांग्रेस से यह सीट जीतने में सफल रही। इससे विधानसभा में दोनों का पूर्ववत भाजपा 120 तथा कांग्रेस 56 विधायकों का आंकड़ा यथावत बना रहा। बहरोड़ में महंत चांदनाथ ने कांग्रेस के बस्तीराम को तीसरे स्थान पर पहुंचा दिया और उसकी जमानत जब्त करवा दी। चांदनाथ को 51 हजार से अधिक तथा बस्तीराम को 13 हजार 435 वोट मिले। बहरोड़ में द्वितीय स्थान निर्दलीय तथा भाजपा से निष्कासित डा. जसवंतसिंह यादव का रहा।[57] इन दोनों उपचुनावों की विशेषता यह रही कि जाट बहुल मेड़ता वापस कांग्रेस के पास आ गया किन्तु यादव बहुल बहरोड़ कांग्रेस से भाजपा के पास चला गया। लेकिन इन परिणामों को राजस्थान की राजनीति में परिवर्तन का संकेत मान लेना जल्दबाजी होगी।

जनवरी 2005 में विधानसभा का तीसरा उपचुनाव जोधपुर जिले के लूणी निर्वाचन क्षेत्र से कांग्रेस के विधायक रामसिंह विश्नोई के अचानक निधन से आवश्यक हो गया था। यहां फिर स्थिति उलट गई। भाजपा ने कांग्रेस की परम्परागत सीट छीन ली। लेकिन यह कांग्रेस उम्मीदवार के दोषपूर्ण चयन के कारण हुआ। कांग्रेस ने मृत विधायक के पुत्र मलखानसिंह को खड़ा कर सहानुभूति वोट लेना चाहा। भाजपा ने सामाजिक न्याय मंच के दिसम्बर 2003 के पराजित उम्मीदवार जोगाराम पटेल को खड़ा किया जिसने कांग्रेस को 4359 वोटों से हरा दिया। सामाजिक न्याय मंच ने, जो भाजपा को समर्थन देने की घोषणा कर चुका था, किसी रणनीति के अन्तर्गत अपना उम्मीदवार भी खड़ा कर दिया। उसने 14561 वोट लेकर कांग्रेस को हराने में मदद की। इस उपचुनाव के परिणाम से भी राजस्थान के मतदाताओं के मानस को समझना भूल होगी। इस चुनाव परिणाम से भाजपा विधायकों की संख्या एक बढ़कर 121 हो गई और कांग्रेस की एक कम होकर 55 ही रह गई।[58]

स्थानीय निकायों में भी भाजपा को बढ़त

हालांकि स्थानीय निकायों तथा पंचायतीराज संस्थाओं के चुनाव परिणाम सतारूढ़ दल के लिए जनादेश नहीं माने जाते हैं लेकिन मतदाताओं के रुख का पता जरूर चलता है। सामान्यतौर पर यह आमधारणा है कि स्थानीय निकायों तथा पंचायतीराज संस्थाओं के चुनाव परिणाम सतारूढ़

दल के पक्ष में अधिक होते हैं क्योंकि स्थानीय समस्याओं का निदान शासनारूढ़ दल की सहायता बिना संभव नहीं माने जाते हैं। राजस्थान में प्रारंभ से अब तक ऐसे ही परिणाम रहे हैं। लेकिन विपक्षी मतदाता की आवाज अवश्य प्रगट होती है। आम जनता स्थानीय शासन पर भी विपक्ष का अंकुश चाहती है। एक और बात देखने को मिल रही है कि स्थानीय संस्थाओं के लिए मतदान तीन-चौथाई तक होने लगा है। यह जनतंत्र की बढ़ती शक्ति का प्रमाण है।

वसुन्धरा राजे की भाजपा की बीस माह की सरकार में दो चरणों में स्थानीय निकायों तथा एक बार पंचायतीराज संस्थाओं के चुनाव हो चुके हैं जिनमें भाजपा का स्पष्ट वर्चस्व रहा। नवम्बर 2004 में 45 स्थानीय निकायों के चुनाव हुए थे। उनमें 33 में भाजपा तथा 11 में कांग्रेस के अध्यक्ष चुने गये थे जबकि कांग्रेस शासन के समय 25 कांग्रेस के पास थीं और भाजपा के पास 17 ही। भाजपा ने कांग्रेस से 17 तथा कांग्रेस ने भाजपा से दो छीनीं। जयपुर और कोटा के नगर निगमों में भाजपा के महापौर चुने गये वहीं जोधपुर में कांग्रेस का चुना गया । नौ नगरपरिषदों में छह में भाजपा और तीन में कांग्रेस के अध्यक्ष चुने गये हैं।[59]

अगस्त 2005 में सम्पन्न स्थानीय निकायों के चुनाव फिर से भाजपा के पक्ष में रहे। किसान आंदोलन तथा शासन विरोधी (एन्टी इनकमबेन्सी) भावना का शहरी मतदाताओं पर प्रभाव नहीं पड़ा। कांग्रेस ने सन् 2000 तथा उसके बाद जितने भी चुनाव हुए, उनकी भूलों से कोई सबक नहीं लिया। लगभग चालीस प्रतिशत वार्डों में भाजपा की जीत हुई। 126 स्थानीय निकायों में चुनाव हुए थे जिनके वार्डों की संख्या सन् 2000 से 2005 में बढ़ गई। पहले 2729 वार्ड थे जो अब 3036 हो गये हैं। इस चुनाव में भाजपा 1319 में, कांग्रेस 1044, माकपा 3, भाकपा 1, बसपा 4, एन.सी.पी.एक तथा 724 निर्दलीय चुने गये जबकि 2000 में भाजपा 979, कांग्रेस 970 तथा निर्दलीय 778 में जीते थे।[60] यह परिणाम कांग्रेस की गिरती स्थिति का प्रमाण है।

निकायों के अध्यक्षों के निर्वाचन होने पर भाजपा की स्थिति और भी सुदृढ़ तथा शक्तिशाली हो गई है। भाजपा को 126 स्थानीय निकायों में से केवल 41 में ही स्पष्ट बहुमत प्राप्त हुआ था लेकिन निर्दलियों के समर्थन से 81 में भाजपा के अध्यक्ष चुने गये जबकि कांग्रेस केवल 33 पर ही अपना कब्जा कर पाई।

भाजपा के तत्कालीन प्रदेश अध्यक्ष ललितकिशोर चतुर्वेदी के अनुसार पांच वर्ष पूर्व, जब 2000 में कांग्रेस सरकार के समय चुनाव हुए थे तब भाजपा की निकाय केवल 49 में थी और कांग्रेस के पास 59 थी। सबसे अधिक आश्चर्यजनक तथ्य यह है कि गंगानगर और हनुमानगढ़ जिलों में, जहां नहरी पानी को लेकर छह माह में दो बार वामपंथी तथा कांग्रेस के नेतृत्व में किसान आंदोलन हो चुके हैं और पुलिस की गोली से छह व्यक्ति मारे गये थे, फिर भी वहां पर भाजपा की निकायें चुनी गईं। इसी तरह भीलवाड़ा जिला साम्प्रदायिक दंगों से पीड़ित रहा, वहां पर भी भाजपा की विजय हुई।

नौ महीनों के अन्तराल में दो चरणों में राज्य की कुल 183 स्थानीय निकायों में चुनाव हुए थे। अब स्थिति यह है कि 183 में से 114 में भाजपा तथा 44 में कांग्रेस की निकायें हैं। 12 में निर्दलीय तथा एक में स्थानीय संगठन की है जबकि सन् 2000 में भाजपा की 66 तथा कांग्रेस की 84 थीं। 18 में निर्दलीय और 3 में स्थानीय मंचों की नगरपालिकाएं थीं। उपाध्यक्ष या उपसभापति के चुनाव में आंकड़े फिर बदले गये। 69 पालिकाओं में भाजपा तथा 30 में कांग्रेस के उपाध्यक्ष चुने गये हैं। शहरी निकायों में 35.35 प्रतिशत मतदाताओं ने भाजपा को तथा 32.10 प्रतिशत ने कांग्रेस को वोट दिये थे। दोनों के बीच 3.25 प्रतिशत का ही अंतर रहा। निर्दलीय 31.26 प्रतिशत वोट ले गये। इस कारण राजनीतिक ध्रुवीकरण का आकलन नहीं हो सका। बसपा और माकपा को क्रमशः 0.83 तथा 0.13 वोट मिले।[61]

फरवरी 2005 में पंचायतीराज संस्थाओं के चुनाव हुए थे। ये चुनाव ग्रामीण मतदाताओं द्वारा किये जाते हैं। ग्राम पंचायतों के चुनाव आमतौर पर दलीय आधार पर नहीं होते हैं। हालांकि ग्रामीण मतदाता उम्मीदवारों के दलीय सम्बन्धों को जानता है। दल भी अपने उम्मीदवार खड़े करते हैं। राजस्थान में पंचायतीराज की त्रिस्तरीय व्यवस्था है। ग्राम पंचायत के सरपंच तथा पंचों का निर्वाचन अपने-अपने क्षेत्रों के मतदाता करते हैं। पंचायत समितियों तथा जिला परिषदों के अलग-अलग वार्ड हैं, जिनके सदस्यों के निर्वाचन वार्ड के मतदाता करते हैं। वार्डों के निर्वाचित सदस्य अपने क्षेत्र की पंचायत समिति के प्रधान तथा जिला परिषदों के वार्ड सदस्य प्रमुख को चुनते हैं। यह अप्रत्यक्ष निर्वाचन की प्रणाली है। पंचायत समितियों तथा जिला परिषदों के संपूर्ण चुनाव दलीय आधार पर लड़े जाते हैं। गांवों से जिलों तक के सारे विकास कार्य पंचायतीराज संस्थाओं के जरिये सम्पन्न होते हैं। इसलिए पंचायतीराज संस्थाओं के तीनों स्तरों पर निर्वाचित प्रतिनिधियों तथा पराजित उम्मीदवारों से राजनीतिक दलों के सम्पर्क, सम्बन्ध और प्रभाव बहुत महत्व रखते हैं। इस दृष्टि से इनके प्रभाव विधानसभा तथा लोकसभा चुनाव की दृष्टि से महत्वपूर्ण होते हैं। छह माह पूर्व सम्पन्न चुनावों के परिणाम राजस्थान के दोनों दल भाजपा और कांग्रेस की स्थिति के आकलन का एक सीधा मार्ग है।

उपरोक्त चुनाव में 237 पंचायत समितियों के प्रधानों तथा उपप्रधानों के पदों पर 109 भाजपा, 71 कांग्रेस, 13 निर्दलीय और 44 अन्य निर्वाचित हुए थे। 32 जिला प्रमुखों के पदों पर भाजपा के 13, कांग्रेस के 16 तथा 3 निर्दलीय चुने गये थे। उपप्रमुख के पद पर भाजपा के 13, कांग्रेस के 17 तथा 2 निर्दलीय निर्वाचित हुए थे।[62]

भाजपा की जीत त्रिकोण संघर्ष से

यह सही है कि अगस्त 2005 में तथा उससे पूर्व नवम्बर 2004 में सम्पन्न शहरी निकायों के चुनावों में भाजपा ने अधिकांश पर अपना कब्जा कर लिया था। लेकिन भाजपा की यह जीत

त्रिकोण संघर्ष के कारण संभव हो सकी। यदि विधानसभा तथा लोकसभा के चुनावों की तरह राज्य की केवल दो पार्टियां – भाजपा एवं कांग्रेस के बीच ही सीधा संघर्ष होता तो ये परिणाम नहीं आते। क्योंकि नमूने के तौर पर यदि हम अगस्त 2005 के स्थानीय निकायों में प्राप्त मतों का विश्लेषण करें तो भाजपा और कांग्रेस को केवल 67.45 प्रतिशत मत ही मिले थे। उनमें भाजपा के 35.35 तथा कांग्रेस को 32.10 प्रतिशत मत थे और तीसरी शक्ति – निर्दलीयों को 31.26 प्रतिशत वोट प्राप्त हुए। इस प्रकार इन तीनों के मत 98.71 प्रतिशत हो गये। शेष 1.29 प्रतिशत छोटे दलों के पक्ष में गये जो प्रभावहीन थे।

दिसम्बर 2003 में सम्पन्न विधानसभा के चुनाव में मुख्यदल भाजपा (39.2%) और कांग्रेस (35.2%) को प्राप्त मत 74.8 प्रतिशत होते हैं। शेष 25.2 प्रतिशत वोट निर्दलियों तथा छोटे दलों के पक्षों में गये थे। स्थानीय निकायों तथा पंचायतीराज संस्थाओं में दोनों दलों के मतों में गिरावट सत्तारूढ़ दल तथा विपक्ष की लोकप्रियता में कमी की चेतावनी है। क्योंकि राजस्थान में छोटे दल एवं निर्दलीय विधानसभा और लोकसभा के चुनावों में उतने प्रभावशाली नहीं रहे हैं।

मंत्रिमंडल

लोकसभा चुनाव 2004 के बाद मुख्यमंत्री ने पार्टी की एकता तथा असंतोष से बचने के लिए मंत्रिमंडल का विस्तार किया। राजग सरकार के समय कानून द्वारा मंत्रिमंडल की सीमा निश्चित हो जाने से मुख्यमंत्रियों के लिए अवश्य कठिनाई उपस्थित हो गई है। राजस्थान में पहले विधानसभा के सदस्यों की संख्या के बीस प्रतिशत से भी अधिक मंत्री बनाये गये थे लेकिन अब पन्द्रह प्रतिशत की सीमा निश्चित हो चुकी है। वसुन्धरा राजे को सीमा में ही विस्तार एवं फेरबदल करना था। राजस्थान में दो सौ के सदन में तीस तक मंत्री हो सकते हैं। वसुन्धरा ने आपात् स्थिति के लिए तीन स्थान रिक्त रखकर 27 सदस्यों की मंत्रिपरिषद् निर्मित की। उन्होंने मई 2004 के अंतिम दिन विस्तार किया। इसमें दिसम्बर 2003 में गठित मंत्रिमंडल को यथावत बनाये रखा केवल विभागों में परिवर्तन किया था। लेकिन अब उच्चतम न्यायालय ने एक निर्णय में संसदीय सचिव को भी मंत्रिपरिषद का भाग मान लिया है। इस कारण अब एक स्थान ही रिक्त माना जायेगा।

नवगठित मंत्रिपरिषद में मुख्यमंत्री ने पुराने या स्थापित ठिकानेदारों के बजाय अधिकांश नये चेहरे नियुक्त किये। कई दिग्गजों के नये सिलेसिलाये और कलप लगे वस्त्र अलमारियों में ही बंद रह गये थे। पूर्व स्थापित नेताओं के संकेतों पर जातीय आधार पर विरोध भी हुए थे। राजस्थान में पहली बार जातीय आधार पर मंत्री नियुक्त करने की मांग का भोंडा प्रदर्शन हुआ था। आरक्षण आंदोलन के बाद की यह चरम सीमा थी। इससे पूर्व की कांग्रेस सरकार में जाट आरक्षण के बाद

राजपूत, ब्राह्मण आदि कई सवर्ण जातियों को भी अन्य पिछड़ी जातियों में सम्मिलित किये जाने के आंदोलनों ने सामाजिक एकता को छिन्न-भिन्न कर दिया था। उसी काल में जाट नेताओं ने उनकी जाति का ही मुख्यमंत्री बनाने की मांग की थी। लेकिन लोकतांत्रिक शक्ति की विजय रही। कांग्रेसाध्यक्ष सोनिया गांधी ने उनकी मांग स्वीकार नहीं की। लेकिन दिसम्बर 2003 के विधानसभा चुनाव में कांग्रेस की शर्मनाक हार के बाद उठी मांग के अनुसार ब्राह्मण को विधायक दल का नेता तथा जाट को प्रदेशाध्यक्ष नियुक्त करना पड़ा था। लेकिन लगता है कि भाजपा का केन्द्रीय नेतृत्व और वसुन्धरा इस दबाव में नहीं आयीं और बहुत कम पूर्व मंत्रियों को अपने मंत्रिमंडल में स्थान दिया। मुख्यमंत्री ने नये मंत्रिमंडल में विधायकों की जातीय संख्या के अनुपात में संतुलन अवश्य बनाये रखा।

मंत्रिमंडल का विस्तार

दिसम्बर 2003 में गठित मंत्रिमंडल में मुख्यमंत्री सहित कुल दस सदस्य थे। वसुन्धरा ने उन्हें बनाये रखते हुए उन्नीस सदस्यों की और नियुक्ति की जिनमें दो संसदीय सचिव भी हैं। प्रथम चरण में मुख्यमंत्री के अतिरिक्त आठ मंत्री और एक राज्यमंत्री था। दूसरे चरण में पांच नये मंत्री नियुक्त किये थे तथा प्रथम चरण के राज्यमंत्री प्रभुलाल सैनी को पदोन्नत कर मंत्री बना दिया। इस प्रकार अब मंत्रिमंडल में चौदह मंत्री हो गये हैं। बारह राज्यमंत्री दूसरे चरण में नियुक्त किये गये। दो संसदीय सचिवों को राज्यमंत्री का दर्जा प्रदान कर रखा है। इस तरह वसुन्धरा मंत्रिमंडल में मुख्यमंत्री सहित 29 सदस्य हो गये हैं।

दूसरे चरण में नियुक्त मंत्रियों के नाम इस प्रकार हैं : कालूलाल गुर्जर, लक्ष्मीनारायण दवे, राजेन्द्रसिंह राठौड़, रामनारायण डूडी तथा डा. दिगम्बरसिंह। छठे मंत्री प्रभुलाल सैनी हैं जिन्हें पदोन्नत किया गया था। नवनियुक्त राज्यमंत्री : प्रतापसिंह सिंघवी, सुरेन्द्रसिंह राठौड़ (कुंभलगढ़), वासुदेव देवनानी, चुन्नीलाल धाकड़, उषा पूनिया, भवानी जोशी, सुरेन्द्रपाल सिंह टी.टी., गजेन्द्रसिंह, अमराराम चौधरी, वीरेन्द्रकुमार मीणा, बाबूलाल वर्मा तथा खेमाराम मेघवाल। संसदीय सचिव : भवानीसिंह राजावत तथा ओम बिरला।

मंत्रियों के विभागों में मुख्यमंत्री ने एक ही महत्वपूर्ण परिवर्तन किया था। पहले गृह विभाग स्वयं के पास था। वरिष्ठ नेता तथा पूर्व प्रदेशाध्यक्ष कटारिया को प्रथम चरण में सार्वजनिक निर्माण विभाग का दायित्व संभलवाया था। इससे मेवाड़ (उदयपुर संभाग) के भाजपा के विधायक संतुष्ट नहीं थे। द्वितीय चरण में उनसे वह विभाग लेकर नवनियुक्त तथा पूर्व मंत्री राजेन्द्र राठौड़ को सौंप दिया और गृह विभाग कटारिया को दे दिया। खाद्य मंत्री डा. किरोड़ीलाल मीणा अपने विभाग से संतुष्ट नहीं थे और परिवर्तन चाहते थे। लेकिन मुख्यमंत्री ने उन्हें उपकृत नहीं किया। ऐसे ही उद्योगमंत्री नरपतसिंह राजवी को विस्तार के बाद श्रम विभाग भी दे दिया था।

किन्तु राजवी का तर्क था कि उद्योग और श्रम एक ही मंत्री के पास नहीं होने चाहिए। इसलिए वसुन्धरा ने कुछ माह बाद ऊपरी सिफारिश पर उनसे श्रम विभाग लेकर खाद्यमंत्री डा. किरोड़ीलाल मीणा के सुपुर्द कर दिया ।

मुख्यमंत्री ने समृद्ध राजस्थान की अपनी परिकल्पना तथा भावना के अनुसार वे विभाग अपने पास रखे जिनसे राज्य की जनता की स्थिति में सुधार संभव है तथा राज्य में खुशहाली आ सकती है। इसलिए वित्त, योजना तथा सूचना प्रौद्योगिकी से सम्बन्धित सभी विभाग अपने पास रखे। समृद्ध राजस्थान के लिए वह उद्योग तथा कृषि के बाद पर्यटन को सर्वाधिक महत्वपूर्ण मानती हैं। इसलिए उन्होंने वह भी अपने पास रखा और सहायता के लिए एकमात्र महिला राज्यमंत्री उषा पूनिया को साथ ले लिया। देवस्थान को अपनी भावना तथा पर्यटन-विकास का अंग मानकर वह भी अपने पास ही रखा है। अन्य विभाग मंत्रियों की क्षमता तथा योग्यता को ध्यान में रखकर वितरित किये गये हैं ताकि वे पूर्ण उत्तरदायित्व के साथ काम करके दिखा सकें ।

ऐसा लगता है कि राजनीतिक दृष्टि से जातीय एवं क्षेत्रीय संतुलन को निगाह में रखकर वसुन्धरा ने मंत्रियों का चयन किया है। साथ ही मंत्रियों के चयन में उनकी छवि का भी उन्होंने पूरा ध्यान रखा है। संभवतः इसीलिए पूर्व के कई वरिष्ठ विधायकों या मंत्रियों को अपने मंत्रिमंडल से दूर रखा है।

जाटों को अन्य पिछड़ी जाति में सम्मिलित किये जाने से भाजपा विधायकों में उनकी संख्या 120 में 31 (अन्य पिछड़ी जाति) हो गई है। इनमें सर्वाधिक 13 जाट हैं। दूसरे क्रम में 6 गुर्जर हैं। इसलिए मुख्यमंत्री ने सर्वाधिक 8 मंत्री अन्य पिछड़ी जाति के नियुक्त किये हैं जिनमें 5 जाट हैं। सवर्णों में सर्वाधिक 18 विधायक राजपूत चुने गये हैं। इसलिए उनके चार मंत्री संसदीय सचिव सहित नियुक्त किये गये हैं जो दूसरे क्रम में हैं। अन्य पिछड़ी जातियों (जाटों सहित) के बाद सबसे अधिक 26 अनुसूचित जाति के तथा 18 जनजाति के (राजपूतों के बराबर) विधायक चुने गये हैं। मंत्रिमंडल में उन्हें क्रमशः तीन-तीन स्थान दिये गये हैं। जाटों के बराबर ही 13 वैश्य विधायक निर्वाचित हुए हैं, लेकिन मंत्रिमंडल में एक संसदीय सचिव सहित दो नियुक्त किये गये हैं। सवर्ण जातियों में वैश्यों के बाद सात ब्राह्मण (गुर्जरों से एक अधिक) चुने गये हैं। फिर भी उनके तीन मंत्री हैं। भाजपा विधायकों में मुसलमान एक, पंजाबी दो तथा एक सिंधी हैं। इन तीनों के एक-एक मंत्री नियुक्त कर दिये गये हैं। संख्या के हिसाब से अजजा, जजा तथा वैश्य घाटे में रहे हैं।

राजस्थान में प्रारंभ से ही जाट-राजपूत जातियों का राजनीति में वर्चस्व चला आ रहा है। मंडल आयोग के बाद अन्य पिछड़ी जातियों में राजपूत और ब्राह्मणों को सम्मिलित किये जाने के आंदोलनों से राजनीतिक संतुलन में परिवर्तन आ गया है। इसलिए वसुन्धरा ने मंत्रिमंडल के निर्माण में उनका समर्थन बनाये रखने का पूरा ध्यान रखा है। ऐसा मंत्रिमंडल में नियुक्त सदस्यों के जातीय वर्गीकरण से स्पष्ट होता है। इसी विश्लेषण से लगता है कि मुख्यमंत्री ने संभागीय संतुलन

का भी पूरा ध्यान रखा है। उन्होंने निर्वाचित भाजपा विधायकों की संख्या तथा जातियों को ध्यान में रखकर सर्वाधिक छह-छह मंत्री उदयपुर, अजमेर तथा कोटा संभागों के लिये हैं। कोटा में वह स्वयं भी सम्मिलित हैं। जाति की दृष्टि से मुख्यमंत्री राजपूत पुत्री तथा जाट बहू हैं। यह घोषणा उन्होंने स्वयं ने परिवर्तन यात्रा की सभाओं में भी की थी। जयपुर संभाग से चार के बाद जोधपुर तथा बीकानेर संभागों के तीन-तीन तथा नवनिर्मित भरतपुर संभाग से एक मंत्री नियुक्त किया है। मंत्रिपरिषद् में जातियों के आधार पर मंत्रियों की गणना में संसदीय सचिव भी शामिल हैं।

विरोध प्रदर्शन

मंत्रिमंडल के विस्तार के तत्काल बाद कतिपय जातियों ने उनका मंत्री नियुक्त नहीं होने या संख्या में कम को लेकर विरोध प्रदर्शन शुरू किया। ऐसा राजस्थान में पहले कभी नहीं देखा गया था। समाज में इसकी कड़ी आलोचना सुनने को मिली। राजस्थान की राजनीति सामंतशाही से लोकतंत्रीय मार्ग द्वारा अब जातिवाद पर पहुँच गयी है। यह सत्ता प्राप्त करने का सस्ता मार्ग बन गया है। इससे समाज का हर वर्ग बहुत चिन्तित दिखाई दिया। इससे राष्ट्र में लोकतंत्र का भविष्य ही खतरे में दिखाई देने लगा है। सामूहिकतौर पर इसका प्रगटीकरण तो नहीं हुआ लेकिन आपसी बातचीत में इस पर गंभीर चिन्ता और राजनीतिक दलों के प्रति रोष दिखाई देता है।

मंत्री नहीं बनाने का सबसे पहला विरोध प्रदर्शन मुख्यमंत्री के जिले झालावाड़ के अन्तर्गत मनोहरथाना क्षेत्र में हुआ। वहां के विधायक जगन्नाथ वर्मा को मंत्री नियुक्त करने की मांग को लेकर बाजार बंद रहा। ऐसे ही नागौर जिले के नावां विधानसभा क्षेत्र के विधायक हरीश कूमावत को मंत्री बनाने के समर्थन में भाजपा कार्यालय पर प्रदर्शन किया गया। कुचामनसिटी नगरपालिका के पार्टी पार्षदों और मंडल के सभी पदाधिकारियों ने कूमावत को मंत्री नियुक्त नहीं किये जाने के विरोध में प्राथमिक सदस्यता से त्यागपत्र दे दिये थे।

अनुसूचित जनजाति-मीणा के कम मंत्री होने के विरोध में अलवर में मीणा विधायकों का सम्मेलन आयोजित करने की धमकी दी गई। बीकानेर जिले के नौखा क्षेत्र के विधायक गोविन्द चौहान को मंत्री नियुक्त करने की मांग की गई। मनोहरथाना के जगन्नाथ वर्मा के समर्थन में विरोध तथा बंद कई दिनों तक चलते रहे। वहां के दर्जनों कार्यकर्त्ताओं ने भी इस्तीफे दिये। राजस्थान कलाल महासभा ने जिलास्तर पर धरना देने की चेतावनी दी जो वर्मा की जाति है। गुर्जर समाज ने एक सम्मेलन में मंत्रिमंडल में उचित प्रतिनिधित्व नहीं दिये जाने के विरोध में मुख्यमंत्री की खुली निन्दा की। अलवर में गैरराजनीतिक मंच पर राजस्थान आदिवासी मीणा सेवा संघ ने मंत्रिमंडल के विस्तार में मीणा जाति के साथ सौतेला व्यवहार करने का आरोप लगाया। गुर्जर समाज के विभिन्न संगठनों की महासभा में मुख्यमंत्री पर उनकी जाति को उचित प्रतिनिधि नहीं देने का वादा खिलाफी का आरोप लगाया गया।

मुख्यमंत्री ने विरोध को शांत करने के लिए कड़ा कदम उठाते हुए जगन्नाथ वर्मा को अनुशासनहीनता के आरोप में पार्टी से निलंबित कर दिया। उन्होंने लगभग डेढ़ दर्जन असंतुष्ट विधायकों से अलग-अलग भेंट कर उन्हें समझाया। मीणा जाति के विधायक समर्थलाल मीणा, कांति मीणा, बत्तीलाल मीणा तथा शिवजीराम मीणा से बातचीत की। उदयपुर जिले के अन्तर्गत मावली क्षेत्र के विधायक शांतिलाल चपलोत के समर्थकों के असंतोष को दूर करने के लिए गृहमंत्री गुलाबचन्द कटारिया ने इस्तीफा तक देने की पेशकश की। चपलोत के समर्थकों ने जयपुर में भाजपा कार्यालय पर प्रदर्शन किया। लेकिन थोड़े दिनों बाद सब कुछ शांत हो गया।[63]

नहरी पानी आंदोलन

मुख्यमंत्री वसुन्धरा राजे के दो साल का कार्यकाल कोई बहुत बड़े राजनीतिक विरोध का तो नहीं रहा लेकिन जन असंतोष उनकी समस्याओं तथा सरकार की कार्यशैली के कारण चर्चाओं तथा आलोचनाओं में अवश्य रहा। जनता में असंतोष का सबसे बड़ा कारण उसकी अपनी आवश्यकताओं की पूर्ति नहीं होना, अपराधों में वृद्धि तथा उन पर नियंत्रण की कमी और अपराधियों के दुःसाहस ने आम लोगों में असुरक्षा की भावना को बढ़ावा दे दिया। सामान्य सुख-सुविधाओं का अभाव और उनमें अवरोध उनकी पीड़ा के कारण रहे । गंगानगर और हनुमानगढ़ जिलों में इंदिरा गांधी नहर परियोजना के प्रथम चरण के किसानों को पर्याप्त पानी नहीं मिलने से उनमें असंतोष भड़का। पहली बार किसान, मजदूर, व्यापारी की एकता को जन्म दिया और वामपंथी नेताओं ने उन्हें नेतृत्व प्रदान किया। कांग्रेस ने आंदोलन को मजबूत करने के लिए सहयोग किया। आंदोलन के प्रथम चरण में प्रशासनिक अदूरदर्शिता, शिथिलता, असावधानी तथा लापरवाही ने किसानों के रोष में घी का काम किया। सरकार ने सख्ती से उसे कुचलने का प्रयास करके उसे मजबूत जन आंदोलन बना दिया। लगभग डेढ़ वर्ष तक भाजपा सरकार ने जन आंदोलनों को भी अपराध का भाग समझकर पुलिस की लाठी-गोली से दबाने का प्रयास किया। परिणामस्वरूप राज्य के आठ स्थानों पर गोलीबारी की घटनाएं हो गईं और उनमें करीब एक दर्जन लोग मारे गये। फिर भी मुख्यमंत्री ने मंत्रियों पर निर्भर रहकर अपने स्तर पर प्रयास नहीं किया जिससे वह जन-निन्दा की पात्र बनीं और प्रशासनिक सूझ-बूझ से दूर समझी गईं।

इंदिरा गांधी नहर परियोजना के प्रथम चरण से सिंचित गंगानगर और हनुमानगढ़ जिलों में पानी को लेकर सितम्बर 2004 से आंदोलन चला। कुछ माह की शांति के बाद जुलाई 2005 में यह पुनः शुरू हो गया। आंदोलन के प्रथम भाग में अनूपगढ़, घड़साना तथा रावला मुख्य केन्द्र थे। आंदोलन को शक्ति से दबाने की नीति से पुलिस ने गोली चलाई। उसमें वहां छह लोग मारे गये। सैकड़ों लोग गिरफ्तार किये गये। आंदोलनकारियों को संतुष्ट करने के लिए जिले के उच्चस्तरीय अधिकारियों को स्थानान्तरित किया गया। जनता के रोष को ठंडा करने के लिए

मंत्रियों के स्तर पर समझौता वार्ताएं की गईं और न्यायिक जांच बिठाई गई। लेकिन जुलाई 2005 में आंदोलन पुनः भड़क उठा। संघर्ष समिति ने आरोप लगाया कि समझौते का पालन नहीं हो रहा है जबकि सरकार ने इस आरोप को नकारा।

वसुन्धरा सरकार ने आंदोलन के प्रथम चरण की गलती सुधारते हुए संघर्ष समिति के नेताओं की गिरफ्तारियां कीं वहीं आंदोलन का राजनीतिक तौर पर जवाब देने के कदम उठाये। लेकिन अगस्त 2005 तक हल नहीं निकला था। आंदोलन के नेता जेलों में थे। किसानों के पड़ाव हो रहे थे। सरकार का कहना था है कि मांगें क्रियान्वित की जा चुकी हैं। मांगों की अलग-अलग व्याख्याएं हैं। कोई कहता था कि मांग पत्र नहीं दिया गया। असल मांगें क्या हैं, यह स्पष्ट नहीं हुआ लेकिन मांगों को किसानों का समर्थन बराबर मिल रहा था। सरकार का कथन था कि जितना पानी मिल रहा है, उतना बराबर दिया जा रहा है। मुख्यमंत्री ने कांग्रेसाध्यक्ष सोनिया गांधी से आग्रह किया कि वह पंजाब से पूरा पानी दिलायें तो वह सबको संतुष्ट कर देंगी। मगर कांग्रेस ने इसे राजनीतिक दांवपेंच बताया। मुख्यमंत्री ने आंदोलन के नेताओं को कठघरे में खड़ा करने के लिए सरकारी तौर पर अखबारों में आंकड़े प्रसारित किये कि उनके पास सीलिंग से अधिक भूमि है तथा दलितों की जमीनों पर कब्जा कर रखा है। अगस्त 2005 में मुख्यमंत्री ने अनूपगढ़ में राजनीतिक स्तर पर विशाल सभा आयोजित कर आंदोलन के नेताओं पर आरोप लगाया कि "यह आंदोलन शराब और भू-माफिया चला रहे हैं।" गृहमंत्री गुलाबचन्द कटारिया ने धमकी भरे लहजे में कहा कि "हम पानी देना जानते हैं तो बंद करना भी जानते हैं।"[64] लेकिन यह भी आश्चर्य है कि अगस्त 2005 में सम्पन्न स्थानीय निकायों के चुनावों में आंदोलन के कारण भाजपा विरोधी दलों को लाभ नहीं मिला। गंगानगर-हनुमानगढ़ जिलों में सम्पन्न चुनाव में भाजपा अपनी नगरपालिकाएं बनाने में सफल रही। अंत में इस आंदोलन का निपटारा सितम्बर में बिजली की दरों में वृद्धि के विरोध में किसानों के राजधानी जयपुर में महापड़ाव के समय सम्पन्न समझौते से हुआ और गिरफ्तार नेताओं की रिहाई की गई।

पानी के लिए एक और आंदोलन टोंक जिले के सोहेला गांव में 13 जून, 2005 को हुआ था। आंदोलनकारी बीसलपुर परियोजना का पानी चाहते थे। टोंक जिले के किसानों की मांग थी कि बीसलपुर परियोजना का पानी सिंचाई तथा पेयजल के लिए क्षेत्र के लोगों तथा गांवों को पहले देकर बाद में अन्य स्थानों के लिए आगे ले जाया जाय। आन्दोलनकारियों का कहना था कि स्वयं वसुन्धरा राजे अपनी परिवर्तन यात्रा में यह घोषणा कर चुकी थीं। सोहेला में भी पुलिस ने गोली चलाई और पांच लोग मारे गये। आंदोलनकारियों से सहानुभूति प्रगट करने के लिए कांग्रेसाध्यक्ष सोनिया गांधी भी सोहेला पहुंची थीं। मुख्यमंत्री ने गंगानगर-हनुमानगढ़ की गलती नहीं कर वह स्वयं भी वहां गईं और आर्थिक सहायता की घोषणा कर रोष को शांत करने का प्रयास किया।

जयपुर में महापड़ाव

इसी काल में बिजली की दरें और गृहकर को लेकर जनता में आक्रोश बना रहा। चुनाव होने तक तो सरकार बराबर यह कहती रही कि बिजली की दरें नहीं बढ़ाई जायेंगी तथा इस बात की पूरी कोशिश की कि अन्य राज्यों से महंगी बिजली खरीद करके भी किसानों को सस्ती तथा 5-6 घंटे बिजली प्रतिदिन मिलती रहे। यहां तक कि चुनावों तक तो पुरानी बकाया की वसूली के लिए कनेक्शन नहीं काटने का आदेश दे रखा था। लेकिन चुनाव के बाद दरें बढ़ा दीं। इसका विरोध राजनीतिक स्तर पर प्रारम्भ हो गया। किसानों ने भी प्रदर्शन किये। वामपंथियों ने प्रदर्शनकारियों का नेतृत्व किया।

मार्क्सवादी कम्युनिस्ट पार्टी के अकेले विधायक अमराराम ने 28 जुलाई, 2005 को सीकर जिला मुख्यालय पर हज़ारों किसानों की सभा में कलेक्टर को ज्ञापन सौंपकर सरकार को चेतावनी दी थी कि "अगर सरकार ने दरें बढ़ा दीं तो जयपुर में राज्य के किसानों का 'महापड़ाव' आयोजित कर विरोध करेंगे।"[65] स्थानीय निकायों का चुनाव सम्पन्न होने के बाद सरकार ने बिजली की दरें बढ़ा दीं।

वामपंथी नेताओं ने अखिल भारतीय किसान सभा के झंडे के तले जयपुर के विशाल 'अमरूदों के बाग' में आठ जिलों के किसानों का महापड़ाव एक सितम्बर को लगाया जो 8 सितम्बर को समझौता होने तक जारी रहा। इसमें हजारों किसानों के जमा होने का अनुमान है। राष्ट्रीय स्तर के मार्क्सवादी कम्युनिस्ट नेताओं ने पड़ाव को सम्बोधित किया और राजधानी में तीन किलोमीटर लम्बी रैली निकालकर गलियों तक में ट्रैफिक जाम कर दिया। ऐसा ही महापड़ाव भाखड़ा किसान संघर्ष समिति, सीटू तथा वामपंथी संगठनों ने हनुमानगढ़ जिला मुख्यालय पर आयोजित किया। मंत्रिमंडल उपसमिति स्तर पर दो दिन चली वार्ता के बाद सम्पन्न समझौते में भाजपा सरकार ने कृषि श्रेणी में बिजली की बढ़ी दरों की वसूली स्थगित कर दी तथा इंदिरा गांधी नहर परियोजना के पानी आंदोलन के संदर्भ में गिरफ्तार करीब सात सौ व्यक्तियों को रिहा कर दिया। बिजली की दरों में रियायत देने का फैसला करने के लिए छह मंत्रियों तथा किसानों के दो प्रतिनिधियों की एक संयुक्त समिति गठित की गई। सरकार ने यह भी पुनः घोषणा की कि 11 दिसम्बर, 2004 को सम्पन्न नहरी पानी के समझौते को पूर्ण रूप से क्रियान्वित किया जायेगा।[66]

यह तथ्य सर्वविदित है कि बिजली का उत्पादन बढ़ाने तथा घाटा समाप्त करने की दृष्टि से राजस्थान राज्य विद्युत मंडल को भंग कर एक कानून द्वारा पांच कंपनियों का निर्माण किया गया था। लेकिन स्थिति में यथोचित सुधार नहीं हो पाया है और 2000 से 2004 तक चार वर्षों में तीन कंपनियों का घाटा साढ़े पांच हजार करोड़ रुपया हो गया था।[67]

भाजपा में सत्ता प्राप्ति के लगभग डेढ़ वर्ष तक विभिन्न चुनावों के कारण ऊपरी तौर पर संगठन में शांति रही। बाद में दोनों में खिंचाव बढ़ता ही गया। चुनावों में कांग्रेस को पंचायतीराज

संस्थाओं के अलावा अन्य में उल्लेखनीय उपलब्धि के अभाव में घोर निराशा ही दिखाई दी। उसने बयानबाजी से ही विरोध जारी रखा।

मंत्री पर वेश्यावृत्ति का आरोप

भाजपा सरकार की छवि को एक बड़ा झटका एक मंत्री के वेश्यावृत्ति में सम्मिलित होने के आरोप से लगा और विधानसभा के वर्षाकालीन सत्र में कोई कार्रवाई नहीं हो सकी। तीन दिन में ही उसे अनिश्चित काल के लिए स्थगित करना पड़ा। मुख्य विपक्ष कांग्रेस ने आरोपित मंत्री राजेन्द्र राठौड़ के त्यागपत्र या सी.बी.आई. से जांच कराने की मांग की जो सत्ता पक्ष ने स्वीकार नहीं की। गृहमंत्री गुलाबचन्द कटारिया ने सदन में घोषित किया कि चूंकि वेश्यावृत्ति में शामिल महिला, उसके पति तथा पांचों पुरुषों ने पुलिस को दिये बयानों में कहा है कि मंत्री उसमें नहीं थे। इसलिए त्यागपत्र या जांच की आवश्यकता नहीं है। गृहमंत्री ने बताया कि महिला तथा उसके पति ने पुलिस में घटना का कोई परिवाद भी दर्ज नहीं कराया है। इसलिए सरकार उसमें हस्तक्षेप नहीं कर सकती है। राजस्थान पर्यटन विकास निगम की जमवारामगढ़ स्थित काटेज वेश्यावृत्ति में काम में लेने की जांच जारी है। कांग्रेस ने विरोध में रातभर विधानसभा में धरना भी दिया।[68]

रोजगार के लिए किसानों की बलि

स्वतंत्रता संग्राम के दौरान एक प्रमुख नारा था कि ''जमीन किसकी, जोते जिसकी''। राजस्थान निर्माण के बाद इसके लिए कानून द्वारा जागीरें समाप्त करके किसानों को मालिक बनाया गया था। इसका तत्कालीन भारतीय जनसंघ (वर्तमान में भाजपा) ने भी समर्थन किया था। आज इसके विपरीत भाजपा की वसुन्धरा सरकार 'विकास और रोजगार' के नाम पर किसानों की बेशकीमती उपजाऊ कृषि भूमि को अवाप्त कर उनकी बलि चढ़ा रही है। इससे जयपुर के आसपास के करीब 50 गांवों की लगभग 20 लाख आबादी प्रभावित होने का अनुमान है। यह भूमि सूचना प्रौद्योगिकी (आई.टी.), नोलिज कोरीडोर, रिंग रोड, हीरो होण्डा, विशेष आर्थिक जोन तथा महेन्द्रा-एंड-महेन्द्रा समूह आदि की योजनाओं के लिए राज्य सरकार द्वारा अवाप्त किया जाना है जिसका किसान सभाएं करके विरोध कर रहे हैं। इन अवाप्तियों के कारण भूमियों के दाम अकल्पनीय बढ़ते जा रहे हैं। अवाप्त की जानेवाली विकसित कृषि भूमि क्षेत्र के विधायक एवं शिक्षामंत्री घनश्याम तिवाड़ी ने शारदीय नवरात्रा में राजकीय कार्यों से अलग रहकर अपना विरोध प्रगट किया और उनका साथ उद्योगमंत्री तथा उपराष्ट्रपति भैरोंसिंह शेखावत के दामाद नरपतसिंह राजवी ने दिया। भाजपा के केन्द्रीय नेतृत्व के हस्तक्षेप से यह समझौता हुआ कि

मंत्रिमंडल के निर्णय से यह विवाद हल किया जायेगा। मुख्यमंत्री ने इन दोनों मंत्रियों की अनुपस्थिति में मंत्रिमंडल की उपसमिति गठित कर उसके पक्ष में निर्णय करा लिया। इससे दोनों ओर से तलवारें पुनः खिंच गईं। लेकिन सिद्धान्त रूप से भाजपा तथा कांग्रेस दोनों ने अभी तक यह निर्णय नहीं किया है कि कृषि की उपजाऊ एवं विकसित भूमि किस सीमा तक उपयोग में ली जाए? चूंकि ये केन्द्रीय योजनाएं हैं और रोजगार-सृजन पर आधारित हैं। इसलिए कांग्रेस ने भी योजना तथा कृषिभूमि अवाप्त किये जाने का विरोध नहीं किया है। वे भी केवल भाजपा संगठन के नेताओं की तरह 'पारदर्शिता' की मांग कर रहे हैं जबकि घनश्याम तिवाड़ी स्थानीय जनप्रतिनिधियों की सहमति की मांग पर अड़े हुए हैं। वे गत वर्ष बगरू तथा बड-के-बालाजी में आयोजित किसान सम्मेलनों में दृढ़तापूर्वक यह घोषणा कर चुके थे कि इस क्षेत्र के किसानों की एक इंच भूमि भी अवाप्त नहीं की जायेगी।

गृहकर एवं शराब की दूकानें

ऐसा ही गृहकर का मामला है। दिसम्बर 2003 के विधानसभा चुनाव के समय भाजपा ने अपने घोषणापत्र में कहा था कि उनकी सरकार बनने पर नगरपालिकाओं द्वारा वसूल किया जाने वाला गृहकर समाप्त कर दिया जायगा। लेकिन दो चरणों में स्थानीय निकायों के चुनाव हो जाने के बाद स्वायत्त शासन राज्यमंत्री प्रतापसिंह सिंघवी ने घोषणा कर दी कि गृहकर जारी रहेगा। अगस्त 2005 तक स्थानीय निकायों के चुनाव के समय जारी घोषणापत्र में तो भाजपा मौन रही। बाद में पार्टी तथा सरकार की ओर से कहा गया कि गृहकर का विकल्प मिलने पर उसे समाप्त कर दिया जायगा।

भाजपा सरकार की आबकारी नीति को लेकर राजनीतिक तथा जनता के स्तर पर शराब की दूकानों की संख्या में वृद्धि को लेकर आलोचना तथा विरोध हुआ। यहां तक कि भाजपा के प्रदेशाध्यक्ष ललितकिशोर चतुर्वेदी तथा रामदास अग्रवाल ने भी रोष प्रगट किया था। मार्च 2005 में बजट प्रस्तुत करने से पूर्व राज्य में नौ हजार तक दूकानें प्रारम्भ करने की नीति घोषित की गई थी। चतुर्वेदी की आलोचना पर उसकी संख्या घटा दी गई। लेकिन जनता में आज भी रोष है कि जगह-जगह शराब की दूकानें खुल गई हैं। दूसरी ओर जहरीली शराब पीने से कई जिलों में बीसियों लोग मर गये। इसका कारण सस्ती के चक्कर में लोग विषैली शराब पीने लगे हैं। राज्य में शराब की तस्करी की शिकायतें बढ़ी हैं तथा अवैध शराब से भरे कई ट्रक पकड़े गये हैं।

भाजपा में असंतोष

भारतीय जनता पार्टी में सत्ता-संगठन को लेकर मनमुटाव, रोष, नाराजगी, आलोचना आदि बराबर होती रही। छद्‌म रूप से पार्टी के नेता प्रारम्भ में मंत्री नहीं बनाने के कारण आंदोलन चलवाते रहे। उनमें मलाल था लेकिन मन मसोस कर रह जाना पड़ा क्योंकि दबाव की राजनीति काम नहीं आई और केन्द्र से समर्थन नहीं मिला। दूसरा रोष राज्यमंत्रियों ने प्रगट किया। उनका कहना था कि एक राज्यमंत्री प्रतापसिंह सिंघवी के अलावा शेष ग्यारह राज्यमंत्रियों के पास स्वतंत्र प्रभार नहीं होने से वे अधिकारविहीन हैं। दो राज्यमंत्री वासुदेव देवनानी तथा भवानी जोशी ने सार्वजनिक समारोहों में अपना दुखड़ा रोया कि उनके पास कोई काम तथा अधिकार नहीं है। लेकिन मुख्यमंत्री की कोई प्रतिक्रिया नहीं हुई। सरकार में राजनीतिक नियुक्तियों को लेकर समाचारपत्रों के जरिये कई तरह से नाराजगियां प्रगट की जाती रहीं। लेकिन मुख्यमंत्री ने चन्द्रराज सिंघवी को बीस सूत्री कार्यक्रम क्रियान्वयन समिति का उपाध्यक्ष तथा सत्यनारायण गुप्ता को अभाव-अभियोग सुनने का प्रभारी तथा मंत्रीस्तर प्रदान करने के अलावा अन्य किसी पार्टी नेता को दिसम्बर 2005 तक उपकृत नहीं किया। मुख्यमंत्री और दो मंत्रियों के बीच अक्टूबर में मतभेद होने पर चन्द्रराज सिंघवी को अचानक पद से हटा दिया गया। कांग्रेस से भाजपा में आये विष्णु मोदी को हिमालय की नदियों के जल बंटवारे का पंजाब-राजस्थान के बीच उत्पन्न विवाद का कार्यभार सौंपकर सचिवालय में एक कमरा और गाड़ी दे दी। मंत्रियों के लिए सलाहकार समितियां गठित कर पार्टी के विधायकों की घोषणा अवश्य कर दी लेकिन उनकी हैसियत या उपयोगिता का पता नहीं चला है। वसुन्धरा के कुछ करीबी समझे जाने वालों ने 'वसु मित्र परिषद' द्वारा राज्य के हजारों लोगों को जोड़ना चाहा लेकिन उसका भी पार्टी में विरोध होने पर वह भी कागजों में ही रह गई।

तबादले

अभी तक यह समझ में नहीं आया कि किसी भी सरकार में राजकर्मियों का तबादला प्रशासनिक आवश्यकता है या जनता के कष्टों के निवारण का मार्ग या कर्मचारियों की सुविधा का उपाय या किन्हीं नेताओं का राजकीय व्यापार? पिछले वर्षों में प्रतिवर्ष हजारों तबादले हुए हैं। लेकिन वसुन्धरा सरकार ने संभवतः अब तक के सभी रिकार्ड तोड़ दिये हैं। गत दो वर्ष में लगभग एक लाख व्यक्तियों के तबादलों का दावा राष्ट्रीय साप्ताहिक 'इंडिया टुडे' ने किया था।[69] इनमें आई.ए.एस., आर.ए.एस., आई.पी.एस., आर.पी.एस., अन्य विभागों के अधिकारी, शिक्षकगण तथा अन्य राज्य कर्मचारी सम्मिलित हैं। किन्तु वसुन्धरा ने पार्टी की बैठक में कहा कि अब तक केवल पचपन हजार तबादले ही किये गये हैं। यह कहा जाता है कि पार्टी के नेताओं, विधायकों तथा कार्यकर्त्ताओं को राजी रखने का यह सबसे सरल-सुगम उपाय है।

वसुन्धरा राजे केन्द्र में कार्मिक विभाग की राज्य मंत्री रही हैं। इसलिए मुख्यमंत्री बनने पर उन्होंने राज्य में भी केन्द्रीय शैली का प्रशासनिक ढांचा खड़ा करने का प्रयत्न किया। एक वरिष्ठतम आई.ए.एस. के अन्तर्गत सम्बन्धित विभागों का समूह गठित करके उसके नीचे अन्य विभागों के पृथक-पृथक सचिवों को उत्तरदायित्व देकर प्रशासन में क्रियाशीलता और तीव्रता लाना चाहा ताकि निर्णय और क्रियान्वयन उत्तम प्रकार से हो। वह सम्बन्धित मंत्रियों तथा सचिवों को भी एक साथ बिठाना चाहती हैं। प्रयोग चल रहा है। परिणाम की प्रतीक्षा है। प्रधानमंत्री कार्यालय (पी.एम.ओ.) की नकल पर मुख्यमंत्री कार्यालय (सी.एम.ओ.) प्रारम्भ किया गया है। बीस माह तक विभिन्न चुनावों की आचार संहिता लागू रहने से किसी नीति-निर्देश, नेतृत्व तथा प्रशासनिक प्रक्रिया का कोई नतीजा नहीं निकाला जा सकता है। राज्य सचिवालय को नवीन स्वरूप प्रदान किया जा रहा है। लगभग पचास करोड़ रुपयों से नये मुख्यमंत्री कार्यालय भवन निर्मित होकर चालू हो गया है। सरकारी कार्यालयों का आधुनिकीकरण वैश्वीकरण का मार्ग बताया जा रहा है।

असंतुष्टों ने नींद हराम की

वसुन्धरा राजे के मुख्यमंत्रीत्व काल का तीसरा वर्ष भी भाजपा सरकार विरोधी कांग्रेस की ओर से पहले की तरह विशेष परेशानी का नहीं रहा। किन्तु अपनी पार्टी के ही असंतुष्टों ने नींद हराम करके रखी। वे उन पर अपना दबाव बनाये रहे। यधपि असंतुष्टों ने उनके नेतृत्व को कभी चुनौती देने की कोशिश नहीं की लेकिन वे चाहते हैं कि सरकार एवं संगठन का काम-काज उनकी सलाह एवं उनके विचारों तथा अनुयायियों के हितों का पूर्ण ध्यान रखकर किया जाय। उन्हें गौण समझने के बजाय पूरा वजन दिया जाय। असंतुष्टों ने इस दबाव में राष्ट्रीय स्वयंसेवक संघ तथा भाजपा के आनुषांगिक संगठनों का पूर्ण परोक्ष समर्थन ले रखा है। सेज के लिए कृषि भूमि की अवाप्ति, हज हाउस का निर्माण तथा लाभ के पदों पर नेताओं की नियुक्ति नहीं किया जाना आदि मुद्दे बना रखे हैं। प्रदेशाध्यक्ष डा. महेश शर्मा ने इसे पार्टी का 'कांग्रेसीकरण' कहकर उन्हें लांछित किया।

खुले रूप से उनका कोई एक नेता नहीं है लेकिन भैरोंसिंह शेखावत काल से इसका छद्म नेतृत्व ललितकिशोर चतुर्वेदी के हाथों में रहा है। ऐसे वसुन्धरा राजे के राजस्थान आगमन के समय से ही पूर्व मान्यता प्राप्त नेता उनके विरोधी थे। किन्तु कायकर्ताओं तथा जनता के पुरजोर समर्थन एवं विधानसभा और उसके बाद सम्पन्न चुनावों में भाजपा की ऐतिहासिक विजय के बाद वे उनके साथ हो गये। ज्यों-ज्यों वसुन्धरा की विजय पताका ऊंची से ऊंची उड़ती गई त्यों-त्यों असंतुष्टों की उपेक्षा होने लगी। वहीं से उनमें मसकती आग फैलती गई। स्थिति यहां तक पहुँच गई कि मत्रिमंडल की बैठकें होना ही बंद हो गया।

महत्वपूर्ण निर्णय तक सर्कुलेटेड केबीनेट मेमो पर मंत्रियों के हस्ताक्षरों से होने लगे। सन् 2006 में तो एक समय ऐसा आया जब लगभग छः माह मंत्रिमंडल की बैठक के बिना निकल गये। इससे मंत्रियों में भी उनकी उपेक्षा की ज्वाला धधकने लगी। उनके विरोध के बावजूद प्रदेश भाजपा के अध्यक्ष पद पर डॉ. महेश शर्मा की पुनर्नियुक्ति की घोषणा ने उनमें विस्फोट का काम किया। अन्ततः श्रीमती राजे के मुख्यमंत्री काल के चौथे वर्ष के प्रारम्भ में गणतंत्र दिवस के अवसर पर जब कोटा में मंत्रिमंडल की बैठक हुई तो छह वरिष्ठ मंत्रियों–गुलाबचंद कटारिया, घनश्याम तिवाड़ी, नरपतसिंह राजवी, किरोड़ीलाल मीणा, मदन दिलावर तथा कनकमल कटारा ने उसमें भाग नहीं लेकर अपना अघोषित विरोध प्रगट किया। इस घटना की शिकायत केन्द्रीय नेतृत्व तक की गई। असंतुष्टों ने चार मंत्रियों के त्यागपत्र देने की चर्चा फैला दी। यह स्पष्ट नहीं हुआ कि त्यागपत्र उन्होंने केन्द्रीय नेतृत्व को सौंपे या नहीं। किन्तु इस घटना से केन्द्र एवं मुख्यमंत्री खेमा चिन्तित अवश्य हो गये। लगता है कि केन्द्रीय नेतृत्व के दबाव से मुख्यमंत्री ने सबको साथ लेकर चलने का भरोसा बंधा दिया। राज्य में भाजपा के साढ़े आठ हजार से अधिक कार्यकर्ताओं को विभिन्न विभागों की समितियों में नियुक्ति करके असंतोष को ठंडा करने का प्रयत्न किया है। ज्वाला पर राख यद्यपि अवश्य गिर गई है किन्तु वह बुझी नहीं है।

सीधी कार्रवाई होने लगी

विपक्षी दलों के केवल अखबारी विरोध के कारण जनता ने अपनी मांगें स्वीकार कराने के लिए राज्य में जगह–जगह सीधी कार्रवाई करना प्रारंभ कर दिया है। इनमें सड़कों पर जाम लगा देना, थाने को जला देना, लाशों को नहीं उठाना आदि मुख्य हैं। कहीं–कहीं अधिकारियों के विरुद्ध भी सीधी कार्यवाही तक की जाने लगी है, जैसे पीट देना, घेराव कर देना आदि।

राज्य के बुद्धिजीवी वर्ग तथा जानकारों में यह भावना हो गई है कि मुख्यमंत्री विकास की सभी योजनाएं विशेषज्ञों से तैयार करा कर चलवाती हैं। इससे नौकरशाही मुख्यमंत्री से भयातुर तो अवश्य रहती है किन्तु मन ही मन असंतुष्ट है। मुख्यमंत्री राज्य के विकास को पूंजीवादी एवं निजीकरण के आधार पर बढ़ाना चाहती हैं। पिछले तीन बजटों में कर भार को कम करके राज्य सरकार की वित्तीय स्थिति अपेक्षाकृत पहले से सुदृढ़ करने में सफल हुई हैं। लेकिन बिजली–पानी जैसी दैनंदिन आवश्यक सेवाएं पहले से अधिक खराब हो गई हैं। राज्य में पहली बार महीनों तक शहरों में दो से चार घंटे की तथा गांवों में अधिकांश समय की बिजली कटौती रही। कानून व्यवस्था की स्थिति अनियंत्रित सी है। बढ़ते अपराधों के कारण असुरक्षा की भावना जनता में घर करती जा रही है। चारों ओर से बढ़ते विरोध एवं दबाव के कारण राज्य सरकार ने गृहकर समाप्त कर किया है और शराब की दूकानें पहले से कम करने की घोषणा कर दी है।

प्रमुख विपक्षी दल कांग्रेस के लिए डूंगरपुर विधानसभा के उपचुनाव में दस हजार मतों से भाजपा पर भारी विजय तीन वर्ष में पहली बार बड़े हर्षोल्लास का कारण रहा। हालांकि उससे पूर्व जाट प्रभावित मेड़ता उपचुनाव भी भाजपा से वह जीत चुकी थी किन्तु आदिवासी क्षेत्र में यह उपलब्धि उनके लिए विशेष थी, जहां कांग्रेस ने एक होकर मेहनत की थी।

प्राकृतिक प्रकोप

सन् 2006 भाजपा की आन्तरिक गुटबन्दी के अतिरिक्त राजनीतिक दृष्टि से विशेष उल्लेखनीय नहीं रहा था। किन्तु प्राकृतिक प्रकोप का वर्ष रहा। रेगिस्तान में बाढ़ अनहोनी घटना थी। अगस्त 2006 में आई बाढ़ के कारण बाड़मेर जिले के दो गांवों में पानी फरवरी 2007 तक भरा हुआ है। दो गांवों के विस्थापित सोलह सौ परिवारों में से ग्यारह सौ के लिए अभी तक मकान नहीं बन पाये हैं। जाट प्रभावित राजनीति के कारण उन गांवों का पानी नीचे की ओर कृत्रिम आधार पर नहीं बहाने दिया गया। जाटों को भाजपा और कांग्रेस के नेता नाराज नहीं करना चाहते थे। उन गांवों में अनुसूचित जाति तथा जनजाति के अधिकतर लोग बसते थे। नलों द्वारा पानी निकाले जाने पर उनकी कृषि भूमि प्रभावित होने का भय था। यह कहकर संतोष किया जा रहा है कि बाढ़ के कारण छह करोड़ की फसल हो गई। इस वर्ष असमय वर्षा तथा ओले के कारण सरसों तथा अन्य फसलों को क्षति पहुंचने की आशंका है।

शर्मनाक घटना

न केवल अशोभनीय बल्कि एक शर्मनाक घटना पाली जिले में घटी। लूणी नदी में बाढ़ के कारण एक कार, जिसके ऊपर पांच व्यक्ति बैठे थे। कार बही जा रही थी और भयाक्रांत व्यक्ति बाहर निकालने के लिए पुकार रहे थे। खनिज मंत्री लक्ष्मीनारायण दवे किनारे पर खड़े-खड़े यह हृदय विदारक दृश्य देख रहे थे, लेकिन हेलीकाप्टर की व्यवस्था नहीं की, जबकि वहां से साठ किलामीटर दूर सेना का मुख्यालय है। जयपुर में भी सरकारी हेलीकाप्टर है। आखिर वे डूबकर मर गये।

पिछले वर्ष में दो विवादास्पद विधेयक पारित किये गये, जिन पर स्वयं सत्तारूढ़ दल एवं कुछेक मंत्री भी सहमत नहीं थे। एक विधेयक धर्मान्तरण को रोकने के लिए है, जिसे राज्यपाल प्रतिभा पाटील ने रोक रखा है। वह संवैधानिक तौर पर इससे सहमत नहीं हैं। दूसरा विधेयक है पुरास्मारकों को विकसित करने के लिए निजी हाथों में सौंपना। विरोधियों को आशंका है कि वह कहीं निजी संपत्ति न बन जाये तथा उनका पौराणिक एवं ऐतिहासिक महत्व नष्ट न हो जाय।

कुलिश का निधन

कर्पूरचन्द कुलिश

17 जनवरी, 2006 को एक ऐसे व्यक्ति का निधन हुआ जो न राजनीतिज्ञ थे और न उनका अवसान राजनीतिक घटना है। वह व्यक्ति नहीं संस्था था-कर्पूरचन्द कुलिश, राजस्थान पत्रिका के संस्थापक संपादक। किन्तु अपनी कलम एवं नेतृत्व द्वारा राजस्थान में जन जागरण, नागरिक सम्मान, राज्य में सच्चे लोकतंत्र को मजबूत करने तथा चौथे खंभे की पत्रकारिता करके राजस्थान की गणना विकसित राज्यों में कराने में अति महत्वपूर्ण भूमिका अदा की। मुख्यमंत्री वसुन्धरा राजे ने उनका राजकीय सम्मान के साथ अंतिम संस्कार तथा उनके नाम पर जयपुर में स्मृति वन की स्थापना करके भूरि-भूरि प्रशंसा प्राप्त की।

मैडम वसु

वसुन्धरा राजे

ग्वालियर की राजकुमारी, धौलपुर की महारानी, मैडम वसु, सी.एम. और राजस्थान की मुख्यमंत्री वसुन्धरा राजे यही उनकी पहचान तथा पृष्ठभूमि है। 8 मार्च, 1953 को मुम्बई में जन्मी श्रीमती राजे ग्वालियर की राजमाता, जनसंघ तथा भारतीय जनता पार्टी की वरिष्ठ एवं सम्मानित नेता, विदुषी स्वर्गीय विजया राजे तथा तत्कालीन महाराजा जिवाजीराव सिंधिया की चौथी संतान हैं। प्रजेन्टेशन कोन्वेंट, कोडईकनाल तथा सोफिया कॉलेज, मुंबई से अर्थशास्त्र तथा राजनीतिक विज्ञान में निष्णात मैडम वसु पचास वर्ष की परिपक्व आयु में 8 दिसम्बर, 2003 को राजस्थान की मुख्यमंत्री चुनी गईं। सामंती महल के लालन-पालन और प्यार-दुलार में पलीं। बीस वर्ष की आयु में एकमात्र पुत्र रत्न की मां बनी। तीस वर्ष की कोमलांगी मध्यप्रदेश की राजनीति में प्रविष्ट हुई। मगर वहां सफलता नहीं मिलने पर राजस्थान में भाजपा के युवा मोर्चे से जुड़ीं। दो वर्ष बाद ही 1985 के राज्य विधानसभा के चुनाव में अपने ससुराल धौलपुर निर्वाचन क्षेत्र से भाजपा के टिकट पर कांग्रेस को पराजित कर जयपुर पहुँचीं। राजस्थान में सफलता की सीढ़ी पर ऐसी चढ़ीं कि कभी पीछे मुड़कर ही नहीं देखा। 1989 के लोकसभा चुनाव में झालावाड़ से दिल्ली पहुँचीं जो वापस जयपुर आने तक 1991, 1996, 1998 और 1999 तक संसदीय राजनीति में सीढ़ी-दर-सीढ़ी चढ़ती ही

गईं। केन्द्र में तत्कालीन प्रधानमंत्री अटलबिहारी वाजपेयी के विभिन्न महत्वपूर्ण मंत्रालयों, विदेश, लघु उद्योग तथा कार्मिक जैसों में राज्यमंत्री के रूप में सक्रिय योगदान करती रहीं। सक्रिय राजनीति में इतनी निष्णात हो गईं कि उपराष्ट्रपति भैरोंसिंह शेखावत के दिल्ली जाने पर राजस्थान में भाजपा के नेतृत्व की रिक्तता की पूर्ति के लिए सर्वश्रेष्ठ समझी जाने पर बीच कार्यकाल जयपुर भेजी गयीं। एक वर्ष में जमीनी राजनीति से ऐसा जुड़ाव किया कि महारानी राजे ने भाजपा के पिछले सारे रिकार्ड तोड़कर विधानसभा में जीत का नया रिकार्ड रचा। महलों की महारानी अब समृद्ध राजस्थान का नया सपना देख रही हैं। राज्य प्रशासन को तीन वर्ष हुए हैं। अगले चुनाव में अभी समय शेष है।

अल्ट्रा मॉडर्न वर्ल्ड की उपज मैडम वसु राजस्थान में अवतरित होने के दिन से घरवालों के विरोध एवं वैचारिक संघर्ष के कारण विवादास्पद बनी रहीं। राजस्थान भाजपा की बची-खुची पहली और दूसरी पीढ़ी से कभी मेल नहीं खाया। उन्हें राजस्थान भाजपा का मुख्यालय ही नहीं रुचा। उसका पूर्णरूप से नवीनीकरण करवाने के बाद ही उसमें बैठना पसन्द किया। यही स्थिति 8, सिविल लाइन्स, मुख्यमंत्री निवास की हुई। उसका पूर्ण रूप से आधुनिकीकरण नहीं होने तक किराये के मकान में ही महीनों बिताये। आज वह भी सिविल लाइन्स में दर्शनीय स्थल बन गया है। उससे लगे राजभवन से भी उसकी अलग पहचान हो गई। क्यों न हो, राजभवन मनोनीत केन्द्रीय प्रतिनिधि का आवास-निवास है और लोकतंत्र में मुख्यमंत्री भवन एक निर्वाचित नेता का महल। राज्य सरकार के सचिवालय का भी आधुनिकीकरण किया जा रहा है और मुख्यमंत्री कार्यालय का भवन तो बुनियाद से नया निर्मित किया गया। उस पर पचास करोड़ रुपये तक खर्च होने का अनुमान है। जयपुर शहर को भी अपने कार्यकाल में नया स्वरूप प्रदान करने का सपना है।

मैडम वसु केवल जड़-पत्थर में ही परिवर्तन नहीं चाहती हैं, वह पार्टी नेतृत्व में भी वैचारिक क्रांति लाना चाहती हैं। इसीलिए राज्य का नेतृत्व चुनने में पुरानी पीढ़ी को दरकिनार कर नई पौध को अपना संगी-साथी बनाया। नई पौध मैडम के सामने आधुनिकता से कितनी दूर है, यह अलग बात है। सामंती पालने में झूलने और आधुनिकता में पूर्णरूप से ओत-प्रोत होने के बावजूद आम-जनता (मुख्यरूप से महिलाओं से) से उनका घुलना-मिलना उनके सारे रोष-आक्रोश को तिरोहित कर देता है। उनका एक स्नेहिल आकर्षण है। वह कलमकार प्रशासक नहीं, नेतृत्वशील एडमिनिस्ट्रेटर हैं। वहीं दकियानूसी, पुराणपंथी और कानूनी दांवपेंचों से राज करने वाले प्रशासकों से उनका तालमेल कितना निभेगा, यह देखना है ? मैडम ने एक भेंट में कहा था कि वह राजस्थान को गोवा की तरह का हर सुविधायुक्त पर्यटन राज्य बनाना चाहती हैं।[70] ईश्वरीय शक्ति में अटूट विश्वास, वीरांगना, साहसी, हर मुश्किल में निर्भीक दिखने वाली वसुन्धरा जन-आकांक्षाओं को कितना पूरा कर पायेंगी, यह आने वाला समय बतायेगा।

संदर्भ

1. उपराष्ट्रपति भैरोंसिंह शेखावत के नजदीकी सूत्रों के आधार पर
2. राजस्थान पत्रिका, जयपुर : 13 सितम्बर, 2002, 15 नवम्बर, 2002
3. राजस्थान पत्रिका, जयपुर : 15 नवम्बर, 2002

4-5. दैनिक नवज्योति, जयपुर : 4 अप्रेल, 2003 तथा 9 अप्रेल, 2003

6. राजस्थान पत्रिका, जयपुर : 16 नवम्बर, 2002
7. दैनिक भास्कर, जयपुर : 27 नवम्बर, 2002, 7 जनवरी, 2003

8-9. दैनिक नवज्योति, जयपुर : 27 नवम्बर, 2002, 5 जनवरी, 2003

10. राजस्थान पत्रिका, जयपुर : दैनिक, रविवारीय दि. 26 मार्च, 2002
11. राजस्थान पत्रिका, जयपुर : 26 मई, 2003
12. दैनिक नवज्योति, जयपुर : दि. 15 नवम्बर, 2002
13. दैनिक नवज्योति, जयपुर : दि. 28 अप्रेल, 2003
14. दैनिक भास्कर, जयपुर : 23 अप्रेल, 2003
15. दैनिक नवज्योति, जयपुर : दि. 26 अप्रेल, 2003
16. दैनिक नवज्योति, जयपुर : दि. 17 अप्रेल, 2003
17. राजस्थान पत्रिका, उदयपुर : दि. 29 अप्रेल, 2003
18. राजस्थान पत्रिका, उदयपुर : दि. 29 अप्रेल, 2003
19. राजस्थान पत्रिका, जोधपुर : दि. 14 मई, 2003

20 से 22. राजस्थान पत्रिका, जोधपुर, जयपुर : 16 मई, 2003, 17 मई, 2003

23. राजस्थान पत्रिका, बीकानेर : 28 मई, 2003
24. राजस्थान पत्रिका, जयपुर : 26 मई, 2003

25, 26. राजस्थान पत्रिका, जयपुर : 8,9,10,11 अगस्त, 2003

27. राजस्थान पत्रिका, जयपुर : 17 जुलाई, 2003
28. राजस्थान पत्रिका, जयपुर : 20 अक्टूबर, 2003
29. राजस्थान पत्रिका, जयपुर : 12 अक्टूबर, 2003

30 से 33. राजस्थान पत्रिका, जयपुर : दि. 19 अक्टूबर, 2003

34. राजस्थान पत्रिका, जयपुर : दि. 19 अक्टूबर, 2003

35, 36. राजस्थान पत्रिका, जयपुर : दि. 30 सितम्बर, 2003

37. राजस्थान पत्रिका, जयपुर : दि. 12 अगस्त, 2005

38, 39. राजस्थान पत्रिका, जयपुर : दि. 3 नवम्बर, 2003

40. राजस्थान प्रदेश कांग्रेस, जयपुर के स्त्रोत से
41. राजस्थान पत्रिका, जयपुर : 6 दिसम्बर, 2003

42, 43. राजस्थान पत्रिका, जयपुर : 10 दिसम्बर, 2003

44. दैनिक भास्कर, जयपुर : 6 दिसम्बर, 2003

45. राजस्थान पत्रिका, जयपुर : 10 दिसम्बर, 2003
46. राजस्थान पत्रिका, जयपुर : 5 दिसम्बर, 2003
47, 48. हिन्दुस्तान टाइम्स, जयपुर : 7 दिसम्बर, 2003
49, 50. राजस्थान पत्रिका, जयपुर : 9 दिसम्बर, 2003
51. राजस्थान पत्रिका, जयपुर : 17 दिसम्बर, 2003
52. राजस्थान पत्रिका, जयपुर : 12 अप्रेल, 2004
53. राजस्थान पत्रिका, जयपुर : 18 अप्रेल, 2004
54. राजस्थान पत्रिका, जयपुर : 2 मई, 2004
55. सभी आंकड़े राजस्थान निर्वाचन विभाग से प्राप्त
56. हिन्दू, दिल्ली : 20 मई, 2004
57, 58. सभी आंकड़े राजस्थान निर्वाचन विभाग से प्राप्त
59 से 61. सभी आंकड़े राजस्थान निर्वाचन आयोग से प्राप्त
62. राजस्थान सुजस, मार्च 2005, पृष्ठ 20 से 25
63. जयपुर के सभी प्रमुख दैनिक समाचारपत्र – राजस्थान पत्रिका, दैनिक भास्कर, हिन्दुस्तान टाइम्स तथा दैनिक नवज्योति : 1 जून से 8 जून, 2004
64. राजस्थान पत्रिका, जयपुर : संपादकीय, दि. 3 सितम्बर, 2005
65. राजस्थान पत्रिका, जयपुर : दि. 29 जुलाई, 2005
66. नई दिल्ली तथा जयपुर के सभी प्रमुख समाचार-पत्रों के अनुसार : 2 से 9 सितम्बर, 2005 तक
67. राजस्थान पत्रिका, जयपुर : दि. 11 फरवरी, 2005
68. जयपुर के सभी दैनिक समाचार पत्रों पर आधारित दि. 27 से 29 सितम्बर, 2005 तक
69. इंडिया टुडे : 1 अगस्त, 2005
70. 'आज तक' के संपादक प्रभु चावला की 'सीधी बात' कार्यक्रम के अन्तर्गत साक्षात्कार में वसुन्धरा राजे की उद्घोषणा।

19

अट्ठावन वर्ष

राजस्थान के निर्माण के साथ ही सैंकडों वर्षों की सामंती व्यवस्था का अंत जहां हर्ष का विषय है वहीं लोकतंत्र की स्थापना हमें गौरवान्वित करती है। स्वतंत्रता के सात वर्षों में ही सम्पन्न प्रथम आम चुनाव में सामंतों की कठोर चुनौती के बावजूद जनता का राज चाहने वाले उन्हें परास्त करने में सफल हुए । प्रथम चार चुनावों के बाद उनका सपना हमेशा के लिए चकनाचूर हो गया और उन्होंने भी जनतांत्रिक व्यवस्था को अंगीकार कर लिया। लेकिन राज्य के निर्माण के साथ ही कांग्रेस में पदलिप्सा और गुटबंदी का ऐसा बीज पड़ गया कि अट्ठावन वर्षों में वह आक का पेड़ बन गया, जो अपनी ही जड़ों को खा रहा है। प्रथम मुख्यमंत्री हीरालाल शास्त्री को थोपे जाने के बजाय बहुमत के आधार पर अन्य किसी को नेता निर्वाचित किया गया होता तो राजस्थान का भविष्य ही भिन्न होता। वर्षों से राजनीतिक दलों में लोकतंत्र के स्थान पर 'सामंती प्रथा' चालू हो गई है। लोकतंत्र का चौथा खंभा – मीडिया अपने पाठकों के लिए लिखने का दावा करता है। जबकि असलियत में वह अपनी ही सेवा कर रहा है।

कांग्रेसजनों ने अपनी पार्टी के महान उद्देश्य के विपरीत जाति आधारित लड़ाई प्रारंभ नहीं की होती और नीति मूलक शासन चलाते तो राजस्थान का भविष्य वर्तमान से भिन्न होता। सत्ता के लिए 'वोट' आधारित राजनीति को यदि हथियार नहीं बनाया होता तो राजस्थान भी देश के उन्नत राज्यों में होता क्योंकि यहां की जनता ने नई दिशा को ऐसा स्वीकार किया मानों 'युगों' से वे जनतांत्रिक व्यवस्था में ही रह रहे थे। राज्य विधानसभा के प्रथम चुनावों में जहां 39 प्रतिशत का मतदान हुआ था वह बारहवीं में 68 प्रतिशत तक पहुँच गया। उनमें महिलाओं का प्रतिशत 58 है। पंचायतों के चुनाव में नब्बे प्रतिशत तक मतदान हो जाता है। जन जाग्रति का इससे बड़ा मापदण्ड क्या हो सकता हैं ? सन् 1951 की जनगणना में जहां मात्र 8 प्रतिशत साक्षरता थी वह 2001 में 61 प्रतिशत पहुँच गई। यह मात्र सरकारी प्रयत्न का परिणाम नहीं हैं बल्कि स्वयं जागरण का अनुपम उदाहरण है। यदि दो वक्त की रोटी की चिन्ता नहीं होती और सुविधा उपलब्ध हो जाती तो यह प्रतिशत और अधिक ऊँचा पहुँच सकता था। राजस्थान की प्रगति निराशाजनक नहीं है। लेकिन साधनों के अभाव तथा

राजनीतिक जोड़-तोड़ में अनावश्यक समय बर्बाद हो जाने से यथेष्ठ लक्ष्य प्राप्त नहीं किया जा सका।

कल तक का घटनाक्रम इतिहास होता है लेकिन उनमें हुई भूलें और उपलब्धियां भविष्य का मार्गदर्शन। देश के अन्य राज्यों की तरह सत्ता के लिए उत्पन्न की गई बुराइयां राजस्थान में भी महारोग बन चुकी है। उससे वह नीरोग हो पायेगा या नहीं संदेहजनक है। क्योंकि राजनीतिक दलीय व्यवस्था के बावजूद जाति का आधार उन्नति के मार्ग को खोखला करता जा रहा है। राजस्थान में 1993 में मंडल आयोग लागू होने के बाद जातिवाद इतना वीभत्स और गंभीर हो गया है कि उसके लिए दलीय अनुशासन की सीमा समाप्त हो चुकी है। हजारों वर्षों से शोषित एवं पीड़ित अनुसूचित जाति, जनजाति, पिछड़े और अति पिछड़े को समाज के अन्य वर्गों के समकक्ष लाने के लिए गुणावगुण को ठुकराने के बजाय अन्य सुगम मार्ग हो सकता था।

कांग्रेस ने अपने प्रथम तीस वर्षों के शासन काल मे गरीब को सामंती एवं व्यापारिक शोषण से मुक्त कराने के लिए कई कानून बनाये। किसान को भू-स्वामी तो बना दिया लेकिन भूमिहीन की उन्नति ऊँट के मुँह में जीरे के समान हो सकी। किसान को उपलब्ध कराये जाने वाले भूमिसुधार कानूनों तथा सुविधाओं का लाभ केवल पहले से ही सम्पन्न या नव-धनिकों को ही मिल सका। वंचित पहले की तरह आज भी दैनंदिन मजदूरी से ही अपना पेट भरता है। शिक्षित बेरोजगारी प्रतिदिन बढ़ती जा रही है। उनमें घोर निराशा एवं राजनेताओं के प्रति घृणा है। इस कारण भी कानून-व्यवस्था की गंभीर समस्या उत्पन्न हो गई है। पिछले कुछ वर्षों से कभी-कभी अराजकता के विरुद्ध लोग कानून हाथ में लेने लगे हैं। यह जनविद्रोह की ओर बढ़ने का संकेत है। वर्तमान मुख्यमंत्री वसुन्धरा राजे ने रोजगार के लिए चहुँओर निजी क्षेत्र के साथ भागीदारी की नीति प्रारंभ की है।

राजस्थान के निर्माण के साथ ही यह स्थापित हो गया था कि भूगर्भ में तेल, गैस आदि अनेक प्रकार की खनिज सम्पदा दबी पड़ी है। अगर उसको दोहने का भी कार्यक्रम हिमालय का जल मरुस्थल में लाने के समान सर्वोच्च प्राथमिकता का होता तो केवल केन्द्र की दया, बिक्रीकर आदि से प्राप्त छोटी-मोटी आय के साधनों पर निर्भर नहीं रहना पड़ता। वनों और पशुधन को भी जानबूझकर नकारा गया। राजस्थान की एकमात्र संपदा-'भूमि' को वसुन्धरा राजे बेचकर अगली सत्ता प्राप्त करने का मार्ग ढूंढ़ रही है।

राज्य आधारित सेवाओं में लगभग एक-सवा प्रतिशत लोग ही होंगे। लेकिन कुछ हजार राजनेताओं की आय का बड़ा साधन बन चुके हैं। कुछ ही प्रतिशत व्यापारी, उद्योगपति तथा बड़े किसान राजसेवकों और नेताओं की कामधेनु हैं जो सरकारी कानूनों तथा व्यवस्था की अवहेलना कर उन्हें नियम विरुद्ध लाभ पहुँचाते हैं। इस आपाधापी, अराजकता, पक्षपात,

लालफीताशाही तथा भाई-भतीजावाद ने राजतंत्र की चूलों को हिलाकर रख दिया है। इसके परिणामस्वरुप कानून के पालनकर्ता की अवहेलना होती है और अपराधी मोदक खाता है। शासन में भ्रष्टाचार चरमसीमा पर पहुँच गया है। कानून बनाने वाला और उसका पालन कराने वाला ही न केवल देश का शत्रु बल्कि देशद्रोही है। पकड़ा जाये वो ही चोर बाकी सब साहूकार। कानून का राज स्थापित नहीं हो सकने से सभी असुरक्षित महसूस करते हैं।

लोकतंत्र बहुत मजबूत है। उसका ढ़ांचा गांव से लेकर न केवल राज्य बल्कि राष्ट्रीय स्तर तक पक्का बना हुआ है। यह ढ़ांचा केवल राजनीतिक एवं प्रशासनिक व्यवस्था के लिए ही नहीं है। गांव, गली, मोहल्ले, जाति हरेक व्यवस्था के लिए कानूनी तौर पर स्थापित है। उनके पदों पर चुने जाने के लिए मतदाता को भ्रष्ट, भ्रमित करना या उसकी भावनाओं से खेलना आज का सुदृढ़ लोकतंत्र बन चुका है। धर्म, जाति, सम्प्रदाय और क्षेत्र की कोई सीमा नहीं है, उसका खुलकर उपयोग एवं दुरुपयोग सत्ता प्राप्ति के लिए किया जाने लगा है। यह बहुत खतरनाक और घोर अराजकता की ओर बढ़ने का संकेत हैं। कल का भविष्य क्या होगा कोई नहीं जानता? परिवर्तन के लिए क्या आधार होगा कोई नहीं जानता? हरेक नेता एवं दल सत्ता प्राप्त करने के लिए ऐनकेन-प्रकारेण प्रयत्नशील है। राज्य के अट्ठावन वर्षों में हम कहाँ पहुँच गये कोई नहीं जानता? आगे इस और कहां तक और कब तक बढ़ता चला जाएगा का पता नहीं है। कहाँ मोड़ है? क्या पिछला इतिहास कोई मार्गदर्शक बन पायेगा? यह भी प्रश्नवाचक ही है।

परिशिष्ट

1. जयपुर के महाराजा स्वर्गीय सवाई मानसिंह (द्वितीय) का पत्र अपने ज्येष्ठ पुत्र भवानीसिंह के नाम The Last Maharaja में प्रकाशित पृष्ठ 180-182
2. जयपुर रियासत के तत्कालीन दीवान सर मिर्जा इस्माइल, राजस्थान के प्रथम मुख्यमंत्री हीरालाल शास्त्री तथा उद्योगपति घनश्यामदास बिड़ला के बीच 'अंग्रेजो भारत छोड़ो', 1942 के आंदोलन के दौरान का पत्र-व्यवहार।

   राजस्थान अभिलेखागार में संग्रहित तथा शिक्षा शास्त्री स्वर्गीय शंकरसहाय सक्सेना द्वारा 'जो देश के लिए जिये' (यशोगाथा लोकनायक श्री माणिक्यलाल वर्मा) में प्रकाशित : पृष्ठ 144 से 151

   - सर मिर्जा इस्माइल का जी.डी. बिड़ला को पत्र (अंग्रेजी व हिन्दी में)
   - जी.डी. बिड़ला का सर मिर्जा इस्माइल को प्रत्युत्तर ” ”
   - जी.डी. बिड़ला का सर मिर्जा इस्माइल को पत्र ” ”
   - सर मिर्जा इस्माइल का जयपुर के पोलिटिकल एजेण्ट मेजर एच.एम. पाउल्टन को पत्र ” ”
   - सर मिर्जा इस्माइल का ब्रगेडियर को पत्र ” ”
   - पंडित हीरालाल शास्त्री का सर मिर्जा इस्माइल को पत्र ” ”
   - इंस्पेक्टर जनरल पुलिस द्वारा आर्मी मिनिस्टर को पत्र ” ”

   (उपरोक्त सभी पत्र अंग्रेजी में हैं, उनके लेखक द्वारा अनूदित हिन्दी अनुवाद)
3. उपरोक्त पत्र-व्यवहार के सम्बन्ध में पं. हीरालाल शास्त्री का वक्तव्य : प्रत्यक्ष जीवन शास्त्र (आत्मकथा) द्वितीय खण्ड, पृष्ठ 274-275
4. जी.डी. बिड़ला सर मिर्जा इस्माइल को जयपुर लाये थे। इसका उल्लेख प्रो.के.एल. कमल तथा आर. डब्ल्यू. स्टर्न ने अपने आलेख 'जयपुर का स्वतंत्रता संघर्ष और बुर्जवा क्रांति' में पृष्ठ 236 पर किया है, जो जर्नल ऑफ कॉमनवेल्थ पॉलिटिकल स्टडीज के वर्ष 11 अंक 3(1973) में प्रकाशित है। इस बारे में शंकरसहाय सक्सेना

ने अपनी उपरोक्त पुस्तक में पृष्ठ 144 पर लिखा है कि सर मिर्जा इस्माइल तथा श्री हीरालाल शास्त्री के बीच के पत्र-व्यवहार की फाइल के बारे में राजस्थान अभिलेखागार बीकानेर के तत्कालीन निदेशक नाथूराम खड़गावत ने कहा : "वह मिल नहीं रही है।"

5. पं. हीरालाल शास्त्री का जयपुर महाराजा को पत्र (प्रत्यक्ष जीवन शास्त्र : (आत्मकथा) प्रथम खण्ड, 1970 में पृष्ठ 376)
6. जयपुर महाराजा का हीरालाल शास्त्री को प्रत्युत्तर (उपरोक्त पुस्तक में पृष्ठ 381 पर)
7. बीकानेर के महाराजा सर गंगासिंह का जोधपुर के तत्कालीन अंग्रेज दीवान डोनाल्ड एम.फील्ड को लोकनायक जयनारायण व्यास के बारे में 21 फरवरी, 1937 को लिखे पत्र का हिन्दी अनुवाद। 'धुन के धनी', लेखक : सत्यदेव विद्यालंकार, 1964 में प्रकाशित, पृष्ठ 53 से 56।
8. राजस्थान विधानसभा के सन् 1952 से 2003 तक निर्वाचित विधायकों का जातिवार चार्ट : कुल स्थान : कांग्रेस तथा अन्य दलों के विधायक। प्रदेश कांग्रेस के स्रोत से।

1. The letter of Maharaja Sawai Mansingh-II of Jaipur to his eldest son Bhawanisingh

This letter is so different from the ones that I usually write and I know I have no business to worry you with these problems. I should leave you to your studies but all the decisions I take today will affect you and bind you down in the future and so I consider it my duty, not only as your father, but as the Ruler of this historic State, a heritage handed down from our renowned ancestors to which in turn we all dedicate our lives, to paint you a true picture of our positions today.

Our country is going through a revolutionary change and those of us who are going to be of any service to her must adapt ourselves to the changing circumstances. If we still persist in living on our laurels and in the way of life that existed fifty years ago we shall be asking for trouble and be wiped off the map.

I shall now try and give you a clear picture of Rajputana as it is today. It breaks my heart to say so but I am afraid Rajputana is in the melting pot, and I see no bright future for her unless one of the Rulers is prepared to make a sacrifice and take the lead. The picture of the States today is as follows :

Udaipur voluntarily gave in and is today part of the Union of Rajasthan. The poor Maharana is a cripple and his advisers have been far from loyal, and have taken advantage of him and guided him on the wrong lines. The premier Rajput State of Rajputana is no more that now.

Jodhpur thanks to its young Ruler, your cousin is not only financially broke, but the Ruler has made history by marrying a common Eurasian girl and has lowered himself and his State in the eyes of the public.

His Highness of Bikaner, who has a good opinion of himself, has brought ruin on his State and himself by smuggling stuff into Pakistan. He and his ministers were personally involved in the smuggling. The result was the whole Administration broke down and now the State is run by an Administrator appointed by the Government of India.

Jaipur, the State to which we all have the honour of belonging, stands out by itself. There is not a person today in India, who can find a fault or point an accusing finger towards its Ruler, administration or people.

This is the picture of Rajputana today, and now I come to the great decision I have to take, and that is whether to stand out and remain as we live today or whether to go the help of Rajputana and form another Rajasthan and be their leader. If I become the leader of Rajputana it will mean sacrificing the independence of Jaipur. On the other hand no one can forecast how long we or any other State can remain independent because all the forces in the country are moving towards democratic ideals. So my dear boy, the sacrifice which seems so great today may prove in the end to be no sacrifice at all. Time and history will alone prove that.

I personally feel that every sacrifice is worth making if you can serve your country better and for a greater cause, when I say SERVE I mean it in the real sense of the word and I do not mean just being a mere figurehead. If I cannot guide the destiny of my people as their Ruler at least I will be in the new set up serving them and looking after their interests, which in itself is more service than giving up completely.

However, before coming to a final decision of whether to remain as we are or join and lead the others, I shall ascertain the wishes of my people and possibly of the rest of Rajputana, and will be guided by their wishes.

2. Original Letter of Sir Mirza Ismail to G.D. Birla

File Serial No. 54 (1939-42)
P.M.S. Office G-I-675 Part I
Prime Minister Jaipur State Miscellaneous correspondence between him and various persons.

D.O.No. 1028/PMO 3rd July, 1942

Dear Birla,

Many thanks for your letter dated 30th June, 1942.

I would have liked you to come to Jaipur when His Highness was here but there are so many matters which require immediate attention and which I wish to discuss with you that I would be very reluctant to have to wait till August for your visit.

I hope you have received my telegram and that you can visit Jaipur on your way to Calcutta. It would be of great assistance to me to have an opportunity of discussing matters with you. I fear the note you have promised me will be a very poor substitute although I would welcome that too.

I have already had an opportunity of meeting Mr. Hira Lal Shastri and other members of Praja Mandal Party and I certainly feel that I shall receive their cooperation and that of all parties in the State.

Looking forward to the pleasure of seeing you early.

New Delhi. I am your Sincerely
Shri G.D. Birla Sd/- Mirza Ismail

सर मिर्जा इस्माइल का जी.डी. बिड़ला को पत्र

फाइल संख्या 54 (1939-42)

प्रधानमन्त्री कार्यालय जी-1-675 भाग-1

जयपुर राज्य के प्रधानमंत्री का विभिन्न व्यक्तियों से होने वाला फुटकर पत्र-व्यवहार

डी.ओ.संख्या 1028/पी एम 3 जुलाई, 1942

प्रिय श्री बिड़ला,

आपके 30 जून 1942 के पत्र के लिए अनेक धन्यवाद। मैं उस समय आपका जयपुर आना पंसद करता कि हिजहाइनेस यहां होते। परन्तु ऐसे बहुत से मामले हैं जिनकी ओर तुरंत ध्यान देने की आवश्यकता है और जिनके संबंध में आपसे चर्चा करना चाहता हूँ। इस कारण मैं आपके आगमन के लिए अगस्त तक प्रतीक्षा करने का अत्यन्त अनिच्छुक हूँ।

मुझे आशा है कि आपको मेरा तार मिल गया होगा जिसमें मैंने आपको सूचित किया था कि आप कलकत्ता जाते समय मार्ग में जयपुर आ सकते हैं। विभिन्न प्रश्नों पर आपसे चर्चा करने का अवसर मिलना मेरे लिए बहुत सहायक सिद्ध होगा। मुझे भय है कि आपने जो नोट (लेख) भेजने का वचन दिया है वह मिलकर चर्चा का एक बहुत ही हीन विकल्प होगा परन्तु मैं उसका भी स्वागत करूंगा।

मुझे श्री हीरालाल शास्त्री तथा प्रजामंडल के अन्य सदस्यों से मिलने का अवसर मिला और मैं निश्चयपूर्वक यह अनुभव करता हूं कि मुझे उनका तथा राज्य में अन्य सभी दलों का सहयोग मिलेगा।

मैं आपके शीघ्र ही दर्शन लाभ की आशा करता हूँ।

श्री जी.डी.बिड़ला आपका

नई दिल्ली ह. मिर्जा इस्माइल

Reply from G.D. Birla to Sir Mirza Ismail

Birla House
9th July, 1942

My dear Shri Mirza,

I have received news from various people of Jaipur showing appreciation of work you have done to improve administration.

I am very happy to learn that you have seen Mr. Heera Lal Ji. I am sure he will give all the cooperation.

I have seen your letter to Shanti Lal Ji in which your have pointed out to some criticism made by Mr. Savarkar.

Sd/- G.D. Birla

जी.डी. बिड़ला का सर मिर्जा इस्माइल को प्रत्युत्तर

फाइ. संख्या 54 (1939-42) बिड़ला हाउस

प्रिय श्री मिर्जा, 9 जुलाई, 1942

मुझे जयपुर के अनेक व्यक्तियों से समाचार मिले हैं जिनमें आपके द्वारा प्रशासन में किये गये सुधारों की प्रशंसा की गई है।

मुझे जानकर हार्दिक प्रसन्नता हुई कि आप श्री हीरालालजी से मिल लिए। मुझे विश्वास है कि वे आपको पूर्ण सहयोग देंगे।

मैंने आपका श्री शान्तिलालजी को लिखा पत्र देखा जिसमें आपने श्री सावरकर द्वारा की गई आलोचना की ओर संकेत किया है।

आपका सद्भावी

ह.जी.डी.बिड़ला

Letter from Shri G.D. Birla to Sir Mirza Ismail

New Delhi

11th Sept.,1942

I am glad to hear that Tenancy Legislation is being looked into. You are solving one after another question in a most business like manner. It is due to you that you have been able to keep calm atmosphere in Jaipur State. Shastri is no doubt helping and I am keeping myself in touch with him. Thus we may be able to do lot of good work in this State.

Yours Sincerely

Sd/- G.D. Birla

जी.डी. बिड़ला का सर मिर्जा को पत्र

नई दिल्ली

11 सितम्बर, 1942

मुझे यह जानकर प्रसन्नता है कि भूस्वामित्व कानून (टिनैन्सी लेजिसलेशन) पर आप

विचार कर रहे हैं। आप एक के बाद दूसरे प्रश्न को एक व्यावहारिक तरीके से हल करते जा रहे हैं। यह आपके कारण ही संभव हुआ है कि आप जयपुर राज्य में शान्त वातावरण रख सके।*

इसमें संदेह नहीं कि शास्त्री (श्री हीरालाल शास्त्री) सहायता कर रहे हैं। मैं उनसे सम्पर्क बनाये हुए हूँ। इस प्रकार हम इस राज्य में यथेष्ट उत्तम कार्य कर सकेंगे।

आपका सद्भावी

ह.जी.डी.बिड़ला

Part I File No. 42 / Confidential

Page 4 A

Letter from Mirza M. Ismail to Major H.M. Poulton Political Agent at Jaipur

Secret. Dated 14th August, 1942

There are good reasons for believing that the Praja Mandal is not likely to take action in sympathy with All India National Congress and it is felt that arrest of the persons named might only provoke hostility and disturb the atmosphere which may now be described as reasonably clear and peaceful. It might also be mentioned that the persons indicated are not permanent residents of Jaipur and in all probability are leaving the State.

उक्त पत्र का हिन्दी अनुवाद

भाग 1 फाइल संख्या 42/गोपनीय

पृष्ठ 4 ए

सर मिर्जा इस्माइल द्वारा जयपुर के पोलिटिकल एजेन्ट मेजर एच.एम.पाउल्टन को लिखा गया पत्र

गोपनीय दिनांक 14 अगस्त, 1942

यह मानने के लिए विश्वसनीय आधार मौजूद हैं कि प्रजामंडल अखिल भारतीय राष्ट्रीय सभा (कांग्रेस) की सहानुभूति में कोई कार्यवाही नहीं करेगा। यहां यह अनुभव किया जा रहा है

जिन व्यक्तियों का आपने पत्र में उल्लेख किया है उनको गिरफ्तार करने का परिणाम होगा कि विरोध और कटुता बढ़ेगी तथा जो यहां का वातावरण साधारणतया शान्तिमय और स्वच्छ है वह विक्षुब्ध हो उठेगा। इस सम्बन्ध में यह भी बतला देना आवश्यक है कि जिन व्यक्तियों के सम्बन्ध में आपने अपने पत्र में संकेत किया है वे जयपुर राज्य के स्थायी निवासी नहीं हैं और इस बात की पूर्ण संभावना है कि वे राज्य से शीघ्र चले जाने वाले हैं।

उपरोक्त संदर्भ में पुस्तक के लेखक शंकरसहाय सक्सेना की टिप्पणी :

* अगस्त 1942 में महात्मा गांधी ने भारत छोड़ो आंदोलन आरम्भ किया था। उस समय ब्रिटिश भारत तथा सभी देशी राज्यों में तीव्र आंदोलन हुआ, तोड़फोड़ की घटनाएं हुईं, गोलियां चली थीं परन्तु जयपुर में पूर्ण शांति रही। जयपुर राज्य प्रजामण्डल ने आंदोलन नहीं छेड़ा, यह उसकी ओर संकेत था।

सर मिर्जा इस्माइल के पत्र के उपरोक्त अंश से यह स्पष्ट है कि पोलिटिकल एजेण्ट ने कतिपय राष्ट्रकर्मियों को, जो बाहर से जयपुर राज्य में उस समय भारत छोड़ो आंदोलन के सम्बन्ध में आए हुए थे, उनको गिरफ्तार करने के लिए कहा था।

सर मिर्जा इस्माइल ने जो इस बात का पत्र में संकेत किया कि प्रजामंडल द्वारा आंदोलन में भाग लेने की संभावना नहीं है, उसमें श्री हीरालाल शास्त्री से हुए समझौते की पृष्ठभूमि में लिखा था। ब्रिटिश सरकार ने सर मिर्जा इस्माइल को श्री सादिकअली, श्री जयप्रकाश नारायण, श्रीमती अरुणा आसफअली, श्री रामानन्द मिश्रा, श्री प्रेमकृष्ण खन्ना, श्री शीलभद्र याजी, श्री मुकुन्दलाल सरकार को गिरफ्तार करने के लिए लिखा था। उस समय श्री जयप्रकाश नारायण भूमिगत होकर गुप्त रूप से क्रान्ति का देश में नेतृत्व कर रहे थे और वे इसी सम्बन्ध में अपने क्रान्तिकारी साथियों के साथ जयपुर आए हुए थे।

सर मिर्जा इस्माइल ने भारत छोड़ो आन्दोलन के सम्बन्ध में राष्ट्रकर्मियों को गिरफ्तार करने या न करने के सम्बन्ध में श्री हीरालाल शास्त्री से परामर्श लिया था जो नीचे लिखे गोपनीय पत्र से स्पष्ट हो जाता है।

Part I File No. 42/Confidential

Arrest of certain congressmen in Jaipur and other miscellaneous correspondence connected with Prime Minister Jaipur State.

Page III

Jaipur 19-09-42

My dear Brigadier,

I enclose you Hiralal Shastry's letter which I have just received.

I respect his judgement and have no doubt he means well. The point is whether we should arrest these 10 men or not. Shastry seems to think that it is better to wait. As arrests might possibly foment more trouble. Shall we wait or see what happens this evening ?

As regards picketing, I am for taking action against, as I believe the police did this morning.

Yours Sincerely,
Sd/- Mirza M. Ismail

उक्त पत्र का हिन्दी में अनुवाद

भाग 1 फाइल संख्या 42/गोपनीय

जयपुर में कतिपय कांग्रेसजनों की गिरफ्तारी सम्बन्धी तथा अन्य फुटकर पत्रव्यवहार जिसका सम्बन्ध जयपुर राज्य के प्रधानमंत्री से था।

पृष्ठ (3)

जयपुर
19.9.42

प्रिय ब्रिगेडियर,

मैं इस पत्र के साथ श्री हीरालाल शास्त्री के उस पत्र को भेज रहा हूं जो मुझे अभी प्राप्त हुआ है।

मैं उनके परिस्थिति सम्बन्धी विचार को आदर के साथ देखता हूँ और मुझे इसमें तनिक भी संदेह नहीं है कि वे राज्य के शुभचिन्तक हैं। प्रश्न यह है कि हम इन दस व्यक्तियों को गिरफ्तार करें अथवा नहीं। शास्त्री का सोचना है कि प्रतीक्षा करना श्रेयस्कर होगा। क्योंकि गिरफ्तारियों से और अधिक अशान्ति उत्पन्न होगी। क्या हम प्रतीक्षा करें और यह देखें कि आज सायंकाल को क्या घटना घटती है ?

जहां तक धरने (पिकेटिंग) का प्रश्न है, मैं धरना देनेवालों के विरुद्ध कार्यवाही करने के पक्ष में हूँ। जैसा कि मेरा विश्वास है कि पुलिस ने आज प्रातःकाल किया।

आपका सद्भावी

हस्ताक्षर-मिर्जा इस्माइल

पुस्तक के लेखक शंकरसहाय सक्सेना की टिप्पणी :

यह पत्र टाइप किया हुआ नहीं है वरन सर मिर्जा इस्माइल के हाथ का लिखा हुआ है। स्पष्ट है कि मिर्जा इस्माइल अपने स्टेनो को भी इस प्रकार का पत्र नहीं लिखाता था जिससे कि वह अत्यन्त गोपनीय रहे।

नीचे हम श्री हीरालाल शास्त्री का वह पत्र देते हैं जिसका सर मिर्जा इस्माइल ने ब्रिगेडियर को ऊपर लिखे पत्र में उल्लेख किया है। यह पत्र भी श्री हीरालाल शास्त्री ने हाथ से लिखकर ही भेजा था।

Part File No. 42/Confidential

Arrest of certain congressmen in Jaipur and other Miscellaneous correspondence connected with Prime Minister Jaipur State. Page 112.

Personal.

Khejre Ka Rasta
19-9-42
Time 3.30 PM

My dear Shri Mirza,

With reference to your talk on the phone I have to suggest that you might better act with restraint that may be easier way of dealing with the situation. This is all that I can say for the present, after all you can judge best as to what course of action you should adopt. But I feel you can easily afford to watch for some time.

Yours Sincerely
Hira Lal Shastri

उक्त पत्र का हिन्दी अनुवाद

भाग 1 फाइल संख्या 42/गोपनीय

जयपुर में कतिपय कांग्रेसजनों की गिरफ्तारी सम्बन्धी तथा अन्य फुटकर पत्रव्यवहार जिसका सम्बन्ध जयपुर राज्य के प्रधानमंत्री से था। पृष्ठ 112

व्यक्तिगत

खेजड़े का रास्ता (जयपुर)
19.9.42
समय 3.30 सायंकाल

प्रिय श्री मिर्जा,

आपसे फोन पर हुई बातचीत के संबंध में मैं यह सुझाव दूंगा कि आप संयम से काम लें तो अधिक उपयुक्त होगा। परिस्थिति से निबटने का यह अधिक सरल तरीका हो सकता है। इस समय केवल इतना ही कह सकता हूँ। अन्ततः आप ही इस संबंध में अधिक अच्छी तरह तय कर सकते हैं कि परिस्थिति का सामना करने के लिए कौनसा तरीका सबसे उत्तम होगा। लेकिन मेरी मान्यता और धारणा यह है कि आप सरलता से कुछ समय तक परिस्थिति का अध्ययन करने के लिए प्रतीक्षा कर सकते हैं।

आपका सद्भावी
हीरालाल शास्त्री

पुस्तक के लेखक शंकरसहाय सक्सेना की टिप्पणी :

श्री हीरालाल शास्त्री द्वारा जयपुर राज्य की सरकार से 1942 के भारत छोड़ो आंदोलन में भाग न लेने के सम्बन्ध में जो समझौता हुआ था उसका परिणाम यह हुआ कि राज्य सरकार तथा उसके उच्चाधिकारी यह आशा करने लगे थे कि केवल प्रजामण्डल ही नहीं श्री हीरालाल शास्त्री से सम्बन्धित वनस्थली विद्यापीठ की छात्राओं की भी भारत छोड़ो आंदोलन से सहानुभूति नहीं रहनी चाहिए।

नीचे हम तत्कालीन जयपुर राज्य के इंस्पेक्टर जनरल पुलिस का एक पत्र उद्धृत करते हैं जिससे यह स्पष्ट हो जायेगा।

Part I File No 42/ Confidential
Prime Minister Jaipur State
Page No.24

Letter from Inspector General of Police Jaipur State dated 6.10.42 to the Army Minister No. 1182 /P

... In continuation of my note, one further bit of interesting news I have received and that is that in picketing of the Girls High School some girls of Banasthali Vidyapith are taking part. You will see that one girl by name Shanti Devi who is a student of this School even spoke at the meeting last night. The obvious question is how, these girls are taking part in activities of the rebel party without permission or knowledge of Mrs. Hira Lal Shastri and if it is with knowledge and consent how can Mr. Hira Lal Shastri affirm that be has no dealing with and no approval for the activities of the rebel party.

उक्त पत्र का हिन्दी अनुवाद

इंस्पैक्टर जनरल पुलिस द्वारा आर्मी मिनिस्टर को लिखे पत्र का हिन्दी अनुवाद

मेरे पूर्व नोट के संदर्भ में मुझे एक और रुचिकर समाचार प्राप्त हुआ है। वह समाचार यह है कि गर्ल्स हाई स्कूल की (पिकेटिंग) धरने में वनस्थली विद्यापीठ की कुछ लड़कियां भाग ले रही हैं। आप देखेंगे कि एक लड़की, जो वनस्थली विद्यापीठ की छात्रा है और जिसका नाम शांति देवी है, गत रात्रि की सभा में उसने भाषण भी दिया था। स्पष्ट प्रश्न यह कि विद्रोही दल की गतिविधियों में यह लड़कियां बिना श्रीमती हीरालाल शास्त्री (श्रीमती रतन शास्त्री) की आज्ञा अथवा जानकारी के क्योंकर भाग ले रही हैं और यदि यह उनकी सहमति और जानकारी से हो रहा है तो श्री हीरालाल शास्त्री यह कहने का दावा कैसे कर सकते हैं कि उनका विद्रोही दल (कांग्रेस द्वारा संचालित भारत छोड़ो आंदोलन) से न तो कोई संबंध है और न वे विद्रोही दल की कार्यवाहियों का समर्थन ही करते हैं।

3. उपरोक्त पत्र-व्यवहार के सम्बन्ध में शास्त्री का 'प्रत्यक्ष जीवन शास्त्र' के द्वितीय खंड के पृष्ठ 274 पर निम्न वक्तव्य छपा है, वह उद्‌धृत कर रहा हूँ :

प्राइम मिनिस्टर ने किसको क्या लिखा अथवा प्राइम मिनिस्टर को किसने क्या लिखा सो मेरी जानकारी में नहीं है। प्राइम मिनिस्टर के अलावा मेरी बातचीत उनके या मेरे किसी भी मित्र से कभी नहीं हुई। दिल्ली से पोलिटिकल सेक्रेटरी महाराजा और प्राइम मिनिस्टर पर प्रजामण्डल के सिलसिले में दबाव डालने के लिए आये, इतना मुझको प्राइम मिनिस्टर से मालूम हो गया था। पर महाराजा और प्राइम मिनिस्टर ने पोलिटिकल सेक्रेटरी को क्या कहकर लौटा दिया होगा सो मुझे पता नहीं है। कम-से-कम प्राइम मिनिस्टर ने या किसी ने भी मुझसे तो कभी कुछ कहा नहीं।

जब देश भर में आन्दोलन ठण्डा पड़ गया तो जयपुर में भी वही हुआ। तब फिर प्रजामण्डल को पहले की तरह से मोर्चा लगाये रहने की जरूरत नहीं रही। उस समय प्राइम मिनिस्टर से जो चर्चा आदि हुई उसमें न केवल साक्षी बल्कि प्रेरक भी एक प्रवासी राजस्थानी भाई खासतौर से थे। दुःख है कि उन साथी का 2-2.5 साल हुए स्वर्गवास हो गया। अमुक रियासत को या उसके किसी हिस्से को राजस्थान के अलावा किसी दूसरे राज्य में मिलाने के बाबत कब किसने किससे क्या 'सौदा' कर लिया यह मुझे पता नहीं है। हर सूरत में यह 'सौदे' वाली कल्पना परले सिरे की झूठी कल्पना है। मैंने सिरोही के सम्बन्ध में सरदार पटेल को उस समय जो तार दिये थे वे और जवाब में सरदार का जो तार आया था वह सभी कुछ 'प्रत्यक्ष जीवन शास्त्र' में ज्यों-का-त्यों छपा है। इतना और स्पष्ट कर देना आवश्यक है कि मैंने कभी भी सरदार पटेल से या किसी दूसरे से भी नहीं कहा कि राजस्थान की राजधानी जयपुर में होनी चाहिए। साथ में यह भी कि एक स्वर्गीय बड़े साथी के दबाव डालने पर भी यह यत्न करना मैंने मंजूर नहीं किया कि जयपुर को न बनाकर किसी अन्य नगर को राजधानी बनाया जाए। जाहिर है कि दोनों ही प्रकार के यत्न करना मेरी मर्यादा के बाहर था। राजप्रमुख जयपुर महाराजा को बनाया जाए, इस तजवीज पर राजस्थान में बड़े माने जाने वाले हम चारों (मेरे अलावा सर्वश्री माणिक्यलालजी वर्मा, गोकुलभाई भट्ट और जयनारायणजी व्यास) ने स्टेट्स मिनिस्ट्री में हस्ताक्षर किये थे और मुझको राजस्थान का प्रथम मुख्यमंत्री बनना है, यह बात सरदार ने मेरे उक्त तीनों बड़ों की राय लेने के बाद उनकी मौजूदगी में मुझसे कही थी। सरदार ने मेरे बड़े साथियों को उसी समय यह चेतावनी भी दी थी कि आप लोगों की राय से यह तय हुआ है, इस मामले में आगे चलकर झगड़ा नहीं करना है।

4. It is widely believed that Jaipur's most famous Marwari and Congress financier, G.D. Birla, acting on behalf of the Praja Mandal was influential in securing Sir Mirza's appoinment as Diwan. In a letter of 26 May, 1942 to Birla Sir Mizra acknowledged that 'your and your brother's word too had their influence on me in coming to the decision (to accept the appoinment)' . 'The Praja Mandal and other progressive parties,' Birla responded, 'are very jubilant over your coming to Jaipur'. And they were not to be disappointed. In one of a number of cordial letters exchanged between them Hiralal Shastri, the Praja Mandal's president summed up his relationship with Mirza Ismail; 'We have always looked at things from each other's point of view which has enabled us to appreciate each other's difficulties and to arrive at decisions

acceptable to both sides'. The source according to the article is "The correspondence of Hiralal Shastri. The remaining dates of the letters were of 30th June, 1942 and 6th May, 1943.]

5. पंडित हीरालाल शास्त्री की तरफ सूं महाराजा साहिब जयपुर की सेवा में

महकमा खास,

27.3.48

श्रीमन्,

अठै आकर बैठतां ही मैं पहलो काम यो करूं छूं कि आपकी सेवा में बधाई पेश करू। मैं जाणूं छूं कि मैं अब पहली जतरो आजाद कोनै। पण मैं आ भी समझूं छूं कि मनै दुनियां की कोई चीज बांध कौने सकै।

रामबाग में एक दस्तूर पूरो हुयो। पण दस्तूर सूं ज्यादा और बीसूं अलग मैं या अरज करबो चाहूं छूं कि म्हारा दिल की बात या छै कि मैं आपनै सदा सुखी देखूं।

म्हारी खुद की तो कांई अरज करू? सांची खरी बात तो या छै कि आज के दिन मैं सुखी कोनै। क्यों? ईं को जवाब कदे मौको मिलबा पर अरज करस्यूं।

6. From H.H. the Maharaja of Jaipur to Pandit Hiralal Shastri

26-7-48

Thank you so much for your letter and all the news. I am sorry I have taken so long in writing but am making the best of my holiday and **am only just getting over the effects of our long and rather drawing meetings. I only hope they will have good fruits. I am glad you are hopeful and lending your full-hearted support.** I hope you have had some rains by now and things are looking brighter in Jaipur and good prospects of crops. I am having a really good holiday and throughly enjoying myself. All the family are well and the children are with us for the holidays.

You must have seen Sir V.T. by now who must have given you all the news of here. We were together for a few days before we left. Under his able guidance I hope you will solve all our problems.

All the best and please remember me to your family.

7. लोकनायक जयनारायण व्यास के बारे में बीकानेर महाराजा सर गंगासिंहजी का जोधपुर के अंग्रेज दीवान सर डोनाल्ड एम.फील्ड को 21 फरवरी, 1937 को लिखा पत्र।

''कुछ ऐसे व्यक्ति, जिनको देशी रियासतों और उनकी जनता के शुभचिन्तकों द्वारा हमेशा अव्यावहारिक और निरंकुश माना गया तथा बुरा बताया गया है, यह पत्र प्राप्त कर आप आश्चर्य करेंगे। मैं इस पत्र में एक ऐसे व्यक्ति के बारे में, जो कि देशी राजाओं के विरुद्ध जनमत तैयार करने में सबसे अधिक तेज और आग के शोले की तरह उद्दंड है, अपनी राय आप तक पहुंचाने का इरादा करता हूँ। यह हमारा दुर्भाग्य है कि हमारे यहां जनजीवन में असहिष्णुता की पराकाष्ठा हो चुकी है। ऐसी सूरत में सम्भवतः श्री जयनारायण व्यास इस बात पर यकीन नहीं करेंगे कि उनके विरोधियों में भी उन जैसी देशभक्ति और लगन हो सकती है। बहुत कम राजनीतिज्ञ मेरी इस बात पर विश्वास करेंगे कि जयनारायणजी व्यास और उनके साथियों के द्वारा आम तौर से राजाशाही और खासतौर से मुझपर अनर्गल तथा भावावेश से प्रभावित द्वेषपूर्ण प्रचार के बाद भी मैं लगातार व्यासजी के बारे में बहुत ऊंची राय रखता हूं। इन लोगों ने अक्सर राजाओं को विवेकहीन, हृदयहीन, निरंकुश और दमनकारी बताते हुए बात को बढ़ा-चढ़ाकर कहने में पराकाष्ठा की है। यहां तक कि उन्होंने राजाओं को जनता का खून चूसने वाला, संसार के भी अपराधियों और दोषियों में सबसे अधिक गन्दा और बेईमान बताया है। कोई भी ऐसा व्यक्ति, जो कि रियासती हाल-चाल और यहां के वातावरण से अच्छी तरह परिचित है, वह इस तरह के घृणास्पद और अनर्गल प्रचार की सच्चाई में विश्वास नहीं करेगा। लेकिन वे जो संयुक्त विशाल भारत की तरक्की की ओर अपने उद्देश्यों की पूर्ति में अग्रसर होता हुआ देखना चाहते हैं, अनुभव करेंगे कि देशी रियासतों का भविष्य उन लोगों के चरित्र पर बहुत कुछ निर्भर करता है जो कि इन क्षेत्रों के राजनीतिक जनजीवन पर आज हावी हैं। मैं आपसे कहना चाहता हूं कि राजाशाही के ये शानदार सतून (स्तम्भ) और साम्राज्यवादी शासन की ऊंची इमारत आज के जनसेवकों को खत्म नहीं कर सकेगी, बल्कि सैकड़ों साल पुरानी ये सभी सरकारें उनके कन्धों पर आकर रुकेंगी और उनसे इन्साफ की भीख मांगेंगी।

''साम्यवादी रूस में हाल में घटित अराजकतापूर्ण भयानक घटनाएं दुनिया को चेतावनी देने के लिए काफी हैं और मैं यकीन करता हूं कि आप भी उन घटनाओं का देशी रियासतों में घटित होना पसन्द नहीं करेंगे। यह तभी संभव हो सकता है जबकि रजवाड़ों का जनमत देशभक्त और समझदार व्यक्तियों से प्रभावित हो और वे आगे आकर शान्तिमय न्यायपूर्ण वैध उपायों से यहां की जनता के हितों को अग्रसर करें। यहां की प्रशासनिक जिम्मेदारियों को निभाने के लिए अभी से ऐसे व्यक्तियों का सहयोग लिया जाय। देशी राज्यों में जैसा आप भी जानते होंगे बहुत से अल्पस्वार्थी, असन्तुष्ट और असंगत नेता भी आगे आये हैं। ऐसे तथाकथित राजनीतिज्ञ अक्सर देशी रियासतों की राजनीति को अपने हाथ में लेने की कोशिश करते हुए रियासत से देश निकाले की सजा पाये हुए हैं अथवा जेल भी भेजे गये हैं और जो पूर्णतया नहीं तो खासतौर से राजाओं और उनके शासन के प्रति द्वेषपूर्ण भावना रखते हैं। निःसन्देह जयनारायणजी व्यास राजाशाही की आलोचना निर्दयतापूर्वक करने में किसी से पीछे नहीं रहे हैं। लेकिन वे पक्के ईमानदार हैं। उनको कोई भ्रष्ट नहीं कर सकता। वे अपनी राजनीतिक मान्यताओं और आत्मा के प्रति सत्यनिष्ठ हैं। हजारों धोखेबाज, चरित्रहीन और बेईमान, किराये के ऐसे टट्टुओं के होते हुए, जो कि अपने-आपको भले ही राजनीति विशारद कहते हों और देशी रजवाड़ों की भोली जनता को बहकाये रखते हों, आप मुश्किल से ही किसी को व्यासजी जैसा पवित्र पावेंगे। जो राजाओं के प्रति जन्म-जात घृणा और दुर्भावना रखते हुए भी ईमानदार हो और देशी रियासतों का शासन ठीक तरह से चलाकर भलाई करने की क्षमता रखता हो। मैं आशा करता हूं कि आप मुझसे सहमत होंगे कि रियासतों की वे हुकूमतें जिनकी आज हम देखभाल करते हैं, अन्ततः हमारे इन्हीं दुश्मनों के हाथों में जाकर रुकेंगी। ऐसी स्थिति में हमारा यह कर्त्तव्य है कि हम यह ध्यान रखें कि विरोधी खेमों में से भले आदमी आगे आवें और जब हम हटें तो वे शासन की बागडोर संभाल लें। सिर्फ व्यास जयनारायणजी ऐसे आदमी हैं जो अपने हजारों साथियों पर अपने उच्चादर्शों का असर रखते हैं और राजपूताना के सभी वर्गों में जिनका स्थान है। वे हमसे सहमत हों अथवा न हों लेकिन उनमें जिम्मेदारी का निश्चित माद्दा है, जिससे ऊपर उनकी न्याय-प्रियता पर भरोसा किया जा सकता है। आप और आपके दूसरे साथी, जो मारवाड़ राज्य को खतरनाक स्थिति में डालना नहीं चाहते होंगे, महसूस करेंगे कि व्यास जयनारायण जैसे व्यक्तियों की, वहां की जनता को संभालने की उस समय बहुत आवश्यकता होगी जब आप लोग प्रशासन में नहीं रहेंगे। उक्त तथ्यों के आधार पर मैं आपसे निवेदन करता हूं कि अपने बुरे-से-बुरे दुश्मन के प्रति भी न्याय भावना रखें। उस (दुश्मन) के प्रति नहीं और न ही उसके साथियों के प्रति किन्तु जिस क्षेत्र का आप शासन चला रहे हैं, उसकी शान्ति और सुरक्षा के लिए आपको यह करना चाहिए।

''श्री जयनारायण व्यास, जैसा आप भी जानते होंगे एक गरीब घर में पैदा हुए हैं और इसलिए हमेशा आर्थिक दिक्कत में से गुजरते रहते हैं। अपने कई दूसरे साथियों और हमराहियों की तरह वे 'ब्लैक मेलिंग' अथवा अनीति से आर्थिक लाभ उठाने में विश्वास नहीं करते। उनका दुर्भाग्य है कि उनके अच्छे मित्र भी, जिनका वे पूर्ण विश्वास कर लेते हैं, अक्सर उनके साथ धोखा कर जाते हैं और वे इतने सीधे हैं कि इन धोखों को अवश्यम्भावी मान लेते हैं और राजनीतिक दांव-पेंच में विश्वास नहीं रखते। इसलिए उनको ऐसे लोगों से, जो उनके मित्र होने का दावा करते हैं, बहुत कष्ट उठाना पड़ा है और कई बार के धोखों ने उन्हें 'अंखड भारत' बन्द कर देने को मजबूर कर दिया है। वे सम्भवतः लेखक अथवा एक्टर की हैसियत से सिनेमा में जाने की तैयारी में हैं। मुझे यह भी पता लगा है कि वे अच्छे नृत्यकार भी हैं।

''मैं जब सोचता हूं कि जयनारायणजी व्यास राजनीति छोड़कर सिनेमा में जाना चाहते हैं तो मेरा हृदय खून के आंसू रोता है। वे मेरे बड़े-से-बड़े दुश्मन रहे हैं। फिर भी मेरी मान्यता है कि वे पवित्र व्यक्ति हैं और उनके अथक परिश्रम से किसी-न-किसी दिन राजपूताना के इन रेगिस्तानी इलाकों में शान्ति और खुशहाली आएगी। आज उनकी असफलता पर सम्भवतः हम खुश हो लें, लेकिन वह दिन अधिक दूर नहीं है जब हम महसूस करेंगे कि हमारे हट जाने से रिक्त हुए स्थान की पूर्ति के लिए वे ही सबसे अधिक उपयुक्त व्यक्ति हैं।

''मैंने अपनी आन्तरिक प्रेरणा से फलौदी के रायसाहब* की मार्फत, जो हम दोनों के मित्र हैं, सिनेमा में भर्ती न होने का व्यास जयनारायणजी से आग्रह किया था। असहाय की तरह स्वयं निर्मित इस व्यक्ति के फिल्मी धनिकों के चक्कर में यों पड़ जाने के ख्याल मात्र से मेरा सिर चकरा जाता है। मैंने आर्थिक मदद भी देनी चाही थी, जिसे उन्होंने दृढ़ता से अस्वीकार कर दिया। मेरे पास इस पर आपको लिखने के सिवा कोई चारा नहीं रहा। मेरा ख्याल है कि व्यास जयनारायणजी जोधपुर में आकर अपने भावी कार्यक्रम में जुट सकते हैं, यदि उन्हें जोधपुर में प्रवेश करने दिया जाय बल्कि प्रशासकीय समस्याओं में उनका सहयोग लिया जाय तो और भी उत्तम हो।

''अपनी बात के स्पष्टीकरण के लिए थोड़ा और कहना जरूरी समझता हूं। मेरी इच्छा है कि एक आत्म-निर्भर, ईमानदार और सत्यनिष्ठ व्यक्ति को राजपूताना के साथ जोड़े रखने में सब तरह मदद करनी चाहिए ताकि जरूरत के समय वह काम आ सके। मेरी साध रही है कि मैं व्यास जयनारायणजी को साथ लेता और सिर्फ हम दोनों राजस्थान के उड़ते हुए बालू रेत के टीलों पर बैठ जाते। उन्होंने, जो मुझे अक्सर प्रेस और प्लेटफार्म के जरिए बुरी-बुरी गालियां दी हैं, उनपर उनसे वहां दिल खोलकर बात करता। हम असहमति के लिए असहमत होते परन्तु जुदा होने वाली और विरोधी दिशा में बहने वाली दो लहरों पर खड़े होकर भी हम हमारे मस्तिष्क के भ्रम और गलतियों के बावजूद लाखों लोगों की भलाई व समाज की तरक्की के बारे में अपने-अपने